陕西水稻

◎ 王胜宝　张万春　主编

中国农业科学技术出版社

图书在版编目（CIP）数据

陕西水稻 / 王胜宝, 张万春主编. -- 北京：中国农业科学技术出版社，2025.3. -- ISBN 978-7-5116-7339-8

Ⅰ. F326.11

中国国家版本馆 CIP 数据核字第 2025G137B7 号

责任编辑　于建慧
责任校对　李向荣
责任印制　姜义伟　王思文

出 版 者	中国农业科学技术出版社 北京市中关村南大街 12 号　邮编：100081
电　　话	（010）82109708（编辑室）　（010）82106624（发行部） （010）82109709（读者服务部）
网　　址	https://castp.caas.cn
经 销 者	各地新华书店
印 刷 者	北京中科印刷有限公司
开　　本	185 mm×260 mm　1/16
印　　张	29.75
字　　数	700 千字
版　　次	2025 年 3 月第 1 版　2025 年 3 月第 1 次印刷
定　　价	80.00 元

---版权所有·侵权必究---

内容简介

　　陕西省位于我国中部，地势南北高，中部较低，北部为黄土高原，南部为秦岭、巴山山地，中部为关中平原。水稻在陕西省种植历史悠久，现成为陕西南部汉中、安康的主要粮食作物。由于陕西南北纬度差异和海拔高度差异较大，降水分布极不均匀，全省水稻栽培制度和稻种分布多种多样。本书主要以汉中和安康为代表首先全面阐述了陕西省水稻种植的理论与技术；继而全面论述了陕西省水稻的生产布局和种质资源，水稻种植的生物学基础（包括生长发育、碳代谢和氮代谢），陕西省水稻栽培技术和栽培方式，陕西省特种稻栽培、稻渔综合种养及粮经二元高效栽培模式，以及陕西水稻生长季节里常发生的气象灾害及其应对方式、病虫草害防治和防除方法；最后分别详细论述了稻米品质概述、影响水稻品质的因素、陕西水稻稻米品质研究及加工和综合利用等方面的内容。

　　本书可供从事水稻科研、生产、加工的科研人员及农业管理部门的管理人员参考。

编委会

策　划： 曹广才（中国农业科学院作物科学研究所）

主　审： 曹广才（中国农业科学院作物科学研究所）

主　编： 王胜宝（汉中市农业技术推广与培训中心）
　　　　张万春（汉中市农业技术推广与培训中心）

副主编：（按姓氏拼音排序）
　　　　高　鹏（汉中市农业技术推广与培训中心）
　　　　李小刚（汉中市农业技术推广与培训中心）
　　　　李增义（安康市农业技术推广中心）
　　　　马晓丽（汉中市农业技术推广与培训中心）
　　　　蒙天竣（汉中市农业技术推广与培训中心）
　　　　蒲国涛（汉中市农业技术推广与培训中心）
　　　　孙利军（榆林市农业科学研究院）
　　　　王俊义（汉中市农业技术推广与培训中心）
　　　　王清文（汉中市农业技术推广与培训中心）
　　　　徐庆安（汉台区农业技术推广服务中心）
　　　　姚平波（镇巴县农业技术推广服务中心）
　　　　周子凡（汉中市农业技术推广与培训中心）

编　委：（按姓氏拼音排序）
　　　　陈荣信（留坝县农业技术推广中心）
　　　　陈友乾（安康市农业技术推广中心）
　　　　陈　浩（汉中市农业技术推广与培训中心）
　　　　程开利（镇巴县农业技术推广服务中心）
　　　　党文丽（商洛市农业技术推广站）
　　　　葛　茜（汉中市农业技术推广与培训中心）
　　　　何忠军（汉中市农业技术推广与培训中心）
　　　　龚亚丽（汉中市农业技术推广与培训中心）

柯　健（略阳县农业技术推广中心）
李　波（汉中市农业技术推广与培训中心）
李丹妮（汉中市农业技术推广与培训中心）
李培江（汉中市农业技术推广与培训中心）
李一博（汉中市农业技术推广与培训中心）
刘兴娥（镇巴县农业技术推广服务中心）
陆小成（洋县农业技术推广服务中心）
马良俊（略阳县农业技术推广中心）
任琼芝（汉中市农产品质量安全管测核验中心）
史莉娜（汉中市农业技术推广与培训中心）
王　超（宁强县农业技术推广中心）
王　辉（勉县农业技术推广与培训中心）
王保军（汉中市农业技术推广与培训中心）
王飞杰（西乡县农业技术推广与培训中心）
王广炳（汉阴县农业技术推广站）
王艳龙（汉中市农业技术推广与培训中心）
王业文（汉中市农业技术推广与培训中心）
闫　鹏（洋县农业技术推广服务中心）
严明强（城固县农业技术推广中心）
杨　杰（宁强县农业技术推广中心）
姚永成（南郑区农业技术推广与培训中心）
余正军（汉中市农业技术推广与培训中心）
张　康（汉中市农业技术推广与培训中心）
张　星（汉中市农业技术推广与培训中心）
赵　芬（汉中市农业技术推广与培训中心）
周世庆（洋县农业技术推广服务中心）
朱历霞（西乡县农业技术推广与培训中心）
左金钟（汉中市农业技术推广与培训中心）

作者分工

第一章　陕西水稻生产布局和种质资源

第一节　陕西水稻生产布局（马晓丽、孙利军、张星、葛茜）

第二节　陕西水稻种质资源（马晓丽、李增义、张星、葛茜）

第二章　水稻种植的生物学基础

第一节　水稻生长发育（高鹏、余正军、李丹妮、任琼芝）

第二节　水稻的碳代谢（高鹏、余正军、王飞杰、陈浩）

第三节　水稻的氮代谢（高鹏、任琼芝、朱历霞）

第三章　陕西水稻常规栽培

第一节　秧苗培育（王艳龙、赵芬、徐庆安）

第二节　陕西水稻栽培技术研究（周子凡、史莉娜、姚平波、李培江）

第三节　陕西水稻其他栽培方式（蒲国涛、严明强、王广炳、姚永成）

第四章　陕西特种稻栽培与多作栽培

第一节　陕西特种稻栽培（蒙天竣、李一博、程开利、龚亚丽）

第二节　陕西稻渔综合种养与水稻多作物栽培（蒙天竣、周世庆、任琼芝、龚亚丽）

第五章　陕西水稻种植中的环境胁迫及其应对

第一节　气象灾害及其应对（王俊义、王业文、刘兴娥、陈友乾）

第二节　水稻病害及其防治（王清文、张康、杨杰、陆小成）

第三节　水稻虫害及其防治（张康、王超、闫鹏、陆小成）

第四节　稻田杂草防除（左金钟、王辉、陆小成）

第六章　陕西水稻品质和综合利用

第一节　稻米品质概述（李小刚、柯健、任琼芝、陈浩）

第二节　影响水稻品质的因素（李小刚、王保军、李培江、陈荣信）

第三节　陕西水稻稻米品质研究（李小刚、李培江、马良俊、龚亚丽）

第四节　陕西水稻稻米加工和综合利用（王保军、李小刚、党文丽、何忠军）

前　言

水稻是重要的粮食作物，全世界有超过半数人口以稻米为主粮。水稻也是我国三大主粮之一，我国超过60%的人口以稻米为主食。2023年，全国水稻种植面积4.34亿亩[①]，稻谷产量2 066.05亿kg，在我国粮食安全方面占有极其重要的地位。

陕西省位于我国中部，地形狭长，南北跨越纬度8°，相距大于800 km，水稻种植区海拔相差超1 000 m，因此，陕西省水稻种植地理、生态气候条件多样，在全国稻作区划中，分属3个稻作区。在栽培制度上，从北到南包括了一熟制地区、二年三熟制地区、二熟制地区、二熟制向多熟制过渡地区等多个熟制类型。

水稻是陕西省第三大粮食作物，常年种植面积约195万亩，占全省粮食种植面积的4%，稻谷总产量约90万t，占全省粮食总产量的7.4%。水稻主要种植区集中在以汉中盆地和安康盆地为主的秦巴山地之间，占全省水稻种植面积的90%以上，在关中平原的渭河、黄河沿岸和陕北延安、榆林等地有少量粳稻种植。陕南年平均气温14～16℃，昼夜温差小，≥10℃积温4 400～5 000℃，年平均降水量850～900 mm，水稻生长季200～216 d；水稻灌浆结实期的8月中旬至9月上旬日平均气温23～24℃、日平均太阳辐射量>16 MJ·m^2、平均相对湿度80.67%，优越的气候生态条件非常适宜优质籼稻生长，是我国Ⅰ级优质籼米的最佳适宜生态区之一。

近年来，陕西水稻生产在品种培育、种植栽培技术、病虫草害绿色防控等方面发生了巨大变化，在以黑米为主的特色水稻研究及水稻综合利用方面也得到了广泛应用。因此，全面、系统地总结陕西水稻生产经验和科研工作，编写一部能反映陕西水稻科学研究和生产实践经验的科学理论著作，是陕西省水稻科技工作和产业发展的迫切需求，对指导陕西水稻生产，促进水稻品种引育，培养、提高科研人员技术水平，加速实现陕西水稻产业现代化具有重要意义。

注：1亩≈667 m^2，全书同。

本书在中国农业科学院作物科学研究所曹广才研究员的组织策划下，由汉中市农业技术推广与培训中心、安康市农业技术推广中心、榆林市农业科学研究院、商洛市农业技术推广站、镇巴县农业技术推广服务中心等陕西不同稻作区从事水稻栽培、育种、种子、植保、土肥、推广等一线技术人员共同撰写。

本书以陕西水稻生产为研究对象，系统分析介绍了陕西省水稻生产布局、稻种资源、品种类型和品种沿革、陕西水稻生长发育特点与相关代谢、水稻栽培实用技术、特种稻及多作栽培、环境胁迫与对策、主要病虫草害及防控技术、水稻品质与利用等内容。

本书参考文献按章编排，以作者姓氏拼音排序，同一作者的文献则按发表年代先后为序。英文文献排在中文文献之后，编排顺序同中文文献。未公开发表或正式出版的，不作为参考文献引用。

本书编写过程中参考了大量论文、专著、文献、资料，在此谨对相关作者表示感谢。本书的编写出版是全体编写者和中国农业科学技术出版社编辑人员共同努力协作的成果。本书得到国家水稻产业技术体系汉中综合试验站全体成员及陕西省水稻产业技术体系部分专家成员的大力支持，其他参编人员所在单位也给予了大力支持，在此表示衷心感谢。

在编写过程中虽几经认真研讨及谨慎修改，但受水平所限，加之编写时间仓促，以致书中疏漏在所难免，敬请同行专家和广大读者批评指正。

王胜宝　李小刚
2024 年 12 月

目 录

第一章　陕西水稻生产布局和种质资源 … 1
第一节　陕西水稻生产布局 … 1
第二节　陕西水稻种质资源 … 21
本章参考文献 … 60

第二章　水稻种植的生物学基础 … 62
第一节　水稻的生长发育 … 62
第二节　水稻的碳代谢 … 89
第三节　水稻的氮代谢 … 107
本章参考文献 … 115

第三章　陕西水稻常规栽培 … 121
第一节　秧苗培育 … 121
第二节　陕西水稻栽培技术研究 … 149
第三节　陕西水稻其他栽培方式 … 209
本章参考文献 … 217

第四章　陕西特种稻栽培与多作栽培 … 229
第一节　陕西特种稻栽培 … 229
第二节　陕西稻渔综合种养与水稻多作物栽培 … 241
本章参考文献 … 277

第五章　陕西水稻种植中的环境胁迫及其应对 … 283
第一节　气象灾害及其应对 … 283
第二节　水稻病害及其防治 … 324
第三节　水稻虫害及其防治 … 366
第四节　稻田杂草防除 … 398
本章参考文献 … 408

第六章 陕西水稻品质和综合利用……415

- 第一节 稻米品质概述……415
- 第二节 影响水稻品质的因素……426
- 第三节 陕西水稻稻米品质研究……447
- 第四节 陕西省稻米加工和综合利用……450
- 本章参考文献……457

第一章
陕西水稻生产布局和种质资源

第一节　陕西水稻生产布局

一、中国水稻种植现状及区划

（一）中国水稻的现状

水稻是一种好暖喜湿的作物，一般具有高温多雨气候特点的地区都能种植，除了南极洲外几乎大部分地方都有稻米生长。全球现有 113 个国家种植水稻，主要分布在亚洲、地中海沿岸、美洲、大洋洲和非洲部分地区。目前，全球约 50% 的人口以稻米为主粮，因此，水稻的生产对世界粮食安全起着举足轻重的作用。根据联合国粮食及农业组织（FAO）统计，2020 年全球水稻种植面积约 1.642 亿 hm^2，总产量 7.57 亿 t，平均单产约 307.26 kg/亩。从产区分布来看，全球水稻生产主要集中在亚洲，其种植面积、产量分别为 1.405 亿 hm^2、6.77 亿 t，占全球的 85.57% 和 89.43%。从国家分布来看，全球种植面积、总产量前十位的国家为印度、中国、孟加拉国、印度尼西亚、泰国、越南、缅甸、尼日利亚、菲律宾、巴基斯坦。全球种植面积排名第一的国家是印度，面积为 0.45 亿 hm^2，占全球总种植面积的 27.41%；排名第二的是中国，种植面积为 0.301 亿 hm^2，占比 18.33%；排名第三的是孟加拉国，种植面积为 0.114 亿 hm^2，占比 6.94%。全球稻谷产量排名第一的国家是中国，产量为 2.12 亿 t，占全球稻谷总产量的 28.01%；排名第二的是印度，产量为 1.78 亿 t，占全球比重约为 23.51%；排名第三的也是孟加拉国，产量为 0.55 亿 t，占全球比重约为 7.27%。

中国是世界水稻的发源地和产业发展的振兴地，据长江流域考古发现，水稻在中国已经有 7 000～1 2000 年的栽培历史。目前，中国是世界水稻种植面积第二、稻谷产量第一的国家，也是世界第一大稻米消费国和进口国。水稻是中国的第二大粮食作物，平均单产为 461.78 kg/亩，较全球平均单产 302.6 kg/亩高出 159.18 kg/亩。稻谷作为我国三大主粮之一，2022 年种植面积约占全国粮食作物总面积 11 833 万 hm^2 的 24.89%，产量约占全国粮食总产量 68 653 万 t 的 30.37%，位列第二，仅次于玉米（种植面积 4 307 万 hm^2、产量 27 720 万 t，分别占粮食的 36.40% 和 40.38%），高于小麦（种植面积 2 352 万 hm^2、产量 13 772 万 t，分别占粮食产量的 19.88% 和 20.06%）。

中国稻谷种植主要集中在湖南、黑龙江、江西、安徽、湖北、江苏、四川、广东、广西、吉林等省区。2021年国家统计局发布数据显示，我国水稻种植大省前十位分别是湖南种植面积397.11万hm²、总产量2 683.1万t，黑龙江386.74万hm²、总产量2 913.7万t，江西341.92万hm²、总产量2 073.9万t，安徽251.22万hm²、总产量1 590.4万t，湖北227.26万hm²、总产量1 883.6万t，江苏221.92万hm²、总产量1 984.6万t，四川187.50万hm²、总产量1 493.4万t，广东182.74万hm²、总产量1 104.4万t，广西175.67万hm²、总产量1 017.9万t，吉林83.73万hm²、总产量684.7万t。这10个省区的种植面积约2 041.06万hm²，占全国种植面积2 992.10万hm²的68.21%；总产量约16 411.81万t，占全国总产量21 284.20万t的77.11%。其中，黑龙江与江苏是两个粳稻种植大省，两省的粳稻种植面积与产量均占全国粳稻的60%以上，湖南、四川、湖北、江西中晚籼稻产量加起来占比超过全国的50%。

据全国农业技术推广服务中心对水稻品种推广面积统计，2020年推广10万亩以上品种杂交稻依次为晶两优534、晶两优华占、隆两优华占、泰优390、隆两优534、C两优华占、微两优898、宜香优2115、天优华占和两优688，常规稻依次为龙粳31号、绥粳18、黄华占、南粳9108、中嘉早17、绥粳22、淮稻5号、湘早籼稻45号、绥粳27和中早39。

（二）中国水稻的区划

中国稻区分布辽阔，南至海南，北至黑龙江黑河，东至台湾，西达新疆。低至海平面以下的东南沿海潮田，高达海拔2 600 m以上的云贵高原，均有水稻种植。水稻种植面积的90%以上分布在秦岭、淮河以南地区、成都平原、长江中下游平原、珠江流域的河谷平原和三角洲地带是我国水稻主产区。此外，云南、贵州的坝子平原，浙江、福建沿海地区的海滨平原，以及台湾西部平原，也是我国水稻的集中产区。中国稻区各地自然生态环境、社会经济条件和水稻种植状况存在着很大差异，揭示和掌握各复杂地域共同的和特异的规律，对稻作区域进行科学的划分，阐明和评价不同类型区域水稻生产的农业资源、稻作生产状况、存在问题、发展水稻生产的适宜程度，并提出发展方向、途径和措施，可以为合理开发利用稻区农业资源，为国家安排水稻生产和科研规划，为调整稻区生产布局和结构，为选建商品稻谷生产基地，提供科学依据。

中国水稻研究所梅方权等于1988年根据各地生态环境、社会经济条件和水稻种植特点，以自然生态环境、品种类型与栽培制度为基础，结合行政区划，将中国水稻区划分为6个稻作区（一级区）和16个稻作亚区（二级区），这也是目前公认的中国稻区的划分方法。

1. 华南双季稻稻作区（一级区）

本区位于南岭以南，在中国最南部。包括云南西南部、广东、广西、福建、海南和台湾等省（区）及南海诸岛全部，约6省194个县（市），又称作华南湿润双季稻稻作区。本区年≥10℃积温5 800～9 300℃，水稻生产季节260～365 d，年降水量1 300～1 500 mm。本区稻作面积居全国第二位（台湾除外），约占全国稻作总面积的

22%，品种以籼稻为主，山区也有粳稻分布。

2. 闽粤桂台平原丘陵双季稻亚区（二级区）

本亚区位于本稻作区的东部和中部，东起福建长乐和台湾，西迄云南广南，南至广东吴川。包括131个县（市）。属南亚热带和边缘热带的湿热季风气候，水稻生长期日照时数1 200～1 500 h，年太阳总辐射量90～110 kcal/cm²，年≥10℃积温6 500～8 000℃，大部分地方无明显的冬季特征。籼稻安全生育期（日平均气温稳定通过10℃始现期至≥22℃终现期的间隔天数，下同）212～253 d，积温为5 500～6 200℃；粳稻安全生育期（日平均气温稳定通过≥10℃始现期至≥20℃终现期的间隔天数，下同）235～273 d，积温为5 900～6 400℃（南岭山地水稻安全播种期，随海拔每升高100 m，一般推迟3～7 d）。水稻生长季降水量1 000～2 000 mm，东部高于西部，4—9月是雨季，干湿季分明。地貌以低山、丘陵为主，盆地、平原交错分布，以平原生产水平为高。"清明风"影响较重，台风、干热风及"秋分水"危害比琼雷亚区为轻，适合双季稻生长，常年双季稻种植3 600万亩，占该亚区水稻播种面积的94%左右，福州、莆田、泉州、潮汕等平原和珠江三角洲及广西沿海地区为双季稻主要产区，稻田实行以双季稻为主的一年多熟制，仅局部地区种植一年一熟中稻或晚稻。亚区北部海拔600 m以下地区以冬闲－双季稻为主，并已实行冬作－双季稻三熟制，水利条件较差的地方早、晚季稻改种一季旱作物，与双季稻隔年轮作；亚区南部海拔500 m以下地区主要推行喜温作物（甘薯、大豆等）－双季稻三熟制，并与甘蔗隔年（或3～4年）轮作。在大、中城市郊区或市场销售和外贸需要量大的地方，近年来调整安排了冬作－春旱作－晚稻或冬作－早稻－秋旱作等熟制。在闽南、潮汕平原和珠江三角洲发展蔗田间作大豆、花生、瓜类及食用菌等。近年广西在安排好粮食生产的前提下，在玉林、钦州、南宁等地有计划地恢复和发展了花生与水稻的轮作制。此外，还有香蕉田间作菇类、蔬菜，柑橘园间作花生、大豆、水稻，双季稻冬、春季养鱼，夏、秋季养稻底鱼，以及在低洼地区发展"桑基鱼塘"等农牧渔菜结合的复合多熟制。本亚区早稻、中稻、晚稻均以籼稻为主，粳稻仅在少数山区和台湾有少量分布。一般早、晚稻同一品种两季兼用。品种类型必须符合台风季节规律才能高产稳产，广州以南地区为了充分发挥生长季节长的优势，早季多用中、迟熟品种，晚季多种感光性强的品种。

3. 滇南河谷盆地单季稻稻作亚区（二级区）

本亚区位于本稻作区的西部。亚区北界线东起麻栗坡县，经马关、开远、元阳、新平、昌宇，至盈江县，包括滇南的41个县（市）。亚区内半数以上县（市）处在北回归线以南，属热带、亚热带湿暖季风气候。岩溶地貌密布，地形复杂，导致气候变化多样。最南部的低热（低海拔炎热，下同）河谷接近热带气候特征。水稻生长季日照时数1 000～1 300 h，年太阳总辐射量90～100 kcal/cm²，生长季降水量700～1 600 mm，6—8月降水量占全年的60%；年≥10℃积温5 800～7 000℃，局部高达7 900℃。水稻安全生育期籼稻180 d以上、粳稻235 d以上，稻田主要分布在河谷地带，水稻种植海拔高度上限为1 800～2 400 m。

本亚区多数地方一年只种一季水稻（或陆稻），单季中稻和晚稻占稻作面积的87.3%。云南省的270万亩陆稻大部分分布在本亚区，亩产约100 kg。澜沧江下游、怒江以西和元江下游的河谷地带，热量富足，适宜种植双季稻，且冬季可种大豆、甘薯、花生等喜温作物，但由于降水量变率大，耕作粗放，目前多数仍为一季晚籼或中籼，即使在南端的西双版纳州，多数也实行单季稻一熟连作制，收割后不耕，冬、春季休闲，复种指数仅120%，自然资源浪费严重，有待于发。亚区中部多为一年一季中稻或晚稻，双季稻比例不大，水稻单产不高，亚区北部以种植一季籼稻为主，部分冬作－稻两熟，海拔1 100 m以下有少数双季稻分布，临沧地区是小麦－稻两熟高产区，近年在盈江、勐海等地推广早、中稻的再生稻，对利用温、光、水资源有较好的效益。本亚区中稻和晚稻品种多为熟期较晚、适应性较强的地方品种，近年引进的一批新选育的品种，增产效果显著，陆稻以光壳型品种为多。

4. 琼雷台地平原双季稻多熟亚区（二级区）

本亚区位于本稻作区南部，包括海南省各县和雷州半岛的湛江、遂溪、海康、徐闻共22个县（市），是我国南方稻区中热量资源最丰富的地区，属边缘热带气候，年≥10℃积温8 000～9 300℃，水稻生长季达300 d左右，其南部可达365 d，1月平均气温>18℃，可以种水稻，所以一年能种三季稻，从11月至翌年4月为旱季，水稻生长季内，降水量800～1 600 mm，日照时数1 400～1 800 h，年太阳辐射量100～120 kcal/cm²，热带气候特征明显：春暖早、秋寒迟，籼稻安全生育期253 d以上，粳稻273 d以上；日照多，早季多于晚季；地区间降水量差异较大，雨量分布不均，春雨少、秋雨多；在早、晚稻生育期间，常有台风、清明风、干热风入境，以台风影响最大。稻田海拔10～150 m，以垌田和坡田为主，琼中山地梯田、坑田较多，土壤缺钾少磷，有机质贫乏，土地生产力较低，早、晚两季平均亩产不到400 kg的稻田占70%左右。

本亚区双季稻种植面积平均占稻田的68%，冬季可种植喜温作物，多为薯－稻－稻或大豆－稻－稻三熟制。海南岛的三亚市、陵水黎族自治县等地终年都可种植水稻，是水稻南繁基地，目前许多地方仍是冬闲田－双季稻两熟，自然资源利用不充分，有待开发。本亚区以种植籼稻为主，山区和台湾有部分粳稻，双季稻早季品种多为中、迟熟的中籼稻类型，晚季品种由于台风入境频繁，以选用能在10月11日以后抽穗的迟熟中籼品种为主，生产上品种一般早、晚季兼用，比较单一。

5. 华中单双季稻稻作区（一级区）

本区位于南岭以北、秦岭以南，东起东海之滨，西至成都平原西缘，南接南岭山脉，北毗秦岭、淮河。包括江苏、上海、浙江、安徽的中南部、江西、湖南、湖北、重庆和四川（除甘孜藏族自治州外）及陕西和河南两省的南部，又称作长江流域湿润单双季稻作区。本区是中国最大的稻作区，稻作面积约占全国稻作总面积的59%，其中的江汉平原、洞庭湖平原、鄱阳湖平原、皖中平原、太湖平原和里下河平原等地历来都是中国著名的稻米产区，稻米生产的丰歉对全国粮食形势有重大影响。本区年≥10℃积温4 500～6 500℃，水稻生产季节210～260 d，年降水量

700～1 600 mm。早稻品种多为常规籼稻或籼型杂交稻，中稻多为籼型杂交稻，连作晚稻和单季晚稻为籼、粳型杂交稻或常规粳稻。

6. 长江中下游平原单双季稻亚区（二级区）

本亚区位于年≥10℃积温5 300℃等值线（自浙江浦江、淳安、开化向安徽屯溪，经湖北黄梅、鄂城至湖南南县等一线）以北，淮河以南，鄂西山地以东至东海之滨，包括苏、浙、皖、豫、鄂、湘、沪7省（市）的235个县（市）。年≥10℃积温600～5 500℃，大部分地区种植水稻一季有余、两季不足，双季稻季节较紧。籼稻安全生育期159～170 d，粳稻170～185 d。水稻生长季中，降水量700～1 300 mm，日照时数1 300～1 500 h，年太阳总辐射量80～115 kcal/cm²，本亚区春季气温回升时间迟，速度也较慢，且伴有较多的降雨，往往导致早稻烂秧死苗，但光、热、水配合较协调，且秋季降温较慢，日照条件好，加上劳动力充裕，田间耕作水平高，城镇多，工业发达，交通方便。水利设施和农用物资供应条件较好，故而目前双季稻仍占2/5～2/3面积，长江以南部分平原高达80%以上。亚区南部的稻田基本上是以双季稻为主的一年三熟制，亚区中、北部多实行以单季稻为主体的一年两熟制。本亚区稻田种植制度在保证粮食为主体的前提下，部分稻田发展了蔬菜 - 双季稻、冬菜 - 早稻 - 秋菜、麦 - 瓜类 - 晚稻、麦 - 早稻 - 蔬菜、蔬菜 - 晚稻、早稻 - 蔬菜/绿肥、饲料 - 晚稻、鱼 - 稻或稻底鱼等形式，对保障城乡供应，发展商品经济起到了良好作用。本亚区种植双季稻由于热量偏紧，因此一般实行"早籼晚粳"的稻田复种格局，即早稻以选用早、中熟早籼为主，晚稻以选用早、中熟晚粳为主，单季稻品种类型较多。单季杂交稻分布高度各地差异很大。

近年来，本区域水稻种植"双改单"趋势明显，再生稻种植面积迅速扩大，河南信阳以南、湖北和湖南部分地区再生稻发展迅速。湖南从2015年的20多万亩，到2020年示范推广区域扩展到111个县，面积稳定在400万亩，桃源、浏阳、双峰等多地再生稻两季亩产均突破1 000 kg，形成了两季口粮型再生稻模式、饲食两用型再生稻模式、稻 - 再生稻 + 油菜"二种三熟"粮油结合型模式这3套机收再生稻生产模式。2018年以信阳市为代表的豫南稻区再生稻种植面积达到5 600.0 hm²（其中，商城县再生稻面积达到3 369.7 hm²，最高单产达每亩478.5 kg）。到2020年湖北发展到21.33万hm²，单产达每亩260～314 kg。

再生稻是指在前茬水稻收割后，利用稻桩上的休眠芽，在适宜的水、温、光和养分等条件下加以培育，使之萌发出再生蘖，进而抽穗为成熟的水稻。再生稻一种两收，再生季生育期短、日产量高，具有"四省"（省种、省工、省肥、省秧田）、"三高"（投入产出率高、劳动效率高、经济效益高）等特点，被公认为米质好、食味佳的优质稻米，且是较少或基本不用农药的绿色安全食品，是南方热量资源"两季不足，一季有余"地区充分利用秋季气候资源、提高复种指数、增加稻田单位面积产量、保障粮食安全的重要措施和有效途径。再生稻与双季稻、一季稻共同构成了当前南方水稻生产的3种主体种植模式。据统计，我国再生稻主要分布在西南、华南、华中及华东等部分稻区。截至2023年再生稻种植面积已发展至接近110万hm²，再生季产量达到

200～250 kg/亩。

7. 川陕盆地单季稻两熟亚区（二级区）

本亚区以四川盆地和陕南川道平原为主体，北靠秦岭，南及大娄山，西至成都平原西缘，东至鄂西山地。包括川、陕、豫、鄂、甘5省的194个县（市）。年≥10℃积温4 500～6 000℃，籼稻安全生育期156～198 d，粳稻166～203 d，水稻生长季降水量800～1 600 mm，日照时数700～1 000 h，年太阳总辐射量50～90 kcal/cm^2。由于有秦岭、大巴山两道"屏障"阻隔，构成特殊的自然气候和稻作特点：寡照多雾，日照和太阳辐射量为全国最低值；春季气温回升早，水稻安全播种期比其他两亚区早15～20 d，秋季气温下降时间早，速度快，安全抽穗期提早10～20 d；四川盆地东南部春季干旱、夏季酷热、秋季阴雨，陕南水稻生长季较短，均有碍于双季稻的发展，四川盆地双季稻比例由最高时的17%下降至目前的3%以下，陕南川道平原更是濒于绝迹；近年来，四川东南部地区再生稻发展迅速，特别是南充以南地区面积逐年递增，再生稻种植优生区在温度相对较高、地势较为平坦的川南和渝西地区，占川渝地区再生稻总面积的45%，属川南渝西丘陵山地现代农业协同发展示范区范围。2021—2022年，川渝地区再生稻种植面积42万～45万hm^2，其中，四川36万hm^{2}左右、重庆8万hm^{2}左右，单产四川96.7～208.7 kg/亩、重庆50～190 kg/亩，主要为"中稻+再生稻"种植模式。稻田以紫色土为主，水源缺，有效灌溉面积小，形成全国最多的冬水田地带，四川省就有冬水田2 081万亩，占稻田面积的41%，陕西秦巴山区的22.5万亩稻田大部分为冬水田。长江河谷坝地、岷江、沱江、嘉陵江下游的河谷坝地，年≥10℃积温5 500～6 000℃，水利条件有保障的地方都可以种植双季稻或双季稻三熟，但目前单季中稻和晚稻仍占水稻面积的93.1%，实行冬作-稻两熟或一年一季稻，近年来在大春作物中因地制宜增加了一季高产饲料或旱粮作物，效果很好。

本亚区以种植籼稻为主，杂交中稻和常规中稻兼有，少量粳稻分布在700～1 000 m的山区，杂交籼型中稻一般每亩增产50～65 kg，扩种、种好杂交稻是本亚区粮食增产的重要途径。近年来，一批新杂交稻组合在一些条件较好的地区种植推广，为本亚区恢复和发展双季稻或双季杂交稻提供了条件。本亚区由于地貌、海拔高度、乡风民俗差异很大，各地不论选用常规稻或杂交稻，都必须因地制宜。本亚区由于寡照多雾，湿度大，有利于病虫害的发生和流行。病害三要有稻瘟病，局部有纹枯病、稻曲病、根尖线虫病等。四川盆地是稻飞虱为害的重灾区之一，流行白背飞虱和褐飞虱，局部地区还有稻苞虫为害。

从本亚区温、光、水配合的实际情况看，多数地方发展以中、迟熟籼型杂交稻为主的麦（油菜）-稻两熟制是适宜的，今后在条件适宜的地方尽量扩大种植再生稻也应引起重视，同时要恢复、发展洋县黑米等名特米生产，丘陵地区重点放在增加蓄水设施和提高灌溉能力上，改造冬水田，还要增加对稻田的投入，增施有机肥料，恢复和扩大绿肥面积。

8. 江南丘陵平原双季稻亚区（二级区）

本亚区位于本稻作区东南，年≥10℃积温5 300℃线以南，南岭山脉以北，鄂西、湘西山地东坡至东海之滨。包括浙、赣、闽、湘、桂、鄂、粤7省（区）291个县（市）。年≥10℃积温5 300～6 500℃，籼稻安全生育期176～212 d、粳稻206～220 d，热量条件除海拔较高的山区外，均宜于发展双季稻。水稻生长季降水量900～1 500 mm，日照时数1 200～1 100 h，年太阳总辐射量80～110 kcal/cm^2，春、夏季多太平洋季风，气候温暖，对水稻生长有利，但在梅雨季停止后，常在25°～32°N范围内出现伏旱圈，伏旱强度在降水蒸发差–100 mm以上，有的地方可高达–200 mm，造成早稻高温逼熟，晚稻栽插困难，对水稻生产不利。稻田分布在湖泊平原、河川坝地和丘陵谷地，部分在岭岗地、垄地、台地，多数具有"爽而不漏、深而不陷、肥而不腻"的特点。但不少丘陵低山区，由于水源缺，水利设施差，漫灌、串灌的坡田多，肥力流失，有机质贫乏，耕性差，常发生旱害、渍害、瘠害、缺素、病害，阻碍了产量提高。

本亚区稻田种植制度一般平原为冬作物–双季稻三熟，以绿肥–稻–稻、油菜–稻–稻方式居多，麦–稻–稻次之，丘陵以冬闲田–稻–稻两熟为多，搭配部分双季稻三熟和冬作物–稻两熟制。无论双季稻或一季中稻，均以籼稻为主，粳稻主要分布在洞庭湖、鄱阳湖等湖区平原或湖边丘陵作连作晚稻栽培，还有少数分布在中山深丘作单季稻种植，品种类型布局的特点是：早稻以中、迟熟早籼为主，早熟早籼作为搭配种植，收后作为连作晚稻的"借用秧田"，这样可以省去连晚专用秧田，这部分田可多收一季早稻；杂交稻80年代以来推广速度快，作连作晚稻栽培面积大、产量高，开始扭转产量不高、不稳的局面，缩小了早、晚稻单产的差距；杂交稻早熟组合的育成和推广，使水、热条件好的地区扩种了双季杂交稻，提高了全年产量，本亚区各地选用的品种类型差异很大。

本亚区主要病害有稻瘟病、白叶枯病、纹枯病，水稻矮缩病、菌核病间歇或局部发生，近年来细菌性条斑病传入和蔓延，要注意防治；主要害虫有三化螟、二化螟、叶蝉、稻苞虫、稻飞虱及稻纵卷叶螟等，江西省双季晚稻常受稻螟蛉为害，南岭北麓还常出现稻瘿蚊为害。

本亚区水稻平均单产比本稻作区的其他两亚区低11.2%～18.8%，水稻生产还有较大的潜力。因此，热量条件好、水源充沛、肥力较高的稻田，可发展"迟配迟"形式的双季稻，部分地区扩种双季杂交稻；改造中、低产田，兴修水利，增强防旱抗旱能力，增加投入，合理轮作，恢复绿肥面积，增强地力；开发低丘红、黄壤，防止水土流失；在浙江东南平原、鄱阳湖平原、洞庭湖平原、湘中、赣中主要稻区加强商品粮基地建设。

9. 西南高原单双季稻稻作区

本区位于中国中西部及云贵高原和青藏高原，包括湖南西部、贵州大部、广西大部、云南中北部、青藏高原河谷地区和四川甘孜藏族自治州，共391个县（市），又称西南湿润单季稻作区。本区稻作面积约占全国稻作面积的6%。该区年≥10℃积温2 900～8 000℃，水稻生产季节180～260 d，年降水量500～1 400 mm。本稻作区地貌、地形复杂，稻田分布海拔高至2 700 m，低至160 m，立体型农业特点非常显著，

稻种资源丰富多彩，水稻垂直分布带差异明显，低海拔地区以籼稻为主，高海拔地区以粳稻为主，中间地带籼粳稻交错分布，陆稻有一定面积。

（1）黔东湘西高原山地单双季稻亚区（二级区） 本亚区位于本稻作区的东部，属云贵高原向东延伸的中低山丘陵河川谷地，包括黔中、东，湘西，鄂西南，川东南，共94个县（市）。属中亚热带温湿季风高原气候，雾多湿度大，日照少，冬无严寒，夏无酷暑，四季不甚分明。年≥10℃积温3 500～5 500℃，一年可两熟，籼稻安全生育期158～178 d，粳稻178～184 d；水稻生长季日照时数800～1 100 h，降水量800～1 100 mm，年太阳总辐射量70～90 kcal/cm²；降水分布不均，北部在3—5月常发生春旱，又接夏旱，影响水稻育秧和栽插，7—8月常出现伏旱，影响中稻抽穗开花、灌浆结实。

本亚区大部分地方仅种一熟中稻或晚稻，稻田复种形式单一，多以油菜-稻两熟为主，搭配麦-稻、绿肥-稻，占稻田比例较大的冬水田和冬炕田，因受自然条件和耕作习惯限制，一年只种一熟中稻，在武陵山区南部海拔350 m以下，黔东南、湘西南海拔400 m以下，黔南北盘江至都柳江的坝地和河谷有双季稻或双季稻三熟种植，海拔800～900 m的黔中部，≥10℃年积温1 700～3 700℃，雨日多，多以油菜-中稻为主，麦-中稻次之。

本亚区水稻垂直分布的特点十分明显，东部海拔1 200 m、西部1 500 m为粳稻种植区，东部海拔900 m、西部1 400 m以下为籼稻种植区；介于上下两者之间为籼、粳稻过渡带，品种的光温生态型主要表现为感光性弱-中（以弱为主），感温弱、中、强兼有（以中为主），因此，水稻品种以适合麦（油菜）-稻两熟的中熟籼稻品种为主，黔南、黔东及黔北海拔800 m以下地带，杂交稻已有所发展。

（2）滇川高原岭谷单季稻两熟亚区（二级区） 本亚区位于本稻作区西南部，包括滇中北部、川西南部、桂西北部和黔中西部的162个县（市），是青藏高原南延部分，地势高，海拔4 000～5 000 m，怒江、澜沧江、雅砻江等河川强烈下切，深山岭谷相对高差2 000 m左右，会东至雷波的金沙江沿岸一带竟达3 000 m，大小坝子星罗棋布，气候类型多样，西北部属寒带型气候，东部属温带型气候，南部属亚热带型气候，而且各种气候类型的热量垂直差异十分明显，有"一山有四季，十里不同天"的描绘。本亚区≥10℃年积温3 500～8 500℃。籼稻安全生育期158～189 d、粳稻178～187 d，水稻生长季日照时数1 100～1 500 h，降水量530～1 000 mm，年太阳总辐射量80～110 kcal/cm²，冬春旱季长，5—6月常出现久旱不雨天气，影响水稻播种、移栽，制约水稻复种面积的扩大。

高原的立体气候特点决定了稻田种植制度以蚕豆（小麦）-稻两熟为主，油菜-稻次之，绿肥-稻甚少，一年一季稻的冬水田占稻田的1/3以上，云南省宁蒗、丽江、剑川、兰坪以北，属高寒粳稻区，稻田一般分布在海拔2 700 m以下，最高分布高度为2 710 m（宁蒗县永宁乡上瓦村），也是世界稻田分布的最高极限。水稻品种多为抗寒的中粳或早中粳类型，热量资源较为丰富的大理地区宾川县采用壮秧、少本、高密度种植滇榆1号亩产曾达900～1 000 kg。滇中属中亚热带温凉湿润气候，过去籼稻多分布在海拔 1 750 m 以下、粳稻分布在 2 000 m 以上，近年粳稻分布向下延伸到海拔 1 200 m 左右，从而扩大了粳稻种植比例。

（3）青藏高寒河谷单季稻亚区（二级区） 本亚区位于本稻作区的西北部，本亚区地域广大，但适种水稻的区域极小，水稻面积为全国最少，稻田分布在海拔较低、水热条件好、灌溉方便、谷地宽度由数十米至 300~400 m，甚至上千米不等的沿坡向南的低阶地或洪（冲）积扇中，其中，云南的中甸、德钦和西藏东部的芒康、左贡、贡觉、察雅、江达、边坝、墨脱县有水稻种植，四川西部金沙江附近的巴塘也有水稻种植，分布在县郊宽约 3 km 的河谷小平原，海拔约 2 500 m，这里气候宜人宜农，有"甘孜的江南"之称，其余地方的稻作均属零星分布，为数甚微。由于地势高，地形复杂，旱季长，以及生产条件和基础均差等原因，本亚区水稻单产较低，年度间产量不稳，但增产潜力仍然存在。

10. 华北单季稻稻作区（一级区）

本区位于秦岭、淮河以北，长城以南，关中平原以东地区，包括北京、天津、河北、山东、山西及河南北部、安徽、江苏淮河以北、陕西中北部、甘肃兰州以东地区，共 457 个县，又称华北半湿润单季稻作区。稻作面积约占全国稻作面积的 3%。本区年 ≥ 10℃积温 4 000~5 000℃，无霜期 170~230 d，年降水量 580~1 000 mm，降水量年际间和季节间分配不均，冬、春季干旱，夏、秋季雨量集中。本区拥有全国最大的冲积平原，平原占土地面积的 3/4，温、光条件较好，有利于发展水稻，但后期易受低温危害，加上水源不足、盐碱地面积大，是发展水稻的不利因素。种植品种以粳稻为主。

（1）华北北部平原中早熟亚区（二级区） 本亚区位于本稻作区北部，包括京、津全部，冀、豫、鲁部分地区，共 205 个县（市）。本亚区东部主要受海洋性气候影响，西部受大陆性气候影响大，年 ≥ 10℃积温 4 000~4 600℃，水稻安全播种期春稻 4 月上中旬、麦茬稻 5 月上中旬，安全抽穗期春稻 8 月中下旬、麦茬稻 8 月下旬。年日照时数 2 400~3 000 h，年太阳辐射量 120~135 kcal/ cm^2，年降水量 580~630 mm，60% 以上集中在 7—8 月，冬、春干旱季较长，造成春播育秧和栽插期间用水严重不足，使水稻发展受到限制。也因年际间降水量不均而影响水稻种植面积的稳定，稻田集中分布在引黄灌区、渤海湾沿岸和京、津各县，其余地方零星分布。20 世纪 70 年代中期以来试验和推广的水稻旱种技术，适应了本亚区的气候特点，对稳定和发展水稻生产起了一定作用。本亚区发展优质米有一定优势，天津小站稻 1965 年曾达 111 万亩，后因水源枯竭，种植面积急降，经过改善水源供应和采取节水种稻技术后，面积已有恢复，京西稻及京香 1、2 号等优质稻也已在扩大种植。

本亚区稻田种植制度有水田一年一熟、水旱两年三熟和一年两熟，水田一年一熟为一年一季春稻；水旱两年三熟多为春稻 – 冬小麦 – 夏稻（冬休闲）、春玉米 – 冬小麦 – 夏稻（冬休闲），适应水源不足地区。以上两种方式在京、津和渤海湾沿岸多于一年两熟，一年两熟多为冬小麦 – 稻方式。在冀南和豫、鲁的沿黄稻区多于一年一熟和两年三熟。本亚区水稻品种主要属中粳稻中的早熟、中熟类型，还有部分中晚熟类型和杂交粳稻。

（2）黄淮平原丘陵中晚熟亚区（二级区） 本亚区位于本稻作区的南部和西部，包括鲁、豫、晋、陕、苏、皖6省的大部或部分，共252个县（市）。属暖温带半湿润季风气候，≥10℃年积温4 000～5 000℃，粳稻安全播种期4月中下旬，安全齐穗期8月下旬至9月中旬。年日照时数2 000～2 600 h，年太阳总辐射量110～125 kcal/cm²，年降水量600～1 000 mm，南部多于北部，内陆少于沿海。稻区集中在江苏省徐淮，安徽、河南两省的淮北，山东省济宁、菏泽、临沂地区和陕西渭河平原，稻田分布有"沿河一条线，沿湖沿井一小片"的特点。水稻单产居粮食作物首位，面积小，而产量比例大。河南1985年水稻播种面积占秋粮播种面积的1/10，而稻谷总产量占秋粮总产量的1/5。江苏徐淮地区近年来水稻产量增长很快，成为该省新的商品粮基地，安徽沿淮地区发展水稻生产已成为改变多灾、低产面貌的有效措施。本亚区全境一年两熟，以麦-稻为主，麦-稻两熟的热量和雨量北部偏紧，南部有余。

本亚区品种类型较多，鲁中南、晋南栽培中粳稻；关中平原大部分为中籼，少数为中粳；豫中、淮北以中籼为主；苏、皖的淮北地区杂交籼稻、中粳稻和中籼稻兼有。

11. 西北干燥区单季稻稻作区（一级区）

本区位于大兴安岭以西，长城、祁连山与青藏高原以北地区，包括新疆、宁夏、甘肃西北部、内蒙古西部、山西大部、青海、陕西、河北、辽宁共420个县（旗、市），又称作西北干旱单季稻稻作区。本区域地域辽阔，地貌、地形复杂，大部分地区气候干旱，热量条件好，温度变化剧烈，降水量稀少。稻区主要分布在天山北、南坡，伊犁河谷、喀什三角洲、昆仑山北坡、宁夏的黄河两岸和晋中。稻作面积约占全国稻作面积的1%。本区≥10℃年积温2 000～4 500℃，无霜期100～230 d，年降水量50～600 mm，大部分地区气候干旱，光能资源丰富。主要种植早熟早粳、中粳稻。

（1）北疆盆地早熟亚区（二级区） 本亚区位于本稻作区的西北部天山以北、阿尔泰山以南地区，包括北疆41个县、（市），地处欧亚大陆中心，远离海洋，又有高山阻隔，海洋季风影响甚微，属温带大陆性干旱、半干旱气候。≥10℃年积温3 150～3 700℃，最热月平均温度23～26℃，7—9月气温日较差12～16℃，最高超过20℃。水稻安全播种期4月中旬至5月上旬，安全抽穗期7月下旬至8月上旬。年日照时数2 600～3 300 h，年太阳总辐射量130～145 kcal/cm²，年降水量150～220 mm，蒸发量高于降水量10倍左右，靠高山冰雪融化灌溉，农区内水量相对稳定，农区海拔一般500～800 m。稻田主要分布在伊犁河、玛纳斯河、乌鲁木齐河的冲积平原及博尔塔拉河、额尔齐斯河、乌伦古河的河谷平原。水稻单产虽低于全国平均水平，但增产潜力大。

水稻一年一熟，南部的玛纳斯等地有水稻-春麦（胡麻、黄豆）-水稻隔年轮作形式，面积不大。新疆生产建设兵团水旱轮作较为普遍。南部一些地方可少量发展小麦-稻复种。地方多采用水直播和育秧移栽，新疆生产建设兵团多采用机旱直播和飞机水直播。水稻品种属早粳中的特早熟、早熟类型，耐干旱、低温、盐碱性均较强。

（2）南疆盆地中熟亚区 本亚区位于本稻作区的西部、天山以南、昆仑山以北地区，包括南疆46个县（市）。属暖温带大陆性干旱气候，光能资源丰富，热量条件好，比北疆亚区温度高，降水量少。年≥10℃积温4 000～4 250℃，吐鲁番盆地达5 400℃，7—9月平均昼夜温差16～20℃。水稻安全播种期为4月中旬至5月上旬，安全齐穗期8月中旬。年日照时数2 800～3 300 h，年太阳总辐射量145～150 kcal/cm^2。年降水量仅50 mm左右，为全国最干旱区，年干燥度＞4，农区海拔900～1 400 m，稻田分布在阿克苏河、塔里木河、渭干河、开都河、孔雀河、叶羌河、和田河、克里雅河的冲积平原，引用河水或泉水灌溉。温宿、乌什、阿克苏和农一师、农二师所属各团场是本亚区重要商品稻谷生产基地。水稻平均单产低，但上万亩亩产500 kg以上的高产纪录（包括直播、插秧）也时有出现，亩产最高达704 kg，说明提高产量有很大潜力。

稻田一年一季稻。南部泽普、莎车等地水肥和劳畜力条件较好，多在麦收后复种水稻，亩产100～150 kg。水稻栽培法，旱直播、水直播和育秧移栽兼而有之，插秧面积逐年扩大，水稻品种早熟、中熟、晚熟皆有。品种耐旱、耐盐碱、耐寒性能均较强，早、中、晚熟类型品种种植比例常决定于当年、当地高山积雪融化时间的早晚，这是本亚区稻作特点之一。

（3）甘宁晋蒙高原早中熟亚区　本亚区位于本稻作区的中、东部，包括大兴安岭以西部分，辽西北、冀北、晋中北、陕北、甘中部和西北部、青北部和东部及宁夏全部，共333个县（旗）市。属温带大陆性半湿润-半干旱季风气候和半干旱-干旱气候。≥10℃年积温2 000～3 600℃，从东南向西北递减；年日照时数2 500～3 400 h，年降水量200～600 mm，集中在7—9月，多暴雨；蒸发量大，空气干燥，春旱、夏旱频繁。主要由内蒙古高原和黄土高原组成，海拔大部分在1 000～1 500 m，阴山山脉以北为干草原和荒漠草原，旱作农业极为困难，更无水稻种植。稻区主要分布在银川平原、晋中、晋北和冀北，内蒙古赤峰、陕北、辽西北、晋东南及河西走廊有少量分布。水稻播种面积单产名列各亚区前茅。

一年一熟水稻。以连作为主，也有隔年水旱轮作。银川平原有种稻1年后种1年或2年旱作的形式，晋北繁峙县有种植4～5年水稻后轮种1次莜麦的传统农艺。稻田复种，晋中有春大麦-稻、油菜-稻，银川平原有春小麦-稻形式，面积都不大。水稻栽培方法以育秧移栽为主，兼有水、旱直播，国营农场广泛采用机械旱直播。水稻品种以早熟、中熟早粳当家，陕北南部有少量早籼品种分布。

12. 东北早熟单季稻稻作区（一级区）

本区位于黑龙江流域以南的辽东半岛和长城以北、大兴安岭以东地区，包括黑龙江、吉林和辽宁大部、内蒙古东部的大兴安岭地区和哲里木盟中部的西辽河灌区，共181个县（旗、市），又称作东北半湿润早熟单季稻作区。中西部和东北部为大平原，地势坦荡开阔，水资源丰富，土层深厚，土壤肥沃，机械化程度高，是中国重要的商品粮基地。稻区主要分布在辽河三角洲、辽宁省中部和沿海平原，吉、黑两省的松花江平原，吉林东、南部和东辽河平原及牡丹江半山区和铁延山边地区，本区生产的"东北大米"米质优良，享有很高声誉。稻作面积约占全国稻作面积的9%。本区

年≥10℃积温2 000~3 700℃,年降水量350~1 100 mm。稻作期一般在4月中下旬或5月上旬至10月上旬。主栽品种以早粳和特早熟早粳为主,粳稻品质十分优良,近20年由于大力发展灌溉系统,稻作面积不断扩大,目前已达到157万hm²,成为中国粳稻的主产省之一。冷害是本区稻作的主要问题。

(1)黑吉平原河谷特早熟亚区 本亚区位于本稻作区的北、中部,包括黑、吉两省全部和内蒙古东部的部分地区,共138个县(旗、市)。属寒温带-温带,湿润-半干旱季风气候。年≥10℃积温2 000~3 100℃,昼夜温差大。水稻安全播种期4月中旬至5月上旬,安全抽穗期7月下旬至8月上旬,年日照时数2 200~3 100 h,年太阳总辐射量100~120 kcal/cm²,年降水量400~1 000 mm,80%集中在5—9月。水稻生长季日照时数长,光照强度大,有效积温虽偏少,但可满足一季早粳生育需要,昼夜温差大,水资源丰富,加上土地平坦,土壤肥沃,有利于种植水稻并获得高产,不利条件是延迟型冷害3~5年一遇,常造成水稻贪青晚熟;不育型冷害在40%的县经常发生,使结实率下降。

中华人民共和国成立以来,本亚区水稻生产几起几落,进入20世纪80年代以来发展势头很猛,水稻在国民经济建设中已越来越显示出重要作用,农民种稻致富的典型大量涌现。在发展途径上,采取有灌溉条件的地方,种植水稻;灌溉条件差的低洼地,发展水稻旱种;低温地区推广地膜种稻;粗粮面积大的地方,恢复陆稻的方法,很有特色。由于重视吸收外来先进技术,并结合实际情况加以消化、改进,近几年来水稻栽培体系发生了新的变化。吉林省实行的大棚盘式育秧和机械化插秧技术(每亩增产100 kg左右)和黑龙江省推广的寒地水稻旱育稀植技术,都取得了显著成效,将本亚区水稻生产推向一个新阶段。

本亚区一年栽培一季水稻,冬季休闲。一些国营农场为改变连作造成的稻田土壤变劣和杂草丛生的状况,实行水旱轮作。

本亚区水稻品种为特早熟、早熟早粳稻类型,感温性强,感光性弱,耐寒性强。本亚区的水稻品种和材料,是我国稻作宝贵的耐寒品种资源。

(2)辽河沿海平原早熟亚区 本亚区位于本稻作区的南部,包括辽宁省除西北部分以外的46个县(市),属温带-暖温带、湿润-半湿润季风气候。年≥10℃积温2 900~3 700℃,水稻安全播种期4月初至中旬,安全抽穗期8月上旬至中旬。5—9月日照时数1 010~1 270 h,太阳总辐射量66~76 kcal/cm²。年降水量350~1 100 mm,5—9月占全年的80%,尤以7—8两月最多。本亚区温、光条件对水稻种植有利,但延迟型冷害出现频率较高,不育型冷害在山地、丘陵时有发生。

中华人民共和国成立后本亚区水稻发展迅速,水稻单产始终是各种粮食作物的第一位,水稻播种面积单产居全国各稻作亚区之首。现在的问题是,由于亚区内工矿多、城市多和乡镇企业的发展,用水矛盾日益突出,供水不足成为发展水稻的主要限制因素。为此,近几年来通过打井、节水、旱种和地膜覆盖等多种方法,来寻求发展水稻生产的新途径。

本亚区实行冬闲-夏稻一年一熟制,试验冬小麦-稻两熟成功,说明冬麦后再收一季早熟水稻在南部地区是可能的。水稻品种为中、迟熟早粳稻类型，感温性强、感光反应较弱，杂交粳稻的研究和应用在北方稻区中居领先地位。主要病虫害与黑吉亚区基本相似。

（三）中国水稻发展的动态变化

1. 水稻产业特点

一是单产水平高。2015年平均单产459.5 kg/亩，高于世界302.6 kg/亩约156.9 kg/亩，高出51.9%。二是分布范围广。全国均有分布，以秦岭淮河为界，南是籼稻区，北为粳稻区。三是品种资源丰富。目前，收集保存水稻资源7.6万份，占世界总量14万份的54.29%。四是用途广泛多样。可用于食用、饲料、加工、工业等。五是国际贸易量小。自用为主，国际进口量逐年加大。六是产业化程度低。突出表现在品种多乱杂、生产规模小、专业化程度低、加工产品少，种植户收入持续低迷。七是商品化程度弱。表现在产业链分离（涉及多部门、产种不分品种类型等），加工技术落后（抛光色选、调质配料技术不过关），产后转化落后（花色品种少、精深转化品种缺），品牌战略滞后（缺乏国际知名品牌）等方面。

2. 稻谷消费基本稳定，进出口贸易呈波动增长态势

中国是稻谷消费大国。一方面，受近年来人口增速放缓并有转向下行趋势的影响，另一方面，随着我国社会经济的发展，人民生活水平逐渐提高，受膳食结构改善等因素的影响，近年来我国稻谷表观消费量常年维持在21 000万t左右，消费结构以口粮大米消费、饲料消费、工业消费为主。从进出口贸易情况来看，中国是全球稻谷贸易市场中重要的组成部分，近年来出口规模整体呈波动增长态势。2012—2018年，受国际米价下跌、国产优质米价格上扬的影响，进口大米量逐年增加。2019—2022年，受全球新冠疫情、高温干旱、蝗灾等灾害影响，多国粮食产量受到影响，并陆续加入限制粮食出口的行列，中国稻谷进口规模呈下降趋势。从市场情况来看，近年来，全国稻谷价格整体呈波动下降态势。

3. 水稻生产表现出面积逐年减小、总产逐年增加的趋势

统计资料显示，1980—2020年近40年中国水稻种植面积自3 387.8万hm^2降至约3 007.6万hm^2，减少11.22%，逐年递减约0.21%。高度减少区域主要位于甘肃、广东、浙江和福建，持续增加区主要分布于黑龙江、吉林和山东，而水稻总产量自1.40亿t增至约2.052亿t，增长约31.77%，逐年递增约0.79%。总产增加量主要集中于黑龙江、吉林、江苏、江西和湖南，减少量主要集中于广东、福建、浙江和四川。

4. 水稻生产重心向北迁移，迁移规律表现为"北进东移"态势

徐萌等2010年通过对水稻主产省区水稻产量占全国水稻总产量的比较生产指数分析发现，中国水稻生产区域布局已由传统的南方稻作区向"北兴南衰"的水稻生产布局趋势转变，但仍以南方为主；由局部调整模型分析可知，水稻生产规模和非农就业是影响中国水稻生产区域特征变化的关键因素。杨万江等2011年进一步观察水稻生产重心的演变轨迹，发现有3个比较明显的阶段性变化。1978—1990年朝着东北方向缓慢移动。水稻生产重心首先向西南方向移动了 14.97 km，然后向东北方向移动了 54.65 km，接着又转向西北方向移动了 17.21 km。整个过程虽然方向改变了两次，但整体朝向东北，移动速度比较均匀而且缓慢。表明在此阶段，中国各地区的水稻生产都有过相对强势的增长，但相比较而言，东北部地区水稻生产增长的强度更大，而且持续时间更长。1990—2000 年加速朝着东北方向移动。进入 20 世纪 90 年代以后，水稻生产重心在持续向东北方向移动了 85.48 km 之后，于 1997 年开始向西北偏移了近 25.17 km。其中，1994—1997 年短短 3 年间移动的距离就已经超过了 1981—1990 年时间移动的距离，表明中国东北部地区的水稻生产对全国的贡献程度在加速提高。2000—2009 年在波动中快速向东北方向移动。2000—2003 年，水稻生产重心又出现向西南偏移后转向东北继而再调转西北的情形，这和第一阶段的情况惊人地相似，但其变化速度之快，移动距离之大，又是第一阶段所不能及的。其中，2003—2006 年，水稻生产重心向东北方向快速移动了 141.66 km，超过了前两个阶段朝着东北方向移动的距离总和。然而，2006 年以后，水稻生产重心的移动速度略有放缓并且方向转为正北偏西。总体上水稻种植重心整体向东北移动，30 年间移动直线距离达到 229.33 km，累积距离为 255.34 km；水稻总产的迁移直线距离为 323.38 km，而累积距离为 324.7 km，水稻总产重心的迁移距离和幅度显著高于种植重心。水稻种植与产量重心具有同向性，迁移规律表现为"北进东移"态势。

二、陕西省水稻生产布局

陕西省种稻历史悠久，有过灿烂的古代种稻文明。据考古发掘的资料，陕西境内有不少古稻遗迹。在主产水稻的汉中市西乡县李家村与何家湾两处发掘的遗址中，发现在老观台文化时期的红烧土块中，有稻壳印迹，经 ^{14}C 测定，距今约有 7 000 年的历史。关中地区也在户县丈八寺和华县泉护村发现新石器时期的稻壳遗迹。证明在新石器时期，陕南和关中已有先民种植水稻的活动。

（一）陕西省自然条件和熟制

陕西省位于中国中部，地势南北高，中部较低，北部为黄土高原，南部为秦岭、巴山山地，中部为关中平原。全省地形狭长，从地理位置看，处于中纬度向低纬度的过渡地带，南北跨纬度 8°。气候上包括了从温带向亚热带的过渡。秦巴山地稻区海拔 260～1 300 m，高低相差超过 1 000 m。全省水稻栽培制度上从北到南包括了一熟制地区、二年三熟制地区、二熟制地区、二熟制向多熟制过渡地区。农作物种类多样。

（二）陕西水稻的生产现状

陕西省水稻种植面积约 195 万亩（13 万 hm^2）（据国家统计局统计，2021 年为 10.61 万 hm^2）。若以秦岭为界，主要分布在岭南。以汉中盆地和安康盆地为主，约 180 万亩左右，主要种植籼稻，也有少量粳稻，还有小部分黑稻、红米稻、糯稻等特种稻。秦岭以北的关中平原主要在渭河和黄河流域的渭南大荔、宝鸡岐山、长安等县，主要种植粳稻，面积约5万亩。陕北主要在延安南泥湾、榆林无定河流域种植粳稻，约10万亩。水稻作为陕西第三大粮食作物，常年播种面积12万 hm² 左右、总产约90万t，面积和总产分别约占全国的0.35%和0.44%，约占全省粮食面积的4.0%、总产的7.4%。水稻在全省均有种植，陕北为优质粳稻区，面积约8万亩；关中为粳稻和糯稻种植区，面积约2万亩；主产区的汉中、安康为优质籼稻区，面积约170万亩，总产约75万t，占全省水稻播种面积的94.4%、总产的83.3%，平均单产400～600 kg/亩，高产田块可达700 kg以上，水稻丰歉影响全年的粮食安全。

（三）陕西省水稻的种植区划

秦巴山地稻区海拔260～1 300 m，高低相差超过1 000 m。全省水稻栽培制度和稻种分布既受纬度差异影响，又受海拔高度差异影响，在全国稻作区划中，陕西省分属3个稻作区。陕西南部的汉中、安康、商洛3地（市）属华中单双季稻稻作区川陕盆地单季稻两熟亚区，关中属华北单季稻稻作区黄淮平原丘陵中晚熟亚区，陕北属西北干燥区单季稻稻作区甘宁晋蒙高原早中熟亚区。其中，属华中单双季稻稻作区川陕盆地单季稻两熟亚区的陕西省南部三地（市），在陕西稻作区划中，又根据海拔高度的垂直差异分为陕南盆地川道丘陵迟熟籼稻两熟区、陕南浅山中熟籼稻两熟区、陕南秦巴中山区早熟籼稻中熟粳稻一熟区。故此陕西稻作区划中分为陕南盆地川道丘陵迟熟籼稻两熟区、陕南浅山中熟籼稻两熟区、陕南秦巴中山区早熟籼稻中熟粳稻一熟区、关中平原中籼中粳两熟区、陕北高原早中粳一熟区5个稻区。

1. 陕南盆地川道丘陵迟熟籼稻两熟区

属华中单双季稻稻作区川陕盆地单季稻两熟亚区，位于秦岭和大巴山之间的海拔650 m以下川道盆地。包括汉中市的勉县、南郑区、汉台区、城固县、洋县、西乡县和安康市的石泉县、汉阴县、汉滨区9县（区）的汉江、月河及其支流沿岸的平坝丘陵地区，有稻田面积102.3万亩（6.82万 hm²），占陕西省水稻面积的55.3%，是陕西省水稻主产区和高产区，平均亩产550 kg。该区稻麦或稻油两熟制，是中国I级优质籼米生态区。本区域年平均气温14～16℃，昼夜温差小，年≥10℃积温4 400～5 000℃，水稻生长季200～216 d。其中，水稻生长季的4月10日至9月30日期间，≥10℃的积温达3 000℃以上；年平均降水量850～900 mm，其中水稻生长季的4—10月降水量为750～800 mm（张嵩午，1988）。平川日均温稳定通过12℃的始日在4月10日前后，日均温稳定在22℃以上的终日在8月20日前后，安全播种到安全齐穗的天数为130 d左右。该区稻－麦或稻－油两熟制，水稻灌浆结实期的8月中旬至9月上旬日平均气温23～24℃、日平均太阳辐射量＞16 MJ·m²、平均相对湿度80.67%，是中国I级优质籼米生态区。气候优势是温度适宜籼稻生长，冰雹、霜冻等灾害性天气较少，日照少于陕北和关中稻区，但优于陕南其他稻区，是中国川陕盆地稻区日照最好的地区，有利于水稻高产稳产和品质的提高。不利因素是昼夜温差小，空气相对湿度较大，水稻生长后期阴雨天气较多，导致病虫为害较重，栽培管理不当易导致空秕率上升，收获时如晾晒不及时会造成霉烂现象。目前，种植的主要是迟熟杂交籼稻，复种指数为99.5%。其中，70%的油菜茬水稻，16%的小麦茬水稻，9%的育秧田（其中80%的前茬蔬菜，20%的绿肥或空茬）水稻，3.2%的蔬菜草莓茬水稻，1.3%的元胡（一种药材）茬水稻，0.5%的冬闲田水稻。是中国中籼迟熟杂交稻种植的北缘地带，是陕西省水稻高产创建的主要地区。其中，汉中盆地有稻田面积6.7万hm^2，是陕西省水稻最集中的产区，也是单产最高的稻区。

水稻品种以中籼迟熟杂交稻品种为主，如川优6203、华盛3号、盛优145、隆优305、内香8518、内5优5399等，搭配种植江优6号、Q优5号、天润661、宜香2079，示范推广两优687、中优145、Y两优5845、Y两优1号、D两优丰占、晶香。同时，充分发挥生态气候优势，示范推广优质米、特异米和糯米、富锌硒米品种，如黄华占、五山丝苗、美香粘二号、黑米和五彩米等。

在栽培技术上主攻综合配套的健身栽培和节本增效技术，积极试验推广工厂化育秧、机械化插秧和直播稻，全面推广有机、绿色、免耕栽培、配方施肥和机械化耕作、无人机防控等系列配套高产高效栽培技术。支持职业农民走规模化生产经营的路子，扶持优质名特水稻生产合作社和水稻机械化作业合作社，大力发展订单生产，引导大米加工企业逐步走品种产地品牌化的道路，打造中国高档优质名特稻米生产和加工基地。

2. 陕南浅山中熟籼稻两熟区

属华中单双季稻稻作区川陕盆地单季稻两熟亚区，地处秦岭海拔650～800 m、巴山海拔650～900 m的浅山丘陵区，河溪沿岸的山间沟坝，部分是低山梯田。包括汉中勉县、南郑、汉台、城固、洋县、西乡和安康石泉、汉阴、汉滨9县（区）的浅山地带，以及汉中的宁强、略阳、佛坪、镇巴和安康紫阳、岚皋、平利、白河、旬阳、宁陕10县的大部分稻区。有稻田面积51.45万亩（3.43万hm^2），占陕西省水稻面积的27.8%，平均亩产450 kg。本区域低山山体互相遮挡，日照较盆地少，雨量较盆地多，温度偏低，昼夜温差较大。年平均气温12.5～13.5℃，4—9月平均日较差8～11℃，年降水量710～1 200 mm，8月平均相对湿度80%～82%，年日照时数1 600～2 100 h，年≥10℃积温3 800～4 000℃，水稻生长季185～195 d。年降水量东片710 mm、西片1 200 mm。日均温稳定通过12℃的始日在4月15日前后，日均温稳定在22℃以上的终日在8月14日前后，安全播种到安全齐穗的天数为120 d左右。气候优势是温差较大，利于干物质积累，雨量充沛，水源充足。不利因素是由于山体互相遮挡和海拔较高，光照较差，温度偏低，空气相对湿度大。该区以稻–麦、稻–油两熟为主，另外，还有部分冬水田和冬闲田。育秧期间易烂秧，大田期分蘖发生得慢，病虫害重，是陕西省稻瘟病重发区。

水稻品种选用抗病性强、株叶形态好的中籼中早熟杂交稻品种为主，积极试验示范优质中粳品种，如特优801、D优2362、泰丰优7号、泸优11等，搭配种植T优166、炳优1009、绿优171、中优186，示范推广宜香2079、宜香优2115、内香506、蓉3优918、陕稻10号、陕稻12号、泰丰优1168。在栽培上应采取保温育秧措施和配方施肥，把机械化插秧、收获作为水稻生产技术改革的重点，主攻秧田和插秧后的分蘖早生快发，贯彻以"两病五虫"（稻瘟病、纹枯病；稻苞虫、二化螟、稻蓟马、稻飞虱、稻纵卷叶螟）防治为重点的健身保优综合配套栽培技术。

3. 陕南秦巴中山区早熟籼稻、中熟粳稻一熟区

属华中单双季稻稻作区川陕盆地单季稻两熟亚区，包括陕南3市27个县。稻田分布在秦岭海拔800 m以上、巴山海拔900 m以上的秦巴山区，多在山间、谷底、小盆地或山顶台地，面积21.3万亩（1.42万 hm^2），占陕西省水稻面积的11.5%，平均亩产450 kg。该区处于稻区垂直分布最高层区域，山高、水冷、土凉、云雾重，多为冬水田，一年一熟。年平均气温12℃左右，4—9月平均日较差9～12℃，年降水量900～1 200 mm，8月平均相对湿度81%～85%，水稻生长季170 d（按粳稻计）。≥10℃年积温3 500℃以上。安全播种期在4月22日前后，安全齐穗期在8月7日前后，安全播种到安全齐穗的天数约为120 d。气候优势是温差较大，雨量充沛，作为粳稻种植区，热量资源比陕北稻区好。不利因素是山高、水冷、土凉、云雾重、阴雨天气多、空气湿度大，秋季不但降温早，而且波动性大。大田期分蘖发生得慢而少，稻瘟病、稻苞虫发生较重，甚至会发生稻瘟病防治不及时而造成大面积减产或绝收的现象。品种应选择抗稻瘟病的早中熟粳稻品种，一个村组应种植2～3个品种，不能单一种植，以防病害的优势生理小种迅速形成而使品种的抗病性丧失。在一些高山小盆地也有种植早熟杂交籼稻品种，如汕窄8号、D优162、金优117，示范种植滇禾优615、辽星11、中优186、陕稻12等品种。栽培上应坚持靠插不靠发的原则插足基本苗，将病虫害的综合防治作为主攻方向，把稻瘟病和稻苞虫的防治作为重点，采取干–干–湿–湿灌水的方法促进秧苗早生快发，确保安全齐穗期内抽穗。

4. 关中平原中籼、中粳两熟区

属华北半湿润单季稻稻作区黄淮平原丘陵中晚熟亚区，稻田主要分布在秦岭北坡脚下至渭河以南的平原，南部由秦岭北坡起，北部至韩城—耀县—彬州一线，包括关中5市的37个县（市、区），主要在西安长安、蓝田、鄠邑、周至和宝鸡眉县、岐山6县（区），黄河沿线的渭南大荔、合阳等地。稻田面积1.95万亩（0.13万 hm^2），占陕西省水稻面积的1.1%，平均亩产400 kg。有稻田1.29万 hm^2，占本区耕地面积的0.8%，占全省水稻面积的8%。以粳糯稻和优质中粳、杂交中籼为主，主要在城市近郊和河滩地种植。

该区域又分为关中平原西部亚区和关中平原东部亚区，以西安市西郊为界。关中平原西部亚区有稻田面积0.604万 hm^2，其中鄠邑、周至、岐山3县为老稻区，历史上多为冬水田，现在基本上改为稻–麦、稻–菜两熟。水稻品种以早、中熟中籼、中粳为主。关中平原东部亚区有稻田面积0.691万 hm^2，西安的长安、蓝田和渭南的大荔、合阳水稻品种以中熟粳稻品种为主，种植方式以稻麦和稻菜两熟为主，近年来由于城市扩大和缺水因素，种植面积下降较快。

该区年平均气温13℃，年平均日较差11～12℃，年降水量一般600～700 mm，年日照时数2 000～2 400 h，水稻生长季186～191 d，≥10℃年积温4 100～4 900℃。

日平均温稳定通过12℃的始日在4月15日前后，日平均温稳定在22℃以上的终日在8月14日前后，安全播种到安全齐穗的天数为120 d左右。气候优势是日照充足，昼夜温差较大，相对湿度较小，这一优势仅次于陕北稻区而优于陕西省其他稻区。该区稻田立地条件好，水稻病虫害相对较轻，光合作用较强，干物质积累较多，同一水稻品种的综合品质优于陕南山区。不利因素是春季气温回升慢，波动性大，育秧期间易烂秧，生长中后期易缺水干旱而造成减产。

该区多为稻麦两熟。其中西安鄠邑、周至和宝鸡的眉县、岐山为老稻区，水稻品种以中早熟籼稻品种为主；西安的长安、蓝田和渭南的大荔水稻品种以中熟粳稻品种为主。应加大名、特、优、稀品种的选用，以满足城镇居民对名、特、优稻米的需要。例如中籼中早熟杂交稻明优06、金优360、中优360、K优299、金优207、泸优11，中熟粳稻品种盐丰47、黄金晴等，搭配种植南粳505、稻花香2号。该区春季气温回升慢、波动性大，育秧期间易烂秧，生长中后期易缺水干旱而造成减产。在栽培上应主攻保温育秧技术和早育秧技术，推广机械化插秧技术，全面实行机械化收获。应把节水增效、节本保优栽培作为主攻方向。要注意对名特优稻米生产实行公司基地加农户的办法。把规模化生产和改造加工设备，提高加工品质作为重点，实行品牌战略。

5. 陕北高原早中粳一熟区

在中国水稻区划中划归西北干燥单季稻作区，属西北干燥区单季稻稻作区甘宁晋蒙高原早中熟亚区，主要分布在榆林市长城沿线风沙区的无定河流域和延安市的葫芦河流域，包括榆林市的横山、榆阳，延安的富县、甘泉、南泥湾，渭北高原以北的韩城、合阳、澄城、白水、耀州、旬邑、彬州、长武等县的北部，共有33个县（市、区），"以水定稻，沿河一条线"和"单季粳稻"是该区水稻生产的显著特点。有稻田面积7.95万亩（0.53万 hm^2），占陕西省水稻面积的4.3%，平均亩产440 kg。属中国优质粳稻的气候生态区，稻田全部一年一熟。该区又分为陕北长城沿线风沙亚区和陕北黄土高原亚区。前者稻田主要分布在无定河流域沿河下湿碱滩，通过引水拉沙、打多管井一度水稻种植面积曾经发展到0.8万 hm^2，品种以早粳和早中粳为主。近年由于神府煤田的开发，面积下降较快，到2011年仅剩0.172万 hm^2。陕北黄土高原亚区稻田主要集中在桥山和午子山山区河流两岸的川道地带，有稻田面积0.121万 hm^2，品种以早中粳为主。近年由于高速路等占地、城镇化发展，稻田面积下降较快。

该区年平均气温8～9.5℃，年平均日较差11～14℃，年降水量350～640 mm，年平均相对湿度54%～61%，年日照时数2 400～2 500 h，水稻生长季165～185 d。≥10℃年积温2 800～3 400℃。日平均温稳定通过10℃的始日在4月22日前后，日平均温稳定在20℃以上的终日在8月15—22日，安全播种到齐穗的天数为113～120 d，属高原气候，气候优势是日照充足，昼夜温差大，相对湿度小。该区水稻病虫害轻，光合作用强，干物质积累多，这是陕西省其他稻区不具备的优势。不利的条件是生长季短，春季气温偏低，水稻育秧期间易受寒流影响发生冷害导致烂秧，秋季降温快。水稻品种选择上要选用生育期适宜、株叶形态好、耐密抗倒、品质优良的早中熟或中熟粳稻品种，如盐丰47、宁粳43、辽粳371、吉粳506、吉粳105。手插秧为主，兼有机插秧和直播稻。该区一年一季早中熟粳稻。水稻病虫害轻，光合作用强，干物质积累多，但生长季短，春季气温偏低，水稻育秧期间易受寒流影响发生冷害导致烂秧，秋季降温快。栽培上要注意保温育秧，提高密度，主攻有效穗的增加、配方施肥和节水增效技术的综合应用，推广机械化插秧技术、试验机械化旱直播技术，以降低生产成本，节省劳力，充分发挥气候生态和区位优势。

（四）陕西省水稻品种特点及改良历程

1. 中华人民共和国成立以来水稻品种更新换代经历的3个阶段

（1）1949—1967年　高秆品种时期。主栽品种依次为云南白、胜利籼、桂花球、华东399、沙蛮1号、稗09和高籼64等，比先前的农家种一般增产10%~20%。曾在陕西省年推广最大面积为11.33万hm^2。

（2）1968—1977年　矮秆品种时期。主栽品种依次为珍珠矮11号、二九矮4号、广矮3784、南京11号、早金凤5号、广二矮104、桂朝2号、三珍96、西粳2号和商辐1号等，抗倒耐肥，一般比高秆品种增产15%~22%。曾在陕西省年推广最大面积为14.67万hm^2。

（3）1978—1986年　为推广杂交稻时期。主栽迟熟品种依次为南优2号、南优3号、威优圭、汕优圭和威优63，主栽中早熟品种依次为汕优激、威优激、威优64。曾在陕西省年推广最大面积为4万hm^2。

2. 杂交稻品种改良历程

（1）1987—2001年　为高产抗病适应性强的杂交稻取代普通杂交稻时期。迟熟籼稻主栽品种依次为汕优63、协优63、D优10号、冈优22和金优527等，年种植面积近8万hm^2，占该稻区水稻种植面积的80%；中熟籼稻主栽品种依次为汕优287、I优122、汕优64、金优晚3等，年种植面积近2万hm^2，占该稻区水稻种植面积的75%；早熟籼稻主栽品种依次为汕优77、金优77和汕优窄八，年种植面积近0.53万hm^2，占该稻区水稻种植面积的80%。

（2）2002—2005年　为优质高产抗病杂交稻取代高产抗病杂交稻时期。迟熟籼稻主栽品种依次为D优68、D优527、金优117、丰优香占、宜香优1577和丰优28等，年种植面积近6.67万hm^2，占该稻区水稻种植面积的66%；中熟籼稻主栽品种依次为金优晚三、金优207、I优86、优I122和D优162等，年种植面积近2万hm^2，占该稻区水稻种植面积的85%；早熟籼稻主栽品种依次为汕优窄八、金优402和金优77，年种植面积近0.46万hm^2，占该稻区水稻种植面积的87%。

（3）2006年至今　迟熟籼稻主栽品种依次为宜香3003、宜香725、宜香213、Q优6号、Q优5号、Q优2号、B优827、川江优527、金优725、国丰1号、丰优28、华泰998、丰优737、K优082、川优6203、内香8518、F优498和黄华占（机插秧主栽品种）等多个品种；中熟籼稻主栽品种依次为I优86、金优360、中优360、明优02、明优06、泸优11；早熟籼稻主栽品种依次为汕窄8号、九优207、D优162、金优117、津香等。

3. 关中平原中熟籼稻、中熟粳稻品种改良历程

中熟籼稻主要分布在西安市的周至县和宝鸡市的歧山县、眉县等地，中熟粳稻主要分布在西安市的长安区、蓝田县和渭南市的大荔县等地。

（1）1990—2000年 中熟籼稻年种植面积约0.53万hm^2，主栽品种为汕优64、汕优287及荆糯6号，年种植面积近0.47万hm^2，占该类型面积的87%；中熟粳稻年种植面积约0.8万hm^2，主栽品种为新稻6811、D2、黄金晴和西粳4号，年种植面积近0.67万hm^2，占该类型面积的83%左右。

（2）2001—2005年 中熟籼稻年种植面积约0.27万hm^2，主栽品种为金优晚三、金优207和I优86；中熟粳稻年种植面积约0.6万hm^2，主栽品种为豫粳4号和豫粳6号，搭配品种为黄金晴、西粳4号、D2、越光和西粳糯5号，占该类型总面积的70%左右。

（2）2006年至今 中熟籼稻主栽品种为明优06、明优02、I优122、金优360、中优360、K优299、金优207、泸优11；中熟粳稻主栽品种为6811、黄金晴、白香粳、83-8等。

4. 陕北高原早中熟粳稻品种改良历程

水稻种植主要分布在榆林市长城沿线风沙区的无定河流域和延安市的葫芦河流域，包括榆林的横山、榆阳和延安的富县、甘泉、南泥湾。

（1）1990—2000年 年种植总面积约0.8万hm^2，主栽品种为秋光、京系21等。

（2）2001—2005年 年种植总面积约1.2万hm^2，主栽品种为京系21、京系35和秋光等。

（3）2006年至今 主栽品种榆林市为京系21、通粳288、通育216、横优1号，延安市为富源4号、中作9052、吨斤1号、叶里藏等常规粳稻品种。现在以盐丰47、宁粳43、辽粳371、吉粳506、吉粳105等为主栽品种。

5. 栽培技术发展历程

（1）中华人民共和国成立初期，高秆品种前期 推广26.67 cm见方密植、苗高6.67 cm以内、勤浇浅灌和改良铺盖秧等技术，使产量由当初的2.25 t/hm^2提高到3 t/hm^2。

（2）1963—1965年 "二黄二黑"，提出"重攻头轻保尾严控中间"的肥水促控技术和针对麦茬田"迟、稀、瘦"采取"早、密、肥、保"均衡增产措施，使陕西省水稻产量跨过了3.75 t/hm^2大关。

（3）1968年后的矮秆品种时期 提出20 cm×13.3 cm插植规格，施用氮肥135～150.0 kg/hm^2的肥密改革措施，首先在汉中地区推广，以后扩大至全陕西省，使增产潜力得到了很大发挥。

（4）1978年以后的推广杂交稻时期 栽培技术的发展可分作4个阶段。第一阶段是在以往秋封研究的基础上，1979年对杂交稻推广初期提出一个海拔700 m、6月1日以前插植的时空范围，争取迟熟种不秋封。第二阶段是在1979—1981年，提出8月上旬是陕西省水稻有利高产的最佳出穗期。第三阶段是1982年引进推广温室两段育秧技术，增加有效积温80～120℃，确保了生育期长达160 d的迟熟杂交稻能在8月10日

前齐穗，大大拓展了迟熟杂交稻推广的时空范围。第四阶段是1987年后提出的"三两大"栽培技术，即温室两段育秧、秧田两株寄插、大田两大（大蔸大行）移栽，使杂交稻的配套技术更趋合理，高产潜力发挥更充分。

（5）2010年至今　近年水稻机械化收获已在陕西全面普及。随黄华占主栽品种的筛选成功和钵体毯状硬盘育秧技术的日趋完善与成熟，水稻机插秧栽培技术也已进入大面积推广应用阶段，陕北全面普及，陕南年推广面积0.47万 hm^2。直播稻技术正处于研究示范阶段。

第二节　陕西水稻种质资源

一、陕西省水稻种质资源和品种演替

（一）种质资源

1. 资源丰富

种质资源是指选育植物新品种的基础材料，包括栽培种，如古老的农家种、本地改良种、原始种；野生种，如濒危稀有种，一般分布在较为偏远，生态环境较为独特的地区；人工创造的种质资源，指利用上述繁殖材料人工创造的遗传材料。优异种质资源通常具备以下一个或多个特征：适应性强，可在恶劣环境中生存，如有很强的抗病性、抗旱性、抗倒性；形态特征特殊，如矮化、分蘖多、颜色特异；生理特性多样，如早熟、育性、有益物质含量高等；具有特殊用途。

陕西农耕文化历史悠久，农作物种质资源丰富，经全国种质资源普查、陕西区域性种质资源普查、重点种质资源普查，全省累计保存和征集的农作物种质资源约1.8万份，已入国家库13 828份，据陕西省水稻研究所稻种资源研究，陕西已入库的稻种资源近600份，而其中90%分布在秦巴地区，不少资源为汉中地区所特有。其中特种稻米约占总数的25%，陕西特种稻米包括有色米、香气米、专用米三大类。有色稻米又包括黑米、红米、绿米、黄米（又称金米）4种。通过对征集和保存的水稻种质资源研究利用，陕西在杂交稻品种选育、特种稻黑米等农作物研究示范推广应用中，取得显著的经济效益。因此，新形势下筹划建立全省资源保护利用长效机制，对陕西珍稀、特有、独占性的资源开展保护工作，不断发掘利用新资源，服务于生产和育种研究，助力陕西农业追赶超越。

2. 基本情况

秦巴山地稻区海拔260～1 300 m，高低相差超过1 000 m。在陕南与关中之间，南缓北峻的秦岭横贯其间，既阻挡北部风沙寒流南下，又拦截东南温湿气流北上，成为我国南北稻区和自然气候的天然分界线。陕南秦岭海拔800 m以下、巴山海拔900 m以下为亚热带湿润区；秦岭以北的关中、陕北分属暖温带半湿润区、暖温带半干旱区和中温带半干旱区。全省气候跨4个热量、水分不同的地带。在全国稻作区划中，

陕南属华中双单季稻稻作区川陕盆地亚区，关中属华北单季稻稻作区黄淮平原丘陵中晚熟亚区，陕北属西北干燥区单季稻稻作区甘宁晋蒙高原早中熟亚区。

陕西水稻生长季节受夏季季风环流影响，由南向北雨渐少。陕南水资源丰富，稻区年降水量800～1 000 mm，巴山西段降水量达1 200 mm，为全省降雨中心；关中年降水量600～700 mm，陕北降水量350～640 mm。年降水量因季风影响分布不均，关中和陕南夏、秋季的雨量分别占全年的73%和88%，水稻出穗成熟期，陕南连绵阴雨。陕北受季风影响时间短，降水集中在夏季，占全年降水量的47%～63%。

各地年平均日照时数，陕南平川1 600～1 789 h，关中2 000～2 400 h，陕北2 400～2 800 h，陕南为全国日照低值区。全省日照最大值在陕北，达2 900 h，最小值在陕南，为1 356 h。年平均日较差，陕南8～9℃，关中10～12℃，陕北11～14℃。秦岭以北日照足，温差大，有利水稻灌浆结实。由于各地水热条件不同，稻田由南向北逐渐减少，具有南部多而集中、中部少而分散、北部零星稀少、秦巴山区垂直分布的特点。陕南气候在农业利用上是两熟有余、三熟不足区。在20世纪50年代和70年代曾试种过双季稻三熟制，但因产量不够稳定，70年代末改种迟熟杂交中稻，较好地利用了当地光热资源，80年代连年稳定增产。全省稻田面积80%以上集中在陕南，汉中盆地就占全省稻田近50%。1960年以前西北各省收集的水稻地方品种由陕西省汉中农业试验站（陕西省汉中市农业科学研究所和陕西省水稻研究所前身）整理保存，1960年以后分送各省整理保存，陕西省品种仍由汉中市农业科学研究所保存，1988年后交中国农业科学院国家种质库保存，另留一份由原单位保存。收集来的品种连年田间种植鉴定，以基本保持品种原始状态为准，对确系同名异种和同种异名的进行初步整理。

汉中地区一直对陕西省水稻地方品种进行局部调查收集工作。在1952—1954年、1958—1959年、1978—1979年对陕西省地方品种进行过3次广泛调查、收集工作。1960年经初步整理的陕西省水稻地方品种有275个，1977年参加全国统一编目的水稻地方品种有296个。1978年全省进行全面补充征集，共收集到1 870份材料，按标准整理，交国家统一编目品种682个，入国家种质库品种574个。其中，选育推广用于生产的品种13个（籼稻9个、粳稻4个）。稻种资源除交国家库保存外，自留保存。在80年代以前，常温保存，隔年种植1次。经1978年补充征集，重新整理编目后，每7年种植1次，保存效果较前大为提高。

3. 类型与分布

（1）品种类型　陕西稻作历史悠久，稻种资源丰富。1980年，据汉中市农业科学研究所统计，全省429个地方品种中的地方籼型品种占53.85%、粳型品种占46.15%。但粳型种植范围比籼型广，分化的类型也远比籼型复杂。可以明确划分为粳型的有3种类型。一是以芝麻林酒谷为代表的类似东北粳稻的中矮秆型，株矮，色浓，叶窄，粒短小，与日本粳稻相近。这种类型的品种在陕西地方品种中很少，仅占1.16%。二是以榆林光葫芦为代表，株较矮，色淡，叶较宽，谷粒长大，稃毛稀长，为西北干燥高原地带特有的西北粳稻。这种类型在陕西地方品种中也少，只在陕北北部有种植，占地方品种的1.98%。三是植株较高大，叶宽而长。色苍绿，叶面茸毛稀少，有不少光叶、光壳品种，谷粒较小，粒形较上述第一类稍长，颖面多着棕、褐、红等色，是和以上两种明显不同的高山粳稻类型。这一类型在地方粳稻中比例最大，占粳稻的95.5%，占地方品种的43.6%。

除这3种类型外，在籼粳交错区还有株叶型、粒型表现介于籼粳之间的中间型品种。1962年，汉中市农业科学研究所在地方品种整理中，已提出把类型、稃毛、叶色等类似粳稻，而叶片弯长，剑叶开度小，繁茂性大的列为粳籼型；把粒型介于二者之间，繁茂性小，叶色淡的列为籼粳型，一些难于区别的品种均合称为中间型。这类品种较易落粒，对石炭酸反应多数为无色或浅灰色，同工酶分析也与籼型、粳型不同。与典型籼或典型粳杂交，有的子一代（F_1）结实率在50%以上，有的在50%以下，可能与是否含广亲和基因有关，还有待研究。这类中间型因来源不同又有两种差异，原产于高寒山区的颖面颜色暗浊，多棕褐斑，或红颖，颖尖有色，谷粒较小；原产于高纬度陕北高原的颖色暗黄，呈古铜色，无杂斑，谷粒宽大。这几种中间型占全省地方品种的3.3%，在亚种划分中，一般划归粳型统计。籼型的株叶型、粒型变异不及粳型大，类型没有粳型复杂，但在平川籼稻中有耐旱、可作水陆稻两用的品种，山区早熟籼稻和中间型中多有光叶光壳品种，这些现象在平川粳型中很少。

（2）资源分布　陕西省稻种资源分布趋势是南部多为籼稻，北部全是粳稻，其间是籼粳交错地带。就海拔而言，低海拔主要是籼稻，高海拔全是粳稻，中间是籼粳交错地带。据汉中市农业科学研究所调查，北纬35°以南，74.5%的地方品种为籼型，25.45%为粳型；北纬36°以北，100%的品种为粳型。海拔800 m以下区域籼稻品种占67.39%，粳稻占32.61%，粳型多为糯型；海拔800 m以上区域籼稻占14.51%，粳稻占85.49%，籼稻主要是早籼；1 000 m以上区域属于纯粳稻区。值得注意的是，在垂直分布中，海拔800～1 000 m籼粳交错地带地方品种有籼粳不易区分的中间型品种；在南北纬向分布中，在北纬35°～36°区域籼粳交错地带，地方品种也出现有籼粳不易区分的中间型品种。垂直差异产生的中间型，在以立体农业著称的云南或南方一些山区都易见到，但明显由纬度差异产生的中间型，陕西省算是很独特的。从早、中、晚熟品种分布看，由南至北，由低至高，共同表现早熟品种渐多，中、晚熟品种渐少。晚熟籼稻主要分布在陕南海拔600 m以下区域，中熟籼稻主要分布在陕南海拔800 m以下和关中北纬35°以南区域，早熟籼稻分布界限为海拔100 m和北纬36°。生育期的变化，在达到早籼分布极限时，只有在水稻耐寒性上产生新的变异，才能适应水稻向北、向高处发展的要求，将会有中间型向粳型的过渡。汉中水稻地区性熟期与以南京为标准的全国性熟期分类非常近似，这对于水稻品种分类和地区间引种交流非常便利。

（3）生态特性　陕西省夏季雨热同季，多阵雨，光热条件好，有利于水稻分蘖。陕北秋季光照好；陕南、关中秋季多连阴雨，日照不足，降温较快，病虫害较多，不利水稻出穗结实。长期在这样生态环境下形成的水稻地方品种具有以下几方面特性。

早熟性：陕西省水稻地方品种有明显的早中熟特性，大部分是早中熟少数是早熟。大多数品种生育日数较稳定，一般在8月中旬秋雨来临前都能安全出穗，这主要是早稻或中稻长期在夏季高温长日照条件下，稻麦两熟栽培定向选择形成了一种感光性弱、对高温钝感、短日高温生育期长、能维持一定生育日数、保证产量稳定的品种。特别是种植历史更长、种植范围广的地方品种，这种特性更突出，如著名的农家品种城固小香谷、汉中白芒谷、西乡齐黄占、西乡白迟在麦茬田种植不论年份或山、川，都保持全生育期130～135 d的早中熟特性，产量稳定，群众称其为"经摔打""不打年成"，麦茬田可在9月中旬前收获。陕南关中稻麦两熟区不少地方品种具有早中熟性，在生产上占有重要地位。

多穗性：陕西地方品种，凡是历史上产量水平较高、种植面积较大、种植范围较广、种植年代较长的品种，都具有多穗特性。遍及关中的长安云阳黄、周至湖北棒，遍及安康的安康早籼占，浅山丘陵的铁板占，遍及商洛的金瓜涝，从平川到丘膝浅山种植历史达百年之久的城固小香谷等，这些品种都具有分蘖多、成穗率高的多穗特性。据统计，429个地方品种中穗数型品种占75%，少蘖大穗品种仅只在局部区域、短期推广。多穗性在品种性状中占重要地位，主要是多穗型品种株叶不披散，受光较好，能更好地利用陕西夏季温度高、日照足等气候条件，有利分蘖、易形成群体、提高产量。与华东、华南密植多穗地方品种相比，陕西地方品种分蘖力不亚于这些多穗型品种，成穗率甚至超过外地品种。多年来，凡在本地推广的外地品种，都是分蘖力赶超本地品种，粒数、粒重超过或穗粒相近本地种。可见多穗性是陕西品种的重要性状。

多实性：陕西地方品种又一重要特性是结实好，空秕率较外地品种低，与四川一带的品种相似，主要受陕西稻区秋季多阴雨影响。20世纪50年代初种植的地方品种，如小香谷、红须原占、麻须须占、白迟、等胞齐、早籼占、华阳早、石板占、二急子、云阳黄等，常年空秕率10%～15%。秋季少雨年份的空秕率在10%以下。外引推广种，如胜利籼、云南白、三九九、珍珠矮11号等，常年空秕率在15%以上。

大粒性：一般地方品种稻谷千粒重23～25 g，关口平原和渭北高原稻区一些品种千粒重达30 g，甚至30 g以上，如宝鸡白稻子、麻稻子、长安柳叶米、黄陵光板稻、大颗白、甘泉大黄稻等谷粒宽大，千粒重在30 g以上。这些地方日照较好，昼夜温差较大，有利灌浆结实，大粒特性在人工驯化下得以不断加强。

适应性：地方品种对不同的环境条件有很强的适应性。例如分布在高寒冷浸地带的各种冷水白、冷水红、冷山浸、西山白都有很强的耐风雨冷浸能力。在山区稻瘟病易流行的地方，如大白谷（洋县华阳）、麻谷（勉县阜川）、白红谷（勉县唐家坝）、乌脚占（南郑荒草坪）、麻谷子（镇巴）、西山白（留坝楼房沟）、盖草黄（旬阳）、铁板占（岚皋）、红老稻（商州）等历年稻瘟病很轻。纹枯病是水稻很难幸免的病害，商州叶里藏、安康等胞齐、留坝大红谷、南郑六月黄、南郑小香谷、岐山棉花条、千阳白谷子历年都达中抗。粳稻种子一般无休眠期或休眠期很短，容易在穗上发芽，常年在连阴雨中结实成熟的高山粳稻休眠期较长，雨中不会在穗上发芽。分布在水源无保证，沿河瘠薄漏沙田的洋县大香谷、商州红老稻耐旱力强，甚至可以作陆稻栽培。这对不同环境有高度适应力的品种，不仅稳产，也是很好的育种材料。陕西省优异稻种资源很丰富。1978年从古老地方种洋县黑谷发现矮秆变异株中选出矮黑谷、汉中黑糯等黑谷品种，成为地方加工业的重要原料。洋县黄香米气味浓醇，汉阴红香米、汉中香糯和黄坝驿香米都是各地有名的香米品种，其中汉中黑糯、汉中香糯不仅具有特异性状，且产量较一般特异米高，营养丰富。

1956—1957年开展全国种质资源征集工作，1978—1983年第二次开展全国补充征集种质资源工作。1991—1995年开展川陕黔桂作物种质资源考察，2011—2016年开展西部抗逆种质专项调查。截至2017年，汉中市农业科学研究所入库种质资源共51类1 360个。育成品种（有通过审定品种，也有亲本材料）中水稻品种10个，其他均以地方农家种为主。2018年，按照第三次全国农作物种质资源普查与收集的具体要求和工作部署，陕西省种子管理站下达汉中市样品征集任务250份，涉及南郑、西乡、城固、勉县、洋县、宁强、略阳、镇巴、留坝、佛坪等9县1区。截至2019年1月底，全市共上报合格样品432份，超额完成任务。其中，涉及农家种376个，野生种56个；粮食作物214个、经济作物43个、蔬菜127个、果树47个、牧草1个。与普查前比较，资源数量补充增加了31.76%，其中，粮食品种增加18.56%，蔬菜品种增加1.26倍，经济作物品种增加43.43%，果树品种增加9.4倍，牧草品种增加50%。通过本次资源普查，特别是蔬菜、果树品种得到极大的丰富，挖掘出了一批具有保护和利用价值的特色资源，如具有市场开发潜力的野生草莓瓢儿、木红洋芋、海秀韭菜、四六瓣蒜、红皮白心苕、南山长丝瓜等，抗性强、耐贫瘠的石参、野姜、野山药、苦荞、紫柏神葱等，风味独特、广受欢迎的燕子砭花桃、思家梨、杨桃、柿饼柿子等；地方特色显著的报鸡母四季豆、花粒没筋豆、冬胡豆等，具有观赏价值的套瓜等。这些特色资源将为我国种质资源保护利用奠定基础。

（二）研究概况

宁夏农学院胡子诚等（1979）研究认为，西北干燥区水稻谷粒长大，稃毛稀长，集生颖肩，耐寒，较易落粒，与关中、陕北长大粒品种非常相似，在此基础上又收集欧洲水稻品种61个、西北水稻品种37个进行性状鉴定，汉中市农业科学研究所以此类品种与欧洲长大粒水稻品种比较，认为欧洲水稻品种与西北水稻品种有许多相似处：欧洲水稻品种平均粒长0.78～0.85 cm，西北水稻品种平均粒长0.77～0.83 cm，欧洲水稻品种谷粒长宽比为2.0～2.9的占86.9%，西北水稻品种为100%；两地水稻品种的谷粒长和长宽比均介于普通籼、粳之间。两者均为稃毛稀长、集生颖肩，石炭酸反应均属粳型。欧洲水稻品种中易落粒品种占71.4%，西北水稻品种为100%。发芽速度和幼苗生长都比一般籼、粳稻快。据此，认为欧洲水稻品种除由我国西北传入外，还有其他传入途径。传入后，进化较慢的品种则与我国西北品种相似，如匈牙利不少品种就是这样；进化较快的品种则与西北品种差异较大，如意大利品种。汉中市农业科学研究所以欧洲品种与中国籼稻杂交，子一代结实率在60%以下，且谷粒不饱满；与西北粳稻和高山粳稻杂交，子一代结实率均在60%以上，可见欧洲品种是粳型品种。

地方品种是长期自然选择和人工选择形成的，品种的抗性与原产地和品种类型有关，山区容易发生稻瘟病，籼稻比粳稻抗病力强，所以高抗稻瘟病的品种绝大多数原产于山区，而且绝大多数是籼稻。赵志杰（1981）为中国水稻研究所提供抗性鉴定的陕西省水稻地方品种455个，其中高抗苗瘟的品种10个、高抗白叶枯病的品种5个、较抗褐稻虱的品种8个、苗期耐旱性强的品种31个、幼芽耐寒力强的品种36个。幼芽耐寒力强的品种中有32个原产于水土冷浸的山区，占88.8%，4个原产于平川，但生长期长，早春播种，芽期也耐寒。耐寒品种，中黏粳都有，粳型占88.8%。31个苗期耐旱品种来源于水源没保证、非自流灌溉区域，也是籼、粳都有，粳型占71%。这些抗性好的品种中，原产于关中蓝田县的老红稻不仅抗白叶枯病和稻瘟病，且芽期耐寒力强，田间纹枯病为害也很轻，50年代以前在当地种植面积很大，综合抗性好是一个重要因素。赵志杰（1981）为中国水稻研究所提供的水稻地方品种中粗蛋白含量在10%以上的品种136个，占31.3%；赖氨酸含量在0.4%以上的品种71个，占16.3%，二者含量远高于同时期的推广品种胜利籼、沙蛮1号、高籼64等。蛋白质含量在14%以上的高蛋白品种6个，其中岚皋麻谷子粗蛋白含量高达14.82%。赖氨酸含量在0.5%以上的品种10个，其中南郑鸡爪子赖氨酸含量达0.57%。粗蛋白含量在12%以上、赖氨酸含量在0.5%以上、直链淀粉含量16%~20%，3项指标都好的优质品种11个，其中，南郑鸡爪子、岚皋麻谷子、留坝红谷子、略阳红谷子和紫阳冷水谷5个品种粗蛋白含量在14%以上，直链淀粉16.3%~18.4%，是稀有的高质量品种。优质的地方品种资源，为进一步选育营养与食味兼顾的品种提供了丰富的育种素材。张羽等（2008）对汉中水稻品种的类型、分布、特性等进行了调研。结果表明，汉中地区有地方稻种350个左右、选育稻种16个、主要引进稻种17个。2009年，引进水稻新品种（育种材料）80个。通过杂交改良选育不育系15对、恢复系36对，通过系谱法重点选择，种植恢复系低世代材料250余份，高世代材料1 290余份，测交新组合400余份，试制种组合43个，并在四川苍溪建立水稻制种研究基地，在汉中西乡县和宁强县分别设立试验点。推荐水稻品种渝优150和两优471参加水稻产业体系长江上游品种筛选试验，两优471、渝优360、Y两优1号、D优2362和黄华占参加陕西省水稻区域试验，其中，Y两优1号增产5.22%，D优2362增产4.95%。筛选出耐盐碱杂交稻新组合渝优998，有苗头新组合14个，初步定型选育出三系不育系4个，稳定的三系恢复系13个，稳定的两系恢复系1个。汉中市农业科学研究所自育品种中优360通过陕西省农作物品种审定，2010年汉中市农业科学研究所开展各类试验32组，测配杂交稻新组合300余份、改造恢复系34个、不育系22个、创造种质新资源130多个、新组合试制种35个，自育品种K优082在陕西省区域试验中，较对照Ⅱ优838增产9%以上。在传统育种方法的基础上，汉中市农业科学研究所积极探索新的育种技术，开展了分子标记及花药离体培养等技术研究，筛选出易形成水稻花药愈伤组织的培养基N6+2,4-D+NAA+KT，培矮64S/8006杂交一代花药培养幼苗10株在海南南繁加代。张羽等（2011）从水稻12条染色体上的30个SSR标记中筛选出14对有效引物，对陕西汉中20个水稻品种进行遗传多样性分析，共检测等位基因69个，平均每个标记检测到等位基因5个，SSR位点遗传多态性信息含量为0.27~0.74，平均值为0.48。聚类分析表明，20个水稻品种的遗传相似系数为0.55~0.94，遗传相似度较高，亲缘关系较近。

2012年，汉中市农业科学研究所完成了国家和陕西省水稻区域试验10组，开展了品种比较试验、鉴定试验7组。测配组合1 150个，改造恢复系14个、不育系6个，创造种质新资源40个，推荐水稻品种K优082、中优186、黄华占参加陕西省区域试验。引进水稻新品种或组合60个，筛选出机插秧后续良种深优957和珍玉香A/157。开展粳稻引种试验研究，引进粳稻品种盐粳11、日本稻和台粳在勉县和汉台铺镇开展水稻机械化栽秧配套农艺技术展示，经汉中市农业局组织的专家现场测产验收，平均亩产580 kg，并制定了《水稻机械化插秧技术规程》。选育杂交稻新组合K优082，高产穗大粒多，结实率高，成熟转色好，全生育期155 d，亩产670.3 kg。

2013年，汉中市农业科学研究所承担国家区域试验6组，陕西省区域试验3组。开展自育水稻新品种或组合品比试验113个、鉴定试验9组，引进水稻新品种或组合55个。自育水稻品种K优082和黄华占通过省级审定，"籼型迟熟杂交稻新品种选育引进推广"项目获2013年度汉中市科学技术奖二等奖。

2014年，汉中市农业科学研究所完成了国家区域试验6组，陕西省区域试验4组，引进新品种（组合）71个，开展各类外引新品种筛选试验5组，自育品种品比试验2组。测配水稻新组合1 306份，改造恢复系62个、不育系58个，创造强优恢复系21个、优良三系保持系8个、二系不育系5个，三系不育系转育15份，二系不育系割茬转育35份，小材料制种18个。筛选杂交水稻优势组合13个参加下年品比试验，两用核不育系1316s通过陕西省两用核不育系鉴定。经陕西省水稻区域试验测定，两优647和中优186平均亩产分别为569.9 kg和509.5 kg，较对照分别增产6.66%和7.76%。在水稻种质资源分析上通过应用分子标记筛选出广谱抗稻瘟病基因分子标记7个，并利用标记对195份亲本材料的抗病基因进行了鉴定，完成稻米品质检测102份，筛选出VL182、R7582、82多、9113、黄晴和成恢047等材料，初步建立了近红外光谱法测定稻米直链淀粉模型，为稻米品质育种提供了依据。本年度，由汉中市农业科学研究所周凯主持完成的"籼型迟熟杂交稻新品种选育引进推广"获陕西省农业技术推广奖三等奖。

2015年，重点实施了水稻花药培养DH系育种技术研究及新品种选育、稻油一体化高效生产技术示范推广、陕南水稻机械化插秧高产栽培关键技术研究与示范等12个重大项目，通过不断丰富研究手段，学习先进试验方法，对260余份育种材料进行抗稻瘟病基因检测，筛选出抗性材料20余份，并开展了黑稻品种"黑帅"等花药培养技术研究。推荐水稻品种陕农优206参加陕西省区域试验，自育水稻新品种两优687和中优186通过省级审定。"优质水稻新品种选育及配套栽培技术研究示范""陕西高档优质米新品种引进、集成、技术示范与推广"等3个项目通过陕西省农业农村厅验收。

2016年，通过实施"杂交水稻新品种选育及示范推广"项目，测配水稻新组合590余份，试制杂交水稻新组合57个，筛选杂交水稻优势组合陕农2A/R118、陕农优503和28A/R1522。按照要求完成了陕西省水稻区域试验2组，其中自育水稻品种陕农优206平均亩产居陕西省区域试验第一，自育杂交水稻新品种陕农优229较对照内香8518增产5.8%。

2017年，通过实施"陕西省水稻种质资源创新与利用"项目，种植恢复系材料2 300份，选育出优良迟熟恢复系陕恢229、陕恢509、陕恢2116及优良早籼恢复系陕恢508、陕恢335；种植不育系、保持系等材料1 800份，利用三交、回交结合抗稻瘟病基因分子标记辅助选择技术，选育出三系不育系陕农2A、陕农3A、陕农5A；利用多亲本聚合杂交，改良恢复系50份、不育系32份，转育三系不育系22对；测配杂交水稻新组合700余份；开展600余份杂交水稻新组合观察鉴定试验；推荐杂交稻新组合陕农2A×陕恢229、陕农2A×陕恢509和陕农3A×陕恢335参加陕西省区域试验，泰丰A×陕恢2116参加四川科企育种联合体长江上游区域试验。

2017年，通过实施"优质籼稻新品种选育及高产高效栽培技术研发"项目，种植优质稻和黑红糯稻资源600余份，通过航天、辐射和人工杂交，创制黑稻资源16份、优质香型稻材料30余份、糯稻材料6份、粳稻材料10份、高直链淀粉材料5份；种植恢复系、不育系材料4 200余份，改造创制新种质资源80余份；选择恢复系近100个、不育系30个，测配新组合1 500余个；新选育黑糯稻新品种P566和P589，引进黑籼米香稻品种KH638；杂交稻新组合多点试验示范中，两优687、中优186、香1521在各点表现优秀；推荐水稻品种荃香1521和川106A×R253参加陕西省区域试验。

2017年，在新技术应用方面，运用分子手段检测鉴别60余份主要育种材料和新创制材料的抗病性基因及米质性状，与陕西理工大学联合开展100份育种材料的基因检测。开展直播稻品种选育和插植试验，筛选适宜稻麦、稻油倒茬的早熟优质直播稻品种，不育系陕农2A和陕农5A通过省级鉴定；自育品种陕农优206通过省级品种审定；汉中市农业科学研究所张选明主持完成的"中籼晚熟杂交水稻新品种选育及推广应用"项目获陕西省2017年科学技术奖二等奖。

张羽等（2017）研究认为稻米品质与稻米中直链淀粉含量（AC）有关，直链淀粉含量与蜡质基因（Wx）的基因型有关，Wx基因第一内含子的剪接效率决定直链淀粉含量，可为水稻品质育种提供依据。应用CAPS法对112份陕西省水稻主要种质资源基因第一内含子供体+1位碱基G/T进行检测，根据G/T碱基将112份供试材料的Wx基因分为GG、GT、TF等3种基因型。同时，检测37份不同G/T型稻米的直链淀粉含量及其他相关性状。结果显示，112份供试材料中，有1份材料为GG型，约占1%；25份为GT型，占22%；86份材料为1-r型，约占77%。说明基因第一内含子供体+1位碱基G/T的多态性与AC含量有良好的对应关系，与垩白粒率和垩白度有一定的对应关系。

2019年，通过实施"陕西省水稻种质资源创新与利用"项目，种植恢复系材料3 500份，选育出优良恢复系陕恢206、陕恢229和R1521；种植不育系材料4 500份，选育的高配合力三系不育系陕农1A和香型不育系汉香166A通过省级鉴定；改良恢复系36份、不育系30份，转育三系不育系16对，二系不育系割茬转育27份；开展2个籼粳交F_2育种中间材料花药组织培养，F_2代材料各接种花药2万枚，共培养花培苗650株；对119个水稻不育系亲本材料进行pi-b、pi-ta、pi-9抗稻瘟病基因检测分析；

继续开展特种稻及亲本材料选育，通过辐照处理和杂交改良等手段，创制黑稻种质材料8份，香味浓郁、米质优良的种质材料5份。

汉中市农业科学研究所李小刚等（2022）对陕西汉中的25份水稻种质资源主要农艺性状进行鉴定。结果表明，供试品种具有较大的遗传差异性，不同性状变异系数在5.9%～19.62%；对供试水稻品种主要农艺性状聚类分析表明，对产量影响最大的是穗粒数，其次是穗长、株高和千粒重，相关系数分别是0.809 9、0.540 8、0.505 3、0.469 6。因此，在水稻品种选育上，要重视大穗、大粒品种，同时兼顾生育期、株高、有效穗等农艺性状是获得高产的有效途径。

（三）水稻种质资源在育种、生产中的应用

1. 育种应用

陕西稻区地处中国籼稻最北缘，杂交水稻品种选育以三系杂交稻为主，两系杂交稻品种较少，故介绍以三系杂交稻为主。

三系杂交水稻是指雄性不育系（简称不育系，A）、雄性不育保持系（简称保持系，B）和雄性不育恢复系（简称恢复系，R或者C）。不育系的雄性器官（花粉）发育不全，无授精能力，但其雌性器官发育正常，能够正常接受外来花粉，实现授粉受精灌浆，完成结实过程，保持系与不育系属姊妹系，与不育系具有相同的细胞核但细胞质不同。因此，其植株形态与不育系相似，但雌、雄性器官均正常，自交能结实，若将花粉授予不育系，所产生的后代仍为雄性不育系，由于其具有保持不育系不育的能力，故称其为雄性不育保持系。恢复系一般为生产上常用的优良常规品种，将其花粉授予不育系能够结实，所产生的第1代植株育性恢复正常，自交能结实。这就是生产中常用的水稻杂交种。三系杂交水稻的各系间关系密切，不育系与保持系杂交仍可繁殖不育系种子用于制种，不育系和恢复系杂交生产出杂交水稻种子可用于大田生产；保持系自己授粉繁殖保持系，用于繁殖不育系和自身繁殖。

（1）选育杂交水稻三系的基本条件 不育系要求：雄性不育性稳定，一般要求不育株系达到99.5%以上；容易和较多的恢复系配组；具有良好的花器和开花习性，易接受外来花粉，提高异交率。保持系要求：具有一定的丰产性和良好的杂交配合力；花药发达、花粉量大，易提高不育系的结实率；具有较好的产量、抗性和稻米品质。恢复系要求：恢复性强；配合力高，组配的后代不但超亲且超过对照品种；具有较好的农艺性状；植株略高于不育系，花药发达花粉量多；与不育系的遗传差异大。

（2）选配三系杂交组合对双亲的基本要求 双亲间遗传差异是产生杂种优势的重要基础。在适当范围内，双亲的遗传背景差别越大，杂种优势越明显。因双亲血缘较远，遗传基础差异大，籼、粳亚种间杂交，能产生更强大的杂种优势。双亲性状明显互补，杂交水稻的重要特点是双亲的优良性状能够综合在一起，达到优势互补的目的，如生育期长短、分蘖多少、穗型大小、千粒重高低、稻米品质优劣等都可以起调和或互补的作用；双亲有较好的配合力，亲本的配合力对子代产量的影响很大。因而，在强优组合选配中，不仅要注意其亲本的遗传差异及其优良性状的互补作用，更要注意

它们的配合力；双亲有较好的丰产性、抗病性和稻米品质，一般以优良不育系和恢复系杂交，才可能出现优良的杂交种。研究认为，杂交稻的有效穗、穗粒数、结实率、千粒重等重要经济性状很大程度上取决于双亲的平均值。

陕西省推广的水稻主要是省外引进品种，其次是省内选育品种，国外引进品种种植面积很小，20世纪50年代筛选的地方品种被短期应用后，很快被改良种代替。以地方品种和引进品种作为育种材料，先后育成水稻品种16个，其中有1个品种已推广至邻省。陕西省利用地方稻种资源育成的品种5个，分别为沙蛮1号、稗09、高籼64、矮秆黑谷和汉中黑糯，前3个品种是以地方品种为亲本杂交选育成的高秆籼稻品种，后2个品种是利用地方品种自然变异选育的矮秆籼稻黑米品种。引进的水稻品种都在汉中平川推广，50年代陕西选育的沙蛮1号、稗09在汉中县区广泛推广，到70年代末仍有种植，推广时间长达20多年。高籼64是陕西省选育且推广面积最大的品种，60年代在陕南平川、山区、关中、河南南阳等地推广，最大种植面积达4.7万hm^2以上。矮秆黑谷和汉中黑糯在80年代初育成，较原种高秆黑谷增产近1倍，营养价值也有所提高，在汉中、洋县每年种植面积600 hm^2以上。利用国外稻种资源选育的水稻品种5个，分别为西粳2号、39-1、大57、1561凤和水晶稻。前3个水稻品种是粳稻，后2个是籼稻。西粳2号是桂花黄/越富杂交育成种，在西安一带推广，最大面积6 000 hm^2以上，推广时间约4年。39-1是由京引39系统选育，在陕南山区和陕北推广，最大面积6 000 hm^2以上。大57是农垦57/天津大穗杂交育成，70年代在陕南山区作为双季稻晚稻推广种植，最大面积近2 667 hm^2。1561凤是早金凤5号/IR1561杂交育成的矮秆中籼，在汉中浅山推广3 000 hm^2以上。水晶稻是由高秆黄科美国稻系统选育的优质矮秆中籼，省内外每年种植面积在3 000～6 000 hm^2。利用国内稻种资源育成水稻品种6个，分别为三珍96、华矮选、汉中香糯、西农8116、商辐1号和汕优窄八。其中，汕优窄八是早中熟杂交籼稻，年推广面积达1.3万hm^2，是陕南海拔800 m以上区域的主推品种。三珍96是华东三九九/珍珠矮11号杂交育成的矮秆中籼，70年代后期在陕南平川推广，最大面积1万hm^2。汉中香糯是由云南云临15-2系统单选育成的特异米品种，在陕南、关中种植，最大面积6 000 hm^2以上。华矮选是由华矮5号选出，商辐1号是由京糯1号辐射育成，西农8116是由激光4号中选出，分别在汉中、商洛、关中部分地方种植，最大面积均超过6 000 hm^2。

2. 生产应用

洋县黑米营养价值高，表色墨黑、里质白细，蛋白质比普通大米高37%，富含16种氨基酸，花青素类色素含量远高于其他同类产品，早在3 000多年前洋县就有黑稻种植，黑米历代为皇家贡品。1993年洋县名特优作物研究所成立，选育出秦稻1号、秦稻2号、洋黑3号等黑米品种。2018年洋县把发展黑米产业列为五大脱贫产业之首，努力扩大黑米水稻种植面积，延伸黑米产业链，促进农民增收。截至2018年，全县种植黑米3 000 hm^2以上，产量达2.25万t，产品已批量投放北京、上海、杭州、深圳、成都、重庆、西安等大中城市，销售良好。桂朝，常规稻，属中早熟品种，抗性强，适宜于丘陵山区种植，已在汉中种植40余年。由于其黏性低、胀性大、出米率高，是加工面皮和凉粉的主要原材料。2011年"汉中面皮"被列入陕西省非物质文化遗产名录，是久负盛名的特色小吃之一，深受百姓喜爱，市场需求量大，制作过程简单且投入成本低，每年带动数以万计人员就业，为汉中的经济发展贡献了力量。近年来，由于桂朝种植时间长，出现品种退化现象，稻米品质下降，加之栽培技术落后，产量逐年降低。若能做好品种提纯复壮、落实高产栽培技术，将极大促进群众种植的积极性，增加收益。

桂花球，常规稻品种，中早熟籼稻。因其结实紧致、出米率高、米质优、米饭有香味，而得名桂花球。目前，全市120万亩水稻中优质籼稻面积近40万亩，以黄华占、五山丝苗等为主的高档优质稻10万亩左右。优质稻谷收购价每千克高出普通稻谷0.4~1元，亩增收200元以上。若通过技术改良，进一步提高该品种的产量和品质，将为汉中优质米发展注入新的活力。

3. 差距与不足

近年来，尽管中国在水稻新基因发掘、新品种选育等领域不断创新实践，总体达到国际领先水平，但在基因编辑、全基因组选择等新兴交叉领域技术创新不足，缺乏国际竞争力，种质资源精准鉴定评价不足，缺乏具有重大应用价值的水稻种质。

中国水稻种质资源表型和基因型精准鉴定评价仍处于起步阶段，表型精准鉴定规模小、系统性不足，基因型精准鉴定缺乏针对性、不能覆盖全基因组，超过九成的种质资源仍未经过深度鉴定，绝大部分已克隆的重要农艺性状基因仍停留在实验室使用阶段，育种利用低。缺乏具有重大育种应用前景的优异种质，突破性品种育成极少，同质化问题较为严重。

生物育种关键技术仍需不断突破，与世界发达国家还有较大差距。基因编辑、全基因组选择、分子设计和人工智能育种等新兴交叉领域技术研发原始创新能力不足，缺少重大突破性理论成果。美国水稻技术公司、德国拜耳公司等先后实现了大面积机械化制种，但国内尚未实现大规模产业化。

种业管理体系改革不断推进，但商业化育种实力有待提高。我国不断改革品种管理制度，开通品种绿色通道和联合体试验，并按照绿色发展要求调整审定标准，促进水稻种业绿色健康发展。总体上看，尽管商业化育种得到较快发展，但多数企业研发投入不足、能力不强，竞争力较弱；标准化、程序化、信息化、规模化的商业育种体系尚未建立，未能将良种培育从"偶然"变为"必然"，从科研到生产经营的产业链条脱节。

种子企业多，但竞争力较弱、"走出去"较难。水稻种子经营门槛低，企业数量多、规模小，盈利能力弱，缺乏真正做核心品种研发的种子企业。目前，全国以稻种经营为主的企业达到上千家，其中资产10亿元以上的企业仅20余家，特别是种子企业经营品种同质化严重，种子库存高，积压严重，经营风险较大。杂交稻制种机械化水平低，制种成本较高，稻种出口规模较小，国外跨国公司通过不断收购、并购各主产国杂交水稻公司，大力开发全球杂交水稻市场，导致我国水稻种业走出去难度加大。

4. 主要经验

推进品种选育协作攻关。 我国水稻矮化育种、杂交水稻育种和超级稻育种均是在国内外水稻育种理论创新的基础上,由一大批代表性科学家和育种家,在相关部委、中国农业科学院组织下,开展全国范围协作攻关并获得成功,如杂交水稻获得国家发明奖的第一完成单位是中国农业科学院、第一完成人是袁隆平。

深化种业权益改革。 2014年水稻作为试点作物参与种业权益改革,水稻种业企业与科研、高校等研究机构合作增多,科研人员到企业兼职增加,有效促进科企合作、平台共建、成果共享,促进人才流动和成果转化,提升企业创新能力。种业权益改革还推进了种业人才分类评价,充分调动基础性公益型科研人员的积极性。

推进水稻实质性派生品种制度。 国家水稻良种重大科研联合攻关单位试行水稻实质性派生品种制度,并在全国水稻育种科研、教学与种业企业推行。按照该制度,若获得新品种权的水稻品种属于实质性派生品种,即遗传相似系数大于92%且其原始品种也已获得授权品种,则实质派生性品种育成单位向原始品种权利人分享获益分成。

二、陕西省水稻品种演替

中华人民共和国成立以来,陕西省的水稻品种经历过5次大的更新换代。

(一)人工育成品种替代农家种

第一次是在1953—1966年,用引自四川人工育成品种胜利籼、云南白代替城固小香谷、南郑鸡爪子、西乡蛮谷子、西兰早和商州麻谷子等农家品种在陕南、关中种植;以后用华东399桂花球(粳稻)和陕西省自育品种沙蛮1号、稗09等取代云南白、胜利籼,到20世纪60年代已经在陕南、关中全面取代了农家种。

(二)矮秆品种取代高秆品种

第二次是在1967—1978年,推广珍珠矮11号、二九矮4号、广矮3784等为代表的矮秆取代高秆品种,其后又推广南京11号、早金凤5号、广二矮104、桂朝2号和陕西省自育品种三珍96、西梗二号、商辐1号等品种,1972年全省普及了矮秆品种。

(三)杂交稻取代常规稻

1976年引进南优2号、3号晚熟杂交稻。1978年开始在汉中平坝大面积推广,1980年达到4万 hm^2。1982年中早熟杂交稻威优激、汕优激开始在汉中山区推广,到1985年仅汉中杂交稻种植面积达到8 013万 hm^2。1986年,杂交稻占陕南水稻总面积的80%以上,在关中杂交稻占水稻总面积的50%以上,实现了第三次品种更替。

(四)优良杂交稻和名特优稻取代普通杂交稻

第四次是在1985—2001年,1985年稻瘟病大流行后,一批高产、抗病、适应性强的杂交稻,如汕优63、汕优64、D优10号等品种很快成为骨干品种并在生产上推广。

1985 年陕西省育成的汉中水晶稻、西农 8116 及 1992 年育成的优质杂交稻青优黄、黄晴被农业部评为全国优质品种，是陕西省水稻品种向优质稻方向发展的标志。

1982—1984 年，黑米品种如汉中黑糯、秦稻二号、洋县黑米、香米及汉中香糯开始在全省推广种植并向省外发展，掀起了陕西省特种稻研发的高潮。20 世纪 80 年代到 90 年代前期，汉中盆地每年种植黑、香、红、糯米面积达 1.5 万 hm^2，平均亩产达 400 kg。在全国率先研发出了黑米酒、黑米快餐粥、黑米粉丝等 20 多种黑米食品。

（五）优质高产抗病杂交稻取代高产抗病杂交稻

第五次是 2002 年之后，为适应市场对优质稻米需求，引进宜香系列、中优系列、丰优系列等优质杂交水稻品种。从根本上解决了杂交水稻高产品质不优的问题。从 2010 年起，陕省水稻品种审定标准更加严格，除要求品种区域试验增产不低于 5% 以外，还规定稻米品种达不到《优质稻谷》三级、品种对稻瘟病抗病性在五级以上者，不予审定，为陕西省优质稻米产业发展奠定品种基础。

三、陕西省水稻代表性选育品种

（一）整体概况

从 1991—1995 年，先后有洋县红香寸、D 优 10、协优 63 等 14 个本地选育品种通过陕西省审定，其中，杂交种 6 个、常规种 8 个。截至目前，仅有洋县红香寸、汉中黑丰糯、汕优窄八 3 个品种没有退市，其余 11 个品种全部撤销，退出历史舞台。目前，陕西省水稻栽培品种以杂交稻为主，主要为三系杂交稻，占水稻种植面积的 80% 左右，也有少量的两系杂交品种，其余为常规稻品种。从区域上分，陕南稻区以中优杂交稻为主，占 90%，其余为常规品种，占 10%，主要是糯稻和特种稻、特优米品种。关中稻区主要是常规品种，杂交稻较少。品种类型上以粳型糯稻和籼型优质稻为主，也有普通粳稻和中籼杂交稻。北稻区主要种植的是中早熟常规优质粳稻品种。

（二）部分代表品种

1. 汉中水晶稻

选育单位：汉中市农业科学研究所

主要育种人：赵志杰、吴升华、李昌吉

品种来源：汉中市农业科学研究所从引进品种黄科美国稻中系统选育而成。

审定情况：1987 年通过陕西省农作物品种审定委员会审定（陕审 123）。

特征特性：属籼型迟中熟常规水稻。经大面积生产种植，一般亩产 350 kg，表现抗稻瘟和白叶枯病。稻米外观洁白透明，故定名为水晶米。经多年广泛食用，公认食味最佳，经米质检测分析，稻米已全面达到国家优质食用稻米一级、二级标准。

栽培要点：该品种适宜陕南地区种植，曾是陕西省 20 世纪 80 年代优质稻米的主栽品种之一，累计种植面积约 5 万亩。1985 年获汉中地区农牧科研成果奖三等奖，同年被评为陕西省优质稻米品种，1986年被农业部评定为我国第一批优质稻米品种。

2. 汉中香糯

选育单位：汉中市农业科学研究所

主要育种人：付建民、赵志杰、吴升华

品种来源：汉中市农业科学研究所1979年从引进稻种云临15-2中系统选育而成。

审定情况：1987年通过陕西省农作物品种审定委员会审定（陕审124）。

特征特性：属籼型常规水稻，中熟中籼糯稻。糯性良好、稻米特具清香味，营养品质较高。抗病、抗倒伏，一般亩产400 kg。

栽培要点：4月中旬播种，5月下旬移栽，行株距23.0 cm×17.0 cm或20.0 cm×17.0 cm，每穴5～7苗。亩施纯氮10 kg，分底肥（70%）和追肥（30%）两次施入五氧化二磷5 kg（全作底肥）、氧化钾6 kg（全作底肥）。前期注意防治二化螟，中期注意防治纹枯病，后期注意防治稻瘟病和稻苞虫。曾是20世纪80年代陕南、关中的糯稻主栽品种之一，累计种植面积5万多亩。

3. 汕优287

选育单位：汉中市农业科学研究所

主要育种人：陈达润、邢成安、张万春、周凯、张文明等

品种来源：汉中市农业科学研究所用珍汕97A作母本，水源287作父本，于1984年成功组配而成。

审定情况：1991年通过陕西省农作物品种审定委员会审定。

特征特性：比对照威优64增产4%～15%，生育期与威优64相近，但抗病性、结实性、丰产性均优于威优64。

栽培要点：一般亩产500～600 kg，适宜陕南浅山丘陵区和桂、滇、黔、川等省的同生态区种植、陕西关中稻区种植。该品种1990年通过了全国和省水稻区域试验，是陕西省组配成的第一个参加全国区试并通过省审的水稻品种。

4. 黄晴

选育单位：汉中市农业科学研究所

主要育种人：陈达润、邢成安、李昌吉、聂英玉、张万春

品种来源：汉中市农业科学研究所用广西农家种黄金3号与661杂交后代选株与科晴3号连续回交而成。

审定情况：1992年通过陕西省农作物品种审定委员会审定（陕审稻265）。

特征特性：籼型中熟常规水稻。穗大、粒大、转色好，全生育期150 d，比对照"汕优63"短5.0 d，株高106.0 cm。粒长宽比大于3.0，稻米品质12项指标中有9项指标达国家一级优质食用米标准，3项指标达国家二级优质食用米标准，抗性好。

5. 青优黄

选育单位：汉中市农业科学研究所

主要育种人：陈达润、邢成安、李昌吉、聂英玉、张万春

品种来源：系汉中市农业科学研究所以青改A为母本，黄晴为恢复系配组而成的

优质杂交稻。

审定情况：1992年通过陕西省农作物品种审定委员会审定（陕审稻266）。

特征特性：属籼型三系迟熟杂交稻。株型适中，叶片直立，叶色浓绿，青秆黄穗。全生育期152 d，比对照汕优63短1.5 d，株高100.0 cm。粒长宽比3.9，稻米品质12项指标中有10项指标达国家一级优质食用米标准，2项指标达国家二级优质食用米标准。中抗稻瘟病，抗倒伏，一般亩产550～600 kg。

栽培要点：适宜在陕西海拔650 m以下稻区4月中旬播种；5月下旬至6月初移栽，行株距23.3 cm×16.7 cm，每穴7～8苗。氮、磷、钾配方施肥，亩施纯氮10 kg，分底肥和追肥两次施入五氧化二磷5 kg（作底肥）、氧化钾6 kg（作底肥和追肥）。前期注意防治二化螟，中期注意防治纹枯病，推广种植40万余亩。

6. 黑丰糯

选育单位：汉中市农业科学研究所

主要育种人：吴升华、赵志杰、黄卫群、陈静、屈发科

品种来源：系汉中市农业科学研究所以黑糯二号为父本，以高产抗病中间材料菲一/米1281//IR36为母本杂交，经连续定向选择、南繁加代后于1991年选育而成。

审定情况：1993年通过汉中地区农作物品种审定小组审定。

特征特性：属籼型晚熟类黑谷品种。稻米品质优异，外观墨黑，糯性良好，富含人体所必需的8种氨基酸和多种矿质营养，其黑色素比黑优粘高出50%，为国内酿造和加工黑米保健食品、酒饮的主要原料品种。抗稻瘟病、高抗白叶枯病。一般亩产500 kg。

栽培要点：4月中旬播种，5月下旬移栽，行株距23.0 cm×17.0 cm或20.0 cm×17.0 cm，每穴5～7苗。亩施纯氮10 kg，分底肥（70%）和追肥（30%）两次施入五氧化二磷5 kg（全作底肥）、氧化钾6 kg（全作底肥）。前期注意防治二化螟，中期注意防治纹枯病，后期注意防治稻瘟病和稻苞虫。该品种是陕西省的黑谷主栽品种，累计示范推广面积达20万亩。

7. 培优特三矮

选育单位：汉中市农业科学研究所

主要育种人：吴升华、赵志杰、黄卫群、张选明、屈发科

品种来源：汉中市农业科学研究所以培矮64S为母本，特三矮为恢复系配组而成的两系杂交稻。

审定情况：1998年通过陕西省农作物品种审定委员会审定（陕审332）。

特征特性：属籼型晚熟两系杂交稻。产量高，稻米品质中上。抗稻瘟病，中感白叶枯病，抗倒伏能力强。

栽培要点：播种至齐穗120 d左右，与汕优63相当，每亩大田用种量1 kg，两段育秧双株寄插，5月中旬插秧，亩插1.5万亩左右。每亩施纯氮10～11 kg，其中60%～70%作底肥，30%～40%于插后10 d左右施追肥，增施磷肥，钾肥增产显著。插后20～25 d晒田，后期干湿灌溉。该品种1993—1995年参加陕西省水稻良种区试，

1996—1997年参加863重大科技成果转化项目两系杂交稻试验试种,平均亩产620 kg,已在陕西、海南等省累计示范面积2万亩以上。

8. I优86

选育单位:汉中市农业科学研究所

主要育种人:吴升华、赵志杰、黄卫群、张选明、王保军

品种来源:以优IA/R8608配组而成的籼型中熟三系杂交水稻。

审定情况:2000年通过陕西省农作物品种审定委员会审定(陕审稻392);2003年通过国家农作物品种审定委员会审定(国审稻2003-147)。

特征特性:全生育期145 d,比对照汕优64晚熟2 d,株高105 cm,穗长23.0 cm,有效穗数22.2万/亩,穗粒数122粒,结实率85%,千粒重27 g。糙米率80.8%,整精米率62.87%,垩白粒率56%,垩白度12.8%,直链淀粉含量22.7%,胶稠度79 mm,粒长6.4 mm,粒长宽比2.5,蛋白质含量8%。抗稻瘟病,抗倒伏能力强。

适宜地区:一般亩产570 kg,适宜陕南海拔850 m以下的浅山丘陵稻区和关中稻区种植,江西、湖南、湖北、安徽、浙江省双季稻区的稻瘟病轻发区作晚稻种植。

栽培要点:4月上中旬播种,5月中下旬移栽,每穴7~8苗,行株距27 cm×17 cm。氮、磷、钾配方施肥,亩施纯氮10 kg,分底肥和追肥两次施入。五氧化二磷10 kg(作底肥)、氧化钾5.0 kg(作底肥),底肥增施农家肥。前期注意防治二化螟,中期注意防治纹枯病,后期注意防治稻苞虫和稻瘟病。

9. 两优培九

选育单位:江苏省农业科学院水稻研究所

主要育种人:吴升华、赵志杰、黄卫群、张选明、王俊义、王保军

品种来源:汉中市农业科学研究所1999年引进,以64S/9311配组而成的籼型晚熟两系杂交稻。

审定情况:2001年通过陕西省农作物品种审定委员会审定(429)。

特征特性:全生育期159.8 d,较对照汕优63长5 d。株高105.4 cm,穗实粒数124.14粒,结实率77.5%,千粒重224.4 g。糙米率81.4%,整精米率56.8%,粒长6.3 mm,垩白粒率30%,垩白度3.9%,透明度I级,胶稠度72 mm,直链淀粉含量20.0%,蛋白质含量9.4%。抗稻瘟病和中抗白叶枯病,注意防治稻曲病。

栽培要点:一般亩产600 kg,适宜陕南海拔650 m以下川道、平坝及同类生态区种植。4月初进温室两段育秧,5月中下旬移栽,每穴6~7苗,株行距27.0 cm×17.0 cm。氮、磷、钾配方施肥,亩施纯氮11 kg,分底肥(70%)和追肥(30%)两次施入五氧化二磷5.5 g、氧化钾5.5 kg全作底肥。后期注意防治稻曲病。

10. 丰优28

选育单位:汉中市农业科学研究所

主要育种人:吴升华、黄卫群、张选明、王保军、王俊义

品种来源:汉中市农业科学研究所以粤丰A/R288配组而成的籼型迟熟三系杂交稻。

审定情况：2004年通过陕西省农作物品种审定委员会审定（陕审稻2004004）。

特征特性：全生育期157.0 d，比对照汕优63长1～2 d，株高118.7 cm，穗长25.3 cm，有效穗数20.6万/亩，穗粒数171.2粒，结实率76.0%，千粒重26.5 g。糙米率81.5%，整精米率37.9%，垩白粒率20%，垩白度6.2%，直链淀粉含量16.6%，胶稠度94 mm，粒长6.8 mm，粒长宽比3.1，蛋白质含量9.3%。较抗稻瘟病和白叶枯病。抗倒伏。

栽培要点：一般亩产550 kg，适宜陕南汉中、安康海拔600 m以下川道盆地和丘陵稻区种植。4月5日前后播种，采用两段育秧或薄膜育秧；5月中下旬移栽，行株距30 cm×17 cm，每穴6～7苗。氮、磷、钾配方施肥，亩施纯氮12 kg，分底肥和追肥两次施入，五氧化二磷6 kg（作底肥），氧化钾7.2 kg（作底肥和追肥）。前期注意防治二化螟，后期注意防治稻曲病。

11. 丰优香占

选育单位：江苏里下河地区农业科学研究所

主要育种人：吴升华、王保军、王俊义、张选明、黄卫群

品种来源：汉中市农业科学研究所2000年引进，以三系不育系粤丰A为母本，与自育恢复系R6547组配而成。

审定情况：2004年通过陕西省农作物品种审定委员会审定（陕审稻2004002）。

特征特性：谷粒有顶芒。全生育期157.3 d，株高127.8 cm，穗长24.5 cm，有效穗数17.4万/亩，穗粒数185.5粒，结实率71.4%，千粒重27.5 g。整精米率47.1%，长宽比3.4，垩白粒率16.5%，垩白度2%，胶稠度80 mm，直链淀粉含量14.5%。达国标优质稻谷Ⅱ级标准。抗稻瘟病，中感白叶枯病。抗倒伏。

栽培要点：一般亩产570 kg，适宜陕南汉中、安康海拔600 m以下川道盆地和丘陵稻区种植。3月底到4月初温室两段育秧；26 cm×16 cm规格插植，亩插基本苗12万左右；亩施总氮量10～12 kg分两次施入，其中基肥70%，追肥30%，磷、钾肥作基肥一次施入；抽穗前7～10 d用仙耙稻丰收或可杀得防治稻曲病，灌浆初期用禾枯灵与磷酸二氢钾配合叶面喷施。

12. 华泰998

选育单位：汉中市农业科学研究所

主要育种人：吴升华、王保军、王俊义、李小刚、何沛

品种来源：陕西省汉中市农业科学研究所以金23A/R21配组而成的籼型三系迟熟杂交稻。

审定情况：2007年通过陕西省农作物品种审定委员会审定（陕审稻2007004）。

特征特性：全生育期152.6 d，株高118.7 cm，穗长26.0 cm，有效穗数19.1万/亩，穗粒数166.35粒，结实率80.07%，千粒重28.94 g。糙米率81.6%，整精米率61.3%，垩白粒率88%，垩白度12.3%，直链淀粉含量22.4%，胶稠度84 mm，粒长7.2 mm，粒长宽比3.2，蛋白质含量7.4%。较抗稻瘟病和纹枯病，耐寒能力强。

栽培要点：一般亩产630 kg，适宜陕南海拔650 m以下稻区种植。4月1日前后播

种，采用两段育秧或薄膜育秧；5月中下旬移栽，行株距30 cm×17 cm，每穴6～7苗。氮、磷、钾配方施肥，亩施纯氮12 kg，分底肥和追肥两次施入，五氧化二磷6 kg（作底肥），氧化钾7.2 kg（作底肥和追肥）。后期注意防治稻苞虫、稻纵卷叶螟和稻瘟病。

13. 金优360

选育单位：汉中市农业科学研究所

主要育种人：吴升华、王俊义、王保军、李小刚、何沛

品种来源：汉中市农业科学研究所以金23A/R360配组而成的籼型三系中熟杂交稻。

审定情况：2007年通过陕西省农作物品种审定委员会审定（陕审稻2007003）。

特征特性：全生育期138 d，株高98 cm，穗长23.9 cm，有效穗数20.4万/亩，穗粒数167.9粒，结实率73.9%，千粒重26.7 g。糙米率82.4%，整精米率60.5%，垩白粒率52%，垩白度7.2%，直链淀粉含量21.4%，胶稠度78 mm，粒长7.0 mm，粒长宽比3.2，蛋白质含量9.4%。中抗稻瘟病，较抗倒伏，感白叶枯病。

栽培要点：一般亩产590 kg，适宜陕南海拔800 m以下的浅山、丘陵稻区及适宜生态区种植。4月上中旬播种，5月中下旬移栽，行株距27 cm×17 cm，每穴7～8苗。氮、磷、钾配方施肥，亩施纯氮15 kg，分底肥和追肥两次施入，五氧化二磷5 kg（作底肥），氧化钾6 kg（作底肥和追肥）。前期注意防治二化螟，中期注意防治纹枯病，后期注意防治稻苞虫。

14. 中优360

选育单位：汉中市农业科学研究所

主要育种人：吴升华、王保军、张慧廉、王俊义、李小刚、何沛

品种来源：陕西省汉中市农业科学研究所以中9A/R360配组而成的籼型三系中熟杂交稻。

审定情况：2009年通过陕西省农作物品种审定委员会审定（陕审稻2009001）。

特征特性：全生育期149 d，与对照明优02相当，株高103.6 cm，穗长24.6 cm，有效穗数18.8万/亩，穗粒数162.5粒，结实率82.2%，千粒重27.3 g。糙米率82.4%，整精米率67.1%，垩白粒率39%，垩白度5.5%，直链淀粉含量24.2%，胶稠度82 mm，粒长宽比2.9，蛋白质含量8%。中感稻瘟病和稻曲病。较抗倒伏。一般亩产580 kg。

栽培要点：适宜陕南海拔750 m以下稻区和关中稻区种植。4月上中旬播种，5月中下旬移栽，行株距27 cm×17 cm，每穴7～8苗。亩施纯氮10 kg，分底肥和追肥两次施入，五氧化二磷5 kg（作底肥），氧化钾6 kg（作底肥和追肥）。前期注意防治二化螟，中期注意防治纹枯病，后期注意防治稻苞虫、稻纵卷叶螟和稻瘟病。

15. 黄华占

选育单位：广东省农业科学院水稻研究所

主要育种人：冯志峰、周凯

品种来源：广东省农业科学院水稻所育成的常规优质籼稻品种，2006年由汉中市

农业科学研究所引进。

审定情况：2013年3月通过陕西省农作物品种审定委员会审定（陕审稻2013005）。

特征特性：全生育期145～150 d，比汕优63短5 d左右。亩有效穗数17.76万，成穗率70.07%，株高98.31 cm，穗长22.45 cm，每穗总粒数145.3粒、实粒数123.6粒，结实率85%，千粒重24.6 g。出糙率80.9%，整精米率63.8%，垩白粒率5%，垩白度0.6%，直链淀粉17.8%，胶稠度78 mm，长宽比3，蛋白质10.2%，米质达国标优质稻谷I级标准。中感稻瘟病，抗倒性强。

栽培要点：一般亩产手插秧500 kg，机插秧600 kg，适宜陕南海拔650 m以下稻区种植。4月10—15日采用薄膜育秧（机插秧4月20日播种）；大田插植密度以1.5万穴/亩，亩插基本苗10万～12万；手插秧每亩施纯氮10～12 kg、磷5 kg、钾7 kg，其中70%的氮肥和全部的磷钾肥作底肥，30%的氮肥作追肥；机插秧亩施纯氮12 kg、磷6 kg、钾7.2 kg。其中底肥亩施纯氮3.6 kg、钾3.6 kg、磷6.0 kg；第一次追肥于插后5 d亩施纯氮3.3 kg；第二次追肥于插后10 d亩施纯氮2.6 kg、钾1.8 kg；晒田复水后亩施纯氮2.5 kg、钾1.8 kg作穗肥。后期注意防治稻瘟病。

16. K优082

选育单位：汉中市农业科学研究所

主要育种人：张选明、沙志鸿、冯志峰、魏芳勤

品种来源：汉中市农业科学研究所以不育系K18A与自育优质恢复系R082配组选育而成的中籼迟熟三系杂交稻。

审定情况：2013年通过陕西省农作物品种审定委员会的审定（陕审稻2013001）。

特征特性：全生育期153 d左右，比对照种"汕优63"晚熟1 d。株高119 cm左右，主茎叶片17叶，亩有效穗数平均17.3万，穗长25 cm，每穗总粒数155.8粒，实粒数132.7粒，结实率85.3%，千粒重30.5 g。糙米率82.2%，整精米率64.9%，垩白粒率16%，垩白度1.8%，直链淀粉含量23.4%，胶稠度89 mm，粒长宽比3.6，蛋白质含量7.8%。较抗稻瘟病，抗倒伏。

栽培要点：一般亩产600 kg，适宜在陕南汉中、安康海拔650 m以下的平川、丘陵稻区种植。4月10日左右播种，5月中下旬移栽，秧龄40～45 d。栽插规格33 cm×16 cm，每穴6～8苗。亩施纯氮10 kg、磷5 kg、钾12 kg。前期注意防治二化螟，中期注意防治纹枯病，后期注意防治稻苞虫、稻纵卷叶螟和稻瘟病。

17. 两优687

选育单位：汉中市农业科学研究所

主要育种人：王俊义、王保军、李小刚、王业文、冯志峰

品种来源：汉中市农业科学研究所以1316S为母本，以恢复系R647为父本杂交配组选育而成的籼型两系杂交稻。

审定情况：2015年通过陕西省农作物品种审定委员会的审定（陕审稻2015009）。

特征特性：全生育期154 d，与对照"内香8518"生育期相近。株高120.0 cm，穗长26.1 cm，每穗总粒数189.6粒，每穗实粒数137.1粒，结实率74.0%，千粒重平

均 28.7 g。出糙率 79.8%，整精米率 61.5%，垩白粒率 12%，垩白度 1.9%，直链淀粉 17.5%，胶稠度 66 mm，长宽比 3.3，蛋白质 7.9%，达国标《优质稻谷》2 级标准。感稻瘟病，抗病性与内香 8518 一致，抗倒伏。

栽培要点：一般亩产 600 kg，适宜陕南海拔 650 m 以下川道盆地种植。至 4 月上旬播种，5 月中下旬大田插植，每亩 1.2 万～1.3 万穴，亩插基本苗 10 万左右。亩施纯氮 10 kg 左右，氮、磷、钾配合施用有利高产，注意增施有机肥，前期注意防治二化螟，后期注意防治稻瘟病、白叶枯病、稻苞虫和稻管蓟马。

18. 中优 186

选育单位：汉中市农业科学研究所

主要育种人：王保军、李小刚、王业文、周凯、王俊义

品种来源：汉中市农业科学研究所以不育系中 9A 为母本，以自育恢复系 R186 为父本测配选育而成的籼型三系中早熟杂交稻。

审定情况：2015 年通过陕西省农作物品种审定委员会的审定（陕审稻 2015004）。

特征特性：全生育期平均 148 d，比对照明优 6 号长 2～3 d。株高 97.4 cm，穗长 23.4 cm，每穗总粒数 159.6 粒，结实率 83.3%，千粒重 26.9 g。出糙率 79.3%，整精米率 51.5%，垩白粒率 41%，垩白度 5.7%，直链淀粉 22.6%，胶稠度 72 mm，长宽比 3.1，蛋白质 7.5%。抗倒、耐寒，抗病性与对照一致。

栽培要点：一般亩产 570 kg，适宜陕南海拔 750 m 以下浅山丘陵及关中海拔 650 m 以下稻区种植，也可作为机插秧品种在麦茬田种植。陕南山区于 4 月 10—15 日采用露地育秧或薄膜育秧，陕南平坝机插秧 4 月 20—25 日育秧。5 月中下旬插秧，插植密度手插秧 26 cm×16 cm，亩插基本苗 10 万～12 万；机插秧 30 cm×12 cm，亩插基本苗 5 万～6 万。亩施纯氮 10 kg 左右，氮、磷、钾配合施用有利高产。前期注意防治二化螟，后期注意防治稻瘟病、白叶枯病、稻苞虫和稻管蓟马。

19. 泸香 145

选育单位：安康市农业科学研究所、四川省农业科学院水稻高粱研究所

主要育种人：洪安喜

品种来源：泸香 618A×康恢 1145

审定情况：2015 年通过陕西省农作物品种审定委员会的审定（陕审稻 2015003 号）。

特征特性：属籼型三系中熟杂交稻。根系发达，茎秆粗壮，分蘖中等，叶鞘叶耳无色，主茎总叶数 15～16 片，剑片长略宽，抽穗整齐，稃尖和柱头无色、大穗粒多、着粒紧密，谷粒有短芒。株高 99 cm，亩有效穗 15.1 万，穗长 24.9 cm，每穗粒数 182.2 粒，结实率 69.81%，千粒重 26.7 g。全生育期 152.3 d，较对照明优 06 长 1.5 d。两年区试平均亩产 535.9 kg。出糙率 77.6%，整精米率 53%，垩白粒率 21%，垩白度 2.6%，直链淀粉含量 18.4%，胶稠度 62 mm，长宽比 3.4，蛋白质 7.3%，达 GB/T 17891—2017《优质稻谷》Ⅲ级籼稻谷的规定要求。中抗稻曲病，中感白叶枯病。感稻瘟病、纹枯病。

栽培要点：适宜陕南汉中、安康海拔 750 m 以下稻区及宝鸡 650 m 以下稻区种植。

陕南4月10—15日播种，采用露地育秧或薄膜育秧，秧田应注意做好肥水管理，培育带蘖壮秧。一般秧龄为35～45 d移栽；密度为每亩1.3万～1.5万穴，川坝采用宽窄行即大行40 cm、窄行20 cm、株距16.5 cm，中山区大行窄株栽培即大行30 cm、株距15 cm。中等肥力水平田块每亩的氮肥用量可控制在10～11 kg，有机肥使用量大时根据情况酌减；N∶P∶K为1∶0.3∶0.3；施肥方法以前促、中控、后补为宜。浅—中—浅，保水护苗、薄水分蘖，当每亩苗数到18万苗时排水搁田，搁田程度以控制无效分蘖、确保有效分蘖成穗为佳，可根据当地病虫害发生规律和预测预报进行防控。

20. 中优145

选育单位：安康市农业科学研究所、中国水稻研究所

主要育种人：洪安喜

品种来源：绿03A×R171

审定情况：2015年通过陕西省农作物品种审定委员会的审定（陕审稻2015002号）。

特征特性：属籼型三系中熟杂交稻。根系发达，茎秆粗壮，分蘖中等，叶鞘叶耳无色，主茎总叶数15～16片，剑片长略宽，抽穗整齐，穗大粒多、着粒紧密，稃尖和柱头无色，谷粒有短芒。2013年，株高111.8 cm，亩有效穗13.9万，穗长24.5 cm，每穗粒数173.4粒，结实率76.6%，千粒重26.6 g。全生育期153.2 d。两年区试平均亩产530.2 kg。出糙率80.4%，整精米率54.3%，垩白粒率31%，垩白度3.6%，直链淀粉含量22.1%，胶稠度52 mm，长宽比3.1，蛋白质8.4%。感稻瘟病、纹枯病，中感稻曲病，中抗白叶枯病。

栽培要点：适宜陕南汉中、安康海拔750 m以下及宝鸡海拔650 m以下稻区种植。陕南4月10—15日播种，采用露地育秧或薄膜育秧，秧田应注意做好肥水管理，培育带蘖壮秧。一般秧龄为35～45 d移栽；密度为每亩1.3万～1.5万穴，采用宽窄行即大行40 cm、窄行20 cm、株距16.5 cm，中山区大行窄株栽培即大行30 cm、株距15 cm。中等肥力水平田块每亩的氮肥用量可控制在10～11 kg，有机肥使用量大时根据情况酌减；N∶P∶K为1∶0.3∶0.3；施肥方法前促、中控、后补为宜。浅—中—浅，保水护苗、薄水分蘖，当每亩苗数到18万苗时排水搁田，搁田程度以控制无效分蘖、确保有效分蘖成穗为佳。病虫害可根据当地病虫害发生规律和预测预报进行防控。

21. 陕农优206

选育单位：汉中市农业科学研究所

主要育种人：张选明、葛红心、沙志鸿、赵胜利

品种来源：以汉中市农业科学研究所自育不育系陕农1A为母本，以自育恢复系陕恢206为父本测配选育而成的籼型三系杂交稻新品种。

审定情况：2017年通过陕西省农作物品种审定委员会的审定（陕审稻2017007）。

特征特性：全生育期平均153 d，比对照"内香8518"长0.6 d。株高116.8 cm，主茎叶片17片，亩有效穗16.8万，穗长25.4 cm，每穗总粒数166.6粒，结实率84.8%，千粒重31.0 g，谷粒顶芒，弯垂穗型。出糙率80.2%，整精米率55.0%，垩白粒率19%，垩白度3.1%，直链淀粉14.4%，胶稠度84 mm，长宽比3.5，蛋白质8.3%。抗倒，稻瘟

病抗性 7 级。

栽培要点：在陕南汉中、安康海拔 650 m 以下的丘陵、平川稻区于 4 月 5—15 日采用两段育秧、露地育秧或薄膜育秧。40～45 d 秧龄移栽，插植密度以每亩 1.1 万～1.3 万穴、亩插基本苗 9 万左右为宜。适宜中上肥力水平栽培，亩施纯氮 10 kg 左右，氮、磷、钾配合施用有利高产，注意增施有机肥。前期注意防治二化螟，后期注意防治稻瘟病、白叶枯病、稻苞虫和稻管蓟马。

22. 广 8 优 5 号

选育单位：安康市农业科学研究所、广东省农业科学院水稻研究所、汉中现代农业科技有限公司

主要育种人：洪安喜、梁世胡、陈家蒙、董安民、赵娜

品种来源：广 8A×康恢 115

审定情况：2017 年通过陕西省农作物品种审定委员会的审定（陕审稻 2017003 号）。

特征特性：三系籼型杂交水稻品种。根系发达，茎秆粗壮，分蘖中等，苗期叶色绿色，叶鞘叶耳无色，主茎总叶数 15～16 片，剑片略宽，稃尖和柱头无色，谷粒有短芒。株高 116.7 cm，亩有效穗 15.4 万，穗长 24.1 cm，每穗粒数 215.7 粒，结实率 82.4%，千粒重 26.3 g。全生育期 149.5 d。中抗稻曲病，中感白叶枯病，感稻瘟病、纹枯病。

栽培要点：在陕南汉中、安康海拔 650 m 以下稻区种植。4 月 10—15 日播种，采用露地育秧或薄膜育秧。密植为 1.3 万～1.5 万穴，亩插基本苗 8 万～9 万。多施有机肥，合理氮、磷、钾匹配使用。中等肥力水平田块氮肥控制在 11～12 kg，有机肥使用量大时根据情况酌减。科学管水，及时搁田。当苗数到 18 万苗时排水搁田，搁田程度以控制无效分蘖、确保有效分蘖成穗为佳。可根据当地病虫害发生规律和预测预报进行病虫的预防。

23. 川香 145

选育单位：安康市农业科学研究所、四川省农业科学院作物研究所、汉中现代农业科技有限公司

主要育种人：洪安喜、任光俊、陈家蒙、董安民、赵娜

品种来源：川 106A×康恢 1145

审定编号：陕审稻 2017004 号

特征特性：籼型三系杂交稻，根系发达，茎秆粗壮，分蘖力中等，苗期叶色绿色、生长势旺，叶鞘叶耳无色，主茎总叶数 16～17 片，剑片适中略宽，抽穗整齐，稃尖和柱头无色、大穗紧密，谷粒有短芒。株高 125.6 cm，亩有效穗 15.94 万，穗长 26.9 cm，每穗粒数 155.9 粒，结实率 83.1%，千粒重 28.4 g。全生育期 152.7 d。出糙率 78.5%，整精米率 40.9%，垩白粒率 31%，垩白度 5.9%，直链淀粉 16.9%，胶稠度 82 mm，长宽比 3.6，蛋白质 6.7%。

栽培要点：在陕南汉中、安康海拔 650 m 以下稻区种植。陕南 4 月 5—10 日播种，采用两段育秧或薄膜育秧。适宜插植，密度 1.3 万～1.5 万穴。多施有机肥，氮、磷、

钾配合使用。中等肥力水平田块氮肥控制在 11 ～ 12 kg，有机肥使用量大时根据情况酌减。科学管水，及时搁田。每亩苗数达 18 万苗时排水搁田。可根据当地病虫害发生规律和预测预报进行病虫的预防。

24. 陕农优 229

选育单位：汉中市农业科学研究所

主要育种人：张选明、沙志鸿、顾朝军、严洪庆、李培江

品种来源：以汉中市农业科学研究所自育不育系陕农 2A 为母本，以自育恢复系花育 229 为父本测配选育而成的籼型三系杂交稻新品种。

审定情况：2018 年 5 月通过陕西省农作物品种审定委员会审定（陕审稻 2018002 号）。

特征特性：全生育期平均 151.8 d。株高 113.2 cm，穗长 24.7 cm。分蘖率 213.6%，亩有效穗 17.5 万，成穗率 71.59%，每穗实粒数 143.7 粒，结实率 87.11%，千粒重 30.2 g。出糙率 81.1%，整精米率 59.9%，垩白粒率 20%，垩白度 5.1%，直链淀粉 17.1%，胶稠度 71 mm，长宽比 3.6，蛋白质 6.3%。中抗稻瘟病，感纹枯病、白叶枯病，抗稻曲病。

栽培要点：在陕南汉中、安康海拔 600 m 以稻区于 4 月 5—15 日采用两段育秧、露地育秧或薄膜育秧。40 ～ 45 d 秧龄移栽，插植密度以每亩 1.1 万～ 1.3 万穴、亩插基本苗 9 万左右为宜。适宜于中上肥力水平栽培，亩施纯氮 10 kg 左右，氮、磷、钾配合施用有利高产，注意增施有机肥。前期注意防治二化螟，后期注意防治穗颈稻瘟病、稻纵卷叶螟、稻苞虫和稻管蓟马。

25. 荃香优 1521

选育单位：汉中市农业科学研究所

主要育种人：王俊义、王保军、李小刚、王业文、周凯

品种来源：汉中市农业科学研究所以安徽荃银高科种业股份有限公司不育系荃香 9A 为母本，以自育恢复系 R1521 为父本测配选育而成的籼型三系杂交稻新品种。

审定情况：2018 年 5 月通过陕西省农作物品种审定委员会审定（陕审稻 2018001 号）。

特征特性：全生育期平均 153 d，比对照内香 8518 长 1 d。株高 112.9 cm，主茎叶片 17 片，亩有效穗 16.7 万，穗长 25.1 cm，每穗总粒数 175.4 粒，结实率 82.1%，千粒重 29.5 g，谷粒间有芒，弯垂穗型。出糙率 80.2%，整精米率 46.3%，垩白粒率 33%，垩白度 6%，直链淀粉 14.8%，胶稠度 71 mm，长宽比 3.2，蛋白质 6.3%。抗倒，稻瘟病抗性 3 级。

栽培要点：在陕南汉中、安康海拔 650 m 以下的丘陵、平川稻区于 4 月 5—15 日采用两段育秧、露地育秧或薄膜育秧。40 ～ 45 d 秧龄移栽，插植密度每亩 1.3 万穴、亩插基本苗 9 万左右为宜。适宜于中等肥力水平栽培，亩施纯氮 10 kg 左右，氮、磷、钾配合施用有利高产，注意增施有机肥。前期注意防治二化螟，后期注意防治纹枯病、白叶枯病、稻苞虫和稻管蓟马。

26. 盛优 145

选育单位：安康市农业科学研究所、广东省农业科学院水稻所、汉中现代农业科

技有限公司

主要育种人：洪安喜、任光俊、陈家蒙、董安民、赵娜

品种来源：盛世 A × 康恢 1145

审定情况：2018 年 5 月通过陕西省农作物品种审定委员会审定（陕审稻 2018003 号）。

特征特性：三系杂交籼稻品种。根系发达，茎秆粗壮，分蘖力中等，叶鞘叶耳无色，主茎总叶数 16～17 片，剑叶略宽，抽穗整齐，稃尖和柱头紫色、大穗，谷粒有短芒。株高 117.5 cm，穗长 24.3 cm。分蘖率 188.2%，亩有效穗数 15.8 万，成穗率 76.44%，每穗实粒数 174.09，结实率 76.14%，千粒重 26.4 g。全生育期平均 152.0 d。中感稻瘟病、纹枯病、稻曲病，中抗白叶枯病。出糙率 78.3%，整精米率 45.9%，垩白粒率 16%，垩白度 2.4%，直链淀粉 14.2%，胶稠度 66%，长宽比 3.1，蛋白质 6.9%。

栽培技术要点：陕南汉中、安康海拔 600 m 以下稻区种植。一般在 4 月 5—10 日播种，大田用种量 1 kg。播种前要做好种子消毒处理。秧龄为 35～45 d 移栽，密度为 1.3 万～1.5 万穴。中等肥力水平田块每亩氮肥用量可控制在 11～12 kg；N∶P∶K 为 1∶0.3∶0.3；施肥方法前促、中控、后补为宜。浅—中—浅，保水护苗、薄水分蘖，当每亩苗数到 18 万苗时排水田，后期注意防治穗颈稻瘟病。

27. 五优 3 号（直播稻品种）

选育单位：广东省农业科学院水稻研究所、安康市农业科学研究所

主要育种人：洪安喜

品种来源：五丰 A × 广恢 3 号

审定情况：2020 年 5 月通过陕西省农作物品种审定委员会审定。（陕审稻 2020006 号）。

特征特性：三系杂交籼稻品种。分蘖力中等，株型紧凑，抗倒性强，后期转色好。株高 103.4 cm，穗长 22.6 cm，亩有效穗 22.9 万，成穗率 67.0%，每穗实粒数 109.6，结实率 80.9%，千粒重 26.7 g，全生育期 113.0 d。中感稻瘟病，高感纹枯病，感白叶枯病，抗稻曲病。糙米率 78.3%，整精米率 56.9%，垩白粒率 21.0%，垩白度 2.3%，碱消值 4.1，直链淀粉 16.2%，胶稠度 76 mm，长宽比 2.6，蛋白质 6.2%。两年区试平均亩产 571.4 kg。

栽培要点：陕南海拔 600 m 以下稻区作直播稻品种种植。油菜、小麦茬 5 月 20—25 日播种，大田播种量 2 kg/亩。注意及时测报，综合防治病虫害。

28. 羌穗 100

审定编号：陕审稻 2019003 号

选育单位：汉中市金穗农业科技开发有限责任公司、广东省农业科学院水稻研究所

品种来源：泰丰 A × R303

特征特性：三系杂交籼稻品种。鞘无色，叶缘无色，叶片挺直，株型适中，成熟转色佳，株叶形态良。株高 95.1 cm，穗长 21.9 cm，亩有效穗 18.0 万，成穗率 74.18%，每穗实粒数 120.6，结实率 85.6%，千粒重 26.8 g，全生育期平均 152.0 d。经

鉴定中抗稻瘟病，抗稻曲病，高感纹枯病，中感白叶枯病。经检测糙米率 78.5%，整精米率 51.8%，垩白粒率 1%，垩白度 0.1%，直链淀粉 13.8%，胶稠度 78 mm，长宽比 3.6，蛋白质 6.79%。

栽培要点：4月8—15日采用露地育秧或薄膜育秧。最适秧龄 40～45 d，大田插植密度以每亩 1.3 万～1.5 万穴，亩插基本苗 9 万左右为宜。注意防治病虫害。

产量表现：两年区试平均亩产 543.1 kg。

适宜地区：适宜陕南海拔 670～810 m 稻区种植。

29. D两优丰占

审定编号：陕审稻 2020001 号

选育单位：汉中现代农业科技有限公司、四川农业大学产业开发处

品种来源：D252S×泰丰占

特征特性：属两系杂交籼稻品种。叶片宽短直立，分蘖力强，茎秆粗壮。株高 97.4 cm，穗长 22.6 cm，亩有效穗 16.9 万，成穗率 72.6%，每穗实粒数 158.1，结实率 85.2%，千粒重 24.8 g，全生育期 146.8 d。经鉴定：抗稻曲病，中感稻瘟病、白叶枯病，高感纹枯病。经检测糙米率 80.7%，整精米率 60.0%，垩白粒率 11.0%，垩白度 1.1%，碱消值 6.8，直链淀粉 18.5%，胶稠度 66 mm，长宽比 3.1，蛋白质 6.7%。

栽培要点：适时早栽，合理密植。秧龄一般以 40～45 d 为宜，大田栽插基本苗 1 万～1.25 万穴/亩，注意防治飞虱、螟虫等虫害。

产量表现：两年区试平均亩产 608.3 kg。

适宜地区：适宜在陕南海拔 600 m 以下稻区种植。

30. 五优3号（直播稻品种）

审定编号：陕审稻 2020006 号

选育单位：广东省农业科学院水稻研究所、安康市农业科学研究所

品种来源：五丰A×广恢3号

特征特性：三系杂交籼稻品种。分蘖力中等，株型紧凑，抗倒性强，后期转色好。株高 103.4 cm，穗长 22.6 cm，亩有效穗 22.9 万，成穗率 67.0%，每穗实粒数 109.6，结实率 80.9%，千粒重 26.7 g，全生育期 113.0 d。经鉴定中感稻瘟病，高感纹枯病，感白叶枯病，抗稻曲病。经检测糙米率 78.3%，整精米率 56.9%，垩白粒率 21.0%，垩白度 2.3%，碱消值 4.1，直链淀粉 16.2%，胶稠度 76 mm，长宽比 2.6，蛋白质 6.2%。

栽培要点：油菜、小麦茬5月20—25日播种，大田播种量 2kg/亩。注意及时测报，综合防治病虫害。

产量表现：两年区试平均亩产 571.4 kg。

适宜地区：适宜在陕南海拔 600 m 以下稻区作直播稻品种种植。

31. 陕稻10号

审定编号：陕审稻 2020003 号

选育单位：汉中市农业科学研究所

品种来源：陕农 3A× 陕恢 335

特征特性：三系杂交籼稻品种。叶鞘、叶缘紫色，叶片挺直，株型适中。株高 92.4 cm，穗长 22.1 cm，亩有效穗 18.1 万，成穗率 72.2%，每穗实粒数 116.6，结实率 82.7%，千粒重 27.8 g，全生育期 151.7 d。经鉴定：抗稻曲病，中感稻瘟病、白叶枯病，高感纹枯病。经检测：糙米率 80.9%，整精米率 60.5%，垩白粒率 19%，垩白度 2.6%，碱消值 7.0，直链淀粉 17.0%，胶稠度 70 mm，长宽比 3.1，蛋白质 7.4%。

栽培要点：4 月 8—15 日采用露地育秧或薄膜育秧，移栽最适秧龄 40～45 d，大田插植密度每亩 1.3 万～1.5 万穴，亩插基本苗 9 万左右；前期注意防治稻蓟马、二化螟，分蘖期用井冈霉素防治纹枯病，后期注意防治稻纵卷叶螟、稻苞虫。

产量表现：两年区试平均亩产 540.6 kg。

适宜地区：适宜在陕南海拔 670～810 m 稻区种植。

32. 陕稻 12 号

审定编号：陕审稻 2020004 号

选育单位：汉中市农业科学研究所、四川福糠农业科技有限公司

品种来源：川浙 A/ 陕恢 1069

特征特性：三系杂交籼稻品种。株型适中，分蘖力中等，茎秆弹性好，剑叶直立，长宽适中，叶色绿，叶鞘绿色、颖尖无色，穗长大，长粒，成熟转色好，谷粒浅黄色。株高 98.6 cm，穗长 22.7 cm，亩有效穗 17.7 万，成穗率 74.3%，每穗实粒数 131.9，结实率 85.4%，千粒重 26.8 g，全生育期 148.1 d。经鉴定：感稻瘟病，高感纹枯病，中感白叶枯病，抗稻曲病。经检测：糙米率 80.2%，整精米率 61.1%，垩白粒率 8.0%，垩白度 0.8%，碱消值 5.8，直链淀粉 16.2%，胶稠度 77 mm，长宽比 3.2，蛋白质 5.6%。

栽培要点：4 月上中旬采用露地育秧或薄膜水育秧；大田于 5 月中下旬插秧，每亩 1.5 万～1.6 万穴，亩插基本苗 10 万～12 万；前期注意防治二化螟、稻蝗，后期注意防治稻瘟病、稻苞虫和稻纵卷叶螟。

产量表现：两年区试平均亩产 570.2 kg。

适宜地区：适宜在陕南海拔 670～810 m 稻区种植。

33. 晶香

审定编号：陕审稻 2020002 号

选育单位：陕西华盛种业科技有限公司、汉中职业技术学院

品种来源：华香 A/ 华恢 2 号

特征特性：三系杂交籼稻品种。株型适中，分蘖能力强，植株矮壮，较抗倒伏，剑叶直立，长宽适中，叶色浅绿，叶鞘绿色、颖尖无色，穗长大，长粒，成熟转色好，谷粒浅黄色。株高 110.0 cm，穗长 25.0 cm，亩有效穗 16.8 万，成穗率 73.8%，每穗实粒数 149.7 粒，结实率 83.7%，千粒重 26.7 g。全生育期平均 148.1 d。经鉴定：抗稻曲病，中感稻瘟病、白叶枯病，高感纹枯病。经检测：糙米率 80.9%，整精米率 67.1%，垩白粒率 1.0%，碱消值 7.0，直链淀粉 17.8%，胶稠度 78 mm，长宽比 3.1，蛋

白质 7.6%。

栽培要点：4月上中旬采用露地育秧或薄膜水育秧；5月中下旬插秧，每亩 1.3 万穴，亩插基本苗 8 万～10 万；注意防治二化螟、稻蝗，后期注意防治稻瘟病、稻苞虫和稻纵卷叶螟。

产量表现：两年区试平均亩产 624.0 kg。

适宜地区：适宜陕南海拔 600 m 以下稻区种植。

34. 汉香优 755

审定编号：陕审稻 20210001 号

品种来源：汉香 1S×R755

选育单位：汉中市金穗农业科技开发有限责任公司、汉中市谷仓农业科技有限公司

特征特性：两系杂交籼稻品种，分蘖能力较强，株型直立，松散适中，叶片窄长直立角刚、基部充实好，稳产性好，抗倒伏力较强。田间自然发病稻瘟病轻，纹枯病中等，稻曲病轻，综合抗性好。两年区试穗层整齐，平均株高 99.95 cm，穗长 22.5 cm，亩有效穗 17.75 万，成穗率 72.15%，每穗实粒数 147.6，结实率 81.55%，千粒重 23.75 g。全生育期平均 146 d。经鉴定：中抗稻曲病，感纹枯病，中感稻瘟病、白叶枯病。经检测：糙米率 79.2%，整精米率 56.9%，垩白粒率 7.0%，垩白度 0.9%，碱消值 6.8，直链淀粉 18.75%，胶稠度 84.0 mm，长宽比 3.2，蛋白质 6.8%。米质为优质二等食用长粒形籼稻。

栽培要点：一般 3 月 25 日至 4 月 25 日育秧，适宜秧龄一般以 35～45 d 为宜，大田栽插基本苗 10 000～12 500 穴/亩，注意防治病虫害。

产量表现：两年区试平均亩产 564.6 kg。

适宜地区：适宜陕南海拔 650 m 以下稻区种植。

35. 陕黑 6 号

审定编号：陕审稻 20220001 号

选育单位：汉中市农业科学研究所

品种来源：黑帅 /R7582M

特征特性：属常规黑籼米品种，全生育期 156.4 d，比对照早 0.3 d。株型紧凑，分蘖力中等，茎秆较粗壮，抗倒性较强，叶姿直立，叶缘、叶耳、叶舌无色，穗大粒多，结实率较高，稻谷颖壳褐灰色，颖尖无色、无芒，谷粒细长，谷粒长 9.9 mm、谷粒长宽比 3.8。株高 116.4 cm，亩有效穗数 17.9 万，成穗率 75.9%，穗长 23.9 cm，穗实粒数 119.9 粒，结实率 84.3%，千粒重 24.2 g。糙米细长墨黑色，有光泽，有淡香味。经鉴定中感稻瘟病、稻曲病，感纹枯病、白叶枯病。经检测黑米色素 E 实测结果 2.08，较对照黑丰糯 0.65 高 1.43；黑色度实测结果 96%，较对照黑丰糯 92% 高 4%；花青苷含量 0.91%，较对照黑丰糯 0.28% 高 0.63%。

栽培要点：3 月 25 日至 4 月 10 日育秧，适宜秧龄以 35～45 d 为宜，插植密度 1.3

万～1.5 万穴/亩，基本苗 10 万～12 万苗/亩。注意防治病虫害。

产量表现：两年区试平均亩产 455.0 kg。

适宜地区：适宜陕南汉中、安康海拔 650 m 以下稻区种植。

36. 泰优香占

审定编号：陕审稻 20220002 号

选育单位：汉中市金穗农业科技开发有限责任公司

品种来源：泰丰 A×羌恢 707

特征特性：属三系中籼迟熟型杂交水稻，全生育期平均 155.8 d，与对照生育期相同。叶鞘及叶缘、稃尖白色，叶片挺直，株高平均 118.6 cm，主茎叶平均 17.5 片，亩有效穗数平均 16.9 万，弯垂穗型，穗长平均 24.4 cm，平均每穗实粒数 150.6 粒，结实率平均 84.5%，千粒重平均 26.1 g，谷粒微顶芒，稻谷颖色秆黄。经鉴定：中感稻瘟病、纹枯病，感白叶枯病、稻曲病。经检测：糙米率 80.2%，整精米率 53.7%，粒长 7 mm，垩白度 0.6%，透明度 2 级，碱消值 5.6，胶稠度 84 mm，直链淀粉含量 17.5%，精米率 68.7%，垩白粒 4%，长宽比 3.5。

栽培要点：4 月 5—15 日育秧，最适秧龄 40～45 d，插植密度每亩 1.1 万～1.3 万穴，亩插基本苗 9 万左右为宜，注意防治病虫害。

产量表现：两年区试平均亩产 626.2 kg。

适宜地区：适宜陕南汉中、安康海拔 650 m 以下稻区种植。

37. 泰香 145

审定编号：陕审稻 20230001 号

选育单位：安康市农业科学研究院、广东省农业科学院水稻研究所、汉中市金穗农业科技开发有限责任公司

品种来源：泰丰 A×康恢 1145

特征特性：籼型三系杂交水稻品种，全生育期两年平均 148.5 d，比对照早熟 6 d。株高 127.4 cm，穗长 24.5 cm，亩有效穗数 15.8 万穗，每穗总粒数 189.5 粒，结实率 84.1%，千粒重 28 g。经鉴定：中感稻瘟病，感纹枯病，中抗稻曲病、白叶枯病。经检测：糙米率 80.3%，整精米率 55.5%，粒长 7.5 mm，长宽比 3.5，垩白度 0.4%，透明度 1 级，碱消值 6.7 级，胶稠度 80 mm，直链淀粉含量 15.9%，达到农业行业《食用稻品种品质》（NY/T 593—2021）标准二级。

栽培要点：一般 4 月 5—10 日播种，大田亩用种量 1 kg。水育秧移栽叶龄 5.0 叶左右，秧龄控制在 40 d 以内。栽插株行距 30 cm×18.5 cm，每亩插足基本苗 6 万以上。注意防治稻瘟病、纹枯病、螟虫等病虫害。

产量表现：2021 年平均亩产 615.4 kg，比对照增产 5.5%；2022 年平均亩产 679.2 kg，比对照增产 6.3%；两年区试平均亩产 647.3 kg，比对照增产 5.9%；2022 年生产试验平均亩产 661.9 kg，比对照增产 6.5%。

适宜地区：适宜陕南汉中、安康平坝丘陵海拔 650 m 以下稻区种植。

38. 陕农优 559

审定编号：陕审稻 20230002 号

育 种 者：汉中市农业技术推广与培训中心

品种来源：陕农 5A×陕恢 559

特征特性：籼型三系杂交水稻品种，全生育期两年平均 153.5 d，比对照晚 1 d。株高 120.3 cm，穗长 25.8 cm，每亩有效穗数 16.8 万穗，每穗总粒数 199.7 粒，结实率 81.4%，千粒重 26 g。抗性鉴定：中感稻瘟病、纹枯病、白叶枯病，中抗稻曲病。品质分析：糙米率 80.0%，整精米率 54.5%，粒长 7.0 mm，长宽比 3.2，垩白度 0.8%，透明度 2 级，碱消值 6.4 级，胶稠度 80 mm，直链淀粉含量 17.2%，达到 NY/T 593—2021《食用稻品种品质》标准Ⅱ级。

栽培要点：一般 4 月 5—10 日播种，大田亩用种量 1 kg。水育秧移栽叶龄 5.0 叶左右，秧龄控制在 40 d 以内。栽插株行距 30 cm×20 cm，每亩插足基本苗 7 万～9 万。注意及时防治稻瘟病、纹枯病、螟虫等病虫害。

产量表现：2021 年平均亩产 612.4 kg，比对照增产 4.9%；2022 年平均亩产 682.0 kg，比对照增产 6.7%；两年区试平均亩产 647.2 kg，比对照增产 6.2%；2022 年生产试验平均亩产 662.6 kg，比对照增产 6.6%。

适宜地区：适宜陕南汉中、安康平坝丘陵海拔 650 m 以下稻区种植。

39. 宜香优 6116

审定编号：陕审稻 20230003 号

选育单位：汉中现代农业科技有限公司、宜宾市农业科学院

品种来源：宜香 1A×R6116

特征特性：籼型三系杂交水稻品种，全生育期两年平均 156 d，比对照晚 3.5 d。株高 122.8 cm，穗长 26.4 cm，每亩有效穗数 16.5 万穗，每穗总粒数 171.4 粒，结实率 81.4%，千粒重 29.8 g。抗性鉴定：中感稻瘟病，感纹枯病、白叶枯病，中抗稻曲病。品质分析：糙米率 79.6%，整精米率 62.1%，粒长 7.0 mm，长宽比 2.9，垩白度 3.6%，透明度 2 级，碱消值 6.5 级，胶稠度 81 mm，直链淀粉含量 15.4%，达到农业行业 NY/T 59—2021《食用稻品种品质》标准三级。

栽培要点：一般 4 月 5—10 日播种，大田亩用种量 1 kg。水育秧移栽叶龄 5.0 叶左右，秧龄控制在 40 d 以内。栽插株行距 30 cm×18.5 cm，每亩插足基本苗 6 万以上。注意及时防治稻瘟病、纹枯病、螟虫等病虫害。

产量表现：2021 年平均亩产 616.2 kg，比对照增产 5.6%；2022 年平均亩产 668.5 kg，比对照增产 3.9%；两年区试平均亩产 642.4 kg，比对照增产 4.7%；2022 年生产试验平均亩产 659.7 kg，比对照增产 6.1%。

适宜地区：适宜陕南汉中、安康平坝丘陵海拔 650 m 以下稻区种植。

四、陕西省水稻种子生产

(一) 陕西省水稻种植面积及产量水平

陕西省有 7 000 多年的水稻种植历史。水稻是陕西省第三大粮食作物，汉中、安康、榆林、延安、西安、商洛、宝鸡、铜川、渭南等 9 市 42 县（区）有分布，按产区可划分为陕南盆地川道丘陵稻区、陕南浅山稻区、陕南秦巴中山区稻区、关中稻区和陕北稻区 5 个稻区。1949 年以来，陕西水稻种植面积和产量水平有了较大幅度提高。1949 年种植面积 10.71 万 hm^2，单产 2 880 kg/hm^2，总产量 30.9 万 t。到 1990 年种植面积达到 15.49 万 hm^2，单产 6 600 kg/hm^2，总产量 105.3 万 t，种植面积、总产量均达到历史最高年。到 1996 年全省水稻单产达到 6 936 kg/hm^2（陕西省历史最高单产）。2011—2021 年，随着农村城镇化加速和农业产业结构调整，陕西省稻谷种植面积逐年下降，从 11.314 万 hm^2 下降到 10.605 万 hm^2，减少 8.92%，2021 年稻谷种植面积占全省粮食种植面积 3.53%。2011—2021 年，稻谷总产和单产水平稳中有升。陕西省稻谷总产量最低，为 2021 年的 72.85 万 t，2013 年稻谷总产量最高，为 84.02 万 t。单产水平从 2011 年的 6 988 kg/hm^2 降低到 2021 年的 6 869 kg/hm^2，减少 1.71%（表 1-1）。

表 1-1 陕西省历年水稻种植情况

年份	水稻种植面积（万 hm^2）	水稻总产量（万 t）	水稻单产（kg/hm^2）
1978 年	16.000	81.50	5 130
1980 年	16.267	75.70	4 650
1985 年	15.667	88.30	5 640
1990 年	15.933	100.40	6 300
1995 年	13.935	64.20	4 609
2000 年	14.481	94.70	6 540
2005 年	13.379	79.30	5 927
2010 年	11.529	76.81	6 662
2011 年	11.314	79.06	6 988
2012 年	11.386	80.64	7 082
2013 年	11.430	84.02	7 351
2014 年	10.868	80.02	7 363
2015 年	10.745	80.37	7 480
2016 年	10.742	80.47	7 491
2017 年	10.564	80.57	7 627
2018 年	10.539	80.69	7 656

（续表）

年份	水稻种植面积（万 hm²）	水稻总产量（万 t）	水稻单产（kg/hm²）
2019 年	10.532	80.37	7 631
2020 年	10.509	80.52	7 662
2021 年	10.605	72.85	6 869

据陕西省统计局及农业农村厅 2021 年统计，各市水稻生产情况如下。汉中是陕西水稻种植最集中的产区，11 个县（区）全部有水稻种植，面积 8.126 万 hm²，总产 55.86 万 t，分别占陕西省面积和总产量的 76.63% 和 76.68%。汉中水稻主要集中在城固、南郑、勉县、西乡、洋县及汉台的平川 6 县（区），约占全市水稻总面积的 91.6%，平均单位产量 8 250 kg/hm² 左右。宁强、镇巴、佛坪、略阳、留坝山区 4 县总面积仅有 6 666.7 hm²，约占全市水稻总面积的 8.4%，平均产量 6 750 kg/hm²。其次是安康，水稻主要分布在月河川道和浅山区，以汉滨、汉阴、石泉、平利为主，岚皋、旬阳、白河、镇坪、宁陕、紫阳均有种植，面积 2.01 万 hm²，总产量 14.10 万 t，分别占陕西省面积和总产量的 18.96% 和 19.47%。另外，榆林和延安也有一定面积，其他各市面积较小，由大到小依次是：榆林面积 2 880 hm²，总产量 1.65 万 t，主要在无定河流域的横山区和榆阳区种植；延安 1 220 hm²，总产量 0.84 万 t，主要在富县种植，其次是宜川县，甘泉县和宝塔区面积较小；西安面积 170 hm²，总产 0.11 万 t，主要在长安区和蓝田县种植，周至县面积较小；商洛面积 180 hm²，总产量 0.1 万 t，主要在山阳县和镇安种植；宝鸡面积 100 hm²，总产量 0.06 万 t，主要在岐山县和眉县种植，太白县面积较小。另外，在铜川市的宜君县有少量种植。渭南、咸阳和杨凌有零星种植，面积无法统计。陕西省水稻种植面积前十位县（区）依次是城固、南郑、洋县、汉台、汉滨、勉县、西乡、汉阴、镇巴、宁强，分布在汉中 8 个县（区）、安康 2 个县（区）（表 1–2）。

表 1–2　2021 年陕西省水稻种植情况

地区	水稻播种面积（hm²）	水稻总产量（万 t）	单位面积产量（kg/hm²）
全省	106 050	72.85	6 869
西安市	170	0.11	6 539
铜川市	30	0.02	6 509
宝鸡市	100	0.06	6 035
延安市	1 220	0.84	6 854
汉中市	81 260	55.86	6 875
榆林市	2 880	1.65	5 721
安康市	20 100	14.18	7 055
商洛市	180	0.10	5 849

（二）陕西省水稻生产模式

陕西由于各地生态气候不同，在长期的水稻生产实践中与经济发展紧密联系，形成了具有各自生产特色的水稻种植模式。陕南地区种植方式以稻油、稻麦轮作为主，品种以杂交籼稻为主，生长季集中在每年4—9月。海拔650 m以下的川道平坝区域适宜种植中籼晚熟杂交稻品种，生育期一般为152 d左右；海拔高度在650～800 m的浅山丘陵区域适宜种植中早熟籼型杂交稻品种；海拔1 000 m左右的秦巴山区适宜种植早籼早熟杂交稻。另外，安康市稻田养鸭和优质米生产模式、榆林市优质粳米生产与稻田养螃蟹生产模式、西安市糯稻与优质粳米生产模式、洋县在朱鹮保护区推广的有机大米生产模式等都具有显著特色。汉中盆地是全国籼型水稻的优生区，在稻米加工设备和加工技术方面处于全国先进行列，各种规模的稻米加工企业达300多家。陕西省在特种水稻研究、育种和种植方面走在全国前列，不但育成了多个品种在全国推广，而且制定了NY/T 832—2004《黑米》、DB61/T 504—2010《红米》。

（三）杂交水稻种子生产

目前，陕西省杂交稻的生产和经营主要是由民营企业进行，由于企业的规模和经营能力参差不同，在杂交水稻种子生产的过程中，生产方式并没有统一的界定，多是公司加农户的方式进行生产，生产基地由公司进行技术指导和全程管理，农户分散式种植，也有公司将杂交稻种子生产委托给有制种技术及管理能力的大户，公司在各个环节进行指导和检查，确保种子的质量。陕西水稻主产区汉中和安康由于检疫性虫害稻水象甲，水稻制种主要在外地开展。汉中2022年水稻跨区域制种面积1 500亩，制种地点主要在四川、重庆和湖南（表1-3）。

表1-3 汉中市2022年水稻跨区域生产情况调查

汉中市种子生产企业名称	品种名称	制种面积（亩）	制种地点
陕西华盛种业科技有限公司	泸香145	100	四川省绵阳市江油
	晶香	100	
汉中现代农业科技有限公司	泰香8号	200	重庆市垫江县
	泰优037	300	湖南麻阳县
	特优801	200	
	泰优058	200	
	盛优145	300	
汉中市金穗农业科技开发有限责任公司	羌穗100	100	重庆市涪陵区蔺市街道办事处

1. 杂交水稻的选育和组配

陕西省稻区地处籼稻分布的北缘（指陕南关中稻区），杂交水稻品种选育和应用以三系杂交稻为主，两系杂交稻品种应用较少。杂交水稻三系是指雄性不育系、雄性不育保持系和雄性不育恢复系。不育系的雄性器官（花粉）发育不全，无授精能力，但其雌性器官发育正常，能够正常接受外来花粉，实现授粉受精灌浆，完成结实过程。保持系与不育系属姊妹系，与不育系具有相同的细胞核但细胞质不同，因此，其植株形态与不育系很相似，但其雌、雄性器官均正常，自交能结实。若将其花粉授予不育系，所产生的后代仍为雄性不育系。由于其具有保持不育系的不育能力，故称其为雄性不育保持系。恢复系一般为生产上常用的优良常规品种，将其花粉授予不育系能够结实，使其所产生的第一代植株育性恢复正常，自交能结实，这就是生产中常用的水稻杂交种。三系杂交水稻的各系间关系甚为密切，不育系与其保持系杂交仍繁殖不育系种子，用于制种；不育系和恢复系杂交，生产出杂交水稻种子，提供大田生产用种；保持系自己授粉繁殖保持系，用于繁殖不育系和自身繁殖。杂交水稻良种繁殖是指杂交水稻亲本种子（即不育系、保持系和恢复系）的种子生产过程，而制种是指用不育系和恢复系杂交生产杂交种的过程。

陕西省杂交水稻制种以陕南为主，关中、陕北稻区不进行杂交制种。陕南稻区杂交水稻繁殖、制种一般安排在春季播种，抽穗扬花在7月下旬至8月初，9月成熟收获。三系杂交水稻繁殖、制种是一项技术性强、程序复杂的工作，在生产中关键要抓好以下几个环节。

（1）选择适宜繁殖制种的生产基地和田块　杂交水稻繁殖、制种基地和田块选择应同时满足以下3个条件。第一繁殖、制种的田块水源方便，土壤肥沃，阳光充足，这是保证繁殖、制种取得成功的基础条件。第二，要求具有良好的隔离条件。应确保在杂交水稻繁殖、制种田的扬花期间，接触不到周围其他水稻品种的花粉，减少生物学混杂。第三，要求无检疫性病虫草害。生产的水稻种子不只供本县区使用，可能还要调运到外省市种植，要求生产的种子不能携带检疫性病虫草等有害生物。

（2）严格隔离条件　因为杂交水稻繁殖、制种是通过异花杂交授粉生产种子，水稻的花粉轻而小，可以随风远距离传播，如果在繁殖、制种田的扬花期与周围其他水稻品种的扬花期处于同一时期，就很容易接受周围其他水稻品种的花粉，造成生物学混杂，影响制种质量，因此，进行杂交水稻繁殖、制种，必须进行隔离。

杂交水稻繁殖、制种过程中进行隔离方法不外乎是从时间上或者空间上控制或尽量减少其他的水稻品种花粉与繁殖、制种田的父母本花期相遇。具体方法如下。

空间隔离：即利用空间距离进行隔离。隔离的距离一般山区丘陵地区制种田要求在50 m以上，平原地区要求至少100 m（亲本繁殖田200 m以上）。作为应急，还可以采用临时屏障进行隔离，要求障碍物的高度应在3 m以上，距离不少于10 m，一般不提倡临时屏障隔离。

时间隔离：就是把繁殖、制种田的父母本抽穗扬花期与相邻的其他水稻品种的抽穗扬花期分开，以达到二者不能相遇的目的。一般要求其他水稻品种的始花期与制种田母本始花期间隔时间不少于25 d。如果隔离不好，容易造成亲本混杂或杂交稻种子不纯，影响产量，甚至会出现青桩秧现象。

（3）亲本的播茬期安排　由于遗传差异及环境不同的影响，每个水稻品种的生育期和播种至开始开花时期（始花期）都不尽相同。而只有父母本花期相遇才可能提供父母本杂交的机会，这是杂交水稻繁殖、制种的最基本条件。由于所用的亲本品种不同，而要保证繁殖、制种父母本花期相遇，确定和安排好父母本播种差期和播种期显得尤为重要。一般情况下，需根据两个亲本的播种至始穗历期长短来确定两个亲本的播种时期，两个亲本播种期的差值俗称为播差期。为了保证母本开花时父本有充足的花粉供给，同时又防止栽培等环境因素对父母本造成不同影响进而影响到花期相遇，生产实践中常设置两期或三期父本。第一、二期父本以第一期父本播种期为准，第三期父本以第二期父本播种期为准，来推算母本播差期。生产实践中，推算播差期常用方法如下。时差推算法：根据父母本播种至始穗历期相差的天数，来确定父母本播种时间。一般较适用于同一稻区同一生态条件制种，而且年份间环境条件变化较小的地区和使用多年的老亲本、老组合。温差推算法：依据父母本播种至始穗历期有效积温的差异来确定播种期的办法。比较适用育种单位远距离引种及试制种观察等。叶差推算法：以父母本主茎总叶片数及其出叶速度为依据推算播差期的方法。叶差推算法比时差推算法和温差推算法都要准确，所以，叶差比时差、温差更具有实用性和准确性。

（4）培育多蘖壮秧 杂交水稻繁殖、制种的父母本的秧苗素质直接影响到分蘖的多少、成穗率的高低。因此，培育好多蘖壮秧是达到丰产高产苗架的重要环节之一。

选好秧田，施足底肥：杂交水稻繁殖、制种父母本秧田，一定要选择肥力中上、排灌方便、背风向阳的田块。要求秧田平整，通气良好，畦沟深直，排灌畅通。管理上要施足底肥，早施追肥，同时要注意父母本秧田的土质和管理措施基本一致，促进父母本秧苗同步发育。

种子消毒：水稻亲本种子往往带有如稻瘟病、粒黑粉病等病菌，可以在浸种过程中采用强氯精等药剂对种子进行消毒处理，减少病害发生。

稀播匀播：稀播匀播是培育壮秧的关键环节。稀播就是要降低播种量，为秧苗个体能充分发育提供一定的空间条件。稀播的前提是留足做足秧田面积，一般秧田与本田面积之比，父本按1:（10～15），母本按1:（3～4）来确定。

秧苗管理：秧苗一叶一心每公顷秧田施尿素 37.5～45 kg 的断奶肥；二叶一心每公顷施尿素 60～90 kg 的促蘖肥，三叶一心每公顷施尿素 75～90 kg，加钾肥 50 kg 作壮秧肥，移栽前 5 d 每公顷用尿素 75 kg 作送嫁肥。同时应做好苗期除杂。一般秧田要求去杂 1～2 次，根据幼苗的茎色、叶鞘色及秧苗的生长速度等，拔除不正常幼苗。

（5）亲本移栽定植 不育系繁殖田块父母本移栽规格父本：母本以 2:（6～8）为宜，即每畦栽 2 行父本，父本间移栽 6～8 行母本；杂交种制种田父母本移栽规格父本：母本以 2:（10～14）为宜，即每畦栽 2 行父本，父本间移栽 10～14 行母本，一期父本和二期父本间隔栽植，比例为 1:1。父本株行距为 16.7 cm×33.3 cm，母本株行距为 13.3 cm×13.3 cm，父母本间隔 23 cm。父母本均插 2～3 粒谷，父本插足 4.5 万/hm^2，母本插足 42 万穴/hm^2，保证抽穗时父本有效穗 120 万/hm^2，母本有效穗 360 万/hm^2。

移栽行向：一般要求父母本插植行的方向与抽穗扬花期间的风向成一定的角度，以借助风力将花粉均匀传到母本的柱头上去，提高异交结实率。从理论上讲，行向与风向成45°最为理想，此时花粉传播的距离最远，利用率最高。在陕南杂交稻制种抽穗期盛行东南风，应根据具体情况而定。

移栽质量：一般以选择阴天或晴天下午4时以后插秧为好，尽量避免大风大雨天和高温下插秧。除小苗秧外，中大苗秧在插秧时田间都要保持寸水，防止栽后败苗，促使返青快、分蘖早。

（6）做好肥水运筹　壮秧、早发、多穗是杂交水稻繁殖、制种高产栽培的中心，其中壮秧为前提，早发、多穗是基础。在整个本田期采用的施肥原则为前足、中控、后补，氮、磷、钾配合施用；要求前期浅水勤灌，中期适度晒田，后期湿润灌溉。

（7）提高异交结实　杂交水稻繁殖、制种是父母本异交结实的过程，所以异交结实率的高低直接关系到繁殖、制种产量。在生产实践中，提高异交结实率，首先要做好花期的预测和调节，同时还可以结合提高田间管理措施、利用植物激素，进行人工辅助授粉等方式，提高移交结实率。

花期预测与调节：花期预测的目的就是尽可能提早知道父母本是否能同期始穗，以便正确指导花期调节和采取有效花调措施。花期预测的方法主要有：叶龄对应法，把当年父母本叶龄，与历史资料进行比较。若当时叶龄比历史同期记载叶龄明显偏大或偏小，就可能出现花期不遇。叶龄余数法，首先根据总叶片数判断出父母本的叶龄余数，再根据它与幼穗分化各期对应关系判断出幼穗分化状态，然后再根据所处幼穗分化时期推算父母本能否同时始穗。幼穗剥查法，在田间随机取父母本各10～20个主茎作为剥查样本，检查其幼穗分化进程，比较判断花期是否相遇。

在生产实践中，要建立确定的父母本田间叶龄观测点，确定专人定期观测父母本叶龄情况，若发现父母本花期相遇不好，要及早进行调节。实践证明，调节时间越早，效果越好。主要的调节方法有：秧田期调节，当前最常用、最重要和最有效的调节措施是秧苗期调节。如当年早播亲本播种后较常年出叶速度明显偏快或偏慢，就要及时调整另一个亲本的播种期。一般可遵循"时到等叶，叶到不等时"的原则进行校正。移栽期调节，在移栽前，若预测到父母本花期可能有偏差，迟播亲本可通过改变秧龄、移栽密度等措施进行调节。分蘖期到拔节初期调节，主要采用旱控水促和氮控磷、钾促结合使用的措施。调节时注意调节时间宜早不宜迟，肥料使用数量要合理，方法要适当。幼穗分化期调节，是指父母本进入幼穗分化到始穗期这个阶段，此时的调节措施只能起到微调和补救的作用。

选好亲本：不同组合由于其双亲遗传差异，杂交亲和能力差异很大，因此，要从根本上提高不育系的异交结实率，首先应从育种着手，选用亲和力高的双亲，达到繁殖、制种高产的目的。

提高栽培管理水平：通过栽培措施提高父母本花期相遇程度，保证父母本充足的颖花数和合理的颖花比，促进植株健壮生长等，可以提高柱头外露率，增强柱头活力和延长其寿命，达到提高结实率的目的。特别应重视父本培育，增加其花粉量，延长其花期。

安排适宜的扬花时间：合适的温度及较高的空气湿度环境，有利于异交结实。所以，从播种时就要把父母本的抽穗扬花时间安排在高温高湿的7—8月。

科学使用激素进行调节：由于遗传的特性，大多数不育系都具有抽穗困难的特性，称之为"包颈"。抽穗期对其植株喷施植物激素赤霉素，可以有效解决这一问题，对提高繁殖、制种产量有重要作用。

除应用赤霉素之外，还可根据实际情况应用其他植物生长调节剂，如调花宝、"920"增效剂、调花灵和硼肥等，这些调节剂对提早花时、提高结实率有显著作用。

人工辅助授粉：水稻本身属于自花授粉作物，在生殖器官的进化过程中形成了利于自交、而不利于异交的结构特点和开花习性。为了提高异交结实率，在生产实践中，人们总结出了不少人工辅助授粉的方法，其中以"赶粉法"最为常用。"赶粉"的工具通常是竹竿，一般长3 m左右，粗细以双手能够握紧为宜。具体做法是：一般用手握竹竿中腰部，对准父本植株高度距地面2/3的部位对父本进行推压震荡，注意把握好"轻推、重摇、快抖、慢回手"的技巧，振出花粉，使花粉随着一排父本扇动的风力上扬飘向母本厢内，均匀散落在母本穗层颖花柱头上进行授粉。

（8）及时去杂去劣亲本繁殖和制种田　严格繁殖制种的田间去杂去劣：苗期，根据幼苗的茎色、叶鞘色及秧苗的生长速度等，在秧田期去杂1～2次，拔除不正常幼苗。根据植株的发育速度、株型、叶色等进行判断，如有差异，及时拔除。始穗期是除杂的关键时期，一定要在开花散粉之前将杂株及时拔除。母本行中清除的对象主要是保持系、未彻底除尽的混杂株及半不育株等，父本行中则以清除异品种为主。繁殖、制种田中，保持系一般比不育株早抽穗2～4 d，应抢在母本见穗之前，每天清除1～2次，直至彻底清除为止。盛花期深入田间，抢在母本开花授粉前，把保持系及异品种清除干净。同时注意清除父本行中的异品种植株。去杂结束后，要组织技术人员按照标准进行田间质量验收，对未达到标准的田块予以报废，以保证种子质量。成熟期，成熟后收割之前，要对母本逐行检查遗漏的杂株，检查合格后方可收割。收割期，不育系繁殖田，在父本授粉完毕后就将保持系割掉，防止收割时保持系种子带入不育系中，影响不育系种子的纯度。杂交种制种田的父母本应分别收割，先收割父本，父本收割结束后，进行一次田间检查，再收割母本。

严防后期机械混杂：杂交水稻繁殖、制种的收获后期要坚持单收、单运、单打、单晒、单藏原则。收割、脱粒、晾晒、加工、运输、贮藏等环节所用的一切工具都要严格清理干净，并做好标签标记，写明组合名称，种子包装袋内外要双重标签，严防混杂。

（9）病虫草害综合防控

秧田期：播种前搞好种子消毒，减少种子病菌来源。铲除秧田四周杂草，在减少越冬虫源病原以外，重点抓好稻蓟马、叶蝉和叶瘟的防治。

分蘖期：在母本秧苗封行前，主要防治稻蓟马，从封行到拔节初期重点做好纹枯病和稻螟虫的防治。防治时要抓住适期，选准对口药剂，以保证防效。

拔节孕穗期：主要抓好螟虫、稻纵卷叶螟、纹枯病、白叶枯病、稻瘟病等病虫害的防治。尤其在幼穗分化后期，一定要全面防治病虫，为抽穗扬花授粉作好健身准备。

抽穗成熟期：在抽穗成熟阶段，重点要防治稻粒黑粉病，并做好稻瘟病、纹枯病、稻曲病、稻纵卷叶螟等常见病虫害的防治。

2. 杂交水稻种子加工贮藏技术

（1）杂交水稻种子清选和干燥

种子的清选：杂交水稻种子清选的目的是清除混入种子中的植物组织、异作物种子、泥沙、石块等杂物，以提高种子净度。目前最常用的清选设备主要有种子风筛清选机、窝眼清选机，以及配套的种子包衣机、计量秤、封包机、提升机、皮带输送机等设备。使用种子清选机的过程中，要注意以下几个问题。根据种子特点选择适宜机型，在种子清选之前，根据种子籽粒大小、比重及混杂物的种类，正确选用清选机械型号及技术参数。及时检查清选效果，在清选过程中，应及时了解清选的效果，及时调节机器运转参数，以获得最佳清选效果。

种子的干燥：根据国家标准，长城以南地区杂交水稻种子的安全水分不高于13.0%，而从田间收获的种子必须经过干燥过程，才能安全贮藏。水稻种子干燥方法很多，在生产实践中可根据实际，采用自然干燥、通风干燥、加热干燥等单一方法或者几种方法同时使用。自然干燥就是利用阳光、风等自然条件，使种子的含水量降低，达到或接近种子安全贮藏水分标准。这是目前陕西省普遍采用的种子干燥方法，具有节约能源、廉价安全的特点。在种子晾晒过程中，应注意水稻不育系和杂种种子耐热性差，若直接晾晒于水泥晒场，易造成烫芽，导致种子发芽率下降，故应晾晒在席或篷布上。有条件的，还可以采用通风干燥、加热干燥等方法来干燥种子。

（2）种子贮藏　种子是活的生命体，适宜的贮藏条件对保持种子的生活力极为重要。水稻种子贮藏过程中，对仓库条件、入库管理都有严格的要求。

种子仓库及入库条件：种子仓库环境条件的好坏，直接关系种子的贮藏安全与否。根据种子特性，种子仓库应具备建筑牢固，既能密闭又具备通风设施及防虫、防杂、防鼠雀功能齐全等条件。种子入库前要做好仓库的处理。存放种子前要认真清扫和消毒处理，入库种子水分应掌握在13%以下。

种子入库后的管理：种子入库后，应做好防止混杂、隔热防湿、防霉防虫防鼠雀、防事故发生等工作。

（3）仓库害虫熏蒸注意事项　陕西省杂交水稻种子生产主要在汉中、安康两市，高温多湿，玉米象、米象、谷蠹、麦蛾、谷盗等仓储害虫容易滋生。这类仓库害虫可用磷化铝药剂熏杀。磷化铝属剧毒性药剂，在使用过程中一定要严格按照使用规定操作，注意种子含水量，防止发生自燃，戴好防毒面具，投药结束后，要及时密闭仓库门窗及透气孔，并设置警示标志，以免发生危险。

3. 杂交水稻种子生产面临的问题

（1）集中连片生产基地不足　多年的实践证明，杂交水稻种子集中连片生产规模效应十分明显。一是方便管理节本增效；二是提高花粉的利用率从而获得较高的种子产量；三是减少插花田异品种花粉的污染从而确保种子的质量。目前制种基地普遍存在比较分散的现象，点多面广尤为突出，导致集中连片生产的优势不能充分发挥出来，种子的质量和产量也得不到保障。

（2）农村劳动力不足　随着城市发展建设，需求不断加大，城市发展对于农村青壮年劳动力的吸引更加突出，越来越多的劳动者不断融入城市寻求发展，导致农村的农业从业人员不断减少，剩下的多是"老、弱、病、残"人员，存在比较突出的劳动力缺失问题。然而对于杂交水稻种子生产来说，单纯的劳动力提供不能保障种子的生产质量和产量，但是，如果没有按时并充足的劳动力提供，种子的质量和产量肯定得不到保障。杂交水稻种子生产过程中，在秧苗移栽、喷施农药、除杂、赶花粉、收获等农事环节，时效性比较强，劳动强度比较大，需要的劳动力也比较多。在秧苗移栽时，缺少劳动力的制种农户栽种时间过长导致秧龄偏大，高位分蘖偏多，有效穗数减少明显。在赶花粉农事环节缺少劳动力的农户，每天赶花粉前例行的除杂往往不够细致，除杂不彻底，种子的质量得不到保障；并且这些农户减少赶花粉的次数，对产量也造成了不利影响。

（3）亲本种子质量下降　部分企业为了减少杂交水稻种子生产的成本投入，对不育系成对测交和回交工作的重要性认识不足，成对测交和回交的群体数量没有严格达到要求，这种做法严重影响了杂交稻亲本种子品质的不断提升，导致越来越多的杂交水稻亲本种子质量明显下降，在大田制种过程中不但容易引起杂交稻种子的质量事故，而且增加了除杂成本，严重阻碍了杂交水稻的推广和应用。

4. 杂交水稻种子生产技术创新

（1）规模化种子生产　规模化的种子生产方式是发展现代种业的必然趋势，利用规模发展的形式，使各种资源优势得到充分利用，如杂交水稻种子生产过程中大型机械化的有效应用，能够提升种子生产的效率，减少对劳动力的需求，在进行种子生产过程中减少对各种资源的占用，种子生产的成本得到有效降低。而规模化的生产机制，能更好地落实好科学的管理机制与手段，集中管理、集中整治生产过程中的有关问题，实现对杂交水稻种子生产过程中各项管理措施的优化，实现杂交稻种子生产的科学化、标准化，提升其在生产中的质量保障能力。推行规模化发展需要建立规范化的机制保障，不能只是在规模上集中扩大而综合管理、标准管控体系不能充分发挥，要在构建规模化种子生产基地过程中，同步做好各种规范性、科学性、先进性机制的有效落实。可以借鉴成功的规模化基地构建经验模式，通过与自身实际的问题状况充分结合，获得更加适合自身发展的创新基地规模构建发展模式，能够满足进行种子生产的标准化要求，提升在生产过程中的质量保障、成本优化、过程管控等要求的落实效果。

（2）做好各项优良技术的应用工作　技术应用就是要尽可能地将技术自身具备的优势发挥出来，然而技术需要必要的生产环节流程保障，只有做好了技术推广应用中的过程环节保障，才能将良好技术的效果发挥显现出来，突出技术的价值所在。杂交水稻在20世纪70年代实现三系配套后，已经历较长时间的研究与发展，取得了一系列研究技术成果。因亲本种子的广亲和性，两系法杂交稻更是得到了迅猛的发展和推广应用。通过将各种先进有效的成果,充分运用到杂交水稻种子生产过程中,提升在种子生产中的技术保障能力,实现杂交稻种子生产在产量和质量上的不断突破发展。如运用分子生物技术将抗除草剂基因转入到杂交稻亲本种子中,通过除草剂在秧苗期将因育性波动而自交结实的秧苗去除,得到纯度一致的群体。另外,随着对两系杂交水稻育性及光温敏特性的研究进展,选育和利用不育起点温度更低的两系不育系将变成可能,种子质量将得到有效的提高。在具体的农事环节,也要尽可能地推广应用各种先进技术,如植保无人机喷施药液等。

(3)做好技术研发创新的机制保障工作 对各个杂交水稻种子生产基地的建设及技术创新工作的开展,首先要获得有关部门和有关领导人员的认可及关注,在进行技术创新的过程中,并获得有关政策的鼓励支持,吸引广大技术人员回归到杂交水稻种子生产的工作中,提升技术创新研发中的人才优势。通过领导人员对创新工作的不断关注,带动有关产业向杂交稻种子生产倾斜,提供更加良好的发展氛围和环境条件。要对研发工作基地的工作开展给予一定的监督,规范有关人员的工作行为,提升工作开展活力,激发工作效率,对于不良的工作行为及时发现纠正,提升对杂交水稻种子生产的科学方向性引导,加快技术的研发和创新落地转化效应。推出各种吸引技术人员参与技术研发的政策,人才是进行技术创新的关键,要给予人才足够的政策吸引,不仅是薪资待遇方面要具备一定的吸引力,同时在其他的职业发展上升空间上也要充分地给予完善和支持,解决人才的后顾之忧,同时提升人才的价值和凸显能力,落实和技术创新能够获得高端人才的精力投入。

(4)对种子质量提出要求 在新形势之下,要注重品牌的发展,提高种子质量、发展精品种子,只有具备了水稻质量的保障能力,才能提升种子的推广能力,提高种子的销量,不仅有利于中国的粮食产量和质量提升,同时对基地的种子生产效益提升,有关人员的待遇提高,对于技术人员的人才吸引力更加突出。要以成为全国种子生产示范基地为发展方向,做好发展目标的定位,实现在进行种子发展中长远目标持续实现能力。要选择成片的田地为种子生产基地,有利于实现基地管理规模优势,作为具备发展壮大的基本前提。在种子生产过程中严格按照国家种子质量标准进行把关,隔离距离规范执行,确保所有种子田在成熟期时满足收割标准;做好收割、翻晒工作,最终确保种子色泽饱满、发芽率高,从而提升杂交稻种子的产量和质量。做好各个生产环节的管控,同时要发挥良好的生产质量保障监督作用,通过建立巡视监督、科学指导、措施落实、现场勘查等多项监督机制,发挥在种子生产过程中对质量的多重保障能力。基地的检测就是要形成对于杂交水稻种子生产的产品质量管控体系,能够通过完善的检测体系,保障在进行基地检测的过程中,发挥质量管控优势,提升在生产过程中的质量合格率,对质量提出要求,通过多方位的检测手段,落实种子质量的严控机制。

本章参考文献

农业部种植与管理司,中国水稻研究所,2002.中国稻米品质区划及优质栽培[M].北京:中国农业出版社.

国家水稻产业技术,2017.中国现代农业产业可持续发展战略研究:水稻分册[M].北京:中国农业出版社.

程式华,2021.现代农业产业技术体系建设理论与实践:水稻体系分册[M].北京:中国农业出版社.

储庆龙,2016.水稻品种多样性试验研究[J].生物技术世界(3):51-52.

邓根生,宋建荣,2015.秦岭西段南北麓主要农作物种植[M].北京:中国农业科学技术出版社.

邓思,彭少兵,2023 再生稻生产现状调查及分析[D].武汉:华中农业大学.

丁颖,1957.我国稻作区域的划分[J].华南农业科学(1):1-12.

丁颖,1961.中国水稻栽培学[M].北京:农业出版社.

高如嵩,1994.稻米品质气候生态基础研究[M].西安:陕西科学技术出版社.

高阳华,冉荣生,2003.重庆市再生稻气候生态条件及类型区划[J].山区开发(2):39-41.

耿杰,2018.盐城市杂交水稻种子生产现状与发展对策[D].南京:南京农业大学.DOI:10.27244/d.cnki.gnjnu.2018.001117.

韩锋,徐娟,2017.水稻种质资源主要农艺性状遗传多样性及多元分析[J].北方水稻,47(4):6-8,16.

黄宗全,2020.杂交水稻种子生产面临的问题与技术创新研究[J].现代农业研究,26(7):68-70.DOI:10.19704/j.cnki.xdnyyj.2020.07.031.

姜龙,柴永山,曲金玲,等,2015.水稻种质资源常温贮藏[J].中国林副特产(4):107-108.

李猛,郭晓红,周健,等,2018.寒地早粳稻种质资源品质性状研究[J].上海农业学报,34(4):53-57.

李拴曹,李忠博,王程,2017.商洛市水稻生产现状及发展对策[J].安徽农学通报,23(19):34-35.DOI:10.16377/j.cnki.issn1007-7731.2017.19.016.

凌启鸿,张洪程,丁艳锋,2007.水稻精确定量栽培理论与技术[M].北京:中国农业出版社.

凌启鸿,1994.稻作新理论[M].北京:科学出版社.

刘长彦,徐福利,2018.陕西省汉中地区水稻生产的问题及对策[J].安徽农业科学,46(22):34-37.DOI:10.13989/j.cnki.0517-6611.2018.22.011.

刘登魁,陈双,2020.湖南省再生稻产业发展现状与思考[J].中国农技推广(9):46-48.

吕学莲,白海波,李树华,等,2013.水稻耐盐种质的鉴定评价[J].中国农学通报,29(33):50-55.

罗伟,梅岫峰,李强,等,2024.气候变化对川渝地区再生稻产业的影响与建议:以富顺县为例[J].中国稻米（4）：70-74.

梅方权,吴宪章,姚长溪,等,1988.中国水稻种植区划[J].中国水稻科学,2（3）：97-110.

孟卫卫,靳光远,吕申超,等,2011.水稻高光效种质资源筛选试验[J].现代农业科技（8）：75-76.

汤陵华,孙加祥,2002.水稻种质资源的化感作用[J].江苏农业科学（1）：13-14.

唐启源,青先国,2023.湖南再生稻技术进步与生产发展对策[J].杂交水稻（1）：1-9.

王佳,2021.新形势下杂交水稻种子生产基地发展对策浅析[J].种子科技,39（8）：117-118. DOI：10.19904/j.cnki.cn14-1160/s.2021.08.056.

王静,陈世全,王骞,2016.水稻特大粒种质资源的选育及研究进展[J].南方农业,10（34）：65-66.

王庆志,丰大清,杨幽,等,2020.豫南稻区再生稻生产主要气象灾害分析及对策[J].中国稻米（3）：54-57,60.

吴双清,2021.水稻品种抗稻瘟病全程监控技术研究与应用[M].北京：中国农业科学技术出版社.

徐春春,纪龙,陈中督,等,2021.2020年我国水稻产业形势分析及2021年展望[J].中国稻米,27（2）：1-4.

徐萌,展进涛,2010.中国水稻生产区域变迁分析：基于局部调整模型的研究[J].江西农业学报,22（2）：204-206.

严明建,雷树凡,胡景涛,等,2015.水稻氮高效种质资源的筛选[J].西南农业学报,28（3）：952-956.

晏艳,张莉,郑清芳,2022.安康市水稻生产现状及发展对策[J].种子科技,40（18）：130-132. DOI：10.19904/j.cnki.cn14-1160/s.2022.18.044.

余四斌,孙文强,王记林,等,2016.水稻种质资源及其在功能基因组中的应用[J].生命科学,28（10）：1 122-1 128.

张峭,2017.陕西省榆林地区水稻生产现状及趋势[J].农家参谋（17）：166.

张羽,陈雪燕,王胜宝,等,2011.陕西汉中地区主栽水稻品种的SSR多态性分析[J].中国农学通报（7）：34-37.

张羽,冯志峰,吴升华,等,2008.陕西汉中地区水稻主要种质资源的调查及利用[J].安徽农业科学,36（1）：159-161.

张羽,李小刚,王保军,等,2017.陕西省水稻Wx基因种质资源遗传多样性分析[J].江苏农业科学,45（11）：59-62.

赵志杰,1981.陕西省水稻地方品种的分布与稻作区划[J].陕西农业科学（5）：1-4.

中国农业科学院,1981.中国种植业区划[M].北京：农业出版社.

中国农业科学院,1986.中国稻作学[M].北京：农业出版社.

周新桥,陈达刚,李丽君,等,2016.水稻秧苗期耐冷种质资源筛选[J].核农学报,6（10）：1-5.

第二章
水稻种植的生物学基础

第一节 水稻的生长发育

一、生育期

水稻生育期是指水稻从种子萌发到新种子成熟所经历的天数，包含营养生长和生殖生长两个阶段。

水稻品种生育期的长短不是固定的，常因地区不同和种植季节不同而有较大的变化。同一品种在不同地区有不同的熟期，同一地区同一品种由于气候的变化和播期的不同，所需的总生育天数也有差异。根据水稻品种对气温、日长、光照长度的需求和反应不同，可以把水稻品种划分为早熟、中熟、迟熟三大类。一般早、中、晚可根据从播种到成熟所需的天数、品种主茎一生的平均总叶片数和幼穗分化与拔节的时间先后关系进行划分。陕西省种植的水稻品种都是中稻，陕南稻区一般将全生育期150 d以上的品种称作迟熟品种，140～150 d的称作中熟品种，140 d以下的称作早熟品种。关中种植的是中籼中熟品种或中粳中熟品种，陕北种植的是中粳早中熟品种。陕西平川地区以黄华占、川优6203、华浙优210、香龙优2018、美香占2号、两优687为主推品种，搭配种植汉香优755、茎香优1521、泰优粤禾丝苗；浅山丘陵区以陕稻12号、特优801、泰丰优7号、羌穗100、泸香145、泸优11号为主推品种，搭配种植陕稻10号。同时，积极发展优质特种稻种植，以双亚黑一号和陕黑6号为主推品种。机插秧以优质米品种为主，主要选择抗倒性强、生育期短于153 d的水稻品种。

（一）陕西平川稻区主要栽培品种的生育期

1. 黄华占

黄华占是中国审定次数最多的常规稻新品种。黄华占系广东省农业科学院水稻研究所以黄新占为母本、丰华占为父本杂交，经系谱法远育而成的常规优质稻新品种。2005年通过广东省农作物品种审定委员会审定，在粤、桂、琼等省作早稻种植，全生育期126～130 d，作晚稻种植全生育期106 d左右。在鄂、湘、浙等省作中稻种植全生育期135 d左右，作一季晚稻种植全生育期117～127 d。与同季大多数品种相比，熟期较早。株型适中，茎秆韧性好，抗倒伏性强。叶片窄长、挺直，后期转色顺调。分蘖力强，成穗多，结实率高。谷粒细长，稃尖无色、无芒。2011—2012年由陕西省水稻研究所引进并推荐参加陕西省特优组水稻区域试验，2013年3月通过陕西省农作物品种审定委员会审定。

2. 川优6203

川优6203是四川省农业科学院作物研究所用川106A、成恢3203配组育成的三系杂交籼稻组合，具有优质、高产、稳产、抗病、适应性广等特点，2011年通过四川省农作物品种审定委员会审定（川审稻2011002），2014年通过国家农作物品种审定委员会审定（国审稻2014016）。该品种于2012年引入陕西省汉中市南郑，作为中稻种植，2014年开始示范推广，适合在陕西省海拔650 m以下的区域作一季中稻种植，3月底至4月初播种，采用两段育秧或地膜育秧，5月25日移栽，8月5日齐穗，9月初成熟，全生育期153～157 d，比内香8518长1.5 d。平坝空茬田4月10日左右播种育秧，5月初机插，8月中旬齐穗，9月底成熟，全生育期165～168 d。该品种人工移栽的植株株高为115.5 cm，机插的植株株高为125.3 cm。该品种株型紧凑，叶色绿，叶片宽度中等，剑叶直立，熟期转色好，成熟期青秆黄穗，谷粒秆黄色。该品种穗型中等，采用人工移栽的穗长27.6 cm，有效穗252.0万/hm²，每穗总粒数156～181粒，结实率80%～88%，千粒重28.0 g；采用机插的，其穗长23.4～25.5 cm，有效穗289.5万～325.5万/hm²，每穗总粒数110～135粒，结实率87%，千粒重27.5 g。稻米细长，垩白粒率低，外观较好，品质优，米饭食口感好，松软清香，深受种植户喜欢。

3. 华浙优210

华浙优210由中国水稻研究所和浙江勿忘农种业股份有限公司用华浙2A、中恢210配组育成的籼型三系杂交水稻品种，全生育期153 d。株高115.8 cm，穗长23.2 cm，每穗总粒数203.3粒，结实率84.8%，千粒重24.4 g。米质达到食用稻品种品质优质二级，糙米率81.0%，整精米率65.4%，垩白度0.5%，透明度1级，碱消值6.7级，胶稠度76.0 mm，直链淀粉含量15.0%，粒长6.6 mm，长宽比3.1。平均亩产629.3 kg，比对照品种增产6.00%；2021年续试，平均亩产655.5 kg，比对照品种增产8.20%；2021年生产试验，平均亩产612.5 kg，比对照品种增产5.90%。一般4月上旬至中下旬播种，播种前用强氯精浸种消毒。机插秧龄4叶左右，株行距23.0 cm×26.0 cm，每穴插2～3株稻苗。

4. 香龙优2018

香龙优2018由中国种子集团有限公司和中国种子集团公司三亚分公司用香龙A×中种恢2018C配组育成的籼型三系杂交水稻品种，全生育期149 d。株高112.6 cm，穗长24.2 cm，每亩有效穗数14.6万穗，每穗总粒数191.1粒，结实率84.7%，千粒重28.4 g。平均亩产可达634.57 kg。整精米率60.1%，垩白度1.4%，直链淀粉含量17.7%，胶稠度62 mm，碱消值6.8级，长宽比3.0，达到《食用稻品种品质》（NY/T 593—2002）标准Ⅱ级。

5. 美香占2号

美香占2号系由广东省农业科学院水稻研究所根据"水稻核心种质育种理论"育

成的新一代丝苗型优质稻新品种，具有株型好、长势强、分蘖力较强、结实率较高、熟色好、谷粒细长、品质好等特点，一般产量 400～500 kg/亩，最高产量可达 600 kg/亩，于 2006 年通过广东省品种审定委员会审定。该品种于 2020 年由陕西省水稻研究所引进陕西省，目前，该品种在陕西省种植面积 2 万亩。美香占 2 号在陕西省作一季晚稻栽培，全生育期 126 d 左右，比丰两香一号早 4 d；其适宜播种期为 6 月 7 日—22 日，安全抽穗期为 8 月 25 日至 9 月 16 日。

6. 两优 687

两优 687 是汉中市农业科学研究所以自育光温敏核不育系 1316S 为母本，以自育优质恢复系 R647 为父本，配组选育而成的优质两系杂交水稻组合，2016 年 1 月通过陕西省农作物品种审定委员会审定（陕审稻 2015009），适宜在陕南汉中、安康海拔 650 m 以下平川丘陵稻区种植，2018 年、2019 年分别在重庆、四川等地成功引种种植。该组合植株松散适中，茎秆较粗壮，抗倒性较强，剑叶直立，大小适中，叶片浓绿，叶耳、颖尖无色；全生育期 154.1 d，株高 120.0 cm，穗长 26.1 cm，结实率 82.3%，千粒重 28.7 g；稻瘟病 7 级，纹枯病 5 级，稻曲病 3 级，白叶枯病 5 级；糙米率 79.8%，整精米率 61.5%，长宽比 3.3，垩白粒率 12%，垩白度 1.9%，直链淀粉含量 17.5%，蛋白质含量 7.9%，胶稠度 66 mm，综合稻米品质达 GB/T 17891—2017《优质稻谷》标准二级。该组合已在陕西汉中开展制种技术研究多年，试验平均制种产量 3.63 t/hm²，最高产量达 4.04 t/hm²；2017—2018 年在福建建宁等地制种，累计制种面积 60 hm²，平均制种产量 3.75 t/hm²。

7. 汉香优 755

汉香优 755 是汉中市谷仓农业科技有限公司、汉中市金穗农业科技开发有限责任公司合作，2015 年冬季在海南陵水以汉香 1S 为母本、R755 为父本进行组合测配，2016 年夏季在陕西省汉中稻区进行种植，测配后代表现出株高稍矮、成熟期转色优、抗病性强、米质好、杂种优势强、综合经济性状突出等优点。2016 年冬季在海南进行小面积试制，2017 年夏季在汉中参加中晚熟杂交稻新组合鉴定试验，平均单产 9.53 t/hm²，比对照品种 F 优 498 增产 4.36%，增产极显著，居参试 14 个组合第 2 位。2019—2020 年参加了陕西省水稻区域试验和生产试验，其田间长势、生育期和米质表现突出，2021 年通过陕西省农作物品种审定委员会审定。

8. 荃香优 1521

荃香优 1521 由汉中市农业科学研究所和安徽荃银高科种业股份有限公司用荃香 9A×R1521 配组育成的籼型三系杂交水稻品种，全生育期 152.4 d。株型直立，松散适中，茎秆粗壮，抗倒伏性较强，分蘖力强，剑叶长度中等、叶片直立，叶色绿，叶耳、叶舌、叶鞘、叶缘无色，穗形镰刀形下垂，穗层整齐，谷粒长形，稃尖无色，间有短芒，谷粒秆黄色。株高 112.9 cm，穗长 24.6 cm。分蘖率 211.0%，亩有效穗数 16.44 万，成穗率 77.62%，每穗实粒数 142.26，结实率 80.26%，千粒重 29.1 g。出糙率 80.2%，整精米率 46.3%，垩白粒率 33%，垩白度 6.0%，直链淀粉含量 14.8%，胶稠度

71%，长宽比 3.2，蛋白质 6.3%。

9. 泰优粤禾丝苗

泰优粤禾丝苗是广东省农业科学院水稻研究所和广东省金稻种业有限公司共同育成的感温型抗稻瘟病三系杂交水稻新组合，全生育期 107.1 d。2013 年晚造在广州以泰 A 为母本，以强优恢复系粤禾丝苗为父本杂交。2014 年早造种植杂交种和父本，杂种表现优势强、丰产性好、米质软硬适中，父本表现群体一致，成熟期混收。2014 年晚造以父本混收种与泰 A 进行小面积制种。2015 年早造正式定名为泰优粤禾丝苗。2015—2016 年，早造参加广州、清远、新会、信宜、惠州多点联合品比试验，综合表现较好。2017—2018 年，早造参加广东省区域试验和生产试验，2019 年 8 月通过广东省农作物品种审定委员会审定（粤审稻 20190028），2020 年引进陕西省稻区种植。

（二）陕西浅山丘陵稻区主要栽培品种

1. 陕稻 12 号

陕稻 12 号是汉中市农业科学研究所和四川福糠农业科技有限公司利用不育系川浙 A 与恢复系陕恢 1069 配组育成的中熟优质杂交水稻新组合，全生育期平均为 148.2 d，适宜在陕南海拔 670～810 m 的浅山丘陵稻区推广种植。2013—2014 年分别在汉中和三亚对明恢 2155/ 先恢 207 的 F_6 代株系进行测恢；2014 年夏，在汉中发现明恢 2155/ 先恢 207 后代群体中，编号为 14WB-1069 的株系与多个不育系测配组合表现优良，一般配合力高，其中与川浙 A/14WB-1069 表现杂种优势强、丰产性突出、稻米外观品质优良，当季进行了复测，冬季在海南进行少量制种。2015 年夏季在汉中宁强参加本所中熟杂交稻鉴定试验，该组合表现抗逆性强，综合经济性状突出，同年在汉中开展试制种试验。2016—2017 年参加汉中、安康两地水稻多点联合试验，较对照泸优 11 增产显著，综合表现突出，定名为陕稻 12 号。2018—2019 年参加陕西省水稻品种区域试验和生产试验，2020 年通过陕西省农作物品种审定委员会审定。

2. 特优 801

特优 801 是汉中现代农业科技有限公司选育的优质早熟杂交水稻品种，2011 年通过陕西省农作物品种审定委员会审定，全生育期 145 d。2013 年引入镇巴试验，2015 年在镇巴中山区大面积示范种植，表现良好，株型适中，群体生长整齐度好，茎秆粗壮，分蘖力强，耐低温性较强。该品种株高 100 cm 左右，穗长 23～25 cm，每亩有效穗数达到 17.5 万穗，每穗总粒数平均约为 155 粒右，结实率在 81.4% 以上，千粒重在 26.5 g 以上。

3. 泰丰优 7 号

泰丰优 7 号是陕西华盛种业科技有限公司和广东省农业科学院水稻研究所用泰丰 A× 华恢 7 号配组育成的籼型三系杂交水稻品种，全生育期 147.2 d。适宜陕南海拔 800 m 以下的浅山丘陵稻区种植。株型直立，松散适中，茎秆较粗，较抗倒伏，分蘖

力较强、剑叶长度中等、瓦楞叶型，叶片挺直，叶色浓绿，叶耳、叶舌无色，穗型较大、镰刀形下垂，穗层整齐，谷粒长形，秭尖无色无芒，谷粒秆黄色。株高 107.0 cm，穗长 23.1 cm，亩有效穗 17.01 万，每穗总粒数 168.6 粒，实粒数 128.5 粒，结实率 75.62%，千粒重 26.3 g。

4. 羌穗 100

羌穗 100 是陕西省汉中市金穗农业科技开发有限责任公司以泰丰 A/R303 配组选育而成的优质高产中籼早熟型三系杂交水稻新组合，全生育期平均 151.8 d，播种至齐穗平均 112 d，全生育期比对照泸优 11 长 2 d，适宜陕南海拔 700～850 m 的中籼稻区种植。4 月中上旬播种育秧，6 月上旬移栽，8 月中旬抽穗，10 月初收获。该组合于 2017 年和 2018 年参加陕西省中早熟组区域试验，2019 年通过陕西省品种审定委员会审定（陕审稻 2019003 号）。该组合产量经过多点示范种植，表现出高产优质、抗稻瘟病性强等多种特性。羌穗 100 作为中籼早熟水稻新品种，在陕南地区适宜在海拔 700～850 m 水稻种植区进行推广应用，前景较好。

5. 泸香 145

泸香 145 是陕西安康市农科所用泸香 618A 与自育恢复系 1145 配组育成的中熟中籼杂交稻新组合，全生育期 151～156 d。父本康恢 1145 是安康市农业科学研究所 2004 年用江苏里下河地区农业科学研究所选育的扬稻 6 号作母本，与河南信阳市农业科学研究所选育的常规稻特优 2035 作父本进行杂交，后代经过 7 代系选而成，2010 年性状稳定。2011 年用康恢 1145 与中 9A、泸香 618A 等进行配组制种，结果泸香 618A/康恢 1145、中 9A/康恢 1145 等组合制种异交结实率高。同年 10 月下旬在海南种植观察，结果泸香 618A/康恢 1145、中 9A/康恢 1145 表现出杂种优势强、穗大粒多。2012 年分别在安康市农业科学研究所、四川泸州、汉中华盛种业科技有限公司、汉中秦丰种业科技有限公司种植鉴定，表现突出。2015 年 10 月通过陕西省农作物品种审定委员会审定（陕审稻 2015003），定名为泸香 145。

6. 泸优 11

泸优 11 系四川川种种业有限责任公司利用自育的不育系 LF308A 作母本、恢复系川种 R110 作父本杂交选育而成，在陕南海拔 600 m 以上区域种植，4 月 10 日左右播种，全生育期 148.3 d，比明优 02 短 2.8 d。在陕南海拔 650 m 以下区域作油菜茬口机插品种种植，4 月 25 日播种，9 月上旬收获。2010 年、2011 年分别通过陕西、广西水稻新品种审定（陕审稻 2010001 号、桂审稻 2011002）。该品种为陕西省丘陵及中高山稻区主推品种，也是陕西省中早熟水稻区试对照品种。

7. 陕稻 10 号

陕稻 10 号是汉中市农业科学研究所用不育系陕农 3A 与恢复系陕恢 335 配组育成的优质杂交水稻新组合，生育期 151.7 d。2012 年配组，2013 年田间种植鉴定，2014 年试制种。2017—2018 年参加陕西省水稻品种区域试验，2019 年参加生产试验。2020 年通过陕西省农作物品种审定委员会审定（陕审稻 2020002）。株型适中，抗倒伏，分蘖力强，叶片挺直，叶鞘、叶缘紫色，穗较大，成熟转色佳。平均株高 92.4 cm，穗长

22.1 cm，有效穗 271.5 万 /hm^2，成穗率 72.2%，每穗实粒数 116.6 粒，结实率 82.7%，千粒重 27.8 g。

（三）陕西优质特种稻区主要栽培品种

1. 双亚黑一号

双亚黑一号是陕西双亚粮油工贸有限公司选育的籼型常规糯稻，全生育期 158.4 d，适宜在陕南海拔 650 m 以下的稻区种植。属于黑籼糯米，株型紧凑，分蘖力较强，茎秆粗壮，韧性好，抗倒性强，叶姿挺直，叶缘、叶耳、叶舌带紫色，茎秆断面紫红色，穗型中等，穗头稍弯曲，穗层整齐，谷颖壳褐灰色，颖尖紫色有短芒，谷粒椭圆形，谷粒长 6 mm，米粒长 3 mm，株高 110.3 cm，亩有效穗率 18.9%，成穗率 74.4%，平均穗长 21.6 cm，平均每穗总粒数 164 粒，实粒数 128.1 粒，结实率 84.03%，千粒重 23.6 g。

2. 陕黑 6 号

陕黑 6 号是汉中市农业科学研究所用黑帅 /R7582M 选育的常规黑籼米品种，全生育期 156.4 d，适宜陕南海拔 650 m 以下稻区种植。该品种株型紧凑，分蘖力中等，茎秆较粗壮，抗倒性较强，叶姿直立，叶缘、叶耳、叶舌无色，穗大粒多，结实率较高，稻谷颖壳褐灰色，颖尖无色、无芒，谷粒细长，谷粒长 9.9 mm，谷粒长宽比 3.8。株高 116.4 cm，亩有效穗数 17.9 万，成穗率 75.9%，穗长 23.9 cm，穗实粒数 119.9 粒，结实率 84.3%，千粒重 24.2 g。糙米细长，墨黑色，有光泽，有淡香味。

二、生育时期

在水稻栽插到成熟的整个生长发育过程中，根据植株的形态变化，可以人为划分为一些时期（Stage），也称为物候期。

（一）水稻生育期的划分

水稻的一生可以分为 5 个生育时期，即幼苗期、分蘖期、拔节期、抽穗期和结实期。

1. 幼苗期

从水稻种子萌动起到第三完全叶长成时止的这一段生长时期。该时期的主要生育特点是只生长根和叶片，生长所需要的养分主要靠水稻种子中的胚乳分解供给（图 2-1）。

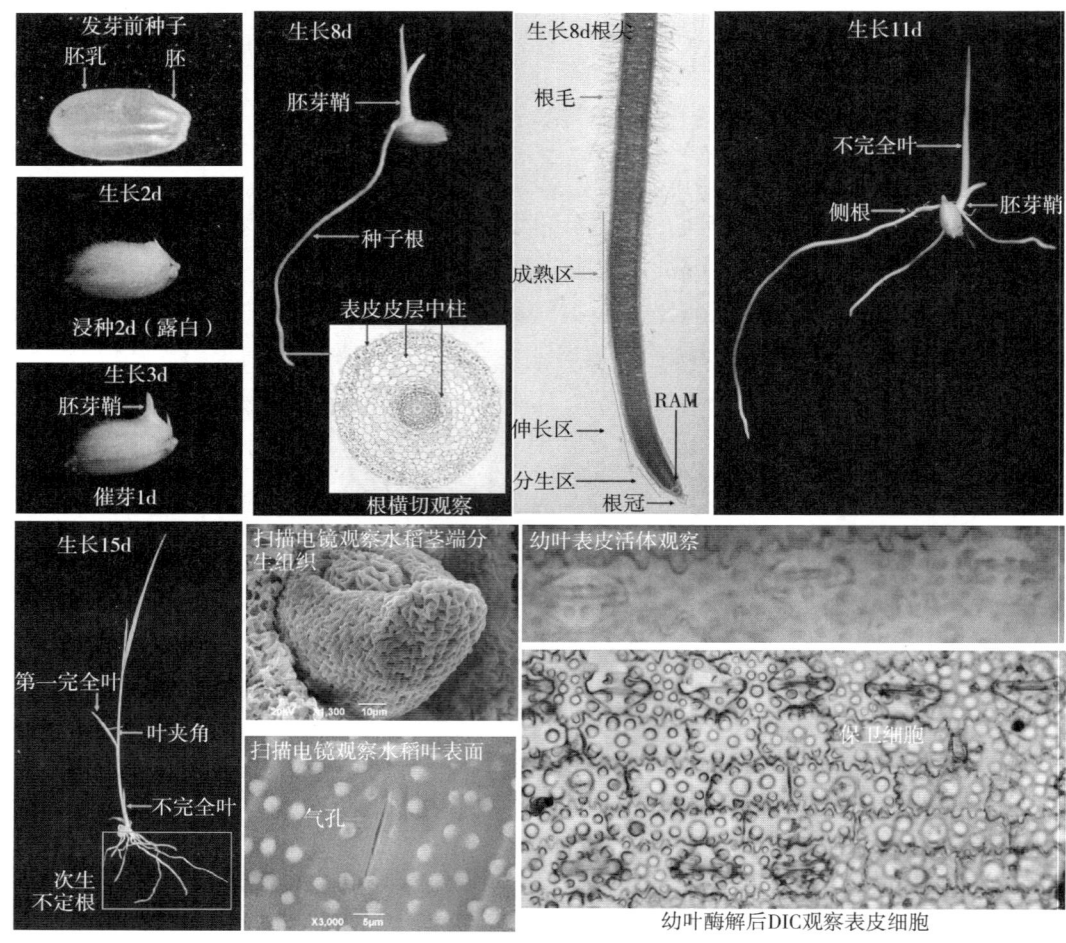

图 2-1　水稻幼苗期发育过程

2. 分蘖期

水稻从分蘖开始至拔节称为分蘖期，此时期主要表现在叶片及分蘖的增加，分蘖的产生主要在侧生分生组织（图 2-2）。秧苗移栽后由于根系受到损伤，需要 5～7 d 地上部才能恢复生长，根系才萌发出新根，这段时期称为返青期。水稻返青后开始发生分蘖，直到开始拔节时分蘖停止，一部分分蘖具有一定量的根系，以后能抽穗结实，称为有效分蘖；一部分分蘖产生较迟，以后不能抽穗结实或渐渐死亡，称为无效分蘖。分蘖前期产生有效分蘖，这一时期称为有效分蘖期，而分蘖后期所产生的是无效分蘖，称为无效分蘖期。该时期的生育特点是根系生长，分蘖增加，叶片增多，建立一定的营养器官，是决定穗数的关键时期。要促分蘖早生快发，增加有效蘖，控制无效蘖，到最高分蘖期能达到正常的"拔节黄"，为丰产打下基础。

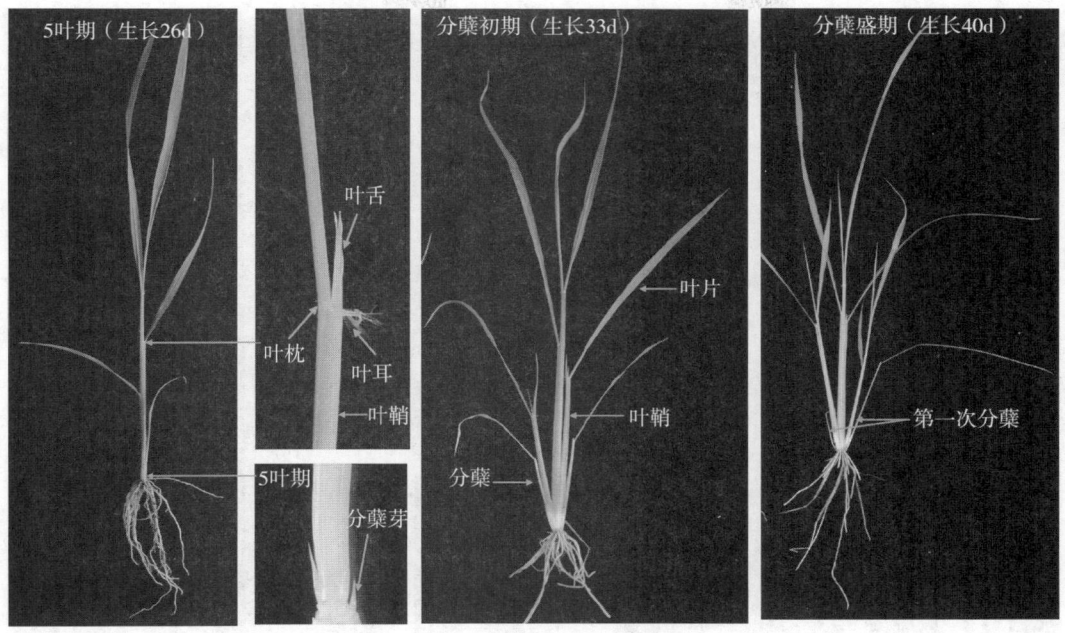

图 2-2　水稻分蘖期发育过程

3. 拔节期

从稻幼穗分化到抽穗是营养生长和生殖生长并进时期，此时期主要特征是节间的伸长和分蘖的产生，水稻幼穗发育从一期至二期很难观察到（图 2-3）。

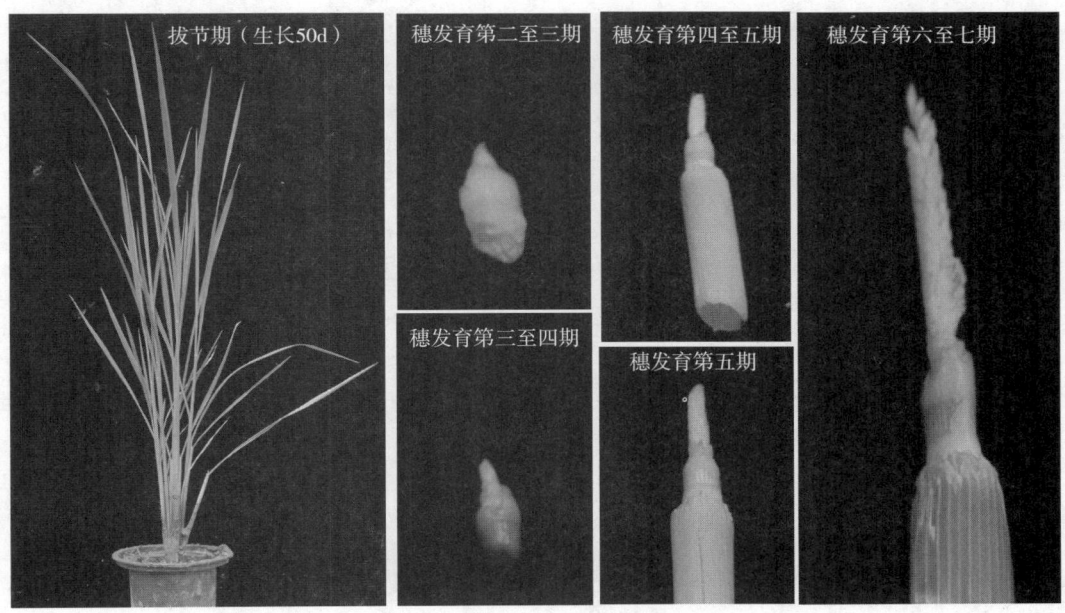

图 2-3　水稻拔节期发育过程

4. 抽穗期

抽穗期通常可以延长至 20 d 左右，此时期主要特征是生殖器官的发育，此时成熟叶片叶舌基本退化，有效分蘖可达 10～20 个（图 2-4）。

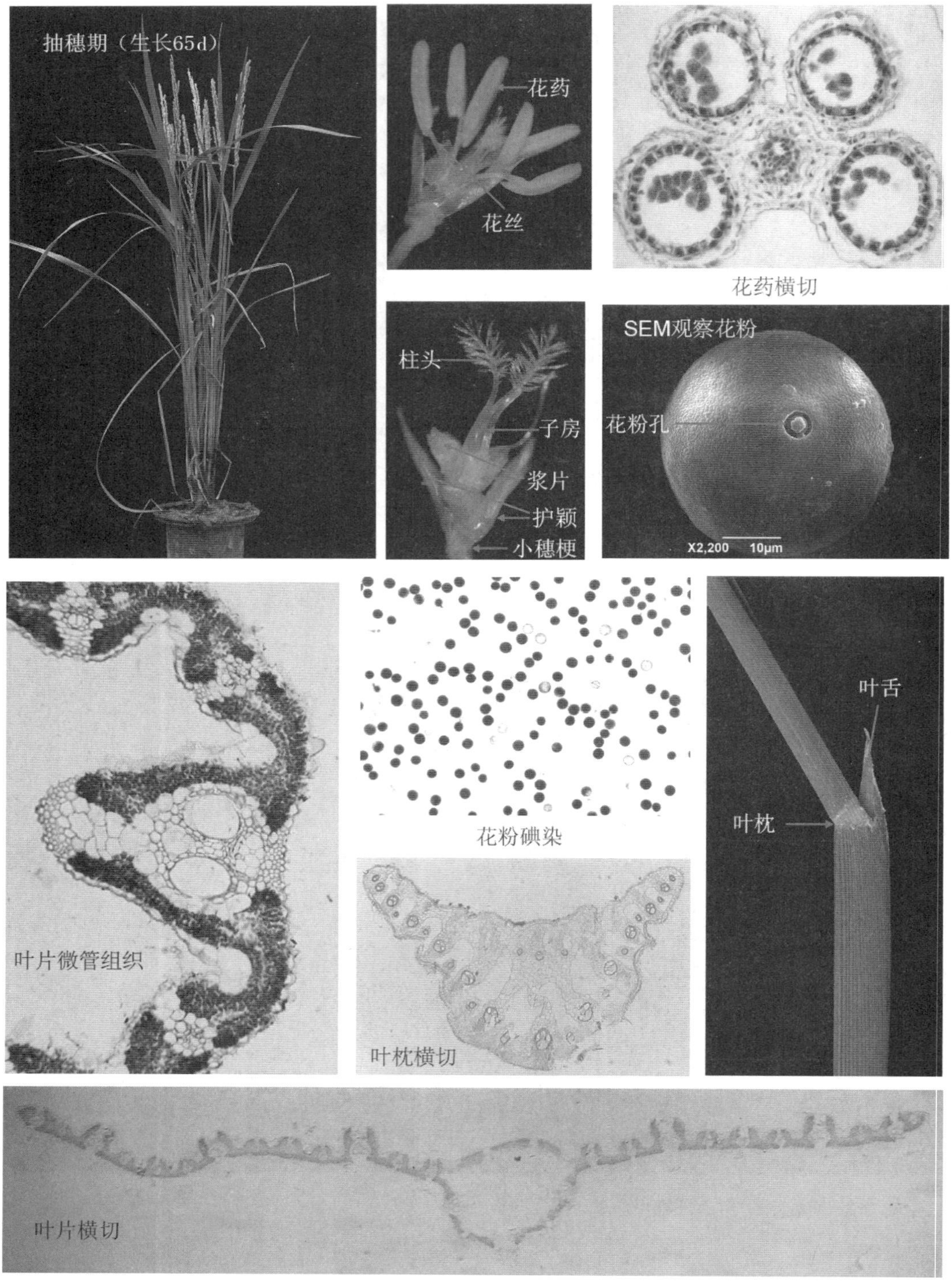

图 2-4 水稻抽穗期形态与花器发育过程

5. 结实期

结实期从出穗开花到谷粒成熟，又可分为开花期、乳熟期、蜡熟期（黄熟期）和完熟期，此时期主要特点在种子的成熟，植株地上高度通常在 90～110 cm，地下根长 40～70 cm（图 2-5）。

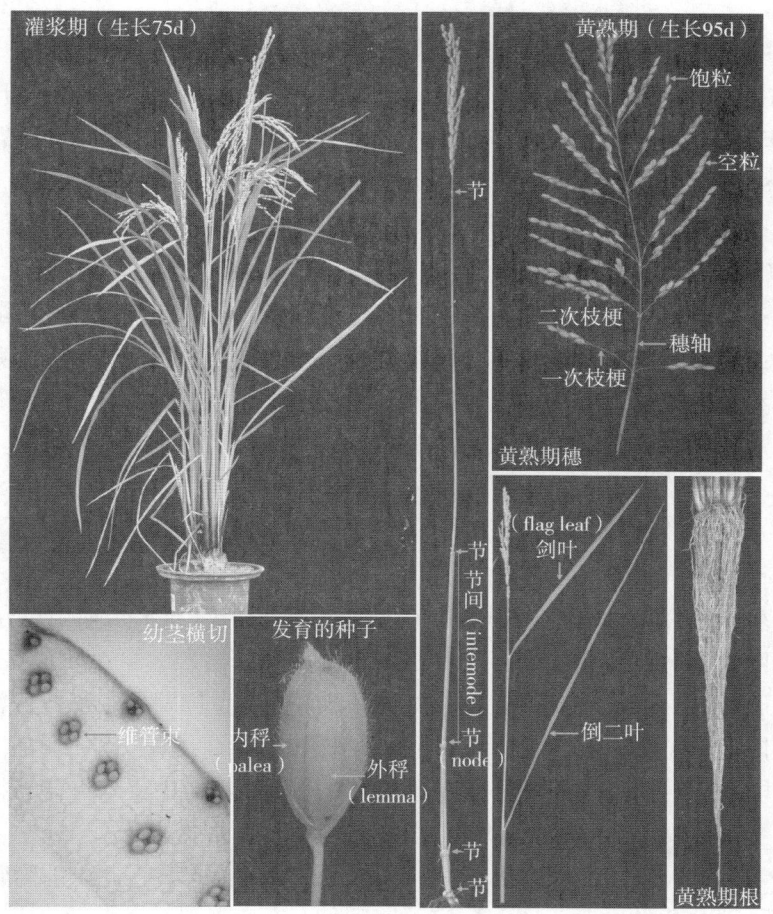

图 2-5　水稻结实期发育过程

（二）陕西水稻各时期的田间记载标准

播种期：实际播种日期，以"月/日"表示。

芽期：从播种到现青的时期。

出苗期：10% 秧苗的第 1 片真叶突破芽鞘、叶色转青期的日期为始苗期，50% 为出苗期，80% 为齐苗期。

幼苗期：现青到 3 叶期。

移栽期与秧苗叶龄：实际移栽日期，以"月/日"表示；秧苗移栽时的主茎叶龄为秧田期的秧苗叶龄。

返青期：移栽后于晴天中午考察有 50% 植株的心叶重新展开或植株叶片由黄转

绿，叶片向上伸展时为返青期；早晨有 50% 植株叶尖叶吐水，或植株长出新根时为返青期。从移栽后第二天到回青期的天数即为返青期。

分蘖期：有 10% 植株的新生分蘖叶尖露出叶鞘 1 cm 以上时为分蘖始期，有 50% 时为分蘖期，最高苗数出现的那天为最高分蘖期，分蘖速度最快的时期为分蘖盛期，苗数开始下降的那一天为分蘖末期，茎蘖数与最后有效穗数相等的日期为有效分蘖终止期。

拔节期：50% 植株地上部第 1 节间长到 2 cm 以上时为拔节期。

幼穗分化期：在接近幼穗分化期，逐日剥取 10 个单株的主茎，当 50% 的主茎肉眼可见苞毛时即为幼穗分化期。

孕穗期：50% 植株的剑叶全部露出叶鞘的日期为孕穗期。

抽穗期：稻穗的顶端伸出剑叶鞘 1 cm 左右叫抽穗，有 10% 稻穗顶露出叶鞘时为始穗期，50% 为抽穗期，80% 为齐穗期。

乳熟期：全田 50% 以上的稻穗中部籽粒颖壳充满乳浆状物质的日期为乳熟期。

蜡熟期：全田有 50% 以上的稻穗中部籽粒内容物浓黏无乳浆状时为蜡熟期。

成熟期：80% 的谷粒黄熟，稻穗基部青谷已成米粒。

全生育期天数：播种次日至成熟之日的天数。

三、生育阶段

同其他作物一样，水稻的生长发育过程也是分阶段进行的。一般可分为营养生长阶段，营养生长、生殖生长同步阶段，生殖生长阶段。营养生长期由种子发芽开始，经过生根出叶直至分蘖，是根、茎、叶在数量上的增长阶段；这个阶段主要是积累有机物质，为进展到生殖阶段准备必要的物质基础。生殖生长期是生殖器官发育、形成、种子产生的阶段，即由幼穗分化开始，经过孕穗、抽穗、扬花、种子灌浆直至种子成熟；这个阶段除了继续吸收外界养分，增长植株外，还不断进行有机营养物质的合成、转化、输送（将合成转化的有机物质输送到生殖器官），形成种子。

在栽培学上，一般以稻穗分化作为生殖生长开始的标志，在此以前为营养生长期。实际上，在稻穗分化的同时，营养器官的节间伸长、新叶抽出、根系扩展等仍在旺盛进行。因而严格地说，从幼穗分化开始到抽穗是营养生长与生殖生长并进时期，抽穗后基本上是生殖生长时期。

（一）营养生长期

幼苗期：从萌芽到 3 叶期是水稻的幼苗期。

分蘖期：从第 4 叶伸出开始萌发分蘖，直到拔节为止，为分蘖期。分蘖期在生产上常分为秧田分蘖期和大田分蘖期。从 4 叶期开始发生分蘖到拔秧，为秧田分蘖期。从移栽返青后开始分蘖到拔节，为大田分蘖期。拔节后，分蘖向两极分化：一部分早生大蘖能抽穗结实成为有效分蘖；另一部分晚出的小蘖，生长逐渐停滞，最后死亡，称为无效分蘖。在分蘖期内，发生有效分蘖的时期称为有效分蘖期，发生无效分蘖的时期称为无效分蘖期。秧苗移栽后，由于根系损伤，有一个地上部生长停滞和萌发新根的过程，经 5～7 d 才能恢复正常生长,称为返青期。

(二)生殖生长期

水稻从幼穗开始分化至出穗为穗分化形成期(又叫长穗期),从抽穗开花到谷粒成熟为开花结实期。水稻发生分蘖是营养生长期的主要特征,一般在开始拔节时终止,这标志着营养生长最旺盛的时期结束。水稻分蘖终止和稻穗开始分化的时间因品种与播期不同,可前可后,这样就使营养生长和生殖生长形成3种关系类型。

衔接型:这类品种地上部分伸长节间5个,穗分化和拔节基本同时在分蘖终止时开始。因此,分蘖和长穗期的关系是衔接的。

重叠型:这类品种伸长节间为3~4个,穗分化先于拔节,即分蘖尚未终止穗已开始分化。因此,分蘖期和长穗期部分重叠。

分离型:这类品种地上部分伸长节间为6个或6个以上,拔节先于穗分化,即分蘖终止后隔一段时间才开始分化。因此,分蘖期和长穗期的关系是分离的。

掌握不同品种的生育特点,协调营养生长和生殖生长的关系,是水稻高产栽培的一条重要原则。生育期长短既受品种熟期类型的影响,也受播种时期的影响,根据生育期长短,品种的熟期类型可人为地分为早熟、中熟、晚熟类型。

四、生育时期与生育阶段的对应关系

水稻的幼苗期和分蘖期是进行营养生长,拔节期和抽穗期的茎叶和幼穗同时生长,是营养生长和生殖生长的并进期,最后一个时期植株主要进行生殖生长。根据水稻植株外部形态,又可将水稻整个生育期细分为幼苗期、有效分蘖期、无效分蘖期、长穗期、开花期、乳熟期、蜡熟期和完熟期8个生育时期,即将粗分的分蘖期细分为有效分蘖期和无效分蘖期2个时期;粗分的结实期细分为开花期、乳熟期、蜡熟期和完熟期4个时期。图2-6展示了水稻一生中植株形态、主要器官的生长曲线和生育时期的划分,株高、茎秆、穗长和颖果的生长曲线均为"S"形,纵轴为相对生长量,横轴为生育期,穗分化始期、减数分裂期为穗分化的两个关键时期,括号中数字为叶龄余数;植株的形态大小、形态和色泽在生育期变迁中发生了显著的变化;水稻的营养生长和生殖生长两个阶段的划分通常以幼穗分化为界。营养生长是生殖生长的基础,营养生长的好坏决定着生殖器官形成和物质积累的数量及质量。水稻生殖生长主要进行颖花发生和颖果生长发育,生殖生长的好坏,尤其是颖果的发育和充实状况决定着稻米的产量和品质形成。图2-7展示了水稻的生命周期,经历了胚胎发生、颖果发育、种子萌发、营养生长、幼穗分化、生殖生长、开花、授粉和受精等过程。包括无性和有性两个世代。

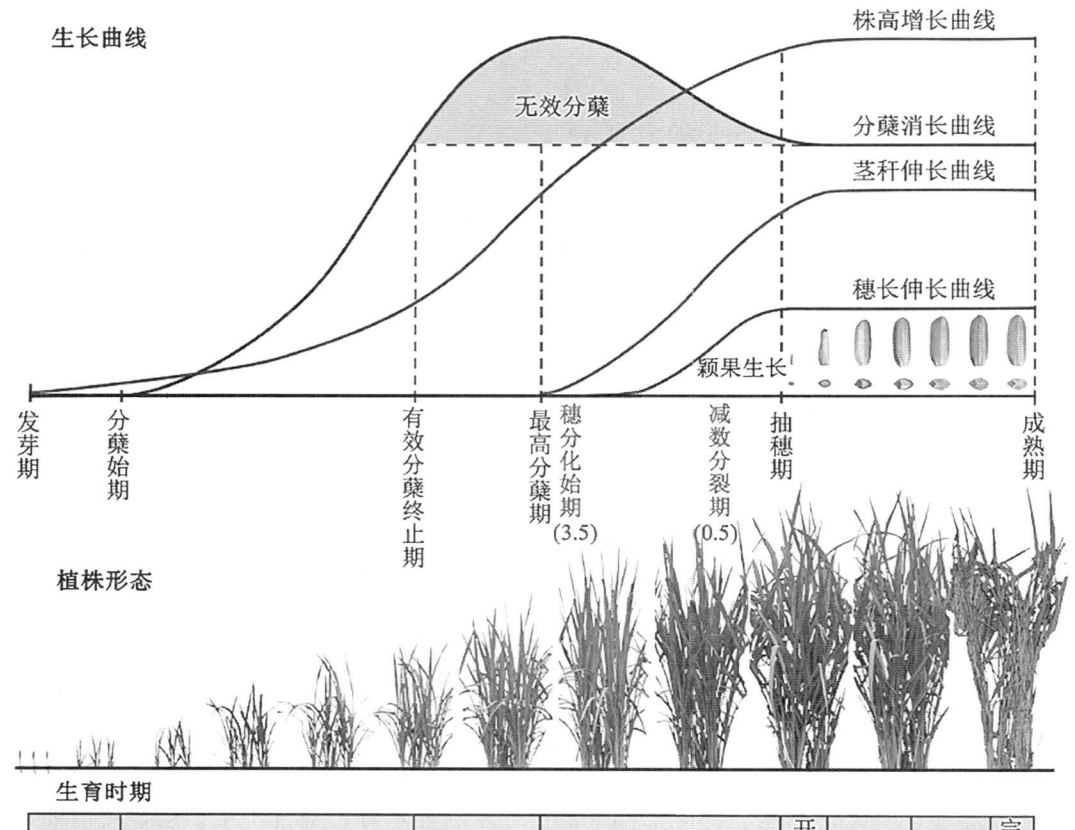

图 2-6 水稻的一生

五、水稻的穗分化

稻穗为复总状花序（即圆锥花序），穗子上有一主梗叫穗轴，穗轴上有节叫穗节，最下一个穗节称穗颈节，穗颈节到顶叶叶枕的间距，称为穗颈长。着生在穗轴节上的枝梗，称为一次枝梗；一次枝梗上再分出的枝梗，称为二次枝梗；一次枝梗和二次枝梗上部会生出小穗梗，末端着生小穗（图 2-8）。小穗基部有两个颖片，退化成两个小突起，称为副护颖。每个小穗有 3 朵小花，只有上部一朵小花发育正常，下部的两朵小花退化，各有 1 个外颖，称为护颖。在栽培学上，往往把一个小穗统称为一朵颖花。发育正常的花由内外颖、6 枚雄蕊、2 片浆片和 1 枚雌蕊构成。雄蕊由花丝和花药组成，雌蕊由二裂的帚状柱头、花柱和子房组成。

稻穗发育是一个连续的过程，常分为若干时期，分期方法不一样。其中，丁颖和日本松岛的划分方案为国内外所常用，江苏农业大学把上述两种划分方法结合起来，提出了一种简要划分法（表 2-1）。

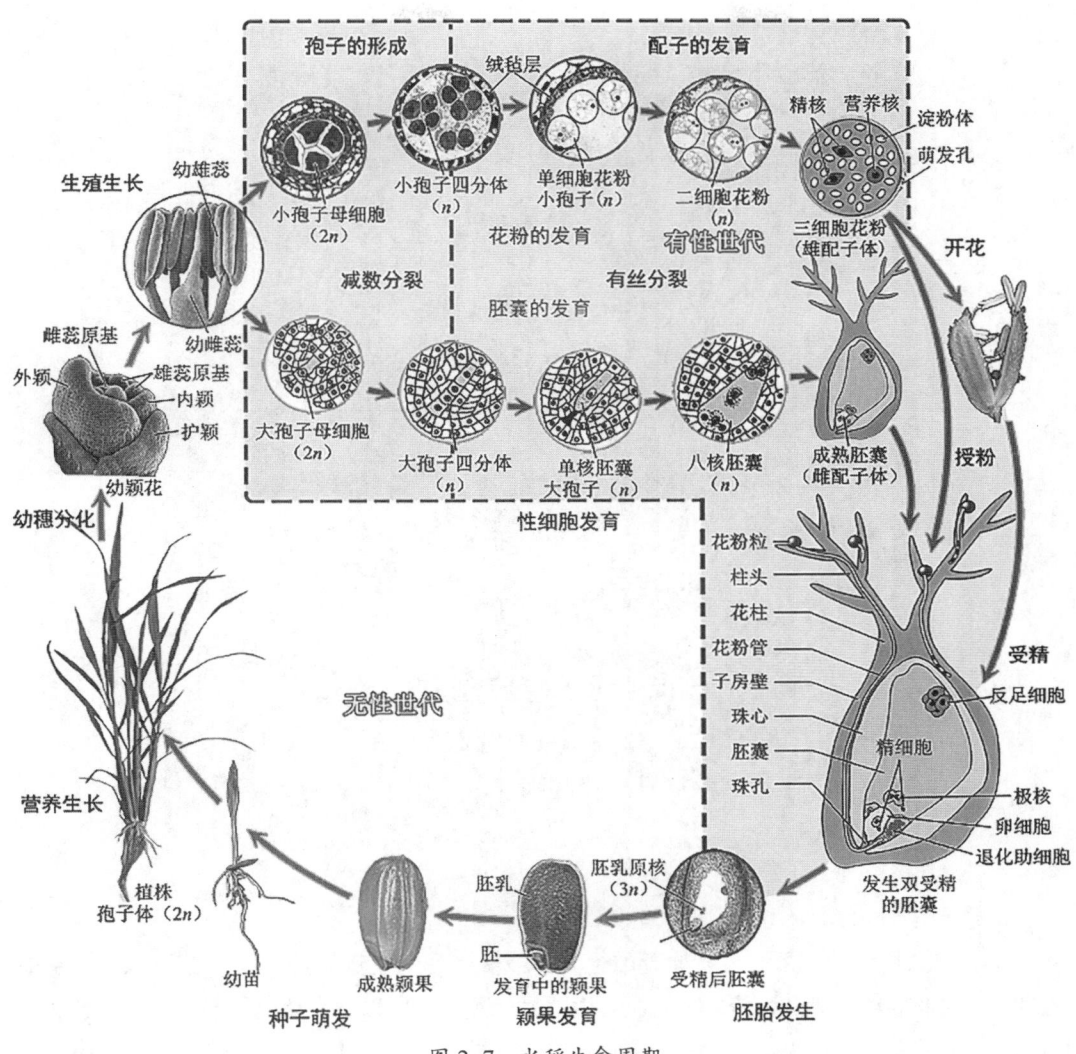

图 2-7 水稻生命周期

表 2-1 3 种稻穗分化时期划分法的对照

丁颖划分法	松岛划分法		简要划分法
第一苞分化期	穗颈节分化期		枝梗分化期
一次枝梗原基分化期	枝梗分化期	一次枝梗分化期	
二次枝梗原基及颖花原基分化期	幼穗形成期	二次枝梗分化期	
		颖花分化前期	颖花分化期
雌雄蕊形成期		颖花分化中期	
	颖花分化期	颖花分化后期	
花粉母细胞形成期		生殖细胞形成期	减数分裂期
花粉细胞减数分裂期	孕穗期	减数分裂期	
花粉内容充实期		花粉外壳形成期	花粉粒充实完成期
花粉完成期		花粉完成期	

注：按照丁颖划分法可将稻穗分为 8 个时期。

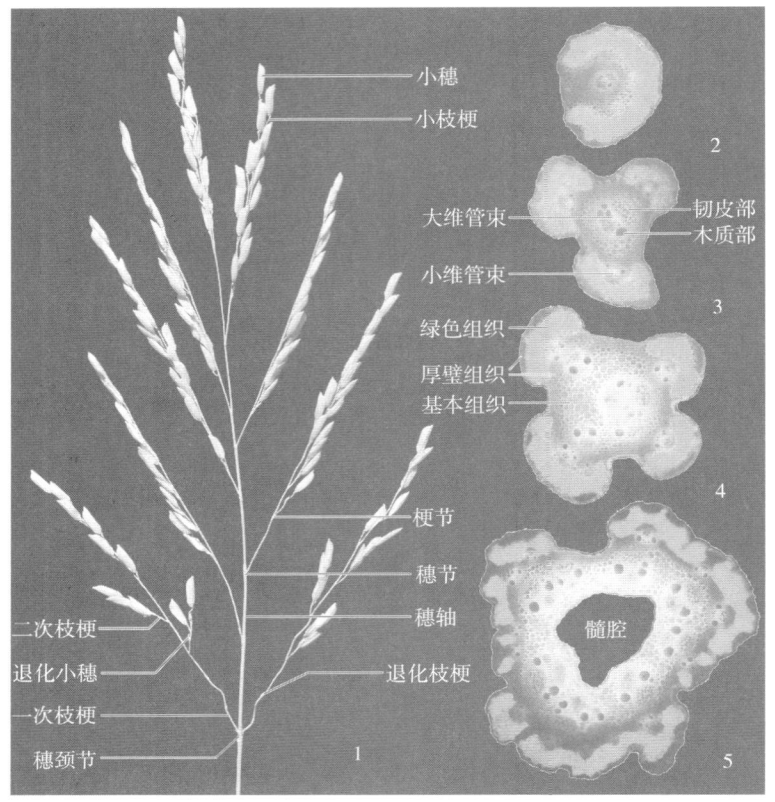

图 2-8　稻穗的形态和结构

1. 第一苞分化期

在茎端生长点的基部，顶叶原基的上方形成一个环状突起，便是第一苞原基。苞是退化的叶，穗轴上各个节都有苞。第一苞着生处是穗颈节，所以第一苞的出现是幼穗开始分化的标志，也是生殖生长的起点。第一苞原基有两个明显特征，可与叶原基区别（图2-9）。

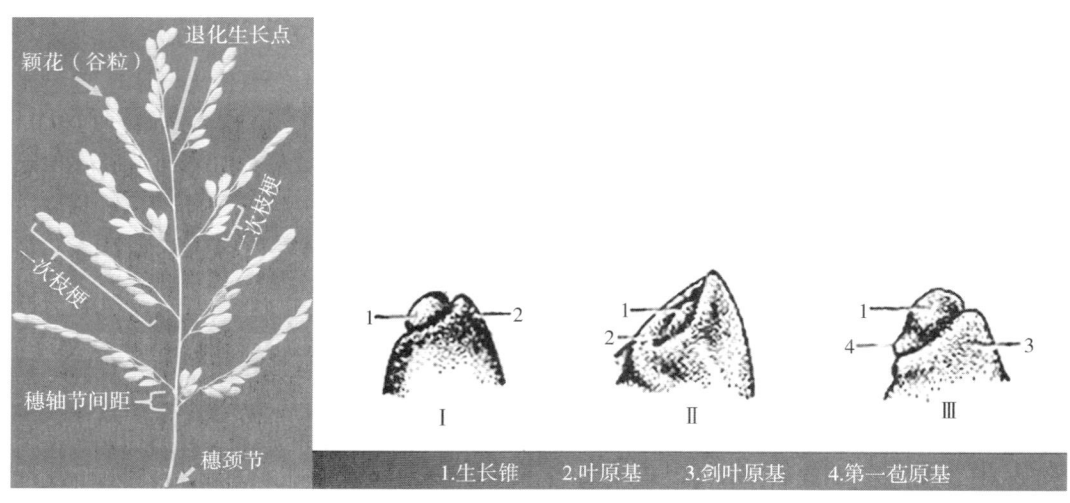

图 2-9　第一苞分化期

2. 第一次枝梗原基分化期

第一苞原基不断增大，形成环状，环抱生长点的基部，生长点也在增大，并相继分化成第二苞或第三苞原基。在第一苞的腋部有新的生长点突起形成，这个突起就是一次枝梗原基，这时进入一次枝梗原基分化期。最后在苞的着生处开始长出白色苞毛，标志着第一次枝梗原基分化的终止（图2-10）。

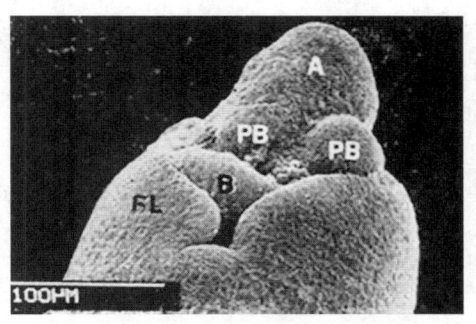

PB：一次枝梗原基；B：第一苞原基。

图2-10　第一次枝梗原基分化期

3. 二次枝梗原基及小穗（颖花）原基分化期

一次枝梗原基分化到一定程度，幼穗的顶端生长点停止发育，着生在最上位的一次枝梗原基生长最快。首先其下部开始出现两排新的突起，就是二次枝梗和颖花原基。在二次枝梗和颖花原基基部的苞叶着生处也长出苞毛，不久整个幼穗都被苞毛覆盖。此时幼穗长0.5～1.0 mm。穗下部的一次枝梗上出现二次枝梗和颖花原基时，穗上部一次枝梗顶端的颖花依次分化出副护颖、护颖、内外颖原基等器官。各颖花原基的器官分化，由穗上部向穗下部的颖花原基发展。当二次枝梗上的颖花原基开始分化出现花器官时，幼穗长1.0～1.5 mm，全穗为苞毛覆盖（图2-11）。

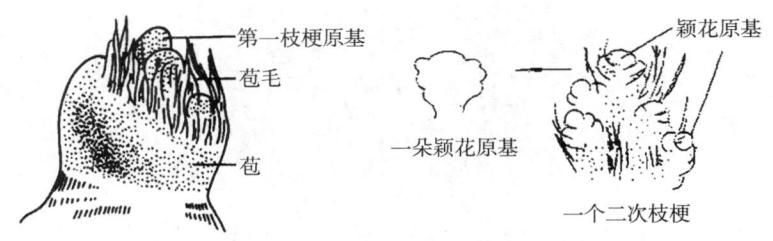

图2-11　二次枝梗原基及小穗（颖花）原基分化期

4. 雌雄蕊形成期

幼穗最上部的一次枝梗顶端的颖花原基，首先在外颖的一侧分化出两个浆片原基，随后又分化出6个雄蕊原基和1个雌蕊原基，幼穗开始进入雌雄蕊分化期，此时内外颖似盆状。颖花进一步发育，内外颖伸长并合拢完全包住雌雄蕊。当一次枝梗上直接着生的颖花大体上都分化出雌雄蕊原基时，幼穗最下位二次枝梗上的颖花原基分化结束，颖花原基数不再增加，幼穗最高颖花数就此决定。此时幼穗长度一般在5 mm左右，自第一苞原基分化起到雌雄蕊分化完成止，穗部各器官全部分化完毕，幼穗外部形态已初步形成（图2-12）。

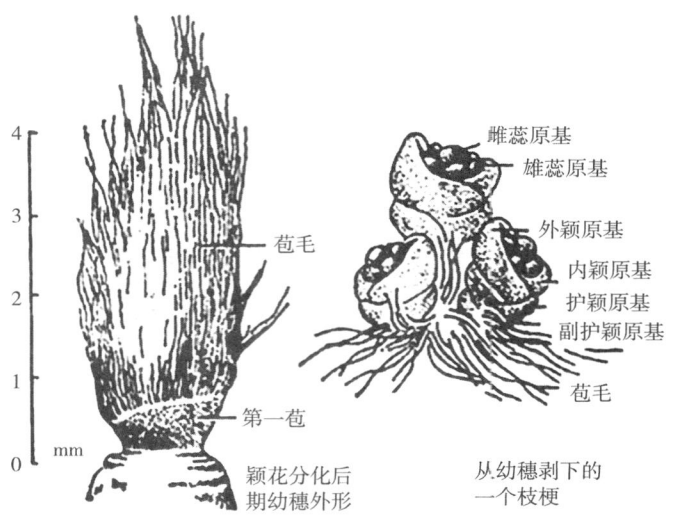

图2-12 雌雄蕊形成期

5. 花粉母细胞形成期

颖花进一步发育，颖花长度达到最终长1/4左右时，花药中出现花粉囊间隙，造孢细胞分裂出现花粉母细胞。同时，在雌蕊原基上出现柱头突起，胚珠分化出珠被原基，并在珠心表皮下形成孢原细胞。接着珠被原基分化出内外珠被，孢原细胞迅速增大成为大孢子母细胞。幼穗上部颖花花粉母细胞形成时，幼穗长1.5～4.0 cm（图2-13）。

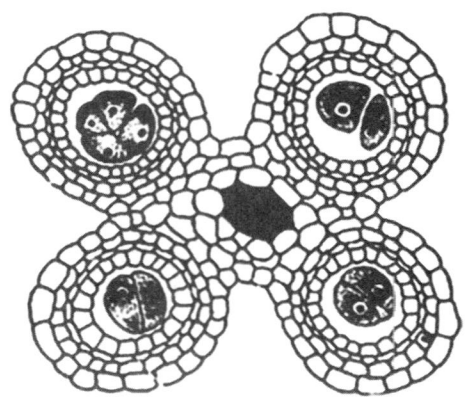

图2-13 花药横切

6. 花粉母细胞减数分裂期

当颖花长度达到最终长度的1/2时，花粉母细胞进行减数分裂，形成四分子。此时幼穗长度一般在5～10 cm，幼穗体积迅速膨大，产生穗部营养物质分配的尖锐矛盾，小穗向有效和退化两极发展。退化的小穗停留在雌雄蕊形成期上，成为败育小穗或称退化颖花，故减数分裂期也称颖花退化期。一般稻田颖花退化率在20%（图2-14、图2-15）。

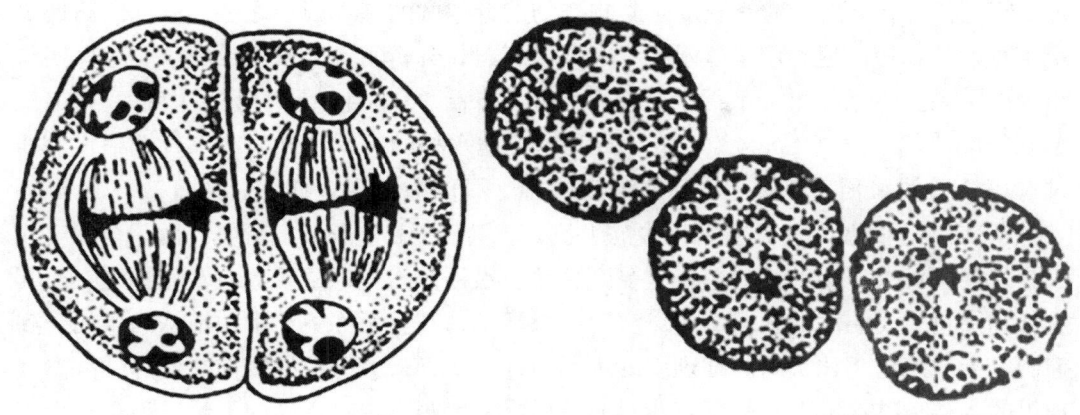

图 2-14 花粉母细胞减数分裂期　　图 2-15 从穗中上部小穗中取出的正在发育的花粉

7. 花粉完成期

稻穗在抽出顶叶鞘前 1～2 d 花粉内容物充实完毕，核分裂也渐趋完成，为花粉完成期。这时颖壳内已有大量叶绿素，花丝开始伸长，颖花长度、宽度不再增大。

六、水稻生长发育的影响因素

水稻生长发育的影响因素既有自然因素的影响，也有人为因素的影响。

（一）自然因素对水稻生长发育的影响

从生长发育过程中的温光反应类型看，水稻属于高温短日型作物。

1. 温度的影响

水稻是喜温作物，从插秧到收获，应该处于一年中较温暖的季节，其各生育时期对温度的要求有一定的规律。当生长发育处于其生物学最适温度，则生育状况正常；当温度上升到各生育期的生物学最高温度以上时，对它的生育起阻碍或停止作用，甚而产生"热害"，当温度下降到各生育期的生物学最低温度以下时，同样也阻碍其正常的生长发育而发生"冷害"。潘长虹等（2014）介绍，粳稻发芽的最低温度是 10℃（籼稻为 12℃），低于 10℃不能发芽；发芽的最适温度为 28～32℃，最高温度为 40℃；温度高达 42℃时则芽内细胞原生质停止流动，造成烧芽；低于 20℃或高于 40℃发芽延迟且极不整齐。幼苗生长的最低温度为 12℃，温度在 16℃以上各类型品种幼苗都能顺利生长，幼苗生长的最适温度为 26～32℃。水稻分蘖发生的最适气温为 30～32℃、水温 32～34℃，气温低于 20℃、水温低于 22℃或者气温高于 38℃、水温高于 40℃，分蘖发生十分缓慢或受到抑制。水稻幼穗分化最适温度为 26～30℃，而以昼温 35℃夜温 25℃更有利于形成大穗。幼穗分化的临界低温是 15～18℃。水稻对温度最敏感的时期是减数分裂期，稻穗发育的最高温度为 40～42℃。高温对稻穗发育影响最为严重的时期也是减数分裂期，因此，减数分裂期低温和高温都将引起颖花大量退化和不育。水稻开花受精适宜温度籼稻平均为 24～29℃，平均气温低于 20℃（籼稻低于 23℃）粳稻开花期明显延迟，开花零散，裂药不良，花粉管不发芽或伸长慢，不孕花明显增加。崔读昌（1995）认为，温度是影响作物发育速度的基本因子之一，温度的高低决定生育期的长短。他利用全国水稻生态试验资料，分析了不同气候带的水稻生育期与温度的关系。结果指出，水稻生育期平均气温升高 1℃，生育期日数平均缩短 7.6 日，温室效应使气温升高 1～4℃，将导致我国各地水稻的一季稻和早稻生育期缩短，通过选用合适的水稻生态类型，以水调温措施，可以减少生育期缩短的日数。Oh-e 等（2007）研究了高温对水稻在稻田中的生长、产量和干物质积累的影响。由于全球气候变暖，高温对农作物的影响越来越受到关注。水稻作为全球重要的粮食作物之一，其生长和产量受到温度的显著影响。实验结果显示，高温条件下，水稻植株的生长受到抑制。与对照组相比，高温处理组的水稻植株更高，最大分蘖期提前。此外，高温处理组的水稻植株在成熟时的干重较对照组更重，表明高温对水稻的干物质积累产生了积极影响。高温对水稻产量有负面影响。实验结果显示，高温处理组的水稻产量较对照组显著降低，因高温导致稻谷灌浆不充分，降低了稻谷的充实度和产量。此外，高温还导致成熟颗粒的百分比减少和不育颖果的百分比增加，进一步降低了水稻的产量。高温处理组的水稻干物质积累受到抑制。实验结果显示，高温处理组的水稻在灌浆期间干物质增加较小。高温导致水稻叶片衰老加速，影响其光合作用效率，高温处理组的光合速率较对照组降低了高达 35.6%。光合作用是植物进行养分合成的关键过程，高温对水稻的光合作用影响导致养分合成能力减弱，进而影响了水稻的生长和产量。研究发现，在成熟后 20 d、平均气温超过 28℃时，水稻的糙米产量下降。高温条件下，糙米产量受到直接的负面影响，主要是由于高温导致成熟颗粒的减少和不育颖果的增加。该研究通过温度梯度实验，系统地探究了高温对水稻生长、产量和干物质生产的影响。高温条件下，水稻植株的生长受到抑制，产量和干物质积累受到负面影响。同时，高温还导致水稻光合作用受损，影响了养分合成能力。此外，高温对水稻糙米产量的影响与平均空气温度紧密相关。这些研究结果提供了关于高温对水稻生长和产量的科学依据，为农业生产中的水稻种植管理和调控提供了重要参考。Prasad 等（2006）在美国研究了高温胁迫对水稻小穗育性和产量指数的影响，以及不同物种、生态型和品种在高温响应中的差异。研究发现，高温显著降低了所有品种的小穗育性，但不同品种受影响的程度各不相同。同时，研究还发现不同物种和生态型之间并没有明显的差异，因为在每个物种和生态型中都存在对高温敏感的品种。降低的小穗育性主要是由于花粉产量和花粉受精的减少导致。研究还发现，在高温下小穗育性的降低导致了更少的结实颗粒、穗粒重的降低及产量指数的减少。然而，不同品种在高温响应中的差异也非常明显。根据小穗育性在高温下的降低程度，可以将品种分为耐热性较高的和敏感性较高的品种。其中，品种 N-22 表现出最高的耐热性，而品种 L-204、M-202、Labelle、Italica Livorna、WAB-12、CG-14 和 CG-17 则对高温非常敏感，其他品种如 M-103、S-102、Koshihikari、IR-8 和 IR-72 则属于中度敏感品种。总之，高温胁迫对稻谷小穗育性和产量指数具有显著影响，不同品种对高温的响应存在差异，而物种和生态型之间的差异并不明显。小穗育性的降低主要是由于花粉产量和受精的减少导致，从而导致结实颗粒减少和产量指数降低。在耐热性改良方面存在遗传潜力，因此，筛选和鉴定耐热性较高的品种非常重要。此外，研究还指出，在稻谷的发育阶段，可以利用小穗育性作为耐热性筛选的工具。Tao等（2006）研究了中国水稻在1981—2000年期间的气候变化对物候期和产量的影响。研究结果表明，这20年间的气候变化对水稻的生长和产量产生了明显的影响。首先，研究发现气温升高和降水变化导致了水稻的播种期和收获期都出现了提前，这可能会影响水稻的生长和发育过程。特别是在北方地区，春季作物的播种期提前，导致生育期的缩短，从而限制了水稻的生长和产量。其次，研究还观察到气候变化对水稻产量的影响。整体而言，水稻产量在这20年间有所增加，但不同地区之间存在差异。在南方地区，由于降水量增加和气温适宜，水稻产量有所增加。然而，在北方地区，由于降水减少和高温胁迫，水稻产量可能会受到影响，这表明气候变化对水稻产量的影响具有地区差异性。进一步分析发现，水稻产量的变化与物候期的改变密切相关。物候期的提前导致了较短的生育期和较短的灌浆期，这可能会降低水稻的产量。此外，研究还发现高温对水稻产量的负面影响更加显著。高温会影响水稻的花粉发育和授粉过程，从而导致结实率降低和产量减少。董文军等（2011）认为气候变暖存在明显的昼夜不同步性，日最低气温升幅大于日最高气温升幅。他利用稻田开放式增温系统在江苏南京开展了昼夜不同增温对稻米品质及其关键酶活性的影响研究。结果表明，3种增温处理均明显提前了水稻的灌浆结实期，并改变了灌浆期高于35℃高温的出现日期和天数，引起稻米整精米率、垩白率、垩白度、RVA特征谱、淀粉组分、淀粉合成关键酶活性、蛋白质含量及蛋白质合成关键酶活性的明显变化。稻米的整精米率显著下降，垩白率和垩白度显著增加，总淀粉含量差异不显著，但籽粒中直链淀粉含量显著下降，籽粒中支/直淀粉比例显著提高。其中夜间增温的直链淀粉含量下降最多，全天增温的支/直比提高最多，比常规对照分别下降4.5%和提高4.6%。灌浆前期3种增温处理均降低了籽粒ADPG-PPase活性，而灌浆中后期表现不一致。增温处理对籽粒SBE活性的影响不明显。增温处理下稻米的峰值黏度、热浆黏度、崩解值和糊化温度呈上升趋势，最终黏度、消解值和回复值呈下降趋势。其中，以全天增温的峰值黏度和崩解值增幅最大，白天增温的最终黏度和回复值降幅最大。增温处理均降低籽粒中的蛋白质含量，全天和夜间增温差异显著，分别较常规对照降低5.6%和4.0%。灌浆前期3种增温处理均降低籽粒GS、GOGAT活性，灌浆中后期有所差异。上述结果表明，预期的气候变暖将使稻米的加工、外观品质变劣。稻米直链淀粉含量可能受灌浆前期ADPG-PPase活性的影响较大，而支链淀粉含量受SBE活性的影响较大。蛋白质的合成与灌浆前期GS和GOGAT活性关系密切。因此，增温对稻米品质及关键酶的影响较为复杂。Peng等（2004）研究了全球变暖引起的夜间高温对水稻产量的影响。通过对全球范围内的水稻产量数据进行分析，发现夜间高温与水稻产量的下降之间存在显著的负相关关系。具体而言，当夜间温度升高1℃时，水稻产量平均下降约10%。这一关系在不同的水稻种植区域和生态系统中都得到了验证，研究进一步探讨了夜间高温对水稻生长和发育过程的影响，夜间高温导致水稻的生殖器官发育受到抑制，导致结实率降低。这主要是由于高温引起的花粉活力和花粉管伸长受到抑制，从而影响了受精和籽粒的形成过程。此外，夜间高温还影响了植物的生理代谢过程，导致植物光合作用受到抑制，碳同化能力下降，进而影响了产量的形成。研究还指出，夜间高温对水稻产量的不利影响可能会随着全球变暖而加剧。夜间温度上升的速度可能高于白天温度上升的速度，对水稻产量造成更大的影响。这对于全球粮食安全和可持续发展具有重要意义，因为水稻是全球最重要的粮食作物之一。

Isiam 等（2022）评估了1976—2015年孟加拉国3种主要种类的水稻（即 Aus、Aman 和 Boro）的产量与最高温度、最低温度之间的关系。结果发现：温度变化对水稻产量有显著影响，但这些影响在3种类型的水稻之间有所不同。最高温度对所有种类的水稻产量均有显著影响，对 Aus 和 Aman 有积极影响，对 Boro 有不利影响。最低温度对 Aman 有显著的负向影响，对 Boro 有显著的正向影响。Van 等（2018）模拟了气候变化对整个非洲水稻种植区灌溉水稻和雨养水稻产量的影响。结果表明：如果没有适应措施，在 RCP 8.5 情景下，高温导致的物候期缩短将会导致水稻显著损失，2070年的水稻产量较2000年（基准年）减少24%。如果采用耐高温的品种，水稻物候期长度与基准年相同。Estrella（2016）认为在不考虑品种熟期变化和管理措施调整的情况下，气候变暖可导致作物物候期提前和生育期缩短。Zhang（2013）、Liu（2012）等研究发现，我国水稻营养生长期、生殖生长期和全生育期因气候变暖而分别缩短0.4～2.8 d/10 年、0.1～1.3 d/10 年和 2.9～4.1 d/10 年（或 2.0～3.6 d/℃、1.1 d/℃和 3.6～5.5 d/℃），营养生长期的缩短比生殖生长期明显。Tu 等（2020）分析了华中地区不同水稻品种对温度和太阳辐射变化的响应，将水稻生育期划分为营养生长阶段和生殖生长阶段，该研究发现营养生长阶段的平均温度与分蘖数呈正相关，即高温有利于水稻分蘖。相反，一些研究表明，低温条件下的水稻分蘖数比高温条件下的大。Yan 等（2010）比较了安徽省2005年和2006年多个水稻品种在灌溉和非灌溉种植系统里产量的形成。结果表明：较低的穗数是限制产量的主要因素，这是由于分蘖出现频率低以及有效分蘖比例低造成的。分蘖期的高温可能是造成分蘖出现频率低以及有效分蘖比例低的主要原因。在印度新德里地区，Raj 等（2016）利用可以设置温度梯度的实验室，设置了比环境温度高0.8℃、2.0℃、3.1℃和3.9℃的4个处理。结果显示，水稻分蘖数在环境温度条件下为每穴76个，在温度上升0.8℃、2.0℃、3.1℃和3.9℃时，分蘖数分别为每穴68个、64个、63个和61个，即分蘖数随温度的升高显著减少。另外，Grain_no 是每穗颖花数与受精率的乘积。高温会减少颖花的数量（Jagadish et al., 2008；Madan et al., 2012；Zhou et al. 2021），并通过削弱花粉活性和抑制花药开裂来降低受精率（Prasad et al., 2006；Matsui et al., 2000；2001），导致 Grain_no 的减少。实际上，只有当温度超过一定的阈值（35℃）时，这些过程才会发生。

2. 光周期（日长）的影响

水稻是短日植物，光周期是一个关键的环境因素，它对水稻的生长、开花、结实和产量形成等方面都具有重要影响。贺超兴（1995）以24种水稻品种包括光敏核不育系及常规水稻品种为材料，在控制光周期下研究了长日光周期对水稻幼穗发育的影响及其对光敏核不育水稻育性转换的作用。即利用16 h长日照处理（LD）和10 h 短日照处理（SD）及其不同组合，以抽穗期、叶龄、抽穗叶片总数、花粉育性、结实率、穗长、穗粒密度为指标，结合光敏不育系幼穗发育的形态解剖学特征，探讨了在整个水稻发育中包括叶片生长、幼穗分化以及穗发育等过程中，不同材料的光周期反应特征，尤其是二次枝梗期后的穗发育过程中的光周期反应特征。此外，还分析了温度与光周期反应的关系及温度在光敏不育现象中的作用，并研究了代谢抑制剂对光敏不育特征的影响。研究表明，光周期对水稻的出叶速度基本没有影响，但对水稻的抽穗叶龄有影响，长日照使抽穗叶龄增加而延迟其穗分化及抽穗。光周期还对幼穗分化后的穗发育过程有抑制延迟作用，影响大小因品种而异，以对早稻、籼稻的影响最弱，对晚稻、粳稻的影响最强，与其穗分化中的感光性有明显的相关性。除对抽穗期有影响外，穗发育阶段的长日光周期还影响着穗发育的其他性状，如使穗长增加，芒较长、稳粒密度降低，花粉育性降低，结实率下降。此外，植株发育的其他性状也可受到影响，如剑叶发育不良表现为叶片缺少仅有叶鞘、倒二叶生长旺盛、植株较高等。同时，几组不同组合的光周期处理结果均表明，长日光周期对水稻穗发育的影响主要发生在穗发育的前 5～10 d，即颖花原基分化期、雌雄蕊原基分化期至花粉母细胞形成期。这些结果表明，水稻的光周期反应不仅表现在茎端从营养生长向生殖生长的转换上（幼穗分化），而且还表现在幼穗分化完成后的穗发育过程中。长日光周期对晚稻穗发育均有抑制效应，且日长对稳发育的影响时期与光敏核不育水稻的"育性转换敏感期"完全一致。因此，在农垦 58S 中引起光敏不育的原因很可能不是一种特殊的光周期反应，而是该材料雄性器官发生过程不能对长日光周期做出适当的反应。对 24 种不同品种水稻的光周期反应表明，不同材料光周期反应特性不同。光敏不育系农垦 58S 与农垦 58 在对长日照的反应上也有较大不同，表现为前者在短日照下穗分化较快，在自然日照下抽穗较早。这表明除了育性不同外，农垦 58S 与农垦 58 在光周期反应特征上也有所不同，然而这种不同不是农垦 58S 表现光敏不育的主要原因。研究发现，光敏不育系农垦 58S 与其可育回复突变体农垦 58S（r）在抽穗期等光周期反应特征上相当一致，但在育性反应上却有较大不同，长日照下农垦 58S（r）表现为雄性可育，而农垦 58S 表现为雄性败育。根据上述几方面的比较，推测光敏不育的机制很可能在于农垦 58S 突变体其雄性器官发育对环境不利信号反应能力的变弱所致。在本研究中发现，温度对水稻穗发育的影响表现在两个方面：一方面是通过影响光周期反应强弱而起作用，例如，高温可加强短日照下的穗分化和发育过程，高温亦可加强长日照对穗分化发育的抑制作用；另一方面是直接对器官发生过程产生影响，如在对短日照下光敏不育系和常规稻不同温度条件下处理时的结实率比较分析发现，常规稻的结实率与其抽穗扬花期的平均温度呈显著负相关，而光敏核不育水稻的结实率虽与抽穗扬花期的温度有一定相关性，但更与穗发育期的平均温度呈显著负相关，二者在受温度影响的作用时期上有显著差异，因此，温度也可直接对雄性器官发育起作用。区分温度对光敏不育的两方面影响，同时，考虑到光敏不育机制更有可能在于光敏不育系农垦 58S 雄性器官发育对环境信号反应能力的变弱的假设，可以较好地理解农垦 58S "光敏不育"性状经杂交转育到对光周期弱感的籼稻中所出现的"温敏不育性"。核酸代谢抑制剂 5-FU、

2-TU 对 SD 下的幼穗分化有较强抑制作用，使幼穗分化被迟滞，而 2-BrDU 和蛋白质合成抑制剂 CHX、CL 对其影响较小。抑制剂处理也不能诱导 LD 下的穗分化。短日照下，5-FU 可对穗发育有强烈抑制作用，可使常规品种农垦 58 及光敏不育系农垦 58S 穗畸形，颖花减少并发育不良，穗长缩短，枝梗减少，花粉败育甚至无花粉，结实率显著降低，其有效作用时期为穗发育的二次枝梗分化期至雌雄蕊原基分化期，与长日照诱导农垦 58S 败育的作用时期也完全吻合，5-FU 对 SD 下穗发育的影响还可被核酸抑制剂的恢复剂乳清酸所部分恢复。其他代谢抑制剂如 2-TU、CHX、CL 等也可使农垦 58S 育性明显降低，而所有这些抑制剂对常规可育的农垦 58 及农垦 58S（r）的育性影响较小，表明它们与光敏不育系对抑制信号的反应能力有显著不同。长日照下 5-FU 对 LD 下的农垦 58S 的幼穗发育也有很强的抑制作用，使穗长缩短，颖数减少，但它还可使部分 LD 下处理植株抽穗期较 LD 对照明显提前，并可使农垦 58S 育性部分恢复而有结实，说明 5-FU 还可对 LD 的抑制作用有抑制，通过对 LD 抑制作用的抑制使 LD 下的育性转换有部分恢复。其他代谢抑制剂在穗发育前期处理 LD 下农垦 58S 叶片均可看到植株在抽穗期较 LD 下提前 5～8 d 的同时，其花粉育性有不同程度的提高，在高温长日照下甚至有一定程度的结实率，表明各种抑制剂均可对穗发育中的光周期作用产生影响。总之，本研究结果表明，短日植物水稻的光周期反应不仅存在于幼穗分化上，还存在于幼穗发育和花器官发生等发育过程中。幼穗发育的光周期效应表现为抽穗期、穗长、穗粒密度、结实率等多方面的变化，作用时期以穗发育早期的花器官发生阶段影响最大。作用强弱因品种不同而异，以粳稻和晚稻中作用较强。光敏不育突变的更主要变化可能在于农垦 58S 的雄性器官分化发育时对环境不利信号的反应能力变弱，导致其正常发育受阻，育性不能正常表达。温度在水稻穗发育上既可通过影响光周期反应而起作用，还可直接对穗器官发育产生影响而对育性表达起作用。此外，还发现农垦 58S 与农垦 58 不仅在雄性育性上有显著不同，而且其光周期反应特性也有较大的差异。抑制剂处理结果也支持光敏不育系农垦 58S 的雄性器官发生过程较农垦 58 更易受抑制剂影响而育性降低，而抑制剂对长日光周期抑制作用的部分解除，可以使其育性有一定程度的恢复，也表明光周期对雄性育性的影响最为显著。这些结果可以帮助更加全面地认识光敏不育水稻的基本特性，从而为进一步开展光敏不育的转育及应用研究提供可靠的科学依据。蔡俊迈等（1989）在人工气候室中，研究了 7 个不同类型水稻品种（系）的抽穗期对 16 h 长光照和 10 h 短光照的反应特性。结果表明：不论是早稻还是晚稻，籼稻还是粳稻，均存在明显的"长日促进期"，把水稻基本营养生长期分为长日亚期（BVP-Ⅰ）和短日亚期（BVP-Ⅱ）是合理的；长日照对不同品种有不同程度的抽穗阻滞效应；强感光的晚稻品种未观察到长日补偿期，在连续 16 h 长光照下未能进入幼穗分化。王明全等（1998）对稻属不同种部分中国普通野生稻的光周期反应进行了比较研究，结果表明供试材料在短日照下能提早抽穗，它们对短日诱导的敏感程度与染色体组有一定关系，AA 染色体组的稻种光周期反应呈明显的多样性；中国东乡、茉陵、江永、仁化普通野生稻短日性强弱不同，与地理分布有关，即分布纬度较高的类型感光性较弱。张晓东等（2004）研究了短日照对几种不同光反应型水稻生长发育的影响，以自然日照为对照，在塑料大棚内对比观察了4个不同光反应型水稻品种在生长发育的各阶段对短日照的反应特性。结果表明：早粳晚熟品种、中粳中熟品种在3～4叶龄短日照处理20～30 d开始对短日照有反应，主茎叶龄6～7叶时植株对日照长度最敏感，抽穗时间（由播种期到抽穗期的时间）较对照减少约26 d；晚熟品种对日照长度反应的时间晚。不同品种的主茎叶片数、株高与抽穗时间成正相关，且达极显著水平，但籼稻品种的相关系数最小。短日照对早粳晚熟品种辽5和中粳中熟品种冀粳8号的穗粒数和结实率的影响很大：在7叶龄5～10 d的短日照处理条件下，辽5的穗粒数和结实率与对照相差最小；冀粳8号最适宜的短日照处理分别为7叶龄10 h短日照处理5～10 d，中粳晚熟品种冀糯1号在7叶龄15 d的短日照处理条件下，短日照对其穗粒数和结实率的影响最小；6叶龄20 d短日照处理对籼稻品种南农大的穗粒数和结实率的影响最小。

张玛利（2006）以10 h、11 h、12 h、13 h、14及15 h 6种不同日长进行处理，探讨了对9个水稻栽培品种抽穗日数及其他农艺性状的影响。结果发现第一期作9个水稻品种的抽穗日数均以日长12 h处理为最短，日长低于或高于12 h，其抽穗日数均有增加的趋势，尤以长日条件下增加的日数更为显著；第二期作试验结果显示，9个水稻品种的抽穗日数则以日长10 h处理为最短，抽穗日数是随着日长增加而增加，显示9个水稻品种在不同期作的最适日长会有所差异。除了第二期作穗实率及千粒重之外，两期作的产量构成因素均以日长15 h处理较佳，显示在长日环境下水稻产量有增加趋势。另外，水稻的总叶数方面，两期作结果均显示，长日环境下9个参试品种均较短日环境下为多。李小敏（2024）通过收集永新县2001—2023年逐月日照时数资料及2011—2023年当地水稻不同生育期、产量和种植面积资料，分析当地气候变化对水稻种植的影响，发现永新县的日照时数与水稻播种期、出苗期、移栽期、分蘖期和抽穗期间呈现出负相关关系。其中，日照时数与出苗期和移栽期间通过了 $P<0.01$ 的显著性水平检验，说明随着日照时数的增加，水稻出苗期和移栽期会推迟；而日照时数与水稻播种期和分蘖期间通过了 $P<0.05$ 的显著性水平检验，说明日照时数与水稻播种期和分蘖期间的负相关关系显著；日照时数与水稻成熟期和亩产间呈现出正相关关系，只是未通过显著性水平检验；日照时数与水稻播种面积间呈现出负相关关系，未通过显著性水平检验。尹新芳（2022）以深两优5814、C两优651、C两优87、兆优5455、谷优明占、隆两优华占为试验材料，分析了日照时数对水稻产量及糙米重金属含量的影响。结果表明，日照时数与产量呈极显著正相关（$P<0.01$）；糙米镉、砷、汞、铅含量与日照时数呈极显著正相关（$P<0.01$），铬含量与日照时数呈极显著负相关（$P<0.01$）。综合分析，日照时数的增加有利于水稻产量的提高，但会提高糙米重金属镉、砷的含量。邹芷潇（2022）利用 Lasso 回归分析建立了生长季（5—9月）的平均日照时数与水稻产量的关系，得到各因素的标准化 Lasso 影响系数，发现生长季平均日照时数的标准化 Lasso 影响系数主要集中在正值部分。生长季平均日照时数对水稻产量有正向影响，生长季平均日照时数的增加使得水稻光合生产能力升高，从而影响结实率和千粒重，有利于提高水稻产量。将标准化 Lasso 影响系数转换为 Lasso 影

响系数,得到三江平原各市 Lasso 影响系数,鸡西受生长季平均日照时数的影响最大,生长季平均日照时数每增加 1 h,鸡西市水稻年产量增加 9.226 万 t,有可能因为鸡西有较好的水热条件,生长季日照时长的增加更有利于水稻的生长。

3. 温光因子的综合影响

水稻生长环境内的温光因子对水稻是否能够达到高产稳产的目标具有决定性的作用。有很多研究表明,不同的温光条件变化对水稻的生长发育带来了不同的影响。张文绪(1987)设计了 3 种温度和 4 种日长共 12 种温光互作处理对 21 个不同类型的水稻品种的反应特性进行了研究。观察到了早中稻品种在不同的温光互作下,生育期发生了变化,但对温光感应的强度无明显影响,而晚稻品种则不仅生育期变化,感光性和感温性的强度亦发生了显著变化,即随温度降低感光性增强,随日长加长,感温性增强,根据平均每生长一叶片需要的积温与光温关系的研究,发现两种基本类型,即长日低温生长节能型和短日高温生长节能型,早中稻多属前者,晚稻多属后者。解文孝等(2008)应用典型相关的分析方法,在大田生产条件下,通过对水稻不同生育时期的光温因子与产量构成因素及产量性状和品质性状的分析,发现在温光因子中,移栽期—始穗期日照、始穗期—成熟期积温对水稻的产量性状和品质性状的影响较大;在产量性状中,每穴穗数和结实率是受环境影响较大的性状;在品质性状中,蛋白质含量、垩白粒率、长宽比是受环境影响较大的性状。同时,灌浆结实期高温导致水稻结实率明显下降、千粒重略有提高,蛋白质含量、垩白粒率、长宽比受环境影响最大。池再香等(2007)研究了不同海拔高度的光温因子对超级稻陆两优 106 产量的影响,2005—2006 年分别用超级稻陆两优 106 在海拔 618 m 的天柱县和海拔 1 307 m 的雷山县进行大田示范种植。结果表明:随着海拔高度的升高,日平均温度降低,陆两优 106 生育期所需的积温、光照增多,生育期延长;分蘖速度慢,有效穗数、株高、穗长、成穗率、穗粒总(实)数、结实率以及千粒重减少,产量随着海拔高度的升高而降低。陈恩谦(2007)对不同类型水稻品种营养生长期的温光效应进行了研究,结果发现温光效应对不同类型的水稻品种营养生长期的长短变化均有显著影响。不同类型品种营养生长的光温组合存在着共同的趋势,即需要较低温度和较长的日照组合。粳稻需要 15℃ 以下积温和较长日照的组合,杂交水稻有长日高温互补的效应,籼型水稻需要 20℃ 左右积温和较长日照的组合。周鸿凯等(2009)用因子分析法对杂交水稻光温特性的因子进行了分析,对 52 个杂交水稻营养生长期、抽穗开花期和灌浆成熟期的光温因子指标进行分析评价杂交水稻的光温特性。研究认为,在杂交水稻的全生育期中,光温因子对杂交水稻生长发育影响最大的生育期是营养生长期,其次是灌浆成熟期,杂交水稻主要性状的表现型优劣与杂交组合的光温型没有必然关系。李林等(1989)研究,水稻灌浆前期平均气温高于 26℃,或低于 21℃,光照不足,会使多数品种稻米的精米率降低 1%~3%,整精米率减少 3%~10%,严重者达 10% 以上。稻米的直链淀粉含量和胶稠度随灌浆期平均气温的变化因品种而异,品种间对光强的反应亦不相同。糙米的蛋白质含量与平均气温的关系视不同年型而异,灌浆期太阳辐射强、多晴天、少雨、日较差大的年份,随平均温度的升高而增加,反之,则随温度的升高而减少,光强减弱,使杂交稻的蛋白质含量显著降低。樊一凡(2024)为明确豫南稻区籼稻高产优质的温光条件,采用大田试验,以3个籼稻品种(兆优5431、中浙优8号和Y两优90)为试验材料,连续2年研究不同播期[4月15日(T1)、4月30日(T2)、5月15日(T3)、5月30日(T4)和6月14日(T5)]下籼稻抽穗至成熟的积温、累积光照时间、累积光照强度和产量及稻米加工品质、外观品质、营养品质、蒸煮品质,并进行不同播期下温光因子对籼稻稻米品质影响的冗余分析(RDA),通过温光因子的解释率找出影响豫南稻区稻米品质的关键环境因子。结果表明,随着播期的推迟,3个籼稻品种的产量、加工品质和营养品质均呈先上升后下降的趋势,均表现为T2处理产量最高,加工品质、外观品质和蒸煮品质较好,T5处理产量和品质表现最差。其中,2019年T2处理产量较T5处理提高129.4%,整精米率提高32.1%,垩白度、垩白粒率分别降低69.8%、69.9%,直链淀粉含量降低13.7%;2020年T2处理产量较T5处理提高271.0%,整精米率提高83.9%,垩白度、垩白粒率分别降低85.2%、77.6%,直链淀粉含量降低19.2%。稻米蛋白质含量则是T3处理最高,2019年和2020年T3处理较T5处理分别提高13.6%和20.0%。T2与T3处理间各品质指标差异均不显著。2a产量均以T2处理下Y两优900最高,且其品质较好。3个品种抽穗到成熟阶段的积温、累积光照时间、累积光照强度均随着播期的推迟呈下降趋势,其中Y两优900的积温和累积光照时间下降幅度最大,兆优5431和中浙优8号下降幅度相当。RDA和解释率分析发现,水稻抽穗至成熟阶段的温光因子是造成稻米品质差异的主要环境因素,抽穗后10~20 d的累积光照时间是影响稻米品质的最主要生态因子。马义虎(2023)等通过开展播期试验发现,浙东南地区籼粳杂交稻甬优1540和杂交籼稻泰两优217的产量主要受齐穗-成熟期的温光资源调控,而品质与齐穗后20 d至成熟阶段的温光资源关系密切。王萌萌(2016)为研究水稻茎蘖增长阶段光温要素对茎蘖动态的影响,并验证现有茎蘖动态模拟模型中的光温影响方程,以籼型两系杂交稻陵两优268和两优培九为试验品种,进行了为期2年每年7个播期的大田试验。结果发现,受光温要素的共同作用,平均茎蘖增长速率和最大茎蘖密度均与光温要素呈显著正相关,表明光温要素不仅影响茎蘖增长速率,也影响实际最大群体茎蘖密度,这在构建的光温组合影响方程中得到了较好的反映。相较现有模型,替换后模型在茎蘖增长动态上的模拟误差总体减小,模拟的茎蘖增长速率和最大茎蘖密度与实际吻合较好。该研究提出的验证和改进光温影响方程的方法,对了解光温影响机制和完善群体茎蘖动态模拟模型具有一定的参考价值。

(二)其他因素的影响

在陕南盆地川道丘陵稻区,位于秦岭与巴山间,包括勉县、南郑区、汉台区、城固县、洋县、西乡县、石泉县、汉阴县、汉滨区9县(区)的汉江、月河及其支流沿岸的平坝丘陵地区,是陕西省水稻最集中的产区。年平均气温14~16℃,4—9月平均日较差8~10℃,年降水量770~880 mm,8月平均相对湿度78%~81%,年日照时数1 700~1 800 h,生长季200~216 d,年≥10℃积温4 400~5 000℃。气候优势是温度适宜籼稻生长，冰雹、霜冻等灾害性天气较少，日照少于陕北和关中稻区，但优于陕南其他稻区，是中国川陕盆地稻区日照最好的地区，有利于水稻高产稳产和品质的提高。不利因素是昼夜温差小，空气相对湿度较大，水稻生长后期阴雨天气较多，导致病虫为害较重，栽培管理不当易导致空秕率上升，收获时如晾晒不及时会造成霉烂现象。

在陕南浅山稻区，稻田主要分布在秦岭海拔 800 m 以下，巴山海拔 900 m 以下的浅山丘陵地带，河溪沿岸的山间沟坝，部分是低山梯田，包括勉县、南郑、汉台、城固、洋县、西乡、石泉、汉阴、汉滨 9 县（区）的浅山地带和宁强、略阳、佛坪、镇巴、紫阳、岚皋、平利、白河、旬阳、宁陕 10 县的大部分稻区。年平均气温 12.5～13.5℃，4—9月平均日较差 8～11℃，年降水量 710～1 200 mm，8月平均相对湿度 80%～82%，年日照时数 1 600～2 100 h，生长季 185～195 d，年≥10℃积温 3 800～4 000℃。气候优势是温差较大，利于干物质的积累，雨量充沛，水源充足。不利因素是由于山体互相遮挡和海拔较高，光照较差，温度偏低，空气相对湿度大。育秧期间易烂秧，大田期分蘖发生得慢，病虫害重，是陕西稻瘟病的重发区。

陕南秦巴中山区稻区包括陕南 3 市 27 个县的中山区，稻田分布在秦岭海拔 800 m 以上、巴山海拔 900 m 以上的中山区，稻田多在山间、谷底、小盆地或山顶台地。这些区域实行一年一熟的耕作制度，年平均气温 12℃左右，4—9月平均日较差 9～12℃，年降水量 900～1 200 mm，8月平均相对湿度 81%～85%，生长季 170 d（按粳稻计），年≥10℃积温 3 500℃以上。气候优势是温差较大，雨量充沛，作为粳稻种植区，热量资源比陕北稻区好。不利因素是山高、水冷、土凉、云雾重、阴雨天气多、空气相对湿度大。秋季不但降温早，而且波动性大。大田期分蘖发生得慢而少，稻瘟病、稻苞虫发生较重，甚至会发生稻瘟病防治不及时而造成大面积减产或绝收的现象。

陕北稻区属西北干燥单季稻作区，在陕西省水稻区划中划为陕北高原早中粳一熟区，包括延安、榆林两市的全部和渭北高原以北的韩城、合阳、澄城、白水、耀州、旬邑、彬州、长武等县的北部，共有 33 个县（市、区）。这些区域年平均气温 8～9.5℃，年平均日较差 11～14℃，年降水量 350～640 mm，年平均相对湿度 54%～61%，年日照时数 2 400～2 500 h，生长季 165～185 d。年≥100℃积温 2 800～3 400℃，属于高原气候，气候优势是日照充足，昼夜温差大，相对湿度小。该区水稻病虫害轻，光合作用强，干物质积累多，是陕西省其他稻区不具备的优势。不利的条件是生长季短，春季气温偏低，水稻育秧期间易受到寒流影响而发生冷害导致烂秧，秋季降温快。

关中稻区属华北半湿润单季稻作区，在陕西省水稻区划中分为关中平原中籼中粳两熟区。南部由秦岭北坡起，北部至韩城—耀州—彬州一线，包括关中 5 市的 37 个县（市、区），稻田主要分布在秦岭北坡脚下至渭河以南的平原。这些区域的年平均气温 13℃左右，年平均日较差 11～12℃，年降水量 600～700 mm，年日照时数 2 000～2 400 h，生长季 186～191 d。年≥10℃的积温 4 100～4 900℃。气候优势是日照充足，昼夜温差较大，相对湿度较小，这一优势仅次于陕北稻区而优于陕西省其他稻区。该区稻田立地条件好，水稻病虫害相对较轻，光合作用较强，干物质积累较多，同一水稻品种的综合品质优于陕南山区。不利因素是春季气温回升慢，波动性大，育秧期间易烂秧，生长中后期易缺水干旱而造成减产。

第二节　水稻的碳代谢

一、光合作用

（一）C_3循环

水稻是C_3植物，其光合作用的暗反应遵循C_3循环途径，即卡尔文循环，在叶肉细胞的叶绿体中进行，是一系列的酶促反应（图2-16）。

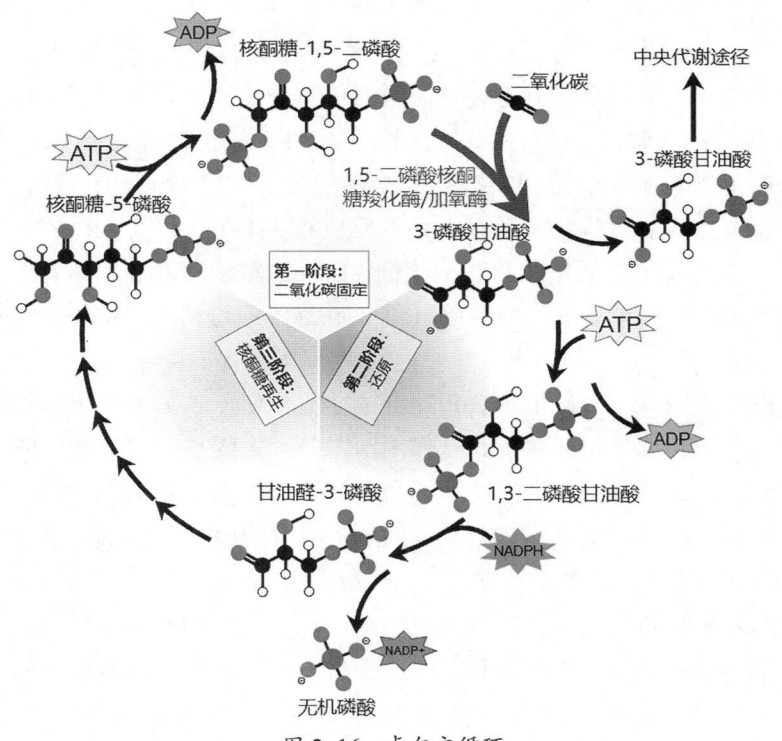

图2-16　卡尔文循环

卡尔文循环（Calvin cycle）是光合作用的一个重要过程，它发生在植物的叶绿体中，用于将二氧化碳（CO_2）转化为有机物，特别是葡萄糖。卡尔文循环以美国生物化学家Melvin Calvin的名字命名，他在20世纪50年代首次揭示了这个循环的反应机制。卡尔文循环可以分为3个主要阶段：CO_2固定、还原和核酮糖再生。下面逐一详细阐述这些阶段。

第一阶段：CO_2固定。碳固定是卡尔文循环的起始阶段。在这个阶段，二氧化碳被固定到一种五碳糖分子称为核酮糖－1,5－二磷酸（RuBP）。这个反应由RuBisCO（核酮糖-1,5-二磷酸羧化酶/氧化酶）催化。RuBisCO 催化的反应是 CO_2 与 RuBP 结合，形成一个六碳中间体，随后迅速分裂成两个分子，每个分子含有 3 个碳原子，称为 3-磷酸甘油酸（3-PGA）。

第二阶段：还原。在还原阶段，3-PGA 分子被还原和磷酸化，消耗了 ATP 和 NADPH，以产生高能的三碳糖磷酸化物。首先，3-PGA 分子被磷酸化，通过磷酸甘油激酶催化，生成 1,3-二磷酸甘油酸（1,3-BPGA）。这个磷酸化过程需要 ATP 的供应。接下来，1,3-BPGA 被 NADPH 还原，通过磷酸丙酮酸还原酶催化，形成磷酸丙酮酸（3-PGA）。在这个过程中，NADPH 被氧化成 $NADP^+$，同时一些 ADP 和磷酸（Pi）生成。

第三阶段：核酮糖再生。在再生阶段，3-PGA 分子被重组和再生为 RuBP，以便继续固定更多的 CO_2。这个阶段需要消耗额外的 ATP。具体来说，一部分 3-PGA 分子离开循环，进入一系列复杂的反应序列，最终通过磷酸化和糖合成过程再生为 RuBP。这个过程涉及多个酶催化的反应，并耗费了额外的 ATP。下面进一步探讨这个阶段的具体反应。一是磷酸化，离开循环的 3-PGA 分子首先被磷酸化，形成 1,3-二磷酸甘油酸（1,3-BPGA）。这个反应由磷酸甘油激酶催化，需要消耗一分子 ATP。二是 1,3-二磷酸甘油酸转化，接下来，1,3-BPGA 被一系列酶催化的反应转化为磷酸丙酮酸（3-PGA）。这个过程涉及磷酸丙酮酸还原酶的催化，同时 NADPH 被氧化为 $NADP^+$。三是糖合成，在糖合成过程中，通过一系列反应将 3-PGA 重组为 RuBP。这个过程涉及糖磷酸异构酶、磷酸化酮糖激酶、核酮糖-1,5-二磷酸酶等酶的催化。在这些反应中，ATP 被磷酸化酮糖激酶催化，生成 ADP，并最终通过磷酸化酮糖激酶的反应产生 RuBP。

通过再生阶段的反应，新的 RuBP 分子被合成，使卡尔文循环可以继续捕获和固定更多的 CO_2 分子，以进行连续的光合作用。需要注意的是，卡尔文循环中的 ATP 和 NADPH 是通过光合作用的光反应阶段产生的。在光反应中，光能被光合色素（如叶绿素）吸收，并驱动一系列电子传递反应，最终产生 ATP 和 NADPH。这些高能物质在卡尔文循环中被消耗，以提供能量和还原力来驱动化学反应。

卡尔文循环最终产生的主要糖类是三碳糖，特别是磷酸甘油酸（PGA）和磷酸丙糖（G3P）。这些糖类在光合作用过程中被合成，并在细胞中扮演着重要的角色。在卡尔文循环中，每转化 6 个 CO_2 分子，最终会合成出 1 个葡萄糖分子。这个过程中，6 个 CO_2 分子通过碳固定和还原阶段转化为 12 个 PGA 分子。其中，两个 PGA 分子通过一系列酶催化的反应被转化为一个 G3P 分子。这个 G3P 分子可以被用来合成葡萄糖或其他有机化合物。具体来说，在再生阶段，每个 G3P 分子中有一个被取出，用于合成葡萄糖或其他糖类。而其余的 G3P 分子则通过一系列反应参与再生过程，最终重组成核酮糖-1,5-二磷酸（RuBP），以维持卡尔文循环的连续进行。除了葡萄糖，卡尔文循环还可以合成其他糖类，如果 G3P 分子不被直接合成葡萄糖，而是通过进一步代谢反应转化为其他糖分子。例如多个 G3P 分子可以合成三磷酸葡萄糖（GTP），它是合成淀粉和纤维素等多糖的关键物质。此外，除了糖类的合成，卡尔文循环还通过供应有机酸和糖酮酸等中间产物参与细胞中其他代谢途径的运作。这些中间产物在细胞内可以被转化为氨基酸、脂肪酸和核酸等其他生物分子，以满足细胞的能量和合成需求。总之，卡尔文循环最终产生的主要糖类是 PGA 和 G3P，其中 G3P 可以被用来合成葡萄糖和其他糖类，为植物提供能量和有机物质，并参与其他代谢途径的运作。

（二）水稻光合作用的影响因素

1. 品种间差异

马钧等（2003）以 18 个不同重穗型籼稻品种为材料，研究了重穗型水稻的光合作用及物质运转。结果表明，重穗型水稻在齐穗后的剑叶净光合速率明显高于中、轻穗型品种。其机理是剑叶的 Rubiseo 酶活性提高及叶绿素含量增加，具有在高、低光强、高温和低 CO_2 浓度下对 CO_2 较强同化能力的优势，光合"午休"现象较轻，能保持较高的净光合速率，显示其对环境有较强的适应性；气孔性状优良、气孔开度积（单位面积气孔密度 × 气孔开度）大，也是重穗型水稻净光合速率高的重要气孔因素。重穗型水稻抽穗后物质积累的优势明显，且茎鞘物质向穗部的转运量、转运率和转化率也远高于中、轻穗型品种。刘怀年等（2007）对 117 份水稻种质资源不同生育期的测定，结果表明，始穗期至齐穗期光合速率比较稳定，可代表某品种的光合速率用于品种间比较；水稻品种间光合速率存在极显著差异。聚类结果将水稻品种划分为光合速率极高、高、中高、中低和低 5 个类群。刘茜等（2017）选取有代表性的 12 个水稻品种，研究分蘖期和灌浆期不同类型水稻间光合作用的差异。结果表明：在分蘖期籼稻与粳稻的净光合速率和气孔导度无显著差异，但常规稻大于杂交稻。杨旺兴等（2017）探讨水稻种质资源的光合特性，并筛选出高光效水稻资源，为水稻种质资源遗传改良提供参考。对 58 份来自不同国家和地区的水稻种质资源的光合特性、水分利用效率及叶绿素相对含量进行比较及聚类分析。结果表明，不同稻种资源间的光合速率、气孔导度和蒸腾速率存在极显著差异，水分利用效率存在显著差异。何龙鑫等（2023）研究了不同水稻品种光合特性及叶绿素对臭氧浓度升高的响应差异，基于开放式 O_3 浓度增加系统（O_3-FACE），以 12 个水稻（*Oryza sativa* L.）品种（4 个杂交稻品种和 8 个常规稻品种）为供试材料，设置两个 O_3 处理（A-O_3：环境大气；E-O_3：1.5 倍环境 O_3 浓度），分别在灌浆前期和灌浆中期测定供试水稻的叶片光合特性及叶绿素含量。结果表明：在灌浆前期和灌浆中期，O_3 浓度升高使杂交稻的饱和光合速率（A_{sat}）分别平均下降 15.1% 和 26.8%，气孔导度（gs）分别平均下降 9.2% 和 27.4%，常规稻的 A_{sat} 分别平均下降 8.7% 和 20.4%，gs 分别平均下降 20.2% 和 13.1%。两个时期水稻的 A_{sat} 和 gs 下降的同时，大部分品种的叶片胞间 CO_2 浓度（C_i）几乎维持不变，但电子传递效率（ETR）发生不同程度的变化，这说明 O_3 浓度升高对不同水稻品种影响的差异主要是由于 ETR、叶肉细胞同化能力等非气孔因素的限制。由于 O_3 浓度升高的累积效应，大部分供试水稻品种的叶绿素总量在灌浆中期才出现明显下降，瞬时水分利用效率（WUE）由灌浆前期上升变为灌浆中期下降。研究表明，O_3 浓度升高下不同水稻品种间的光合作用响应存在显著差异，且杂交稻比常规稻响应更敏感，其中扬两优 6 号对 O_3 最敏感，淮稻 5 号和南粳 5055 的 O_3 耐受性较强。李霞等（2004）以亚种间两系组合培矮 64S/E32、培矮 64S/9311、X07S/紫徽 100 及三系杂交组合冈优 881、汕优 63 和中粳 9516 为材料，研究水稻不同生育期单株的叶面积和 2.25 m^2 小区的叶面积系数、不同叶层的光合速率和叶绿素含量、叶绿素荧光特性等的变化，分析上述水稻品种的群体冠层结构、截光特点以及不同叶层的光合生理特性。结果表明，参试的 6 个高产水稻品种（组合）的冠层结构均具有分层的特点，形成了分层的群体光合作用特性：上层为光合速率限制区、中层为光能截获限制区、下层为光合速率和光能截获双限区。但与汕优 63 相比，除培矮 64S/E32 的株型显著改善，类似于粳稻的冠层结构外，其他两系或三系杂交稻的冠层结构改善不大。毛伟华等（1999）以两个不同产量性状的水稻品种（*Oryza sativa* L.indica）为材料，研究高产水稻品种的高光合机理。结果表明：在剑叶生育过程中，高产水稻品种浙农 952 的光合速率始终高于浙农 966；Rubisco 初始活力、总活力、Rubisco 含量和光合速率均显著相关；除最大值外，浙农 952 的 Rubisco 的初始活力、总活力均高于浙农 966；但浙农 952 的 Rubisco 含量在剑叶发育前期明显低于浙农 966，后期则因浙农 952 降幅较慢而高于浙农 966。因此推测品种间 Rubisco 确实存在着差异；Rubisco 含量并非为光合速率的唯一限制因子，而是与 Rubisco 活力共同限制着光合速度，进而影响水稻产量。闫小红等（2013）研究了 4 种水稻品种的光合光响应曲线及其模型拟合，应用 4 种典型的光响应模型对 4 个水稻品种 02428、淦鑫 688、JR8892-1 和 JR8892-2 叶片的光合光响应曲线进行了拟合。结果发现，不同水稻品种的光合特性，JR8892-1 饱和光强与最大净光合速率明显高于高光效品种 02428；处于分蘖盛期的 JR8892-2 也表现出较高的饱和光强和最大净光合速率，而超级稻淦鑫 688 相对于其他品种，则具有较低的暗呼吸速率，光合产物消耗少。寇洪萍等（2004）以不同株型水稻品种为材料，研究了其籽粒形成期剑叶与倒二叶的光合能力及其对二氧化碳和光强的适应能力。结果表明，品种间叶片的光合能力有差异，沈农 8718、沈农 8714、辽粳 454 与辽粳 294 的叶片光合速率均高于其他品种；高气孔导度或高同化能力均可能使品种具有高光合能力。光合速率随外界二氧化碳浓度的增加先增后减，随光强度的增强而上升，且光合能力强的品种（辽粳 454）在光强 2 000 μmol/(m^2·s) 以下未发现有光饱和现象。高光合速率品种具有较低的二氧化碳补偿点（沈农 8718 为 50.54 μmol/mol）和较低的光补偿点（辽粳 454 为 13.40 μmol/mol，不同光强及二氧化碳浓度下，气孔导度并不是影响光合作用的主要原因。卓伟等（2010）比较分析了水稻不同籼粳分化类型材料在抽穗期和成熟期的净光合速率、水分蒸腾速率、气孔导度等反映光合作用特性的性状指标。研究基于分子聚类结果选出 8 个育成恢复系，与生产上大面积推广应用的 8 个水稻不育系，按不完全双列杂交设计（8×8）组配成一套包括亲本和 F_1 代在内的 2 个世代遗传材料，采用加性）显性遗传模型（AD 模型）系统分析了不同类型材料光合特性表现的遗传效应及与产量性状间的遗传相关性。结果表明：不同籼粳分化类型品种的光合生理特性存在差异，籼型品种在齐穗期光合速率较高，成熟期光合作用明显减弱；粳型品种在成熟期仍然保持一定的光合作用，光合功能期较长。不同分化类型的恢复系亲本及所配组合 F_1 产量和主要光合特性的性状指标的表型值存在较大差异，受基因加性和显性效应的影响。主要光合特性的遗传率分析表明，除成熟期的水分利用率不显著外，其余光合特性指标均达到显著或极显著差异水平。吕军等（2007）为明确不同穗型粳稻产量形成的物质来源，研究了不同穗型粳稻的光合作用与物质生产特性。以27个粳稻品种或品系为试材，对光合特性和干物质生产、分配及其与产量的关系进行了研究。结果表明，齐穗期、灌浆期直立和半直立穗型品种的剑叶和倒2叶净光合速率高于弯穗型品种。齐穗期直立和半直立穗型品种的剑叶和倒2叶气孔导度大于弯穗型品种，但灌浆期各类品种气孔导度的差异变小。灌浆期细胞间隙 CO_2 浓度比齐穗期有所增高，其中弯穗型品种增高幅度较大。齐穗期和成熟期细胞间隙 CO_2 浓度与产量呈显著正相关。说明直立和半直立穗品种由于具有较强的光合效率和物质转运能力，干物质分配到穗部的比例较大，产量较高。刘建丰等（2005）研究了超高产杂交稻的光合特性，对7个冠层形态性状具有一定差异但又具有较高产量水平的杂交稻组合与对照组合汕优63的光合形态生理特性进行了比较。结果表明：比对照显著增产的4个组合具有以下光合作用优势，在每穗粒数增加、库容扩大的基础上，剑叶长度增加、叶角较小，冠层各部光的分布比较均匀（消光系数小）；在孕穗末期、抽穗后10 d 和抽穗后30 d 的光饱和光合速率及抽穗后10 d 的群体光合速率比对照都有不同程度增加；抽穗前茎鞘中能积累较多的光合产物并能有效运转至籽粒。王强等（2000）研究了超高产杂交稻的光合特性，比较了超高产杂交稻（Oryza sativa L.）X07S/紫恢100和两优培九与多年来大面积推广的杂交稻汕优63的光合功能和抗光胁迫能力。结果表明，超高产杂交稻 X07S/紫恢100和两优培九的净光合速率（Pn）分别比汕优63高9.1%和11.9%，而其蒸腾速率（Tr）分别比汕优63低37.46%和31.42%，此外，其水分利用效率（WUE）分别比汕优63高出74.2%和63.5%；经强光处理2 h 之后，X07S/紫恢100和两优培九的光系统Ⅱ光化学量子效率分别上升28.3%和37.0%，荧光光化学淬灭系数分别升高46.2%和18.0%，而汕优63的这两项参数值却变化很小；同时，X07S/紫恢100和两优培九的非光化学淬灭系数均下降5%左右，而汕优63则上升近50%，表明超高产杂交稻较高的光合能力、水分利用效率以及较强的抗光抑制能力可能是其高产的生理基础。宋微为揭示不同穗型品种在寒地特殊气候条件下光合特性和光能利用率的差异，促进水稻高光效品种的选育和合理利用，以不同穗型水稻品种半直立穗型垦稻29、龙稻5号和弯穗型品种垦稻10号、垦稻12为试验材料，在黑龙江省特殊的寒地气候条件下，围绕两种穗型品种的光合特性及利用率进行研究。结果表明，半直立穗型品种在瞬时光合速率、光合速率高值持续期、叶面积和叶源量等方面均优于弯穗型品种。

2. 环境因素的影响

既有自然因素的影响，也有人为因素的影响。陈建明等（2003）介绍，稻株受白背飞虱为害后，感虫品种（TN1和汕优63）光合作用速率和叶绿素含量下降率比抗虫品种（N22）明显；汕优63和N22品种的二磷酸核酮糖（RuBP）羧化酶的含量和活力均增加，TN1 品种在为害 5 d 时 RuBP 羧化酶的含量和活力明显增加，而在为害 10 d 时显著下降；感虫品种受害后叶片光合产物滞留比抗虫品种多，即感虫品种光合产物向叶鞘、茎、分蘖和根等部位的转移量少于抗虫品种。陈明霞等（2011）以杂交水稻的两个品种为试验材料，研究两种光强和 4 个氮水平对水稻苗期根系特征及碳代谢的影响。结果表明，强光条件下随氮水平的增加，两个品种光照条件下的总根长、根数、根表面积、根体积、根干重、冠部干重和总干重均呈先升后降趋势，遮光条件下，两优培九与光照变化趋势一致，汕优 63 逐渐降低；两个品种在两种光照条件下的株高、叶绿素含量和光合速率均基本呈现先升高后降低趋势，只有汕优 63 在遮光条件下的株高、在光照时的叶绿素含量缓慢升高，而分蘖数逐渐增加；光照下，碳代谢的中间产物可溶性糖和可溶性淀粉除两优培九淀粉含量先降后升外其余呈逐渐降低的趋势，遮光时，可溶性糖和可溶性淀粉含量除两优培九淀粉含量逐渐降低外其余则先降低后升。除株高外，光照下所有指标都比遮光时高。徐晨等（2013）曾用 2 个耐盐水稻品种和 2 个盐敏感型水稻品种为材料，研究盐胁迫对水稻植株生物量积累、光合特性等生理特性的影响。结果表明，在盐胁迫条件下，耐盐水稻品种和盐敏感型水稻品种地上和根系的干鲜质量均呈下降趋势，其中，以盐敏感型水稻品种的地上部鲜质量与根系干质量的下降最为显著。盐胁迫条件下，水稻叶片的净光合速率、气孔导度、蒸腾作用和表观叶肉导度均呈不同程度的下降趋势。其中，耐盐水稻品种 P、G、T 和 P/G 的下降均低于盐敏感型水稻品种。同时，耐盐品种水分利用效率也高于盐敏感型品种。盐胁迫条件下，耐盐水稻品种和盐敏感型水稻品种的胞间二氧化碳浓度变化并不明显，气孔限制百分率均较低，品种间差异也不显著，而表观叶肉导度显著下降。由此推测盐胁迫条件下净光合速率的下降并非因为气孔的限制，而与 RuBPCase 活性的下降有关。盐胁迫条件下水稻叶片和根系的渗透性调节物质脯氨酸、总氨基酸和可溶性糖含量上升，其中以可溶性糖含量上升最为显著（$P < 0.01$）。盐胁迫下叶片保护酶 SOD、POD 和 CAT 活性增强，膜透性增强，丙二醛含量增加，同时，根系活力下降。李绪孟等（2014）根据水稻群体冠层结构的特点，在虚拟切层法的基础上建立了水稻群体冠层光分布及光合速率模型，模型包括冠层形态子模型、冠层光分布子模型和冠层光合速率子模型等。利用本模型，对设定的几种水稻株型的光合速率进行了模拟计算，获得水稻最佳株型模型。结果表明，水稻群体光合速率与叶片数、叶含氮量、叶长、叶宽和叶倾角等因素密切相关；最佳株型的上述因素在冠层上部取值大，向下逐渐变小。王志军等（2016）为明确膜下滴灌和淹灌两种栽培模式对水稻光合生理及产量构成因素的影响，对 4 个水稻品系齐穗期剑叶的光合色素含量、光-CO_2 响应曲线、叶绿素荧光参数、保护酶活性、渗透调节物质等光合生理指标，以及成熟期产量构成要素进行了分析。结果表明：膜下滴灌模式下，4 个参试材料的光合色素含量均低于淹灌，但差异均不显著；光合及光-CO_2 响应曲线分析表明，光合速率、气孔导度、饱和光强和饱和 CO_2 浓度下的最大净光合速率、光饱和点及羧化效率均低于淹灌，胞间 CO_2 浓度、光补偿点、CO_2 补偿点、光呼吸速率、表观量子效率、暗呼吸速率等指标总体上高于淹灌，大部分指标差异显著；叶绿素荧光参数研究表明，实际光化学量子效

率、光化学淬灭系数和光系统最大光化学量子产量高于淹灌，电子传递速率、暗适应下最小荧光及最大荧光低于淹灌，非光化学淬灭系数在两种栽培模式下差异不大；可溶性蛋白含量和可溶性糖含量总体上低于淹灌，丙二醛含量总体上高于淹灌；超氧化物歧化酶活性总体上高于淹灌，过氧化氢酶和过氧化物酶活性差异不大；株高、分蘖数、穗长、穗粒数、千粒重、有效穗数、产量等性状总体上低于淹灌，结实率和二级枝梗数差异不大。膜下滴灌水稻大部分光合生理指标以及产量构成因素均低于淹灌，可能遭受轻度水分胁迫，这也可能是膜下滴灌水稻产量进一步提高的主要限制因素。王志军等（2017）为明确膜下滴灌与常规水作栽培的光合生理差异，通过对膜下滴灌和淹灌2种栽培模式下，4个水稻品系在分蘖、孕穗、抽穗、乳熟、蜡熟期倒一叶的光合色素含量，光合 - 叶绿素荧光参数，抗氧化酶活性以及渗透调节物质含量等光合生理指标的测定分析，结果表明：滴灌模式下，4个参试材料在5个关键生育期的蒸腾速率、气孔导度、光合速率均低于淹灌，胞间 CO_2 浓度总体上略低于淹灌，大部分时期差异不显著（$P > 0.05$）；叶绿素荧光参数、光系统Ⅱ有效量子产量、最大荧光（Fm）、暗适应光系统Ⅱ最大量子产量、总体上低于淹灌，大部分时期差异不显著，最小荧光（Fo）高于淹灌，荧光淬灭系数在2种栽培模式下差异不大，叶绿素含量、类胡萝卜素含量、过氧化氢酶活性、过氧化物酶（POD）活性总体上低于淹灌，超氧化物歧化酶活性在2种栽培模式下差异不显著，丙二醛、脯氨酸含量总体上高于淹灌，可溶性蛋白含量总体上低于淹灌，可溶性糖含量差异不显著，水稻膜下滴灌栽培整个生育期均无水层覆盖，可能受到水分胁迫，导致其整个生育期大部分光合生理指标均低于淹灌。吴思佳等（2021）研究了抽穗期高温对水稻叶片光合特性、叶绿素荧光特性和产量构成因素的影响，选用水稻品种盐两优1618和内5优8015为材料，利用人工气候箱，研究抽穗期不同温度40℃/35℃处理对水稻叶片光合特性、叶绿素荧光特性及产量构成因素的影响。结果显示：与 T_0 处理相比，高温处理分别使盐两优1618的净光合速率和胞间 CO_2 浓度显著下降31.05%和54.26%（$P < 0.05$）；内5优8015的胞间 CO_2 浓度显著下降62.61%，蒸腾速率显著增加104.55%；其他光合参数未发生显著变化；高温处理后，内5优8015的净光合速率显著高于盐两优1618。高温处理降低了盐两优1618和内5优8015各相位的荧光强度，延迟了2个品种的叶绿素荧光到达 P 峰的时间，同时降低了光化学效率、比活性和性能指数。高温处理显著降低了2个品种的实粒数和籽粒重，其中内5优8015的降低幅度较小。说明抽穗期高温在一定程度上能显著抑制水稻的光合参数，降低各相位的荧光强度，抑制光化学效率，并使水稻的穗重、实粒数和籽粒重下降。内5优8015的性能指数整体高于盐两优1618，其对高温的抗性强于盐两优1618。杨波等（2015）以水稻辽星1号幼苗为材料，进行水分（PEG6000浓度分别为0%、10%、15%、20%）和高温（35℃、40℃）双重胁迫处理，研究了水分和高温复合胁迫对水稻幼苗光合生理特性的影响，为探索调控植物光合生理措施、规避高温干旱复合逆境伤害提供理论依据。结果表明，轻度水分胁迫（PEG6000浓度为10%）下，35℃高温处理的水稻幼苗净光合速率、气孔导度、胞间 CO_2 浓度、总叶绿素含量、叶绿素 a/b、初始荧光产量、最大荧光产量和 PSⅡ最大光化学量子产量与对照相比无

显著变化；40℃高温处理的水稻幼苗在3种水分胁迫下，除F_o显著高于对照外，均显著低于对照，说明35℃高温处理水稻幼苗光合生理特性在轻度水分胁迫下未受到明显抑制，表现出对水分胁迫具有一定的适应性；随着胁迫温度的升高，40℃高温处理的水稻幼苗对水分胁迫的适应性显著下降，其光合生理特性受到明显抑制。王松研究了耐/感水稻品种光合作用对极端高温的反应，发现在极端高温下，光合作用下降，耐性品种比感性品种对高温适应时间更长、胁迫反应速度更为迟钝。42℃处理1 d，N22和SDWG005的净光合速率、气孔导度即明显高于绵恢101 11.1%、17.9%和40.7%、33.8%；胞间CO_2浓度、蒸腾速率分别高于绵恢101 9.1%、5.1%和10.7%、12.0%。差异均达显著水平（$P < 0.05$）。耐性品种光系统Ⅱ反应中心受害程度低于感性品种。42℃处理1 d，耐性品种N22、SDWG005的PSⅡ最大光化学量子产量、实际光化学量子产量、电子传递速率显著（$P < 0.05$）即高于耐性品种感性品种绵恢101。随着处理时间的延长，42℃处理7 d，耐性品种N22、SDWG005与感性品种绵恢101相比，仍能表现出较高的光合活性与光保护能力。水稻叶片Rubisco、RCA活性均明显降低。但耐性品种的光合关键酶（Rubisco、RCA）活性显著高于感性品种。42℃处理5 d，耐性品种N22和SDWG005的Rubisco酶活性分比绵恢101高48.9%和32.3%；RCA酶活性分别比绵恢101高28.0%和34.5%，差异均达显著水平（$P < 0.05$）。光合色素含量降低，耐性品种的光合色素含量高于感性品种。42℃处理5 d，耐性品种N22和SDWG005的叶绿素总含量显著高于感性品种绵恢101达16.0%和21.2%；类胡萝卜素含量显著高于感性品种绵恢101达8.2%和15.2%。高温处理30 d后，水稻干物质积累量与对照（31℃）相比，在38℃即显著降低（$P < 0.05$）。但耐性品种比感性品种具有更高的干物质生产。在42℃下，N22和SDWG005干物质积累量分别显著高于感性品种绵恢101 53.5%和27%。结果表明，耐性品种N22、SDWG005在极端高温下能保持比感性品种较稳定的光合速率和性能，进而获得更高的物质生产结果。从光合作用这一角度可以认为，水稻耐热的生理原因在于，高温下耐性品种具有更高的气孔导度、光合活性和热耗散能力以及光合关键酶活性和叶绿素、类胡萝卜素含量，可有效缓解高温产生的光抑制，减少光合系统的热损伤。朱婷等（2021）研究了水稻冠层不同高度光合有效辐射动态与叶片光合作用特性，在当前CO_2环境以及600 μmol/mol air的开顶箱中，测量水稻冠层离水田泥土45 cm和90 cm处光合有效辐射的变动以及叶片的动态光合速率，探讨高CO_2环境下光强变动与光合作用关系的潜在变化。结果表明：水稻冠层90 cm处的平均光强是45 cm处的3~4倍，但晴天光强的时间变异系数比45 cm处低55%~60%；上部叶片有更高的饱和光合速率以及照后CO_2固定，下部叶片有较高的低光光合速率；高CO_2开顶箱冠层内部的光衰减百分比倾向于增大，上、下叶片的光合能力差异增大。因此，冠层不同高度的光环境可能同时影响叶片的稳定态和动态光合特性，高CO_2可能加大由不同冠层光环境差异造成的光合特性差异。蔡颖等（2021）研究了高CO_2浓度对不同氮素供给形态下水稻叶片光合作用的影响，以粳稻（武运粳23号和淮稻5号）、籼稻（扬稻6号）和杂交稻（Y-两优6号）为试验材料，设置主

处理：大气［CO_2］和高［CO_2］处理（+200 μmol/mol），副处理：硝态氮和铵态氮处理，测定水稻新展开完全叶片的光合作用。结果表明，高［CO_2］会增加硝态氮处理下粳稻和杂交稻叶片的净光合速率（P_n）、铵态氮处理下粳稻武运粳23号叶片 P_n 以及各氮素供给形态下水稻叶片胞间［CO_2］（C_i）和水分利用效率（WUE），其中，在硝态氮处理下 P_n 和 WUE 的响应要高于铵态氮处理；高［CO_2］会降低水稻叶片的气孔导度（g_s）和蒸腾速率（T_r），其中，在硝态氮处理下粳稻 g_s 和 T_r 的响应要高于籼稻，而在铵态氮处理下高［CO_2］对杂交稻 g_s 和 T_r 的影响要高于粳稻和籼稻。可见，不同的氮素供给形态会影响水稻叶片的光合作用对高［CO_2］的响应，且这种影响在水稻品种间存在很大差异。康楷等（2020）开展了垄作双深与株行配置对水稻光合作用、产量及穗部性状影响的研究。选用水稻品种齐粳10号，采用二因素随机区组试验设计，设置垄作双深和常规平作2种耕作模式、4个株行配置，共8个处理。结果表明：与常规平作相比，垄作双深处理的穗重和一次枝梗数分别显著增加7.88%和7.00%，灌浆期净光合速率、蒸腾速率、胞间 CO_2 浓度和气孔导度分别显著增加9.33%、14.81%、11.46%和27.09%。株行配置方面，株距15 cm 处理的穴穗重均极显著高于株距12 cm 处理，穗长随着株行距的减小而减小，株行距为12 cm×（17～33）cm 处理的穗数最大，平均显著高于其他株行配置12.87%。垄作双深与株行距为12 cm×（17～33）cm 互作处理产量最高（10 239.12 kg/hm^2），显著高于其他处理。陈少愚等（2016）以少蘖型水稻（*Oryza sativa* L.）品种为研究对象，选择人工撒播播种方式，设置了2 kg/亩（Z1）、3kg/亩（Z2）和4 kg/亩（Z3）3种不同的播种量，研究了不同播种量对水稻群体光合作用的影响。结果表明，分蘖数随播种量增加而递减。光合作用方面，在孕穗期，随着播种量增加，高密度群体净光合速率显著降低，Z3和Z2处理比对照Z1分别减少34.08%和9.44%；在齐穗期，高密度群体Z3和Z2处理净光合速率显著低于对照Z1，Z3和Z2分别比Z1降低9.50%和6.70%，表明高密群体具有较强的自身调节能力。谷晓平等（2017）为探明不同栽培方式下水稻的光合特性及产量，以水稻品种宜香优1108为试验材料，对旱育秧/地膜覆盖栽培、旱育秧/宽窄行栽培、湿润育秧/地膜覆盖栽培和湿润育秧/宽窄行栽培等4种不同栽培方式的水稻的生育期、叶面积指数、净光合速率、蒸腾速率、气孔导度、胞间 CO_2 浓度和产量结构等方面进行系统比较研究。结果表明：水稻全生育期155～159 d，不同处理水稻的生育进程没有明显差异；旱育秧/地膜覆盖栽培、湿润育秧/地膜覆盖栽培各生育期的叶面积指数表现出较好的水平，有利于叶片的生长；水稻拔节期的净光合速率达到峰值，抽穗期光响应曲线与拔节期的趋势基本一致，气孔导度和蒸腾速率的变化趋势与净光合速率基本一致，胞间 CO_2 浓度随着光合有效辐射的增加逐渐减小，达到一定数值后，趋于平缓。旱育秧、覆膜移栽水稻的产量要比湿润育秧、宽窄行移栽的水稻高，旱育秧/地膜覆盖栽培的实际产量最高为7 845.9 kg/hm^2，与旱育秧/宽窄行栽培相比，增产14.31%。说明不同栽培方式水稻的光合特性有各自的特征，对于极易发生夏伏旱的贵州山区来说，旱育秧/地膜覆盖栽培是最好的栽培方式，其次是湿润育秧/地膜覆盖栽培。唐海明等

(2015)研究了水稻不同栽培方式对水稻光合生理特性、粒叶比及产量的影响,以常规稻和杂交稻为材料,对塑料软盘育秧抛栽、手插和机插3种栽培方式水稻的光合生理特性、粒叶比和产量进行系统的比较研究。结果表明:抛栽和手插水稻叶片的叶绿素含量(SPAD值)在分蘖期、齐穗期和灌浆期均显著高于机插,但各栽培方式间在成熟期无显著差异。叶面积指数(Leaf area index,LAI)在水稻主要生育期表现为:抛栽>手插>机插。手插早稻的颖花数/叶面积、实粒数/叶面积和粒重/叶面积分别比机插平均增加17.7%、20.6%和10.0%,抛栽晚稻分别比机插平均增加29.1%、37.3%和12.1%。分蘖期、齐穗期和灌浆期,不同栽培方式水稻叶片光合速率大小顺序为抛栽>手插>机插。分蘖期和齐穗期,水稻叶片气孔导度大小顺序为抛栽>手插>机插;成熟期,则表现为手插>机插>抛栽。水稻各个生育期,叶片蒸腾速率表现为抛栽>手插>机插,但各栽培方式间均无显著性差异。说明不同栽培方式水稻光合生理特性有各自特征,与机插相比,抛栽和手插处理提高水稻粒叶比,改善源库关系,有利于改善水稻群体质量和产量构成因素,增加水稻产量。

(三)水稻的光饱和点和补偿点

水稻的光饱和点和补偿点是水稻生理生态学中的两个重要概念,用于描述水稻对光照的响应和光合作用的效率。下面将详细介绍水稻的光饱和点和补偿点。

1. 光饱和点

是指水稻所需的光照强度,使其光合作用速率达到最大值,此后再增加光照强度,光合作用速率不再增加或增加幅度很小。光饱和点是水稻生长和光合作用效率的关键指标之一。光饱和点受到多种因素的影响,包括水稻品种、光质、环境温度、水分和营养状况等;不同水稻品种对光照的需求不同,其光饱和点也会有所差异;不同光质对水稻的光合作用速率有不同的影响,红光和蓝光对光合作用的促进作用较大;高温会降低光饱和点,而低温则会提高光饱和点;充足的水分和适宜的营养供应可以提高光饱和点。常用的测定光饱和点的方法是测定光合速率与光照强度间的关系曲线。在实验室或田间条件下,将水稻植株暴露在不同光照强度下,测定其净光合速率(或光合产物的累积量)并绘制光合速率—光照强度曲线。光饱和点即为曲线上光合速率达到最大值的光照强度。

2. 光补偿点

是指水稻光合作用速率与呼吸速率相等的光照强度,也可理解为光合作用产物的消耗与光合作用速率相等的光照强度。补偿点反映了水稻的养分和能量平衡状态,是评价光合作用效率和生长状态的重要指标之一。光补偿点也受到多种因素的影响,主要包括品种、环境温度、水分和营养状况;不同水稻品种对光照的需求不同,其补偿点也会有所差异;高温会提高水稻的呼吸速率,导致补偿点的增加;充足的水分和适宜的营养供应可以降低水稻的呼吸速率,从而降低补偿点。常用的测定补偿点的方法是测定水稻的净光合速率和呼吸速率,并绘制净光合速率—光照强度曲线和呼吸速率–光照强度曲线。补偿点即为这两条曲线相交的光照强度。光饱和点和补偿点是两个重要的光合作用指标,它们之间的关系反映了水稻的生长和养分利用效率。当光饱和点大于补偿点时,水稻在较低的光照强度下就能达到光合作用的最大速率,表明光照是水稻生长的限制因素之一。在这种情况下,提高光照强度可以增加水稻的光合作用速率和生长效果。当光饱和点等于补偿点时,水稻在较高的光照强度下才能达到光合作用的最大速率,表明其他因素如水分、养分等可能成为水稻生长的限制因素。在这种情况下,提高光照强度对水稻的光合作用和生长效果影响不大,需要关注其他生长因素的优化。当光饱和点小于补偿点时,水稻在较高的光照强度下仍然无法达到光合作用的最大速率,表明光照并不是限制水稻生长的主要因素。在这种情况下,提高光照强度对水稻的光合作用和生长效果影响较小,需要关注其他生长因素的优化。

综上所述,光饱和点和补偿点这两个指标对于评估水稻的生长状态、光合作用效率以及养分利用效率具有重要意义。通过研究和确定水稻的光饱和点和补偿点,可以优化水稻的种植管理和光照控制策略,以提高光合作用效率和生产力。在实际生产中,根据具体的水稻品种和生态条件,可以进行光照调控,以维持光照在光饱和点以上,确保光合作用速率达到最大值。同时,也要注意光照强度不要超过补偿点,以避免过多的光合产物消耗和能量浪费。此外,除了光饱和点和补偿点外,还有其他相关的光合作用参数需要考虑,如光补偿点、CO_2 补偿点等,它们也对水稻的光合作用效率和生长发育起着重要作用。因此,在实际研究和生产中,需要综合考虑各个参数的相互关系,以全面评估水稻的光合作用能力和适应能力。总之,水稻的光饱和点和补偿点是研究水稻光合作用和生长发育的重要指标,通过对其进行研究和应用,可以优化水稻的光照管理,提高光合作用效率和产量。这对于农业生产的可持续发展和粮食安全具有重要意义。

二、呼吸作用

(一)糖酵解

糖酵解是把葡萄糖($C_6H_{12}O_6$)转化成丙酮酸($CH_3COCOO^- + H^+$)的代谢途径。在这个过程中所释放的自由能被用于形成高能量化合物三磷酸腺苷(ATP)和还原形式的烟酰胺腺嘌呤二核苷酸(NADH)。糖酵解作用是生物细胞糖代谢过程的第一步,糖酵解作用是一共有10个步骤酶促反应的确测序列。在该过程中,1分子葡萄糖会经过10步酶促反应转变成两分子丙酮酸(严格地说,应该是丙酮酸盐,即是丙酮酸的阴离子形式)。糖酵解作用发生在大多数生物体中细胞的胞质溶胶中,最常见的和研究最彻底的糖酵解作用形式是双磷酸己糖降解途径(Embden–Meyerhof–Parnas 途径,简称 EMP 途径)。糖酵解作用也指其他途径,如脱氧酮糖酸途径(Entner–Doudoroff 途径)各种异型的和同型的发酵途径,糖酵解作用一词可以用来概括所有这些途径。但是,此处的讨论却是局限于双磷酸己糖降解途径(EMP 途径),下面将详细描述水稻的糖酵解过程。

整个糖酵解作用途径可以分成两个阶段：准备阶段，在其中 ATP 被消耗，因此，也被称为投入阶段；放能阶段，在其中 ATP 被生产。

糖酵解作用的总反应式：

$C_6H_{12}O_6 + 2\ NAD^+ + 2\ ADP + 2\ H_3PO_4 \rightarrow 2\ NADH + 2\ C_3H_4O_3 + 2\ ATP + 2\ H_2O + 2\ H^+$

1. 糖酵解的步骤

第一步：葡萄糖磷酸化为 6-磷酸葡萄糖。不同细胞类型中所含有的酶也不一样，在所有的细胞中，皆由己糖激酶进行催化。磷酸化过程消耗一分子 ATP，后面的过程证明，这是回报很丰厚的投资。细胞膜对葡萄糖通透，但对磷酸化产物 6-磷酸葡萄糖不通透，后者在细胞内积聚并继续反应，将反应平衡向有利于葡萄糖吸收的那一面推移。之后 6-磷酸葡萄糖会在磷酸己糖异构酶的催化下生成 6-磷酸果糖。（在此果糖也可通过磷酸化进入糖酵解作用途径）接着 6-磷酸果糖会在磷酸果糖激酶的作用下被一分子 ATP 磷酸化生成 1,6-二磷酸果糖，ATP 则变为 ADP。这里的能量消耗是值得的。首先此步反应使得糖酵解作用不可逆地继续进行下去，另外，两个磷酸基团可以进一步在醛缩酶的参与下分解为磷酸二羟丙酮和 3-磷酸甘油醛。磷酸二羟丙酮会在磷酸丙糖异构酶帮助下转化为 3-磷酸甘油醛。两分子 3-磷酸甘油醛会被 NAD$^+$ 和 3-磷酸甘油醛脱氢酶（GAPDH）氧化生成 1,3-二磷酸甘油酸。

第二步：1,3-二磷酸甘油酸转变为 3-磷酸甘油酸。此反应由磷酸甘油酸激酶催化，高能磷酸键由 1,3-二磷酸甘油酸转移到 ADP 上，生成两分子 ATP。在此，糖酵解作用能量盈亏平衡。两分子 ATP 消耗了又重新生成。ATP 的合成需要 ADP 作原料。如果细胞内 ATP 多（ADP 则会少），反应会在此步暂停，直到有足够的 ADP。这种反馈调节很重要，因为 ATP 就是不被使用，也会很快分解。反馈调节避免生产过量的 ATP，节省了能量。磷酸甘油酸变位酶推动 3-磷酸甘油酸生成 2-磷酸甘油酸，最终成为磷酸烯醇式丙酮酸。磷酸烯醇式丙酮酸是高能化合物。最后，在丙酮酸激酶的作用下磷酸烯醇式丙酮酸生成二分子 ATP 和丙酮酸。此步反应也受 ADP 调节。

2. 糖酵解的准备阶段

通常视前五步为准备（或投入）阶段，因为这些步骤消耗能量以将葡萄糖转变为两个丙糖磷酸，即甘油醛-3-磷酸和磷酸二羟丙酮。

糖酵解作用准备阶段的第一个步骤是将葡萄糖磷酸化，利用存于细胞内的己糖激酶所催化反应，其在胞内情况是不可逆的反应，将葡萄糖在 6 号碳处被 ATP 磷酸化，产生葡萄糖-6-磷酸。此步骤中的酶素与己糖分子结合，本身的构型发生改变，催化葡萄糖磷酸化，既然被命名为己糖激酶，代表其不仅仅催化右旋葡萄糖，而也具备催化其他六碳的糖类，像是右旋果糖以及右旋甘露糖磷酸化的功能，以不同的同工酶存在于不同的组织中（图 2-17）。

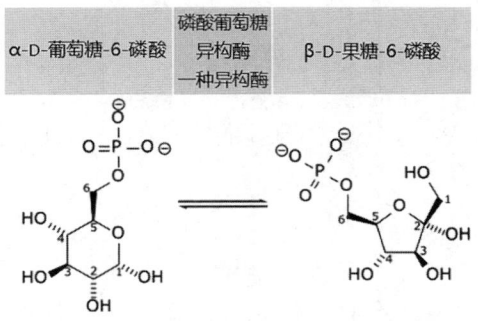

图 2-17 葡萄糖磷酸化

糖酵解作用第二个步骤为将葡萄糖 -6- 磷酸转化为果糖 -6- 磷酸，此步骤由磷酸葡萄糖异构酶所催化。此酶将前一步骤产物葡萄糖 -6- 磷酸的氧原子，由 1 号碳移至 2 号碳，将其异化为果糖 -6- 磷酸（F6P）。由于自由能变化小，因此，反应可往两侧进行，而此异构酶亦需镁离子，且对葡萄糖 -6- 磷酸及果糖 -6- 磷酸有专一性，由于产物 F6P 不断被下一阶段消耗，造成 F6P 的浓度很低，反应往回进行的速率较低，若果糖 -6- 磷酸的浓度很高，反应将遵守勒沙特列原理，产生出葡萄糖 -6- 磷酸（图2-18）。

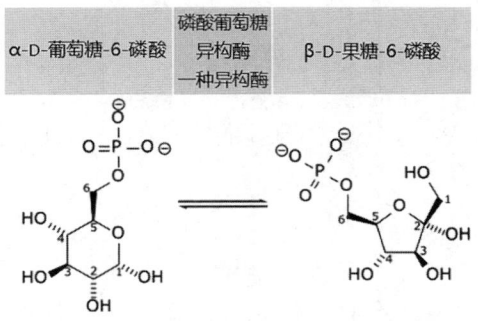

图 2-18 葡萄糖 -6- 磷酸转化为果糖 -6- 磷酸

第三个步骤是将果糖 -6- 磷酸酸化为果糖 -1,6- 二磷酸，由磷酸果糖激酶所催化，这是糖酵解作用的第二个激活反应，将 F6P 的磷酸根转移到 1 号碳位置产生右旋 - 果糖 -1,6- 二磷酸，为不可逆反应。此反应为糖酵解作用中，第二个重要的控制点，在细胞内磷酸果糖激酶反应为不可逆的（图 2-19）。

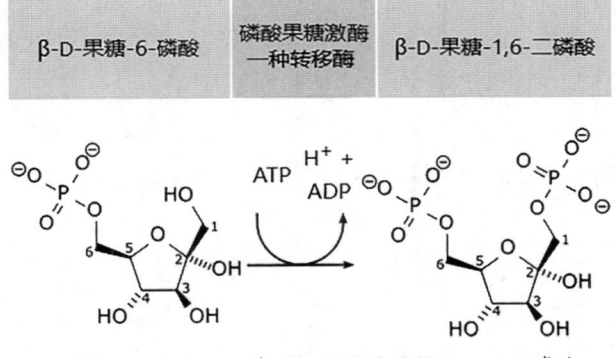

图 2-19 果糖 -6- 磷酸酸转化为果糖 -1,6- 二磷酸

前一步反应使分子失稳，这使己糖环可以被醛缩酶分成两个丙糖：二羟丙酮磷酸，一种酮，以及甘油醛-3-磷酸，一种醛。有一类醛缩酶：I类醛缩酶，可切断酮糖环（图2-20）。

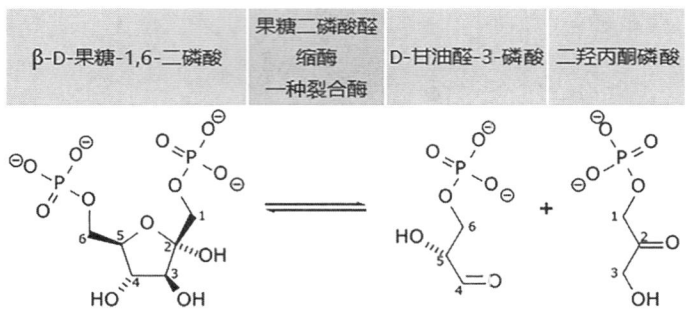

图2-20 果糖-6-磷酸酸转化为二羟丙酮磷酸

磷酸丙糖异构酶迅速将二羟丙酮磷酸互变为甘油醛-3-磷酸，后者进入糖酵解的后续步骤。这是非常有用的，因为它引导二羟丙酮磷酸进入与甘油醛-3-磷酸相同的途径，简化了调控（图2-21）。

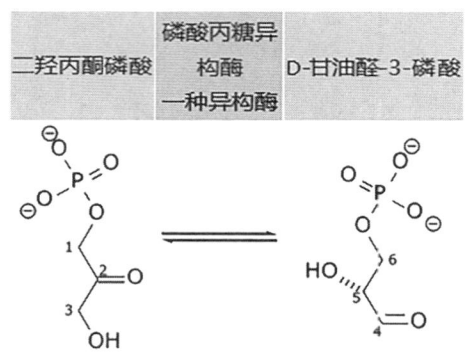

图2-21 二羟丙酮磷酸转化为甘油醛-3-磷酸

放能阶段：糖酵解作用的第二阶段为放能阶段，此阶段的目的在于产生高能分子ATP和NADH。因为一个葡萄糖在准备阶段时已经变成两个丙糖，所以在放能阶段中每个反应会发生两次。最后产生2个NADH和4个ATP，使得单一葡萄糖在经过整个糖酵解作用后净得2个NADH和2个ATP。ATP会用于其他需能反应，而NADH则会进入呼吸链或作为还原剂参与细胞内其他还原加氢反应。

两个丙糖分子被氧化并添加一分子无机磷酸，形成1,3-二磷酸甘油酸（1,3-BPG）。被脱下的氢用于还原氢载体NAD^+，形成NADH（图2-22）。

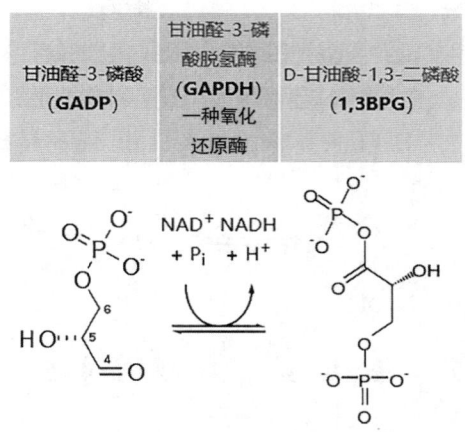

图 2-22　甘油醛 -3- 磷酸转化为二磷酸甘油酸

这步反应为磷酸甘油酸激酶将甘油酸 -1,3- 二磷酸的磷酸基团转移至 ADP，形成甘油酸 -3- 磷酸和 1 分子 ATP，在这一步，糖酵解过程达到了能量收支平衡：2 分子 ATP 在先前的反应中被消耗，而在这步反应中有两分子 ATP 被合成。这步反应作为两步底物水平磷酸化中的一步，以 ADP 作为底物，所以当细胞 ATP 水平较高时，该步反应被抑制；因此该步反应也是糖酵解过程中重要的控速步骤之一（图 2-23）。

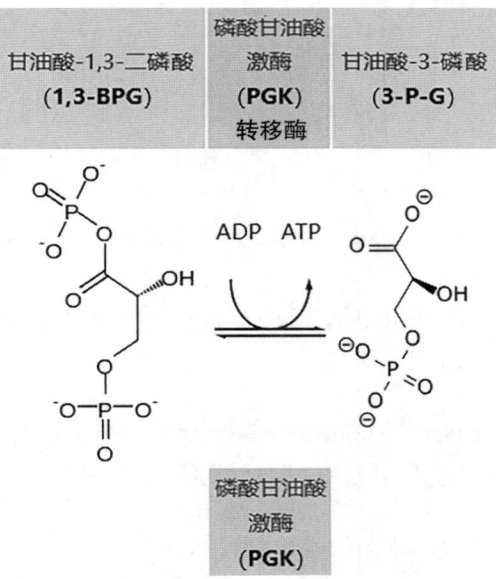

图 2-23　二磷酸甘油酸转化为甘油酸 -3- 磷酸

磷酸甘油酸变位酶催化形成甘油酸 -2- 磷酸（图 2-24）。

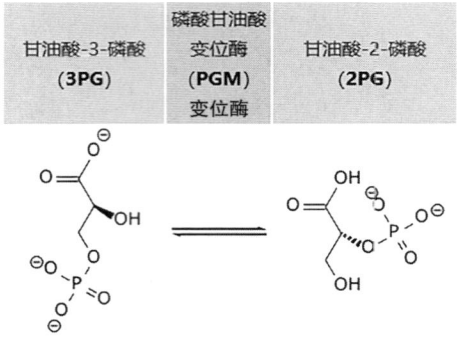

图 2-24 甘油酸 -3- 磷酸转化为甘油酸 -2- 磷酸

由烯醇化酶催化从甘油酸 -2- 磷酸转化为磷酸烯醇式丙酮酸。辅基：两个 Mg^{2+}（图 2-25）。

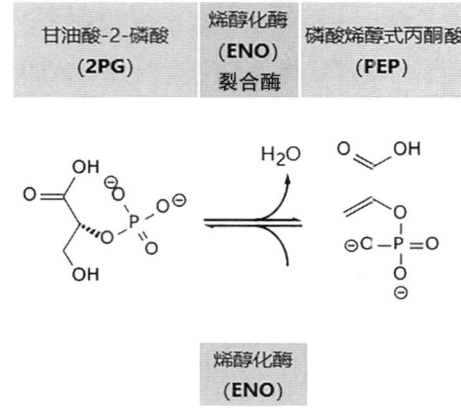

图 2-25 甘油酸 -2- 磷酸转化为磷酸烯醇式丙酮酸

最后一步底物水平磷酸化由丙酮酸激酶催化，形成 1 分子丙酮酸和 1 分子 ATP。辅基：两个 Mg^{2+}（图 2-26）。

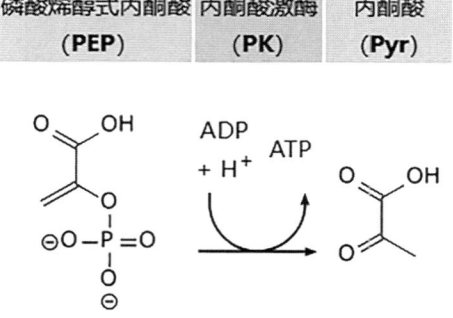

图 2-26 磷酸烯醇式丙酮酸转化为 1 分子丙酮酸和 1 分子 ATP

（二）三羧酸循环

糖酵解的最终产物丙酮酸，在有氧条件下进入线粒体，通过一个包括三羧酸和二羧酸的循环逐步脱羧脱氢，彻底氧化分解，这一过程称为三羧酸循环（Tricarboxylic acid cycle，TCAC）。这个循环是英国生物化学家克雷布斯首先发现的，所以又名Krebs循环（Krebs cycle）。1937年他提出了一个环式反应来解释鸽子胸肌内的丙酮酸是如何分解的，并把这一途径称为柠檬酸循环（Citric acid cycle），因为柠檬酸是其中的一个重要中间产物。TCAC循环是在线粒体基质中进行的（图2-27）。

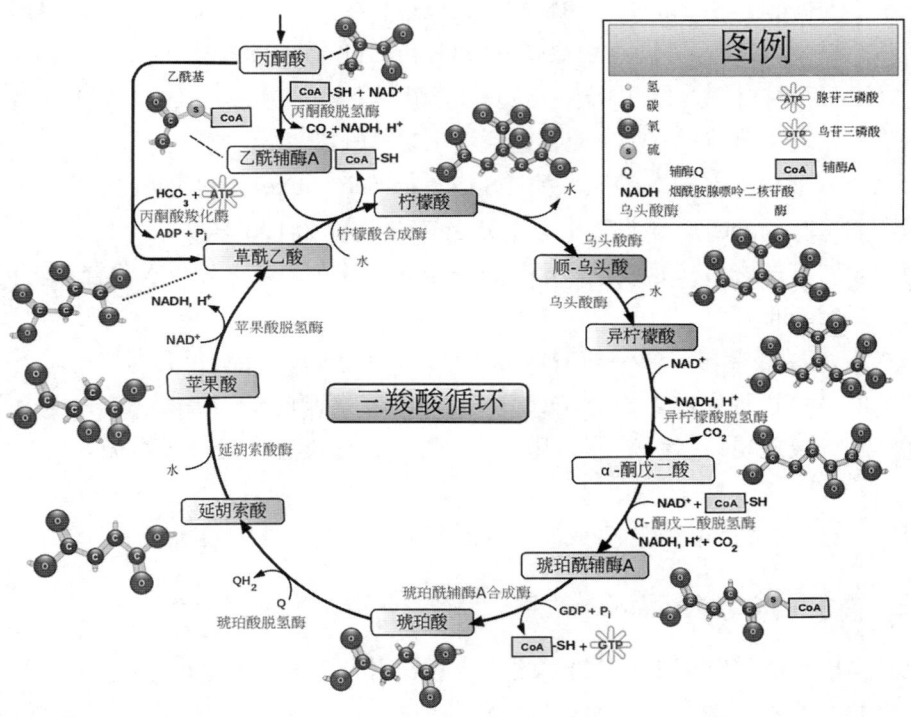

图 2-27　三羧酸循环

TCA 循环共有 8 步反应：

第一步，乙酰辅酶 A（Acetyl-CoA）与四碳的草酰乙酸（Oxaloacetate）发生缩合反应和硫酯水解，生成柠檬酸（Citrate）。由于硫酯水解释放能量，反应是不可逆的。

第二步，柠檬酸在乌头酸酶（Aconitase）的催化作用下生成异柠檬酸（Isocitrate）。乌头酸酶可以催化顺乌头酸的水合反应及水合产物柠檬酸、异柠檬酸的脱水反应。该反应是可逆的，在 pH 值 =7.0，25℃条件下，平衡混合物中柠檬酸和异柠檬酸的比例为 9∶1。但因为异柠檬酸不断消耗，反应平衡方不断右移。

第三步，异柠檬酸在异柠檬酸脱氢酶（Isocitrate dehydrogenase）作用下，经中间体草酰琥珀酸（Oxalosuccinate）氧化脱羧生成 α-酮戊二酸（α-Ketoglutarate）。在异柠檬酸转化为草酰琥珀酸的过程中，有 1 分子 NAD^+ 还原为 NADH。草酰琥珀酸具有 β-酮酸的结构，容易发生脱羧反应。该反应中，酶的活性要在 Mg^{2+} 或 Mn^{2+} 离子的辅助下才可实现。总的来说，该过程生成了 1 分子 NADH 以及 1 分子 CO_2。

第四步，α-酮戊二酸在 α-酮戊二酸脱氢酶复合体（α-Ketoglutarate dehydrogenase complex）的催化作用下，与辅酶 A 化合，生成琥珀酰辅酶 A（Succinyl-CoA），该过程还会生成 1 分子 CO_2，以及 1 分子 NADH。该反应的机理与丙酮酸氧化机理相似，在生理条件下同样是一个单向反应。α-酮戊二酸脱氢酶复合体由三种酶组成：α-酮戊二酸脱氢酶（E1）、二氢硫辛酰转琥珀酸酶（E2）、二氢硫辛酰脱氢酶（E3），α-酮戊二酸脱氢酶复合体要在一些辅助因子的辅助下才能发挥功能。

第五步，在琥珀酰辅酶 A 合成酶（Succinyl-CoA synthetase）的催化下，琥珀酸辅酶 A 转化为琥珀酸（Succinate）和辅酶 A，该过程生成 1 分子 GTP（该酶有两个版本，分别生成 ATP 和 GTP；不同组织会依对 ATP 和 GTP 需求的差异在该步使用相应版本的酶）。该过程是柠檬酸循环中唯一伴随高能磷酸键生成的反应。

接下来，琥珀酸经过三步反应，重新转化为草酰乙酸。

第六步，琥珀酸在琥珀酸脱氢酶（Succinate dehydrogenase）的催化作用下，转化为延胡索酸（Fumarate）。该过程中有 1 分子 FAD 还原为 $FADH_2$。

第七步，延胡索酸经延胡索酸酶（Fumarase）催化，与 1 分子水化合，转化为 L-苹果酸（L-Malate）。

第八步，L-苹果酸在苹果酸脱氢酶（Malate dehydrogenase）的催化作用下，转化为草酰乙酸。该过程生成 1 分子 NADH。该反应平衡倾向于苹果酸一侧，但因草酰乙酸不断消耗，反应得以持续进行。基于上述理由，该反应也是柠檬酸循环的一个重要调控位点。

至此，柠檬酸循环完成。生成的草酰乙酸可再次进入柠檬酸循环。

（三）水稻的 CO_2 饱和点和补偿点

光合作用是水稻生长的关键过程之一，它利用光能将二氧化碳（CO_2）和水转化为碳水化合物，并产生氧气。然而，CO_2 浓度是光合作用的限制因素之一。CO_2 浓度低于一定水平时，光合作用速率会受到限制，从而影响水稻的生长和产量。

CO_2 饱和点是指光合作用速率随着 CO_2 浓度增加而不再显著提高的点。换句话说，当 CO_2 浓度达到饱和点时，继续增加 CO_2 浓度不会进一步增加光合作用速率。CO_2 饱和点通常用于评估水稻对 CO_2 浓度的响应和光合作用的限制。对于水稻来说，其 CO_2 饱和点通常在 350～500 mg/kg。也就是说，当大气中的 CO_2 浓度在这个范围内时，水稻的光合作用速率已经达到了最大值。超过这个范围，增加 CO_2 浓度对水稻的光合作用速率没有显著影响。然而，CO_2 饱和点并不代表 CO_2 浓度的最佳水平。在光照充足的情况下，较高的 CO_2 浓度可以提高水稻的光合作用速率和生长效率。这就引出了另一个概念，即 CO_2 补偿点。

CO_2 补偿点是指水稻光合作用速率与呼吸速率相等的 CO_2 浓度。在这个浓度下，水稻的光合作用和呼吸作用达到平衡，净光合速率为零。换句话说，当 CO_2 浓度低于补偿点时，水稻的光合作用速率无法覆盖呼吸速率，净光合速率为负，水稻无法生长。

对于水稻来说，其 CO_2 补偿点通常在 150～200 mg/kg。CO_2 补偿点对水稻的生长和发育至关重要。如果环境中的 CO_2 浓度低于补偿点，水稻的生长速度将受到限制，产量也会受到影响。这是因为在 CO_2 浓度低的条件下，光合作用无法满足植物的能量需求，无法积累足够的养分和碳水化合物，从而影响水稻的生长和产量。

刘超等（2018）研究了不同 CO_2 浓度升高水平对水稻光合特性的影响，通过田间开顶箱试验，运用 CO_2 浓度自动调控系统研究不同 CO_2 浓度升高对水稻光合特性的影响。CO_2 浓度设置 3 个水平：以背景大气 CO_2 浓度为对照（CK），在 CK 基础上分别增加 40 μmol/mol（T_1）和 200 μmol/mol（T_2）CO_2。利用 Li-6400 便携式光合作用测量系统，在关键生育时期测定净光合速率（P_n）、胞间 CO_2 浓度（C_i）、气孔导度（G_s）、蒸腾速率（T_r）和水分利用效率（WUE）等光合参数，并根据指数方程模型拟合最大净光合速率（Pn_{sat}）、羧化效率（CE）、呼吸速率（R_p）和 CO_2 饱和点（CCP）；使用元素分析仪测定叶片全氮含量。结果表明：在较低水平的 CO_2 浓度水平下，CK、T_1 和 T_2 处理的 P_n 呈近似直线上升，随着 CO_2 浓度的升高 P_n 缓慢升高，当达到 CO_2 饱和点后趋于稳定。光合仪设定 CO_2 浓度为 600 μmol/mol 时，T_2 在 3 个生育时期（拔节期、抽穗期和乳熟期）的 P_n 均较 CK 显著降低，降幅分别为 44.0%（$P<0.01$）、43.4%（$P<0.01$）和 49.1%（$P<0.01$）；设定 CO_2 浓度为 800 μmol/mol 时，T_2 在 3 个生育时期的 P_n 较 CK 分别降低了 4.9%（$P=0.506$）、12.7%（$P=0.167$）和 16.6%（$P=0.220$）；设定 CO_2 浓度为 1 000 μmol/mol 时，乳熟期 T_2 处理的 P_n 较 T_1 显著降低，降幅为 21.5%（$P<0.05$），表明水稻经过长时间的高 CO_2 浓度处理产生了光合下调。乳熟期 T_2 的 Pn_{sat} 和 CE 较 T_1 显著降低，降幅分别为 21.3%（$P<0.05$）和 29.1%（$P<0.05$）。此外，总光合速率和叶片氮含量存在极显著正比例函数关系（$P<0.01$），总光合速率随叶片氮含量的升高而升高。对照、T_1 和 T_2 处理的 WUE 均随着光合仪设定 CO_2 浓度梯度的升高而增大；在同一设定 CO_2 浓度水平下，3 种处理的 WUE 均无显著性差异。研究结果对于指导水稻生产及确保粮食安全具有重要的意义。

第三节　水稻的氮代谢

一、水稻吸收利用的氮素类型

水稻能吸收的氮形态有 NH_4-N、NO_3-N、NO_2-N、分子态及某些可溶性含氮有机化合物（各种氨基酸、酰胺和尿素等），主要吸收 NH_4-N、NO_3-N，其中 NO_3-N 需通过亚硝酸还原酶（NiR）和硝酸还原酶（NR）还原成 NH_4^+ 后才能被同化。水稻铵同化主要依靠谷氨酰胺合成酶/谷氨酸合成酶途径（GS/GOGAT 循环），占同化的 95% 以上，谷氨酸脱氧酶（GDH）起辅助作用。氮素类型对水稻氮的吸收、同化以及运输等过程影响显著，当外界同时提供 NH_4-N、NO_3-N 时，与单一的 NH_4-N 或 NO_3-N 相比，水稻能获得较多的生物学产量和经济产量，且氮素利用率有所提高。阳剑等（2011）介绍，土壤中可被水稻吸收利用的氮素主要是铵态氮和硝态氮，某些可溶性的有机含氮化合物，如氨基酸、酰胺和尿素，也能被植株直接吸收。根是水稻吸收氮素的最重要器官，其吸收效率与根的生物量呈正相关。张辰明等（2011）通过试验研究了不同氮形态对水稻苗期氮素吸收和根系生长的影响，发现铵硝混合营养条件下水稻的生物量和氮素积累量最高，全铵和全硝营养间差异不明显。铵硝混合营养处理的水稻地上部和根系的氨基酸含量最高，全铵处理次之，全硝处理最低。全硝处理的水稻植株硝酸盐含量约为全铵和铵硝混合处理的4倍，铵硝混合营养处理的水稻植株硝酸盐含量高于全铵处理，增幅为18%。培养时间为0~5 d时，铵硝混合和全硝处理的水稻根系总长差异不明显，但高于全铵处理。从第5天开始，铵硝混合和全铵处理的根系总长增加迅速，培养到第7天时水稻的根系总长已显著大于全铵和全硝处理，增幅约为35%。全铵和全硝处理的水稻根系总长差异不显著。不同氮形态处理的水稻根系总长变化主要是由侧根总长的变化引起的，而侧根数的变化是侧根总长变化的主要原因。Kirk等（2001）通过模型模拟淹水土壤中水稻根际的硝化作用，估计出水稻一生吸收的总氮中约有1/3是NO_3^-的形式。水稻根际通过硝化作用形成的NO_3^-如果不能被根系迅速吸收，就会通过反硝化作用而损失掉，所以通常从水稻田采集的土样中较难检测到NO_3^-或数量极微。Kirk等（2005）和Briones等（2003）通过研究发现，在田间的实际情况下，即使是完全淹水，水稻根系也是处于NH_4^+、NO_3^-混合营养中。张亚丽等（2004）采用温室水培试验方法系统评价了40个遗传特性不同的水稻品种对3种比例氮营养（NH_4^+/NO_3^-比例分别为100/0、50/50和0/100）的反应和对硝态氮响应的生理指标筛选。结果表明40个水稻品种（系）在NH_4^+/NO_3^-比为50/50的营养液中生长最佳，植株总干重最高，但各个基因型的表现差异较大。根据水稻在两种比例氮营养液（100∶0和50∶50）中的表现可将水稻分为硝高度响应型、硝中度响应型、硝不响应型3种类型。在混合氮营养液中硝高度响应型水稻地上部干重、根干重、总干重和氮积累量显著比单一铵营养液中的高。段英华等（2007）采用控制条件下的水培试验方法，研究了不同铵硝配比（NH_4^+/NO_3^-分别为100/0、75/25、50/50和25/75）营养条件对8种不同氮素利用效率水稻苗期生长的影响。结果表明，铵硝配比为75∶25和50∶50的营养条件对水稻的生长有较大的促进作用。由于铵硝配比为75∶25更符合田间的实际情况，所以研究铵硝混合营养对水稻生长的影响时采用该配比。铵硝混合营养条件下，氮高效水稻的氮素吸收和氮同化能力随之增强，而氮低效水稻却没有变化。王东升等（2007）试验采用两室分根盒和溶液培养方法，研究了在增硝营养下不同氮效率水稻品种根系生长的响应特征。结果表明，与全铵培养下的根系相比，氮高效水稻品种南光在铵硝混合培养下的根系干重和氮积累量显著增加，增幅达33%和41%；同时其根系表面积、根系体积和侧根数增幅均达到显著水平，但根系长度却无明显增加。氮低效水稻品种Elio在铵硝混合培养下的根系生长差异均不显著。这表明氮高效水稻品种南光的根系生长对增硝营养的响应度强，进而促进了根系对氮素的吸收利用。从结果可推论，水稻对增硝营养的强响应度可能是水稻氮素高效吸收利用的生理机制之一。从营养学意义上讲，铵态氮和硝态氮是植物生长过程中主要的两种矿质氮源，Kronzucker

(2000)认为，水稻能有效吸收利用硝态氮。

二、水稻氮代谢的有关研究

徐春梅等（2012）以国稻6号（杂交籼稻）和秀水09（粳稻）为材料，在水培条件下研究通气增氧对水稻苗期根系生长和氮代谢的影响。结果表明，增氧处理水稻根系干物质积累量、根长、根体积、根系活力以及吸收面积较对照均有不同程度增加，水稻根系硝态氮（NO_3-N）含量、游离氨基酸和可溶性糖含量均增加，谷氨酸合成酶（GS）、谷草转氨酶（GOT）和谷丙转氨酶（GPT）活性均增强。在试验条件下，增氧能显著提高粳稻秀水09苗期根系氮代谢相关酶生理活性，但增氧对杂交籼稻国稻6号根系氮代谢相关酶生理活性影响不显著，说明通气增氧对水稻根系氮代谢生理活性的影响可能与水稻基因型有关。霍中洋等（2012）以早熟晚粳、迟熟中粳和中熟中粳3种生育类型水稻品种（含常规粳稻和杂交粳稻）为材料，比较研究了旱育中苗壮秧精量手栽、小苗机插、直播3种种植方式下水稻的氮素吸收利用特性。结果表明，拔节期植株含氮率和吸氮量为直播＞机插＞手栽，抽穗期和成熟期为手栽＞机插＞直播，手栽成熟期总吸氮量较机插和直播分别高11.68%和39.03%，机插较直播高24.49%；氮素吸收速率，拔节前为直播＞机插＞手栽，拔节至抽穗期和抽穗至成熟期为手栽＞机插＞直播，手栽和机插拔节至抽穗期的吸收速率最大，直播中熟中粳拔节至抽穗期最大，早熟晚粳和迟熟中粳拔节前最大；拔节至抽穗期和抽穗至成熟期的氮素积累量为手栽＞机插＞直播，不同种植方式间差异均达显著或极显著水平；氮素吸收利用率，手栽、机插和直播分别为44.49%、39.00%和31.41%，且手栽和机插为早熟晚粳＞迟熟中粳＞中熟中粳，直播为中熟中粳＞迟熟中粳＞早熟晚粳，同一生育类型常规粳稻大于杂交粳稻；百千克籽粒需氮量，手栽、机插和直播分别为1.959 kg（1.900～2.009）、1.842 kg（1.681～1.914）和1.638 kg（1.540～1.721），常规粳稻手栽与机插间差异不显著，但都显著高于直播，杂交粳稻不同种植方式间差异均显著，直播稻为中熟中粳＞迟熟中粳＞早熟晚粳，手栽和机插在不同生育类型品种间没有明显变化规律。科学选择种植方式并配套适宜的品种类型对实现水稻氮素高效吸收和利用具有重要意义。

曹珍珍等（2012）曾以早籼水稻嘉935和嘉353为材料，利用人工气候箱设高温（32℃）和适温（22℃）处理，探讨了高温对水稻籽粒氮代谢关键酶活性的影响及其与籽粒粗蛋白含量和各种氨基酸组成间的关系，并结合荧光定量PCR对水稻籽粒谷氨酰胺合成酶（GS）2个同工型基因的表达及其温度响应进行了检测分析。结果表明，花后高温处理对谷草转氨酶（GOT）和谷丙转氨酶（GPT）的影响基本一致，均表现灌浆前期升高、后期下降的趋势，但花后高温处理下水稻籽粒中粗蛋白总量和各类氨基酸含量的增加，并不一定是其籽粒氮素物质的转运能力和蛋白质合成能力的增强所致；谷氨酰胺合成酶（GS）在高温处理下的生理活性普遍高于其相应时期的低温处理，其中，GS2是GS基因在水稻胚乳中高表达的一种同工型，在水稻灌浆后期的表达量甚至超过GS1，高温胁迫处理会通过改变GS1和GS2基因在籽粒中的转录水平，从而对水稻籽粒灌浆中后期的 GS 活性产生调控。于欣志等（2023）为探究不同稻瘟病抗性水稻品种氮代谢特性的变化，研究以高抗稻瘟病品种吉农大 505、中抗稻瘟病品种新育 40、中感稻瘟病品种吉农大 809 和高感稻瘟病品种蒙古稻为试验材料，在水稻幼苗 4 叶期进行人工接种稻瘟病菌（T），以喷蒸馏水为对照组（CK），待 6 d 取样测定其氮代谢酶活性、可溶性蛋白质含量、蛋白酶活性以及氨基酸含量，并进行比较分析。结果表明，接种稻瘟病菌后与其对照组相比，蛋白质含量升高，其上升幅度呈现为高抗稻瘟病品种＞中抗稻瘟病品种＞中感稻瘟病品种＞高感稻瘟病品种；蛋白酶活性受到抑制，其抑制程度表现为高抗稻瘟病品种＞中抗稻瘟病品种＞中感稻瘟病品种＞高感稻瘟病品种；氮代谢关键酶活性呈下降变化，其下降幅度表现为高抗稻瘟病品种＜中抗稻瘟病品种＜中感稻瘟病品种＜高感稻瘟病品种；接种稻瘟病菌后与其对照组相比，感病品种氨基酸含量显著增加。说明稻瘟病菌侵染后破坏了水稻氮代谢的平衡，而抗性强的品种维持其氮代谢稳定能力显著强于感病品种。张迪（2022）以龙稻 18 号（LD18）和松粳 22 号（SJ22）为试验材料，设置 5 个插秧密度，分别为 G1：30.00 cm×20.00 cm（16.67 万穴 /hm^2），G2：30.00 cm× 16.67 cm（20.00 万穴 /hm^2），G3：30.00 cm×13.33 cm（25.06 万穴 /hm^2），G4：30.00 cm×10.00 cm（33.33 万穴 /hm^2），G5：30.00 cm×6.67 cm（49.98 万穴 /hm^2），研究了不同插秧密度对水稻氮代谢的影响。结果表明，根系和叶片硝酸还原酶（NR）、谷氨酰胺合成酶（GS）、谷氨酸合成酶（GOGAT）、谷丙转氨酶（GPT）、谷草转氨酶（GOT）及谷氨酸脱氢酶（GDH）活性均于抽穗期达到最大值。随插秧密度的增加，LD18 和 SJ22 拔节期 – 灌浆期根系和叶片氮代谢关键酶（除 GDH 外）分别在 G3 和 G4 处理下活性最高，两品种在 G3 和 G4 插秧密度下氮代谢关键酶活性显著高于其他处理。两品种根系和叶片 GDH 活性随插秧密度增加而升高，抽穗期 G5 处理叶片 GDH 活性显著高于其他处理，抽穗期 G4 和 G5 处理间根系 GDH 活性差异不显著，显著高于其他处理。LD18 灌浆期 G5 处理根系和叶片 GDH 活性显著高于其他处理，SJ22 G4 和 G5 处理间 GDH 活性差异不显著，但显著高于其他处理。随生育进程推进，籽粒 NR、GS、GOGAT、GPT、GOT 及 GDH 呈先升高后降低趋势，花后 21 d 强势粒氮代谢关键酶活性取得最大值，28 d 弱势粒取得最大值。随插秧密度增加，花后 14～28 d LD18 在 G3 处理强、弱势粒 NR、GS、GOGAT、GPT 和 GOT 活性取得最大值，SJ22 在 G4 处理取得最大值，显著高于其他处理。随插秧密度增加，两品种籽粒 GDH 活性呈上升趋势，花后 14～28 d 两品种籽粒 G4 和 G5 处理 GDH 活性显著高于其他处理。随生育进程的推进，两品种根系、叶片和茎鞘硝态氮及铵态氮含量先升高后降低，在抽穗期取得最大值。随插秧密度升高，叶片、茎鞘和籽粒硝态氮及铵态氮含量先升高后降低，LD18 G3 处理硝态氮和铵态氮含量处理含量最高，SJ22 G4 处理最高，拔节期 – 灌浆期两品种 G3 和 G4 处理显著高于其他处理。两品种根系硝态氮和铵态氮含量呈降低趋势，拔节期 – 成熟期 G1 和 G3 处理显著高于其他处理。杨忠良等（2017）为明确氮素对不同蛋白质含量水稻幼苗的影响，用营养液培养的方法，对 4 个稻米蛋白质含量有差异的粳稻品种幼苗进行诱导处理，研究了水稻幼苗在 0.05 mol/L KNO$_3$ 处理下，各品种水稻干物质积累的差异，以及硝酸还原酶（NR）、谷氨酰胺合成酶（GS）活性和 NR 基因（*OsNR*1）、GS 基因（*OsGs*1-1）表达差异。结果表明，经 0.05 mol/L KNO$_3$ 处理后各品种地上部和根干重均显著高于对照，叶片和根中硝态氮（NO$_3^-$-N）和铵态氮（NH$_4^+$-N）含量显著高于对照，叶片中 NR 和 GS 活性显著高于对照；随着氮素处理时间的增加，*OsNR*1 基因相对表达量增加，在处理 2 h 时达到最大值，而后呈随处理时间的增加呈下降的趋势；在氮素处理前期，*OsGs*1-1 的表达量变化不大，而在处理 8 h 时，*OsGs*1-1 基因的表达量显著增加，此时的基因相对表达量是处理前的 1.2 倍。史超超等（2017）以杂交粳稻花优 14 为材料，研究了化肥配施有机肥对水稻穗期氮代谢的影响。结果表明，化肥配施有机肥处理穗期水稻叶片 SPAD 值和含氮量，植株干物质积累量和氮素积累量均显著高于对照和有机肥处理，与化肥处理差异不显著。功能叶氮代谢酶活性抽穗期均高于孕穗期，且两个时期处理间变化趋势一致，其中抽穗期谷氨酸合酶（GOGAT）与各氮素相关指标均呈极显著正相关。化肥配施有机肥处理的产量最高，达到 8 537.44 kg/hm^2，显著高于有机肥处理和不施肥处理，较化肥处理提高 3.27%。综合可见，化肥配施有机肥可以维持水稻穗期旺盛的氮代谢。汪和延等（2015）研究了种植方式及施氮量对水稻灌浆初期氮代谢关键酶活性和产量性状的影响，发现在氮素代谢变化方面，尽管直播稻 NR、GS 和 GOGAT 活性并不比抛秧和机插的低，但 GDH 活性远高于其他两个处理，一般认为 GDH 活性高可致使贮存蛋白质降解产生氨基酸，导致水稻灌浆期储存蛋白降解速度较快，从而降低籽粒产量。直播水稻 GDH 活性高于机插和抛秧处理，原因可能是直播稻生育期比较短，生育进程较快，相对机插和抛秧会提前衰老，导致 GDH 活性较高，贮存蛋白快速降解。宁书菊等（2012）以超级杂交稻两优培九为试验材料，汕优 63 和 9311 为对照，研究了水稻开花后剑叶叶片中有关氮代谢相关酶类硝酸还原酶（NR）、谷氨酰氨合成酶（GS）、谷—丙转氨酶（GPT）、谷—草转氨酶（GOT）、谷氨酰胺脱氢酶（GDH）、蛋白水解酶（Proteinase）活性及部分酶动力学变化，同期测定了可溶性蛋白和游离氨基酸含量变化及穗部农艺性状，结果表明，花后 1 周为 3 个品种剑叶叶片中有关氮代谢酶活性的高值持续期，接着进入速降期。不同品种间 NR、GS、GPT 和 GDH 活性及活性高值期具有显著性差异。花后 1 周"两优培九"具有较高的 GS 和 GDH 活性；花后 7～14 d 汕优 63 的 NR 和 GS 活性显著高于 9311 和两优培九，灌浆后期其 GS、GDH 活性和活性高峰，也均高于和迟于其他 2 个品种；9311 在开花和灌浆初期具有较高的转氨酶活性和催化活性，其氮代谢的启动早于其他 2 个品种。生育后期 GDH 和 GOT 的活性变化说明氧化脱氨可能是水稻体内的主要脱氨方式。生育后期 NR 和 GS 活性与其催化活性呈非线性关系，GPT 在花后 14 d 催化活力表现最低，在灌浆后期 3 种酶仍具有较高的催化活力。叶片可溶性蛋白及 ATPase 变化说明，酶蛋白量是制约水稻生育后期有关氮代谢的酶活性和影响后期氮素代谢的重要因素之一，叶片的能量状态是影响生理活性发挥的重要限制因子。

三、氨基酸和蛋白质的生物合成

氨基酸的生物合成一般在细胞质基质中，在水稻中，氨基酸的生物合成是通过一系列复杂的代谢途径和酶催化反应完成的。以下具体论述水稻氨基酸的生物合成过程。

羧化反应（Carboxylation）：水稻氨基酸的生物合成开始于羧化反应，其中，糖类和三碳化合物通过酶催化反应转化为羧酸前体。这个过程涉及多个酶催化的反应，包括羧化酶、磷酸化酶和巯基转移酶等。

氨基化反应（Amination）：羧酸前体经过氨基化反应，将羧基转化为氨基基团。该反应由多个酶催化，其中最重要的是谷氨酰胺合成酶和谷氨酸酰胺合成酶。在这个过程中，谷氨酸和氨通过酶的作用转化为谷氨酰胺。

氨基酰胺合成反应（Aminoacylation）：在氨基化反应之后，谷氨酰胺通过与氨基酰tRNA合成酶的催化，将氨基酰胺转化为谷氨酰tRNA。该反应将氨基酰胺与对应的tRNA分子结合起来，形成适配子，为蛋白质合成提供必要的氨基酸。

氨基酸合成反应（Amino Acid Synthesis）：谷氨酰tRNA进一步参与氨基酸合成反应，通过多转氨酶、脱羧酶和乙酰转移酶等种酶的作用，谷氨酰基团被转化为不同的氨基酸。

氨基酸互相转化：水稻中的氨基酸生物合成过程也包括氨基酸间的相互转化。通过一系列酶催化反应，一种氨基酸可以转化为另一种氨基酸。例如谷氨酸可以通过酶的作用转化为丙氨酸，这个转化过程由谷氨酰酸还原酶催化。此外，其他氨基酸间的相互转化也在水稻中发生，这是通过一系列特定的酶和代谢途径来实现的。

氨基酸合成途径的调控：水稻氨基酸生物合成途径受到多种因素的调控，包括基因表达、酶活性和代谢产物的反馈调节等。在调控方面，关键的基因家族包括谷氨酸合成酶家族、谷氨酸脱羧酶家族以及转氨酶家族等。

综上所述，水稻氨基酸的生物合成过程是一个复杂而精细调控的过程。它始于羧化反应，通过氨基化、氨基酰胺合成和氨基酸合成等反应途径，最终合成出多种氨基酸。此外，水稻中的氨基酸也可以通过互相转化的酶催化反应进行相互转化。这些合成和转化过程受到基因表达、酶活性和代谢产物的调控。此外，水稻还可以吸收土壤中的外源氨基酸来满足其营养需求。

（一）氨基酸的生物合成

1. 谷氨酸的生物合成

谷氨酸（glutamate）是水稻中重要的氨基酸之一，其生物合成始于 α-酮戊二酸和氨间的转化。这个反应由谷氨酸合成酶催化，该酶由两个亚基组成，包括谷氨酸合成酶1（GOGAT1）和谷氨酸合成酶2（GOGAT2）。GOGAT1使用还原型谷氨酰胺和 α-酮戊二酸作为底物，催化生成谷氨酰胺和谷氨酸的半胱氨酸循环，而GOGAT2使用还原型谷氨酰胺和 α-酮戊二酸作为底物，催化生成谷氨酰胺和谷氨酸的脱羧反应。这两个酶在水稻中起到关键作用，确保谷氨酰胺和谷氨酸的合成。

2. 谷氨酰胺的生物合成

谷氨酰胺是另一个重要的氨基酸,在水稻中起到氮素的存储和转运的作用。谷氨酰胺的生物合成发生在谷氨酸和氨间。首先,谷氨酸合成酶催化谷氨酸和氨结合,形成谷氨酰胺。这个酶存在多个基因家族,在水稻中主要由谷氨酸合成酶1(GS1)和谷氨酸合成酶2(GS2)来催化。GS1主要在叶片和茎中表达,参与光合作用和氮素转运,而GS2主要在根系中表达,参与氮素吸收和分配。

3. 丙氨酸的生物合成

丙氨酸在水稻中是重要的氨基酸之一,它可以通过谷氨酸的脱羧反应产生。谷氨酸经过谷氨酰胺酸脱羧酶的催化失去羧基生成丙氨酸。谷氨酰胺酸脱羧酶是一种重要的酶,参与丙氨酸合成途径,并在水稻中具有多个基因家族。

4. 天冬酰胺的生物合成

天冬酰胺是一种非必需氨基酸,它在水稻中由天冬酰胺合成酶催化谷氨酸和天冬酰胺酸结合而成。天冬酰胺合成酶在水稻中存在多个基因家族,参与氮素代谢和转运。

5. 精氨酸的生物合成

精氨酸是一种重要的氨基酸,它在水稻中由谷氨酸和丙氨酸合成。首先,谷氨酸通过酶催化生成谷氨酰胺,然后谷氨酰胺通过精氨酰胺合成酶催化,与丙氨酸结合形成精氨酸。精氨酰胺合成酶是水稻中的关键酶之一,参与氨基酸代谢途径和氮素转运。

水稻作为人类的主食,其营养品质的高低至关重要,而作为水稻中两大主要贮藏成分之一的蛋白质,其含量及组成成分对决定水稻营养品质具有举足轻重的作用。蛋白质则在细胞的核糖体中合成,水稻蛋白质按其在不同溶剂中的溶解度可分为清蛋白[能溶于水、稀酸溶液的清蛋白(Al-bumin)]、球蛋白[不溶于水,但能溶于0.4 mol/L NaCl溶液的球蛋白(Globulin)]、醇溶蛋白[不溶于水,但溶于70%~80%乙醇的醇溶蛋白(Prolamin)]和谷蛋白[不溶于水、乙醇,但能溶于酸或碱的谷蛋白(Glutelin)] 4种组分。4种蛋白组分在水稻中呈辐射状分布,清蛋白、球蛋白、醇溶蛋白和谷蛋白在米糠、精糠和大米中比例分别是37:36:5:22、30:14:5:51、5:9:3:83,可见清蛋白和球蛋白主要集中在米糠和精糠中,比例在水稻最外层最高,越往中心越低,占主要的谷蛋白与此恰好相反,而醇溶蛋白与其他3种蛋白质相比,在水稻中的分布是最均匀的。

(二)蛋白质组分

1. 稻米中4种蛋白质组分的多肽组成

水稻中清蛋白和球蛋白为代谢活性蛋白质,是由单链组成的低分子量蛋白质,其相对分子量分别为10~200 KDa和16~130 KDa。醇溶蛋白和谷蛋白为贮藏蛋白,醇溶蛋白是由单肽链通过分子内二硫键连接而成的,其相对分子量为7~12.6 KDa,而谷蛋白是由多条肽链彼此通过二硫键连接而成的大分子组成,其相对分子量为19~90 KDa,更高可达上百万。

2. 水稻中4种蛋白质组分的氨基酸组成

水稻总蛋白质中赖氨酸、苏氨酸和色氨酸含量较低,成为限制氨基酸,其中赖氨酸为第一限制氨基酸，苏氨酸为第二限制氨基酸，色氨酸为第三限制氨基酸。对各蛋白质组分而言，谷蛋白富含赖氨酸、精氨酸、甘氨酸等必需氨基酸，氨基酸等级分（以5.8%赖氨酸作为100%计算）较高；醇溶蛋白中谷氨酸、亮氨酸、异亮氨酸、酪氨酸、苯丙氨酸和色氨酸的含量较高，而苏氨酸、甘氨酸、半胱氨酸、甲硫氨酸、赖氨酸、组氨酸和精氨酸的含量很低；清蛋白中赖氨酸、甘氨酸和苏氨酸含量最高；球蛋白中精氨酸含量最高，赖氨酸和甘氨酸含量也较高。

3. 水稻蛋白质的生物合成

这是一个复杂而精细的过程，涉及多个细胞器和分子机制的相互作用。水稻蛋白质生物合成的过程包括转录、转运、翻译和后转录修饰等。

（1）转录　水稻基因组中的DNA包含了编码蛋白质的基因序列。在转录过程中，DNA的双链结构在细胞核中解开，从而形成单链的mRNA（信使RNA）。这一过程由RNA聚合酶催化完成。RNA聚合酶将根据DNA模板合成与之互补的mRNA链。在水稻中，有多种类型的RNA聚合酶，包括RNA聚合酶Ⅰ、RNA聚合酶Ⅱ和RNA聚合酶Ⅲ，它们分别负责转录不同类型的RNA。

（2）转运　转运是指将合成的mRNA分子从细胞核运输到细胞质中的过程。在水稻中，这一过程依赖于核孔复合物。核孔复合物是由多种核孔蛋白组成的复合物，它们形成了核孔的通道，使mRNA能够通过核膜进入细胞质。一旦mRNA进入细胞质，它就可以进行下一步的翻译过程。

（3）翻译　翻译是指将mRNA中的密码子序列转化为蛋白质的过程。在水稻中，这一过程发生在细胞质中的核糖体上。核糖体是由核糖体RNA（rRNA）和多种蛋白质组成的复合物。mRNA进入核糖体后，核糖体会识别mRNA上的起始密码子（通常是AUG），并开始翻译过程。在翻译过程中，tRNA（转运RNA）分子将氨基酸运输到核糖体上，并根据mRNA上的密码子序列进行配对。核糖体通过催化肽键的形成将氨基酸连接成多肽链。这一过程不断进行，直到核糖体遇到终止密码子（如UAA、UAG或UGA），导致翻译终止并释放合成的蛋白质。

（4）后转录修饰　在水稻蛋白质的生物合成过程中，转录后的mRNA分子可能需要经历多种后转录修饰过程，以产生功能完整的成熟mRNA。这些修饰包括剪接、剪切、聚腺苷酸化、甲基化等。

（5）剪接　水稻的基因组中存在大量的内含子（非编码区域），而编码蛋白质的序列则分布在内含子间的外显子中。剪接是指通过剪切和连接不同外显子和内含子的过程，将初始转录产物中的内含子去除，形成成熟的mRNA分子。这样可以增加基因组的表达多样性，并控制特定蛋白质的表达。

（6）剪切　在某些情况下，mRNA分子上的特定区域可能需要被剪切掉，以产生功能活性的mRNA。剪切过程通常涉及特定的核糖核酸蛋白（RNA-binding proteins）的作用，它们可以识别特定的RNA序列并与之结合，然后激活剪切酶的活性。

（7）聚腺苷酸化　成熟的mRNA分子在3′端可能会发生聚腺苷酸化修饰。这是通过多聚腺苷酸聚合酶的作用，将一串腺苷酸（A）添加到mRNA的3′端。这一修饰有助于保护 mRNA 分子免受降解，同时还参与了 mRNA 的转运和翻译过程。

（8）甲基化　在水稻蛋白质的生物合成过程中，mRNA 分子上的腺苷酸（A）位点可能会被甲基化修饰。这种修饰是通过甲基转移酶的作用，将甲基基团添加到特定的腺苷酸上。甲基化修饰可以影响 mRNA 的稳定性和翻译效率，进而调控蛋白质的合成。在所有谷物中，稻米蛋白质的含量（8%～14%）虽然相对不高，但从必需氨基酸含量和平衡情况来看，却是谷物蛋白质的上品。绝大多数禾本科植物以赖氨酸、组氨酸含量较少的醇溶性蛋白为主要贮藏蛋白，而稻米蛋白质中醇溶蛋白只占极少部分，富含赖氨酸、精氨酸、甘氨酸等必需氨基酸的谷蛋白占蛋白质总量的绝大部分。清蛋白中赖氨酸和苏氨酸含量高，其含量是决定稻米蛋白质质量的主要因素之一，但在精米加工的过程中几乎被除去，鉴于此为了提高大米的营养价值，在加工过程中要尽量粗磨。在稻米蛋白质 4 种组分中，清蛋白的赖氨酸含量为最高，其次为谷蛋白、球蛋白及醇溶蛋白，故促进清蛋白和谷蛋白的多肽链及抑制醇溶蛋白多肽链的合成，是提高稻米营养品质的一条可行途径。

本章参考文献

蔡俊迈,李维明,周元昌,1989.7 个水稻品种（系）的光周期反应特性[J].福建农学院学报（3）：263-268.

蔡颖,张继双,蔡创,等,2021.高 CO_2 浓度对不同氮素供给形态下水稻叶片光合作用的影响[J].土壤,53（2）：265-271.

曹珍珍,张其芳,韦克苏,等,2012.水稻籽粒氮代谢几个关键酶对花后高温胁迫的响应及其与贮藏蛋白积累关系[J].作物学报,38（1）：99-106.

陈恩谦,2007.对不同类型水稻品种营养生长期的温光效应研究[J].种子,26（5）：72-74.

陈建明,俞晓平,吕仲贤,等,2003.水稻品种对白背飞虱的耐虫性反应及稻株营养成分的变化[J].应用生态学报（12）：2 246-2 250.

陈明霞,黄见良,崔克辉,等,2011.光、氮对水稻根系特征和碳代谢的影响[J].湖北农业科学,50（2）：237-241.

陈少愚,赵锋,汪本福,等,2016.播种量对少蘖型水稻群体光合作用的影响[J].湖北农业科学,55（23）：6 042-6 044,6 066.

崔读昌,1995.气候变暖对水稻生育期影响的情景分析[J].应用气象学报（3）：361-365.

董文军,田云录,张彬,等,2011.非对称性增温对水稻品种南粳 44 米质及关键酶活性的影响[J].作物学报,37（5）：832-841.

段英华,张亚丽,王松伟,等,2007.铵硝比（NH_4^+/NO_3^-）对不同氮素利用效率水稻的生理效应[J].南京农业大学学报（3）：73-77.

樊一凡,张艳艳,王艺媚,等,2024.不同播期温光条件对籼稻产量和品质的影响[J].河南农业科学,53（2）：17-27.

谷晓平,于飞,梁平,等,2017.不同栽培方式对水稻光合特性及产量的影响[J].作物杂

志 (5): 66-72.

何龙鑫, 徐彦森, 冯兆忠, 等, 2023. 不同水稻品种光合特性及叶绿素对臭氧浓度升高的响应差异[J]. 农业环境科学学报, 42 (4): 715-723.

霍中洋, 李杰, 张洪程, 等, 2012. 不同种植方式下水稻氮素吸收利用的特性[J]. 作物学报, 38 (10): 1 908-1 919.

解文孝, 刘博, 韩勇, 等, 2008. 光温因子对水稻产量及品质形成的调控[J]. 黑龙江农业科学 (6): 26-30.

寇洪萍, 王伯伦, 王术, 等, 2004. 不同株型水稻品种子粒形成期光合特性的研究[J]. 吉林农业大学学报, 26 (2): 125-129.

李林, 沙国栋, 陆景淮, 1989. 水稻灌浆期温光因子对稻米品质的影响[J]. 中国农业气象, 10 (3): 6.

李霞, 焦德茂, 刘友良, 2004. 不同水稻品种各层叶片光合能力的比较[J]. 江苏农业学报, 20 (4): 213-219.

李小敏, 盛龙, 温昌锦, 2024. 气候变化对水稻种植的影响与优质高产对策分析: 以永新县为例[J]. 棉花科学, 46 (2): 158-160.

李绪孟, 王小卉, 郑华斌, 等, 2014. 水稻群体冠层光分布及光合作用模型[J]. 生物数学学报, 29 (1): 87-98.

刘超, 胡正华, 陈健, 等, 2018. 不同CO_2浓度升高水平对水稻光合特性的影响[J]. 生态环境学报, 27 (2): 246-254.

刘怀年, 李平, 邓晓建, 2006. 水稻种质资源单叶光合速率研究[J]. 作物学报, 32 (8): 1 252-1 255.

刘建丰, 袁隆平, 邓启云, 等, 2005. 超高产杂交稻的光合特性研究[J]. 中国农业科学, 38 (2): 258-264.

刘茜, 李勇, 2017. 不同类型水稻品种之间光合作用的差异研究[J]. 中国科技论文, 12 (6): 680-685.

吕军, 王伯伦, 孟维韧, 等, 2007. 不同穗型粳稻的光合作用与物质生产特性[J]. 中国农业科学, 40 (5): 902-908.

马均, 朱庆森, 马文波, 等, 2003. 重穗型水稻光合作用、物质积累与运转的研究[J]. 中国农业科学, 36 (4): 375-381.

马义虎, 曾孝元, 何贤彪, 等, 2023. 浙东南地区优质稻产量与品质对不同播期气候因子的响应[J]. 浙江农业学报, 35 (4): 736-751.

毛伟华, 蒋德安, 翁晓燕, 等, 1999. 水稻不同品种光合作用与Rubisco的关系[J]. 浙江农业学报, 11 (3): 114-118.

宁书菊, 陈晓飞, 张国英, 等, 2012. 水稻生育后期剑叶氮代谢相关酶活性及动力学变化[J]. 中国生态农业学报, 20 (12): 1 606-1 613.

史超超, 冯美臣, 沙之敏, 等, 2017. 施肥方式对水稻穗期叶片氮代谢的影响[J]. 上海农业学报, 33 (2): 26-30.

宋微,高扬,步金宝,2017.不同穗型水稻品种的光合特性和光能利用率[J].黑龙江农业科学(1):24-27.

唐海明,肖小平,逢焕成,等,2015.双季稻区不同栽培方式对水稻光合生理特性、粒叶比及产量的影响[J].中国农业大学学报,20(4):48-56.

汪和廷,董慧,齐龙昌,等,2015.种植方式及施氮量对水稻灌浆初期氮代谢关键酶活性和产量性状的影响[J].中国生态农业学报,23(9):1 210-1 214.

王东升,张亚丽,陈石,等,2007.不同氮效率水稻品种增硝营养下根系生长的响应特征[J].植物营养与肥料学报,58(4):585-590.

王萌萌,杨沈斌,江晓东,等,2016.光温要素对水稻群体茎蘖增长动态影响的分析及模拟[J].作物学报,42(1):82-92.

王明全,唐明,1998.野生稻光周期反应研究[J].武汉植物学研究(3):213-218.

王强,张其德,蒋高明,等,2000.超高产杂交稻光合特性的研究(英文)[J].植物学报,42(12):1 285-1 288.

王志军,叶春秀,董永梅,等,2016.滴灌和淹灌栽培模式下水稻光合生理、荧光参数及产量构成因素分析[J].植物生理学报,52(5):723-735.

吴思佳,李仁英,谢晓金,等,2021.抽穗期高温对水稻叶片光合特性、叶绿素荧光特性和产量构成因素的影响[J].南方农业学报,52(1):20-27.

徐晨,凌凤楼,徐克章,等,2013.盐胁迫对不同水稻品种光合特性和生理生化特性的影响[J].中国水稻科学,27(3):280-286.

徐春梅,王丹英,陈松,等,2012.增氧对水稻根系生长与氮代谢的影响[J].中国水稻科学,26(3):320-324.

闫小红,尹建华,段世华,等,2013.四种水稻品种的光合光响应曲线及其模型拟合[J].生态学杂志,32(3):604-610.

阳剑,时亚文,李宙炜,等,2011.水稻碳氮代谢研究进展[J].作物研究,25(4):383-387.

杨波,田露,李琦,等,2015.水分和高温复合胁迫对水稻幼苗光合生理特性的影响[J].作物杂志(5):111-115.

杨旺兴,卓伟,马彬林,等,2017.水稻种质资源光合与水分利用特性比较及聚类分析[J].福建农业学报,32(3):248-252.

杨忠良,刘海英,刘会,等,2017.氮素对水稻幼苗氮代谢相关酶活性及相关基因表达的影响[J].黑龙江农业科学(10):26-31.

尹新芳,尹鑫军,王鑫澳,等,2022.主要气象因子对水稻产量与糙米重金属含量的影响[J].作物研究,36(5):411-416,463.

于欣志,景娜,陈麒宇,等,2022.不同稻瘟病抗性水稻品种的氮代谢特性比较[J/OL].分子植物育种 http://kns.chki.net/kcms/detc:l/46.1068.5.20221014.1825.020htnd.

张辰明,徐烨红,赵海娟,等,2011.不同氮形态对水稻苗期氮素吸收和根系生长的影响[J].南京农业大学学报,34(3):72-76.

张迪, 2022. 不同插秧密度对水稻氮代谢及产量的影响[D]. 哈尔滨: 东北农业大学.

张玛利, 罗正宗, 刘景平, 2006. 日长对水稻栽培品种抽穗及农艺性状之影响[J]. 作物、环境与生物资讯, 3(2): 147-158.

张文绪, 1987. 水稻品种对光温互作反应特性的研究[J]. 中国农业大学学报, 8(2): 141-150.

张晓东, 王秀萍, 孙宇, 等, 2004. 短日照对几种不同光反应型水稻生长发育的影响[J]. 河北科技师范学院学报, 18(1): 27-31.

张亚丽, 段英华, 沈其荣, 2004. 水稻对硝态氮响应的生理指标筛选[J]. 土壤学报(4): 571-576.

周鸿凯, 何觉民, 叶昌辉, 等, 2009. 杂交水稻光温特性的因子分析[J]. 西北农林科技大学学报(自然科学版)(9): 110-116.

朱婷, 康辉星, 柯心然, 等, 2021. 水稻冠层不同高度光合有效辐射动态与叶片光合作用特性研究[J]. 北京大学学报(自然科学版), 57(4): 723-732.

卓伟, 许旭明, 张受刚, 等, 2010. 水稻不同籼粳分化类型的光合特性比较与遗传分析[J]. 福建农林大学学报(自然科学版), 39(3): 225-230.

邹芷潇, 程昌秀, 沈石, 2022. 社会经济及气象因素对水稻产量的影响研究: 以三江平原为例[J]. 中国农业资源与区划, 43(4): 24-30.

BRIONES A M, OKABE S, UMEMIYA Y, et al., 2003.Ammonia-oxidizing bacteria on root biofilms and their possible contribution to N use efficiency of different rice cultivars[J].Plant Soil, 250: 335-348.

ESTRELLA N, SPARKS T H, MENZEL A, 2007. Trends and temperature response in the phenology of crops in Germany[J].Global Change Biology, 13: 1 737-1 747.

ISLAM A R M T, NABILA I A, HASANUZZAMAN M, et al., 2022. Variability of climate-induced rice yields in northwest Bangladesh using multiple statistical modeling[J]. Theoretical and Applied Climatology, 147(3): 1 263-1 276.

JAGADISH S V K, CRAUFURD P Q, WHEELER T R, 2008. Phenotyping parents of mapping populations of rice (Oryza sativa L.) for heat tolerance during anthesis[J]. Crop Science, 48: 1 140-1 146.

KIRK G J D, KRONZUCKER H J, 2005.The potential for nitrification and nitrate uptake in the rhizosphere of wetland plants: a modeling study[J].Annalsof Botany, 96: 639-646.

KIRK G J D, 2001.Plant-mediated processes to acquire nutrients: nitrogen uptake by rice plants[J].Plant and Soil, 232: 129-134.

KRONZUCKER H J, GLASS A D M, SIDDIQI M Y, et al., 2000. Comparative kinetic analysis of ammonium and nitrate acquisition by tropical lowland rice: implications for rice cultivartion and yield potential[J]. New Phytol, 145(3): 471-476.

LIU L L, WANG E L, ZHU Y, et al., 2012. Contrasting effects of warming and autonomous breeding on single-rice productivity in China[J]. Agr Ecosyst Environ, 149: 20-29.

MADAN P, JAGADISH S V K, CRAUFURD P Q, et al., 2012. Effect of elevated CO_2 and high temperature on seed-set and grain quality of rice [J]. Journal of Experimental Botany, 63(10): 3 843-3 852.

MATSUI T, OMASA K, HORIE T, 2000. High temperature at flowering inhibits swelling of pollen grains, a driving force for thecae dehiscence in rice (*Oryza sativa* L.)[J]. Plant Production Science, 3(4): 430-434.

MATSUI T, OMASA K, HORIE T, 2001. The difference in sterility due to high temperatures during the flowering period among japonica-rice varieties [J]. Plant Production Science, 4(2): 90-93.

OH-E I, SAITOH K, KURODA T, 2007. Effects of high temperature on growth, yield and dry-matterproduction of rice grown in the paddy field [J]. Plant Production Science, 10(4): 412-422.

PENG S P, HUANG J L, SHEEHY J E, et al., 2004. Rice yields decline with higher night temperature fromglobal warming [J].Proceedings of the National Academy of Sciences of the United States of America, 101(27): 9 971-9 975.

PRASAD P V V, BOOTE K J, ALLEN L H J, et al., 2006. Species, ecotype and cultivar differences in spikeletfertility and harvest index of rice in response to high temperature stress [J].Field Crops Research, 95: 398-411.

PRASAD P V V, BOOTE K J, ALLENJ, et al., 2006. Species, ecotype and cultivar differences in spikelet fertility and harvest index of rice in response to high temperature stress [J]. Field Crops Research, 95(23): 398-411.

RAJ A, CHAKRABARTI B, PATHAK H, et al., 2016. Growth, yield components and grain yield response of rice to temperature and nitrogen levels [J]. Journal of Agrometeorology, 18(1): 1-6.

TAO F L, MASAYUKI Y, XU Y L, 2006.Climate changes and trends in phenology and yields of field cropsin China, 1981-2000 [J].Agricultural and Forest Meteorology, 138: 82-92.

TU D, JIANG Y, LIU M, et al., 2020. Improvement and stabilization of rice production by delaying sowing date in irrigated rice system in central china [J]. Journal of the Science of Food and Agriculture, 100: 595-606.

VAN OORT, P A J, ZWART S J, 2018. Impacts of climate change on rice production in Africa and causes of simulated yield changes [J]. Global Change Biology, 24(3): 1 029-1 045.

YAN J, YU J, TAO G C, et al., 2010. Yield formation and tillering dynamics of direct-seeded rice in flooded and nonflooded soils in the Huai River Basin of China [J]. Field Crops Research, 116(3): 252-259.

ZHANG T Y, HUANG Y, YANG X G, 2013. Climate warming over the past three decades has shortened rice growth duration in China and cultivar shifts have further accelerated the process for late rice [J]. Global Change Biology, 19: 563-570.

ZHOU Z, JIN J, SONG L, et al., 2021. Effects of temperature frequency trends on projected japonica rice (*Oryza sativa* L.) yield and dry matter distribution with elevated carbon dioxide [J]. PeerJ, 9(1): 11027.

第三章
陕西水稻常规栽培

第一节 秧苗培育

一、陕西水稻育秧技术发展历史

水稻是中国的重要粮食作物，对保障国家粮食安全具有重要意义。当前，中国水稻生产正在由传统的精耕细作栽培向机械化作业为主的轻简化栽培方式转变。育秧是水稻生产的重要环节，也是水稻栽培技术的基础。培育壮秧是实现水稻稳产高产的关键技术。育秧栽培有以下几方面显著优势：一是缩短水稻的生育期，增加稻田复种指数；二是实现秧苗集中管理，节约生产管理成本；三是能够实现秧苗规范插植，有利于水稻稳产高产。因此，通过研究水稻育秧发展历史，不断地学习、借鉴、改进、完善乃至创新水稻育秧技术，具有重大现实意义。

中国水稻育秧栽培历史悠久，最早可追溯到 1 900 多年以前。据东汉时期崔寔所著的《四民月令》记述："三月。……时雨降，可种秔（粳）稻，稻，美田欲稀，薄田欲稠。五月。……是月也，可别稻及蓝。尽至后二十日止。"这里的所谓"别稻"，就是拔秧移栽的意思。后经考证，汉朝发明了水稻育秧，到南北朝时期，水稻种植面积有所扩大，从洛阳到广东，推广面积遍及南北广大稻区。北魏时期贾思勰所著的《齐民要术》记述了稻种选用、播种时间、整田方法、种子催芽、种子用量以及田间管理等，其中有关出苗后灌水控草、中耕除草、晒田促根等方法至今仍被普遍应用。汉晋以后，水稻育秧技术取得了突破进展，形成了延长秧龄方法（老龄壮秧、寄秧）、拔秧方法（称为秧马）。

中国古代育秧技术经典著作《陈旉农书》记述了秧苗健壮，在于播种适时，秧田选择得当，用肥合理三者兼顾及防止烂秧、水浆管理、秧田施肥等内容。元代农学家鲁明善所著的《农桑衣食撮要》记载："插稻秧，芒种前后插之。拔秧特轻手拔出，就水洗根去泥，约八九十根作一小束。却于犁熟水田内插栽，每四五根为一丛，约离五六寸插一丛。脚不宜频挪，舒手只插六丛，却挪一遍。再插六丛，再挪一遍。逐旋插去，务要窠行整直。"

明朝水稻生产稍有进步。王象晋所著的《群芳谱》记述了水稻催芽、育秧方法，并重述了鲁明善在《农桑衣食撮要》中提到的插秧技术。明末，在育秧技术上有所革新。宋应星在《天工开物》记载："南方平原，田多一岁两栽、两获者，其再栽秧，俗

名晚糯,非粳类也。六月刈初禾,耕治老藁田,插再生秧。其秧清明时已偕早秧撒布。早秧一日无水即死,此秧历四五两月,任从烈日干无忧。"可见,明朝已发明了控水旱育秧,以培育长秧龄的晚稻秧苗。

到了清代,中国开始兴办农业学校,学习国外农业技术、引进国外稻种、开展农业试验等,以缩短生育期为目标,从北方向南方引种配套育苗种植,发展一年两熟水稻。在育秧移栽的同时,也有部分直播,但很难推广。清陆世仪在《思辨录辑要》中记载:"撒谷有二难:一者耘荡难,二则易酣,不能耐风潮也。……水微荡漾,则谷种不定,多四散,不能成稞簇,故不便耘荡。又根出浮面,入土不深,稞长大,上实下虚,故易酣,而不耐风雨也。"《耕心农话》亦有类似记述:"撒谷则颗粒难匀,艰于耘耔,工力繁费,所以人不乐从也。"

民国时期,陕西、河南、天津等地都有水稻栽培。新疆的阿克苏、库尔喀喇乌苏、绥来亦有粳稻栽培。在育秧方法上,早稻和一季晚稻以水育秧为主,二季晚稻以水育秧和旱育秧并重。水稻育苗移栽促进了中国水稻生产的发展。从民国至中华人民共和国成立初期,中国农业技术已从经验型走向科学型。在育秧方法上,早稻、中稻以水育秧为主,晚稻以控水旱育秧为主,并推广应用了场地小苗带土移栽、老龄壮秧、寄栽秧等育秧方法。

中华人民共和国成立初期,全国大部分稻区仍沿用传统的水育秧,少数稻区采用部分旱育秧和小苗铲土移栽。晚稻除采用水育秧外,还有相当面积采用旱育秧。催芽方法较普遍采用木桶箩筐催芽。即早稻浸种 24 h 后,放在木桶或箩筐中催芽,种谷破胸后即抖苞淋冷水,让其自然升温,直至催芽成"芽长与谷粒相等、根长等于粒长二倍"的标准时,方可适当摊凉后再行播种。经过土改、互助合作、初级社、高级社和人民公社等农村改革,水稻育秧技术有了新的进展。

1959 年,全国已开始推广湿润育秧(又叫半旱育秧)、水旱育秧。20 世纪 60 年代初,湿润育秧已在南方稻区大面积推广。其技术要点是:前一年冬季及早翻耕秧田,经过 1 个月左右的晒垡,再行耙秧田,捡净禾茇,施足腐熟有机肥并进行秒田。春耕前,再秒耙,并施肥。播前几天,灌水耙之,沉实 24 h 或 48 h,再犁 3 遍,用轧耙轧平后又沉实 24 h,即可作畦。作畦方法是将沟内的糊泥捞到畦面,用多齿耙抓溶抓活,结合施磷肥或复合肥,再反复抓匀,稍平后将水排浅至半沟,秧板糊泥稍加沉实即可播种,播后压芽。秧苗在 3 叶期以前,保持沟内有水,畦面湿润,即使遇上强寒潮或小雨也不灌水上畦面。只有遇到暴雨大雨,才短时灌深水护秧。3 叶期后应灌水上畦,遇晚霜深水护秧。60 年代初在推广湿润育秧的同时,先后有广东、湖北、天津等省(市)试验推广塑料薄膜育秧。其秧田与湿润秧田同,不同的是当秧畦作好后,用竹片搭成拱架,然后在拱架上覆盖薄膜。因薄膜具有保温效果,故比露地育秧提早一个节气播种。

1969 年,浙江等地掀起了一个"小苗育秧热"。据当年报道,嘉兴、平湖、嘉善等 17 个县推广场地育秧 70 多万亩。1970—1971 年,以江西安义县为中心采用了这种育秧方法。作床选地势高、平坦、背风向阳、浇水方便的空闲地、场地作育秧基地。由于土壤作底的苗床不保水，可铺一层旧塑料布垫底。苗床场地上，用粗草绳或土做埂围成宽 130 cm 的秧畦，秧畦间隔 20 cm，用作走道。在秧畦上铺 2～3 cm 厚的河泥或以细碎过筛的熟土混合 20%～30% 的猪粪，施适量的硫铵及过磷酸钙。秧畦畦面平整后，浇一次透水，抹平后即可播种。将种子浸种待露白时播种。每公顷播种量 7 500 kg 左右，做到匀播，泥不见天，籽不重叠。播后覆细土或粉煤灰。浇水要少量勤浇，保持畦土湿润。待种子出苗现青后，应适当控制水分，让幼苗充分扎根。在气温变化时，要注意保温防冻，以免发生死苗。在起秧移栽前 2～3 d 要停止浇水。

20 世纪 70 年代初，日本研究成功一种温室有土育秧技术。1977 年，中国开始引进这种育秧技术，并成立了水稻工厂育秧机播配套研究协作组，在室内育秧的基础上，借鉴日本经验在吴县越溪试验基点开始对工厂育秧进行系统的研究。1979 年，国家科学技术委员会和农业部委托协作组开展工厂育秧与机插配套栽培技术体系研究，并增设了无锡东亭公社试验基点。越溪基点用国产机械设备和人工操作结合；东亭基点使用从日本引进的成套设备。此后，上海郊区、湖北省等地都先后引进这项育秧技术。同一个时期，湖北黄冈发明了一种温室无土育秧技术。1976 年，黄冈推广该育秧 10 多万亩，整个湖北省推广 150 万亩，1977 年发展到 500 多万亩，占早稻面积的 30% 以上。此后，湖南、江西等部分南方稻区先后引进了这项技术。从 1970 年起，中国开展了水稻杂种优势利用研究，1973 年实现了水稻三系配套，育成了籼型杂交水稻。比较有代表性的新育秧法有湖北的硬板上浆育秧、福建撒秧、浙江杂交稻两段育秧和江西杂交稻十二字育秧等。

中国农业科技工作者和广大人民群众先后发明和总结形成了 20 多种水稻育秧新方法。例如在露地育秧方面，有 70 年代初湖南、江西等地的通气育秧，70 年代末江西的夹层秧田育秧；80 年代初江苏盐碱地半旱育秧、免耕秧田育秧及安徽火烧牛粪包育秧等；在保温育秧方面，有 70 年代末江西旱播湿润育秧和浙江、上海不浸种不催芽育秧，80 年代初广西粒状酸土板田薄膜旱育秧、湖南双膜育秧、宁夏保墒旱育秧、江苏无锡旱播小苗直栽及北京营养方块育秧，80 年代中期吉林延边稻区肥水砂耕育秧等；在增温育秧方面，有 70 年代末江西简易温室无土育秧、湖北无火温室育秧、小型保温育苗器育秧、四川生物能温床育秧、沼气育秧棚育秧等；在两段育秧方面，有 70 年代末浙江薄膜两段育秧、江苏无锡露地条寄育秧、四川简易温室两段育秧，80 年代初江苏薄膜拱型床两段育秧、多种温室分步育秧和四川营养沙温床两段育秧等。

总之，20 世纪 70—80 年代，中国水稻育秧技术层出不穷，堪称稻秧培育史上的黄金时代。多种多样的育秧方法，为配合当地的地理、气候特点、耕作制度等条件，培育出不同标准的壮秧奠定了基础。20 世纪 80 年代以后，随着薄膜、无纺布等覆盖材料的应用，生产上常采用保温育秧方法，例如薄膜、地膜、无纺布覆盖育秧、大棚温室育秧、工厂化设施育秧，基本解决了中国北方一季稻育秧及南方双季早稻育秧期间的低温烂秧问题。水稻育秧及其栽插技术的发展，进一步促进了中国长江流域多熟制水

稻生产的发展。

近年来,水稻设施育秧技术得到快速发展,一是发明了印刷播种技术和真空吸喷播种技术等播种新方法,使得水稻种子能够均匀定位播种,大幅度降低了机插水稻的种子用量,降低了生产成本;二是发明了农作物秸秆育秧板替代育秧基质或泥浆,既方便了机插秧育秧,又降低了其育秧成本和提高了农作物秸秆的利用率;三是引进和创新了钵苗机插秧技术和钵形毯状育秧技术,大幅提高了机插秧苗的栽插质量。

二、陕西水稻育秧技术发展

根据不同的分类方法,水稻育秧有多种类型。根据秧田的整地方法和土壤水分状况的不同,可分为湿润育秧、旱床育秧、折中育秧、小苗带土育秧;根据育秧的场地不同,可分为稻田育秧、场地育秧、大棚育秧、工厂化育秧;根据秧床覆盖保温材料的不同,可分为薄膜育秧、地膜育秧、露地育秧;根据育秧基质的不同,可分为泥浆育秧、基质育秧、无土育秧;根据水稻秧苗的栽插方式不同,可分为手插秧、机插秧、抛秧/丢秧;根据秧苗栽插秧龄的不同,可分为小苗秧、中苗秧、大苗秧。主要有以下几个方面。

(一)旱育秧

旱育秧是一种节水型的育秧方式,特点是旱整地、旱管理,土壤中氧气多,秧苗根系发达,活力强,移栽后发根快,成活早。早在20世纪60年代,湖北麻城、云南路南、浙江温州、江西乐平及安徽至德等地农民习惯采用旱育秧,即在播种后秧田一直保持湿润,在移植前仅仅灌一次水,使秧块变硬,便于连苗带土移植。旱育秧不易烂秧,旱秧比水秧生长快、移栽后返青快、分蘖发生早、有效分蘖多。与湿润秧苗比较,秧苗素质好、抗逆性强,还表现为矮壮、茎粗、叶宽、根多、干重大。后来,进一步研究简化旱育秧方法,即适应于水稻旱育秧的大棚结构,床土改良灌溉、经济用秧及机械插秧的育秧方法。为了调控旱秧田的土壤水分,日本专家进行了人控恒温试验,指出低温条件下比高温条件下适宜的育秧水分含量高。方展森等在早春大棚旱育秧条件下,以中壤土盆栽,研究证明大棚旱育秧最适宜土壤水分为田间持水量的70%,下限为60%~65%,上限为80%。从1965年开始,蔡仲锡等系统研究旱育秧技术,1984年提出水稻旱育大、中苗稀植高产栽培技术,并在辽宁推广应用。

(二)湿润育秧

湿润育秧是指在秧田开沟、分厢播种、泥浆踏谷、薄膜覆盖,播种后以湿润或浅水灌溉为主的育秧方法。湿润育秧是在前期湿润管理,苗期看天定水,整个育秧期间保持土壤湿润的育秧方法。20世纪60年代,中国开始推广湿润育秧,后来各地对湿润育秧作了改进,例如江苏、浙江、湖南等省实行由密播改为稀播,浸种不催芽播种改为保温催芽播种,以安全抽穗开花期和秧龄弹性来确定适宜播种期的方法。在低温阴雨条件下,湿润育秧播种后需要加盖覆盖物保温,覆盖物包括地膜、薄膜、彩色薄膜、无纺布等。由于湿润育秧技术的普遍适应性，后来生产应用的两段育秧、塑盘育秧（抛秧、机插秧）等都是基于湿润育秧技术，或是沿用了湿润育秧的管理方法。值得指出的是，湿润育秧由于操作方便、适用性广、加之秧苗生长稳健，至今仍是湖南省乃至中国水稻育秧的主推技术。

（三）场地育秧

场地育秧包括小苗带土移栽育秧和基质育秧，主要采用密播、短秧龄、带土浅插，具有省秧田、省种子、省肥、省工、增产的效果。20世纪50年代末及60年代初，日本水稻小苗带土移栽是以人工手插为主。1966年以后，随着插秧机发展，机械化移栽发展较快，其中小苗带土移栽机械化提高更快。20世纪70年代，由于缺少薄膜覆盖，生产上，湖南多采用切碎绿肥覆盖秧床保温进行小苗带土移栽。总之，水稻场地育秧操作方便，较大棚育秧和工厂化育秧成本大幅降低，各地正在发展水稻场地育秧，以满足水稻规模化、机械化生产需要。

（四）两段育秧

两段育秧是指采用温室、地膜育秧育成约1.5叶的小苗秧，再寄栽到秧田，培育成多蘖壮秧。为满足长秧龄、大苗插植的需要，生产上常采用两段育秧。在南方多熟制稻区，两段育秧作为主要的育秧技术得到了推广应用。两段育秧具有节省用种、提高成秧率、提高秧苗素质、延长秧龄弹性、缓解季节矛盾、增加稻谷产量等优点。

（五）硬地硬盘育秧

硬地硬盘育秧是指利用空闲的水泥场地、晒场、空置路面等硬地条件，用硬盘进行机械化育秧，以代替传统田间育秧培育出符合要求的壮秧。

（六）工厂育秧

近年来，中国各地建设了智能化育秧工厂，以商品基质替代土壤进行基质育秧。日本早在1996年就研究了长毯机插水稻无土育苗插秧技术，采用无土栽培，用循环营养液供应秧苗的生长。在育秧盘上铺无纺布，用播种器均匀撒播经浸种消毒和催芽的种子。根据需要安排品种和育秧数量，插秧时按要求将秧苗提供给农民，收取服务费。发展商品秧，育秧技术和质量有保证，能提高育秧物资的利用率，降低育秧成本。20世纪70年代末，中国湖北、江苏、湖南等省开展了多种多样的工厂化育秧和机插配套的试验示范，实现了机械化厂房无土育秧、机播、机插"三配套"。工厂化育秧是近年根据机插秧栽培的需要发展起来的新技术，各地设计了具有高度自动化设施的智能温室用于水稻育秧。

三、水稻育秧的基本原则和要求

（一）水稻育秧的基本要求

秧好一半稻，壮秧是高产的基础。我国历来就有"秧好半年稻，苗好产量高"之说。壮秧移栽后返青快，起发早，生长整齐，易形成高产群体；壮秧体内营养物质积累多，生长锥粗大，根、茎、蘖原基分化数量多，质量好，个体健壮；壮秧体内大维管束数目多，易形成大穗，一次枝梗和每穗粒数明显增加；壮秧抗逆性强，生理功能好，易取得较高的光合生产。因此，培育秧龄适宜、整齐健壮、无病害的水稻秧苗，是育苗的基本要求。

水稻秧苗可分为小苗、中苗、大苗。小苗一般是指 3 叶期内移栽的秧苗，中苗一般是指 3～4.5 叶内移栽的秧苗。大苗可分为两类：一类一般是指 4.5～6.5 叶移栽的秧苗；另一类为 6.5 叶以上移栽的秧苗，一般称老壮秧。各类秧苗各有特点，大苗个体发育好，易于调整穗粒结构；中、小苗便于调节季节，容易获得较多穗数。但两者均有不足之处，在生产中要根据具体条件，配套应用，相辅相成。对于不同类型的秧苗，尽管壮秧的标准不尽相同，但在形态和生理上具有共同的特征。壮秧的生理特点是光合能力强，干物质生产、积累多，碳氮比为 15 左右，发根力强，抗逆性好。从壮秧的群体看，要求较高的成秧率（80% 以上）与整齐度，使移栽本田后生长整齐。从壮秧的生理特征看，要求壮秧的光合能力强，特别是叶鞘内碳水化合物含量高；壮秧的碳氮比（C/N）适中，中苗 7～9，大苗 11～14（小苗一般含氮相对较多，不用此作指标）；束缚水含量应占鲜重的 30% 以上；从壮秧的个体形态看，要求茎基宽扁、叶挺色绿、根多色白、植株矮健；从壮秧的群体看，要求较高的成秧率（80% 以上）与整齐度（脚秧率低于 10%），秧龄适宜，长势旺而不徒长，根系发达，4 片叶以上的壮秧应长出分蘖，整齐，无病害，其中茎基宽扁是评价壮秧的重要指标，俗称壮秧为"扁蒲秧"。

（二）水稻育秧的基本原则

1. 育秧方式

适宜陕南水稻育秧方式主要有露地直播育秧、薄膜覆盖育秧、温室两段育秧、地池两段育秧、旱育秧、肥床旱育秧和软盘旱育秧（后两种适宜机插秧）。陕南平坝丘陵区种植的是全生育期 150～160 d 的晚熟杂交稻，浅山区是中熟杂交稻，为了防止烂秧，且确保高产齐穗期抽穗，必须采取保温育秧的方法，提早播种，增加有效积温。

2. 秧田选择

秧田应选排灌方便、土壤肥沃、土质松软、杂草少、无病源、离本田近的地块作秧田。应尽量集中连片，实行规模化育秧，便于秧田的统一管理。早、中稻秧田要避风向阳，肥力较高；晚稻秧田要通风凉爽，肥力中等。秧田干耕燥整，作畦，畦宽约 1.5 m，沟宽约 20 cm，沟深 15 cm 左右。早、中稻秧田一般均施用基肥，一般亩施腐熟优质厩肥或人粪尿1 000 kg左右；或施硫酸铵或碳酸氢铵15 kg，结合耕地时施下；过磷酸钙30 kg左右，氯化钾约10 kg在整畦前施下。再灌水浸泡，整平畦面，耥平秧板，挖深秧沟，达到"上糊下松、沟深面平、肥足草净、软硬适中"的要求，这样的秧田通气性好，透水性强，有利于根系生长，育成壮秧。播种要注意播种质量，分畦定量，播种均匀，播后塌谷。塌谷后用砻糠灰、焦泥灰、细肥土等物覆盖。

3. 品种选择

根据不同茬口、品种特性及安全齐穗期，选用丰产、优质、分蘖力强、穗大粒多、较抗病、抗倒伏、抗逆性强的优良品种。陕南平坝稻区选用全生育期155 d左右的中籼晚熟杂交稻品种；浅山丘陵区选用全生育期145 d左右的中籼中熟杂交稻品种。

4. 种子处理

要求选择种子纯净饱满，纯度高（99.5%），发芽率高（90%以上），发芽势强，发芽整齐、饱满的种子。选种大都是经风选、筛选后，再用有一定比重的水溶液进行选种。溶液一般用黄泥水、盐水或硫酸铵水，溶液比重籼稻和有芒粳稻一般为1.05～1.10，无芒粳稻为1.11～1.12。通过比重选种后，用清水冲洗干净，再浸种消毒。水稻种子处理是控制水稻恶苗病、干尖线虫病等种传病害的最佳途径，是培育健壮秧苗的关键技术。某些病虫害是通过种子传染的，如稻瘟病、恶苗病、白叶枯病、胡麻叶斑病、干尖线虫病等。采用种子消毒，可防止种子带菌带虫到大田中。多用石灰水或药剂浸种，或用多功能专用浸种剂浸种，既消毒又壮根健苗。晒种增强种皮透性，促进酶的活性，增进胚的活力，从而提高发芽率和发芽势，晴热天气晒1～2 d。

5. 播种期的确定

适时播种，既有利于充分利用温光资源，增加水稻营养生长量，促进形成带蘖壮秧，又有利于劳力调节，确保适龄移栽。要依据各稻适宜的播期和大田腾茬时间，切实抓好适时分批播种。播种过早温度低，出苗慢，出苗率低，生长慢苗生长弱，容易烂秧；过晚成秧率虽高，但影响适时栽秧。播种期的确定通常要考虑气候条件、品种生育期和前后茬关系等主要因素，从有利于出苗、分蘖、安全孕穗和安全齐穗出发，做到适时播种。早播界限期要根据发芽出苗对温度的要求确定。在自然条件下，日平均气温稳定通过12℃的初日作为籼稻的早播界限期，再根据当年气象预报，抓住冷尾暖头，抢晴播种。早播还要考虑能适时早栽，安全孕穗。水稻安全移栽的温度指标为日平均温度15℃以上。移栽过早会推迟返青，导致死苗或僵苗。

迟播界限期是要保证安全齐穗。水稻抽穗期低温伤害的温度指标为日平均温度连续3 d以上低于22℃。一般以秋季日平均温度稳定通过22℃的终日，分别作为籼稻与籼型杂交稻的安全齐穗期。根据各品种从播种到齐穗的生长天数，就可向前推算出该品种的迟播界限日期。确定播种期还要考虑有些地区常有的旱、涝、台风、低温、高温等灾害性天气，应掌握灾害发生规律，调整播期，避灾保收。播种期还要和耕作制度以及品种类型相适应，做到播种期、移栽期、秧龄三对口。

6. 播种量的确定

适宜播种量的标准，以确保移栽前不出现秧苗群体因受光照不足而影响个体生长为原则。播种量对秧苗素质的影响，随着秧龄的延长而增大，秧龄越长，秧苗个体受抑制程度越大。所以，短龄早栽的小苗或中苗，播种量可增大，而长秧龄大秧则播种量相应减少，秧龄越长越要注意稀播。秧龄短的中小苗播种量可稍大，秧龄长的大苗须减少播种量。播种量的确定也和育秧季节温度高低有关，高温季节的秧苗生长快，群体发展迅速，个体受抑制时间早。育秧季节温度：温度高少播，温度低可适当多播。播种量还因育秧方式不同而有差别，旱育秧一般要比湿润育秧播种量大。杂交稻与常规稻：杂交稻用种量要少。

7. 浸种催芽要求

浸种使种子吸足水分，促使种子顺利发芽，一般种子吸水达到种子自重的25%时，就可缓慢萌发，但不整齐，种子只有吸水达到相当于自重的40%时（饱和吸水量）才顺利发芽。吸足水分的外部特征，谷壳呈半透明状，胚部膨大突起（露白），腹白和胚清晰可见，胚乳变软，手碾成粉，折断米粒无响声，米心不显白色。如果谷壳仍为白色而谷粒坚实，说明浸种未透。如果谷壳黄色加深而显有光泽，就是浸水过久的表现。破胸：种子吸足水分，胚膨大凸起，使谷壳出现小裂缝而露出内部白色的胚部。

芽和根的长短是根据气候和要求而定的，温度高芽、根短，温度低芽、根长。早稻一般芽长1/2粒谷，根长半粒谷；中稻芽长1/2粒谷，根长1粒谷；晚稻为破胸露白。"快"，2～3 d内催好芽；"齐"，发芽率90%以上；"匀"，芽长整齐一致；"壮"，芽色白，无异味比较适当。

8. 秧龄确定

可用叶龄、天数、积温来表示，其中叶龄能较准确地反映秧苗和生理状况，也有用播种到拔秧的日数来表示秧龄。确定适宜秧龄的一般原则是：生育期短的品种因营养生长期的积温所需较少，易超龄早穗，秧龄宜短；而生育期长的品种的秧龄可较长；早晚稻秧龄宜较短，而晚稻感光性强，宜于培育长秧龄壮秧；高温季节育秧，或播种密度大，秧龄宜短，反之可较长。高产栽培要求秧苗移栽后至少能长出6～9片新叶为适宜秧龄。

9. 小秧管理

一是要重视提苗肥的施用，尤其是苗床没培肥，基肥不到位的田块，避免中期脱肥秧苗黄瘦。二是要重视水分管理，旱育秧要控制上水以保持适度旱化，机插秧、小苗秧大部分时间要保持湿润灌溉，防止大水漫灌，同时，要密切注意水质安全，防止误灌污水造成死苗缺秧。三是要重视病虫草的防治，近几年水稻病虫发生基数高，为害重，情况复杂多变，各地一定按照植保部门要求开展好秧田期的病虫草防治工作，确保秧苗健壮，为水稻适时栽插打下良好基础。

10. 秧田管理

从播种到第一完全叶展开之前为芽期。此时秧苗耐低温能力较弱，供氧好坏是影响扎根立苗的关键。所以播后秧板保持土壤充分湿润，如出现霜冻、大风、暴雨等特殊天气，应暂时灌水护芽，风雨过后再排水晒芽。自1叶展开到3叶期为幼苗期。此时秧苗通气组织尚未健全，根系生长所需氧气主要依靠空气直接供应，故要采取露田与浅灌相结合的灌水方法，2叶期前露田为主，2叶期后浅灌为主。3叶期幼苗由异养转入自养，要及早补充营养，即断奶肥，应提早到1叶1心期施用为宜，以及时补充氮源，有利幼苗从异养转入自养。断奶肥每公顷施尿素45～75 kg，秧田肥力高也可不施。3叶期以后到移栽为成苗期。秧苗体内通气组织已发育健全，根部氧的供应可以由地上部下运，水层灌溉有利于秧苗吸水、吸肥，因此，3叶期后稀播大秧应采用浅水灌，不宜时灌时排，防秧根下扎，拔秧困难。

四、培育适龄壮秧的技术与方法

培育壮秧是水稻生产的基础，秧苗素质的好坏，是夺取水稻高产的前提，培育水稻标准壮秧对进一步提高水稻单产具有十分重要的意义。

（一）水稻不同育秧方式的壮秧标准

两段秧：秧龄40～50 d，叶龄6～8叶，苗高35～40 cm，单株带蘖3～5个，白根10条以上，叶片老健，清秀无病虫害。

旱育秧：秧龄40～50 d，叶龄6～8叶，苗高20～25 cm，单株带蘖4～6个，白根20条以上，清秀无病虫害。

（二）培育健壮适龄秧苗目标

达到成秧率高、苗齐、苗壮，保证有足够的秧苗适时移栽；移栽后返青成活快，分蘖提早，抗性增强，生长良好，增产增效。

（三）培育适龄壮秧的关键技术

1. 选好育秧方法

根据品种生育期、茬口、地力水平、海拔高度、地理位置和目标任务等综合因素考虑选择育秧方式。一般陕南地区等采用温室两段育秧、薄膜育秧和地池两段秧等方法培育长秧龄多蘖壮秧。

2. 应用适宜品种

品种是产量与品质的基础，选好品种，在水稻生产上能起到事半功倍的作用。根据陕南光温资源，结合油菜茬口衔接，在品种选择上突出高产优质。陕南平川选择丰优香占、宜香725、宜香1979、内香8518和内5优5399等全生育期在155 d左右、米质优良、增产潜力大的中晚熟组合为主推品种；浅山丘陵区选用D优2362等全生育期145 d左右的中籼中熟杂交稻品种；山区选择汕优窄8等品种。

3. 严格种子处理

水稻种子处理是控制水稻恶苗等种传病害、培育健壮秧苗的关键技术。

（1）晒种　增强种皮透性，促进酶的活性，增进胚的活力，从而提高发芽率和发芽势。播种之前，把种子摊放在席上，铺6～9 cm寸厚，晴天晒种时间1～2 d即可，要薄摊勤翻，防止谷壳破裂。

（2）选种　通过选种使种子纯净饱满，发芽整齐。一般进行风选、筛选和比重选3个步骤。比重选的做法是，每50 kg水加食盐7.5～10 kg，把种子放到盐水中搅拌，捞出浮在水面上的秕谷杂物，取出沉到下面的饱满种子。要求快，一般应在4～5 min内完成。取出后立即用清水冲洗，将盐洗净，然后浸种。杂交稻种子饱满度差，一般仅用清水选种。

（3）浸种消毒　浸种是使种谷较快地吸足达到正常发芽的含水量（40%左右），促进发芽整齐。达到稻种萌发要求的最适水分所需的吸水时间，水温30℃时约需30 h，水温20℃时约需60 h。浸种时间不宜过长，以免使种子养分外溢，且易缺氧窒息，造成酒精发酵，反而降低发芽率和抗寒性。杂交稻种子不饱满，发芽势低，采用间隙浸种或热水浸种的方法，以提高发芽势和发芽率。水稻多种病害均通过种子带菌传播，常用抗菌剂或强氯精浸种消毒。消毒可与浸种结合进行，种子经过消毒，如已吸足水分，可不再浸种；吸水不足时，应换清水继续浸种。凡用药剂消毒的稻种，都要用清水冲洗干净后再催芽，以免影响发芽。浸种时要确保用药量、用种量、兑水量准确，保证浓度；要先配药液后浸种，药液配制确保均匀。浸种时先将稻种用清水预浸1 d，然后用500倍强氯精药液浸种1 d，再用清水浸1～2 d。

（4）催芽　要求达到"快"（2～3 d内催好芽）、"齐"（发芽率90%以上）、"匀"（芽长整齐一致）、"壮"（芽色白，无异味，芽长半粒谷，根长一粒谷）。催芽方法因热源和保温方法不同，有地窖催芽、温室催芽、酿热物温床催芽等。催芽过程可分为4个阶段。一是高温露白。指种谷开始催芽至破胸露白阶段。种谷露白前，呼吸作用弱，温度偏低是主要矛盾。可先将种谷在50～55℃温水中预热5～10 min，再起水沥干，上堆密封保温，保持谷堆温度35～38℃，15～18 h后开始露白。二是适温催根。种谷破胸露白后，呼吸作用大增，产生大量热能，使谷堆温度迅速上升，如超过42℃，持续时间3～4 h以上，就会出现"高温烧芽"。露白后要经常翻堆散热，并淋温水，保持谷堆温度30～35℃，促进齐根。三是保湿促芽。齐根后要控根促芽，使根齐芽壮。根据"干长根、湿长芽"的原理，适当淋浇25℃左右温水，保持谷堆湿润，促进幼芽生长。同时仍要注意翻堆散热保持适温，可把大堆分小，厚堆摊薄。四是摊凉锻炼。根芽长度达到预期要求，催芽即结束。播种前把芽谷在室内摊薄炼芽24 h左右，以增强芽谷播后对环境的适应性。遇低温寒潮不能播种时，可延长将芽谷摊薄时间，结合洒水，防止芽、根失水干枯，待天气转好时，抓住冷尾暖头，抢晴天播种。

4. 备足做好秧田

备足育秧苗床地。根据种稻计划，确定育苗面积。选择背风、向阳、离水源近、排灌方便、土壤肥沃、结构良好、杂草少、无病虫、离本田近的地块作秧田。秧地浅翻后及时清除杂草、秸秆残渣。苗床底水要一次浇透，使苗床土层呈饱和水状态、苗床表面无明水为度。晚熟品种高产栽培仍然要坚持两段育秧，增温早熟夺高产；中熟品种可采取旱育秧、薄膜育秧或露地育秧。

5. 坚持适时早播

适期早播可有效延长水稻的营养生长期，增加有效积温，提高光合干物质累积量，促进早熟,有效减轻水稻生长后期的高温伏旱或秋封的影响,为提高水稻单产奠定基础。温室两段育秧和薄膜育秧 4 月 5 日前后进温室或播种;旱育秧一般比两段育秧提早 5～7 d,一般于 3 月底至 4 月初播种;地池两育段秧比温室两段育秧一般早播 5 d,4 月 1 日左右播种。

6. 把握播种质量

播种质量是直接影响秧苗素质的关键因素,合适的秧大田比能有效地调节秧龄,保证适期栽插,适宜的播量能防止因播量过高而产生的瘦弱苗现象或因播量过低带来缺苗从而影响适时足苗栽插。因此,在播种时要严格把握质量,做到精量匀播,确保秧苗健壮。根据生产实践,温室两段秧秧田与本田按 1∶10 预留,每亩备种 1 kg,1 叶 1 心移栽;地池两段秧秧田与本田按 1∶10 预留,每亩备种 1 kg,1 叶 1 心至 2 叶 1 心时再起苗移栽;薄膜育秧和常规水育秧的适宜秧大田比为 1∶8 左右,一亩秧母田撒播 15～20 kg;机插秧在 3 叶 1 心时移栽,肥床旱育秧一季田插(抛)秧本比为 1∶(15～20);软盘旱育秧秧本比为 1∶(45～50)。播量大小和育秧方法、移栽苗龄有关,一般小龄苗移栽播量大些,大龄苗移栽播量小些。

7. 狠抓秧田管理

两段育秧秧苗寄插后一周内畦面不上水,保持畦面干爽,促进根系下扎。3 叶期之后保持浅水层。育秧期间如遇持续强降温天气应做好深水护苗、覆膜防冻等保温措施,寒潮过后要及时喷施多菌灵等杀菌助长药剂。2 叶 1 心期每亩秧田泼浇淡尿水 1 000 kg 或追施尿素 3～5 kg 作"断奶肥",4～6 叶期追施尿素 7～8 kg 促进分蘖,插秧前 5 d 追施尿素 5～6 kg 作"送嫁肥"。旱育秧做到旱育旱管,及时追肥,除草。1～2 叶期,低温寒潮过后注意用敌磺钠等杀菌剂灌根防治立枯病。

8. 低温烂秧的防治

水稻烂秧是水稻生产中的重要问题之一。烂秧是烂种、烂芽和死苗的总称,烂种和烂芽常发生在秧苗未扎根立苗之前,死苗则发生在秧苗扎根立苗之后。这种现象在水育秧、湿润育秧和直播田常有所发生。而死苗现象常发生在塑料薄膜育秧和旱育秧田中。每年 4 月,陕南水稻育秧期间,最易出现"倒春寒",导致秧苗部分烂秧甚至死亡。

烂种:谷种在出苗前死亡原因很多,例如谷种在贮藏期间失去生命力或种子生命力弱,在种子消毒过程中处理不当丧失发芽力,播种过深闷死干死,长期深水缺氧闷死,播后低温种子腐烂而死。防止烂种措施:注意育苗时保温,播发芽率高的种子,严格掌握种子处理的技术要求,适期播种,管好水层等。

烂芽:秧苗出苗前死亡。原因是播种后灌水深、低温、缺氧、根不入泥和翻根倒芽;施未腐熟有机肥,淹水情况下产生大量硫化氢,秧苗中毒死亡;盐碱地在长期淹水情况下藻类繁殖,使床面形成一层泥膜,泥膜将种子托起,根扎不下去,造成烂芽;灌水含盐量过高;绵腐病为害等。防止烂芽措施:保温、灌浅水、清沟排水换淡水,用硫酸铜液 0.05% 喷洒灭菌。

死苗:出苗后秧苗死亡。原因主要为感染立枯病,幼苗腐死、立针基腐、卷叶黄

枯、打绺青枯。此外，还因管理失误造成死苗，如薄膜烫伤秧苗致死。防止立枯病：播前用敌磺钠 500～1 000 倍液处理土壤，发病后喷洒 65%～70% 敌磺钠原粉的 1 000 倍液 1.5 kg/m²。

五、生产上常用的水稻育秧方法

（一）机插水稻盘式育秧要求

1. 播前准备

床土选择宜使用水稻专用育秧基质，也可选择中性偏酸的肥沃壤土（去除残茬、砾石和杂草，尽量避免污染和病菌），耕种熟化的旱田二、稻田土，经过粉碎过筛、调酸、培肥、消毒等处理后的山黄泥或河泥等。避免使用近期喷洒过除草剂的土壤。床土 pH 值 5.0～6.5。土质疏松、通透性好，含水率适宜，达到手捏成团，落地即散。土壤颗粒细碎、均匀，粒径在 5 mm 以下。床土数量按 580 mm×280 mm×28 mm 标准秧盘，每 1 000 盘备床土 5～6 m³。根据床土种类和自身肥力情况进行培肥。若秧盘播种成套设备带有施肥施药装置，播种时直接喷施，盖种用土（覆土）不培肥。水稻专用育秧基质不培肥，床土应用敌磺钠等药剂消毒。

2. 秧田或场地准备

应选择地势平坦、排灌方便、背风向阳、交通方便的田块作秧田。常规稻按 1∶(80～100)、杂交稻按 1∶(100～150) 备足秧田面积。畦宽 100～1 500 mm，畦沟宽 200～300 mm（如采用沟泥育秧，畦沟宽 500～700 mm），沟深 150 mm 以上，围沟深 200 mm 以上，有平水缺。对于软盘育秧，在播前 10 d 带水起畦、制作秧田，要求板实、平整、不陷脚、无残茬杂物、沟直边齐。对于硬盘客土或基质育秧，可以不耕整秧田，直接硬板田削平制作。

3. 种子准备

品种应选择通过审定、生育期适中、秧龄弹性大、抗逆性好的品种，双季晚稻选择生育期较短的优质高产品种。常规稻按大田 45～60 kg/hm² 备足种子，单季杂交稻按大田 15～21 kg/hm² 备足种子，双季杂交晚稻按 18～24 kg/hm² 备足种子。按插秧期推算。早稻秧龄 20～35 d，叶龄 3 叶 1 心～4 叶 1 心，苗高 120～250 mm 时移栽；单季晚稻秧龄 15～25 d，叶龄 3 叶 1 心～4 叶 1 心，苗高 120～250 mm 时移栽；双季晚稻在秧龄 12～25 d，叶龄 3 叶 1 心～4 叶 1 心，苗高 150～250 mm 时移栽。在茬口、气候等条件许可的前提下应早栽，具体时间根据品种适播期、当地气候条件和农艺要求而定。

4. 种子处理

常规品种晒种 1 d，杂交品种适度晒种。采用盐水或清水选种。采用盐水选种时，盐水比重为 1.06～1.12，选后应用清水漂洗。浸种方法与传统水稻栽培相同。按有关药剂的浸种要求浸种，浸种时间长短视气温而定，以种子吸足水分为宜，即达到谷壳透明、米粒腹白可见、米粒易折断无响声。宜采用催芽器（箱）催芽，将吸足水分的种子放入种子催芽器（箱），调节温度在 35～38℃，待 90% 以上的种子破胸露白后即可。催芽后将种子置于室内摊晾，达到内湿外干、不粘手、易散落状态。选择无破损、无变形、盘面清洁的秧盘。利用钵苗摆栽机机插的，应选钵型秧盘。常规水稻按大田 375～450 只/hm² 秧盘，钵型秧盘不少于 600 只/hm²，杂交水稻按大田 225～375 只/hm² 秧盘，钵型秧盘不少于 375 只/hm²。

5. 机械播种

每盘播种量根据熟制、品种、秧龄、种子千粒重和发芽率确定。一般情况下，常规稻成苗数为 2～3 棵/cm²；杂交稻成苗数为 1.0～1.5 棵/cm²。调整播种设备，使其处于正常工作状态。盘内底土厚度为 22～25 mm 或基质厚度 25 mm，要求铺放均匀平整。经洒水后秧盘上的底土表面无积水，盘底无滴水，播种覆土后能湿透床土。播前用 10～12 只空盘试播，取正常播种的 5～6 盘种子称重，平均计算盘播量，根据试播情况进行调整，达到确定的播种量。覆土厚度为 3～5 mm，要求覆土均匀、不露种。秧盘播种后叠盘，20～25 盘秧盘一叠。有控温控湿出苗室的，将播种后秧盘放置在托盘上，20 盘一叠，上面覆盖一盘装土但没有播种的秧盘。将叠盘放入出苗室，出苗室温度控制在 30～32℃，湿度控制在 90% 以上。将播种后的秧盘叠盘后，用湿毛毯等覆盖保温保湿，直接放在温度较高的大棚或室内。叠盘保温保湿后，秧盘种子出苗到 5 mm 时将秧盘移到大田或大棚育秧。早稻育秧时，气温较低，秧苗需要保温。中、晚稻育秧时，气温过高、阳光过强，出苗秧盘需要在室内放置 12～24 h 炼苗后，再放到秧田或场地。将秧盘移至秧田依次平铺整齐，灌平沟水润湿秧板和盘土。

6. 秧田管理

棚内温度超过 32℃时，揭开苗床两头通风降温，如床土发白、秧苗卷叶，灌"跑马水"保湿；当最低气温稳定在 15℃以上时揭膜。采用边灌边排的方法，保持田间干干湿湿，以湿为主。揭膜时应及时清理秧沟，确保秧田排灌畅通。灌平沟水，保持秧板湿润，自然落干后再灌。高温晴好天气，日灌夜排或以喷洒方式补水湿润床土；大风暴雨等恶劣天气灌水护苗，风止雨止后及时排水；一般阴雨天气保持秧田无积水，施肥、喷药时灌平沟水；起秧前控水炼苗。场地育秧通过湿度来控制秧苗生长，湿度过高，应通风和适当晾晒。湿度过低，开启微喷系统加湿。整个苗期均应保持苗床湿润，盘中无积水；炼苗不应过度控水。钵型秧盘育秧应经常开启微喷系统淋秧苗。

在二叶一心期，胚乳中贮藏的养分已经用完，为满足这时期幼苗生长需要而施用的肥料，视苗情每盘用尿素 0.5～1 g，按 1:100 兑水拌匀后，于傍晚均匀喷施"断奶肥"。移栽前 2～3 d，视苗情每盘用尿素 0.5～1 g，按 1:100 兑水拌匀后，于傍晚均匀喷施"送嫁肥"。

双季晚稻育秧，如秧苗长势过快，可采用多效唑适当控制秧苗高度。要求秧苗整齐、均匀，茎基粗扁，根系盘结，无病虫害。秧苗秧龄、叶龄和苗高符合要求。栽前视秧苗病虫害发生情况，必要时进行一次药剂防治。起秧移栽时，做到随起、随运、随栽。

（二）机插秧硬地育秧

1. 前期准备

选择平整、下雨不积水、浇水便利和运秧方便的水泥场地或其他硬质场地。选择品质优、丰产性好、抗逆性好的主导品种。种子质量应符合GB44041—2024《粮食作物种子第1部分禾谷类》二级以上。秧盘选用长宽高规格为58 cm×28 cm×3 cm、底孔为圆形的合格硬盘。用肥沃疏松、耕作熟化的旱地土或冬闲地经冬翻冻融的表土作营养土，并经培肥、粉碎、过筛、拌壮秧剂、调酸（pH值5～6）、集中堆闷等过程熟化；每张秧盘用营养土3～4 kg。选择未经培肥的营养土作为素土，每张秧盘用素土0.6～0.8 kg。选择质量达到育秧要求的无纺布。

2. 播种摆盘

日均温稳定在10℃以上，是粳稻田间育秧的早限播期；日均温稳定在15℃以上时，是安全移栽期；迟播界限期是要保证安全齐穗。在适期播种范围内，要力争早播，同时要考虑机插秧对秧龄的要求。备足饱满、发芽率高的精选种子，播种前摊晒2～3 d，浸足48～60 h后即可捞出沥干播种。

采用机械流水线播种。调节秧盘底土（营养土或基质）装盘厚度，控制在2.0～2.5 cm；调节洒水装置，浇足底水，以底土（营养土或基质）水分饱和有少量水溢出秧盘底孔为原则；调节播量控制开关，使每张秧盘湿谷播量适宜，一般每张秧盘播湿谷140～150 g；调节盖籽土控制开关，用素土盖籽，厚度控制在0.3～0.5 cm，以盖籽均匀、不见种子为宜。播种结束的秧盘放在室内或室外，每30～40张为一堆，并在最上层覆盖一张装土的硬盘遮光，所有秧盘堆放整齐完毕后，用黑塑料薄膜加以覆盖，保温、保湿，进行暗化催芽。暗化时间一般为2 d，当芽鞘出土0.5 cm左右时即可摆放至硬质场地上。

平整并清扫选定的水泥场或硬质场地，晴天选择10时前或16时以后（阴天全天都可以）开始摆秧，整齐横放两排暗化好的硬盘，形成秧畦，畦间留宽40 cm左右的行走道。秧畦覆盖无纺布，边缘多余的部分压在硬盘下进行固定。沿行走道铺设微喷设备，保证微喷的喷射范围能覆盖所有秧床。

3. 苗期管理

每天上午、下午各喷1次水（基质育秧中午也需喷1次水），喷淋水量以保持秧盘营养土湿润为宜；阴雨天减少喷水次数，起秧的前一天控水。营养土或基质育秧，一般不需追施肥料，2叶期后如发现秧苗有缺肥现象，可用1%浓度的尿素溶液叶面喷淋。移栽前3～5 d，用相关药剂防治稻瘟病、灰飞虱和稻蓟马等，做到带药移栽。当秧苗长至1叶1心至2叶期时，揭去无纺布。晴天宜傍晚揭，阴天可任意时间揭。如果遭遇低温，可推迟揭，或者白天揭开晚上覆盖。当气温超过35℃时，应及时揭布并喷水，防止烧苗。

4. 起秧移栽

当秧苗达到适龄秧龄（一般秧龄在18～20 d，叶龄3.5～3.8叶，苗高13～17 cm）

时,及时起秧机插,可使用运秧架运输,避免运输过程中伤害秧苗。

(三) 机插水稻基质育秧

1. 秧地准备

水田育秧:秧田比为1:(80~120),育秧田块地力中等以上、水源充足、灌溉设施齐备、交通便利,摆盘育秧前2 d完成耕翻、平整、沉实,摆盘前完成开沟,沟宽40~60 cm,沟深15~20 cm,畦宽150 cm。

旱地育秧:秧田比为1:(80~120),秧地水源充足、灌溉设施齐备、交通便利,摆盘育秧前确保田块平整,摆盘前完成开沟,沟宽40~60 cm,沟深15~20 cm,畦宽150 cm。

大棚育秧:秧田比为1:(120~150),大棚内地面应平整、透光率不小于80%。

工厂化育秧:秧田比为1:(150~300),寡照时可通过人工光源、调整育秧层架高度和倾斜角进行补光。

2. 基质和营养土准备

基质规格58 cm×28 cm、58 cm×23 cm的育秧盘每盘基质用量分别为2.4~3.2 L、2.0~2.7 L。营养土应经翻晒干燥、粉碎过筛后,颗粒几何尺寸应不大于4 mm。规格58 cm×28 cm、58 cm×23 cm的育秧盘每盘营养土用量分别为0.5~0.8 L、0.4~0.7 L。可选用适宜的药剂进行化学消毒,或通过紫外线、薄膜覆盖等物理方法进行消毒。

3. 种子准备

选择适宜当地种植的水稻品种,晴天室外翻晒4~6 h。采用针对性药剂,按照产品说明浸泡种子8~16 h后,用清水清洗2~3次。应使用常温清水浸泡种子,早季24~36 h,晚季18~24 h。催芽过程主要分两步。一定高温破胸:浸种后,种子在45~50℃温水中预热5~10 min,再起水沥干,装进透气容器,进行适当包裹,保持谷堆温度35~38℃,湿度≥80%。二是适度催芽:谷种露白90%左右后进行翻动,将温度降到28~32℃,同时保持谷堆湿润,促进根芽的生长。播种前摊开种子,适度降低种子含水量,以种子内湿外干、不粘手为宜。全过程12~18 h,芽长0.05~0.1 cm。

4. 育秧盘准备

选用符合插秧机要求的秧盘,并按照机插水稻种植面积计算用种量。根据育秧方式和条件,选择具有秧盘输送、铺装基质、喷淋水、播种、覆土、自动传输等功能的播种机。播种前按照设备操作规范和播种要求调试好机器。

5. 播期和播种量确定

根据当地气候条件、品种特性、茬口和机插效率确定播期。秧盘规格为58 cm×28 cm的,常规早稻每盘播干种100~110 g,晚稻每盘播干种80~90 g;杂交早稻每盘播干种80~90 g,晚稻每盘播干种70~80 g。秧盘规格为58 cm×23 cm的,常规早稻每盘播干种80~90 g,晚稻每盘播干种60~70 g;杂交早稻每盘播干种60~70 g,晚稻每盘播干种55~65 g。

6. 播种作业

均匀、平整铺装基质，厚度为 1.5～2 cm。播前洒水，以秧盘基质淋透、不积水为宜。根据每盘播种量，调整播种参数，均匀播种。均匀覆盖营养土或基质，厚度 0.3～0.5 cm。播后洒水，以淋透、不积水为宜。叠放高度 1.5～2.0 m，留出 80～100 cm 过道，秧盘顶部和四周加盖遮阳网或黑色塑料薄膜等，早季约 72 h 暗出苗，晚季约 48 h 暗出苗。当盘土发白时喷洒清水补充水分，出苗标准以 80% 的芽长约 0.5 cm 为宜。根据育秧场所的条件摆放秧盘，摆放过程中应减少对秧块结构的损害。宜采用有韧性、长 2.5～3 m、宽 1～2 cm 的竹条或塑料条起拱，早季盖厚度 0.04～0.06 mm 的透明塑料薄膜，盖膜后四周密封，晚季盖遮阳网。

2 叶 1 心前，沟中应有水，畦面湿润，2 叶 1 心后，盘土保持湿润、不发白；旱地旱管、大棚育秧和工厂化育秧的，育秧期间秧盘表土保持湿润、不发白。以 25～30℃ 为宜，低温时覆膜保温，高温时揭膜通风降温，或采用温控设施保温、降温。当秧苗群体平均叶龄达 2 叶 1 心时，晴朗天气可常温炼苗 1～2 d，炼苗期间如遇低温寒潮应及时覆膜保温，防止冷害。

插秧前 5 d，如秧苗长势差、叶色偏黄，每公顷秧田可施用尿素 60～67.5 kg，兑水 7 500 kg，于傍晚浇或撒施"送嫁肥"，防止烧苗。插秧前 3 d，采用合适药剂均匀喷洒"送嫁药"，减少螟虫、稻瘟病等病虫害的发生。插秧前 1～2 d，含水量降至 60% 左右，利于机插时起秧或卷秧，提高机插秧质量。

7. 秧苗质量

适宜机插的秧苗叶龄 3.0～4.0 叶，苗高 20 cm 左右；生长健壮，无病虫害；分布均匀，整齐度高；根系发达盘结紧，秧块提起不散。如秧苗群体生长过快、过旺，或需推迟插秧，可用烯效唑兑水后喷洒，提高秧苗素质和机插质量。

（四）工厂化育秧技术要求

1. 育秧准备

温室或大棚育秧需配置控温设备、控水微喷设备、自动化监控设备等；生产需配置种子脱芒机、浸种催芽设备、碎土机、置床镇压机、水稻育秧播种机、秧盘自动落放机、秧盘自动叠放机、秧盘轨道运输车、叉车等。暗室左、右、后及顶部可采用泡沫夹芯板材料封闭，正面可采用双层软质防水布，需配备卷帘机、连接拉链、自动调温和调湿等配套设备。

2. 秧床处理

秋季或春季建棚前进行翻耙。棚内土壤化透后或化冻 20 cm 以上时做床。置床表面平整，每 10 m² 内高低差不大于 0.5 cm；土壤细碎，土块直径 ≤ 0.5 cm、石块直径 ≤ 0.2 cm、根茬长度 ≤ 0.3 cm。置床整平后进行镇压，使土壤表面平整紧实，无坑洼。根据温室或大棚宽度，中间顺铺 1 条或 2 条作业道，道宽 30～50 cm。两端需留宽 50 cm 的作业通道。

3. 育苗载体

育苗载体一般有营养土和育苗基质两种。宜在秋季,选择质地疏松、土质肥沃、无草籽、无残茬、无除草剂残留的旱地土、河套土或鱼塘底土作为客土。客土按每盘需干土 3.0 kg,每公顷田按 330～375 盘计算,每公顷田需客土 990～1 125 kg。客土应用碎土机粉碎、过筛备用。毯状苗或钵形毯状苗育秧底土颗粒直径 2～3 mm,覆土直径 1～2 mm。选用商品有机肥,且颗粒直径≤3 mm,每盘需有机肥 1.0～1.5 kg。选用具备营养、消毒和化控等功能的调节剂。

由客土、有机肥、调节剂等按比例均匀混拌配制而成。混配比例按每盘客土 30 kg + 有机肥 1～1.5 kg + 调节剂计算。营养土 pH 值应调整在 4.5～5.5,有机质含量≥4%、速效 N 含量 150～200 mg/kg、速效 P 含量 20～40 mg/kg、速效 K 含量 150～200 mg/kg、土壤容重 1.1 g/cm³ 左右。

育苗基质应选用符合当地育秧要求的育苗基质。秧盘宜选择毯状秧盘或钵形毯状秧盘。若使用旧秧盘,可用消毒剂,如噁霉灵水剂液浸泡消毒,晾干备用。

4. 种子选择与处理

品种宜选择优质、高产、稳产、分蘖力强、抗性好、生育期适合当地种植的粳稻品种。通过晒种、脱芒、选种、药剂浸种、催芽、晾晒等进行处理。

5. 育秧作业

当日平均气温稳定通过 5℃即可播种。培育 3.5 叶秧苗约 30 d、4.5 叶秧苗约 35 d,宜根据秧苗生长规律,从预计的插秧时间倒推播种时间。播量每盘播种 3 600～3 800 粒,以品种千粒重计算每盘播种量。

采用机械自动化流水线播种,作业前调好设备。每盘装营养土或育苗基质厚度 2.5 cm,上平面较盘面低 2～4 mm;浇水后盘内底土全部润透,盘底部稍有渗水;覆土或育苗基质厚度约 0.5 cm,将种子盖严,没有露种现象。

播种后的秧盘,可采用每 21 个秧盘垂直叠放为 1 垛,每垛最上面放置 1 张仅装土未播种的秧盘,每托盘放置 6 垛。用叉车等运输托盘至暗室,按序摆放。暗室温度控制在 30～32℃,湿度控制在 50%～70%,在暗室育秧盘放置 48～72 h,待种芽立针、芽长 0.5～1 cm 时移到温室或大棚内摆放,移出时注意秧苗保温。

根据置床宽度,秧盘横摆或顺摆均可。秧盘应靠紧摆齐,置床不平的要找平,保证秧盘底部与置床紧密接触。摆盘后宜在秧盘上覆盖无纺布。待秧苗绿化后、温度适宜时及时揭去无纺布。

6. 苗期管理

出苗后至 2.5 叶前要逐步增加通风量,温度控制在 25～28℃;2.5 叶以后温度控制在 20～22℃,最高不超过 25℃。夜间温度稳定通过 10℃后,夜间可以不关棚。通风时应先开背风面,逐步增大通风口,阴雨天也应注意通风。

应遵照"缺水浇水,只浇不灌,见湿见干"的原则。在秧苗 1.5 叶后控水,依据秧苗情况、天气条件、通风程度等延长浇水间隔。盘面明显变干变白,叶片出现卷曲,秧苗早上叶尖没有吐水,应及时浇水。浇水要透,以盘土润湿,盘底稍有水渗出为准。

根据秧苗生长情况确定追肥时间，一般在秧苗 2 叶前追肥每盘硫酸铵 5 g。插秧前追施一次"送嫁肥"，每盘硫酸铵 5 g + 硫酸锌 1 g 兑水 100 倍喷洒，喷施后清水冲洗。

秧苗生长至 1.5 叶、杂草不超过 3 叶时，用 10% 氰氟草酯乳油 100 mL 兑水 15 kg，喷施苗床。秧苗长到 1.5 叶时，用 30% 甲霜噁霉灵水剂 $1.2 \sim 1.8$ g/m^2，兑水 2 000 倍喷施苗床，防治青枯病和立枯病。插秧前 $3 \sim 5$ d，用 40% 氯虫·噻虫嗪水分散粒剂 12 g 兑水 1 250 倍喷施苗床，防治二化螟和稻水象甲。

7. 秧苗质量

秧龄 $30 \sim 35$ d，叶龄 $3.5 \sim 4.5$ 叶，株高 $13 \sim 15$ cm，茎基部宽 $2.0 \sim 2.2$ mm。秧苗整齐一致，个体间差异小，无枯叶，无病害，无虫害，无杂草，单位面积苗数均匀。根白、根粗、根量大，单株根条数大于 3 倍秧龄，根系盘结紧密成秧片。秧苗起运尽量减少搬运次数，根据机插时间和进度安排起盘时间和数量。可采用多层标准铁架带秧盘运输，有效避免压伤秧苗和秧毯变形。秧苗起运过程中要注意遮盖或补水，避免秧苗失水萎蔫。

（五）集中育秧服务规范

1. 基本要求

以服务农业生产经营主体和农户为中心，坚持平等、自愿、互惠原则，科学化选种，标准化育秧，商品化供秧，合同化收秧。服务组织应具备独立法人资格及主管部门要求的相应资质。

2. 设施设备

服务组织应具有固定的合法生产经营场所，配备通信、交通、办公等服务设施设备，具备育秧检验等功能的生产及检验设施，仓库、晒场等生产辅助设施，供水、供电、排水、通风等生产配套设施及装备。应配备碎土筛土，播种、喷灌、植保，温控等育秧设备，有条件的宜配备自动化监控设备。育秧设备应先进适用、安全可靠、节水节电，作业性能符合国家相关规定。

3. 人员要求

服务组织应配备与其育秧生产、服务能力匹配的服务人员和技术人员。服务组织应定期对技术人员提供设施设备安全生产业务培训及专业技术培训。

4. 管理制度

服务组织应具有人员管理、作业管理、质量管理、信息管理、安全管理、应急管理、合同管理、财务结算管理、纠纷处理等服务管理制度。服务组织应公开集中育秧服务质量、服务流程和服务承诺。可采用供种包育、供地包育、供芽自育等方式，服务内容应包括育秧和供秧，可提供耕整、运秧、移栽等延伸服务。

5. 合同签订

服务组织应根据服务需求与服务对象签订集中育秧服务合同，合同内容应包括但不限于服务对象的基本信息、作物品种、种植面积、秧苗数量、秧苗质量、供秧时间、收费标准、结算方式、双方权利和义务、违约责任等。

6. 育秧作业

服务组织购买种子时，应与种子销售企业签订种子购销合同，索取正规发票，并封存种子样品；服务对象自行提供种子时，应封存种子样品，并由双方签字确认。应根据集中育秧服务合同规定的内容和要求，制定集中育秧服务方案。服务方案内容应包括育秧设备、育秧人员、育秧数量、秧田（育秧大棚）、育秧时间、育秧作业流程、秧苗质量评价、秧苗运送、验收标准等。应根据农作物品种和当地农业生产实际，分类制定集中育秧技术操作规程。技术操作规程内容应包括基质准备、秧床准备、选种、播种、肥水管理、植保、温度管理、光照管理等关键技术环节。集中育秧技术操作规程应符合相关规定要求。应按照集中育秧服务方案和集中育秧技术操作规程，组织技术人员开展集中育秧作业，记录作业地点、作业时间、作业内容、作业状况等作业过程信息。作业结束后，服务组织应根据合同规定对成苗质量实施抽样检验，检验指标包括但不限于秧龄、苗高、根数、百苗干质量、根系盘节力、病虫害情况等。鼓励采用工厂化育秧的生产方式，应用自动化、智能化育秧设备实施育秧作业。

7. 秧苗取运

应提前告知服务对象及时耕整农田，做好移栽或插秧准备。成苗质量符合服务合同要求后，及时与服务对象确定取送秧时间。成苗分配前宜在秧厢悬挂标识牌，标明服务对象姓名、秧盘数量等信息。应指导服务对象选择合理运输工具，适当采用控温、控湿、防雨、防晒、防风等措施，减少运输过程秧苗损伤。若服务组织采用第三方运输公司，应与第三方运输公司签订协议，合理安排运输时效。

帮助服务对象取秧时填写取秧确认单，如实记录取秧人姓名、取秧时间、取秧地点、成秧数量、成秧质量等相关信息，取秧确认单应告知服务对象按合同取秧，按时移栽或插秧，并跟踪移栽或插秧后的秧苗生长状况。应及时回收秧盘、地膜等育秧物资，不可重复利用的物资应集中回收并妥善处理。

8. 服务质量

育秧服务质量应达到双方合同约定的质量要求。服务对象对秧苗质量存在异议或投诉时，服务组织应及时主动与服务对象友善沟通。对于确属服务质量问题的，应及时采取补救措施，妥善协调解决。应建立集中育秧服务档案、育秧服务合同、育秧服务方案、取秧确认单、作业过程信息等资料应及时整理并妥善归档，至少留存1年。服务组织应设立电话、传真、即时通信等便捷的信息服务渠道，接受服务对象的信息咨询和投诉，提供的服务信息应及时、准确、完整。可采取内部评价、外部评价等方式，综合服务过程与结果进行评价，评价依据可包括满意度调查、实地察看、投诉及处理情况，应根据评价结果及意见建议，及时改进服务方法和服务流程，不断提升服务质量。

六、陕南培育长秧龄多蘖壮秧的技术与方法

（一）培育长秧龄壮秧的必要性

1. 培育长秧龄壮秧是充分利用陕南气候条件的需要

秦岭淮河一线是我国气候的南北分界线，以北是暖温带气候，以南是亚热带气候。淮河不是气候的天然屏障，所以其南北两岸虽分属不同的气候带，但温度、日照时数、大气相对湿度等主要气象要素差异并不十分明显。而秦岭因山势高大，具有气候的天然屏障作用，横卧在关中与陕南间，使关中与陕南气候差异明显。

陕南稻区不但北有秦岭，而且南有巴山，由于山体的抬高作用，使其成为我国亚热带北缘地带海拔较高的盆地川道稻区。因秦岭对大气的阻隔作用，使得陕南春季受西伯利亚寒流入侵的影响远小于同属亚热带北缘地带的华中华东淮河南岸地区；秋季受北方冷暖气流南下降温幅度也小于该地区。

由于陕南海拔高，所以在水稻主要生长季的5—9月日平均气温略低于华中华东淮河南岸地区和四川盆地，在高温的7—8月，35℃以上对水稻生长不利的天气出现的频率也明显低于以上两地区。山地的阻碍作用，使得秋季东南沿海北上的暖湿气流与南下的北方干冷气流容易在其上空形成较长时间的对峙局面，导致阴雨天气较多，而这时华东稻区却是秋高气爽的天气。因以上原因，使得陕南稻区水稻生长季短于华中华东稻区，但安全生长期却略长于淮河南岸地带，越冬作物小麦、油菜成熟期也比该地带晚一周左右（同样比四川盆地晚熟5～10 d）。同一个水稻品种，在汉中种植和在同纬度同气候带的合肥或不同纬度同一稻作亚区的成都种植，全生育期会延长8～10 d。主要表现在营养生产期延长3～4 d；生殖生长期延长5～6 d（其中，幼穗分化期延长2 d，灌浆结实期延长3～4 d）。同样一个中籼中熟品种，在以上两地种植全生育期145 d左右，在汉中种植却变成了155 d左右的中籼晚熟品种。所以，当前在陕南平坝川道稻区种植的中籼晚熟品种，实际是以上两地种植的中籼中熟品种，在陕南浅山丘陵稻区种植的中籼中熟品种，实际是以上两地区种植的中籼早中熟品种。

汉中市农业科学研究所（陕西省水稻研究所）赵志杰、陈大润等在20世纪70年代试验提出，无论早、中、晚稻，在陕南都以8月上旬出穗的产量最高，其前其后的产量都低，尤其是越向后减产幅度越大；籼稻安全齐穗期为8月20日，籼型稻晚熟杂交稻高产播期在4月10日，最佳插植期在5月20—30日。罗纪石、张文明等提出汉中盆地水稻最佳高产齐穗期为8月5—10日。

汉中市农业技术推广中心简红忠、张万春等对汉中市气象中心记载的1991—2004年气温、降水量、光照、湿度等气象资料进行系统分析发现，汉中水稻最佳出穗扬花期是7月下旬，其次是8月上旬，最佳扬花授粉时段为7月24—28日、7月31日至8月3日、8月6—11日3个时段。汉中盆地8月中旬至9月上旬日平均气温为25.1～21.7℃，此阶段适宜水稻灌浆结实，9月中旬以后日平均气温低于20℃，光合

作用急剧减弱,光合产物运输减慢,不利于水稻灌浆结实;汉中盆地8月日照最好、7月次之、9月最差,8月日照充足,光合产物的积累多,越有利于水稻授精结实。

汉中盆地平均气温稳定≥10.0℃的初日是3月29日,平均气温≥10.0℃的保证率3月29日至4月8日在85.71%～92.85%,4月9—10日两天仅为64.29%和78.51%,4月11—12日恢复到85.71%～92.85%,4月13日后达到100%,平均气温13.8℃。为此,汉中水稻3月29日后可播种,但应注意保温,防止冻害,安全播种期是4月13日。汉中晚熟组合（以汕优63为例）播种到齐穗105～110 d,齐穗到成熟32 d±4 d,根据最佳扬花期的要求,汉中盆地晚熟组合应在4月10日前播种育秧才能获得水稻最高产量。为最大限度利用陕南平川地区适宜水稻生产的光温资源条件,夺取水稻优质高产,水稻应在4月10日左右播种,到油菜小麦收获后插植,8月上旬抽穗扬花,秧龄在50 d以上,形成了与其他地区相比独特的长秧龄水稻种植区,从叶片看,秧龄在6～8叶,甚至到9叶,插植到本田后,分蘖时间短,秧田管理与大田管理也不同于其他地区。

2. 培育长秧龄壮秧是陕南稻麦（油）耕作制度的需要

陕南全年≥10℃积温4 100～4 950℃,是两熟有余、三熟不足地区。可实行稻麦（油）两熟,种植迟熟籼型中稻,稻田冬作主要是小麦和油菜,油菜茬口早、茬口肥,水稻产量高,经济效益高,可适当扩大油（菜籽）-稻种植比例。一般9月底10月上旬直播油菜,10月中旬移栽油菜,10月中下旬播种小麦,9月中旬收获水稻。水稻收获后有10～20 d的空茬时间,这期间因阴雨天气较多,留下一定的时间清理前茬,晾地耕作,是比较合理的。陕南平坝稻区选用全生育期155 d左右的中籼晚熟杂交稻品种,4月10日左右育秧,培育多蘖老壮秧,5月下旬至6月初插秧,9月中旬左右收获。

3. 培育长秧龄壮秧是发展优质稻米生产的需要

西北农林科技大学沈煜清、高如嵩、贾志宽等研究发现,水稻灌浆结实期是决定稻米品质优劣的关键时期,其中日平均气温影响最大,其次是日平均太阳辐射量和日平均相对湿度。通过对陕南盆地川道丘陵晚籼两熟区6县（区）气候要素分析发现,要充分利用陕南优质米气候资源条件,栽培上要力争水稻抽穗期在8月初,灌浆结实在8月不要提前,抽穗期提前米质差,推后不但米质差,还有秋封的危害,产量水平下降,同时影响下作种植。兼顾产量和米质品种一般都是生育期较长的品种,为此生产上也需要培育长秧龄来保证优质稻米的生产。

（二）培育长秧龄多蘖壮秧的技术与方法

陕南平坝丘陵区是稻麦（油）两熟区,小麦、油菜收获后种植水稻,种植的是全生育期150～160 d的晚熟杂交稻,插植期在5月中下旬至6月初,水稻秧田生长期在50 d以上,为了确保高产齐穗期抽穗,必须采取保温育秧的方法,提早播种,增加有效积温;为防治烂秧,培育多蘖壮秧,也应该采用保温育秧的措施。

陕南成功的经验是温室两段育秧、薄膜育秧和地池两段秧,这些方法对确保增加苗期有效积温、促进秧田分蘖、早生快发、培育多蘖壮秧、保证高产齐穗期抽穗效果最好。无论是两段育秧还是薄膜育秧,都应该坚持稀播(稀寄插),将秧本田比例调整为 1 : (8～10),采取科学灌水、合理施肥、综合防治病虫草害的方法,培育多蘖壮秧。

1. 温室两段育秧技术

温室两段育秧是指经温室育成 1 叶 1 心小苗秧,然后按一定规格寄插秧母田而育成适宜大田移栽的 6～8 片叶大秧的育秧方法。

适期播种。浸种 72 h(第 1 天清水浸种,第 2 天用强氯精浸种,第 3 天用清水淘洗干净后继续用清水浸种)后于 4 月 5 日前后进温室,每公顷备种 15 kg 左右。播种前用 500 倍多菌灵药液或高锰酸钾药液对温室及秧盘进行彻底消毒。每盘播干谷种子 0.5 kg 左右,播种要求均匀,不重叠,不留空。

温室管理。进室第 1～2 天,高温破胸,温室保持在 35～38℃,谷芽水汪汪,秧盘无积水,以后每天温室下降 1.5～2℃;第 3～4 天,适温催芽,室温降至 25～30℃,注意及时用小木板镇压,芽尖挂露珠,根毛湿润不积水;进室第 5～6 天,温室降至 20～25℃;第 7 天停止加温,低温炼芽,注意及时通风炼苗。整个温室育苗期间都要注意及时喷水调盘,育成 1 叶 1 心小苗,准备寄插。

秧床准备。秧田与本田按 1 : 10 预留,干耕干整,拣净残茬杂物。浸种时即可灌水泡田,施农家肥 22 500～30 000 kg/ hm²、过磷酸钙 450 kg/ hm²,梨耙整平,掏沟作畦,平畦时 150 kg/ hm² 尿素,晾板 1～2 d。畦宽 100～130 cm,畦长随田块而定,畦沟宽 20～25 cm,畦面平整、上实下虚,田面四周灌排水沟相同。

小苗寄插。抢晴天寄插,密度 5 cm 见方,双株寄插。要求"苗直立、根沾泥、谷见天",寄插后及时用细灰粪土掩根,搭塑料拱棚,起到保温稳苗或防冻防烂秧的作用。

秧田灌水。小苗寄插后一周内畦面不上水,畦沟晴天满沟水,阴天半沟水,雨天退干水,保持畦面干爽,促进根系下扎,"换衣"后灌浅水。3 叶期前干湿交替,遇持续低温寒潮天气,采取深水护苗和覆膜防冻等保温措施,防止秧苗受冻。寒潮过后慢退水,并于 16—17 时以后或阴天露水干后喷施多菌灵、敌磺钠防止立枯青枯病的发生。3 叶期以后保持浅水层,插秧前一周灌深水,以利拔秧。

秧田追肥。秧苗 2 叶 1 心期,秧田泼腐熟淡尿水 15 000 kg/ hm² 或追施尿素 45～75 kg/ hm²,作"断奶肥"。其后每隔 5～7 d 追施尿素 75～120 kg/ hm² 促进分蘖的发生。插秧前 5 d 追肥尿素 45～75 kg/ hm² 作"送嫁肥"。

秧田除草。2 叶 1 心期用秧田净除草,其后可以采取人工拔除杂草的方法。该育秧方式作用是增加有效积温,使长生育期品种在安全齐穗期前抽穗,达到高产的目的。但是由于这种方法温室育秧技术复杂,秧田寄插耗劳费时,虽说增产效果显著,与务工相比,比较效益下降,普及率较低。

2. 薄膜育秧技术

地膜覆盖育秧是在湿润育秧的基础上加盖薄膜的育秧方法。

浸种催芽。4 月 5 日前后浸种,第 1 天清水浸种,第 2 天用强氯精浸种,第 3 天用清水淘洗干净后继续用清水浸种,第 4 天催芽。适温催芽,35～38℃,不要超过

40℃，以防烧芽。催芽长度一般是根长达谷粒长度，芽长约半粒谷长。

播种。按1亩秧母田撒播15～20 kg芽谷的播量播种，然后用木模轻抹于泥下，以刚不见谷种为宜，上覆细灰粪。

搭架、覆膜。按50 cm插一根2.2～2.4 m长竹片，插成拱架型，中央拱高50 cm，上覆膜且四周用泥压严保温即可。

秧母田管理。播种至显青，扎根期要严格保温，促进萌发生长，畦面不上水。出苗后可放浅水上畦面，晴天膜内温度高于32℃时，应揭开膜的两端头换气降温。如遇连续晴天温度上升，可部分揭开秧厢半边地膜，16时后再将膜盖好，覆膜至4月底。其他同温室两段育秧秧田管理技术。该方法比温室两段秧减少育秧投工，简化育秧程序，增产效果虽较两段育秧差，但明显优于露地育秧，应该全面普及。

3. 地池两段育秧技术

地池两段秧又称简易温室两段秧，最先是农民群众发明，后经农技干部总结发展起来的。温室两段秧集中烧温室育秧，由于烧温室人的技术水平差异、责任心不同、调盘不及时、水分掌握不好、温度控制不科学，经常发生个别秧盘秧苗生长不健壮、差异大、苗小、弱，甚至烧坏整个温室秧苗，影响生产，纠纷不断，且统一时间，不利于农户自主安排寄插秧苗的时间，也不利于农户相互间的互帮互助。旱育秧水稻秧苗在旱育条件下，秧田杂草丛生，地下害虫严重，必须按期调酸，否则立枯病严重引起死苗，另外，育秧期间的5月正值三夏大忙，农户在田间劳作，经常忘记水分管理，秧苗缺水造成秧苗素质低下，管理没有水育秧那样简单、方便。针对上述两种育秧方式存在的问题，农户便采取前期用旱育秧技术结合薄膜保温措施进行育苗替代温室育苗技术，当小苗长到1叶1心至2叶1心时再起苗移栽到秧母田进行寄插、管理，培育壮秧，这样综合了旱育秧、薄膜育秧和温室两段育秧的优点，形成独特的简易温室两段秧育秧技术，农民习惯称为"地池秧"和"场院秧"，其原理与温室两段秧一样，操作方式是3种育秧方式的整合，该技术利于一家一户自主操作，灵活机动性大，操作难度降低，纠纷减少，寄插时间可以延长到4月20日后，可以避开常年出现在4月上中旬的寒潮，不易发生冻害和造成烂秧死苗，寄插时带土寄插，秧苗换衣轻，秧苗素质与温室两段秧相当。

种子选择。选择经省级以上品种审定的适宜当地种植的高产优质杂交稻。

地池准备。地池分两种：一种是地下池，在房前和菜园向阳处挖成宽100～130 cm，深8～10 cm的地下池，然后用经过腐熟的农家肥和熟土混合成肥土回填5 cm，池面离地面3～5 cm；另一种是地表池，在房前和菜园向阳处用塘泥、水稻泥做成厚1～3 cm，宽100～130 cm的地表池，如在水泥地面上最好下面均匀平铺3～5 cm厚的碎稻草或油菜籽壳隔断水泥地面热传导起到夜间保温的作用。"地池"长度依种子量而定，一般1 m²撒0.4～0.5 kg种子，东西走向，便于采光。

科学播种。地池两育段秧比温室两段育秧一般早播5 d，4月1日左右播种，播种前晒种1～2 d，浸种时捞出上浮秕谷，用80% 402抗菌剂2 000倍药液浸种3～4 d，或先将稻种用清水预浸24 h，再用500倍强氯精药液浸种24 h，然后用清水续浸

1~2 d，预防恶苗病，也可以用沼液浸种24~36 h后，再用清水浸种12~24 h，最后用清水将种子冲洗干净后催芽。地下池和由肥土做成的地表池播种前一天浇水浇足浇透，播种时再浇淋即可，由塘泥、水稻泥做成的地表池将水浇足充分与泥混合成糊状抹平（与大田秧畦一样），随做随可播种，将催好芽的种子均匀撒入并将种子压入泥中，上覆细土或灰粪土，用喷壶浇足水。

及时盖膜。播种后随即用2.2~2.4 m长的竹片按50 cm间隔插一根，插成拱架形，中央拱高50 cm左右，再盖膜，四周用泥土压严保温；在水泥地面上的地池可用比"地池"长的竹竿两根分别在"地池"的两边与竹片固定成拱形架，再盖膜。

秧苗管理。播种至出苗期重点是保温保湿，一般不揭膜不浇水，主攻出苗快而整齐，适宜温度28~30℃，但膜内温度不得超过35℃，超过时应立即打开膜两头通风降温，如床土干燥应补水。齐苗到1叶期控温降湿，膜内适宜温度25℃，超过时均应打开两头降温，白天打开，下午早关闭保持温度，夜间加盖草帘等保温材料防止降温太快，少浇水，以干为主，促进根系的发育，若床土失水发白，可适量喷水。1叶期后应通风炼苗，控水防病。只要外界气温不低于12℃，晴天应打开膜的两头或膜一侧降温，通风炼苗，控水防病。苗床应保持干爽，秧苗长到1.5叶时，每平方米苗床用2.5 g敌磺钠兑成1 000倍液喷施，防止立枯病、青枯病的发生。移栽前可用15%多效唑粉剂用水兑成1 000倍液均匀喷施，培育矮壮苗，并做好寄插的准备，寄插的前两天揭膜炼苗。

择时寄插。在避开汉中4月上中旬寒潮后，选晴天、无风天气起苗双株寄插（同温室两段秧一样）。

水育壮苗。秧苗寄插后4~6 d畦面不上水，保持畦面干爽，促进根系下扎。3叶期之后保持浅水层。每公顷秧田：2叶1心期泼浇淡尿水、沼液15 000 kg或追施尿素45~75 kg作"断奶肥"，4~6叶期追施尿素105~120 kg或沼液30 000 kg促进分蘖的发生，插秧前5 d追施尿素75~90 kg作"送嫁肥"。注重病虫害防治，尤其是迟插秧田稻蓟马、螟虫、稻蝗等虫害的防治，一般用Bt·杀虫单防治1~2次，做到带药移栽。育成秧龄40~50 d，叶龄6~8叶，苗高35~40 cm，单株带蘖3~5个，白根10条以上、叶片老健、清秀无病虫害的壮秧。

4. 工厂育秧

水稻工厂化育秧是利用现代化农业装备和技术，在可控环境条件下进行的高效、规模化的秧苗生产方式。工厂化育秧具有环境可控、机械化操作、标准化生产、高效节能和提升秧苗质量等特点。工厂化育秧能够精确调控光照、温度、湿度等环境因素，为秧苗生长创造最佳条件；实现机械化操作，提高生产效率和一致性；采用标准化的生产工艺和技术措施，确保生产的秧苗规格一致、质量稳定；相比传统育秧方式，能够显著提高单位面积的秧苗产量，同时节省能源和资源。

合理选址。应选择排灌方便，起秧运秧便利，无荫蔽、无污染的场地。

标准做床。在无水状态下，将地块干耕、干旋，整细、整平后开沟做厢，高低落差控制在5 cm内。按照3 m宽开厢，厢面宽2.6 m、沟宽0.4 m、沟深0.2 m，四周边沟宽 0.4 m、沟深 0.2～0.3 m，地埂四周边角压实以减少后期渗水，达到沟沟相通、沟系配套。

摆盘入床。要求不掉边、盘靠紧、底贴实、不带泥、头水早。软面秧床摆盘作业时，注意不要踩踏秧厢；沟软的轻抬脚步，不要将沟内泥浆带入秧盘内。摆盘结束后，要及时放水进田，摆盘量大时要分批早灌。排水后，可在厢面上轻磨秧盘并对水冲乱的秧盘进行调整，以使盘与盘间、盘与苗床间充分接触。摆盘结束后，四周设置拦水槛，再缓慢从底面上水入床，水高不超过秧盘最高处，不要冲入盘面，避免冲走秧盘、冲散冲乱盘内基质。

覆膜保墒。入床后 2～3 d，盖膜密封。当日平均气温高于 12℃时，每天中午通风换气 1 次。此后，加强通风、炼苗，待气温稳定通过 15℃以上后，由部分到全部逐渐揭开，晴天揭、阴天盖、白天揭、晚上盖、高温揭、低温盖。气温已经稳定通过 15℃后的育秧不盖膜，盖育秧无纺布或遮阳网。

科学管水。保持盘中基质不干、苗床保持旱育状态。遇高温或倒春寒时灌水护苗，高温、倒春寒过后逐渐排出田水。移栽前 7～10 d 完全排干田沟水，控水炼苗，促根系盘结，促秧苗老健。具体上水频率视天气情况确定。

适时补肥。根据秧苗长势，发现秧苗出现发黄、瘦弱等缺肥现象时，或预计秧龄超过 30 d 的应酌情补肥。按照每盘秧苗 1～1.5 g 尿素，结合补水，在灌水至秧盘表面有一定的水层，但水不能淹没秧心时，均匀撒施，水泥地面育秧的施后灌水或喷水。

及时防病。用药时，不随意加大用量，不在烈日大风天施药，不重复喷施药液，施用前后要清洗喷雾器，配兑药液要采取二次稀释法，药液喷施要均匀周到。

起秧运秧。20～28 d 秧龄即可机械插植，起秧时将秧苗起盘小心卷起，整齐叠放于运秧车，运至田头应及时卸下平放，要做到随起、随运、随插，严防烈日伤苗。

七、陕北培育长秧龄多蘖壮秧的技术与方法

陕北水稻旱育稀植技术

1. 选用良种

陕北榆林水稻老品种种性明显退化，混杂分离十分严重，无增产潜力。榆林通过引进吉林、北京、天津、新疆等地多个品种，筛选出通粳 288 适宜全市沙区稻田推广，铁粳 5 号、通 887 属早熟品种，具有分蘖能力强、抗病抗寒、高产稳产的特点，可在长城以南稻区推广应用。

2. 旱育壮苗

苗床选择。应选择背风向阳、通风良好、水源方便的肥沃旱地和本田地头。

培肥苗床。每平方米施腐熟的猪、鸡粪 25～30 kg，酸性复合肥 150 g，播前 10 d 施入，连续耕翻，使肥料与 10 cm 的床土充分掺和均匀后浇水抹平，抹实畦埂，达到疏松、肥沃、不沙不黏，无坷垃。

种子消毒。晒种 2～3 d，每公顷用 50% 多菌灵 150 g 加入水中浸种 3～5 d，捞

出装入透水的袋子,清洗两遍开始催芽,每千克露白芽种用26%立枯宁2 g,均匀拌种后堆闷3～4 h。

适时精播。陕北榆林无霜期可达135～145 d,4月5日前后气温稳定通过6℃,适宜薄膜保温育秧。4月5—15日为播种适期。晚育早插,不能安全齐穗,早育早插,不会影响安全齐穗期。高产插秧期为5月上旬,确保8月5日前安全齐穗;均匀撒播芽种180～250 g/m²,然后将露白芽种拍入泥中,用过筛细土盖严芽种,支拱盖膜前用辛硫磷拌成毒饵,撒在苗床上诱杀地下害虫。

旱育壮苗。从播种至出苗前保持高温高湿,苗床如发白、板结、开裂,要及时补水,浇足浇透。立苗后,控上促下,一般不浇水。1叶1心后温度掌握在25℃左右,9—10时开口通风,16时封口保温。一叶半至两叶期,每平方米用26%立枯宁1 000倍液叶面喷雾,或用75%敌磺钠800倍液弱光下喷洒。每平方米用10 g尿素溶解在2 kg水中,喷洒秧苗,二叶半和移栽前2～3 d再分别喷施1次。两叶后白天炼苗,夜间盖膜,在早晨揭膜时叶尖吐水较少或中午秧苗发蔫,给苗床补足水。两叶半后在无霜冻、没有大风降温情况下由日揭夜盖转为昼夜炼苗,此期应注意及时浇水,保证浇足浇透。铲苗前1 d浇透水。

3. 稀植浅插

5月5—15日,当叶龄3.5叶左右、秧龄28～30 d时,即可铲秧移栽。铲秧薄厚均匀,带土1.5 cm。插秧宜浅,密度(26～30)cm×(13～20)cm,肥力中等、能干能湿、保肥保水的田地3～4株/穴,栽基本苗75万～105万株/hm²;肥力较低、地势低洼积水、盐碱程度较高或者漏水的砂壤地块4～5株/穴,栽基本苗105万～135万株/hm²。插秧应深不过寸、浅不漂秧,深度不超过1.5 cm。

4. 配方施肥

陕北榆林水稻生产中存在不施或少施农家肥、磷肥和单施氮肥的习惯,易造成前期不发苗后期贪青晚熟,稻瘟病发生严重等问题。每公顷施农家肥15 000～22 500 kg、碳铵600～750 kg、过磷酸钙675～7 500 kg、硫酸钾150～225 kg、硫酸锌7.5～22.5 kg;或水稻专用肥600 kg。分蘖肥分3次追碳铵525～600 kg/hm²,穗肥分2次施碳酸氢铵300～450 kg/hm²。7月20日左右视苗色深浅补施75～105 kg/hm² 尿素。有缺钾缺锌症状,进行叶面喷施钾肥和锌肥。

5. 节水灌溉

在育秧期间采取早翻、早整、早平、早育的节水措施,返青期保持3～4 cm水层,以缓苗促蘖;分蘖始盛期实行浅、湿交替灌溉,每次灌水2～3 cm,自然落干;分蘖期末排水晒田面4～6 d,控制无效分蘖促进根系发育;孕穗至抽穗开花期,每次灌水3～5 cm,自然落干后续灌,保持根系活力;灌浆后期,每次灌水2～3 cm,自然落干,隔晒1～2 d后再灌水,到黄熟停止。

6. 病虫草害防治

亩用20%的三环唑可湿性粉剂250倍液,或20%水稻纹枯净可湿性粉剂500倍液及时防治稻瘟病;每公顷用1 500 g硫酸锌、1 500 g磷酸二氢钾兑水450 kg喷雾防治赤枯病；每公顷用20%三环唑1 500 g兑水450 kg叶面喷雾防治穗颈瘟；用菊酯类农药2 500～3 000倍液叶面喷雾防治稻蝗；在水稻移栽前水平大田后，用12%农思它防治稻田杂草，用克稗灵防治稻田大龄稗草，用10%水星可湿性粉剂防治眼子菜、四叶萍等水生阔叶杂草。

7. 适时收获

谷粒全部变硬、穗轴上干下黄、2/3枝梗干枯时，应适时收割。收割前应严格去杂去劣，做好留种工作。

八、关中培育长秧龄多蘖壮秧的技术与方法

关中地区属于温带季风气候，四季分明，春季温暖、夏季炎热、秋季凉爽、冬季寒冷，雨量适中，主要集中在夏季。这样的气候条件下，水稻育秧的时间通常在每年的春季，具体来说，早稻育秧一般在3月中下旬开始，中稻育秧一般在4月上旬至5月中旬，晚稻育秧则在5月中下旬进行。为保证水稻的生长，育秧时间应根据当地的气候状况来选择，特别是要确保夜间温度在10℃以上。土壤要求肥沃、排水良好，并且富含有机质。育秧基地要有充足的阳光照射，这有利于幼苗的生长和光合作用。选择育秧基地时要远离杂草和病虫害较多的地方，以减少水稻幼苗的病虫害发生率。

关中水稻育秧方法有很多种，包括水面育秧法、土中育秧法和浸种育秧法等。

1. 水面育秧法

水面育秧法是指让水稻种子在水面上发芽生长，这种方法可以有效利用水资源，提高水稻的产量。水面育秧法是一种传统的水稻育秧方法，它具有提高水稻产量的优势，但也存在一定的局限性。采用这种方法时，需要严格控制水质和管理，同时注意种子质量、播种质量和土壤通透性等因素，以确保秧苗的健康生长

种子处理。种子质量好是指种子必须有较强的生活力，发芽势强。优质的种子再经过适当的处理（如晒种），就能够提高种子的发芽率和成秧率。

播种质量。播种质量直接影响秧苗的生长，播种时要注意播种量（密度）、播种期等因素，以确保秧苗的健康成长。

土壤通透性。土壤通透性对于秧苗的生长至关重要。在采用水面育秧法时，应选择土壤通透性好的地块进行种植。

肥水条件。肥水条件是影响秧苗生长的重要因素。要注意秧田的肥力和水分管理，以提供适宜的生长环境。

水质管理。水质管理是水面育秧法中最为关键的一环。必须确保水质符合水稻生长的要求，避免因水质问题导致水稻生长受阻。

水面育秧法的优点是可以有效利用水资源，提高水稻的产量，同时对利用水层保温防寒和防除秧苗杂草有一定作用。但是，这种方法也存在一些缺点。例如长期淹水会导致土壤氧气不足，秧苗易徒长及影响秧根下扎，从而影响秧苗素质。此外，水面育秧法对水的质量要求较高，如果水质不符合要求，会对水稻的生长造成不利影响。

2. 土中育秧法

土中育秧法是水稻育秧技术中的一种重要方法，主要通过特定的土壤处理和管理措施来培育健康的秧苗。土中育秧法是在春季土地未干透的时候，将水稻种子直接插入土壤中，在土壤中生长。这种方法可以减少水的使用量，节约资源。但是，需要注意的是土壤的通透性，以防止影响水稻的生长。

土中育秧法包括取地下深土育秧以及干平干整法。地下深土育秧：选取深层土壤，避免杂草种子和再生稻种子的污染，便于配制肥料。干平干整法：小麦收割后，将麦秸秆粉碎深埋地下 20 cm，再旋耕破土，用卫星平田机平整土地。这种方法能显著提高秧苗的存活率和移栽效率。这些育秧方法各有优缺点，选择合适的育秧方法需要根据当地的环境条件、资源情况以及种植需求综合考虑。

3. 浸种育秧法

浸种育秧法是将水稻种子浸泡在水中，让其吸收水分，再取出晾干，然后在干燥的地方进行发芽。这种方法可以使种子均匀发芽，但需要注意水的温度和浸泡的时间，否则会影响发芽率。浸种育秧法是一种在水稻种植中常用的育苗方法，主要步骤包括晒种、选种、浸种消毒、催芽以及播种。主要技术要点如下。

晒种。在浸种前选择晴朗天气晒种 3~4 h，这有助于提高种子的发芽率和发芽势。晒种时要避免暴晒，以免影响种子质量。

选种。选种时通常使用清水浸泡种子 2~3 h，淘洗并将秕粒捞出。此外，还可以选择抗性好、优质、高产的良种，以保证秧苗的质量和产量。

浸种消毒。使用清水洗净种子后，用适当的药剂进行浸种消毒，例如 300 倍强氯精药液或 25% 咪鲜胺乳油 2 000~2 500 倍液。浸种时间根据药剂种类和水温不同有所调整，一般情况下，浸种时间为 6~24 h 不等。浸种后需要用清水彻底清洗残留药剂。

催芽。将浸种消毒后的种子沥干水，用 35~40℃ 温水预热 3~5 min 后装入透气容器中，四周用无病稻草或农膜保温，控制温度在 35~38℃。当种子露白破胸后，温度降低至 25~30℃。催芽过程需注意保持适当的温度和湿度，防止温度过高或过低。

播种。待种子芽长达到一定长度（芽长半粒谷、根长一粒谷）时即可播种。播种前可将种芽摊开放置一段时间以适应外界温度。

浸种育秧技术对于提高水稻的出苗率和幼苗的健康程度至关重要。不同的种植区域和季节，具体的浸种育秧方法可能会有所不同，因此，建议根据当地的气候条件和实际种植经验调整育秧方案。

4. 科技化育秧

近年来，随着农业科技的发展，水稻育秧也在不断进行技术创新。例如关店乡采用的硬盘育秧和流水线播种技术，可以提高播种的均匀度，从而提高水稻的产量。此外，还有采用机械化进行育秧和插秧，以及使用先进的育秧技术和设备，如微喷灌设备或喷灌带喷水等。

综上所述，关中地区的水稻育秧应在春季进行，具体的时间和方法应根据当地的气候条件和水稻品种来确定。应积极采用农业科技，提高育秧的效率和质量。

第二节　陕西水稻栽培技术研究

陕西水稻种植区主要集中在陕南地区。其中陕南地区汉中水稻常年种植面积8万hm^2，产量55万t，是全省水稻的主产区。为此，课题组重点回顾总结了汉中在人工插秧、机械插秧和直播稻品种选择、育秧技术、栽培技术等方面的研究成果，以期为陕西及同类稻区水稻产业高质量发展提供借鉴和参考。

一、栽种季节与茬口关系

合理安排插秧茬口对预防冷害、充分利用光热资源、保证水稻安全齐穗非常重要。黄卫群等报道（2017年）在陕西水稻主产区秦岭以南，水稻实行春播，后茬作物是油菜、小麦等。耕作制度主要为水稻油菜（小麦）两熟制，光温资源对于水稻而言属于两季不足、一季略有余，为充分利用光温资源，陕南稻区采用温室两段育秧、薄膜育秧和地池两段秧等方法培育长秧龄多蘖壮秧。随着社会经济发展和农业产业结构的调整，轻简化的栽培技术已成为农业生产发展的迫切需要和主要趋势，近年来陕南水稻的栽培方式也由传统的手工育秧移栽模式，向毯状育秧机械化移栽模式和水稻直播技术模式探索、过渡和发展。

在关中平原，水稻也实行春播，后茬作物基本也是油菜、小麦等。关中小麦大部分在6月初成熟，这就是在6月上旬插秧的茬口条件，要安排好劳力抢种。否则，收麦迟，插秧晚，受冷害，水稻成熟期延长，从而影响小麦及时播种，翌年小麦成熟晚，于是又影响水稻插秧。如此反复，便形成了"稻麦的恶性循环"，大大影响农业生产的发展。关中一般采用薄膜育秧。

在陕北一熟区，种植水稻的地区也是春播。陕北地区温度偏低，为满足水稻生长所需要的光和热，水稻种植较晚，也采用薄膜育秧方式。

（一）播种期的确定

张文明在《水稻》一书中提出，适时播种，既有利于充分利用温光资源，增加水稻营养生长量，促进形成带蘖壮秧，又有利于劳力调节，确保适龄移栽。要依据品种适宜的播期和大田腾茬时间，切实抓好适时分批播种。播种过早温度低，出苗慢，出苗率低，生长慢，秧苗生长弱，容易烂秧；过晚成秧率虽高，但影响适时插秧，不利于高产抽穗期齐穗。播种期的确定通常要考虑气候条件、品种生育期和前后茬关系等主要因素，在自然条件下，当日平均气温稳定通过12℃的初日，作为籼稻的早播界限期，再根据当年气象预报，抓住冷尾暖头，抢晴播种。早播还要考虑秧龄是否合适、能否适时早插等因素。水稻安全移栽的温度指标为日平均温度15℃以上。移栽过早会推迟返青，导致死苗或僵苗。这在陕北稻区和其他稻区的空茬田要注意。

迟播界限期是要保证安全齐穗。籼型水稻抽穗期低温伤害的温度指标为日平均温度连续 3 d 以上低于 22℃。一般以秋季日平均温度稳定通过 22℃ 的终日，作为籼稻的安全齐穗期。根据各品种从播种到齐穗的生长天数，就可向前推算出该品种的迟播界限日期。确定播种期还要考虑有些地区常有的旱、涝、低温、高温等灾害性天气，应掌握灾害发生规律，调整播期，避灾保收。播种期还要和耕作制度以及品种类型相适应，做到播种期、移栽期、秧龄三对口。

（二）适宜播期

在全国稻作区划中，陕西省分属 3 个稻作区。陕西省南部的汉中、安康、商洛三地市属华中单双季稻稻作区川陕盆地单季稻两熟亚区，关中属华北单季稻稻作区黄淮平原丘陵中晚熟亚区，陕北属西北干燥区单季稻稻作区甘宁晋蒙高原早中熟亚区。其中属华中单双季稻稻作区川陕盆地单季稻两熟亚区的陕西省南部三地市，在陕西稻作区划中，又根据海拔高度的垂直差异分为陕南盆地川道丘陵迟熟籼稻两熟区、陕南浅山中熟籼稻两熟区、陕南秦巴中山区早熟籼稻中熟粳稻一熟区。故此陕西稻作区划中分为陕南盆地川道丘陵迟熟籼稻两熟区、陕南浅山中熟籼稻两熟区、陕南秦巴中山区早熟籼稻中熟粳稻一熟区、关中平原中籼中粳两熟区、陕北高原早中粳一熟区 5 个稻区。

1. 陕南盆地川道丘陵迟熟籼稻两熟区

属华中单双季稻稻作区川陕盆地单季稻两熟亚区，位于秦岭和大巴山间的海拔 650 m 以下川道盆地。包括汉中市的勉县、南郑区、汉台区、城固县、洋县、西乡县和安康市的石泉县、汉阴县、汉滨区 9 县（区）的汉江、月河及其支流沿岸的平坝丘陵地区，是陕西省水稻主产区和高产区。该区稻麦或稻油两熟制，是中国 I 级优质籼米生态区。现在种植的主要是迟熟杂交籼稻，复种指数为 99.5%。其中 70% 的油菜茬水稻，16% 的小麦茬水稻，9% 的育秧田（其中 80% 前茬蔬菜，20% 的绿肥或空茬）水稻，3.2% 的蔬菜草莓茬水稻，1.3% 的元胡（一种药材）茬水稻，0.5% 的冬闲田水稻。是中国中籼迟熟杂交稻种植的最北缘地带，是陕西省水稻高产创建的主要地区。其中，汉中盆地有稻田面积 6.7 万 hm^2，是陕西省水稻最集中的产区，也是单产最高的稻区。该区年平均气温 14～16℃，昼夜温差小，年 ≥10℃ 积温 4 400～5 000℃，水稻生长季 200～216 d。其中水稻生长季的 4 月 10 日至 9 月 30 日期间，年 ≥10℃ 的积温达 3 000℃ 以上。年平均降水量 850～900 mm，其中水稻生长季的 4—10 月降水量 750～800 mm（张嵩午，1988）。平川日平均温稳定通过 12℃ 的始日在 4 月 10 日前后，日平均温稳定在 22℃ 以上的终日在 8 月 20 日前后，安全播种到安全齐穗的天数为 130～135 d。温度适宜籼稻生长，冰雹、霜冻等灾害性天气较少，日照少于陕北和关中稻区，但优于陕南其他稻区，是中国川陕盆地稻区日照最好的地区，有利于水稻高产稳产和品质的提高。

2. 陕南浅山中熟籼稻两熟区

属华中单双季稻稻作区川陕盆地单季稻两熟亚区，地处秦岭海拔 650～800 m、巴山海拔 650～900 m 的浅山丘陵区，河溪沿岸的山间沟坝，部分是低山梯田。包括汉中勉县、南郑、汉台、城固、洋县、西乡和安康石泉、汉阴、汉滨的浅山地带，以及汉中宁强、略阳、佛坪、镇巴和安康紫阳、岚皋、平利、白河、旬阳、宁陕的大部分稻区。该区以稻麦、稻油两熟为主，另外，还有部分冬水田和冬闲田。本区域低山，山体互相遮挡，日照较盆地少，雨量较盆地多，温度偏低，昼夜温差较大。年平均气温12.5～13.5℃，4—9月平均日较差8～11℃，年降水量710～1 200 mm，8月平均相对湿度80%～82%，年日照时数1 600～2 100 h，年≥10℃积温3 800～4 000℃，水稻生长季185～195 d。日平均温稳定通过12℃的始日在4月15日前后，日平均温稳定在22℃以上的终日在8月14日前后，安全播种到安全齐穗的天数为120～130 d。

3. 陕南秦巴中山区早熟籼稻中熟粳稻一熟区

属华中单双季稻稻作区川陕盆地单季稻两熟亚区，包括陕南3市27个县的中山区。稻田分布在秦岭海拔800 m以上、巴山海拔900 m以上的秦巴山区，多在山间谷底、小盆地或山顶台地。该区处于稻区垂直分布最高层区域，山高、水冷、土凉、云雾重，多为冬水田，一年一熟。年平均气温12℃左右，4—9月平均日较差9～12℃，年降水量一般900～1 200 mm，8月平均相对湿度81%～85%，水稻生长季170 d（按粳稻计）。年≥10℃积温3 500℃以上。安全播种期在4月22日前后，安全齐穗期在8月7日前后，安全播种到安全齐穗的天数为120 d左右。

以上3个陕南稻区采用温室两段育秧、薄膜育秧和地池两段秧等方法培育长秧龄多蘖壮秧。适期早播可有效延长水稻的营养生长期，增加有效积温，提高光合干物质累积量，促进早熟，能有效减轻水稻生长后期的高温伏旱或秋封的影响，为提高水稻单产奠定基础。陕南温室两段育秧4月初进温室，薄膜育秧4月5日左右播种；旱育秧一般比两段育秧提早5～7 d，一般于3月底至4月初播种；地池两段育秧比温室两段育秧一般早播3～5 d，4月1日左右播种。机插秧根据插期确定播期，秧龄控制在25～30 d。

陕南稻区水稻生长季短于全国其他亚热带稻区，但安全生长期却略长于淮河南岸地带。越冬作物小麦、油菜于5月中下旬成熟。水稻营养生长期气温平缓，幼穗分化和灌浆结实期比其他亚热带稻区长，有利于形成大穗和灌浆结实。

赵志杰等早在20世纪70年代进行多年播插期试验得出，无论中熟品种还是晚熟品种，在陕南都以8月上旬出穗的产量最高，其前其后的产量都低，尤其是越向后减产幅度越大。陕南籼稻安全齐穗期为8月19日，籼型晚熟杂交稻高产播期在4月10日，最佳插植期在5月20—30日。

根据多年气象资料分析，汉中盆地平均气温稳定≥10℃的初日是3月29日，为此，汉中水稻3月29日后可播种，但应注意保温，防止冻害，安全播种期是4月13日。罗纪石、张文明等研究表明，汉中盆地水稻最佳高产齐穗期为8月5—10日。

为了最大限度地利用陕南平川地区适宜水稻生产的光温资源条件，兼顾前作油菜、小麦，夺取水稻优质高产，水稻在4月上旬播种，5月下旬至6月初才插秧，所以秧龄在50 d以上，形成了与其他地区相比独特的长秧龄水稻种植区。从叶片看，秧苗在

6～8叶，甚至到9叶，插植到本田后，分蘖时间短。为了争取低级位、低蘖位分蘖发生，为高产打下基础，不得不将分蘖提前到秧田期进行，这是陕南培育多蘖老壮秧的理论基础。30多年的生产实践证明，该方法理论正确、技术适用，是陕南水稻高产稳产的重要措施。

4. 关中平原中籼中粳两熟区

属华北半湿润单季稻稻作区黄淮平原丘陵中晚熟亚区，稻田主要分布在秦岭北坡脚下至渭河以南的平原，南部由秦岭北坡起，北部至韩城—耀州—彬州一线，包括关中5市的37个县（市、区），主要在西安市的长安、蓝田、鄠邑、周至和宝鸡眉县、岐山6县（区），黄河沿线的渭南市大荔县、合阳县等地。该区多为稻麦两熟，以粳糯稻和优质中粳、杂交中籼为主。主要在城市近郊和河滩地种植。该区年平均气温13℃，年平均日较差11～12℃，年降水量一般600～700 mm，年日照时数2 000～2 400 h，水稻生长季186～191 d。年≥10℃积温4 100～4 900℃。日平均温稳定通过12℃的始日在4月15日前后，日平均温稳定在22℃以上的终日在8月14日前后，安全播种到安全齐穗的天数为120 d左右。温室育秧4月10日左右进温室，薄膜育秧4月15—20日播种。该区域又分为关中平原西部亚区和关中平原东部亚区，以西安市西郊为界。

（1）西安市及周边稻区　该区是陕西省除陕南以外温度条件最好的地区。空气相对湿度较陕南低、光照较陕南好、温差较陕南大，土壤肥力高。品种以中熟粳稻或常规籼稻品种为主。主要是回茬水稻。

（2）关中西部稻区　与西安地区比较，光温条件略差，水稻品种以中早熟籼稻品种为主。

5. 陕北高原早中粳一熟区

在中国水稻区划中划归西北干燥单季稻作区，属西北干燥区单季稻稻作区甘宁晋蒙高原早中熟亚区，主要分布在榆林市长城沿线风沙区的无定河流域和延安市的葫芦河流域，包括榆林市的横山、榆阳，延安富县、甘泉、南泥湾，渭北高原以北的韩城、合阳、澄城、白水、耀州、旬邑、彬州、长武等县的北部共33县（市、区），"以水定稻，沿河一条线"和"单季粳稻"是该区水稻生产的显著特点。属中国优质粳稻的气候生态区。该区一年一季早中熟粳稻。年平均气温8～9.5℃，年平均日较差11～14℃，年降水量350～640 mm，年平均相对湿度54%～61%，年日照时数2 400～2 500 h，水稻生长季165～185 d。年≥10℃积温2 800～3 400℃。日平均温稳定通过10℃的始日在4月22日前后，日平均温终日稳定在20℃以上的在8月15—22日，安全播种到安全齐穗的天数为113～120 d。该区是陕西省光照最好、温差最大、相对湿度最小、水稻病虫害发生最轻的稻区。实行一年一熟制，种植早中熟粳稻品种，水稻生长季短。该区薄膜育秧4月20—25日播种。

二、选用优良水稻品种

品种是栽培技术的载体。选用优良且适应能力强的品种是水稻优质高产的关键。

（一）研究概况

张羽等（2008）对汉中地区11个县（区）种植的水稻品种类型、分布特性等进行了调查研究。结果表明，地方稻种有350个左右，选育稻种16个，主要引进稻种17个。张羽等（2011）从水稻12条染色体上的30个SSR标记中筛选出14对有效引物，对陕西省汉中地区20个主要种植的水稻品种的遗传多样性进行分析。结果共检测到69个等位基因，平均每个标记检测到5个等位基因，每个SSR位点的遗传多态性信息含量为0.27～0.74，平均值为0.48。聚类分析表明，20个水稻品种的遗传相似系数为0.55～0.94，遗传相似度较高，亲缘关系较近。杨飞等（2016）实际调查，陕西南部地区市场销售的水稻品种多达40余种，水稻品种多，生育期差异较大，大多数品种水稻生育期不适宜该地区生态条件，难以高产或不能及时抽穗成熟，造成光温资源浪费，自然生产潜力不能充分发挥。因此，开展品种试验研究可以有效解决选择品种的问题，提高生产效率。张羽等（2017）应用CAPS法对112份陕西省水稻主要种质资源基因第一内含子供体+1位碱基G/T进行检测，根据G/T碱基将112份供试材料分为GG、GT、TF等3种基因型。同时，按国标检测3种不同G/T型37份稻米的直链淀粉含量及其他相关性状。结果显示，112份供试材料中有1份材料为GG型，约占1%；25份为GT型，占22%；86份材料为1-r型，约占77%。说明基因第一内含子供体+1位碱基G/T的多态性与AC含量有良好的对应关系，与垩白粒率和垩白度有一定的对应关系。周凯、蒙天俊等（2018）通过对陕西汉中稻区农户种植品种及技术需求进行抽样调查，结果表明，高产优质抗病品种是农户的品种需求，更高产技术、省工省力技术以及精确定量施肥技术是农户迫切的技术需求，并提出品种需求及建议："一季稻+麦或油"的一年两熟耕作制度是汉中农户最愿意种植的水稻季节和品种搭配类型，也是充分发挥本地气候光温资源的必然选择。"高产品种"仍是广大农户尤其是浅山丘陵稻区农户的普遍需求，"优质稻品种"只是平坝川道稻区45%农户的需求。建议：一是加大高产、品质达国颁优质稻谷Ⅲ级及以上水稻新品种的选育力度，保障粮食安全；二是在平坝川道稻区种植品质达国颁优质稻谷Ⅱ级以上的优质稻，发展优质米产业。汪德义等（2013）通过品种区域试验筛选出内香8518、丰优737、Q优6号、国丰1号、明优06共5个优质杂交水稻新品种，总结出配套高产保优栽培技术，并加以大面积推广。杨飞等（2016）以5个水稻品种为试材，在陕南筛选表现突出的稳产高产优质主推品种。结果表明，内香8518平均产量10 344.0 kg/hm²，在各点中产量最高，适应性较强，分蘖能力强、抗倒伏，除抗病性较其他品种略差外，综合表现突出，3个试验点排名第1位，4个点排名第2位，可继续作为高产品种在陕南各地推广，生产中应注意加强病虫害防治工作；内5优5399产量排第2位，平均产量10 161.0 kg/hm²，穗实粒、结实率、抗病抗倒伏性均较好，建议作为高产创建的主推品种；内5优39产量排第 3 位，平均产量 10 144.5 kg/hm²，仅低第 2 位 16.5 kg/hm²。该品种株高适中，穗长、穗实粒、结实率等经济指标均较高，抗倒伏，注意加强稻颈瘟病和纹枯病的防治工作，可作为主推品种。内香优 1 号可在汉中东部及安康西部推广，生产中注意纹枯病防治。赵芬等（2016）通过水稻机插秧新品种比较试验，对 8 个常规稻、2 个杂交稻品种从产量、生育期和抗性等方面综合分析，结果表明，杂交稻泰丰优 512 有效穗高，籽粒饱满，综合性状好，产量高；粤美占产量在常规稻中排第 1 位，抗穗颈稻瘟和稻曲病，抗倒伏，这两个品种可纳入水稻机插秧品种储备，在进一步试验的同时扩大示范。三澳占、黄华占米质达到国标优质米 I 级，粤农丝苗、五山丝苗和丰软占米质达到国标优质米 II 级，这 5 个品种生育期适中，产量较高，抗病，抗倒伏，结合汉中优质米品牌创建，可作为订单生产的示范品种。研究表明，在汉中市现有麦（油）-稻两熟制的情况下，为保证水稻安全灌浆结实，机插秧生育期不宜超过 150 d。本试验中泰丰优 6133 全生育期 152 d，虽然生育期偏长，但 8 月 8 日已经齐穗，在高产齐穗期范围内，且有效穗和千粒重较高，产量排第 3 位。汪德义等（2017）结合陕南水稻生产实际，针对平川稻区冬闲田、油菜及小麦茬口长期缺乏水稻机械化插秧品种的现状开展水稻机插秧品种筛选试验及示范，筛选出适合陕南平坝丘陵不同茬口水稻机插秧品种，并集成配套水稻全程机械化生产技术。结果表明，空闲田茬口水稻机插秧品种以蓉 18 优 1000、瑞优 998、川优 6203、川种优 2727、内香 506 等生育期 150～160 d 的优质高产抗病晚熟水稻品种为佳；油菜、小麦茬口水稻机插秧品种以特优 801、丙优 1009、黄花占、五山丝苗、泸香 145 等生育期 135～145 d 的优质高产抗病中早熟水稻品种为佳。

杨小侠等（2022）介绍 12 个优质稻品种在陕西汉中的种植情况，通过主要农艺性状、抗病抗倒性、稻米品质和产量的表现，综合分析其在汉中的适应性、丰产性和稻米品质情况，结果表明，除五优稻 4 号、越光稻外，其余品种的产量均超过 9 t/hm²，比对照丰优香占增产的有广 8 优香丝苗、川优 6203、川种优 3877 等 5 个品种，野香优 1701 虽较对照减产 2.35%，但减产不显著。丰优香占、川优 6203 的生育期稍长，五优稻 4 号生育期太短。从抗病性来看，五优稻 4 号抗病生较差，其余品种抗病性中等，五优稻 4 号和桃香优莉晶发生不同程度的抗倒现象，不利于收获。川优 6203、野香优 9901、丰优香占、野香优 1701、桃香优莉晶、广 8 优香丝苗的稻米品质较好，都为籼型长粒香米，有较好的市场优势。综合各参试品种的产量、米质、农艺性状、抗性等因素，结合汉中优质稻生产实际和优质稻产业发展现状分析认为，川优 6203、丰优香占、野香优 9901、川种优 3877、广 8 优香丝苗、野香优 1701 适宜汉中生产种植，越光稻作为优质粳稻，其植株较高，有倒伏风险，可作为特定生产模式（订单农业）种植，不建议大面积推广，五优稻 4 号抗病性、抗倒伏性较差、不建议推广。在优质稻栽培过程中，丰优香占、川优 6203 可适当提前播种，采用两段育秧方式，使其能在 8 月 10 日前抽穗，广 8 优香丝苗生育期较短，分蘖力强，穗大粒多，可适当延迟播种。其余品种有待继续试验，进一步确定其利用价值。

（二）人工插秧水稻品种试验示范研究

2013 年，南郑城关、高台、新集、黄官、红庙、牟家坝 6 片区农技中心站，选择在汉中近年生产及相关试验示范中表现较好的 7 个水稻高产品种宜香 1979、内香 8518、宜香 725（CK）、内 5 优 5399、内 5 优 39、深优 9734 和 F 优 498，对其丰产性、抗性和适应性调查研究，结果表明，宜香 1979 在参试的 7 个品种中平均产量最高，该品种植株株型高大，分蘖能力较强，着粒密度高，穗长及产量构成因素等经济指标均较高，抗病、适应性广，但不抗倒伏，千粒重较低，在栽培上应健身栽培，主攻有效穗，实现高产。内香 8518 产量居第 2 位，该品种有效穗较高，分蘖能力较强，全生育期适中，纹枯病发生较轻，中感稻曲病，抗倒伏。内 5 优 39 产量位于第 3 位，中感纹枯病和轻感稻曲病，中抗倒伏，其他性状中等水平。内 5 优 5399 在 7 个品种中居第 4 位，理论产量居第 1 位，可以作为订单生产的主栽品种。以上 4 个品种的产量高，综合性状较好，建议进一步重点研究，按照各品种特征特性进行密度、施肥等综合因素试验，确定相关参数，形成最佳标准化栽培技术规范。

2013 年，南郑县农业技术推广中心选择在南郑近年生产及相关试验示范中表现较好的 8 个水稻高产品种内 5 优 39、内香 8518、内 5 优 5399、宜香 725（CK）、内香优 1 号、内 5 优 317、蓉 18 优 198、F 优 498，对其丰产性、抗性和适应性调查研究，结果表明，参试品种中以内 5 优 39、内 5 优 317、内香 8518、内香优 1 号都较对照宜香 725 增产外，其余均比对照宜香 725 减产，其中蓉 18 优 198 和 F 优 498 理论产量比对照增产，但由于稻曲病发病较重，实产较对照减产，建议下年继续试验。同时按照各品种特征特性进行密度、施肥等综合因素试验，确定相关参数，为大田生产提供依据。

2014 年，勉县农业技术推广中心选择陕西省近年水稻示范中表现较好的 5 个高产品种丰优 737、D 优 2364、特优 801、泸优 1 号、黄华占进行比较试验，在 2014 年特殊气候条件下，通过对 5 个水稻品种的田间观察记载及资料整理分析认为：由于 2014 年气候异常多变，育秧和插秧期间气温偏低，光照减少 139 h，不利于水稻生产，成熟期连续 12 d 阴雨，不利于水稻收获。试验品种表现差异较大。对照品种黄华占有效穗高、结实率高、抗性好、产量稳；丰优 737 生育期长、穗型长、千粒重高，但有效穗低，抗病性较差，产量水平偏低；D 优 2364 和特优 801 熟期早易发生鼠害鸟害、株型松散、整齐度差、易倒伏、产量较低；泸优 1 号有效穗低、结实率不高、产量水平较低。建议丰优 737、泸优 1 号两个品种下年继续试验观察；D 优 2364 和特优 801 可不再进行试验；黄华占可示范种植。

2015 年，汉台区农业技术推广中心以 D 优 2362、特优 801、泸优 145、泸优 11、黄华占 5 个水稻品种为试材，每个品种设 21 万穴 /hm^2（30 cm×15.8 cm）、23.3 万穴 /hm^2（30 cm×14.3 cm）和 25.5 万穴 /hm^2（30 cm×13 cm）3 个插植密度，进行水稻品种 – 密度二因素试验研究，结果表明，参试品种中 D 优 2362、特优 801、泸香 145、泸优 11 都比对照黄华占产量高，其中泸优 11 产量最高，平均产量为 9 640.1 kg/hm^2，建议可作为麦茬田、晚插油菜田进行示范。泸香145理论产量最高，但实产较低，比对照黄华占略高，建议下年继续试验。

2016年，南郑县农业技术推广中心在高台镇战斗村示范川优6203、五山丝苗、先丰优901 3个水稻品种。结果表明，示范品种川优6203、五山丝苗、先丰优901，4月12日育秧，5月23日插秧，8月25日至9月15日成熟，全生育期135～156 d。根据各示范品种大田生长情况和产量结果，川优6203整体表现较好，可作为空茬田主推品种示范推广，适宜插植株行距30 cm×16 cm；五山丝苗建议下年继续试验示范；先丰优901在本次品种示范中产量不高，全生育期135 d，生育期短，米质较优，分蘖力中等，建议作为油菜茬和小麦茬示范品种，但提高产量需要研究种植密度及相关栽培管理技术，建议插植株行距30 cm×14 cm。

2017年，南郑县农业技术推广中心在协税镇张坪村古柏粮油专业合作社示范乐5优177、扬籼优2129、川优6203 3个水稻品种。结果表明，乐5优177、扬籼优2129、川优6203，4月11日育秧，5月15日插秧，9月13—14日成熟，全生育期155—156 d。乐5优177折合产量9 649.5 kg/hm^2，比对照川优6203增产121.5 kg/hm^2，增幅1.3%；扬籼优2125折合产量9 934.5 kg/hm^2，比对照川优6203增产406.5 kg/hm^2，增幅4.3%。根据示范品种大田生长情况和产量结果，整体表现较好，全生育期与川优6203相当；穗颈稻瘟病、稻曲病均未发生，纹枯病发生较轻，收获时均为直立，总体抗性较好；示范品种折合产量均在9 600 kg/hm^{2}以上。建议下年继续试验示范，同时按照各品种特征特性进行密度、施肥等综合因素试验，确定相关参数，为大田生产提供依据。

2017年，南郑县农业技术推广中心以黄广油占、丰粤华占、黄广丝占、黄广华占、粤泰油占、黄银占、川谷优2516、晶早、黄华占等10个水稻品种为试材，观察品种特性，筛选适应陕南生产条件的优质水稻品种。结果表明，参试品种折合产量在11 111.7～8 581.8 kg/hm^2。其中以黄华占产量最高，折合产量11 111.7 kg/hm^2，其余参试8个品种均比对照减产。穗颈稻瘟病、稻曲病均未发生，纹枯病发生也较轻，除晶早倒伏外，其余品种均为直立，总体抗性较好，参试品种折合产量均在8 250 kg/hm^{2}以上，建议下年继续试验。

2017年，汉中市农业技术推广中心通过对空茬田川优6203（CK）、川谷优2516和内香506 3个水稻品种，油菜茬黄华占（CK）、五山丝苗（CK）、粤美占、三澳占、丰软占、银丝选、先丰优901、广8优5号、泸香145和粤禾丝苗10个品种示范比较，综合考察各个品种的抗性、丰产性，结果表明，空茬田示范的3个品种，川谷优2516品种株型适中，叶片挺直，生育期149 d，抽穗整齐，落黄好，产量高，较对照川优6203具有一定优势，可进一步示范试验；油菜茬示范的10个品种，银丝选品种因纹枯病发病最重，出穗不整齐，理论测产及实产均居试验末位，表现不佳；先丰优901品种始穗、齐穗较其他参试验品种最晚，不宜参与油菜茬水稻品种示范；三澳占品种后期穗层不整齐，脱肥较明显，产量居试验第9位，建议继续观察示范；粤美占品种虽然实测亩产较高，居试验第3位，但后期表现生长整齐度较差，仅稍好于三澳占，熟色中等，建议继续观察示范；丰软占、广8优5号、粤禾丝苗、泸香145等4个参试品种实测产量均在 9 000 kg/hm² 以上，田间长势好，株型适中，植株健壮、清秀，群体结构合理，可进一步示范推广。

2022 年，南郑区农业技术推广中心以香龙优 2018、济优 716、金龙优 2018、隆晶优 8129、鄂莹丝苗和野香优 959 共 6 个水稻品种为试材，开展水稻品比试验研究。结果表明，参试品种折合产量在 10 984.5～9 318.0 kg/hm²，产量水平较高。参试 6 个品种稻曲病、穗颈稻瘟病和纹枯病发生均较轻，参试品种均未发生倒伏，收获时直立，总体抗性较好，生育期适中，建议下年按照品种特征特性进行密度、施肥等综合因素试验，确定相关参数，为陕南水稻新品种筛选提供依据。

（三）水稻机插秧品种试验研究

2020 年，汉中市农业技术推广中心以 10 个水稻品种为试材：川优 6203、泰香 8 号、华盛 3 号、川优 8377、天泰 9903、德优 4727、Y 两优 1 号、宜香 2115、内香 8518 和内 5 优 5399，在汉中市平川 6 县（区）水稻高产创建百亩攻关田片区进行了水稻机插秧优质高产品种遴选研究。结果表明，参试品种产量均突破 10 500.0 kg/hm²，其中，南郑和勉县试验点产量较高，汉台、南郑和西乡试验点产量较低，试验点排名前 4 位的品种为内 5 优 39、内香优 1 号、内香 8518 和宜香 1979。对不同试验点、同一品种产量取平均值，结果表明，除 D 优 202 和天优华占外，其他品种的产量均低于宜香 725（CK）。内 5 优 39 产量最高，较对照宜香 725 平均产量高 3.25%；其次为内香优 1 号，较对照高 2.89%；内香 8518 排第 3 位，产量较对照高 1.90%；天优华占产量最低，较对照减产 2.02%。各品种产量由高到底顺序依次为川优 6203＞泰香 8 号＞内香 8518＞华盛 3 号＞内 5 优 5399＞川优 8377＞天泰 9903＞德优 4727＞Y 两优 1 号＞宜香优 2115。

2021 年，汉台区农业技术推广中心以 10 个水稻品种为试材：5 优 308、中青 2 号、泰丰优 168、5 丰优 615、T 优 1328、Y2 优 3218、天优 826、天优湘 99、天优华占和汕优 63，进行了水稻机插秧（籼稻）早熟品种引进试验研究。结果表明，在相同试验条件下，中青 2 号产量最高，较对照汕优 63 增产 2.07%。亩有效穗高，分蘖强，居参试品种第 1 位，穗总粒、穗实粒较低，但千粒重高，粒重饱满，稻曲病感病程度较轻。五优 308 产量居参试品种第 3 位，结实率、千粒重均高于对照，稻曲病发病情况中等；天优湘 99 产量居参试品种第 4 位，亩穗数、穗总粒、穗实粒数、结实率以及千粒重均高于对照。建议选择中青 2 号、五优 308 和天优湘 99 作为汉中机插秧高产籼稻早熟品种。

2021 年，汉台区农业技术推广中心以汉中常规种植的中糯 1 号、珍糯 909、中糯 2005、特糯 2072、糯优 2 号和汉中雪糯 6 个糯稻品种为试材，对品种的丰产性、适应性、抗病性及农艺性状进行鉴定。结果表明，特糯 2072 亩产最高，穗总粒、穗实粒较高，穗长粒多，且稻曲病感病程度较轻。珍糯 909 产量位居第 2，该品种亩有效穗高、分蘖强、结实率、千粒重高，穗大粒重，稻曲病感病程度较轻。适宜汉中市种植的糯稻品种以选择特糯 2072 和珍糯 909 为宜。

（四）直播稻品种试验研究

2018年，勉县农业技术推广中心以隆晶优4393、荃优丝苗、晶两优534、恒丰优粤禾丝苗、龙两优粤禾丝苗、隆两优2115、川优6203（CK）、炳优8117和旺两优900共9个水稻新品种为试材，进行了水稻直播品种比较试验研究。结果表明，在2018年气候条件下，对照川优6203表现为株高穗长、抗性好、结实率高、成熟期适中、整齐度好，但穗子谷粒排列疏松，加之有效穗少，产量低，其余8个品种亩产均高于对照川优6203。隆晶优4393、荃优丝苗、晶两优534、恒丰优粤禾丝苗、龙两优粤禾丝苗、炳优8117株型紧凑、长势清秀、整齐度好、抗性好，生育期适中，抗倒能力强，有利于养老稻，产量高，适宜机械化收获；旺两优900穗小粒多产量高，但出穗整齐度差，株型松散，成熟期叶片早衰；隆两优2115前期生长整齐度好，但成熟期叶片早衰，植株倾斜，抗倒性差，不利机械化收获。针对当地气候特点，为确保生产安全，水稻直播的品种以隆晶优4393、荃优丝苗、晶两优534、恒丰优粤禾丝苗为主栽品种。建议川优6203、龙两优粤禾丝苗、炳优8117在栽培过程中加大播量，提高有效穗，增加产量；龙两优粤禾丝苗还应做好稻曲病防治工作；旺两优900注意降氮增磷补钾，后期及时退水晾田和叶面喷肥，防止倒伏；隆两优2115叶片早衰，植株倾斜，给机械化收获带来难度。

2019年，勉县农业技术推广中心以黄华占、丰优香占、川优6203共3个水稻品种为试材，进行了水稻机械直播品比试验研究。结果表明，各品种基本苗差异明显，黄华占基本苗最高，达到80.4万/hm^2，川优6203最低，为43.4万/hm^2；分蘖盛期，黄华占总茎蘖数最高，达769.4万/hm^2，丰优香占最低，为731.3万/hm^2，丰优香占分蘖时间较长；黄华占有效穗最高，为524.9万/hm^2，丰优香占最低，为479.4万/hm^2。黄华占的穗总粒数、穗实粒数均居试验第1位，结实率居试验第3位，产量居试验第3位；丰优香占穗总粒数最少，穗实粒数居试验第2位，结实率最高，产量居试验第2位；川优6203穗总粒数居试验第2位，穗实粒数最少，结实率最低，产量居试验第1位。实收产量由高到低依次为黄华占、丰优香占、川优6203，按照13.5%标准含水量折合，产量分别为9 837.0 kg/hm^2、8 754.0 kg/hm^2、7 048.5 kg/hm^2。通过试验对比，参试品种黄华占经济性状好，穗总粒、穗实粒均在其他品种之上，达到了试验筛选目标，建议推广使用；丰优香占、川优6203因易发生倒伏，如收获时遭遇阴雨天气，对产量影响较大，建议不作为机械直播品种推广。

（五）陕西水稻优良品种简介

1. 川优6203

审定编号：国审稻2014016

品种名称：川优6203

选育单位：四川省农业科学院作物研究所

品种来源：川106A×成恢3203

特征特性：籼型三系杂交水稻品种。长江上游作中稻种植，全生育期156.3 d，比对照Ⅱ优838短0.5 d。株高111.6 cm，穗长25.6 cm，有效穗数228.0万穗/hm^2，穗粒数169.0粒，结实率80.8%，千粒重29.0 g，易倒伏。抗性：稻瘟病综合指数3.6，穗瘟损失率最高级5级；褐飞虱9级；中感稻瘟病，高感褐飞虱。米质主要指标：整精米率58.7%，长宽比3.5，垩白粒率28%，垩白度2.3%，胶稠度75 mm，直链淀粉含量17.5%，达到国家《优质稻谷》标准Ⅱ级。

栽培要点：适时播种，培育带蘖壮秧。秧龄40 d左右，基本苗150万/hm^{2}以上。基肥足、追肥早，控施氮肥，增施磷钾肥，亩施纯氮120～150 kg/hm^2，氮、磷、钾肥配合施用。水管理以湿为主，干湿相间，有水孕穗，干湿壮籽。播种前用强氯精或咪鲜胺浸种，预防恶苗病；注意及时防治稻瘟病、纹枯病、螟虫、褐飞虱、稻曲病等病虫害。

产量表现：2011年参加长江上游中籼迟熟组区域试验，平均产量8 574.0 kg/hm^2，比对照Ⅱ优838减产0.9%；2012年续试，平均产量8 988.0 kg/hm^2，比Ⅱ优838增产5.3%；两年区域试验平均产量8 781.0 kg/hm^2，比Ⅱ优838增产2.2%；2013年生产试验，平均产量8 568.0 kg/hm^2，比Ⅱ优838增产4.8%。

适宜地区：云南、贵州（武陵山区除外）的中低海拔籼稻区、重庆（武陵山区除外）800 m以下籼稻区、四川平坝丘陵稻区、陕西南部稻区作一季中稻种植。不宜在高肥水条件下种植。

2. 丰优香占

审定编号：豫审稻2004004

选育单位：江苏里下河地区农业科学研究所

品种来源：粤丰A×R6547

特征特性：属中晚熟三系杂交籼稻品种，生育期145 d。幼苗叶鞘绿色，叶片绿色，株高115 cm，剑叶直略斜，株型集散适中，茎秆较粗壮，抗倒性强。穗长24 cm，穗形弧形，穗分枝较多，穗粒数160粒，成穗率70%左右，结实率85%，颖尖白色，无芒，谷壳鲜黄，千粒重28 g。2001年经农业部稻米及制品质量测试中心（杭州）品质分析糙米率79.2%、精米率72.6%、整精米率63.5%，垩白粒率7%，垩白度0.7%，粒长7.1 mm，长宽比3.5，透明度1级，籽粒蛋白质含量8.4%，直链淀粉含量13.5%，碱消值7.0级，胶稠度84 mm。9项指标达部颁优质米1级标准，3项指标达2级标准。2001年，江苏省农业科学院植保所对稻瘟病ZB1、ZB2、ZC13、ZD1、ZE3、ZG1 6个生理小种接菌鉴定病级均为高抗（0级）；对白叶枯病菌群Ks-6-6、Px079、Js49-6表现为抗病（1级），对浙173中抗（3级）；对穗颈瘟中抗（2级）。

栽培要点：适期播种，培育壮秧，4月下旬播种，水育秧落谷量150 kg/hm^2，旱育秧落谷量300 kg/hm^2，大田每亩用种量15.0～22.5 kg/hm^2，秧田亩施用纯N 225～300 kg/hm^2，注重增施磷钾肥，一叶一心早施断奶肥，三叶期追施接力长粗肥，移栽前5～6 d施好起身肥，秧龄一般30～35 d。栽足基本茎蘖苗，大田栽足30万穴/hm^2，每穴茎蘖苗4～5个，基本茎蘖苗120万～150万苗/hm^2。

产量表现：2002年参加豫南稻区中籼A组区域试验，8点汇总，平均稻谷7 798.5 kg/hm²，比对照一豫籼3号增产6.7%，比对照二Ⅱ优838减产11.5%，居11个品种第9位；2003年续试，8点汇总平均稻谷5 661.0 kg/hm²，比对照Ⅱ优838减产4.07%，居13个品种第5位。2003年参加豫南稻区中籼生产试验，平均产量6 093.0 kg/hm²，比对照Ⅱ优838减产0.5%，居7个品种第3位。

合理施肥，科学用水，每亩大田施用纯N 187.5～225.0 kg/hm²，有机与无机肥搭配，氮、磷、钾肥配合，施用比例为1∶0.25∶0.5，肥料运筹采取"前重、中控、后补"方式，即基面肥70%、分蘖肥20%、平衡肥10%。水浆管理采取浅水栽插、存水活棵、薄水分蘖，当田间总茎蘖达到目标穗90%时，适时分次搁田，茎蘖高峰苗控制在375.0万/hm²以内，生育后期田间干湿交替，养根保叶，收割前一周断水。

适宜地区：豫南籼稻区作优质稻种植，一般产量7 500.0 kg/hm²。

3. 黄华占

审定编号：渝审稻2011003

选育单位：广东省农业科学院水稻研究所

品种来源：黄新占×丰华占

特征特性：该品种属常规水稻。在栽秧18万穴/hm²的密度下作中稻种植，海拔400 m以下区域全生育期147～155 d，平均148.7 d，比对照胜泰1号短3.5 d。株高平均97.7 mm，植株较矮，株型紧凑，剑叶较直立，叶色浅绿，分蘖力较强。有效穗数201.5万穗/hm²，穗平均着粒数188.4粒，结实率87.93%，千粒重22.0 g。综合评价7级，抗性评价感病。糙米率80.2%，整精米率66.7%，长宽比3.1，垩白粒率12%，垩白度2.5%，胶稠度86 mm，直链淀粉含量15.2%。米质达到国标优质米Ⅲ级。

栽培要点：渝西及沿江河谷地区3月上中旬播种，深丘及武陵山区适宜3月下旬至4月上旬播种；每穴栽2～3粒谷苗，18万～22.5万穴/hm²；种子应进行包衣处理，特别注意防治稻瘟病；建议订单种植。

产量表现：两年区试，6个点次增产，无减产点次，产量变幅5 596.2～7 462.5 kg/hm²，平均产量6 857.1 kg/hm²，比对照胜泰1号增产7.06%。两年区试增产点率100%。

适宜地区：适宜重庆市海拔600 m以下地区作一季中稻种植。

4. 华浙优210

审定编号：国审稻20233002

选育单位：中国水稻研究所、浙江勿忘农种业股份有限公司

品种来源：华浙2A×中恢210

特征特性：籼型三系杂交水稻品种。在华南稻区作双季早稻种植，全生育期124.2 d，比对照天优华占晚熟1.7 d。株高116.1 cm，穗长23.0 cm，有效穗数280.5万穗/hm²，每穗总粒数162.9粒，结实率86.4%，千粒重23.0 g。抗性：稻瘟病综合指数两年分别为2.8、2.6，穗颈瘟损失率最高级3级，白叶枯病9级，白背飞虱9级，中抗稻瘟病，高感白叶枯病，高感白背飞虱。米质主要指标：糙米率80.6%，整精米率64.0%，粒长6.9 mm，长宽比3.2，垩白度0.2%，透明度1级，碱消值7.0级，胶稠度

73 mm，直链淀粉含量17.3%，达到农业行业（NY/T 593—2021）《食用稻品种品质》标准Ⅰ级。

栽培要点：在华南稻区作双季早稻种植，一般2月播种，秧田播种量210 kg/hm²，大田用种量15～22.5 kg/hm²。水育秧移栽叶龄4叶左右，秧龄控制在30 d以内。栽插株行距20 cm×25 cm，插足基本苗30万/hm²以上。科学施肥，施足基底肥，早施追肥，后期切忌断水过早。其他田间管理、栽培和收获措施均按该类型品种常规方法实施，重点防治稻瘟病、白叶枯病、稻飞虱等病虫害。

产量表现：2021年参加华南早籼组联合体区域试验，平均产量8 602.5 kg/hm²，比对照增产6.8%；2022年续试，平均产量8 121.0 kg/hm²，比对照增产7.2%；两年区域试验平均产量8 361.0 kg/hm²，比对照增产7.0%；2022年生产试验，平均产量7 663.5 kg/hm²，比对照增产5.1%。

适宜地区：广东省（粤北稻作区除外）、广西桂南、海南省、福建省南部双季稻区的白叶枯病轻发区作早稻种植，白叶枯病重发区不宜种植。

5. 丰优737

审定编号：陕审稻2006001

品种来源：马协A（♀）丰恢737（♂）

选育单位：汉中现代农业科技有限公司

特征特性：属优质、高产籼型三系中晚熟杂交水稻品种，在陕南海拔650 m以下稻区作中晚熟品种种植，全生育期146～150 d，比对照汕优63早熟2～3 d。主茎总叶片数15～16叶，株高120 cm，有效穗数平均225万～255万穗/hm²，单穗总粒数160～170粒，千粒重30.5 g，结实率80%以上。抗稻瘟病，中抗纹枯病，稻谷品质达到GB/T 17891—2017《优质稻谷》标准Ⅱ级。

产量表现：丰优737于2004—2005年参加陕西省水稻品种晚熟组区试，平均产量9 312.0 kg/hm²，较对照汕优63增产688.5 kg/hm²，增产率7.99%。

6. 宜香1979

审定编号：国审稻2006026

选育单位：四川省宜宾市农业科学研究所

品种来源：宜香1A×宜恢1979

特征特性：该品种属籼型三系杂交水稻。在长江上游作一季中稻种植，全生育期平均154.1 d，比对照汕优63迟熟1.3 d。株型紧凑，长势繁茂，后期转色好，有效穗数259.5万穗/hm²，株高122.9 cm，穗长26.2 cm，每穗总粒数173.4粒，结实率79.1%，千粒重26.9 g。抗稻瘟病平均5.7级，最高9级，抗性频率21.4%。米质主要指标为整精米率65.2%，长宽比2.7，垩白粒率39%，垩白度5.5%，胶稠度65 mm，直链淀粉含量14.8%。

栽培要点：育秧根据各地中籼生产季节适时播种，一般可与汕优63同期播种，秧田播种量150 kg/hm²，采用地膜覆盖保温，培育壮秧。移栽栽插方式以宽窄行为宜，栽插18万～22.5万穴/hm²，基本苗150万苗/hm²左右。肥水管理，大田以有机肥为

主，氮、磷、钾配合施用，施纯氮 150 kg/hm², 氮、磷、钾比例为 1∶0.5∶0.5; 重施基肥，早施追肥，后期不可脱水过早。注意及时防治稻瘟病、纹枯病、螟虫、稻飞虱等病虫害。

产量表现：2004年参加长江上游中籼迟熟组品种区域试验，平均产量 9 039.8 kg/hm²，比对照汕优 63 增产 5.09%（极显著）；2005 年续试，平均产量 9 036.6 kg/hm²，比对照汕优 63 增产 8.45%（极显著）；两年区域试验平均产量 9 038.3 kg/hm²，比对照汕优 63 增产 6.75%。2005 年生产试验，平均产量 8 790.0 kg/hm²，比对照汕优 63 增产 15.21%。

适宜地区：适宜在云南、贵州、重庆的中低海拔籼稻区（武陵山区除外）、四川平坝丘陵稻区、陕西南部稻区的稻瘟病轻发区作一季中稻种植。

7. 内 5 优 39

审定编号：国审稻 2011009

选育单位：内江杂交水稻科技开发中心

品种来源：内香 5A×内恢 2539

特征特性：该品种属籼型三系杂交水稻。在长江上游作一季中稻种植，全生育期平均 157.5 d，比对照 II 优 838 短 1.2 d。株高 112.2 cm，穗长 25.6 cm，有效穗数 229.5 万穗 /hm²，每穗总粒数 168.6 粒，结实率 82.1%，千粒重 29.2 g。株型紧凑，叶片较宽，叶鞘、叶缘、颖尖、茎节紫色，熟期转色好。抗性：稻瘟病综合指数 4.0 级，穗瘟损失率最高级 5 级；褐飞虱 9 级；耐热性弱。中感稻瘟病，高感褐飞虱。米质主要指标：整精米率 67.0%，长宽比 2.9，垩白粒率 13.5%，垩白度 1.9%，胶稠度 71 mm，直链淀粉含量 16.7%，达到 GB/T 17891—2017《优质稻谷》标准 II 级。

栽培要点：育秧：做好种子消毒处理，大田用种量 15 kg/hm²，适时播种，稀播培育多蘖壮秧，可采用湿润地膜育秧或旱育秧。移栽：适龄移栽，合理密植，栽插密度 19.5 万～22.5 万穴 /hm²、基本苗 135 万～150 万 /hm²。肥水管理：重施底肥，早施追肥，注意氮、磷、钾肥合理搭配，忌偏施氮肥。超高产栽培适当增施磷、钾肥，多施有机肥。注意后期水肥管理，忌脱水过早。病虫防治：注意及时防治纹枯病、螟虫、稻飞虱等病虫害。

产量表现：2009 年参加长江上游中籼迟熟组品种区域试验，平均产量 8 971.5 kg/hm²，比对照 II 优 838 增产 5.1%（极显著）；2010 年续试，平均产量 8 592.0 kg/hm²，比对照 II 优 838 增产 2.6%（极显著）。两年区域试验平均产量 8 782.5 kg/hm²，比对照 II 优 838 增产 3.9%，增产点比例 72.4%。2010 年生产试验，平均产量 9 030.0 kg/hm²，比对照 II 优 838 增产 7.4%。

适宜地区：适宜在云南、贵州（武陵山区除外）、重庆（武陵山区除外）的中低海拔籼稻区、四川平坝丘陵稻区、陕西南部稻区作一季中稻种植。

8. 内 5 优 5399

审定编号：国审稻 2009005

选育单位：内江杂交水稻科技开发中心

品种来源：内香 5A×内恢 3399

特征特性：该品种属籼型三系杂交水稻。在长江上游作一季中稻种植，全生育期平均155.6 d，比对照Ⅱ优838短1.6 d。株型适中，茎秆粗壮，叶片宽大直立，熟期转色好，叶鞘、叶缘、颖尖、茎节均为紫色，穗顶部少量谷粒有短芒，有效穗数240万穗/hm^2，株高113.2 cm，穗长24.6 cm，每穗总粒数170.9粒，结实率80.1%，千粒重29.0 g。抗性：稻瘟病综合指数3.8级，穗瘟损失率最高5级；褐飞虱9级；抽穗期耐热性中等，对低温敏感。米质主要指标：整精米率61.1%，长宽比3.1，垩白粒率22%，垩白度2.6%，胶稠度67 mm，直链淀粉含量22.9%，达到国家《优质稻谷》标准2级。

栽培要点：育秧：适时早播，用种量15.0 kg/hm^2，采取湿润地膜育秧或两段育秧，稀播，培育多蘖壮秧。移栽：中苗移栽，宽行窄株规格，栽插密度19.5万～22.5万穴/hm^2，每穴栽插2粒谷苗，基本苗达到135万～150万苗/hm^2。肥水管理：施肥宜重底早追，多施用有机肥，注意氮、磷、钾肥合理搭配，切忌偏施氮肥，超高产栽培适当增施磷、钾肥。特别注意后期水肥管理，忌脱水过早。病虫防治：注意及时防治螟虫、稻瘟病、稻飞虱等病虫害。

产量表现：2007年参加长江上游迟熟中籼组品种区域试验，平均产量8 844.5 kg/hm^2，比对照Ⅱ优838增产0.17%（不显著）；2008年续试，平均产量9 153.3 kg/hm^2，比对照Ⅱ优838增产0.84%（不显著）；两年区域试验平均产量8 998.8 kg/hm^2，比对照Ⅱ优838增产0.51%，增产点比例61.5%；2008年生产试验，平均产量8 818.5 kg/hm^2，比对照Ⅱ优838增产5.00%。

适宜地区：适宜在云南、贵州、重庆的中低海拔籼稻区（武陵山区除外）、四川平坝丘陵稻区、陕西南部稻区作一季中稻种植。

9. 内香8518

审定编号：国审稻2006024

选育单位：内江杂交水稻科技开发中心

品种来源：内香85A×内恢95-18

特征特性：该品种属籼型三系杂交水稻。在长江上游作一季中稻种植，全生育期平均152.9 d，比对照汕优63迟熟0.2 d。株型适中，剑叶长而挺，叶色浓绿，有效穗数261.0万穗/hm^2，株高112.3 cm，穗长25.6 cm，每穗总粒数154.2粒，结实率80.1%，千粒重29.9 g。抗性：稻瘟病平均5.8级，最高9级，抗性频率21.4%。米质主要指标：整精米率64.1%，长宽比3.0，垩白粒率16%，垩白度3.2%，胶稠度71 mm，直链淀粉含量16.3%，达GB/T 17891—1999《优质稻谷》标准Ⅲ级。

栽培要点：育秧：根据各地中籼生产季节适时早播，大田用种量15 kg/hm^2，培育多蘖壮秧。移栽：栽插方式以宽窄行最好，栽插密度19.5万～22.5万穴/hm^2，基本苗保证在150万苗/hm^2左右。肥水管理：重施基肥，早施追肥，注意氮、磷、钾肥合理搭配，高产栽培过磷酸钙用量不少于375 kg/hm^2，钾肥不少于225 kg/hm^2，忌偏施氮肥。要特别注意后期水肥管理，忌脱水过早。其他栽培管理措施与汕优63相似。病虫防治：注意及时防治稻瘟病等病虫害。

产量表现：2004年参加长江上游中籼迟熟组品种区域试验，平均产量9 063.8 kg/hm²，比对照汕优63增产5.37%（极显著）；2005年续试，平均产量8 870.0 kg/hm²，比对照汕优63增产6.45%（极显著）；两年区域试验平均产量8 966.9 kg/hm²，比对照汕优63增产5.90%。2005年生产试验，平均产量8 328.3 kg/hm²，比对照汕优63增产6.97%。

适宜地区：云南、贵州、重庆的中低海拔籼稻区（武陵山区除外）、四川平坝丘陵稻区、陕西南部稻区的稻瘟病轻发区作一季中稻种植。

10. 泸优11

审定编号：桂审稻2011002号

选育单位：四川省农业科学院水稻高粱研究所、四川川种种业有限责任公司

品种来源：LF308A×川种R110（川种R110源自明恢77×泸恢17）

特征特性：该品种属感温型三系杂交稻。桂中、桂北早稻种植全生育期123 d左右，比对照金优207迟熟2 d。株型适中，植株矮壮，分蘖力强，平均主茎叶片数为17～18叶。叶色淡绿，剑叶斜，叶鞘绿，穗型一般，着粒密度一般，颖色淡黄，稃尖无色。粒长6.3～6.9 mm，长宽比2.8～3.2，粒色淡黄。主要农艺性状（平均值）表现：有效穗数267万/hm²，株高106.2 cm，穗长24.0 cm，每穗总粒数140.9粒，结实率80.9%，千粒重27.1 g。米质主要指标：糙米率78.9%，整精米率53.2%，粒长6.9 mm，长宽比3.2，垩白粒率26%，垩白度5.5%，胶稠度86 mm，直链淀粉含量13.0%；抗性：苗叶瘟5～6级，穗瘟发病率73.42%～100%，损失率38.69%～69.3%，损失率均级7～9级，稻瘟病抗性综合指数7.3～8.0；稻瘟病抗性水平为感病至高感；白叶枯病致病Ⅳ型7级，Ⅴ型9级，白叶枯抗性评价为感病至高感。

栽培要点：插植规格23.2 cm×13.2 cm，每穴插两粒谷秧，插足基本苗150万～180万/hm²（抛秧密度为480穴/hm²）。施足基肥，移栽回青后及时追肥，氮磷钾按1∶0.5∶1搭配使用；中期要露、晒田，不施或少施氮肥；后期干干湿湿管理。其他参照中熟杂交稻栽培技术。

产量表现：2008年参加桂中、北稻作区早稻中熟组初试，5个试点平均产量为7 368.0 kg/hm²，比对照金优207增产6.25%（极显著）；2009年续试，5个试点产量均为7 890.5 kg/hm²，比对照金优207增产6.81%（极显著）；两年试验平均产量7 629.3 kg/hm²，比对照金优207增产6.53%。2010年生产试验平均产量7 169.1 kg/hm²，比对照金优207增产13.99%。

适宜地区：可在桂中、桂北稻作区作早、晚稻或桂南稻作区早稻因地制宜种植，应特别注意稻瘟病等病虫害的防治。

11. 特优801

审定编号：陕审稻2011001号

选育单位：汉中现代农业科技有限公司

品种来源：T818A×特早801

特征特性：该品种属感温型三系中籼早熟杂交稻新品种，耐低温性较强，在陕南海

拔500~750 m种植，4月8—12日播种，全生育期140~145 d，比明优02短2~3 d；在陕南海拔750~950 m种植，4月10—13日播种，全生育期145~150 d，比明优02短1~2 d，比该区原种植品种k优402长2~3 d，适合陕南浅山丘陵及中高山稻区种植，也是海拔750~950 m的最佳水稻种植品种。该品种株型适中，群体生长整齐度好，茎秆粗壮，分蘖力较强。主茎叶片数平均14叶，株高100~110 cm，剑叶挺直；常年有效穗数267.0万~297.0万/hm^2，穗长24~26 cm，每穗总粒数155~175粒，实粒数129~140粒，结实率80%以上，千粒重26.8~27.8 g，田间表现生长整齐一致，综合农艺性状优良，结实性好，抗倒性强，适宜山区种植。稻米品质经农业部稻米及制品质量监督检验测试中心检测：特优801出糙率79.8%，整精米率56.3%，垩白粒率24%，垩白度3.4%，直链淀粉含量17.5%，胶稠度86 mm，长宽比2.8，蛋白质含量8.5%。品质达（GB/T 17891—2017）《优质稻谷》标准优质Ⅲ级籼稻稻谷要求。抗病性经汉中市农业科学研究所抗病性鉴定：特优801对稻瘟病表现为5级（中感），抗性强于对照；对纹枯病表现为7级（感），抗性与对照一致；对白叶枯病表现为3级（中抗），抗性略强于对照。

栽培要点：4月上中旬为最佳播期，5月中下旬插秧。适宜种植密度：行距23 cm，株距14 cm，每穴插9~10个基本苗。底肥施碳酸氢铵525.0 kg/hm^2、磷肥600 kg/hm^2、钾肥150 kg/hm^2，追肥施尿素75 kg/hm^2。注重氮、磷、钾配方施肥。适宜陕西省汉中、安康及宝鸡海拔650~950 m以下稻区种植。两年区试平均产量8 031 kg/hm^2。

产量表现：陕西省水稻品种区域试验特优801在2009—2010年陕西省水稻品种区试（早熟G组）中，两年平均产量8 031.0 kg/hm^2，较对照明优02增产6.25%，两年均居参试品种第1位，方差分析增产达极显著。2010年参加生产试验（早熟ZS组），平均产量8 692.5 kg/hm^2，较对照明优02增产7.48%，居参试品种第1位。

2011—2014年该品种示范推广面积逐年扩大，2013年成为陕南浅山丘陵及中高山区主推水稻品种。在海拔750 m以下浅山丘陵稻区一般产量为8 250.0~9 750.0 kg/hm^2，高产田块可达10 500.0 kg/hm^2以上；在海拔750 m以上中高山稻区一般产量为7 500~9 000 kg/hm^2，特优801为陕南海拔800 m以上中高山稻区唯一合法推广品种。

三、秧田整地

（一）整田的必要性与要求

在插秧前要进行精细整地，使表土松、软、细、绒，为水稻根系生长创造良好的土壤环境，使田块表面平整（高低差不到3 cm），做到"有水棵棵到，排水时无积水"。

通过整田还可以起到翻埋残茬、消灭田中杂草、降低病虫为害、混合土肥、减少养分挥发和流失的作用。同时，可以促进土壤熟化，改善土壤通透性，便于水稻根系生长。水稻整田质量好坏与田间管理效果关系紧密，整田不好，不但影响分蘖产生，而且影响施肥、除草、晒田效果，更主要的是对产量影响较大。

虽说整好田不等于高产。但是，多年的水稻生产实践证明，凡是高产田必然整田质量好。整田的基本要求是田平、泥烂、不漏水、肥力均匀。

（二）整田的方法

由于土壤类型和作物茬口特性不同，整田的方法和技术也不尽相同。陕南小麦茬或油菜茬因季节衔接较为紧张，前茬收获后应抓紧时间进行耕耙。烂泥田宜少耕少耙，进行半旱式栽培。陕北和陕南山区及其他稻区的冬闲田采取干耕晒垡，插秧前灌水整平的办法效果较好。

犁田前要铲除田边杂草，夯实田埂，挖掉夯实老鼠洞和黄鳝洞，耙田前要糊好田坎，防止漏水，提高保水保肥能力。犁耙田时既可以使用牛犁耙，也可以采用机械化犁耙田。

整田要结合施用基肥（含面肥），其目的在于创造一个平整、松软、肥沃的土壤环境，为水稻一生的正常生长发育打下基础，这是水稻栽培中十分重要的技术环节。

基肥使用的方法是陕南小麦和油菜茬将底肥的70%（如果使用碳酸氢铵和过磷酸钙做底肥时，要把这两种肥料提前混合均匀）均匀撒施在全田，再犁田或旋耕。将其余30%的底肥耙田前均匀施入，然后耙田。这样，不但使耕层全层都有肥料分布，利于水稻根系生长，而且能够保证表层有足够的肥料，利于插秧后秧苗迅速吸收；还使土壤胶粒将易流失的氮吸附固定，提高肥料利用率。

（三）整田不平对水稻生产的影响

近年来，在陕西省水稻规模化生产中，水稻插入大田后，前期高处秧苗"换衣"重，返青慢，低处水深"化苗"严重；分蘖期高处因化学除草效果差、杂草多、杂草与水稻争肥争光，低处秧苗生长慢、分蘖少的现象常有发生。导致生殖生长期高处穗子小，产量不高；低处穗数少，产量也低。这些现象特别在规模化水稻生产中注意防治。

（四）不同插植方式整田与插秧间隔时间要求

不同插植方式对整田与插秧的间隔时间要求不同。手插秧秧苗健壮，根系发达，在陕南一般带分蘖3～5个，秧龄40～55 d，苗大根大。插秧时一般要求整田后及时插秧，以使秧苗未插入泥中而留在田面的秧根受到沉淀泥浆的保护，利于全部根系成活生长。如果浮泥过多，容易把秧苗插深，影响分蘖。所以要求泥沙田耙田结束后及时插秧，泥田耙田结束后待泥浆沉淀数小时后插秧，烂泥田耙田后待泥浆沉淀1 d后插秧。机械化插秧秧龄短、秧苗小、不带分蘖，根系相对不发达。秧苗插入田间后根系大部插入泥中，不需要泥浆沉淀保护。所以整田耙平后一般情况下待泥浆沉淀后再插秧，以免插得过深。在汉中市近年机插秧试验示范的实践中，凡是整田后立即插秧的田块秧苗都插得比较深，返青后生长缓慢，分蘖发生得迟，产量不高。整田后间隔1 d再插秧的田块，秧苗插得较浅，返青后生长快，分蘖发生得早，产量较高。抛秧秧苗靠自由落体落入泥中，泥烂泥糊秧苗容易立住，整田与插秧间隔时间过长秧根不易落入泥中，漂秧现象严重。因此，一般田块要求整田后及时抛秧，但是烂泥田要求泥浆沉淀后再抛秧。

四、适时栽插

适时插秧是确保水稻高产优质的关键环节。插秧时间需根据气温、降水、水稻品种的生长特性及地区差异来确定，以保证水稻在正常生长条件下获得最佳产量和品质。适时插秧能够避免低温对水稻开花、受精、籽粒灌浆的不利影响，减少减产风险。

许柯等（2013）介绍了江苏扬州地区不同品种类型水稻产量表现为迟熟中粳＞早熟晚粳＞中熟中粳＞迟熟中籼＞中熟晚粳。随着播期推迟，5个品种类型水稻产量呈下降趋势，但下降程度不等。不同品种类型水稻的减产幅度表现为中熟晚粳＞迟熟中籼＞早熟晚粳＞迟熟中粳＞中熟中粳。同一播期各品种类型水稻之间产量差异有随播期的推迟而增大的趋势。

葛茜等（2016）介绍了汉中水稻机械插秧插植深度试验研究表明，机械插秧随着插植深度的增加，漂秧率逐渐下降，插植过浅易发生漂秧，而插植过深不利于分蘖的形成，选择适宜的插植深度，能够有效促进秧苗发根，返青快，分蘖早，形成足够壮蘖，防止僵苗。适宜的插植深度有利于形成合理的群体结构，能够促进有效穗与穗实粒的形成，提高结实率。插植深度为2.71 cm左右时，群体与个体协调最佳，产量最高。

葛茜等（2023）介绍了不同播期和秧龄对机插秧全生育期及产量形成的影响，水稻品种黄华占在机插秧栽培模式下，受播期与插植的影响，全生育期变化幅度较大，在130～145 d，生育期最大能相差15 d。其中，插植时间对全生育期影响较大。同一播期，不同插期的始穗期、齐穗期、成熟期相差很大，全生育期变化幅度大，推迟插期，全生育期延长，最长相差7 d。

马晓丽等（2022）介绍了播量与秧龄对优质常规水稻黄华占机械育秧秧苗素质的影响表明，从机插秧苗高、茎基宽、成苗率、干鲜重多方面考虑，在现行肥水管理体系下，水稻品种黄花占4月20日左右播种，机械育秧秧龄在25 d左右较为适宜，此时，苗高12～14 cm，茎基宽2.4～3.1 mm，成苗率在80%左右。随着秧龄的进一步延长，为了控制苗高利于机械插植，肥水管理以控为主，成秧率呈下降趋势，到34 d时，仅有65%左右，秧苗素质下降；在汉中地区，黄华占水稻机械育秧在4月20日左右播种，一般早禾田插植时间在5月15日左右，秧龄在25 d左右，综合成秧率、苗高、茎基宽以及干鲜重秧苗指标考虑，按1.8～2.4粒/cm^{2}稻种，按千粒重20.8 g计算，折合每盘播60.8～81.1 g，秧苗素质好、个体差异小、群体整齐、成秧率高；小麦油菜茬插植时间在5月25日后，秧龄超过35 d，成苗率急剧下降，综合苗高、茎基宽以及干鲜重秧苗指标考虑，按2.4～3.0粒/cm^2，折合每盘播81.1～101.3 g。盘播低于80 g稻种，每盘秧苗少于2 000个，保证基本苗达到75万～90万/hm^2，至少需要秧苗375盘/hm^2，同时稻种不出苗或死亡所占空间大，在插植过程中会增加空穴率。

简红忠等（2006）介绍了汉中盆地水稻最佳抽穗扬花期及播期的探讨，对汉中市气象站 1991—2004 年 14 年的气象资料进行分析，统计了 4 月的平均气温、平均气温 ≥ 10.0 ℃ 的保证率；7 月 10 日至 8 月 20 日的逐日降雨频率；7—8 月连续 2 d 以上降雨频率；7—9 月的日照时数、平均气温、相对湿度，以及 < 22 ℃ 气温 < 35 ℃ 出现的频率，结果表明，7 月下旬和 8 月上旬是汉中盆地一年中最有利水稻抽穗扬花的时期，此期降雨频率低、光照好，气温和湿度都适应于水稻扬花授粉，且后期光温条件好，利于灌浆结实；建议汉中盆地水稻晚熟组合播种在 3 月 29 日至 4 月 10 日，最好采用温室两段秧和地池两段秧以提高有效积温，温室两段秧 4 月 5 日左右进温室、地池两段秧 4 月 1 日左右播种，4 月 13 日后寄插，露地秧大田应加盖薄膜保温，避开 4 月 9 日、10 日的低温影响；中熟组合放在 4 月 12—20 日播种育秧比较安全，力争水稻在 7 月下旬和 8 月上旬抽穗扬花。

张万春等（2000）介绍了陕西汉中盆地杂交水稻制种最佳出穗期，结果表明，7 月下旬和 8 月上旬是汉中盆地一年中最有利于杂交稻抽穗扬花的时期。此期降雨频率低、光照好、气温和湿度都适宜于杂交稻扬花授粉，且其后期光温条件较好，利于灌浆结实。根据汉中盆地气候、生态条件及制种田茬口，应将中熟组合抽穗期安排在 7 月 24—28 日，将晚熟组合抽穗期安排在 7 月 28 日至 8 月 3 日或 8 月 6—11 日较为适宜。

汉台区、南郑区、城固县、勉县、洋县、西乡县农业技术推广中心（2013）水稻群体优化多点试验研究，试验材料分别是汉台宜香优 725、城固内香 18，南郑区、洋县 D 优 202，勉县、西乡县内香 8515，设置 4 个处理，分别在大田总茎蘖数达到 240 万 /hm²、255 万 /hm²、270 万 /hm²、285 万 /hm² 时晒田。采取统一行株距，随机区组排列，3 次重复。产量结果表现为，不同试点间水稻产量变化幅度较大，汉台区宜香 725 试点产量最低，勉县内香 8518 产量最高。从各试点产量平均结果看，茎蘖数 285 万 /hm² 时晒田产量最高，为 9 573.75 kg/hm²；茎蘖数 255 万 /hm² 时晒田产量位列第二，为 9 271.8 kg/hm²；270 万 /hm² 处理产量位居第三，为 9 232.35 kg/hm²；排在最后的是茎蘖数 240 万 /hm² 时晒田，产量为 9 129.75 kg/hm²。农艺性状及产量构成因素分析结果，各处理间株高、基本苗、穗长和千粒重差异不明显，有效穗与晒田时大田茎蘖数成正比，大田茎蘖数达到 240 万 /hm² 时晒田有效穗最低，为 261 万穗 /hm²，285 万 /hm² 处理最高。各处理中穗总粒数以 255 万 /hm² 处理最高，240 万 /hm² 和 285 万 /hm² 处理较低。穗实粒数以 270 万 /hm² 处理最低，240 万 /hm² 和 255 万 /hm² 处理较高。从结实率来看，各处理的结实率由高到低依次为 240 万 > 255 万 > 285 万 > 270 万。从产量构成因素来看，各处理的理论亩产与实产趋势相同，各处理产量由高到低依次为 285 万 > 255 万 > 270 万 > 240 万。

陈达润（1982）水稻品种威优 6 号不同播插期秧龄试验，进行了杂交稻威优 6 号播期、插期和秧龄试验结果，1980—1981 年先后于 4 月 7 日、4 月 10 日、4 月 20 日、4 月 30 日播种，两年的试验结果（1981 年受天气影响，亩产较低）均以 4 月 10 日播种的产量高，两年平均产量 8 163.75 kg/hm²。其余播期依次为 4 月 20 日、4 月 7 日、4 月 30 日。可见不管是丰年还是歉年都应掌握在 4 月 10—20 日播种，才能获得较高的产量。两年试验都以上述播期的秧苗，分5组插秧，结果均以5月20日插秧的产量最高，1980年平均产量9 737.25 kg/hm²，1981年7 060.5 kg/hm²，两年平均产量7 678.5 kg/hm²。其他各插期依次为5月30日、6月9日、6月19日、6月29日，适宜插期应在5月下旬至6月5日；将不同播期的秧苗按秧龄40~43 d、50~53 d、60~63 d分期插植，1980年与1981年产量均以40~43 d壮秧的产量最高，平均7 526.25 kg/hm²，其余依次为50~53 d、60~63 d，因此，秧龄在40~63 d范围内，随着秧龄的延长，产量逐渐下降；不同播期、插期、秧龄与产量之间，由于播期、插期、秧龄不同，各处理的产量差别较大，说明播期、插期、秧龄彼此之间互为条件，互相影响。不仅要注意播期，还要掌握好插期、秧龄，把三者之间的关系协调好，才能夺取丰产。从4个不同播期的各个不同插期、秧龄试验结果分析，4月7—10日播种，分别于5月20日、5月30日和6月9日插40~43 d、50~53 d、60~63 d的处理，以及4月20日播种，5月30日插40 d秧龄的处理都可以获得较高产量。例如，4月10日播种，分别在5月20日、30日和6月9日插40 d、50 d、60 d秧龄的各处理，两年平均产量为8 160.75 kg/hm²；4月20日播种，5月30日插40 d秧龄的处理产量为7 935.75 kg/hm²，均高于其他处理的亩产。据此可以看出威优6号4月10—20日播种，5月20日至6月5日前插40~55 d秧龄的壮秧都可以夺取高产。汉中平坝麦茬田一般6月3日左右开始插秧，因此，麦茬田插威优6号，掌握在4月10—15日播种，6月5日以前插55 d左右的壮秧，对于夺取高产、稳产是完全有可能的。如果播种过早，在麦茬田插秧龄过老的秧苗，秧龄过长，本田生育期短，则影响产量。如果播种过晚，由于秧龄太短，遇到秋淋降温早的年份，容易引起"秋封"减产，产量不稳不高。因此掌握好适宜播期、插期和秧龄，做到组合、茬口、播期、插期、秧龄"五对口"，因地制宜，就能为高产、稳产打好基础。

黄卫群等（2011）介绍了不同秧龄机插水稻生理特性比较分析，以晚熟偏早籼稻品种（生育期约150 d）金健6号与黄华占为材料，以4月12日湿润育秧，6月2日手插秧为对照，4月15日和4月23日钵体毯状育秧，5月25日机插，秧龄分别40 d和32 d试验处理，分别记载生育期变化，齐穗期和成熟期取3丛分穗、茎鞘、叶3部分考查干物质生产情况，成熟期对产量及产量构成因素进行考查。结果表明，机插水稻目前大多应用在粳稻上，而种植籼稻区，由于种子价格昂贵、耕作制度和生态区域的复杂多变，机插水稻以及配套的农艺体系研究更应做到因地制宜。机插秧播种期的推迟导致生育期相应推迟，在满足插秧机械对秧苗要求的同时，更应满足机插水稻品种高产、安全齐穗和灌浆结实。结合本市生态条件和茬口特点，选用生育期150 d左右品种，推后播期10 d左右，使齐穗期由8月初推延到8月中旬，也正处于本市水稻高产齐穗期范围内，水稻生产的安全和高产都有较好的保障。育秧是机插水稻推广的一个关键农艺技术，涉及播种量、播种时间、插植时间、秧龄、病虫害防治等问题。其中秧龄及秧龄弹性是研究的核心，只有具有较大秧龄弹性范围，才能使机插水稻的推广和应用具有更强的实用性和可操作性。机插水稻生长生理特性不同于手插水稻，机插品种的选择上要求品种必须具有更强的抗倒伏性和理想的株叶型态，由于机插水稻具

有浅插、定穴定苗和宽行窄株等特点，插植密度可以大幅提高，一般应选择分蘖适中，茎秆较粗，株叶型直立，结实率较高的中穗型品种。

王保军等（2010）介绍了高产杂交水稻新组合中优360的适宜栽插期，中优360是陕西省汉中市农业科学研究所选育的三系法籼型杂交水稻新组合，中优360于2005年育成，2009年3月通过陕西省农作物品种审定委员会审定，适宜陕西南部海拔750 m以下山区、平坝及关中稻区种植。全生育期148 d左右，在陕南山区作一季中稻栽培，4月15—20日播种，采用露地湿润育秧或覆膜湿润育秧，插秧时间在5月下旬至6月上旬，秧龄控制在40～50 d，确保在6月10日前插完，可保证在8月10日左右抽穗，充分利用陕南夏季充裕的光热水气等有利气候生态条件，有利于高产和形成较好的稻米品质。

五、合理密植

栽插密度对水稻的产量和品质有重要影响。通过合理的密植方式，可以使水稻群体结构达到一个合理的范围，充分利用光照、温度、肥料、水分和气候等资源，制造出更多的营养物质，供给水稻生长发育的需要，通过调节农作物单位面积内个体与群体之间的关系，使个体发育健壮，群体生长协调，保证单位面积上穗数、粒数和粒重等产量构成因素都得到最大限度的发展，实现高产、稳产。

（一）插秧密度对水稻分蘖数的影响

水稻分蘖数的多少与水稻品种等内在因素，以及温度、光照强度、土壤肥力、灌溉方式、插秧密度等外在因素息息相关。分蘖由生于分蘖节上的分蘖芽生长发育而来，分为有效分蘖和无效分蘖，其比例直接关乎水稻的经济产量，同时，其比例将影响水稻干物质形成积累及转运分配，提高分蘖成穗率（有效分蘖数占总分蘖数的比例）是提高水稻群体质量的重要手段之一，有效分蘖比例较高的植株能够提高有效分蘖部分的光能截获率、干物质积累量，降低无效分蘖部分的营养消耗，通过提高水稻有效分蘖数来提高水稻产量是现阶段水稻高产优质栽培的主要研究方向之一。

水稻插秧时，合理密植非常关键，关系水稻的生长发育状况、病虫害发生情况及产量高低。插秧过稀，影响产量，插秧过密，生长不良，不利于通风透气，容易引起病害，降低产量。水稻插秧具体稀密程度，还要看水稻品种、分蘖能力、土壤肥力、插秧时期等。插秧时，能科学合理地安排好稀密程度，有利于水稻的生长发育，通风透气，减少病害，提高产量。

（二）插秧密度对水稻冠层幅宽的影响

适合的冠层结构可以提高水稻群体光合效率，而通过提高水稻群体光合效率的方式提高水稻产量是实现水稻高产稳产的主要研究方向之一。影响水稻冠层结构的内在因素是水稻品种，有研究认为，超级杂交稻和常规稻的太阳辐射利用率显著高于普通杂交稻，超级、普通杂交稻的冠层有效辐射截获量则显著高于常规稻；影响水稻冠层结构的外在因素有播期、施肥、光照、灌溉、移栽方式、插秧密度、田间管理等，这些外在因素将通过影响水稻的叶位、叶面积指数、叶片卷曲程度、叶片披垂度等基础指标来影响水稻群体冠层的透过率、反射率和截获率。李小朋等（2016）认为，水稻的光能截获能力随插秧密度提高而提高。朱相成等（2012）认为，插秧密度对水稻群体冠层光合有效辐射透过率、反射率均具有显著影响。赵海新等（2011）认为，通过调整水稻插秧密度，可以有效调节生育期中后期阶段水稻群体冠层的空间构成，通过高度利用光照来提高水稻的产量。刘文祥等（2013）认为，水稻冠层湿度随插秧密度提高而呈升高的趋势，早稻分蘖数较少，需要通过适当密植来构建良好的水稻群体冠层结构，晚稻分蘖较多，需要通过适当稀植的方式构建良好的水稻群体冠层结构，从而实现水稻的高产高效。

（三）插秧密度对水稻叶面积的影响

水稻群体叶面积的多少将直接影响水稻植株的光合生产力，水稻植株上的上三片叶子的叶面积是高效叶面积，其光合作用产生的光合同化产物的多少将直接影响水稻籽粒灌浆能力，因此，高产水稻群体的群体高效叶面积也较高。水稻叶面积指数（LAI）的大小将直接体现水稻群体光能利用率，进而体现水稻群体长势趋势，是一个关键指标，因此，可以通过提高群体叶面积指数的方式提高水稻群体产量。朱小霞等（2014）认为，水稻叶面积指数于 31.5×10^4 穴 $/hm^2$ 插秧密度处理下达到最大值 7.43，比 54×10^4 穴 $/hm^2$ 插秧密度处理下叶面积指数最小值高 5.12。朱聪聪等认为，杂交粳稻和杂交籼稻的叶面积指数随插秧密度提高而呈先提高后降低的趋势。李静等（2016）认为，在一般插秧密度水平下，在水稻整个生育期内，叶面积指数呈提高的趋势，并于抽穗期取得最大值，随后呈降低的趋势，其原因为齐穗期后水稻的无效分蘖消亡，水稻叶面积指数降低。

（四）插秧密度对水稻根系生长的影响

水稻根系的生长发育情况对于水稻生长发育及经济产量具有极大影响。随根系研究的不断深入延展出了根系总长度、根系平均直径、根系表面积、根系体积的根系形态研究以及根系氧化还原能力的根系活力研究等多方面的研究。凌启鸿等（1984）认为，水稻下层根系于生长前期发挥作用，对产量影响有限，水稻上层根系则于生长后期发挥作用，对产量有显著影响。熊溢伟等（2016）认为，高产水稻的根系较为发达。付景等（2012）认为超级稻品种根系活力和根总吸收面积比较高。杨罗锦等（2012）认为，密度、品种及二者间互作效应对于单株根系总长度和单株根系总表面积均具有显著影响。冯跃等（2007）认为，根系体积密度和根系干重密度随插秧密度提高而呈提高趋势，但提高趋势降低。李静等（2016）认为，水稻群体总根数、群体根系总长度、群体根干物质随插秧密度提高而呈上升趋势。纪力等（2017）认为，随密度提高，秧苗个体的根系活力下降。吴朝晖等（2010）认为，随插秧密度提高，在分蘖期，水稻的根系活力增加，在孕穗期，水稻的根系活力减小。

(五) 插秧密度对水稻抗倒伏能力的影响

新株型水稻育种的深入对于水稻株高提出了新的要求，但是，增加水稻的株高将提高水稻倒伏的概率，因此，对于水稻抗倒伏能力的研究一直是广大农业科研工作者的主要研究方向。水稻倒伏有一种是因根倒伏而导致，由于根系生长状况较差，抓地能力不强，遇到外界风雨吹打等逆境时所出现的全株倒伏现象，常见于旱稻生长发育进程中；另一种是因茎倒伏而导致，由于水稻茎秆的充实度较低，在抽穗期，水稻穗重提高，进而导致茎秆因难以支撑穗部重量而折断的现象，常见于水稻生长进程中，同样是水稻倒伏的研究热点。邹广文等认为，从宏观角度来说，水稻茎秆倒伏将破坏水稻群体结构，从而影响群体通风透光能力，下部叶片将迅速衰老枯萎，降低群体叶面积，进而降低群体合同化能力。李红娇等（2008）认为，穗型较大的品种倒伏概率将大大提高。高杰等（2015）认为，蜡熟期倒伏会引起水稻产量降低约21%，黄熟期倒伏会引起水稻产量降低约20%。邓文等（2006）认为，水稻单株抗折力较低、单株生物量较高、株高较高均会导致水稻倒伏指数较高。陈丽楠等（2010）认为，随倒伏指数的提高，水稻物质转运率也呈提高的趋势，随水稻生育期的推移，水稻物质转运率上升，从而使水稻茎秆充实度降低，进而引起水稻倒伏指数上升。许俊伟等（2015）认为，倒伏指数随插秧密度提高而上升，倒伏指数于抽穗后30 d达到最低值，可见抽穗后30 d是水稻倒伏敏感期。陈书强等（2016）认为，水稻行株距过小时，水稻植株基部第2节间的倒伏指数将提高。李小朋等（2016）认为，提高水稻茎秆基部各节间的抗折力应是水稻抗倒伏研究的主要方向。胡文河等（2000）认为，水稻稀植会引起倒伏指数提高，原因为此条件下水稻茎秆较粗，抗折力较好，同时，茎秆变粗提高了光合同化产物的运输能力，导致水稻穗大、粒多、灌浆较为饱满。石扬娟等（2008）认为，在合理的水肥条件下，插秧密度不应过高或过低，高肥低密和低肥高密均会引起倒伏指数变小。

(六) 插秧密度对水稻产量的影响

1. 插秧密度对水稻干物质积累及转运的影响

水稻干物质的形成积累及转运分配情况将直接影响水稻的经济产量，即干物质积累总量与经济系数的乘积，因此，提高水稻干物质积累总量和经济系数是水稻增产的两种方式。其中，有一种水稻干物质积累是抽穗前的干物质积累，主要用来构成营养器官；另外一种水稻干物质积累是抽穗后的干物质积累，主要用来籽粒灌浆，而水稻经济产量有30%来源于茎鞘干物质积累的再分配，水稻有效叶面积的大小是直接影响水稻是否高产的主要因素，但是，因外界条件的不同，该比例也会有差别，童平等（2008）认为，光照强度较高时，产量来自抽穗后干物质的积累，光照强度较低时，则恰好相反。闫平等（2015）认为，水稻的产量随着水稻干物质积累量的增加也出现了增加的态势。Wang等（2014）认为，提高茎鞘干物质输出量、转运率及贡献率是提高水稻产量的有效途径。孙世臣等（2010）认为，于全生育期，超级稻群体相较于常规稻群体在干物质积累方面更突出。蒲石林等（2018）认为，水稻群体干物质质量随插秧密度提高在分蘖期呈提高的趋势，在拔节期后呈变小的趋势。武彪等（2013）认为，在抽穗前，水稻群体干物质积累量、茎鞘物质输出量与转换率随插秧密度提高而均呈变小的趋势。李静等（2016）认为，水稻群体茎鞘干物质分配率随插秧密度提高而呈提高的趋势，茎鞘干物质分配率的上升是水稻倒伏的主要诱发因素之一，在低密种植条件下，水稻群体生长率于拔节-孕穗期间达到最大，在中密和高密种植条件下，水稻群体生长率于孕穗-齐穗期达到最大。杨庆等（2016）认为，水稻群体结构随插秧密度提高而变差，从而导致经济系数呈变小的趋势。

2. 插秧密度对水稻籽粒灌浆特性的影响

水稻产量主要受库容大小和籽粒灌浆特性影响，其中，籽粒灌浆是指抽穗后光合同化产物以及茎鞘干物质向籽粒转运再分配的过程。水稻籽粒可分为3种：第一种是强势粒，其灌浆时间较早、灌浆速度较快、充实度较好、单粒重较高、结实率较高的水稻籽粒，由生在穗上部的颖花形成；第二种是弱势粒，指灌浆时间较晚、灌浆速度较慢、充实度较差、单粒重较低、结实率较低的水稻籽粒，由生在穗基部的颖花形成；其他籽粒则被称为中势粒，为等三种。强势粒、弱势粒灌浆时间相差较长的情况称为水稻籽粒灌浆趋近于异步；反之，当强势粒、弱势粒灌浆时间相差较短的情况称为水稻籽粒灌浆趋近于同步。魏颖娟等（2016）认为，小粒型品种的强、中势粒与弱势粒灌浆趋于异步，弱势粒为两段式灌浆。刘小娥等（2010）认为，小麦灌浆速率峰值随密度提高而变小。张江林等（2017）认为，弱势粒灌浆天数随插秧密度提高而显著增多，中、后期灌浆贡献率也呈上升趋势。姚辰等（2015）认为，穗数型水稻的最大灌浆速率随插秧密度提高而变小。赵宏伟等（2014）认为，随插秧密度的降低，水稻籽粒充实度先升高并在达到一定密度后下降。

3. 插秧密度对水稻产量及产量构成因素的影响

为了保障粮食安全，高产水稻研究成为一项永久性的研究课题，提高水稻产量的4项构成因素已经成为提高水稻产量的关键手段，有研究认为，随着有效穗数的增加，每穗粒数、结实率、千粒重则出现下降的趋势。高良艳等（2007）对结果进行通径分析发现，对水稻产量直接贡献最大的是每穗粒数，此情况因品种而异。吴桂成等（2010）认为，从群体颖花数量角度分析，更高产粳型超级稻较高产粳型超级稻产量更高主要体现在单位面积有效穗数较高，超高产粳型超级稻较更高产粳型超级稻产量更高主要体现在每穗粒数较高。陈达刚等（2008）认为，杂交水稻单位面积有效穗数和千粒重相对较高，常规水稻每穗粒数和结实率相对较高，在水稻品种选育时，杂交稻和常规稻侧重应有所不同。龚金龙等（2014）认为，粳稻、籼稻产量相对高低将因地区不同而不同。王新其等（2017）认为，有效穗数随插秧密度提高而上升，但是千粒重下降，每穗粒数先上升达到一定插秧密度后下降。邓中华等（2015）认为，低密度下，水稻基本苗数较低，限制了产量，高密度下，个体竞争较大，限制了产量，当供氮不足时应适当密植，供氮较强时应适当稀植。赵海红（2015）认为，每穗粒数在不同插秧密度下均出现了较大的差别。

(七)陕西水稻种植密度

由于其地理位置和地形地貌的多样性,陕西省的气候特点具有多样性和复杂性特点,南北气候差异明显,光、温、水资源等自然资源南北差异大,这种气候差异对农业生产、生态环境以及居民生活都有着显著的影响。

张娟等(2017)介绍,在汉中盆地,高肥水条件下,分蘖力较强的大穗型品种高产插植密度16.5万~19.5万穴/hm^2较易获得有效穗270万/hm^2左右的结构水平。低于15万穴/hm^2则群体不足,有效穗明显减少而较难获得高产,而超过21万穴/hm^2,其成穗率、结实率下降幅度较大。且病虫为害及倒伏风险亦有加重趋势。张万春(2011)介绍,在陕南稻作区,随着水稻插植密度的增加,产量呈抛物线形变化,密度达18.5万/hm^2时,产量最高。密度对千粒重影响不大,对有效穗、结实率和产量影响较大。高密度处理个体分蘖力明显受抑不利于个体健壮生长,低密度不利于足穗。刘晓才(2013)在汉中市城固县通过对大穗型水稻品种天龙优540开展插植密度试验研究,插植密度18万~21万穴/hm^2产量相对较高,而以19.5万穴/hm^2产量最高,15万/hm^2产量最低。张俊辉(2012)介绍,水稻单产与基本苗、有效穗数关系密切,在有效穗数、每穗实粒数、千粒重3个产量因素中,以有效穗数与单产的关系最为密切,有效穗数与基本苗也呈极可靠的正相关,基本苗与单产也达到了极可靠水平;水稻合理密植是一项省本、增效、简便易行的增产措施,特别是插19.5万穴/hm^2、21.0万穴/hm^2时获得高产;增产的关键之一是增加基本苗,油菜茬确保插19.5万~21.0万穴/hm^2、基本苗达120万株/hm^2以上。肖自芬(2017)等在汉中市南郑区通过对川优6203开展机插秧插植密度试验,随着插植密度的增加,有效穗呈递增趋势,成穗率、穗实粒呈递减趋势,以川优6203为主的机插秧,插植密度20.7万穴/hm^2容易获得高产。

李汉一(2017)介绍,针对陕南地区水稻机插秧主推品种黄华占,在中等密度以上的田块(株行距30 cm×14 cm,穴数>24万/hm^2,有效穗>375万/hm^2)可获得高产;在较低密度的早茬田(株行距30 cm×16 cm,穴数19.5万、21万穴,有效穗315万~330万)通过培养大穗也能获得高产;在低密度的晚茬田(株行距30 cm×15 cm或16 cm,穴数小于22.5万/hm^2,基本苗低于90万,有效穗小于315万),不能获得高产。增密技术示范推广过程中应注意水稻纹枯病等的防治,才能实现增密高产。

吴建祥(2014)介绍,水稻机插秧插植密度在27万穴/hm^2产量较高,成熟期青秆黄穗,转色好,相对其他处理穗颈稻瘟病、稻曲病中度偏重、纹枯病重;插22.2万穴/hm^2产量位居第二,穗颈稻瘟病轻度、稻曲病中度偏重、纹枯病重。

李宝明(2008)通过多点、多因素试验研究,对"水稻旱育稀植技术"进行改进和完善,形成了"沙区水稻旱育稀植高产栽培技术"。该技术介绍了插秧宜浅,密度(26~30)cm×(13~20)cm,肥力中等、能干能湿、保肥保水的田地每穴3~4株,栽基本苗75万~105万株/hm^2;肥力较低、地势低洼积水、盐碱程度较高或者漏水的砂壤地块每穴 4～5 株，基本苗 105 万～135 万株 /hm²。

张峭（2017）介绍，榆林地区育秧方式有温室两段育秧、旱育秧、秧田地膜覆盖湿润育秧 3 种方式。其中以秧田地膜盖湿润育秧方式为主，采用温室两段育秧技术的育秧方式极少。大田栽插密度为 19.5 万～22.5 万穴 /hm²，个别田块采用宽窄行插植（宽行 33.3～40cm、窄行 15.5～20cm）。

1. 陕南水稻种植密度

陕南地区日照资源丰富，积温较高，年平均气温在 15℃以上，无霜期长，降水充沛，年平均降水量可达 800 mm 以上，这为水稻的生长提供了良好的自然环境。陕南地区是陕西省水稻的主要产区之一，水稻种植广泛分布在汉中、安康、商洛等市。近年来，随着农业产业结构的调整和现代农业技术的推广，陕南地区的水稻种植面积不断扩大，产量稳步提高。陕南地区的水稻种植密度受到多种因素的影响，包括土壤类型、气候条件、品种特性、灌溉条件以及管理水平等。一般来说，在土壤肥沃、水源充足、灌溉条件良好的地区，可以适当增加种植密度；而在土壤贫瘠、水源不足或灌溉条件较差的地区，则应适当降低种植密度。随着农业科技的不断进步和生产条件的不断改善，陕南地区的水稻种植密度也在不断优化和调整中。一方面，通过选育和推广适合密植的高产优质品种来提高种植密度；另一方面，通过改进灌溉技术和施肥技术来提高土壤肥力和水分利用效率；此外，还可以通过调整田间管理和病虫害防控措施来减少无效分蘖和空瘪粒的产生，进一步提高水稻的产量和品质。根据多年的生产实践和技术研究，陕南地区的水稻种植密度一般控制在 18 万～27 万穴 /hm² 较为适宜，人工手插秧插植密度一般在 18 万～21 万穴 /hm²，平均每穴插 7～8 苗，基本苗力争达到 150 万 /hm² 以上，机插秧插植密度一般在 22.5 万～27.0 万穴 /hm²，平均每穴插 4～6 苗，基本苗达到 90 万～120 万 /hm²。具体种植密度还需根据品种特性进行微调。

2. 关中水稻种植密度

关中地区属于暖温带温和半湿润季风气候区，太阳辐射总量较高，年太阳辐射总量为 110～120 kcal/cm，介于陕北和陕南之间；年平均气温 10～13℃，最热月均温为 23～26℃，这样的积温条件非常适合水稻的生长；关中地区年平均降水量可达 550～700 mm，且降水集中在夏季，雨热同季，为水稻的生长提供了良好的水分条件。此外，该地区河流众多，如泾河、渭河等，为水稻的灌溉提供了充足的地表水资源。关中地区作为陕西省的重要农业区之一，水稻生产历史悠久且具有一定规模。近年来，随着现代农业技术的推广和应用，关中地区的水稻生产水平不断提高。当地农民通过科学选种、合理密植、精准施肥、绿色防控等措施，实现了水稻的高产优质。根据当地的种植经验和技术推广资料，关中地区的水稻主要以机插秧为主，种植密度为 22.5 万～30 万穴 /hm²，平均每穴插 4～5 苗，基本苗达到 90 万～150 万 /hm²，该种植密度更有利于该地区水稻的分蘖和生长。

3. 陕北水稻种植密度

陕北地区属于中温带半干旱大陆性季风气候区。这里的光照资源相对充足，年日照时数较长，积温相对较低，年平均气温和夏季最高气温均低于关中地区，陕北地区的水资源相对匮乏,降水量较少且分布不均。由于自然条件的限制,陕北地区的水稻种植主要集中在榆林市横山区等特定区域,该区域利用无定河等水源条件较好的河流进行水稻种植,形成了具有地方特色的水稻生产区。近年来,随着现代农业技术的发展和灌溉条件的改善,陕北地区的水稻生产有了一定的提高。在生产上,陕北地区的水稻种植主要依赖于灌溉和施肥等措施来提高产量。同时,由于当地气候条件的限制,水稻的生长期较短,需要选择早熟品种来适应。一般来说,为了确保水稻植株能够充分利用有限的光照和水资源,陕北地区的水稻种植密度相对较高,一般插植密度在19.5万~30万/hm²,基本苗达到80万~130万/hm²。具体的种植密度还需要根据当地的气候条件、土壤肥力、灌溉条件以及品种特性等因素进行综合考虑。

六、种植方式

赵海新等（2011）以寒地粳稻龙粳20（多蘖弯穗型）和龙粳21（少蘖半直立穗型）为试材,研究了行距对两个不同类型水稻品种冠层结构、形态和产量的影响。结果表明,行距与两种类型水稻成穗率呈先降后升的二次回归关系,与分蘖末期叶面积指数和单位面积最大茎蘖数呈先升后降的二次回归关系,行距对龙粳20一次枝梗的影响大于二次枝梗,而龙粳21则相反;行距与参试品种的二次枝梗结实率和穗结实率均呈负相关,其中与龙粳20二次枝梗结实率呈极显著负相关,行距与龙粳20产量呈正相关,但相关不显著,与龙粳21的产量呈极显著负相关。多蘖弯穗型品种的株型性状更易受到行距的影响,其中行距与龙粳20的剑叶长、剑叶宽、倒1节间长、倒2节间长和穗长均呈显著或极显著正相关,而与龙粳21的各株型性状相关均不显著。较宽行距有利于多蘖弯穗型品种穗、茎、叶干物质积累和产量的形成。龙粳20的最佳行距处理为30 cm,而少蘖—半直立穗型品种龙粳21,窄行距更佳,最佳行距为21 cm。分析认为宽行距移栽有利于改善多蘖—弯穗型品种的群体生态环境,窄行距有利于提高少蘖-半直立型品种的空间利用。

郑士英（2014）探讨不同耕作方式下氮肥调节对稻田CH_4排放及与土壤还原物质间的关系。通过田间试验研究水稻在常耕与免耕2种耕作方式、3种施氮量和2种施氮方式条件下稻田CH_4排放的动态变化规律。结果表明,各处理CH_4排放通量均呈双峰曲线变化规律,峰期分别出现在分蘖期和抽穗期,拔节前稻田CH_4排放占水稻全生育期排放量的75.12%。免耕能显著降低稻田CH_4排放,氮肥极显著地促进稻田CH_4排放。重施基蘖肥有利于降低免耕稻田CH_4的排放,重施穗肥有利于降低常耕稻田CH_4的排放。耕作方式和施氮方式对稻田CH_4排放的互作效应显著,其中免耕和重基蘖肥搭配能极显著降低稻田CH_4排放。耕作方式和氮肥调节对稻田CH_4排放的影响与稻田土壤还原物质总量、活性还原物质量及Fe含量的变化密切相关。赵强等（2019）介绍了汉中市水稻机械直播技术,直播栽培方式免去了秧母田整理、育秧管理和拔秧、插秧等工序,比移栽稻平均节省用工22.5个/hm²,加上育秧成本,节省开支2 250元/hm²左右;采用直播栽培不会出现拔秧移栽伤根、伤苗现象,无缓苗期,秧苗生长稳健,群体生长协调,分蘖早,低位分蘖多,成熟期提早;同一品种全生育期直播比移栽缩短

10 d 左右；和育苗移栽相比产量基本持平，甚至略有增产，增产的主要原因是基本苗足，直播稻有效穗比移栽稻多 45 万～75 万穗 /hm²。马晓丽等（2014）介绍了陕南地区适龄多蘖壮秧栽培技术，根据陕南光温资源，结合油菜、小麦茬口衔接，在品种选择上突出高产优质，选择丰优香占、宜香 725、宜香 1979、内香 8518 和内 5 优 5399 等全生育期在 155 d 左右、米质优良、增产潜力大的中晚熟组合为主推品种；浅山丘陵区选用 D 优 2362 等全生育期 145 d 左右的中籼中熟杂交稻品种；山区选择汕优窄 8 等品种。进行严格种子处理后，放入温室内 35～38℃的高温高湿条件下催芽。经 1 d，有 95% 以上的种谷破胸即可。秧田与本田按 1∶10 预留，采用温室两段育秧、薄膜育秧和旱育秧的方式，培育适龄多蘖壮秧。

张万春等（2014）介绍了优质杂交稻新组合泰香 8 号的特征特性及保优高产栽培技术，泰香 8 号属中籼迟熟杂交稻，在陕西汉中、安康等稻麦（油菜）两熟区作一季中稻种植，2010 年 12 月经农业部稻米及制品质量监督检验测试中心检测，糙米率、整精米率分别为 79.2%、66.4%，长宽比 3.0，垩白粒率、垩白度分别为 2%、0.1%，胶稠度 88 mm，直链淀粉、蛋白质含量分别为 18.5%、8.8%。依据 GB/T 17891—2017《优质稻谷》，符合 I 级籼稻规定要求。2009—2010 年陕西省水稻研究所对参试品种进行多点诱发鉴定结果表明，泰香 9 号对白叶枯病表现为 7 级（感病）；对穗颈稻瘟病表现为 5 级（中感），抗性与对照一致；对纹枯病表现为 5 级（中感）；对稻曲病表现 9 级（高感），抗性差于对照。采用薄膜育秧、两段育秧、旱育秧，每公顷精选种子 15 kg，5 月 20 日至 6 月 5 日抢时早插，穴插双株、大小行规格插植，以 33.3 cm×16.7 cm 或（33.3+20）cm×20 cm 为宜，每公顷插 18 万～19.5 万穴，穴插 7～8 苗，每公顷插基本苗 135 万～150 万株。在产量 9 000～9 750 kg/hm² 目标产量的情况下，一般中等以上肥力的田块每公顷施圈粪 15 000～22 500 kg/hm²、水稻专用肥 600 kg/hm²，或碳酸氢铵 600～750 kg/hm²、过磷酸钙每 600～750 kg/hm²、氯化钾 105～120 kg/hm²。氮肥施用方式基肥∶追肥∶穗肥为（5～6）∶3∶（1～2）。一般在 6 月 20 日或总茎数 240 万 /hm² 以上时，退水晒田控苗。7 月 10 日前覆水，抽穗扬花期保持浅水层，勾头散籽后间歇灌水，蜡熟期干湿灌溉；收获前 7 d 排水落干。在病虫害防治策略上重视秧母田特别是迟插秧田稻蓟马、稻蝗、螟虫的防治，当 90% 以上稻谷籽粒黄熟时，抢晴收获，进行晾晒、入仓。

葛茜等（2017）介绍了杂交稻新品种泰优 058 特征特性及配套高产栽培技术，泰优 058 全生育期 152 d，属籼型高产优质杂交水稻新品种。2014 年 12 月经农业部稻米制品监督检验测试中心检测：该品种出糙率 79.6%，整精米率 51.2%，垩白粒率 25%，垩白度 3.3%，直链淀粉含量 21.5%，胶稠度 61 mm，长宽比 3.2，蛋白质含量 8.6%。采用地膜育秧，或温室两段育秧，每公顷备种 15 kg，5 月 20 日至 6 月 5 日抢时早插，大小行双株规格插植，行距 25 cm，株距 15 cm，每公顷插 16.5 万～19.5 万穴，每穴插 8～10 苗，基本苗 135 万～150 万 /hm²。在 8 250～9 750 kg/hm² 目标产量的情况下，一般中等以上肥力田块施农家肥 15 000～22 500 kg/hm²，水稻专用肥 600 kg，或碳酸氢铵 600～750 kg、过磷酸钙 600～750 kg、氯化钾 105～120 kg，按照基肥∶追肥∶

穗肥比例为（5~6）:3:（1~2）分次施入。一般在6月20日左右或总茎数达到每公顷240万以上时，退水晒田控苗。7月10日前及时复水，抽穗扬花期田间保持湿润为主浅水层；勾头散籽后采取干干湿湿间歇灌溉；收获前7 d左右排水落干便于收获。

马晓丽等（2018）介绍了不同播量和秧龄对机插水稻秧苗素质的影响。研究表明，在汉中麦（油）稻轮作区，油菜收获后，水稻插植期在5月25—30日，小麦收获后，水稻插植期在5月30日至6月5日，为此，以川优6203等晚熟品种进行水稻机插秧，水稻机插育秧时间在4月10日左右，秧龄在35~45 d。空茬田秧龄在20~25 d可以插植；水稻育秧成秧率的高低还受稻种质量、育秧管理水平等多方面的影响，川优6203水稻机械育秧随秧龄的增加成秧率下降，秧龄在15 d成秧率80%左右，秧龄25 d成秧率在76%左右，秧龄35 d成秧率在72%左右；综合成秧率、苗高、茎基宽、白根数以及干鲜重秧苗指标考虑，秧龄在25 d左右，每平方厘米播1.8~2.4粒（盘播60~80 g），稻种秧苗素质好、个体差异小，群体整齐，成秧率高；秧龄在35 d左右，每平方厘米播2.1~2.7粒（盘播70~90 g），稻种秧苗素质好、个体差异小，群体整齐，成秧率高；川优6203水稻机械育秧在超长秧龄情况下，盘播不能低于60 g，盘播低于60 g稻种，每平方厘米少于1.33个秧苗，每盘少于2 100个秧苗，保证基本苗达到67.5万苗/hm^{2}以上时至少需要秧苗315~330盘，同时稻种不出苗或死亡所占空间大，在插植过程中会增加空穴率。

杨飞等（2020）介绍了陕南地区水稻直播栽培技术，在空茬田或茬口较早的蔬菜茬，选用综合性能优良的常规稻黄华占，生育期一般为129~131 d，用水稻穴直播机，播期以4月中下旬为宜；杂交稻应确保每穴3~5粒，穴间距为14~16 cm，播量37.5 kg/hm^2；常规稻要确保每穴5~7粒，穴间距为12~14 cm，播量52.8 kg/hm^2。选择人工撒播、条播或七行式手拉播种器播种，一般播量105~150 kg/hm^2，播前杂草较多时，翻耕前7~10 d用草甘膦杀灭田间老草，播后36 h内每公顷用30%扫弗特乳油1 500 mL兑水450 kg，进行田面细喷雾除草，增施有机肥和钾肥，一般底肥每公顷施有机肥15 000 kg、复合肥120 kg作分蘖肥，并保持5 d浅水层。孕穗期施穗肥，每公顷尿素75 kg、氯化钾75 kg。也可用水稻专用缓控施肥播前一次施用。播后至3叶1心期不轻易灌水，保持土壤湿润直至畦面有细裂缝，切忌明水淹苗，3叶期后建立浅水层，促发低节位分蘖，当达到预定穗数时，及时排水晒田，孕穗至抽穗期保持浅水层，后期干湿交替灌溉，切忌断水过早，防止早衰倒伏。7月中旬用井冈霉素加吡虫啉防纹枯病、稻管蓟马，在水稻破口前3~5 d，每公顷用16%井酮三环唑可湿性粉剂（商品名：仙耙稻丰收）1 500 g兑水600 kg喷雾防治穗颈稻瘟病、纹枯病和稻曲病，7月底至8月上旬每公顷用25%三环唑1 500~2 250 g加90%晶体敌百虫1 500~1 800 g兑水喷雾防治稻瘟病及稻苞虫，7月底至8月上旬结合病虫防治，每公顷用磷酸二氢钾1 500 g混合喷施，延长叶片功能期，增粒增重。当90%以上稻谷籽粒黄熟时采用联合收割机进行收获，及时用自动化烘干系统进行烘干，籼稻含水量达到13.5%入仓，粳稻含水量达到13.4%入仓。王保军等（2023）介绍了杂交水稻茎香优1521选育及高产栽培技术，茎香优1521是汉中市农业科学研究所以自育恢复系 R1521 与安徽荃银高科种业股份有限公司选育的三系不育系荃香 9A 配组而成，陕西省农作物品种审定委员会 2018 年审定（陕审稻 2018001）。2019—2022 年在汉中各县区示范推广种植，表现出株型适中，分蘖力强，穗大粒多，成熟转色好，熟期适宜，高产抗病等突出特点。经农业部稻米及制品质量监督检验测试中心（杭州）检测：出糙率 80.2%，整精米率 46.3%，垩白粒率 33%，垩白度 6.0%，直链淀粉含量 14.8%，胶稠度 71%，长宽比 3.2，蛋白质含量 6.3%，符合 NY/T 593—2021《食用稻品种品质》《普通食用长粒形籼稻品种品质标准》。荃香优 1521 属迟熟籼稻，可采用两段育秧或露地育秧方式育秧，两段育秧一般在 4 月 1—8 日播种较为适宜，露地育秧通常在 4 月 8—10 日播种，5 月 20—30 日，秧龄达到 45 d 左右时插秧，插植密度为 30 cm×20 cm，穴插 2～4 粒谷苗，有效穗保证在 270 万～300 万 /hm^2。底肥每公顷施氮磷钾含量 45% 左右的复合肥或水稻专用肥 375 kg，在耙田前施入，插秧后 6～8 d 每公顷追施尿素 150 kg。6 月 25 日前后晒田，晒田后灌水不能晚于 7 月 15 日以后，一般在移栽后施追肥时将 Bt·杀虫单和移栽田除草剂拌匀施入可防虫除草。晒田前和齐穗后选用高效低毒杀虫剂用无人机统一防虫两次，晒田前秧苗进入分蘖盛期结合防虫用井冈霉素等杀菌剂防纹枯病一次，水稻谷粒 95% 以上颖壳呈黄色时即可收获。

张万春等（2011）介绍了汉中水稻简易温室两段育秧技术集成及配套高产栽培技术，选择经过省级以上品种审定的适宜当地种植的高产优质杂交稻组合，地下池或地表池一般 1 m^2 撒 0.4～0.5 kg 种子，东西走向，4 月 1 日左右播种，播种后随即搭拱棚盖膜。播种至出苗期重点是保温保湿，一般不揭膜不浇水，主攻出苗快而整齐，适宜温度 28～30℃，但膜内温度不得超过 35℃，超过时应立即打开膜两头通风降温，如床土干燥应补水。避开汉中 4 月上中旬寒潮后，选晴天、无风的天起苗双株寄插，秧苗寄插后 4～6 d 畦面不上水，3 叶期之后保持浅水层，每亩秧田 2 叶 1 心期泼浇淡尿水、沼液 1 000 kg/hm^2 或追施尿素 45～75 kg/hm^2 作"断奶肥"，4～6 叶期追施尿素 105～120 kg 或沼液 30 000 kg/hm^2 促进分蘖的发生，插秧前 5 d 追施尿素 75～90 kg 作"送嫁肥"。一般用 Bt·杀虫单防治 1～2 次稻蓟马、螟虫、稻蝗，育成秧龄 40～50 d，叶龄 6～8 叶，苗高 35～40 cm，单株带蘖 3～5 个，白根 10 条以上，叶片老健，清秀无病虫害的壮秧。6 月 5 日前抢时早插，平川稻区大田适宜插植密度（26.7～33）cm×16.7 cm，每公顷插 18.0 万～2.5 万穴，120～150 万基本苗；山区适宜插植密度（20～26.7）cm×16.7 cm，每公顷插 22.5 万～30 万穴，150 万～180 万基本苗。每公顷在施有机肥 30 000 kg 的基础上，施无机纯氮 150～180 kg、P$_2$O$_5$ 5～90 kg、K$_2$O 5～90 kg。将总施氮量的 50%～60%、总施钾量的 60%～70% 和全部磷作底面肥，于犁田整地时施入，其余 30%～40% 的氮肥在插秧后 7～10 d 作分蘖肥追施，10%～20% 的氮肥以及 30%～40% 的钾肥作穗肥追施。大田应做到浅水插秧，深水"换衣"，寸水促蘖，够苗或到时及时晒田。孕穗期及抽穗扬花期田间保持浅水层，勾头散籽后干干湿湿灌溉。一般于收割前 7 d 左右排水落干，断水不宜过早，养好老稻。水稻主要病虫害的预测预报坚持"预防为主，综合防治"的原则，当 90% 以上稻谷籽粒黄熟时及时抢晴收获。

张万春（2011）汉中优质水稻油菜增产关键技术研究表明，丰优香占、丰优28以及协优527抗病性强，稳产性、丰产性均较其他品种好，可作为汉中的主栽品种推广，其中，丰优香占和丰优28抗性好，米质优，产量高，是汉中优质水稻生产最佳订单生产品种，经济价值较高，是加工企业和农户双赢的品种。合理群体结构是充分发挥个体与群体的优势，汉中种植的长生育期中熟组合，秧龄长，大田营养生育期短，适宜的插植密度为18万穴/hm^2。一定范围内，随着施钾量的增加，水稻产量增加。施钾量150 kg/hm^2处理产量较不施钾对照高11.9%，多元回归分析结果得出，施肥配比为N∶P∶K=11∶6∶9时，得到最高产量10 356.0 kg/hm^2，随着氮肥后移，适量后移为穗期增产，过量后移将导致减产，随着钾肥后移，产量变化均为增长趋势，以氮肥（底肥∶分蘖肥∶穗肥=6∶3∶1）和钾肥（底肥∶穗肥=6∶4）搭配处理水稻产量最高，施用沼液和沼渣肥均能明显增加水稻产量。水稻稻曲病是汉中推广优质稻的主要病害，根据稻曲病防治药效试验，及时选用稻丰收等高效低毒药剂，将防治时间提前到破口前一天进行，酌情在始穗期进行第二次施药，防治效果增加，既降低了产量损失，又减少了病菌对大米品质的污染。汉中盆地水稻安全播期是4月13日，为了充分利用光温条件，选用生育期在150～160 d的品种，采取加温和保温措施，两段温室秧和薄膜覆盖秧可以适当提前到4月5日左右，但应注意4月9—11日高发生的寒流和倒春寒。

徐玉华等（2010）介绍了汉中市万亩水稻示范片超高产集成技术，选择优良高产品种结合实施优质稻良种补贴惠农政策，项目示范乡镇以丰优香占、协优527、宜香1577、宜香10号、宜香725、B优827、Q优6号等为主推品种，采取统一供种。采用两段育秧、薄膜育秧和旱育秧，每公顷备种15 kg，温室两段育秧及薄膜育秧4月5日左右播种，旱育秧和地池两端秧秧适当提早至4月1日左右播种。5月20日至6月5日之间抢时早插，双株插、大小行规格插植，以33.3 cm×16.7 cm或（33.3+19.8）cm×19.8 cm为宜，插18.0万～19.5万穴/hm^2，穴插7～8苗，基本苗每135万～150万/hm^2。大力推广测土配方施肥技术，坚持稳氮、增磷、补钾、配微，根据9 750 kg/hm^2目标产量，施肥总量应控制在每公顷施（N）180～210 kg、磷（P_2O_5）75～90 kg、钾（K_2O）75～90 kg、硫酸锌15～30 kg。在水稻插秧前将农家肥、磷肥、80%的钾肥和氮肥总量的70%作基肥施入，其余30%～40%的氮肥在插秧后7～10 d做分蘖肥追施，10%～20%的氮肥以及20%的钾肥在孕穗抽穗期作穗肥追施。后期看苗看田施肥，出穗前叶面喷施禾枯灵、磷酸二氢钾，防早衰，增粒重，夺高产。在大田水分管理上，采取肥促水调、间隙浅灌的模式，实行分田引水、节水灌溉，做到浅水插秧，深水护苗，寸水促蘖，苗够或时间到及时晒田，一般在6月20日左右或总茎数达到270万/hm^2以上时，退水晒田，7月10日前及时复水，收获前7 d左右排水落干，病虫防治上提倡采用统一组织、统一时间、统一农药、统一防治的统防统治形式，当90%以上稻谷籽粒黄熟时，要抢晴收获。

张万春等（2010）介绍了杂交稻新组合武香988在汉中的种植表现及高产栽培技术，武香988属中籼迟熟杂交稻，在汉中一般4月初播种，5月中下旬至6月上旬插秧，秧龄40～60 d，9月上中旬收获，全生育期154.8 d，经农业部稻米及制品质量监督检验测试中心检测，符合三等食用籼稻品种品质规定要求，采取两段育秧，4月5日前后进温室，6月5日前抢时早插，大田适宜插植密度30.0 cm×16.7 cm或33.3 cm×16.7 cm，每穴插6～8个茎蘖，每公顷插18.0万～19.5万穴，120万～150万基本苗，在每公顷目标产量9 000～9 750 kg下，一般中等以上肥力田块每公顷施圈粪15 000～22 500 kg、水稻专用肥600 kg，或碳酸氢铵600～750 kg、过磷酸钙600～750 kg、氯化钾90～120 kg。大田做到浅水插秧，深水"换衣"，寸水促蘖，够苗或到时及时退水晒田。重视秧母田特别是迟插秧田虫害的防治，防治对象为稻蓟马、稻蝗、螟虫等，一般防虫2～3次。

屈发科等（2009）介绍了汉中市水稻优质高产集成配套栽培技术，选用经省级以上审定或办理引进种植手续的优质、高产、抗病水稻新品种，种子质量达到GB 4404.1—2024《粮食作物种子 禾谷类》Ⅱ级以上标准。因地制宜，合理品种布局，防止越界种植。海拔700 m以下平坝及丘陵稻区适宜种植全生育期150～165 d的中籼迟熟杂交稻，主推丰优香占、丰优28、宜香10号、宜香2292、宜香725、宜香3003、宜香1577、国稻1号、B优827、协优527、玉优1号、武香988等品种。海拔700～1 000 m山区适宜种植全生育期135～150 d的中籼中早熟杂交稻，主推明优02、川江2号、明优6号、金优360、Ⅰ优86、金优晚三、金优207、D优162、汕窄八号等品种。其中，海拔900～1 000 m高寒山区适宜推广D优162、汕优窄八等全生育期135～140 d的早熟组合。每公顷大田备稻种15 kg左右，两段育秧平川稻区4月5日前后、山区4月10前后进温室，育成1叶1心小苗，按照5 cm×5 cm的规格寄插。旱育秧平川稻区3月底至4月初播种，山区4月5—8日播种。两段育秧秧苗寄插后5～7 d畦面不上水，3叶期之后保持浅水层，旱育秧做到旱育旱管。6月5日前抢时早插，平川稻区大田适宜插植密度（26.7～33.0）cm×16.7 cm，每公顷插18.0万～22.5万穴，每穴插两粒谷的秧苗，茎蘖7～9个，基本苗120万～150万/hm^2；山区适宜插植密度（20.0～26.7）cm×16.7 cm，每公顷插22.5万～30.0万穴，基本苗150万～180万/hm^2。一般中等肥力水平田块，产量7 500～9 000 kg/hm^2，在每公顷施有机肥30 000 kg基础上，需施纯氮（N）150～180 kg、纯磷（P$_2$O$_5$）75～90 kg、纯钾（K$_2$O）75～90 kg，低湿冷浸田施硫酸锌15～3 kg，绵沙田增施适量硼肥。将总施氮量的50%～60%、总施钾量的60%～70%和全部磷、锌、硼肥作底面肥，于犁田整地时施入，其余30%～40%的氮肥在插秧后7～10 d作分蘖肥追施，10%～20%的氮肥以及30%～40%的钾肥作穗肥追施。大田应做到浅水插秧，深水活棵，寸水促蘖，孕穗期及抽穗扬花期田间保持浅水层，勾头散籽后采取干干湿湿间歇灌溉，一般于收获前7 d左右排水落干，当总茎蘖数达到目标穗数的80%时，或大苗晚插水稻已进入拔节期，要及时退水晒田，采用农业防治、物理防治、生物防治，合理使用化学药剂防治病虫害，90%以上稻谷籽粒黄熟时及时抢晴收获。

屈发科等（2008）介绍了杂交水稻新组合玉优1号在陕西的种植表现及高产栽培技术，玉优1号属中籼迟熟杂交稻，在陕西汉中、安康等稻麦（油菜）两熟区作一季中稻栽培，一般4月初播种，5月中下旬至6月上旬插秧，秧龄40～60 d，9月上中旬收获，全生育期154.9 d，经农业部稻米及制品质量监督检验测试中心检测，达（NY/T 593—2002）《食用稻品种品质》Ⅲ级标准。采取两段育秧，4月5日前后进温室，1叶1心时采取双株寄插，密度4 cm×4 cm。5月5日前抢时早插，大田适宜插植密度30.0 cm×16.7 cm或33.3 cm×16.7 cm，每穴插6~8个茎蘖，每公顷插18万~19.5万穴、120万~150万基本苗，在目标产量9 000~9 750 kg/hm²情况下，中等以上肥力田块每公顷施圈粪15 000~22 500 kg，另加水稻专用肥600 kg或碳酸氢铵600~750 kg、过磷酸钙600~750 kg、氯化钾150~180 kg作底肥，插秧后7~10 d追施尿素120~150 kg/hm²作分蘖肥。大田做到浅水插秧，深水返青，寸水促蘖，够苗时及时退水晒田，一般于收割前7 d左右排水落干。插秧后5~7 d，每公顷选用5%氟胡青悬浮液450~600 mL兑水750 kg喷雾，防治越冬代二化螟、三化螟，水稻破口抽穗前搞好"两防一喷"。

汉中市农业技术推广与培训中心2009—2018年组织实施部省水稻高产创建活动，集成了人工插秧水稻高产栽培技术，优化品种，提质增效，根据光温资源，结合油菜茬口衔接，在品种选择上突出高产优质，全生育期在155 d内，平川主要推广以川优6203、泰香8号、黄华占、内5优5399、宜香2115、五山丝苗、先丰优901和美香占2号等达到GB/T 17891—2017《优质稻谷》Ⅱ级以上的稻米品种。主推品种应用率达到95%以上，通过订单组织生产，实现一片一品，确保稻谷品种一致性，用好稻生产好米，提升稻米品质。推广种子包衣控病技术，适期播种，培育壮秧，提倡采取两段育秧，培育多蘖壮秧，每公顷备种15 kg。播前晒种1~2 d。用稀释500倍的强氯精药液浸种1 d，预防水稻恶苗病。两段育秧4月5日左右播种。做秧畦时施入腐熟农家肥或磷二铵作底肥，育成1叶1心小苗进行规格寄插，秧苗2叶1心期秧田泼浇腐熟淡尿水15 000 kg/hm²或追施尿素45~75 kg/hm²作"断奶肥"。4~6叶期追施尿素75~120 kg/hm²促进分蘖的发生。插秧前一周追施尿素45~75 kg/hm²作"送嫁肥"。小苗寄插后一周内畦面不上水，3叶前干湿交替灌溉，3叶期以后保持浅水层，遇持续低温寒潮天气，采取深水护苗和覆膜防冻等保温措施，防止秧苗受冻。另外，长时间阴雨低温过后应及时喷施多菌灵药液防止立枯病发生。插秧前2~3 d用Bt·杀虫单和三环唑防治秧田病虫害，防止病虫带入大田。达到秧龄45~50 d、叶龄6~8叶、单株带蘖3~5个、清秀无病虫的壮秧标准；抢时早插，合理密植，5月20日至6月5日期间抢时早插，拉绳定距，提倡采取宽行窄株或宽窄行插植，提高田间通风透光性，有利于植株健壮生长，减少病虫害的发生。以33 cm×16.5 cm或（33+20）cm寸×20 cm为宜，插18万~19.5万穴/hm²，穴插7~8苗，基本苗120万~150万/hm²；测土配方，平衡施肥，大力普及推广测土配方施肥技术，坚持稳氮、增磷、补钾、配微，保证营养平衡。根据9 750~10 500 kg/hm²以上目标产量，施肥总量应控制在施（N）150~195 kg/亩、磷（P_2O_5）75~97.5 kg/hm²、钾（K_2O）90~120 kg/hm²、硫酸锌15~30 kg/hm²。施肥方式为基肥：追肥：穗肥按照6:3:1的比例分次施入。具体方法是在水稻插秧前将农家肥、磷肥、60%的钾肥和氮肥总量的60%作基肥施入，30%氮肥在插秧后5~7 d作分蘖肥追施，剩余10%氮肥和40%的钾肥在水稻孕穗期作穗肥一次施入，追施氮素穗肥要看苗、看田施用；科学灌水、合理促控，推广节水灌溉技术，在大田水分管理上，采取肥促水调、间隙浅灌的模式，实行分田引水，节水灌溉。做到浅水插秧，深水护苗，寸水促蘖，苗够或到时及时晒田，寸水促穗、湿润壮籽。一般在6月20日左右或手插秧总茎数达到目标穗数的80%～90%时，机插秧达到90%～100%时，退水晒田控苗，7月10日前及时复水，孕穗期至抽穗扬花期保持浅水层，勾头散籽后采取间歇灌溉，乳熟期以湿润为主；蜡熟期干干湿湿灌溉，以干为主，收获前7 d左右排水落干；病虫绿色综合防控，减灾保产，集成示范"健身栽培+精准测报+物理防控+生物防控+科学用药"的病虫害防控模式。突出抓好水稻重大病虫害的预测预报和防控。坚持"预防为主、综合防治"的植保方针，通过健身栽培增强植株抗性，重视秧田防治。大力推广太阳能杀虫灯、二化螟迷向型信息素防治虫害；选用高效低毒低残留生物农药进行化学防治，采用绿色防控与统防统治相融合，统一组织、统一时间、统一农药、统一防治的统防统治形式，提高防治效果。用太阳能杀虫灯诱杀成虫，用二化螟信息素诱杀二化螟，用生物农药苏云杆菌、Bt·杀虫单防治二化螟，用金龟子绿僵菌421防治稻飞虱、稻纵卷叶螟，用四霉素防治稻瘟病，用井冈霉素防治纹枯病、茶黄素防治稻曲病。采用人工除草和化学除草相结合，积极推广稻田养鸭，用鸭除草，针对田间杂草种类和数量选择适宜的除草剂进行化学除草。插秧返青后结合追肥用10%苄嘧磺隆可湿性粉剂225～300 g/hm² 兑水喷雾或50%丁草胺颗粒剂1 500～1 800 g/hm²，拌细土均匀撒施。水稻出穗前拔除田间稗草，防止草籽回落田间，减少翌年田间的杂草量；适时收获，颗粒归仓，当90%～95%以上稻谷籽粒黄熟时，抢晴收获，及时晾晒、入仓。

汉中市农业技术推广与培训中心2014—2018年集成了水稻机插秧高产栽培技术，品种选择，前茬作物为油菜，以黄华占为主栽品种，搭配部分中早熟品种，全生育期不超过150 d；空茬田以川优6203等为主。常规稻每公顷备发芽率达90%以上的种子25.5～30 kg；杂交稻每公顷备发芽率达90%以上的种子22.5～25.5 kg；机械化育秧，前茬作物为油菜，4月20—25日播种，空茬田4月15日左右播种，确保水稻高产优质，出穗期在8月上旬、安全齐穗期在8月20日。选择菜园土、熟化的旱田土、稻田土或淤泥土，在育秧前10～20 d采用机械或半机械手段碎土、过筛（要求土壤颗粒细碎、均匀、粒径在5 mm以下）作为营养土，按照每100 kg营养土拌0.5～0.6 kg三元复合肥进行培肥。每公顷机插秧大田备营养土1 800 kg、钵体毯状育秧硬盘420～450个。除1/3营养土留作盖土不拌壮秧剂外，其余2/3营养土每270～300 kg细土拌1袋（2 kg）壮秧剂，拌匀后集中堆闷，形成酸碱度适宜的底土（pH值5.5～7.0）；秧田准备，选择排灌、运秧方便、土壤肥沃、通风向阳、便于管理的田块作秧田。按照秧田与大田1：（80～100）备足秧田。秧田在预先水浸、犁耙平的情况下，播种前7 d作秧畦，苗床规格为畦面宽约130 cm，秧沟宽约25 cm、深约15 cm，四周沟宽约30 cm以上、深约25 cm，做到沟沟相通，利于排灌。秧板做好后需一定时间晾晒，使秧板沉实，板面达到"实、平、光、直"；播种准备，播种前，在晴好天气晒种1～2 d，要薄摊勤翻，防止谷壳破裂。晒种后要进行选种，每10 kg水加食盐1 kg左右，把种子放到盐水中搅拌，捞出浮秕谷杂物，收集饱满种子后，立即用清水冲洗，然后浸种。一般杂交稻种子仅用清水选种。浸种时，先将稻种用清水预浸 24 h，然后用 500 倍强氯精药液浸种 24 h，再用清水浸 1～2 d 后，在 50～55℃温水中预热 5～10 min，再起水沥干，上堆密封保温，保持谷堆温度 35～38℃，15～18 h 后开始露白。催芽破胸后，种子要摊开摊晾炼芽 6～12 h，建议播种时将破胸露白种子摊晾至 70% 发白，用旱育保姆按照药种比 1∶26 比例拌匀后备播。播种时，采用手推式播种器或可一次性完成底土、洒水、播种、覆土 4 道工序的流水线播种机。装土：在育秧盘上铺放营养土，土层 2 cm 左右，表面平整；播种常规种如黄华占、每盘播芽谷种 100 g 左右，杂交稻种每盘播芽谷种 110 g 左右，要求播种准确、均匀、不重不漏。特别注意催芽破胸后种子要摊开摊晾炼芽 6～12 h，干爽后播种才均匀。覆土播种后要覆土，覆土厚度 0.3～0.5 cm，以不见芽谷为宜。暗化催芽。播种后的秧盘堆码 8～10 层放于育秧棚内；用薄膜及薄棉片盖好保温，2～3 d 齐苗后进行秧床上育苗；秧田育秧，将秧盘横排成 2 行，紧密整齐摆放，盘底与床面相贴紧密，忌有水放盘，浸水摆盘后，秧沟中放水慢慢浸上秧盘，利用"毛细作用"使秧盘土吸足水。随后退水至半沟水后，拱棚覆盖保温，根据气温变化适时通风；配方施肥，机插秧一般采用纯氮∶纯磷∶纯钾比例为 12∶6∶7 的配方施肥。前茬收获后，施 35% 氮肥、全部磷肥、60% 钾肥作底肥；栽后 5 d 施 45% 氮肥作返青分蘖肥；栽后 10 d 施入氮肥总量的 20% 和 40% 钾肥；晒田结束第一次复水后施入穗肥，可以根据苗情适当增减。积极推广水稻缓释肥一次施肥技术，底施氮磷钾含量为 25∶8∶17 的水稻缓释肥 750 kg/hm^2 或水稻缓释肥 675 kg/hm^2 + 尿素 75 kg/hm^2；大田管理，机插秧具有短秧龄移栽、缓苗轻、大田分蘖期长、发苗迅速等特点，与手插秧相比，薄水插秧、浅水缓苗、少吃多餐施追肥、巧施穗肥是大田管理的显著特点。有效分蘖期、孕穗期、抽穗扬花期是水稻水分敏感期，应保持水层，分蘖后期至幼穗分化初期是水稻水分不敏感期，应退水晒田，控制无效分蘖；灌浆结实期以湿润为主。栽后促进缓苗返青，返青后，应浅水勤灌，以水调气，以气促根，使分蘖早生快发；孕穗期至抽穗后 15 d，应建立浅水层，以利颖花分化和抽穗扬花；抽穗后 15 d 至灌浆结实期间歇上水，干干湿湿，以利养根保叶，活熟到老，切忌断水过早。机插秧分蘖势强，高峰苗来势猛，可适当提前排水晒田，晒至田中不陷脚、叶色褪淡即可，以利抑制无效分蘖，提高根系活力；绿色防控，采用人工除草和化学除草相结合，针对田间杂草种类和数量选择适宜的除草剂进行化学除草。以水稻二化螟、稻瘟病防治为重点，落实药剂浸种，采用太阳能杀虫灯诱杀成虫，用二化螟信息素诱杀二化螟，结合水稻"两防一喷"进行统防统治；适时收获，当 90%～95% 以上稻谷籽粒黄熟时，抢晴收获，及时晾晒、入仓。

汉中市农业技术推广与培训中心 2014 年开始组织市、县农技推广中心开展以水稻直播方式为主的轻简栽培技术研究，集成了水稻直播栽培技术，目前水稻直播以空茬田为主，选用黄花占等优质、高产、抗倒、抗病品种，备种 37.5～45 kg/hm^2；高标准整地，做到田面"平、实、光、滑、直"，平整田面后 1～2 d 待泥浆沉实后再播种。播种时厢面要有薄皮水或平沟水，播后自然落干；防鸟害，针对直播田鸟食稻种影响出苗，播前选用绿色、环保驱鸟剂拌种，或播种后将种子压入或抹入泥中，再以油菜荚壳等覆盖田面，适期播种，空茬田以4月中下旬为宜，适期播种，机械直播选用水稻穴直播机，杂交稻每穴3～5粒，穴间距为14～16 cm，播种量37.5～45 kg/hm²；常规稻每穴5～7粒，穴间距为12～14 cm，播量52.5 kg/hm²。人工直播可选择人工撒播、条播或七行式手拉播种器播种，一般播量37.5～52.5 kg/hm²。无人机飞播时，整田表土呈泥糊状，选用极飞P30等植保无人机搭载播撒系统，飞行高度2.5 m，飞行速度6 m/s，播幅2.8～3 m，播量45 kg/hm²左右，合理施肥，施复合肥（15∶15∶15）600 kg/hm²作底肥，3叶1心期施尿素90～120 kg/hm²作分蘖肥，孕穗期施尿素75 kg/hm²、氯化钾75 kg/hm²作穗肥。也可用水稻专用缓控施肥（25～10～15）600～750 kg/hm²于播前一次施用。科学管水，一是播后至3叶1心期保持土壤湿润直至畦面有细裂缝，切忌明水淹苗；3叶期后建立浅水层。二是当达到预定苗数时，立即排水晒田。三是孕穗至抽穗期保持浅水层，后期干湿交替灌溉，切忌断水过早，化学除草，播种后2～4 d，每公顷用30%扫弗特乳油或30%苄嘧丙草胺乳油1 500～1 800 mL兑水450 kg，进行全田细喷雾封闭除草，喷后保持田坂湿润。播后20～25 d，对杂草较多的田块，在秧苗2叶1心用36%苄二氯600～750 g/hm²或6%氰氟草脂1 500 mL兑水450 kg喷雾进行除草，病虫综合防控，重点做好二化螟、稻瘟病等主要病虫害的防治。

水稻抛秧是陕西省90年代后期引进、试验、推广的一项栽培技术，现在是西安市水稻栽培的主推技术，在陕南高寒山区有小面积种植，采用无塑盘旱育秧，避风向阳、地势平坦且较高、无畜禽危害、方便管理、有可靠水源的地方适宜旱育秧。苗床要求土壤疏松肥沃，未旱育过水稻秧苗。每公顷大田应备苗床195～210 m²。秧田的基肥施用和耕整。翻耙前每平方米地块撒施腐熟猪牛粪10 kg、过磷酸钙120～150 g、氯化钾30 g、尿素30～40 g，耕深15～20 cm，将土耙细碎，整成宽1.4～1.5 m、畦沟深25～30 cm、畦沟宽35～40 cm的苗床。整理好的苗床分2次灌水，水要灌足、灌透，土壤含水量达到饱和为止，以苗床土壤表层能起浆为适。秧田的药剂处理和播种。为防秧苗发生立枯病等土传病害，播种前4～5 d用75%敌磺钠可溶性粉剂兑水喷洒于苗床表面，每平方米用药3～4 g，兑水1.5 kg喷施。催芽的稻种以破腹露白播种为宜，播种要均匀，之后撒一层厚0.5～1 cm的干细土盖种，最后搭建小拱棚保温。小拱棚的温度调控。齐苗前，小拱棚温度保持在25℃以上，棚内气温超过35℃时应揭膜通风降温；秧苗出齐后，保持棚内温度25～28℃；中后期棚内温度超过25℃，要揭膜通风降温。秧苗生长的前、中期，白天揭膜通风降温的，傍晚应盖膜保温，以防发生冷害。秧苗生长后期，夜温较高时可不盖膜，以利炼苗。秧田的追肥和水分管理。为防苗床水分不足，齐苗后应揭膜补1次足水，以后保持床土相对含水量在75%～80%。秧苗2叶1心时施1次断乳肥，每平方米撒施兑水腐熟粪尿2～2.5 kg/m²或尿素7～10 g/m²。抛秧前1 d下午，苗床要浇1次透水，以利拔秧时根部带上较多湿泥。喷药培育矮壮秧苗。秧苗2叶1心时，喷施1次15%多效唑可湿性粉剂溶液，每公顷用药2 250 g，兑水750 kg喷施，以培育矮壮秧苗；塑盘旱育秧时，苗床选择、翻耙、整畦、土壤消毒等与无塑盘旱育秧方法相同。事前准备好营养土，其配方为肥沃菜园土70%、深层红土或黄土10%、腐熟猪牛粪20%，另每立方米营养土加入过磷酸钙150～200 g。菜园土要打碎过筛，与猪牛粪等混拌均匀备用。每公顷育秧床需备451孔秧盘750张。秧盘摆放时应紧贴苗床，不可有悬空。每50张秧盘用壮秧剂750 g，与6～7 kg细土混拌均匀后撒入秧盘孔中，然后将刚破腹露白的稻种播于秧盘中，之后用营养土盖种以不露种子为宜。塑盘旱育秧的肥水管理方法参照前述无塑盘旱育秧相关内容；塑盘湿润育秧：秧田翻耙前灌入浅水，翻耙2次后整成宽1.4～1.5 m（长度根据情况自定）的畦，畦沟深20～25 cm、宽35～40 cm，最后排去田中和畦沟中的水。畦面要尽可能整平，不可高低不平或有坑洼。塑盘湿润育秧的营养土配制、塑盘摆放、播种、撒土覆种、秧苗水肥管理等，可参照无塑盘旱育秧和塑盘旱育秧相关内容；抛秧秧苗质量指标为秧龄30～35 d，叶龄4～5叶，苗高13～15 cm，单株基粗0.35～0.40 cm，单株绿叶数4.0～5.0，单株白根数12～15条，单株发根力5～10条，单株带蘖1个左右，百株干重7.5 g左右，叶色4.0～5.0级，无病斑虫迹。

无塑盘旱育秧秧田选择地势高爽平坦、排灌分开、运秧方便、便于操作管理的田块作秧田。按照秧田与大田比为1∶20留足秧田。以旱作、培肥为中心，优化秧田茬口布局，采取育秧蔬菜/玉米、大豆、杂粮等蔬菜/冬翻冻土、春翻培肥—育秧。秧田培肥，2月下旬至3月上旬结合耕翻晒垡，每公顷秧匝施腐熟的农家肥45 000 kg；播种前20 d，每公顷秧田施尿素、45%复合肥各450 kg，施后及时耕翻，达到全层均匀施。沟系配套，在播种前10～15 d旋耕耙平，开沟做板，做到准排分开，内、外沟配套，既能灌又能排还要能降。营养土准备，秋播时结合麦田开沟，每公顷大田取熟土1 500 kg，冬季冻垡，春季培肥，拌入375 kg左右人、畜粪，堆闷1个月以上，搞碎过筛备用；种子处理，备足饱满、发芽率高（90%以上）的精选种子。盘式育秧的每公顷大田需45 kg。药剂浸种，经精选、日晒等处理，并用清水洗净种子后，用适当的药剂进行浸种消毒，选择用强氯精药液或咪鲜胺乳油。浸种时间根据药剂种类和水温不同有所调整，一般情况下，浸种时间为6～24 h。浸种后需要用清水彻底清洗残留药剂。催芽时，机播的要求90%的种子在播种前达到破胸露白；人工手播的，根长可达稻谷长度的1/3，芽长可达1/5～1/4，切不可过长。立精细播种，适期播种，在陕西南部宜为4月10—25日，干整做秧板，先进行耕翻，深度10 cm左右，后开沟作畦，畦面宽150 cm，沟宽25 cm，沟深15～20 cm；再加工整理，上水整平2～3次，力求平整细软，要求地面高低相差不超过3 cm，秧板做好后排水晾干使板面沉实。播前2 d铲高补低，使板面达到"实、干、光、直"的要求。灌水验平，灌"跑马水"，速灌速排，随即用木板压平秧板，使之表面光平内部松软。贴实秧盘，每公顷大田用盘（451孔或434孔）750～825张（75～150张留作太平苗），秧盘与秧板贴紧不能吊空。撒壮秧剂、底土。每50张秧盘用壮秧剂750 g（每张秧盘15 g），与5～7.5 kg细土均匀拌和、均匀撒入盘孔内，再撒底土至秧盘孔穴的1/2，并喷水使底土水分饱和。定量匀播。以田定盘，以盘定苗，以苗定种，每公顷大田用种量30～37.5 kg（高产栽培可降至 26.25 kg 左右）。播种要定量均匀，先播 2/3（播时用帘子、板子等挡在秧盘边上），再用 1/3 来回补缺（尽量不要漏播），平均每孔 3 粒左右。在用种量比较少的情况下，也可在壮秧剂撒好之后，将种子与营养土充分拌和（每张秧盘约 0.5 kg 细土），直接撒到秧盘里。

盖种，用未拌壮秧剂的营养土盖种，做到盖种不露种，并扫清盘面余土。播后均匀盖土（0.3～0.5 cm），喷除草剂或敌可粉 1.3 g/m²（有效成分）。浇齐苗水，采用水壶淋绕，浇透、浇足，确保发芽出苗所需水分；如果采取灌水必须速灌速排。覆顺盖草，待浇（灌）水落干后，用泥将秧盘四周围起来，防止跑墒，再平盖地膜（注意不要贴膏药），加盖稻草，每 50 张秧盘盖草 6.5～7.5 kg，保持 10%～15% 透光率。覆膜盖草期间不需灌水，下雨天要及时排出秧田积水。秧田管理，齐苗期揭膜，基本齐苗时（第 1 叶展开后），于早晨揭去稻草和地膜（早晨揭膜，气温升高，秧苗适宜，很少见到黄枯死苗），同时浇揭膜水，速灌速排。2 叶 1 心期时每 50 张秧盘喷多效唑 4 g。水浆管理，主要根据叶片吐水情况或卷叶情况（而不是根据盘土发白情况）来确定是否需补水。一般情况下，秧苗不发生卷叶就不需要补水，1～3 叶期晴天早晨叶尖露水少要及时补水，或晴天一旦发生卷叶随即补水，3 叶期后秧苗发生卷叶到第二天早晨尚未完全展开（叶尖吐水较少）再补水。在补水方法上，采取灌跑马水或浇水的方式。秧田后期如遇连续阴雨，须及时排水降渍，防止肥水碰头、秧苗蹿高。如遇连续干旱，须在抛栽前 1 d 补浇"送嫁水"（不宜灌水，否则起盘困难，易损坏秧盘），以免根球松散影响抛栽；化学调控，2 叶 1 心期每 50 张秧盘喷多效唑 4 g 或矮苗壮 8 g（喷施时叶龄较大或抛栽延迟秧龄较长都需适当增加用量）。病虫防控，揭膜后每隔 2～3 d，用药防治灰飞虱 1 次，每公顷用 48% 毒死蜱乳液 1 200 mL+5% 氟虫腈悬浮剂 450 mL，或 24% 锐杀可湿性粉剂 900 g 与 5% 氟虫腈悬浮剂 750 mL 交替使用，以上药剂兑水 40～50 L，于傍晚前对准秧苗均匀喷雾，以减轻条纹叶枯病为害，抛栽时还需带药下田；大田抛栽与管理，确定抛秧的基本苗，基本苗是群体的起点，合理确定基本苗数是抛秧稻极为重要的环节。抛秧稻由于秧苗带土，抛后返青活棵快，分蘖节位低，分蘖发生早，基本苗多，容易造成穗数偏多，穗型变小穗、粒重不协调。适当降低抛秧稻基本苗，有利于优化中后期群体结构，发展壮大个体，抽穗至成熟期干物质积累高，从而在有效穗数较适宜下，增加实粒数和粒重，使穗、粒重协调，进而提高产量。一些地方抛秧栽培，抛秧苗过多，甚至超过穗数，是影响抛秧产量最大的制约因素。适宜基本苗，是抛秧稻高产的基础。一般 22.5 万～30 万穴/hm²，每穴苗数 2～3 苗，且做到匀抛，苗数 45 万～60 万苗/hm²，才能实现高产。

均匀抛植，提高抛栽苗直立率；依品种、秧龄、地力等资料，确定适宜基本苗数，进而确定抛秧量，采取先远后近分次抛，小把高抛迎风抛，抛栽时应选择无大风无大雨天气，尽量抛高抛匀，抛秧要防止分蘖节入土过浅。常规抛秧有 1/3 甚至更高的比例，由于分蘖节入土过浅（不足 1 cm），不利于抗倒伏，更不利于高产。抛秧一般先抛总盘数的 70%，余下的 30% 看秧苗的均匀度，用于补稀补缺、补田边补田角；匀密补稀，抛后结合整理操作行，匀密补稀、补边，消灭见方大于 1 000 cm² 无苗空白；抛后管理，抛后要求晴天灌薄水，阴天满沟水保持田面水渍状，晚上适当露田，促扎根立苗；化学除草，由于抛栽时苗体小，又以湿润灌溉为主，易滋生杂草，应重视化学药剂除草。一般在抛秧5～6 d后秧苗全部扎根竖直后保持田间2～4 cm水层，每公顷用抛秧一次净600 g，拌干细土300 kg或拌尿素90～120 kg，混合后撒施，施药后4～5 d不排水；水分管理，抛后3～5 d采取湿润灌溉，坚持阴天或无雨夜间露田，晴天午间以薄水护苗，风雨前做好"平水缺"，及时排水防涝漂秧。采用浅水促分蘖，提早搁田，拔节后长期硬板湿润的灌溉制度与技术。立苗后，宜建立1～3 cm的浅水层，促进分蘖，并以水层进行生态控草。当大田茎蘖数达到预期穗数的80%左右时自然落干，并开好搁田沟，通过多次轻搁田，使土壤沉实硬板。田面普遍见新根，植株挺起，群体叶色褪淡显黄。群体大的田块要适当多搁，生长不足的田块也要坚持适度轻搁。搁田达到标准后，直至成熟前1周，以田面湿润为主，土壤保持硬板而不回软，以延缓根系衰老，提高结实率、粒重和抗倒伏性。这种灌溉方式不仅节水20%～30%，而且增强植株的固持力，能较好地解决高产与倒伏的矛盾；肥料运筹，抛秧稻一生所施氮、磷、钾数量与一般的移栽稻相似。氮肥的运筹上宜有机肥与无机肥并用，基、蘖肥与穗肥的比例一般为6∶4。具体实施上首先根据目标产量的养分吸收量、土壤养分供应量及肥料利用率确定合理的总施肥量。其次，由于抛秧稻返青期短，分蘖早发快长，高峰苗易偏高，成穗率低，后期易倒伏，所以应适当减少基、蘖肥，相应增加穗肥用量，一般中等地力基肥占40%、分蘖肥为20%、穗肥为40%；在上等地力上，基肥∶分蘖肥∶穗肥以4∶3∶3比例更好。适当减少基肥用量，可恰好利用抛秧的早发优势，使群体无效分蘖期稳长，并依苗情早施促花肥，主攻壮秆大穗的形成，病虫害防治，针对抛秧有关的特点，应及时防治二化螟、稻苞虫、稻纵卷叶螟、稻瘟病、稻曲病等。

王超等（2015）介绍了秦巴山区冬水田水稻旱育抛秧增产优势与技术，水稻旱育抛秧技术是指在旱地（旱田）培育出带土秧苗，栽植时把秧苗抛向空中，靠其重力自由落入田间定植的一种栽培方式，具有省种、省水、省秧田，减轻劳动强度、提高劳动效率等优点，属轻简节约型农业技术，一般在冬水田推广效果较好。增产优势在于，秧苗素质好（旱地育秧较湿润水育秧地温高2～3℃，升温快降温慢，出苗齐、苗壮、根系发达，单株白根数多6～11条，根系短活力强，起秧不伤根）、抛栽缓苗期短（经过培肥的床土疏松，易于拔秧，带土抛栽不伤根，抛后2 d即可长出新根，基本无缓苗期，在生育进程上，返青期提前7～10 d）、分蘖节位低，分蘖多，成穗率高（一般抛秧入土0.5～1 cm，而手插的秧苗入土3 cm以上，充分利用了低位分蘖优势，单株分蘖多3～5苗，成穗率增加11.5%）、节省投入、产量高、效益好（旱育省地、省工、省农膜等投入，每公顷大田只需秧床150～300 m，比水育用地节省70%以上，同时也节省了劳力、肥料、农膜的投入；经核算，每公顷大田采取旱育秧可节约成本1 125元，加上增产945 kg稻谷1 890元，可增收3 015元，节本增效显著）。旱育抛秧的育秧方法有两种，即塑料软盘旱育秧和肥床旱育秧。塑料软盘旱育秧：秧盘应选择434或353孔软盘，每公顷大田需软盘600～675个，检查钵内小孔眼是否相通。营养土宜选择黏度适中的肥土、腐熟的有机肥,按7:3的比例混匀、打碎、过筛,播前每100 kg营养土再加磷酸二铵200 g(或尿素50 g、过磷酸钙200 g)、硫酸钾100 g、硫酸锌10 g,充分混匀,每盘需营养土1.5~2 kg。秧床应选择背风向阳、离水源近、土质疏松、肥沃的旱地(旱田)作秧床,每公顷大田需备积床225~300 m²,开春后施优质腐熟农家肥2~3 kg/m²,浅锄平整后作畦,畦宽以横放2个秧盘或竖放3个秧盘为宜,畦长控制在5~6 m,以利通风降温及管理,秧畦之间留40~50 cm的作业道,秧畦做好后,再增施二铵、尿素各20 g/m,潜入表土层;播期一般4月1—10日,播量大田用种按11.25~15 kg/hm²,但早熟品种可适当增加用种量。播前晒种1~2 d后浸种,先用清水浸种2 d,再用500倍强氯精药液浸种1 d,然后用清水冲洗干净后催芽,催至破胸露白即可;播前每20 m²秧床用壮秧剂2.5 kg均匀撒在床土上,并扦入2 cm深的床土内进行调酸。播种前1 d,秧床用70%敌磺钠2.5 g/m²兑水600~1 000倍,均匀洒在床面上,并淋水下渗。播种当天,浇足底墒水,并将畦面搪成泥浆状,将秧盘一个接一个摆在泥浆状的秧畦上面,盘与盘衔接,轻压将盘底压入泥浆中,先装入盘孔高度1/3~2/3的营养土,再进行播种,播种最好使用播种器,也可人工播种,必须保证每穴有1~2粒种子(常规稻2~3粒),播后用营养土盖种,孔盖满后用木板压实,并将盘面多余的土刮掉。然后用36%旱秧净乳油0.15 mL/m²兑水75 g喷雾,做到药液均匀不漏喷,在床面紧贴一层地膜(立针以后抽去地膜),以利保湿增温,每隔50 cm插一弓条,弓顶距床面45 cm,两侧距秧畦边5 cm,各弓条间用竹棍连接,用绳子扎牢,然后覆盖农膜,四周压严实;秧床管理方面,播种至立针,膜内保持高温高湿,适温30~32℃(不超过35℃),1叶期膜内适温25℃左右,2~3叶期膜内适温20℃左右。一般在2叶期后白天应通风炼苗,3叶期后可不再盖膜(强降温天气除外)。1~2叶期保持床面湿润,促根下扎,当畦面干裂,秧尖早晚无露珠,中午出现卷叶时,应及时浇水,也可提倡灌"跑马水"或沟灌。拔秧前应减少浇水,做到旱育旱管;揭膜后2~3叶期泼浇腐熟淡粪水2~3次,若秧龄长,为避免后期脱肥,可追施尿素1~2次,每次10~15 g/m²,追后用清水洗苗,以免烧苗;一般秧龄长的为了便于抛栽,可在3叶期,用15%多效唑0.3 g/m²兑水6 kg喷洒,以达到控苗促蘖的目的;在秧苗1叶1心期时,选择阴天或晴天,苗床用70%敌克松2.5 g/m²加水1 000倍液浇洒或用25%甲霜灵0.75 g/m²兑水2 kg喷洒防治立枯病,成秧期如遇连续阴雨低温天气,用敌磺钠药液灌根,地下害虫可用50%辛硫磷乳油0.5 kg加适量水制成毒土撒于苗床,或用90%晶体敌百虫0.25 kg均匀拌在2 kg炒香的麦麸上,制成毒饵,于傍晚放在菜叶上诱杀。稻象甲用克百威颗粒剂(呋丹)2 kg/亩拌细土15 kg均匀微施,也可兼治地下其他害虫。肥床旱育秧,播前准备主要应做好秧床选择、培肥、做床、施肥、床土消毒处理等准备工作,其方法与软盘育秧基本相同,每公顷大田所需秧床225~300 m²。适宜播期一般应把握在4月1—10日,播前需进行种子处理(方法同软盘育秧),浇足秧床底墒水,使床土充分湿润,然后将种子均匀撒播在秧畦内,再用包有塑料薄膜的木板轻压,使种子三面入土,覆盖0.5~1 cm的过筛营养土,然后喷洒水分(不能将谷粒冲出),并用36%旱秧净进行化学除草（方法及用量同软盘育秧），最后用地膜紧贴床面（立针以后抽去地膜），再用农膜拱膜覆盖，一般管理措施与软盘旱育秧相同。大田抛栽技术：按照大田施优质腐熟农家肥 22 500 kg/hm² 的基础上，再增施碳酸氢铵和过磷酸钙各 600 kg、氯化钾 150 kg 或水稻专用肥 525 kg 作底肥进行深施，要反复多耙，达到田平、泥烂、肥匀、水浅、表层有泥浆、无杂物的要求，抛秧前一天给秧床浇水，肥床旱育秧可采取手工拔秧，也可以用平铲带土 3 cm 铲秧，运往大田后按穴分秧，软盘育秧起秧时，双手轻提秧盘两端，卷起装筐运往大田，反复轻抖秧盘，取出秧苗，冬水田一般在 5 月 10 日左右开始抛栽，抛秧密度应比手插秧增加 3%～5%，中晚熟杂交稻抛 23 穴/m² 左右（即 1.5 万穴/亩左右），早中熟杂交稻抛 25～28 穴/m²（24 万～27 万穴/hm²）。总的原则是"肥田宜稀，瘦田宜密；晚熟品种宜稀，早熟品种宜密；冬水田宜稀，回茬田宜密"。抛栽方法有两种：一种是手工抛栽，另一种是机械抛栽。手工抛栽的方法是用手抓起秧苗轻轻抖动使秧苗散开，向上抛高 3 m 左右，靠其重力自由下落，使秧苗根部植入泥浆，先抛大田总量的 70%，然后再隔 2～3 m 做出一条 30 cm 左右的田管道，沿道将剩余 30% 的秧苗进行补空补稀，力求大体均匀；一般秧龄长的秧苗多采用人工抛栽，机械抛栽适合塑料软盘育出的秧苗。抛栽后若遇大风大雨天气易形成"堆堆苗"及漂秧，应及时退水，并进行移密补稀，保证其均匀度，抛后 2～3 d 不进水，保持薄水层，遇大雨应退水，立苗后灌浅水促蘖，按照"时到苗够"的原则及时晒田控苗（一般比手插秧提前一周左右晒田），孕穗期至抽穗期实行间歇灌水，抽穗扬花期田面保持浅水层，灌浆期以后交替灌溉；水稻抛秧长势快，为了控制前期旺长，后期脱肥，基肥占 60%～70%，分蘖肥占 20%～25%，穗肥占 10%～15%。抛栽 7 d 后结合除草剂追施尿素 75～105 kg/hm²，孕穗至抽穗期看苗追肥，以叶面喷肥为主；抛秧后 7～10 d 内撒杀虫双颗粒 30 kg/hm²，同时撒入"抛秧灵"或"丁草胺"等除草剂，孕穗至抽穗期要做好穗颈稻瘟病和稻苞虫防治。

陈虎（2004）介绍了汉中水稻机抛秧技术的试验示范与推广，汉中盆地位于陕西南部，冬无严寒、夏无酷暑，汉江越境而过，水利资源十分丰富，为全省水稻的主要产区，自 1999 年开始，汉中积极引进了水稻机械抛（插）秧技术，通过对机抛秧与人工插秧的对比实验，机抛秧成效显著，可极大地减轻农民的劳动强度，可明显省工、省时、省力、省费用，具有抢农时、增产增收的作用。采用工厂化育秧（塑料软盘育秧），一般秧龄 30 d 左右者选 561 孔秧盘，汉中多为 45 d 左右，可选用 434 孔或 351 孔秧盘，每公顷需秧盘 525～600 个。同时，做好床土调酸、消毒、除草及对抗病虫害袭击的工作，提高育秧成苗。汉中土壤多为中性，要加"壮秧剂"混合，进行调酸、消毒，每盘土与优质农家肥的比例为 7∶3；选择水源方便的壤土或黏土田作苗床，待本田浅耕平整后作畦，以两个秧盘的宽度为秧床宽度，摆盘当天灌满沟水，并用水验校平。种子经浸种、破胸催芽后即可播种，当播种至立针叶期，要保持高温高湿（30～32℃），在苗基本出齐陆续放青时，膜内温度要控制在 25℃。秧苗 1～2 叶期一般不浇水，以干为主，注意勤通风炼苗，膜内温度保持在 16～20℃ 以防高温造成秧苗徒长，夜间注意封膜防冻；根据肥力情况适时适量补施追肥，对秧龄过长的大苗秧，在出现3叶左右时要喷多效唑，控制秧高，培育矮壮墩实的标准秧苗；近年来汉中市利用江苏盐城、西安旋耕机厂等地引进的1GN-100型、GN-125型多功能旋耕机，ID-105型多功能微耕机在麦茬、油菜田引水灌溉，开展机械耕整，提高了土壤的性能结构。要求田内高低不过寸，寸土不露泥，田面上糊下松，切实做到"田平、水浅、泥烂、肥匀"，做好机抛秧的前期准备；在水稻机抛秧初期，汉中市引进北京研制的2ZPY系列抛秧机，利用抛秧盘转动时离心力作用，将带钵秧苗均匀抛撒于大田，但抛秧幅度较宽，不适应汉中的小田块。后引进四川研制的背负式气流式抛秧机，该机由机动喷雾机和抛秧盘组成，操作简便，易学易懂，适应于各类地域的田块作业，并可进行植保作业。机抛秧操作程序：抛秧时间根据当地茬口确定，一般来讲秧龄短、叶龄小，抛后立苗快，有利于高产。秧盘出苗前适度浇水使之出盘时根部钵体呈圆锥体，抛出着泥不散为好，起秧时整盘从苗床上起出并运至田旁，随起随抛。机抛秧要求大田水的深度在3.3 cm以内（寸水不露泥）为最好，水过深会漂秧。抛秧密度以基本苗为165万株/ hm^2，机抛秧后的1～4 d内，每隔3～4 m拉绳建一条宽30～40 cm通风道，田间风、光各向同性，利于作物生长。机抛秧后无返青期，不宜早灌水，利于扎根立苗。机械抛秧由旱地抛入大田暴发力强，入泥浅，肥、水、温度适宜，分蘖早，必须偏早晒田，防止发苗过头，群体过大，成穗率降低。在8月初的水稻破口期，用三环唑加水预防穗颈稻瘟病。根据农艺要求，要因时因地防治水稻二化螟、叶稻瘟、纹枯病和稻曲病等。

  王宏锦（2012）介绍了水稻两段育秧技术，4月5日进温室的比4月15日进温室的每公顷有效穗增加19.5万，结实率提高3.1%，增产6.7%。同时进室时间与秧龄关系很大，随着播期的推迟而秧龄缩短，这类品种（组合）的产量越低，说明在晚茬田秧龄宜长不宜短。试验结果，以55 d秧龄的产量最高，随着秧龄的延长和缩短而下降。大体可以看出，早中禾田秧龄以45～55 d、晚禾田秧龄不超过60 d，两段育秧均能收到较好的增产效益。但播种过早，出室寄插后往往因早春低温危害，降低小苗成活率，难以育成壮秧。4月1日进温室的成活率最低，4月5日后进温室的成活率逐渐提高。进温室的时间要依据当地气象预报并结合本地寄插时的气温情况灵活掌握。一般以当地日平均温度稳定通过13℃的初日，即为小苗安全寄插的始期，由此向前推移7 d，即为谷种进温室的适期。综合常年气象资料，平川第一批进温室时间在4月1—5日，第二批在4月6—10日；丘陵川道地区4月7—10日进温室；山区4月9—12日进温室为宜。各地气温差异大的可因地灵活掌握。秧田寄插密度关系能否培育出低位多蘖壮秧，是发挥两段育秧增产作用的关键所在。寄插过密或过稀都不利于秋苗生长和经济有效利用土地。据寄插密度试验结果，秧田寄插时间30～37 d以内，3.3 cm×3.3 cm的单株分蘖和5 cm×5 cm、5 cm×7 cm的差异不大甚至略多；但到40 d以后都明显低于5 cm×5 cm和5 cm×7 cm的，其中，5 cm×7 cm的最高，而且分蘖的速度也快。这充分说明，寄插秧苗前期在3.3～5 cm范围内，秧苗之间竞争矛盾不大，对寄插密度要求不严，而随着寄插时间的延长，争光养分的矛盾越来越大，3 cm×3.3 cm的在40 d以后分蘖基本停止，而5 cm×5 cm或5 cm×7 cm的秧苗则因营养面积较大、通风透光条件好，分蘖仍在迅速增加。寄插时间达到55 d，3.3 cm×3.3 cm的寄插秧苗单株分蘖、自根、鲜、干重只有5 cm×7 cm秧苗的一半上下。适宜的寄插密度有利于培育大蘖壮秧，插植大田后够苗早，生长中心转化快，直接关系大穗形成及结实率的提高，对产量起着决定性作用。从试验看，无论平川、丘陵，都以5 cm×7 cm的穗粒结构较好，产量高。但从苗素质及经济利用秧田综合考虑，寄插时间40 d以内的，寄插密度3.3 cm×3.3 cm即可；寄插时间50 d左右的，寄插密度以5 cm×5 cm较为适用。

刘铂等（2009）介绍了华泰998在陕西省的种植表现及高产栽培技术，该组合在陕西汉中、安康作一季中稻栽培，一般4月上旬播种，5月下旬移栽，8月上旬齐穗，9月中旬成熟，播种至齐穗120 d左右，全生育期153 d，比对照汕优63长1 d。属迟熟组合，适宜于陕西汉中市海拔650 m以下的平川、丘陵稻区及安康平坝区种植。播种期应掌握在4月初，即清明前后。采用塑料薄膜覆盖旱育秧或温室两段育秧，两段育秧做到适时双株寄插。在汉中前茬为油菜和小麦的稻田，一般插秧时间争取在5月底至6月初，抢时早插，秧龄45～50 d。采取宽窄行栽插，一般大田每公顷插植密度为19.5万～22.5万穴，株行距为16.7 cm×30 cm，穴插6～8苗或2粒谷苗，每公顷插足150万～180万基本苗。在本田施肥上应做到有机肥和无机肥相结合，稳氮、增钾、补磷与锌、硼等微肥多元配合，采取前重、中控、后补的兼顾平衡配方施肥技术，在水分的管理上，做到浅水插秧、深水返青、薄水促蘖、当总苗数达到225万～240万/hm^2时及时排水晒田，插秧后5～7 d结合追肥，每公顷大田施3.6%杀虫双大粒剂30 kg防治二化螟，7月上旬用井冈霉素防治纹枯病。破口期用20%三环唑1 500 g兑水600 kg喷施，防治穗颈稻瘟病。

屈发科等（2008）介绍了汉中盆地水稻优质高产综合配套技术，选用经过省级以上审定（或办理引种手续）的优质、高产、抗病水稻新品种，种子质量达到GB 4404.1—2024《粮食作物种子第1部分禾谷类》定期更换品种。根据汉中稻作区划特点，平川稻区主推丰优香占、丰优28、宜香10号、宜香2292、宜香725、宜香3003、B优827、宜香1557等优质高产品种；海拔700～900 m浅山丘陵区推广明优02、川江2号、明优6号等中熟组合；海拔900 m以上高寒山区推广D优162、汕优窄8等早熟品种。各地可因地制宜选用良种，合理品种布局，严防越界种植。每公顷大田备杂交稻种15 kg，播种前晒种1～2 d，用80%402抗菌剂2 000倍稀释液浸种3 d或先将稻种用清水预浸1 d再用500倍强氯精药液浸种1 d，然后用清水续浸1 d预防恶苗病。浸种后将种子冲洗干净准备进温室或进行催芽播种。平川中籼迟熟杂交稻两段育秧4月5日前后进温室，丘陵山区中早熟组合4月10—15日播种。施足底肥后抢晴规格寄插，密度5 cm×5 cm左右。小苗寄插后1周内畦面不上水，畦沟晴天满沟水，阴天半沟水，雨天退干水。两段秧2叶1心期，每公顷秧田泼浇淡尿水15 000 kg或追施尿素45～75 kg作"断奶肥"，4～6叶期追施尿素105～120 kg促进分蘖的发生，插秧前1周追施尿素75～90 kg作"送嫁肥"。汉中水稻高产插秧期为6月5日前，一般5月中旬开始插冬水田等一季田，芒种前结束插秧。适宜插植密度：平川晚熟组合30 cm×16.7 cm或33 cm×16.7 cm，每公顷插18万～19.5万穴，120万～150

万基本苗；丘陵山区中早熟组合适宜插植密度 25 cm×16.7 cm 或 28.6 cm×16.7 cm，每公顷插 21 万～24 万穴，165 万～180 万基本苗。一般中等以上肥力田块每公顷施圈肥 15 000～22 500 kg、水稻专用肥 600 kg 或碳酸氢铵 600～750 kg、过磷酸钙 450～600 kg、氯化钾 150～180 kg，插秧后 7～10 d 每公顷追施尿素 120～150 kg。一般防虫 1～2 次。糯稻、黑谷、粳稻还要搞好稻瘟病的防治。插秧后 5～7 d 每公顷选用 5% 氟虫腈悬浮液 450～600 mL 兑水 750 kg 喷雾，防治越冬代二、三化螟。水稻分蘖盛期易感纹枯病品种每亩用 5% 的井冈霉素水剂 2 250～3 000 mL 兑水 750 kg，对植株中下部喷雾防治，水稻齐穗后一般不再用药。

张效忠（1995）介绍了汉中地区水稻旱育稀植栽培技术规范，是利用水稻生长三叶期前耐寒耐旱、通气组织不健全等特性，再给以适当低温、控水、通气、酸化等促根蹲苗环境，促使植株体内活化酶增加，生理机能增强，从而达到强根壮苗，促进增蘖增穗增粒增产的目的。旱育秧苗目标是育足适龄多蘖矮壮秧，使其出苗成秧率和壮秧率分别达到 85% 以上，杂交稻单株带蘖 6～9 个，常规稻 4～6 个，苗高 25 cm 左右，白根多而短粗，无病虫害，每公顷要插 22.5 万～27 万株，165 万～195 万苗/hm^2。选用当地推广的优良杂交稻或常规稻种（种子净度达 98% 以上，发率 90% 以上），平坝丘陵中晚熟杂交稻 10.5～12 kg/hm^2，山区中早熟杂交稻 13.5～18 kg/hm^2，常规稻用量加倍，70% 敌磺钠 1.5～2.25 kg/hm^2，腐熟优质过筛细圈粪约 6 000 kg/hm^2，磷酸二铵 60 kg 或过磷酸钙 120 kg/亩，尿素 30 kg/亩，硫酸钾 22.5～30 kg/hm^2。床土需调节为酸性时，可备硫黄粉 30～45 kg/hm^2，或硫酸亚铁 1.8～4.5 kg/hm^2，或 90% 工业硫酸 15～22.5 kg/hm^2，选向阳、水源方便、土质疏松肥沃、无杂草、便于管理的冬闲田（地）作秧床，尤以偏酸性土壤作苗床最好，每插 1 公顷本田，平坝需做秧畦 525 m 左右，山区 600 m 左右，播种 1 月前深耕（有条件的应在冬前翻犁），使 15 cm 厚的床土熟化，播种前 20 d 左右打碎土块，拣净残茬杂物，平整作畦，畦宽 1.5～1.8 m，高 10 cm，长以需要面积计算，畦间沟宽 20～30 cm，在打碎坷垃、整平畦面基础上，按每平方米腐熟筛细的圈粪 10 kg 或泼入人尿 20～30 kg，分次施入，反复混，种前一周，按每平方米磷酸二铵 100 g 或过磷酸钙 200 g、硫酸钾 50 g、尿素 25 g 与 15 cm 厚的土层混合成营养土，整平畦面，播种前 1 d 每平方米用 2.5 g 70% 敌磺钠兑水 600～1 000 倍均匀洒畦面，并淋水下渗，苗床土 pH 值大于 6.5 时，播前每平方米用 30～50 g 90% 以上的工业硫酸 200 倍液均洒于畦内，或将硫酸与 20 倍重的肥土混匀，1 h 后撒于床面，并与畦面土搅匀；或者每平方米用 7 g 硫酸亚铁作底肥施入，或溶作酸水洒入畦内，使畦内 15 cm 土层 pH 值降至 4.5～5.5；若有酸化肥调酸更好。如用硫黄粉调酸必须按施用量，提前 1 月均匀施入土层内。播种前灌足底墒水，使耕层水分饱和，灌水便利的，可引半畦沟水浸灌至土水饱和，播期应比同类品种的两段育秧提前 7～10 d，平坝中晚熟杂交稻 3 月底前播种，山区 4 月 5 日前播种，以保证安全齐穗，避免"秋封"，一般平坝每平方米播干谷 20～25 g，山区 25～30 g 为宜，常规稻播量加倍；种子处理同两段育秧，浸种不少于 3 d，催芽要出芽整齐，催至芽长不超过半粒谷为度，播谷时按畦面积计量均匀撒播。播种后撒盖 1 cm 厚过筛营养土，并用木板拍实，使谷粒不见天，与泥土相黏，最后再匀撒 1 cm 厚的渣屑之类疏松物，以保温、防板结龟裂，每隔 50～70 cm 插一弓条，弓条顶端距床面 30～40 cm，各弓条间用竹棍连接，用绳扎牢，然后盖膜，膜四周用土压严。也可试用地膜。覆盖地膜必须在播谷后撒盖 1 cm 厚过筛营养土，拍实，再撒 1 cm 厚的渣屑之类疏松物，再覆地膜，使膜面离谷芽 1～2 cm 间距；播后 5～7 d 内，适宜床温 30～32℃，一般不通风，不浇水，以膜内高温高湿促出苗快而整齐，若超过 35℃时要小通风。

播后 6～10 d 内，苗已基本出齐，并陆续放青。覆地膜的秧畦，多数苗高 1 cm 时，趁晴天中午揭去地膜，膜内温度以 25℃为宜；播后 12～15 d，在阴天或晴天傍晚，每平方米喷敌磺钠 2.5 g 1 000 倍药液防治立枯病。成秧期如遇持续低温要加浇敌磺钠药液至根部，以防立枯死苗；秧苗 1～2 叶期，膜内应保持 20℃适温；2～3 叶期，膜内保持 16～20℃，勤通风炼苗，以防徒长，夜间有 12℃以下低温时，要盖膜防冻，秧苗 4 叶期前后，日平均气温稳定通过 16℃以上时，揭膜；秧畦保持表土疏松不干裂。当畦面干裂，秧尖早晚无露珠，中午出现卷叶时，应浇水，在 3～4 叶期和移栽前 10 d 左右，每平方米用尿素 10～15 g 兑水泼浇。在重点防治好立枯病的同时，对于地老虎、蝼蛄等多种地下害虫，在出苗前或揭膜后，每次用 3% 左碱颗粒拌毒土的办法，每公顷秧床用药 15 kg，分次撒药防治。旱育秧床的化学除草，应在出苗前或揭膜后一次性撒施，水稻旱育苗床化学除草技术性强，易发生药害，应严格操作或人工拔除苗床杂草，此外，可采用氯敌鼠拌粒或大米防治鼠害。插秧和本田管理目标是针对旱育秧早生快发、分蘖多、够苗早、多穗的生长特点，使其成穗率和结实率分别达到 70% 和 85% 以上，使群体生长稳健协调，形成高产稳产的苗、穗、粒结构。前作收获后及时翻犁，一般每公顷底施圈肥 15 000～30 000 kg、碳酸氢铵 600～750 kg、磷酸二铵 150 kg 或过磷酸钙 450 kg，施肥后耕耙田，要求田平泥烂肥匀，带土薄水浅插。秧龄 55 d，单株带蘖 6 个以上的，穴插单株，提倡插宽窄行或宽行密穴插植方法，宽行 26～33 cm，窄行 20 cm，穴距 17～20 cm。平坝丘陵中迟熟杂交稻每公顷 19.5 万穴左右，135 万～150 万基本苗；山区插 22.5 万～24 万穴，150 万～180 万基本苗。坚持浅水促分蘖，时到苗够（165 万～300 万/hm^2）及时退水晒田，7 月 10 日前复水。孕穗至出穗前后灌寸水，灌浆期湿润灌溉，乳熟后退水落干。旱育秧一般大田不追施氮素分蘖肥，将总施氮量 75% 作为底面肥施入后，余下的 25% 于始穗前 15 d 左右作穗粒肥追施，同时，可根据生长情况，在出穗前后进行叶面喷肥，喷施磷酸二氢钾或其他生长调节剂，以促使旱育秧早齐穗、成熟并增加穗重，病虫害防治及其他田间管理措施参照当地水稻高产栽培技术规程实施。

陕北地区虽然降水稀少，但通过河水灌溉，延安南泥湾和榆林的横山区仍然能够成功种植水稻，这些地区通过有效的水资源管理，榆林的横山区因其无定河流域地势平坦、光照充足、昼夜温差大的特点，有不可复制的自然环境条件，为国内少有的优质米产区，陕北无定河湿地生态水稻全程机械化技术集成：通过引进具有国际先进水平的水稻生产机械设备，引进适宜机械栽插的优质水稻新品种辽粳 371、通禾 835、新稻 5 号、松粳 22、五优稻 4 号 2、越光、吉大 139、龙稻 18 等，通过秧土配制、育秧硬盘准备、种子处理、控温催芽、联合播种作业、温室控温催根立苗、炼苗管理等一系列工艺流程，进行工厂化育秧。在整地时利用水稻机械化整地技术来翻地、旋耕、耙地，整平田面后即可插秧；按照农艺要求，一般穴距25 cm，株距12 cm，穴苗数3～6株；根据机插水稻的生长发育规律，采用相应的肥水管理技术措施，促进秧苗早发稳长和低位分蘖，提高分蘖成穗率，争取足穗、大穗，将过去施用的碳铵换为硫酸铵，可起到中和土壤功效，施肥原则按1（N）:0.6（P）:1（K）的比例和每100 kg籽粒需纯N 1.5～1.6 kg定施肥量。按"一底两追"配方施肥原则施肥，即底肥30 kg、分蘖肥10 kg、穗肥10 kg，注重有机肥的投入；栽后及时灌浅水护秧，栽后5～7 d灌溉，扎根立苗，分蘖期浅水勤灌，促根保蘖，有效分蘖临界叶龄期及时晒田，以轮晒勤晒为主；拔节孕穗期保持10～15 d浅水层，其他时间采用间隙湿润灌溉；抽穗扬花期保持浅水层；灌浆结实期干湿交替，防止断水过早；项目区的病虫害发生较轻，重点任务为清除草害，待稻秧缓苗5 d后，用稗草灵加稻草王进行化学除草即可，施用方法、剂量按产品说明书。对个别年份发生的稻瘟病、稻蝗时在拔节期用三环唑杀菌剂防治稻瘟病，齐穗后用4.5%氯氰聚酯防治稻蝗。经多年摸索试验，沙地土壤明显不同于其他土壤，稻田整耕沉淀1 d后为最佳插秧时间，有联合收获和分段收获两种方式，稻谷收获后及时进行晾晒或机械干燥，确保稻谷达到安全水分。

陕北水稻直播优质高效生产技术，选择肥力较好的麦稻轮作倒茬田，土壤盐碱含量较低，农田排灌系统通畅，集中连片，不掺杂插秧和播后上水等种植方式的水稻田，前一年秋天就要将翌年准备安排水稻保墒幼苗旱长的田块认真平整、犁翻，施入一定数量的底肥，冬水灌足。冬季和翌年开春认真做好农田耙糖保墒工作，减少农田水分蒸发，春季要适时进行耙耕整地，一般在3月上旬就进行第一遍耙糖，这样可以充分利用自然冻融作用，达到保墒、土碎、田面细密平整的目的，待4月初田间潮水下去后再进行交叉耙糖，做到土壤上虚下实，为种子出苗创造良好的条件。与此同时，作好清沟挖渠工作，并结合清沟挖渠铲除渠边、沟边的杂草，以消灭杂草上越冬的虫菌源；选择生育期140～150 d的适宜密植、分蘖力较强、在密植条件下穗粒数稳定、株矮、叶片直立、受光态势好、抗倒伏性强和抗病谱宽、抗病性强、低温发芽性好、苗期生长势强、耐冷性强及淹水条件下立苗、生长好的早、中熟品种，于4月下旬进行晒种、消毒、附泥后，在当地平均气温稳定通过12℃后即可播种，根据品种分蘖力、地力水平、整地质量、种子质量、发芽势等确定播种量，目前宁粳50号等分蘖力中等的品种一般每公顷播225～270 kg（750万～900万可发芽），G19等分蘖力强的品种每亩播150～180 kg（525万～600万可发芽），选用洪栋水稻精量穴播机。行距20 cm，穴距12.5 cm，每穴落粒15～20粒；采用48%稻稗败（仲丁灵）每公顷1 500～1 800 mL，在播后上水前喷雾封闭，要求保持水层5～7 d，也可在播种前整地时用地乐胺进行封闭或在田间杂草已大部分发芽而水稻未出苗时进行苗前封闭，消灭田间杂草。水稻出苗后，灌头水前，可辅助以人工除草，对封闭时漏网的杂草进行人工早锄。待幼苗长到3叶期以后，稻苗对农药的抵抗力增强，及时用五氟磺草胺进行化学除草；每公顷施纯氮（N）240～270 kg、P_2O_5 120～135 kg、K_2O 75 kg。其中，氮肥基施50%～60%，追施40%～50%，磷钾肥全部基施；苗期管理上要做到"大水浸种、浅水催芽、干干湿湿扎根"，分蘖期早施、酌施促蘖肥，寸水活棵，浅水攻苗，长穗期巧施拔节长穗肥，每公顷用三环唑1 500 g或稻瘟灵1 200～1 500 g兑水675 kg化学喷雾预防叶瘟的发生，结实期活水养稻，扬花期田间仍保持寸水，到灌浆期要采取干干湿湿、以湿为主的灌水方法，做到后水不见前水，穗肥的酌施粒肥（即倒二叶肥）追施全氮量的10%。要根据田间长势及气象条件灵活掌握，坚持旺苗不施、壮苗少施、弱苗多施的原则，以保叶防衰争粒。病害防控方面，可利用冬春农闲季节，清除沟渠边杂草，消灭越冬虫卵。在水稻萌发立针期施虫子清750～1 500 g/hm²防治红虫、稻摇蚊、稻水蝇等害虫。在孕穗期、齐穗期两次普防，即孕穗期（7月上旬）亩用精臘灵袋+代森锰锌袋兑水15 kg喷雾防治，齐穗后（8月上旬）每公顷用40%稻瘟灵1 200～1 500 g兑水225 kg喷雾防治稻瘟病等。另外，在普防的基础上，对出现的发病中心及时加喷一次。

七、田间管理

（一）科学施肥

水稻生长过程中需要多种养分和元素，包括氮、磷、钾、钙、镁、硫等，通过科学施肥，可以及时补充土壤中的养分和元素，满足水稻生长的需求，促进其正常生长和发育。适当施肥可以促进水稻的生长速度和发育进程，延长生长期，从而增加水稻产量。充足的养分供应可以确保水稻在生长过程中不受养分限制，充分发挥其生长潜力，达到高产的目标。科学施肥不仅可以提高水稻的产量，还可以改善稻米的品质。充足的养分供应可以使稻米的外观更加饱满、色泽更加鲜亮，口感和香味也更佳，这样的稻米更受消费者的喜爱，具有较高的市场价值。养分充足的水稻植株生长健壮，对病虫害的抵抗力较强。适当施肥可以增强水稻的抗病能力，减少病虫害的发生。施肥还可以提高水稻对不良环境条件的适应性，如抗旱、抗寒等能力，确保水稻在不利环境条件下仍能正常生长。科学施肥可以减少土壤中的营养流失，避免土壤退化。科学的施肥管理还可以避免过量施肥导致的肥料浪费和环境污染问题。通过合理的施肥措施，可以保护生态环境，实现农业可持续发展。因此，科学施肥是农业生产中提高生产效率和经济效益的重要手段之一。通过施肥可以提高水稻的产量和品质，从而增加农民的收入。同时，科学的施肥管理还可以降低农业生产成本，提高经济效益。因此，在水稻生产过程中，应重视施肥管理，采取科学的施肥措施，确保水稻的健康生长和高产稳产。

1. 施足底肥

水稻生产中底肥的重要性不容忽视，它直接关系水稻的生长状况、产量及品质。底肥是在水稻种植前施入土壤中的肥料，它包含了水稻生长初期所需的大量养分，如氮、磷、钾等。这些养分能够满足水稻生长初期的营养需求，促进根系的发育和分蘖的形成，为水稻的后续生长奠定坚实的基础。底肥中的有机肥料可以增加土壤中的有机质含量，促进土壤团粒结构的形成，从而改善土壤的通气性、保水能力和肥力状况。这不仅有利于水稻根系的生长和发育，还能够提高土壤对养分的保持和供应能力，减少养分的流失和挥发。合理施用底肥能够显著增加水稻的产量和品质。底肥中的养分能够满足水稻生长全过程的营养需求，促进水稻的健壮生长和发育，从而增加穗数、粒数和粒重，提高水稻的产量。同时，底肥还能够改善稻米的外观、口感和营养价值，提高其市场价值。通过合理施用底肥，可以适当减少水稻生长过程中对化肥的依赖，降低化肥的用量。这不仅可以降低农业生产成本，还能够减少化肥对环境的污染和破坏。

一次性施肥技术是指在作物根际附近只进行一次施基肥的新技术，具有简化施肥管理、降低劳动成本等优点。丁武汉等（2019）以长江中下游地区典型的水稻—油菜轮作模式为例，设置了空白对照（CK）、农民习惯施肥（FP）、优化施肥（OPT）、一次性基施尿素（UA）、一次性基施控释肥（CRF）5个处理，采用地下淋溶原位监测的方法，获取了不同处理下水稻-油菜轮作系统土壤90 cm深度处氮素淋失特征，评估了一次性施肥技术对氮素淋失的影响，并综合分析了其经济效应。结果表明，油菜季和水稻季土壤渗漏液中氮素的主要形态不同，油菜季渗漏液中以NO_3^--N为主，水稻季渗漏水中NO_3^--N和NH_4^+-N各占约50%。从整个轮作周期看，氮素淋失主要发生在水稻季，与FP、OPT和UA相比，CRF氮淋失总量分别显著减少33.7%、20.8%和20.7%，但各施肥处理对油菜季氮素淋失影响不显著，在相同施氮量的条件下，与OPT相比，UA不仅保证油菜和水稻均稳产，而且使油菜季氮肥农学效率显著提高了15.1%，但是没能提高水稻季氮肥农学效率；CRF水稻产量和氮肥农学效率均差异不显著，但油菜产量和氮肥农学效率分别显著提高10.7%和18.9%。经济效益上，与OPT相比，UA和CRF处理油菜分别增收3 660元/hm²和3 048元/hm²，水稻分别增收3 162元/hm²和2 220元/hm²，因此，对于长江中下游典型种植系统而言，综合考虑对氮素淋失、作物产量和经济效益的影响，一次性基施控释肥技术能保证作物稳产或增产、提高农民收益。位于汉中盆地的陕西省城固县稻田施肥方式为施基肥、追肥、穗粒肥。将80%的钾肥和氮肥总量的70%作基肥施入，剩余氮肥、钾肥在插秧后7～10 d和晒田复水后分别追施（张娟等，2017）。

吴双双等（2006）为探讨缓释肥在水稻上的施用效果，在上海市崇明3个示范点进行效果试验。结果表明，水稻施用缓释肥，在减氮10%条件下，仍能提高水稻产量且促进节本增效。

水稻底肥施肥应坚持"早用、深施、适量"的原则，并注重肥料种类的选择和搭配。底肥应在种前结合最后整田作业进行，确保深度的耕作在20 cm左右，以便肥料与土壤充分混合，提升肥效。推广测土配方施肥技术，坚持稳氮、控磷、补钾、配微施肥原则，保证养分平衡，将水稻氮、磷、钾肥的施用总量控制在合理范围内：即氮（N）150～180 kg/hm²、磷（P_2O_5）75～97.5 kg/hm²、钾（K_2O）90～120 kg/hm²、硫酸锌15～30 kg/hm²。氮肥按6:3:1的比例分别作基肥、蘖肥、穗肥分次施入；磷肥、锌肥全部作底施，钾肥施用以60%作底肥，40%在晒田复水后作穗肥施入。积极推广水稻专用缓释肥一次性底施施肥技术。在有机肥源充足的情况下，鼓励施用商品有机肥或充分腐熟的厩肥，实行有机肥部分替代化肥，以提高土壤肥力和水稻品质。有机肥替代化肥比例以 20%～30% 为宜。

2. 合理追肥

水稻追肥的目的在于为水稻提供必要的养分支持，确保其在生长过程中能够充分发育，从而达到提高产量和品质的目的。水稻在不同生长阶段对养分的需求是不同的。追肥可以根据水稻的生长周期和养分需求特点，及时补充所需养分，确保水稻能够持续、稳定地生长。例如水稻的生长期需要大量氮肥来促进植株的生长和发育；在开花期，则需要施用磷肥和钾肥来满足花药发育和花粉萌发的需求。合理的追肥可以显著提高水稻的产量，通过为水稻提供充足的养分，可以加快其生长速度，增加有效穗数、穗实粒数和千粒重等产量构成因素。同时，追肥还可以改善水稻的生长环境，提高光合作用效率，促进养分积累和运输，为水稻的高产打下坚实基础。追肥不仅可以提高水稻的产量，还可以改善其品质。例如钾肥的施用可以促进水稻籽粒的饱满度和光泽度，提高稻米的食用品质和商品价值。此外，合理的追肥还可以使水稻的蛋白质含量、氨基酸组成等更加符合人体需求，提高稻米的营养价值。通过科学合理的追肥管理，可以提高肥料的利用效率，减少浪费和污染。例如采用测土配方施肥技术，可以根据土壤养分状况和水稻生长需求制定科学的施肥方案，实现精准施肥；同时，通过合理控制施肥量和施肥时间，可以减少养分的流失和挥发，降低对环境的污染。合理的追肥还可以增强水稻的抗逆性，提高其对病虫害和逆境环境的抵抗能力。例如磷肥的施用可以促进水稻根系的发育和吸收能力，提高其对水分和养分的利用效率；钾肥则可以增强水稻的茎秆强度和抗病性，降低倒伏和病害的风险。因此，在水稻生产过程中，应重视追肥管理，确保水稻能够获得充足的养分支持，从而实现高产、优质、高效的生产目标。

（1）氮肥　氮元素是水稻生长发育所必需的重要养分之一。合理施用氮肥可以促进水稻吸收养分，加快其生长发育进程。氮肥如尿素等，能有效促进水稻茎叶的生长，增加植株的绿色部分，提高光合作用效率，从而为水稻的整体生长提供有力支持。氮肥对水稻产量的提高具有显著作用。通过合理施用氮肥，可以改善土壤肥力，为水稻提供充足的营养，进而增加水稻的有效穗数、穗实粒数和千粒重，从而实现增产。研究表明，合理控制氮肥施用量，可以显著增加水稻的产量，同时减少用肥量，降低生产成本。氮肥能够增加水稻的蛋白质含量，提高稻米的储存性和口感。然而，过量施用氮肥则会导致稻米中粗蛋白含量过多，品质下降。因此，在追求高产的同时，也需要关注氮肥的施用量，以实现高产与优质的平衡。从环境效益来看，合理施用氮肥能够减少土壤和水质的污染，降低氮肥对生态环境的不良影响，有助于实现农业生产的可持续发展。殷春渊等（2009）以长江中下游地区 5 种生育期类型水稻为材料，不测定不施氮肥水平、不同生育类型水稻对土壤氮吸收的差异，以明确不同生育类型水稻对稻田土壤基础供氮能力的响应。结果表明，土壤基础供氮量随着水稻生育期的延长而增加，中熟晚粳分别比早熟中粳、中熟中粳、迟熟中粳和早熟晚粳高 28.99%、18.18%、9.27% 和 6.06%，表明生育期长的晚粳较中粳对土壤氮素的吸收能力强。土壤氮素利用效率和土壤氮素收获指数，在中粳间的变化规律一致，即随生育期的延长呈先增加后降低的趋势；在晚粳间的变化趋势则表现为随生育期的延长土壤氮素利用效率增加，土壤氮素收获指数类型间的差异较小。相关分析表明，土壤基础供氮量与基础产量呈极显著的正相关关系，与土壤氮素利用效率和土壤氮素收获指数呈显著或极显著负相关关系。说明土壤基础供氮能力的高低决定着基础产量水平，同时制约着土壤氮素利用效率和氮素收获指数的大小。兰雅萍等（2014）通过温室土培试验，采用密闭箱—气相色潜法测定了不同施氮量对水稻土 CH_4 排放通量的影响。结果表明，不同氮肥水平间 CH_4 排放均有差异。具体表现在随着氮肥施用量的增加，水稻的分蘖期延长，分蘖数增多，稻田 CH_4 排放通量增加。田广丽等（2020）研究氮水平及栽培密度对水稻分蘖动态的影响，进而通过适宜的施肥与栽培相结合的生产技术来调控水稻高产群体的建成，以期为减少水稻生产上的氮肥用量、降低农业生产中因氮肥过量施用对环境造成的负面影响提供可靠的理论依据。以适宜在江苏省沿江及苏南地区种植的早熟晚粳稻镇稻 11 号为供试材料，采用田间试验与室内营养液培养试验相结合的方法。田间试验主处理设置 N 0 kg/hm²、90 kg/hm²、180 kg/hm²、270 kg/hm²、360 kg/hm² 5 个水平（N0、N90、N180、N270、N360）；副处理设置高栽培密度 32.5×10^4 苗 /hm²（HD）和低密度 25.5×10^4 苗 /hm²（LD）两个水平。室内营养液培养试验主处理设置 N 5 kg/hm²、40 kg/hm²、80 mg/kg 3 个水平，副处理设置每箱 12、24 株两个移栽密度。连续记录水稻分蘖期定植植株分蘖数，测定植株地上部和根系相应指标，分析氮水平、栽培密度对干物质生产能力、干物质向叶片茎鞘的分配特征、茎鞘碳氮浓度、群体净光截获率、根系形态特征等生理生态参数的影响，并计算了两者的交互作用。结果是相同氮水平时，与 LD 相比，HD 条件下水稻提早达到单位面积最大有效分蘖数，且 HD 条件下 N180 时，单位面积的有效分蘖数达到最大，约 290 个 /m²。在分蘖中期，各处理水稻的分蘖特征已表现出显著差异，本阶段植株的生长特性将持续影响其下一阶段的分蘖能力，最终导致群体的差异。因而着重以水稻分蘖中期的生长特征为例进行分析。结果表明，水稻分蘖速率或分蘖数与叶、鞘相对生长速率，干物质向叶片的分配比例，鞘氮浓度，群体净光截获率，不定根数目、根系表面积、根系体积均呈显著正相关关系；与鞘碳氮比呈显著负相关关系；与鞘碳浓度、根系总长、根尖数之间的相关关系不显著。研究结论是氮水平及栽培密度通过调控水稻干物质生产能力、干物质分配比例、植株养分浓度、地上部群体对光能的利用及根系的生长发育，进而影响水稻的分蘖能力。本试验条件下，相同氮水平时，LD（25.5×10^4 苗 /hm²）的水稻个体生长优于 HD（32.5×10^4 苗 /hm²）；但对于群体而言，高栽培密度更利于高产水稻群体的建立，其对应需氮水平约为 180 kg/hm²，低于低栽培密度条件下的需氮水平。金芝辉等（2019）于浙江通过氮肥用量和移栽密度试验，明确氮肥施量和密度对甬优 1540 生育进程、分蘖动态、经济性状和产量的影响。结果是随着施氮量的提高，有效穗增加。欲达到高产水平，甬优 1540 以施氮量 240 kg /hm²、移栽密度 24 万丛 / hm² 为宜。叶振威等（2019）为提高水稻水肥一体化技术的灌溉施肥效果，选择水稻水肥一体化适宜的氮肥种类，通过盆栽试验，研究了水肥一体化条件下不同氮肥对水稻生长发育、产量及产量构成要素的影响。结果表明：氯化铵和硫酸铵有助于促进水稻分蘖，从而获得更多的有效穗数；氯化铵有利于水稻植株株型的改善；硫酸铵有利于水稻植株叶绿素的合成，在穗粒结构及产量上均优于其他类型肥料。综合考虑产量和外在形态，硫酸铵是实施水稻水肥一体化技术的理想氮肥品种。文祥朋等（2017）采用大田试验研究控释尿素减施或与常规尿素配施对水稻产量、品质及氮肥利用率的影响。结果显示，与常规尿素相比，控释尿素常量或与常规尿素配施均可显著增加水稻产量，且控释尿素与常规尿素以1∶3质量比配合施用效果最好，可增加有效穗数，增产幅度为3.86%；其次是控释尿素与常规尿素以1∶1质量比处理，控释尿素减施15%处理水稻不减产，控释尿素和常规尿素配施还可在一定程度上提高水稻的蒸煮品质和营养品质，但不同配比间差异不显著，控释尿素常量或与常规尿素配合施用还能显著提高水稻氮肥利用率，且以控释尿素与常规尿素以1∶3的质量比配合施用效果为最好。

应科学施用氮肥，过量施用氮肥会导致水稻贪青、营养生长过旺、结实率降低、产量下降，同时增加病虫害的发生概率，如稻纵卷叶螟、纹枯病、稻瘟病、稻飞虱等，还可能导致水稻后期倒伏，严重影响产量和品质。因此，在施足底肥的情况下，要结合水稻不同生育时期对氮的需求合理追施氮肥。一是分蘖肥：水稻分蘖期对氮肥需求量大，移栽或插秧后10~15 d，按照总施氮量的30%进行追施，即施纯氮45~54 kg/hm^2，促进水稻分蘖，提高成穗率。二是穗肥：穗期是水稻生殖生长的重要阶段，移栽后40~50 d按照15~18 kg/hm^{2}追施穗肥，促进花芽分化和穗部发育。三是灌浆肥：对于保水保肥能力差或者土壤肥力较差的田块，灌浆期适当追施粒肥，每公顷追施150 kg左右尿素，并结合喷施叶面肥，预防植株早衰，延长籽粒灌浆时间，提高籽粒品质。

追施氮肥注意事项：施肥前需观察水稻生长情况和天气条件，科学施肥，提高氮肥利用率；施肥后注意灌溉管理，确保水稻在各生长阶段获得充足养分。

（2）钾肥　钾元素能增强水稻的光合作用，提高二氧化碳的同化率，促进碳水化合物的合成，为水稻的生长提供充足的能量和物质基础。钾肥能使水稻茎秆健壮，增强抗倒伏能力，并提高其抗旱、抗寒、抗病等抗逆性，确保水稻在不利环境条件下仍能正常生长。钾肥的施用能显著增加水稻的产量，同时改善稻米的品质，例如，提高整精米率和蛋白质含量，降低垩白粒率和垩白度等。

水稻在不同生长阶段对钾肥的需求量不同。一般来说，在分蘖期、孕穗期和灌浆期等关键生长阶段，水稻对钾肥的需求量较大。土壤中的钾素含量直接影响水稻对钾肥的需求。在缺钾的土壤中，水稻对钾肥的需求更为迫切。因此，在施肥前应进行土壤钾素含量的测定，以便合理确定钾肥的施用量。钾肥的施用效果还受到氮、磷等其他养分的影响。合理的氮、磷、钾配比可以充分发挥各种养分的协同效应，提高水稻的产量和品质。汤利（1993）盆栽试验结果表明，钾促进植株和根系生长，并促进了水稻对氮、磷、钾的吸收，有助于碳水化合物的合成和低聚糖向多聚糖的转化，使水稻灌浆期CO_2的同化产物向籽粒运输，提高了有效穗数、千粒重和结实率，从而显著地提高了产量。许海敏（2021）通过试验研究，设置不施肥（CK）、施氮磷肥（NP）、平衡施肥（NPK）和有机肥配施无机肥（MNPK）4个处理，利用9年水稻定位试验数据，分析水稻地上部生物量、产量及籽粒和秸秆中钾含量对不同施肥处理的响应，研究水稻生长期土壤和环境钾素供应状况、钾肥效率和土壤钾素表观平衡等。结果表明，9年不施肥的水稻平均每年可生产籽粒9.46 t/hm²，相当于NPK的77.8%，因此，施肥对水稻产量提高的贡献率为22.2%，而钾肥的增产贡献率不到1%。水稻吸收的钾绝大部分贮存在秸秆中，籽粒仅占29.8%。在平衡施肥条件下，每吸收1 kg钾素，可生产籽粒51.1 kg。因作物对养分的不断吸收引起土壤（CK）每年亏钾167.7 kg/hm²，NP处理加速土壤钾素亏缺（220 kg/hm²），在年平均施钾（K₂O）52.35 kg/hm²的条件下，NPK处理土壤每年仍亏缺176.3 kg/hm²，钾素表观利用率为30.9%，NPK表观利用率可提高到36.2%。祁海东（2018）通过该田间试验确定了水稻钾肥最佳施用量和增产增收效益，钾肥做底肥施用时，K₂O最佳施用量114 kg/hm²，稻谷经济产量10 509.0 kg/hm²；钾肥做追肥施用时，K₂O最佳施用量136.5 kg/hm²，水稻经济产量10 366.5 kg/hm²；在氮磷肥施用的前提下，水稻施用钾肥采取底施或追施，都具有增产增收效果，增产稻谷987.0～310.5 kg/hm²，增产率10.2%～3.2%。综合分析，得出以下结论。

合理施用钾肥：水稻施用钾肥要坚持"四多四少"原则，即土壤含钾量低的田块多施，反之少施；早稻多施，晚稻少施；高秆品种多施，矮秆品种少施；杂交稻多施，常规稻少施，同时具体施用量还需根据土壤钾素含量、水稻品种和生长阶段等因素进行调整。钾肥可用作基肥或追肥。作为基肥，可在整地时与农家肥料一起施入；作为追肥，应在水稻生长的关键阶段，如分蘖期、孕穗期等及时追施。钾（K₂O）90～120 kg/hm²，钾肥施用以60%作底肥，40%在晒田复水后作穗肥施入，即钾（K₂O）54～72 kg/hm²作基肥，晒田复水后施入36～48 kg/hm²作穗肥。通过科学合理的钾肥施用管理，可以充分发挥钾肥的增产提质作用，为水稻的高产稳产提供有力保障。施肥后应结合灌溉管理，确保肥料充分溶解并被根系吸收利用。在干旱季节应及时灌溉补水，避免肥料因缺水而失效。同时需要注意的是，钾肥施用不是越多越好，过量施用钾肥可能导致根系发育停滞、产生根腐病等问题。因此，应根据土壤钾素含量和水稻生长需求合理确定钾肥的施用量。

（3）锌肥　锌是水稻生长过程中的关键微量元素之一，对水稻的生长发育起着重要作用。合理施用锌肥可以显著提高水稻的产量。研究表明，在缺锌的田块中，合理施用锌肥可以使水稻增产15%以上，甚至更高。锌肥能够促进水稻根系的生长和发育，提高水稻对土壤养分的吸收和利用能力，从而增加水稻的分蘖数和有效穗数，提高穗粒数和千粒重，最终实现增产目标。锌是多种酶的组成部分，参与水稻体内多种生理代谢过程，对水稻的光合作用、物质转运和分配等起重要作用。适量施用锌肥可以提高稻米中蛋白质和淀粉的含量，增加谷粒的重量和充实度，同时改善稻米的外观品质和口感。此外，锌肥还能增加稻米的香味，提高稻米的食味值和商品价值。水稻在生长过程中常受到各种逆境因素的影响，如干旱、寒冷、病虫害等。锌肥的施用可以增强水稻的抗逆性，提高水稻对逆境的抵抗能力。锌肥能够促进水稻体内多种酶的活性，增强水稻的代谢功能，提高水稻对养分的吸收和利用效率。同时，锌肥还能增强水稻的抗氧化能力，减少细胞膜脂质过氧化损伤，保持细胞膜的完整性和稳定性，从而提高水稻对逆境的适应能力。在水稻苗期施用锌肥可以促进水稻早发和壮苗。锌肥能够促进水稻根系的生长和发育，提高水稻对土壤养分的吸收能力，从而加速水稻的生长速度。同时，锌肥还能促进水稻叶片的光合作用，提高光合效率，增加光合产物的积累。这些都有利于水稻的早发和壮苗，为后期的高产稳产打下良好的基础。

张凤杰（2015）介绍，使用微量元素肥料颗粒锌 3 kg/hm^2 和颗粒硼 3 kg/hm^2，水稻生长发育更快、更健康，叶色更浓绿，水稻分蘖力明显增强；穗实粒数、千粒质量显著提高，稻谷增产明显；抗病能力增强。增施微量元素肥料硼、锌后，尤其减少了得纹枯病和稻瘟病的概率。刘智蕾（2022）采用 3 叶 1 心期水稻幼苗进行水培试验，设置低（Zn 0.08 μmol/L）、常规（Zn 0.15 μmol/L）、高（Zn 0.30 μmol/L）3 个 $ZnSO_4 \cdot 7H_2O$ 水平，即 Zn 0.08、Zn 0.15、Zn 0.30 处理。水稻长至 5 叶 1 心期时，分别进行低温（12℃）与常温（20℃）处理，处理 7 d 后取样分析水稻根系活力、抗氧化酶活性、干物质积累、养分吸收与氮代谢等指标。结果表明，与 20℃常温下 Zn 0.15 处理相比，12℃低温下 Zn 0.15 处理水稻丙二醛（MDA）含量显著增加，水稻根系总吸收面积、根系活跃吸收面积和根系氧化力降低，水稻地上部氮与锌的积累量减少，导致水稻分蘖数量减少 22.86%（$P < 0.05$），地上部及根系干重分别降低 33.60% 和 28.42%（$P < 0.05$）。12℃低温胁迫下，Zn 0.30 处理显著提高了水稻根系总吸收面积、活跃吸收面积和根系氧化力，Zn 0.08 处理水稻根系活力显著下降。12℃低温胁迫下，Zn 0.30 处理水稻分蘖数量与地上部干重虽然显著高于 Zn 0.15 处理，但仍低于 20℃常温下 Zn 0.15 处理。12℃低温胁迫下，Zn 0.30 处理显著增加水稻含锌量，促进地上部和根系锌的积累，提高硝酸还原酶（NR）与谷氨酰胺合成酶（GS）活性，显著增加水稻氮积累量，同时提高水稻叶片抗氧化酶活性，使 MDA 含量较 Zn 0.15 处理降低 26.39%（$P < 0.05$）。在 12℃低温下，与 Zn 0.15 处理相比，Zn 0.08 处理的水稻根系含锌量显著降低，GS 活性减少 17.65%（$P < 0.05$），根系含氮量降低了 4.78%（$P < 0.05$）。苗期增加施锌量能显著提高水稻根系活力，促进锌吸收，增强氮代谢，减少低温对细胞膜的破坏，促进氮与干物质积累，从而缓解营养生长期低温对水稻的伤害。宋佳媚（2021）采用水培试验，设置温度（12℃与20℃），供锌浓度（0.005 mg/L、0.01 mg/L 和 0.02 mg/L）以及供锌时间（低温前与低温后）处理，通过分析水稻生长参数、抗氧化酶活性、氮代谢、激素代谢等相关指标，明确低温条件下锌对水稻低温抗性及低温后水稻分蘖生长恢复的影响，低温后施锌能促进水稻生长恢复，恢复常温 2 周时分蘖恢复至正常水平的 85.32%（$P < 0.05$）；恢复常温培养至有效分蘖临界叶龄期时，增加供锌水稻分蘖恢复至正常水平，减少供锌分蘖显著低于正常水平。恢复常温培养至有效分蘖临界期时，低温处理较常温处理相差 2 d，不同锌水平间无显著差异。结果表明，锌能使低温胁迫下水稻的根系活力维持较高水平，进而促进养分吸收与物质积累。增加供锌显著增加低温胁迫下水稻根系总吸收面积、根系活跃吸收面积和根系氧化力。锌能增强水稻低温抗性，减少低温对水稻分蘖的抑制，低温后增加供锌能促进分蘖的恢复，而供锌浓度对生育期影响较小。因此，低温年为了防止生育期延迟导致的水稻减产，应选择生育期相对较短的水稻品种，同时增加锌肥施用。李海星（2018）以氮高、低效水稻品

种两优培九和日本晴为研究材料，设置氮锌交互处理，分析生长表型、养分含量和田间产量，以此研究氮锌互作对水稻生长、结实和生理生化的影响。结果表明，增施锌肥显著提高水稻产量，施锌肥能够在一定范围内替代氮肥的效果，为减施氮肥而不减产提供了可能。锌肥的施用能够促进各组织部位氮的累积量和地上部氮分配比例，品种间存在一定差异；在高氮条件下增施锌肥，可以促进水稻各部位氮含量的提升。在两个施锌水平下，增施氮肥对水稻各部位锌含量的提升有所差异，但是能够促进各部位锌的累积量，提高锌在老叶、新叶和叶鞘的分配比例。同时，氮水平的提高能够促进磷、钾含量和累积量；施锌降低日本晴各部位磷含量和磷累积量及低、中氮条件下两优培九的磷含量。

锌肥对水稻生产的意义重大。在实际生产中，应根据土壤养分状况、水稻品种特性和气候条件等因素合理确定锌肥的施用量和施用时期，以充分发挥锌肥的增产提质作用。锌肥可以与底肥一同施用，确保水稻在生长初期就能充分吸收锌元素，促进根系发育和生长。如果在苗期遭遇极端低温天气，可以适量追施锌肥，提高水稻抗逆能力，减少低温对水稻分蘖的抑制，低温过后可促进水稻恢复生长。在生长阶段的旺盛生长期和果实成熟期对锌元素的需求较大，对于没有底施锌肥的田块，可以适量施用锌肥，以满足水稻的生长需求。特别是在水稻移栽定植后 2～3 周，即移栽后 15～30 d，可撒施硫酸锌 15～30 kg/hm^2，以有效促进水稻的生长发育，提高产量和品质。

3. 前茬秸秆还田

前茬作物秸秆还田能有效增加稻田土壤中的有机质含量，改善土壤结构，提高土壤的保水、保肥和通气性，为水稻生长提供良好的土壤环境。秸秆还田后在土壤中逐渐分解，能够增加土壤的孔隙度，降低土壤容重，使土壤变得更加疏松透气，有利于水稻根系的生长和发育。秸秆中含有丰富的氮、磷、钾等营养元素以及微量元素，秸秆还田后这些元素会逐渐释放到土壤中，供水稻吸收利用。这不仅可以减少化肥的使用量，降低生产成本，还可以提高土壤的综合肥力。在水稻生长前期，秸秆还田可能会暂时抑制水稻的生长。因为秸秆的碳氮比较高，还田后土壤中的微生物会大量繁殖以分解秸秆，导致土壤中的氮素被微生物固持，从而减少了水稻可利用的氮素量。此外，秸秆分解过程中产生的有机酸等物质也可能对水稻根系产生不利影响。因此，在水稻苗期应注意适量施用氮肥以补充土壤中的氮素。随着水稻的生长和秸秆的逐渐分解，秸秆还田对水稻的抑制作用逐渐减弱并转变为促进作用。秸秆中的养分逐渐释放到土壤中，为水稻中后期生长提供了充足的养分支持。此时水稻的根系更加发达，吸收能力增强，能够更好地利用土壤中的养分进行生长和发育。秸秆还田可能会为病虫害提供栖息场所和繁殖条件，从而增加水稻病虫害的发生风险。例如秸秆中可能携带病原菌和害虫虫卵等，直接还田后可能会增加水稻病害如纹枯病、稻瘟病等的发病率和害虫如潜叶蝇、负泥虫等的为害程度。因此，在秸秆还田过程中应注意病虫害的防治工作，如采用深耕灭茬、合理轮作等措施来降低病虫害的发生风险。长期利用秸秆还田可以显著提高水稻的产量。秸秆还田能够改善土壤结构、提高土壤肥力、促进水稻生长和发育，从而为水稻高产稳产打下良好的基础。研究表明，秸秆还田可以使水稻产量增加 2.5% 左右甚至更高。此外，秸秆还田还可以减少化肥的使用量、降低生产成本、提高水稻的品质和商品价值。

肖亚楠等（2007）为了揭示生物炭施用对节水灌溉稻田甲烷排放的影响，基于田间试验，阐明了不同生物炭施用量条件下节水灌溉稻田甲烷排放通量及排放量变化规律，分析了生物炭施用对节水灌溉水稻产量及灌溉水分生产率的影响。结果表明，节水灌溉稻田 CH_4 排放集中在水稻生育前期（移栽后 40 d 之前），后期维持在较低水平。移栽后 20 d 之前，施用生物炭增加了节水灌溉稻田 CH_4 排放通量，之后降低了稻田 CH_4 排放通量。中量（20 t/hm^2）与高量（40 t/hm^2）生物炭施用量均减少了节水灌溉稻田稻季 CH_4 排放量，降低率分别为 29.8% 与 6.3%。与此同时，生物炭施用后节水灌溉水稻产量增加 9.3%～15.9%，灌溉水分生产率提高 15.1%～15.9%。节水灌溉稻田施用生物炭在减少 CH_4 排放同时，能够实现节水增产。吴玉红等（2017）为探索稻麦或稻油轮作制下，小麦、油菜秸秆还田对汉中盆地稻田土壤碳库组分的变化，设置了小麦秸秆不还田（WSN）、小麦秸秆常规还田（WS）、小麦秸秆促腐还田（WSM）、油菜秸秆不还田（RSN）、油菜秸秆常规还田（RS）、油菜秸秆促腐还田（RSM），共 6 个处理，通过大田试验研究了不同秸秆类型及还田方式对稻田 0～5 cm、5～10 cm、10～15 cm、15～20 cm、20～25 cm 5 个土壤层次中的土壤容重、总有机碳（TOC）、活性有机碳（LOC）、活性有机碳效率（ACI）、碳储量（SCS）、碳库管理指数（CPMI）及水稻产量的影响。结果表明：秸秆还田显著降低 0～15 cm 土层容重，对 15～25 cm 并未产生显著影响。与不还田相比，秸秆还田明显增加了各层次土壤有机碳库指标含量，但 TOC 和 LOC 含量均随土壤深度的增加而减少，两者在 0～15 cm 土层含量较高，具有明显的表层富集现象；与不还田相比，小麦及油菜秸秆还田后可明显增加稻田 0～25 cm 土层中的土壤碳储量（SCS），增幅可达 21.9%～23.5% 和 1.7%～6.7%。不同土层中的 LOC、ACI、CPIM 对秸秆类型的响应不同，具体表现为小麦秸秆还田（WS、WSM）对 0～15 cm 土层具有显著促进作用，而油菜秸秆还田（RS、RSM）对 15～25 cm 土层有显著促进作用。产量方面，秸秆促腐还田模式下（WSM、RSM）水稻产量最高，常规还田模式（WSN、RSN）次之，而不还田时产量最低。相关分析显示 0～10 cm 土壤活性有机碳有效率与水稻产量显著相关。秸秆还田是提高汉中盆地稻田土壤有机碳和产量较为有效的农田管理措施。两种轮作模式下，小麦秸秆全量旋耕还田更有利于保持稻田土壤有机碳和增加水稻产量。

陕西水稻前茬作物以小麦和油菜为主。小麦、油菜是陕西的主要粮油作物之一，尤其在关中、陕南地区，与水稻共同构成了该地区的主要粮食作物。水稻种植前，前茬作物的秸秆还田可以提高土壤肥力，改善土壤结构，为水稻生长提供良好的土壤环境。当前水稻前茬作物秸秆还田方式有直接还田和腐熟还田，其中以直接还田面积最大。秸秆直接还田是在小麦（油菜）收割时，收割机械通过收割机加装的秸秆粉碎装置将秸秆直接粉碎，均匀地抛撒在地表，水稻插秧前采用旋耕设备耕翻入土，使秸秆与表层土壤充分混匀，并在土壤中分解腐烂，达到改善土壤的结构、增加有机质含量、促进农作物持续增产的一项简便易操作的适用技术。腐熟还田即添加腐熟剂秸秆还田，是通过添加腐熟剂，充分利用腐熟剂中大量木质纤维素降解菌，快速降解秸秆木质纤维物质，将秸秆分解矿化成为简单的有机质、腐殖质以及矿物养分，待秸秆基本腐熟（腐烂）后再还田（夏天 15～30 d、冬季 60～90 d）。

（二）水分管理

水稻生产中的水分管理是一项至关重要的技术环节，它对水稻的生长发育、产量及品质有着直接而显著的影响。通过合理的水分管理，可以协调土壤中的空气和水分比例，使根系既能得到充足的水分，又能保持良好的呼吸作用，从而有利于养分的吸收和利用。水分管理能够调节田间温度、湿度等微气候因素，为水稻生长创造一个更加适宜的环境。例如在高温天气下灌深水可以降低田间温度，防止水稻热害；在低温天气下保持浅水则可以防止冻害。适当的水分管理可以促进水稻根系的生长和发育，使其更加健壮、发达，从而增强对养分的吸收能力，为水稻高产奠定基础。在分蘖期保持浅水层有利于水稻分蘖的发生和生长，增加有效穗数，进而提高产量。水分管理通过满足水稻生长需求，控制无效分蘖，促进光合作用，增强光合效率，减少空秕率，增加粒数，从而提高成穗率。合理的灌溉和排水可以降低田间湿度，减少病虫害的发生和传播。例如在病虫害高发期通过排水晒田可以降低田间湿度，不利于病菌和虫卵的生存。

张杰（2011）介绍，在北方一季粳稻区，灌溉模式为"浅－干－浅－干湿"。返青期、分蘖期灌溉实行浅水灌溉，保持 2～3 cm 水层。分蘖末期灌溉落干晒田 4～7 d。拔节期、孕穗肥和抽穗扬花期浅水灌溉，保持 3 cm 水层。灌浆期、乳熟期、蜡熟期和成熟期采取干湿交替灌溉，收获前 5～7 d 停水。王钧美等（2014）通过田间试验，测定了稻田干土产甲烷菌数量、干土甲烷产生率控制灌溉条件下稻田棵间甲烷的减排机理。结果表明，不同水分处理下稻田棵间干土产甲烷菌数量变化规律总体相似，且控制灌溉条件下稻田棵间干土产甲烷菌数量低于淹水灌溉稻田，但差异不显著。干土甲烷产生率随土层深度的加深而降低，且控制灌溉条件下稻田各土层干土甲烷产生率均小于常规淹水灌溉，其中，0～10 cm、10～20 cm 土层处理间干土甲烷产生率差异显著。2 种水分处理下稻田干土产甲烷菌数量和甲烷产生率在不同生育期的变化并不一致，没有明显的相关性，稻田土壤甲烷的产生能力不只是取决于产甲烷菌数量的多少。王晓煜（2018）为了研究不同灌溉模式下水稻耗水特征及水分利用效率，探讨节水灌溉模式在东北水稻种植区的适宜性，模拟了过去 36 年淹水灌溉（Flood Irrigation，FL）和干湿交替灌溉（Alternative Wetting and Drying Irrigation，AWD）2 种灌溉处理下水稻的产量、耗水量以及水分利用效率，并结合干湿交替灌溉模式产量的高产性和水分利用效率的高效性，综合分析干湿交替灌溉模式在研究区域适宜性。研究结果表明，1981—2016 年 2 种灌溉模式下，研究区域水稻平均产量显著增加，呈由西南向东北减少空间变化特征；过去 36 年水稻耗水量整体呈显著下降趋势，空间上整体呈西高东低；水分利用效率整体呈显著提高趋势，淹水灌溉模式下分布南低北高，干湿交替灌溉模式下整体东高西低。与淹水灌溉相比，干湿交替灌溉模式下研究区域内水稻产量减少1%～19%，平均减少11%，但水稻耗水量可降低3%～26%，平均为15%，研究区域水分利用效率提高8%。

合理的水分管理能满足水稻不同生长阶段的需求，例如返青期保持一定水层促进早发新根、分蘖期土壤含水饱和浅水层间促进分蘖等，从而提高水稻产量和质量。水稻从开始大田插植时，就要注意水分管理，主要做到以下几点。

一是浅水插秧。移栽时田面要保持一定的水层深度，以淹过植株1/3左右为宜，可防止倒苗和萎蔫现象，插秧深度应适中，保持在2～3 cm为宜，过深或过浅均不利于水稻生长，浅水插秧有利于水稻早成活、早分蘖、提高产量。

二是深水返青。水稻移栽后，根系受到较大损伤，吸收水分的能力大大减弱。此时，如果田间缺水，稻根吸收的水分将少于叶片丧失的水分，导致生理失水，轻则返青期延长，重则卷叶死苗。因此，必须进行深水返青，以防生理失水，提早返青，减少死苗。深水返青并不是灌水越深越好，一般保持3～5 cm的水层即可，以满足水稻生理需水，同时营造保温、保湿的温湿环境，促进新根发生和秧苗快速返青。

三是寸水促蘖。寸水促蘖是水稻田间管理的重要环节，指在水稻移栽后保持一定水层以促进秧苗快速返青和分蘖。具体而言，移栽后7～8 d，稻田应保持3 cm左右的水层，这样既能满足水稻生理需水，又能营造保温、保湿的温湿环境，促进新根发生和秧苗快速返青。此阶段的管理对于水稻的成活、分蘖以及后续生长至关重要，因此需严格控制水层深度，避免过深导致缺氧死苗或延迟返青，也要避免过浅导致水分失衡影响分蘖。通过科学的寸水促蘖管理，可以为水稻的高产、稳产奠定坚实基础。

四是苗足晒田。晒田可以改善土壤环境，增强根系活力，促进根系下伸，协调营养生长与生殖生长，控制无效分蘖，巩固有效分蘖，使主茎和大分蘖获得更多养分，同时可以提高水稻抗倒伏能力，降低田间温度，抑制病虫为害。在分蘖盛期本着"苗够不等时，时到不等苗"的原则，适时早晒田控苗，减少无效分蘖；当总茎蘖数达到预期穗数的90%时开始晒田，若茎蘖数未达到，也必须在6月25—30日晒田。晒田时要坚持苗数足、叶色浓、长势旺的地块应稍重晒，苗数少、叶色浅、长势弱的则轻晒。晒田要达到"田边开大裂、田中开小裂、人立不陷脚标准"。

五是间歇灌溉。水稻灌浆期间歇灌溉目的在于提高土壤供肥供水能力，养根护叶，防止早衰，提高光合效率，促进灌浆，提高结实率和粒重。在水稻灌浆初期保持浅水层，以满足水稻对水分的需求；灌浆中期采取间隙灌溉的方法，即灌一次浅水，自然落干2～3 d后再灌浅水，保持田间湿润，以促进有机物质向籽粒转运并减少空壳秕粒；灌浆后期以干为主，有利于提高根系活力、延长叶片寿命和防止倒伏，保持3 cm左右浅水层到水稻灌浆结束。

（三）防病治虫除草

具体见下面章节。

（四）适期收获

水稻从开始抽穗到发育成熟可分为乳熟期、蜡熟期、完熟期、枯熟期4个阶段。完熟期是水稻籽粒发育最饱实、养分积累量最多、千粒重最大且在稻穗籽粒成熟度适中、含水量适中的时期，此时收获的水稻亩产量最大、稻米品质最好、精米率最高。过早或过晚收获均不利于高产优收。过早收获，水稻未完全成熟，籽粒中的养分物质未积累到最大化，千粒重未达到最大化，会降低水稻总产量和品质。过晚收获，水稻茎叶和稻穗基本上全部黄枯干燥，会造成稻穗大量断落、籽粒大量洒落，且稻穗籽粒中水分含量会变得很低、千粒重会大幅降低，导致精米率和总产量大幅降低。水稻的成熟标准可以从多个方面进行综合判断。

1. 外观特征

颜色变化：水稻成熟时，稻穗颜色从绿色逐渐变黄，最后变为金色或棕色。稻粒呈现出透明的黄色或棕色，而稻叶则从深绿色变为浅绿色，甚至部分出现老化、枯黄的迹象。

穗部形态：成熟的水稻穗部变得松散，稻粒变硬且饱满，穗轴上部变干，下部变黄。同时，稻秆软化，稻穗弯曲垂下，这是由于稻秆内的养分逐渐转移至稻粒中所致。

2. 种子特征

硬度与划痕：成熟的水稻稻粒明显比未成熟的更硬，使用指甲轻轻刮擦可以留下明显的划痕。

3. 生化指标

干物重：水稻籽粒内干物重达到最大值是成熟的重要标志。在完熟期，稻谷的干物重达到定值，籽粒变硬且不易破碎。

糙米含量：糙米含量是指在每千克稻谷中不含糠（稻壳）的重量。成熟的水稻糙米含量应在75%以上，这反映了稻谷的充实度和成熟度。

4. 生理指标

生长周期：从出苗到成熟所需要的天数（生育期）是判断水稻成熟的重要标准之一。不同品种的水稻其生育期存在差异，但一般都会在特定的时间段内达到成熟。

5. 收获时间

水稻每穗谷粒颖壳95%以上变黄或95%以上谷粒小穗轴及副护颖变黄，且米粒定于变硬、呈透明状时，是水稻收获的最佳时期。此时收获可以确保稻谷的品质和产量达到最优。水稻的收获方法多样，主要包括人工收获、机械直收等方式。水稻机械化收割不仅提升了收割效率，还减少了粮食在收割过程中的损失，同时，机械化收割降低了农民的种植成本和经济成本，使农业生产更加轻松和高效，当前陕西除少部分山区水稻种植区域外，大部分水稻种植区域以联合收割机直接收获为主。机械收获时需要注意的是收获前应仔细观察稻谷的成熟度，选择最佳的收割时间。一般来说，稻谷在早晨或傍晚时分收割最佳，此时气温较低，稻谷含水量少，有利于贮存和干燥，收获后应及时将稻谷烘干、晾晒，避免收获后长时间堆放变质。

(五)秸秆还田

水稻秸秆的亩产量与水稻产量相关,一般约为水稻产量的3倍。具体来说,每公顷产水稻在7 500 kg以上的话,能够产生约22 500 kg的秸秆。这一数据表明,水稻秸秆的亩产量是相当可观的。因此,在农业生产中,合理利用和处理水稻秸秆具有重要意义,不仅可以提高农业资源的利用效率,还可以促进农业的可持续发展。近年来,农业农村部门也在积极推动秸秆的综合利用,通过肥料化等方式提高秸秆的利用率,为农业绿色发展提供了坚实的基础。水稻秸秆还田提升土壤肥力,秸秆中含有丰富的有机质,秸秆还田后,这些有机质能够逐渐分解并融入土壤,有效提高土壤中的有机质含量,使土地变得更加肥沃,秸秆中的氮、磷、钾等营养元素在分解过程中会释放出来,为土壤提供丰富的养分,满足水稻生长的需求,有机质和养分的增加能够改善土壤的理化性状,提高土壤的保水保肥能力,从而为水稻生长创造更加有利的环境。水稻秸秆还田改善土壤结构与功能,秸秆还田后,土壤中的有机质增多,有助于降低土壤容重,使土壤更加疏松,提高土壤的通气性和透水性,有利于下茬作物根系的呼吸和生长,同时,秸秆分解产生的腐殖质等物质能够促进土壤团聚体的形成,有助于土壤结构的稳定和改善。秸秆还田后形成的有机质层能够保护下茬作物根系免受低温、干旱等不利环境因素的伤害,促进根系的生长和发育,提高水稻对养分的吸收效率,使其能够充分利用土壤中的养分进行生长和发育。秸秆还田后形成的有机质层能够覆盖土壤表面,防止水土流失和侵蚀,保护生态环境和农田生态系统的稳定性。通过秸秆还田等技术的推广和应用,能够提高农业生产效率和质量,促进农业可持续发展。因此,在水稻生产中应大力推广秸秆还田技术,以实现农业生产的可持续发展。李万里等(2010)为探索以减少化肥用量为主要内容的低碳水稻栽培技术,进行了8年的试验研究。结果表明,与对照相比,稻草还田能提高水稻叶片叶绿素的含量,延缓叶片衰老,提高土壤磷钾素与有机质含量,提高水稻光合产物的形成、运转与积累能力,从而显著提高水稻产量。张丹等(2017)为探讨西南山区水稻、油菜轮作模式下秸秆还田对作物产量和土壤氮素固持能力的影响,于2013—2015年在洱海流域稻油轮作农田中设置空白处理(CK)、单施化肥(CF)、化肥+玉米秸秆(CFMS)以及化肥+蚕豆秸秆(CFBS)4个处理,测定分析了作物产量、土壤微生物量及土壤理化性质等关键指标。结果表明,与CF处理相比,秸秆还田提高水稻、油菜产量及其地上部含氮量,增加氮素有效输出。不同处理土壤微生物量碳、氮质量分数存在差异,其大小顺序为CFMS>CFBS>CF>CK。与土壤碳氮比相比,土壤微生物熵和微生物量、C/N对秸秆还田做出快速响应,秸秆还田提高土壤微生物熵,降低微生物量和C/N。此外,秸秆还田显著降低油菜收获后的土壤硝态氮残留,与CF相比,玉米秸秆和蚕豆秸秆还田分别使土壤硝态氮残留量减少11.6%~55.0%和13.7%~52.3%。试验研究结果表明,中国西南山区稻油轮作模式下秸秆还田能提高作物产量和含氮量,增强土壤微生物氮素固持能力,有效降低土壤氮素流失风险,且玉米秸秆在增产、固氮方面的作用优于蚕豆秸秆。

吴玉红等(2017)为探索稻麦或稻油轮作制下,小麦、油菜秸秆还田对汉中盆地稻田土壤碳库组分的变化，设置小麦秸秆不还田（WSN）、小麦秸秆常规还田（WS）、小麦秸秆促腐还田（WSM）、油菜秸秆不还田（RSN）、油菜秸秆常规还田（RS）、油菜秸秆促腐还田（RSM），共6个处理，通过大田试验研究了不同秸秆类型及还田方式对稻田 0～5 cm、5～10 cm、10～15 cm、15～20 cm、20～25 cm 5个土壤层次中的土壤容重、总有机碳（TOC）、活性有机碳（LOC）、活性有机碳效率（ACI）、碳储量（SCS）、碳库管理指数（CPMI）及水稻产量的影响。结果表明，秸秆还田显著降低 10～15 cm 土层容重，对 15～25 cm 并未产生显著影响。与不还田相比，秸秆还田明显增加了各层次土壤有机碳库指标含量，但 TOC 和 LOC 含量均随土壤深度的增加而减少，两者在 0～15 cm 土层含量较高，具有明显的表层富集现象；与不还田相比，小麦及油菜秸秆还田后可明显增加。15～25 cm 土层中的土壤碳储量（SCS），增幅可达 21.9%～23.5% 和 1.7%～6.7%。不同土层中的 LOC、ACI、CPIM 对秸秆类型的响应不同，具体表现为小麦秸秆还田（WS、WSM）对 0～15 cm 土层具有显著促进作用，而油菜秸秆还田（RS、RSM）对 15～25 cm 土层有显著促进作用。产量方面，秸秆促腐还田模式下（WSM、RSM）水稻产量最高，常规还田模式（WSN、RSN）次之，而不还田时产量最低。相关分析显示，0～10 cm 土壤活性有机碳有效率与水稻产量显著相关，秸秆还田是提高汉中盆地稻田土壤有机碳和产量较为有效的农田管理措施。两种轮作模式下，小麦秸秆全量旋耕还田更有利于保持稻田土壤有机碳和增加水稻产量。

水稻秸秆还田是推动稻田地力和产能提升的重要举措，有多种实施方式和技术路径。平坝浅丘区域常采用水稻秸秆粉碎翻埋还田技术，通过联合收割机械收割时将秸秆粉碎并均匀抛撒，在下茬作物播种前用旋耕机翻旋埋入土壤中，在下茬作物生长过程中，水稻秸秆慢慢腐熟分解，为下茬作物提供营养。水稻秸秆还田时需注意秸秆翻压深度和埋草率，以优化后茬作物的种植与管理，同时秸秆直接还田需要补加速效氮肥，以满足微生物分解秸秆过程中的氮素需求，防止幼苗缺氮。丘陵及山地区则更适合水稻秸秆粉碎或整株覆盖还田技术，通过机械或人工方式将秸秆均匀覆盖在地表，同样需注意后茬作物的种植与管理细节。

第三节 陕西水稻其他栽培方式

一、水稻大苗抛秧栽培技术

（一）水稻抛秧生产概况

1. 水稻抛秧技术发展情况

水稻抛秧是 20 世纪 60 年代在国外发展起来的一项新的水稻育苗移栽技术。它是采用塑盘（纸筒）育苗育出根部带有营养土块的、相互易于分散的水稻秧苗，或采用常规育秧方法育出秧苗后手工掰块分秧，然后将秧苗连同营养土一起均匀撒抛在空中，使其根部随重力落入田间定植的一种栽培法。它改变了沿袭几千年的农民"脸朝黄土背朝天"的拔秧、插秧传统习惯，是水稻栽培技术的一项重大改革。

中国在20世纪60年代就开展了常规稻小苗人工掰块抛秧试验，至20世纪80年代在引进日本抛秧技术的基础上进行抛秧技术研究，逐步走向成熟并应用于生产。为解决水稻长期以人工插秧为主的种植方式，克服劳动强度大、移栽速度慢、不利于抢季节，以及难以确保浅栽等问题，全国农业技术推广服务中心1991年开始组织全国水稻主产区试验示范和推广水稻抛秧技术。1993年10月，国家科学技术委员会将"抛秧稻增产技术"列为国家重点技术推广项目，各地在水稻抛秧技术的示范推广实践中，不断总结提高，使水稻抛秧应用范围得到拓宽，并形成配套的技术体系，对水稻抛秧技术的高产机理、抛秧的育苗技术、灌溉技术、施肥技术，抛秧在再生利用上应用，抛秧在杂交稻制种上应用，以及配套高产技术都进行了比较系统的研究，形成了水稻抛秧基础理论和实用高产配套技术，为水稻抛秧技术的大面积推广奠定了良好的技术基础，促进了抛秧稻的迅速发展。随着示范面积和应用范围逐年扩大、产量水平不断提高，抛秧稻范围和面积不断扩大，由一季稻逐步发展到双季早、晚稻以及再生稻等。至2000年全国水稻抛秧技术应用面积达到1.07亿亩，占全国水稻总面积的23%，目前各地区示范年应用面积达1.2亿亩，取得了显著的社会、经济效益。

2. 抛秧稻概念和优势

水稻抛秧是用塑料软盘培育规范化带土秧苗，以人工或机械将秧苗往空中定向抛撒或点抛，利用带土秧苗自身重力栽入田间定植的一种水稻移植方式。有以下五大优势。

（1）节省劳动力　抛秧稻采用软盘育苗，整地方便，抛秧容易，与常规栽插方式相比，一般抛秧稻每公顷可省工22.5～37.5个，工效提高5～8倍，提早插秧季节。一般软盘旱育抛栽每个劳力1 d可抛栽0.4～0.47 hm^2，缩短了栽秧时间，抢住了插秧季节，确保适时插秧，不误农时。

（2）节省稻种　抛秧栽培的秧田与本田比一般为1:（30～50），且秧苗成秧率高，每公顷大田可省杂交稻种7.5～11.25 kg，省90%的秧田。

（3）节约水量　抛秧栽培的育秧一般采用旱育技术，可节省换田泡整田用水，旱育旱管需水量少，秧田比常规湿润秧省水80%以上，一般采用塑料盘旱育抛栽的，每亩大田一次投入塑盘费，一般可用2～3次，节省生产成本，提高经济效益。

（4）增加产量　配套使用水稻抛秧与旱稻育秧、化控等技术配套，可充分发挥其产量形成优势，达到增产增收的效果。

（5）便于专业化规模化育秧供秧　水稻抛秧育苗用地少而集中，且育秧时间短，苗龄较小，有利于连片集中育秧与商品化供秧，实现水稻生产的集约经营，并向社会化服务方向发展。

3. 抛秧稻的生育特点与技术对策

（1）抛秧稻的生育特点　由于抛秧以专有的规范育苗，秧苗素质高，带土抛栽，栽插深度浅，在生产过程中显示出诸多的特性与不同的技术要求。

有效分蘖多：抛栽秧苗一般无明显生长停滞期，分蘖起步早，发生快，缺位少，而且低位分蘖较多，高峰苗量大，群体有效穗数多，但成穗率偏低。因而栽培上要及早有效控制无效分蘖，及早施用穗肥，巩固分蘖成穗。

叶面积指数高：由于抛秧稻分布不规则，株型较松散，叶片开张角大，田间叶片分布较均匀，最大叶面积指数高于手插稻，且其中下层叶量所占比例相对高，因而抛秧水稻群体的光合能力较强。在栽培上要注重塑造良好株型，改善叶姿，以优化群体结构与质量。

根系发达：抛栽的秧苗伤根少，植伤轻，入土浅，发根比手插秧早。抛后由于新叶不断发生，分蘖增多，具有发根能力的基节数增多，发根力增加，根量迅速扩大，且横向分布均匀。因此，通常抛秧稻群体偏大、田间肥水调控不当时可能发生根倒，必须在防倒伏措施上下功夫。

穗数及颖花量增多：抽穗后群体光合层厚，源强库大，有旺盛的物质生产能力。生长后期要加强养根保护，充分利用高产群体的机能，促进抽穗整齐。

（2）抛秧稻技术对策　规范化培育高素质的带土矮壮秧是抛秧成功的基本保证。采用大孔软盘（如每盘434孔），加大秧苗营养面积。同时，每孔2～3苗，不能过多。坚持使用壮秧剂与苗期喷施矮化剂，实行秧田全程化控。同时坚持早管为主，提高秧苗抛后的长势暴发力。

高质量整地：薄水耕整地，将前作秸秆均匀埋布在耕作层中，土表无秸秆杂草杂物，而且田面平展，土壤软烂，基本无水层，确保秧苗抛栽根球入土，提高物理立苗率。

匀抛基本苗数：以苗定盘，定量均匀抛秧，抛后留出操作行，移密补稀，使全田秧苗分带均匀，从平面上建好合理群体结构的基础。

统筹肥水调控措施：塑造抗倒固根壮秆大穗株型，优化群体结构与质量。

（二）水稻抛秧的主要栽培技术

育苗方式

（1）无塑盘旱育秧

秧田选择：避风向阳、地势平坦且较高、无畜禽危害、方便管理、有可靠水源的地方适宜旱育秧。苗床要求土壤疏松肥沃，未旱育过水稻秧苗。每亩大田应备苗床 13～14 m。

秧田的基肥施用和耕整：翻耙前每平方米地块撒施腐熟猪牛粪 10 kg、过磷酸钙 120～150 g、氯化钾 30 g、尿素 30～40 g，耕深 15～20 cm，将土耙细碎，整成宽 1.4～1.5 m、畦沟深 25～30 cm、畦沟宽 35～40 cm 的苗床。整理好的苗床分 2 次灌水，水要灌足、灌透，土壤含水量达到饱和为止，以苗床土壤表层能起浆为适。

秧田的药剂处理和播种：为防秧苗发生立枯病等土传病害，播种前 4～5 d 用 75% 敌磺钠可溶性粉剂兑水喷洒于苗床表面，每平方米用药 3～4 g，兑水 1.5 kg 喷施。催芽的稻种以破腹露白播种为宜，播种要均匀，之后撒一层厚 0.5～1 cm 的干细土盖种，最后搭建小拱棚保温。

小拱棚的温度调控：齐苗前，小拱棚温度保持在 25℃以上，棚内气温超过 35℃时应揭膜通风降温；秧苗出齐后，保持棚内温度 25～28℃；中后期棚内温度超过 25℃，要揭膜通风降温。秧苗生长的前、中期，白天揭膜通风降温的，傍晚应盖膜保温，以防发生冷害。秧苗生长后期，夜温较高时可不盖膜，以利炼苗。

秧田的追肥和水分管理：为防苗床水分不足，齐苗后应揭膜补足水 1 次，以后保持床土相对含水量在 75%～80%。秧苗 2 叶 1 心时施 1 次"断奶肥"，每平方米撒施兑水腐熟粪尿 2～2.5 kg 或尿素 7～10 g。抛秧前一天下午，苗床要浇 1 次透水，以利拔秧时根部带上较多湿泥。

喷药培育矮壮秧苗：秧苗 2 叶 1 心时，喷施 1 次 15%多效唑可湿性粉剂溶液，每亩用药 150 g，兑水 50 kg 喷施，以培育矮壮秧苗。

（2）塑盘旱育秧　苗床选择、翻耙、整畦、土壤消毒等与无塑盘旱育秧方法相同。事前准备好营养土，其配方为肥沃菜园土 70%、深层红土或黄土 10%、腐熟猪牛粪 20%，另每立方米营养土加入过磷酸钙 150～200 g。菜园土要打碎过筛，与猪牛粪等混拌均匀备用。每亩育秧床需备 451 孔秧盘 50 张。秧盘摆放时应紧贴苗床，不可有悬空。每 50 张秧盘用壮秧剂 750 g，与 6～7 kg 细土混拌均匀后撒入秧盘孔中，然后将刚破腹露白的稻种播于秧盘中，之后用营养土盖种以不露种子为宜。塑盘旱育秧的肥水管理方法参照前述无塑盘旱育秧相关内容。

（3）塑盘湿润育秧　秧田翻耙前灌入浅水，翻耙 2 次后整成宽 1.4～1.5 m（长度根据情况自定）的畦，畦沟深 20～25 cm、宽 35～40 cm，最后排去田中和畦沟中的水。畦面要尽可能整平，不可高低不平或有坑洼。塑盘湿润育秧的营养土配制、塑盘摆放、播种、撒土覆种、秧苗水肥管理等，参照无塑盘旱育秧和塑盘旱育秧相关内容。

（4）抛秧指标　秧龄 30～35 d，叶龄 4～5 叶，苗高 13～15 cm，单株茎基粗 0.35～0.40 cm，单株绿叶数 4.0～5.0，单株白根数 12～15 条，单株发根力 5～10 条，单株带蘖 1 个左右，百株干重约 7.5 g，叶色 4.0～5.0 级，无病斑虫迹。

（5）无塑盘旱育秧前期准备

秧田选择：选择地势高爽平坦、排灌分开、运秧方便、便于操作管理的田块作秧田。按照秧田与大田比为 1∶20 留足秧田。以旱作、培肥为中心，优化秧田茬口布局，采取育秧蔬菜／玉米、大豆、杂粮等蔬菜／冬翻冻土、春翻培肥—育秧。

秧田培肥：2 月下旬至 3 月上旬结合耕翻晒垡，每亩秧田施腐熟的农家肥 3 000 kg；播种前 20 d，每亩秧田施尿素、45%复合肥各 30 kg，施后及时耕翻，达到全层均匀施。

沟系配套：播种前 10～15 d 旋耕耙平，开沟做板，做到准排分开，内、外沟配套，既能灌又能排还要能降。

营养土准备：秋播时结合麦田开沟，每亩大田取熟土 100 kg，冬季冻垡，春季培肥，拌入 25 kg 左右人畜粪，堆沤 1 个月以上，捣碎过筛备用。

（6）种子处理

备足饱满：发芽率高（90%以上）的精选种子。盘式育秧的每亩大田需 3 kg。

药剂浸种：经精选、日晒等处理，用1+1比例的盐水或黄泥水选种子。然后每10 kg种子用25%的咪鲜胺3 mL，兑水成2 000倍液，加10%吡虫啉20 g，兑水成600～800倍液，浸种3 d左右，防治恶苗病及稻蓟马、灰飞虱；或每4～5 kg种子采用25%咪鲜胺2 mL+4.2%浸丰2 mL+10%蚜虱清4 g，浸60～72 h，不经催芽直接播种。

催芽：机播的要求90%的种子在播种前达到破胸露白；人工手播的，根长可达稻谷长度的1/3，芽长可达1/5～1/4，切不可过长。

（7）精细播种

适期播种：陕西南部宜在4月5—15日，陕西省北部为4月10—20日。

平整做秧板：先进行耕翻，深度10 cm左右；后开沟作畦，畦面宽150 cm，沟宽25 cm，沟深15～20 cm；再加工整理，上水整平2～3次，力求平整细软。要求地面高低相差不超过3 cm。秧板做好后排水晾干，使板面沉实。播前2 d铲高补低，使板面达到"实、干、光、直"的要求。

灌水验平：灌"跑马水"，速灌速排，随即用木板塌平秧板，使之表面光平内部松软。

贴实秧盘：每亩大田用盘（451孔或434孔）50～55张（5～10张留作太平苗），秧盘与秧板贴紧不能吊空。

撒壮秧剂、底土：每50张秧盘用壮秧剂750 g（每张秧盘15 g），与5～7.5 kg细土充分拌和、均匀撒入盘孔内，再撒底土至秧盘孔穴的1/2，并喷水使底土水分饱和。

定量匀播：以田定盘，以盘定苗，以苗定种，每亩大田用种量2～2.5 kg（高产栽培可降至1.75 kg左右）。播种要定量均匀，先播2/3（播时用帘子、板子等挡在秧盘边上），再用1/3来回补缺（尽量不要漏播），平均每孔3粒。用种量比较少的情况下，也可在壮秧剂撒好之后，将种子与营养土充分拌和（每张秧盘约0.5 kg细土），直接撒到秧盘里。

盖种：用未拌壮秧剂的营养土盖种，做到盖种不露种，并扫清盘面余土。播后均匀盖土（0.3～0.5 cm），喷除草剂或敌可粉1.3 g/m^2（有效成分）。

浇齐苗水：采用水壶淋浇，浇透、浇足，确保发芽出苗所需水分；如果采取灌水必须速灌速排。

覆膜盖草：待浇（灌）水基本沥干后，用泥将秧盘四周围起来，防止跑墒。再平盖地膜，加盖稻草，每50张秧盘盖草6～7 kg，保持10%～15%透光率。覆膜盖草期间不需灌水，雨天要及时排出秧田积水。

（8）秧田管理

齐苗期揭膜：基本齐苗时（第一叶展开后），于早晨揭去稻草和地膜（早晨揭膜，气温升高，秧苗适宜，很少见到黄枯死苗），同时浇揭膜水，速灌速排。2叶1心期时每50张秧盘喷多效唑4 g。

水浆管理：主要根据叶片吐水情况或卷叶情况（而不是根据盘土发白情况）来确定是否需水补水。一般情况下，秧苗不发生卷叶就不需要补水，1～3叶期晴天早晨叶尖露水少要及时补水，或晴天一旦发生卷叶随即补水，3叶期后秧苗发生卷叶到第二天早晨尚未完全展开（叶尖吐水较少）再补水。补水方法可采取灌"跑马水"或浇水。秧田后期如遇连续阴雨，须及时排水降渍，防止肥水碰头、秧苗蹿高。如遇连续干旱，须在抛栽前1 d补浇送嫁水（不宜灌水，否则起盘困难，易损坏秧盘），以免根球松散影响抛栽。

化学调控：2叶1心期每50张秧盘喷多效唑4 g或矮苗壮8 g（喷施时叶龄较大或抛栽延迟秧龄较长都需适当增加用量）。

病虫防控：揭膜后每隔2～3 d，用药防治灰飞虱1次，每亩用48%毒死蜱乳液80 mL+5%氟虫腈悬浮剂30 mL，或24%可湿性粉剂60 g与5%氟虫腈悬浮剂50 mL交替使用，以上药剂兑水40～50 L，于傍晚前对准秧苗均匀喷雾，以减轻条纹叶枯病为害，抛栽时还需带药下田。

（9）大田抛栽与管理 高质量整地坚持薄水整地，田面平整干净，表土糊状，薄水层或基本无水层。确定抛秧的基本苗，均匀抛植，提高抛栽苗直立率。确定抛秧的基本苗：基本苗是群体的起点，合理确定基本苗数是抛秧稻极为重要的环节。抛秧稻由于秧苗带土，抛后返青活棵快，分蘖节位低，分蘖发生早，基本苗多，容易造成穗数偏多，穗型变小穗、粒重不协调。适当降低抛秧稻基本苗，有利于优化中后期群体结构，发展壮大个体、抽穗至成熟期干物质积累量，从而在有效穗数较适宜下，增加实粒数和粒重，使穗、粒重协调，进而提高产量。一些地方抛秧栽培，每亩抛秧苗过多，甚至超过穗数，是影响抛秧产量最大的制约因素。适宜基本苗，是抛秧稻高产的基础。一般每亩1.5万～2万穴，每穴2～3苗，且做到匀抛，每亩3万～4万苗，才能实现高产。

均匀抛植，提高抛栽苗直立率：依品种、秧龄、地力等资料，确定适宜基本苗数，进而确定抛秧量，采取先远后近分次抛，小把高抛迎风抛，抛栽时应选择无大风无大雨天气，尽量抛高抛匀，秧根入泥0.5～2 cm，抛秧要防止分蘖节入土过浅。常规抛秧有1/3甚至更高的比例，由于分蘖节入土过浅（不足1 cm），不利于抗倒伏，更不利于高产。抛秧一般先抛总盘数的70%，余下的30%看秧苗的均匀度，用于补稀补缺、补田边补田角。

匀密补稀：抛后结合整理操作行，匀密补稀、补边，消灭见方大于1 000 cm^2无苗空白。

抛后管理：抛后要求晴天灌薄水，阴天满沟水保持田面水渍状，晚上适当露田，促扎根立苗。

化学除草：由于抛栽时苗体小，又以湿润灌溉为主，易滋生杂草，应重视化学药剂除草。一般抛秧5～6 d后应在秧苗全部扎根竖直后保持田间2～4 cm水层，每亩用抛秧一次净40 g，拌干细土20 kg或拌尿素6～8 kg，混合后撒施，施药后4～5 d不排水。

（10）水浆管理 抛后3～5 d采取湿润灌溉，坚持阴天或无雨夜间露田，晴天午间以薄水护苗，风雨前做好"平水缺"，及时排水防涝漂秧。采用浅水促分蘖，提早晒田。拔节后长期采用硬板湿润的灌溉制度与技术。立苗后，宜建立 1～3 cm 的浅水层，促进分蘖，并以水层进行生态控草。当大田茎蘖数达到预期穗数的 80% 左右时自然落干，并开好晒田沟，通过多次轻晒田，使土壤沉实硬板。田面普遍见新根，植株挺起，群体叶色褪淡显黄。群体大的田块要适当多晒，生长不足的田块也要坚持适度轻晒。晒田达到标准后，直至成熟前 1 周，以田面湿润为主，土壤保持硬板而不回软，以延缓根系衰老，提高结实率、粒重和抗倒伏性。这种灌溉方式不仅节水 20%～30%，而且增强植株的固持力，能较好地解决高产与倒伏之间的矛盾。

（11）肥料运筹　抛秧稻一生所施氮、磷、钾数量与一般的移栽稻相似。氮肥的运筹上宜为有机肥与无机肥并用和在氮、磷、钾协调的基础上，蘖肥与穗肥的比例一般为 6∶4。具体实施上首先根据目标产量的养分吸收量、土壤养分供应量及肥料利用率确定合理的总施肥量。其次，由于抛秧稻返青期短，分蘖早发快长，高峰苗易偏高，成穗率低，后期易倒伏，所以应适当减少基、蘖肥，相应增加穗肥用量，一般中等的地力基肥占 40%，分蘖肥为 20%，穗肥为 40%。在上等地力上，以 4∶3∶3 比例更好。适当减少基肥用量，可恰好利用抛秧的早发优势，使群体无效分蘖期稳长，并依苗情早施促花肥，主攻壮秆大穗的形成。

病虫害防治：针对抛秧有关的特点，应及时防治二化螟、稻苞虫、稻纵卷叶螟、三化螟、稻瘟病、稻曲病、纹枯病等。

二、水稻乳苗抛栽技术

乳苗是指以利用种子胚乳中的养分为主，以叶、根的生理作用为辅而生育的秧苗。水稻乳苗是 20 世纪 80 年代后期日本开始研究的一种育苗新方法。其特点是用普通秧盘加大播种量（350～400 g/盘），育苗时间 7～10 d，株高 6～7 cm，叶数 0.5～1.2，胚乳 50%，百株干重 ≥ 0.5 g。1987 年，为解决淹水土中直播出芽立苗不良的问题，进行了乳苗移植栽培法的研究。以后，日本对乳苗栽培技术及其生理的研究很多，但并未取得明显进展，主要是因为乳苗栽培适用地区比较狭窄，只适合在温光条件比较好的部分地区应用。中国引进日本的乳苗育苗方法后，在水稻抛秧和直播理论不断丰富及完善的基础上，综合水稻抛秧和直播的优点，创造了水稻乳苗抛栽种植技术。国内研究应用的水稻乳苗不需使用专用的育苗秧盘，育苗时间更短，一般为 4～7 d，苗体更小，苗高不超过 2 cm，根长在 1 cm 左右，此时稻种催芽经过短时间绿化，刚放青，还未长出第一片叶。水稻乳苗抛栽是指浸种催芽后的种子经过包衣后，均匀播种在适宜的育苗介质上，在适当的温度和光照下培育出第一片叶为完全展开的乳苗，然后进行人工抛秧或机械化抛栽，这是介于水稻直播与抛秧之间的一种新的轻型栽培方式。

1. 确定抛栽期

乳苗抛栽首先要根据当地的气候特点确定育苗日期和抛栽日期，陕西省一般在 4 月 10—20 日育苗，苗龄一般 5～10 d。正常年份，陕西省陕南地区水稻乳苗抛栽可在 5 月 1—10 日进行，抛期不宜提早和延后。

2. 品种选择

应用乳苗抛栽时，首先要看当地的自然条件是否能够保证乳苗抛栽正常成熟并获得较高的产量。无霜期短于 150 d 的地区，不宜应用乳苗抛栽。乳苗抛栽要选择矮秆、抗病、抗倒、高产、优质品种，且比当地生产上的主栽品种生育期短 10 d 左右的早熟品种。尤其要选择对温光不敏感的高光效品种。

3. 育苗

做床：乳苗的培育应在日光温室或塑料暖棚内进行，要求保温性好，温度、湿度易于控制。育苗前 5～6 d 将场地整平，做好畦面。畦面宽 1 m 左右。

种子处理：早春选择好天气晒种。依据确定的育苗期，在育苗前 10 d 左右用密度为 1.10～1.13 的食盐水选种，选后用清水淘净。选后的种子用恶苗灵 300～400 倍液或其他适宜药剂浸泡消毒，一般 7～10 d，温度高时可适当缩短。浸种后的种子，捞出控干，用塑料布包紧，高温催芽（25～30℃）至稻种自然破胸露白。

种子铺撒：育苗时将催芽后的种子平撒于畦面，稻种要铺平、铺匀。

4. 苗期管理

育苗期间温度应控制在 25～30℃。苗期管理要注意因乳苗根长、根多而相互串根结块。

5. 本田管理

（1）整地 用于乳苗抛栽的本田必须保水保肥，灌排方便。待培育乳苗开始，大田上水浸泡，同时用药封闭除草。翻耙整地时施好基肥，施尿素 10 kg/亩、磷酸二铵 10 kg、氯化钾 7.5 kg/亩，然后将田耙平，做到田平如镜，寸水不露地。

（2）抛栽 当乳苗长到 1.5～2.0 cm 高，根长 2.5～3.0 cm，根数 5～7 条，稻苗刚见绿，叶还未展开时，即可抛栽。抛苗前先排水，做到田面无积水、泥浆抛苗。抛栽前先用插秧绳划成宽 2 m 的条幅，条幅间留 30 cm 步道沟，然后大幅内抛苗。抛量一般为抛干种 2.5～3.0 kg/亩，分两次抛栽，先抛 2/3，待 2～3 d 苗扎根后不匀的地方，再抛另外 1/3，力求均匀一致。

（3）水分管理 乳苗抛栽的水分管理与常规栽培有所不同，乳苗抛栽后 4～5 d 内主要是促竖苗扎根，要求田面湿润无积水，以促进早竖苗早扎根。竖苗扎根后以浅水勤灌为主，促进早分蘖、多分蘖。生育中期生长量大，要做到间歇灌溉，适时晾田，促进根系深扎，增强植株抗倒抗逆能力，抽穗后水分干湿交替，保持田间整洁，确保成熟前不倒伏，没有病虫为害，后期断水不宜过早。

（4）肥料运筹 翻耙整地时施好基肥，施尿素 10 kg/亩、磷酸二铵 10 kg/亩、氯化钾 7.5 kg/亩。乳苗抛栽生育期缩短，氮肥用量应注重前期。乳苗抛栽施标准氮肥 50 kg/亩，基肥、分蘖肥、穗粒肥的比例为 4:4:2，分蘖肥分两次施用，前轻后重，第一次在抛栽后 10 d 施标氮 12.5 kg/亩，第二次在抛栽后 25 d 施标氮 12.5 kg/亩。抽穗前 7 d 施穗肥，施标氮 10 kg/亩。

（5）病虫草害防治 乳苗抛栽前期苗体小，水深易受潜叶蝇为害，于 6 月初用 500 倍液氧化果 100 g/亩喷雾。分蘖盛期喷施杀虫双或稻丰灵防治二化螟，破口前 2～3 d

喷施稻丰灵防治稻曲病和纹枯病。齐穗后喷施富士1号或三环唑防治稻瘟病。如发现有稻飞虱，应及时喷施扑虱净等防治。化学除草是乳苗抛栽重要一环，与移栽稻相比抛栽后苗体小，空间大，控草力弱。同时，抛后田面不灌水，更易造成草害。乳苗抛栽稻田除草采取抛前封闭，抛后施药，两次用药方法。

本章参考文献

安之冬，管浩，朱远芃，等，2022. 育秧基质配施腐植酸对水稻秧苗素质及产量的影响［J］. 中国土壤与肥料（6）：173-181.

本刊综合，2023. 水稻育秧技术［J］. 湖南农业（2）：27.

毕国舜，陈洪存，梁宝辉，等，2014. 冀东稻区水稻乳苗人工抛栽技术［J］. 现代农业科技（17）：58，60.

曹娟飞，2024. 水稻机械化插秧育秧技术及推广应用研究［J］. 农业机械（4）：98-100.

曹文雅，杜德军，2024. 基质棉水稻育秧方式对机插水稻秧苗素质及产量的影响［J］. 农业装备技术，50（3）：28-29，32.

陈达刚，周新桥，李丽君，等，2008. 超级稻产量构成因素与产量的关系研究［J］. 广东农业科学（7）：3-6.

陈达润，1982. 威优6号不同播插期秧龄试验简报［J］. 陕西农业科学（6）：22，14.

陈虎，2004. 汉中水稻机抛秧技术的试验示范与推广［J］. 农机推广与安全（6）：17-18.

陈丽楠，2010. 前氮后移对寒地水稻光合特性和氮效率的影响［D］. 哈尔滨：东北农业大学.

陈陆，花宇，2024. 聚合农业新质生产力发展水稻规模化育秧［J］. 农家致富（13）：56-57.

陈启宇，潘增辉，2024. 东阳水稻机插面积实现"三级跳"［N］. 金华日报，2024-08-20（A1）.

陈书强，杨丽敏，赵海新，等，2016. 株行距配置和插植苗数对寒地水稻产量和倒伏性状的影响［J］. 浙江农业学报，28（3）：371-377.

陈支，周雪峰，郭雷，等，2024. 水稻育秧泥浆机设计与试验［J］. 中国农机化学报，45（9）：21-27.

程芳艳，李春光，刘永巍，等，2022. 寒地水稻无土育秧营养液的研发及应用［J］. 北方水稻，52（4）：10-14.

程月琴，王艳玲，金梅娟，等，2024. 废弃栽培基质水稻育秧再利用及其稻田生产效应［J］. 浙江农业科学，65（4）：859-863.

邓冰娜，2023. 水稻机械化育秧插秧高产栽培技术分析［J］. 中国农机装备（10）：36-38.

邓文，青先国，马国辉，等，2006. 水稻抗倒伏研究进展［J］. 杂交水稻，21（6）：6-10.

邓中华，明日，李小坤，等，2015. 不同密度和氮肥用量对水稻产量、构成因子及氮肥利用率的影响［J］. 土壤（1）：20-25.

丁武汉，谢海宽，徐驰等，2019. 一次性施肥技术对水稻-油菜轮作系统氮素淋失特征及经济效益的影响[J].应用生态学报,30(4):1 097–1 109.

丁欣雅,黄芸培,丁明军,等,2024.不同物料富锰基质育秧对分蘖期水稻的降镉潜能与机制[J].中国土壤与肥料(5):120–128.

董家瑜,2023.江西省水稻集中育秧现状问题及对策[J].南方农业,17(22):116–118,168.

董立春,2022.北方水稻育秧技术探寻[J].种子科技,40(22):50–52.

董小菁,孙洪武,张倩,等,2023.水稻秸秆育秧基质综合效益评价及市场应用前景分析[J].农村经济与科技,34(21):5–9.

杜仕全,2024.华蓥山丘陵区杂交水稻机插秧综合配套育秧技术[J].农村科学实验(14):60–62.

方谦,刀元威,2023.水稻机插秧硬化地板软盘覆网育秧技术及应用前景[J].南方农机,54(21):69–71,116.

冯跃,王伯伦,王慧新,等,2007.不同施肥水平和种植密度对水稻根部性状的影响[J].沈阳农业大学学报,38(4):467–471.

付景,陈露,黄钻华,等,2012.超级稻叶片光合特性和根系生理性状与产量的关系[J].作物学报,38(7):1 264–1 276.

高杰,许丽萍,谭明忠,等,2011.水稻倒伏原因及预防[J].吉林农业月刊(22):90.

高丽丹,许一荣,高宇,等,2024.寒地水稻麻育秧膜免秧盘育秧技术[J].农业工程技术,44(21):101–102.

高良艳,周鸿飞,2007.水稻产量构成因素与产量的分析[J].辽宁农业科学(1):26–28.

高文硕,2019.插秧密度对水稻生长发育及产量形成的影响[D].哈尔滨:东北农业大学.

葛茜,马晓丽,史莉娜,等,2016.汉中水稻机械插秧插植深度试验初报[J].陕西农业科学,62(9):16–17.

葛茜,张蕊,马晓丽,等,2017.杂交稻新品种泰优058特征特性及配套高产栽培技术[J].陕西农业科学,63(11):103–104.

葛茜,张万春,周子凡,等,2023.不同播期和秧龄对机插秧全生育期及产量形成的影响[J].陕西农业科学,69(4):54–57.

耿言刚,2024.水稻规格化育秧及机械插秧技术研究[J].南方农机,55(7):79–81,101.

龚金龙,邢志鹏,胡雅杰,等,2014.籼、粳超级稻产量构成特征的差异研究[J].核农学报,28(3):500–511.

龚云华,2023.江苏响水县水稻机插秧育秧及高产栽培技术[J].农业工程技术,43(31):75,77.

古湘,王安华,钟国勋,等,2024.高档红椒与水稻育秧套种模式及技术研究[J].长江蔬菜(7):30–32.

谷良田,2023.水稻抛秧机现状及发展分析[J].广西农业机械化(5):24–29.

顾永勤,杨肖蓉,2024.现代化水稻集中育秧中心规划与运营管理的探索[J].农业装备技术,50(1):39–41,44.

桂守烨, 2024. 水稻工厂化育秧机械插秧技术要点[J]. 中国农机装备（6）: 31-33.

郭龙涛, 谢方平, 2023. 水稻泥浆育秧双齿辊筛分式制浆机的设计与试验[J]. 农业工程与装备, 50（1）: 1-6.

郭涛, 王月娥, 胡娟, 等, 2023. 杂交中籼水稻麻纤维膜育秧机插技术规程[J]. 现代农业科技（17）: 21-23, 30.

韩休海, 2024. 水稻基质板暗室叠盘育秧技术[J]. 农机化研究, 46（11）: 265-268.

何杰, 林海忠, 项秉晗, 2023. 连作早晚稻钵苗有序抛秧栽培技术[J]. 湖北植保（3）: 90-92.

何静, 李侠, 王华, 刘东涛, 2016. 陕南机插秧籼稻引种观察试验分析[J]. 基层农技推广, 4（8）: 25-28.

何书名, 2024. 水稻机械化育秧插秧种植技术的优势及应用实践[J]. 农村科学实验（6）: 43-45.

胡恩祥, 杨青, 2022. 育秧基质中2种植物生长调节剂对水稻秧苗素质的影响[J]. 大麦与谷类科学, 39（6）: 23-25.

胡文河, 齐义杰, 孙明春, 等, 2000. 水稻稀植后光合生理特性的研究[J]. 吉林农业大学学报, 22（4）: 11-14.

花浩然, 王勤波, 2024. 虾稻连作田块软盘旱育机抛秧栽培技术[J]. 安徽农学通报, 30（4）: 5-8. DOI: 10.16377/j.cnki.issn1007-7731.2024.04.029.

黄卫群, 吴升华, 冯志峰, 等, 2011. 不同秧龄机插水稻生理特性比较分析[J]. 陕西农业科学, 57（2）: 11-12.

黄卫群, 叶春丽, 郝兴顺, 等, 2017. 陕南水稻不同栽培方式的技术特点、利弊及发展建议[J]. 陕西农业科学, 63（11）: 65-66.

纪根学, 章向祝, 刘玉霞, 等, 2024. 育秧材料对钵苗机械有序抛栽水稻秧苗素质和大田生长的影响[J]. 农业科技通讯（9）: 50-53.

简红忠, 张万春, 刘红梅, 等, 2006. 汉中盆地水稻最佳抽穗扬花期及播期探讨[J]. 陕西气象（1）: 30-31.

建阳, 2024. 引进两条自动化水稻育秧生产线助力春耕备耕[J]. 福建稻麦科技, 42（1）: 44.

金芝辉, 王起, 柴有忠, 2019. 氮肥用量和移栽密度对水稻甬优1540产量和经济性状的影响[J]. 安徽农业科学, 47（8）: 39-41.

景闻, 2023. 水稻密苗育秧及配套机插秧技术应用分析[J]. 江苏农机化（1）: 24-26.

孔令娟, 杨森, 汪永武, 等, 2023. 安徽水稻集中育秧技术现状与发展策略分析[J]. 安徽农学通报, 29（14）: 16-19, 26.

寇太记, 郭金瑞, 宋振伟, 等, 2013. 不同种植密度下东北春玉米根系特征及其干物质积累的差异比较[J]. 玉米科学, 21（1）: 51-56.

兰雅萍, 黄月清, 李丽容, 2014. 施氮量对稻田 CH_4 排放的影响[J]. 福建热作科技, 39（1）: 8-12.

李宝军,王宇,付立东,等,2012.水稻乳苗抛栽对水稻产量的影响[J].北方水稻,42(4):15-18,22.DOI:10.16170/j.cnki.1673-6737.2012.04.011.

李宝明,刘肖,党小文,等,2008.榆林市沙区水稻旱育稀植高产栽培技术[J].陕西农业科学(1):196,204.

李贵莲,徐灿,陈碧娟,等,2024.不同育秧方式和播种量对水稻秧苗素质的影响[J].现代农业装备,45(2):80-83,89.

李海星,2017.不同水稻品种氮利用效率差异及氮锌互作效应的研究[D].武汉:华中农业大学.

李汉一,2017.城固县机插稻黄华占高产密度研究[J].基层农技推广,5(7):18-20.

李红娇,张喜娟,李伟娟,等,2009.不同穗型粳稻品种抗倒伏性的比较[J].中国水稻科学,23(2):191-196.

李虎,2023.水稻盘育秧起苗装置设计[D].沈阳:沈阳农业大学.

李俭梅,马雄,何磊,等,2024.汨罗市水稻育秧钢架大棚综合利用技术[J].中国农技推广,40(7):53-56.

李锦涛,胡洋,李炫,等,2024.一次性接触施控释尿素对水稻秧苗素质及生长的影响[J].江苏农业科学,52(5):70-77.

李静,2015.两种生态条件下栽培密度对水稻LAI及齐穗后粒叶比的影响[J].广东农业科学,42(23):32-36.

李静,2016.2种生态条件下栽培密度对水稻干物质积累与转运的影响[J].西南农业学报,29(7):1 559-1 565.

李明涛,张欣悦,初雪铭,等,2024.水稻钵育秧盘发展现状与前景分析[J].农机使用与维修(9):130-133,137.

李书信,2022.机械化自动播种提速水稻育秧效果好[J]云南农业(5):87.

李树森,程思明,陈正中,等,2023.浙江省建德市水稻精准育秧技术要点[J].农业工程技术,43(31):41-42.

李万里,谢晓燕,2017.稻草还田与低碳水稻栽培技术研究[J].作物研究,33(9):133-140.

李文悦,张欣悦,衣淑娟,等,2024.水稻秸秆营养穴盘成型机的设计与降解性能研究[J].农机化研究,46(9):203-208.

李小杰,2022.水稻场地育秧系统设计与研究[D].长沙:湖南农业大学.

李小朋,王术,黄元财,等,2015.株行距配置对齐穗期粳稻冠层结构及产量的影响[J].应用生态学报,26(11):3 329-3 336.

李小朋,王术,黄元财,等,2016.行穴距配置对不同穗型粳稻抗倒伏性的影响[J].华中农业大学学报,16(2):15-22.

李亦昊,2023.沼渣和生物炭育秧基质对水稻秧苗生长影响[D].哈尔滨:东北农业大学.

李翼南,2022a.水稻机抛秧及钵体育秧培训在中联举行[J].农机市场(5):49.

李翼南，2022b. 芜湖市水稻机抛秧及钵体育秧技术培训在中联农机举行［J］. 农机科技推广（5）：64.

李宇飞，2022. 水稻秸秆育苗基质板成型工艺研究［D］. 长沙：湖南农业大学，2022.

［114］湖南省水稻育秧中心建设规范（试行）（中）［J］. 湖南农业（6）：17.

林洁葵，2023. 人工抛秧和机械插秧对水稻生产的影响对比试验［J］. 南方农业，17（18）：99-101. DOI：10.19415/j.cnki.1673-890x.2023.18.032.

凌启鸿，凌励，1984. 水稻不同层次根系的功能及对产量形成作用的研究［J］. 中国农业科学，17（5）：3-11.

刘铂，王胜宝，吴升华，等，2009. 华泰998在陕西种植表现及高培技术［J］. 杂交水稻，24（3）：55，78.10.16267/j.cnki.1005-3956.2009.03.023.

刘桂云，李秀丽，马睿，等，2023. 水稻秸秆基质块育秧技术应用效果研究［J］. 现代农业科技（21）：13-15.

刘佳，宋运杰，2023. 不同育秧方式对水稻生育期及产量的影响［J］. 农技服务，40（5）：1-3.

刘俊兵，2023. 电驱式单行水稻育秧盘摆盘覆土机设计与试验［D］. 大庆：黑龙江八一农垦大学.

刘俊兵，王鑫森，张正，等，2025. 电驱式单行水稻育秧盘摆盘覆土机设计与试验［J］. 农机化研究，47（1）：61-66.

刘清亮，王家腾，2023. 宁化县水稻工厂化暗化处理育秧技术［J］. 农村实用技术（9）：94-95.

刘赛赛，马旭，王宇唯，等，2024. 水稻田间育秧水肥药变量喷灌装置设计与试验［J］. 农业工程学报，40（13）：1-14.

刘文祥，青先国，艾治勇，等，2013. 不同密度和栽插苗数对水稻冠层和产量的影响［J］. 华北农学报，28（2）：114-121.

刘小娥，柴守玺，常磊，等，2010. 密度对春小麦籽粒灌浆特性的影响［J］. 甘肃农业大学学报，45（2）：46-52.

刘晓才，张凡，周丽，2013. 杂交稻天龙优540插植密度试验［J］. 农业科技通讯（3）：86-88.

龙胜碧，曾涛，龙景权，等，2022. 水稻钵盘育秧不同栽培模式试验［J］. 农业科技通讯（6）：122-125.

龙胜碧，张玉梅，曾涛，2024. 水稻无纺布钵盘育秧栽培在锦屏县的推广应用与探索［J］. 中国农技推广，40（3）：14-16，32.

卢兆欣，胡诗琪. 水稻育秧尽显"科技范"［N］. 南通日报，2023-6-1（A5）.

闾君，高兴友，沈菁，等，2023. 不同育秧基质对早稻机插秧秧苗素质及产量效益的影响［J］. 浙江农业科学，64（2）：293-296.

吕东洋，2023. 寒地水稻育秧监控系统的研究［D］. 大庆：黑龙江八一农垦大学.

罗来群，2023a. 山区极端因素对水稻全程机械化生产的影响［J］. 农业开发与装备

（12）：38-40.

罗来群，2023b. 铜仁市丘陵山区立体气候对水稻机插育秧影响分析[J]. 农机科技推广（6）：38-40.

马超，2023. 水稻工厂化育秧背景下的AGV混合导航定位系统的研究[D]. 大庆：黑龙江八一农垦大学.

马晓丽，张万春，葛茜，等，2014. 陕南地区水稻适龄多蘖壮秧栽培技术[J]. 陕西农业科学，60（9）：116-118.

马晓丽，张万春，史莉娜，等，2018. 不同播量和秧龄对机插水稻秧苗素质的影响研究[J]. 陕西农业科学，64（10）：91-95.

马晓丽，葛茜，张万春，等，2022. 播量与秧龄对优质常规水稻黄华占机械育秧秧苗素质的影响[J]. 陕西农业科学，68（7）：69-72.

马旭，王承恩，刘赛赛，等，2023. 水稻育秧生产线秧盘播种量智能调控装置设计与试验[J]. 农业工程学报，39（7）：36-46.

门洪文，陆广梅，卢旭鹏，等，2022. 水稻育秧基质筛选及育秧技术研究[J]. 农业科技通讯（4）：143-146.

弭宝彬，武芳芳，卢亚楠，等，2024. 发展蔬菜生产，助推水稻育秧大棚综合利用[J]. 长江蔬菜（13）：5-8.

宁方世新，2023. 水稻育秧棚后茬紫背天葵和空心菜栽培关键技术研究[D]. 哈尔滨：东北农业大学.

潘仕菊，龙玲，张品辉，2023. 麻江县水稻无纺布钵体育秧高产栽培技术[J]. 农技服务，40（6）：78-81.

潘正鹏，李清，2023. 芜湖市示范推广水稻有序抛秧种植技术的建议[J]. 基层农技推广，11（4）：138-140.

彭勇刚，2023. 水稻机械化育秧插秧技术推广[J]. 中国农机装备（10）：30-32.

蒲石林，邓飞，胡慧，等，2018. 杂交稻不同机插穴距及苗数配置对干物质生产与产量的影响[J]. 浙江大学学报（农业与生命科学版），44（1）：21-30.

钱艳杰，李诚，王冲勇，等，2024. 不同育秧基质对水稻秧苗素质及产量效益的影响[J]. 湖南农业科学，（2）：18-22.

秦锋，刘大为，杨靖，等，2024. 水稻机械化育秧播种机排种器研究现状及展望[J]. 现代农业装备，45（1）：9-16.

屈发科，王宏锦，葛红心，等，2008a. 杂交水稻新组合玉优1号在陕西的种栽培技术[J]. 杂交水稻（5）：49-50.10.16267/j.cnki.1005-3956.2008.05.018.

屈发科，王宏锦，葛红心，等，2009. 汉中市水稻优质高产集成配套栽培技术[J]. 农产品加工（创新版）（1）：81-84.

屈发科，赵强，史莉娜，等，2008b. 汉中盆地水稻优质高产综合配套技术[J]. 陕西农业科学（4）：191-192.

邵亚旭，刘涛，王事成，等，2024. 秸秆-有机肥育秧基质的配比筛选与成型工艺[J]. 浙江农业学报,36(8):1 856-1 866.

申丽超,陆福梅,马汉龙,2023.水稻高产栽培技术要点与病虫害防治探析[J].数字农业与智能农机,(3):93-95.

宋晓梅,2022.水稻常见育秧技术[J].新农业(19):16-17.

孙琪玮,张俊峰,吴凤明,等,2024.基于无人机多光谱遥感技术在水稻露天育秧中的应用[J].天津农林科技(4):14-18.

孙世臣,尹春佳,李彩凤,等,2010.黑龙江省超级稻干物质积累及与产量性状的关系[J].东北农业大学学报,41(3):6-11.

孙振雨,2022.水稻育秧播种机秧盘运送摆放装置设计[J].农机使用与维修,(8):41-43.

孙中义,康庆华,姚丹丹,等,2023b.寒地水稻麻膜免秧盘育秧技术的应用效果[J].中国种业(9):131-135.

孙中义,康庆华,姚丹丹,等,2023b.寒地水稻麻育秧膜免秧盘育秧技术[J].中国种业(8):146-148.

孙中义,康庆华,姚丹丹,等,2023c.寒地水稻麻育秧膜免秧盘育秧技术及经济效益分析[J].安徽农学通报,29(18):1-4.

汤留弟,吴建明,谢正荣,等,2006.乳苗抛直播水稻栽培密肥互作效应的研究及应用[J].现代农业科技(10):85-86.

田广丽,2020.氮水平及栽培密度影响水稻生产能力的机制研究[D].南京:南京农业大学.

童平,杨世民,马均,等,2008.不同水稻品种在不同光照条件下的光合特性及干物质积累[J].应用生态学报,19(3):505-511.

万瑞红,2024.泾县水稻不同种植模式效益比较及建议[J].基层农技推广,12(4):7-9.

汪德义,黄泽群,陈辉强,等,2015a.水稻品种泸优11及全程机械化高产栽培技术[J].中国种业(11):66-67.10.19462/j.cnki.1671-895x.2015.11.032.

汪德义,刘传林,张红梅,等,2015b.水稻品种特优801选育及高产制种技术[J].中国种业(9):58-60.10.19462/j.cnki.1671-895x.2015.09.025.

汪德义,王四虎,唐地宝,等,2013.陕南不同海拔稻区优质抗病杂交水稻新品种引进及保优高产栽培试验研究[J].陕西农业科学,59(3):19-22.

汪德义,张莉,陈绪彬,等,2017.陕南水稻全程机械化品种筛选、示范及配套技术集成[J].中国种业(10):22-24.10.19462/j.cnki.1671-895x.20170930.001.

王保军,王俊义,李小刚,等,2023.杂交水稻荃香优1521选育及高产栽培技术[J].陕西农业科学,69(12):51-53.

王保军,吴升华,王俊义,等,2010.高产杂交水稻新组合中优360的适宜栽插期优360[J].杂交水稻,25(6):94-95.10.16267/j.cnki.1005-3956.2010.06.035.

王超,王建明,黎玉平,2015.秦巴山区冬水田水稻旱育抛秧增产优势与技术[J].汉中科技(1):31-32.

王董兴，2023. 水稻机插全基质旱地育秧技术试验示范[J]. 现代农机（2）：93-94.

王飞，2022. 基质育秧对秧苗机插质量及生长发育的影响[J]. 农业科技通讯（7）：112-114.

王凤芝，周汉良，2010. 冀东滨海稻区水稻乳苗直抛技术要点[J]. 北方水稻，40（2）：53-54. DOI：10.16170/j.cnki.1673-6737.2010.02.019.

王宏辉，柯夏生，江立斌，等，2010. 早稻乳苗抛播试验[J]. 现代农业科技（2）：68.

王洪凤，赵红玲，张晓英，等，2024. 复配育秧基质对水稻苗期生长的影响[J]. 北方水稻，54（4）：9-14，25.

王钧美，张莉，徐桃元，等，2014. 不同灌溉稻田产甲烷菌与甲烷产生率的变化规律[J]. 灌溉排水学报，33（Z1）：360-363.

王坤，龙本东，龙胜碧，等，2022. 钵盘育秧不同移栽密度对水稻产量的影响[J]. 农技服务，39（7）：6-8.

王启增，车刚，2022. 水稻旱育秧置床整地机械化技术应用现状与发展[J]. 现代化农业（7）：88-90.

王强盛，2009. 水稻钾素营养的积累特征及生理效应[D]. 南京：南京农业大学.

王盛春，李宁，张迪，等，2022. 水稻机械化生产主要环节配套机具的选型[J]. 农机使用与维修（11）：16-19.

王婷，2006. 榆林沙区衬膜水稻栽培技术研究与构建[D]. 杨凌：西北农林科技大学.

王文，唐成文. 机械化育秧让水稻生产跑出"加速度"[N]. 连云港日报，2022-05-27（6）.

王晓煜，杨晓光，Tao Li，等，2018. 东北三省水稻干湿交替灌溉模式适宜性分区[J]. 农业工程学报，34（6）：111-120.

王新其，李国梁，石建福，等，2014. 氮肥运筹对大麦'花22'产量及主要农艺性状的调控效应[J]. 上海农业学报，10（5）：44-50.

韦玉华，2024. 广西水稻育秧基质产业化发展现状及对策研究[D]. 南宁：广西大学.

魏颖娟，赵杨，邹应斌，2016. 不同穗型超级稻品种籽粒灌浆特性[J]. 作物学报，42（10）：1 516-1 529.

吴桂成，张洪程，钱银飞，等，2010. 粳型超级稻产量构成因素协同规律及超高产特征的研究[J]. 中国农业科学，43（2）：266-276.

吴建祥，2014. 水稻机械插秧密度对水稻产量的影响[J]. 农技服务，31（7）：247.

吴双双，吴超群，施建国，2016. 缓释肥在水稻上的应用效果试验示范与探讨[J]. 上海农业科技（4）：96-97.

吴奕，夏文燕，2024. 水稻精量育秧播种技术：做好"一半功"助力"三成收"[N]. 江苏科技报，2024-06-7（A5）.

吴玉红，王吕，崔月贞，等，2021. 轮作模式及秸秆还田对水稻产量、稻米品质及土壤肥力的影响[J]. 植物营养与肥料学报，27（11）：1 926-1 937.

伍均锋，2011. 水稻乳苗抛秧轻简栽培[J]. 农家顾问（5）：37-38. DOI：10.16734/j.cnki.

issn1003-7152.2011.05.029.

武彪. 机插密度与施氮量对超级杂交籼稻准两优 527 群体质量及产量形成的影响[J]. 杂交水稻, 162(5): 75-80.

肖洋, 石珏杰, 张畅通, 等, 2023. 淮安市水稻机插毯苗育秧存在的问题及对策研究[J]. 江苏农机化, (6): 21-24.

肖自芬, 杨华娥, 张红艳, 等, 2017. 水稻机械插秧插植密度试验初报[J]. 基层农技推广, 5(10): 15-17.

谢昶琰, 李青, 陈川, 等, 2024. 清淤河泥和草木灰渣作基质对水稻育秧效果的影响[J]. 浙江农业科学, 65(4): 834-838.

谢方平, 杨靖, 符志勇, 等, 2024a. 2BP—2000 型水稻育秧播种机分盘装置设计与试验[J/L]. 农业工程学报, 40(2): 1-11.

谢方平, 杨靖, 符志勇, 等, 2024b. 2BP—2000 型水稻育秧播种机分盘装置研制[J]. 农业工程学报, 40(3): 26-36.

谢静晖, 吴霞, 2024. 水稻机械化育秧技术的应用策略[J]. 农业开发与装备(7): 77-79.

邢占强, 2022. 水稻基质化育秧技术[J]. 农机使用与维修(11): 119-121.

熊溢伟, 2015. 氮肥对不同的水稻品种根系形态生理与产量的影响[D]. 扬州: 扬州大学.

徐青山, 2023. 水稻基质育秧耐低温能力调控及机理研究[D]. 北京: 中国农业科学院.

徐毅, 2024. 机插水稻硬化微喷灌育秧技术[J]. 农业工程技术, 44(17): 73-74.

徐玉华, 张万春, 屈发科, 等, 2010. 汉中市万亩水稻示范片超高产集成技术[J]. 陕西农业科学, 56(4): 211-212.

许多, 卢进勇, 倪忠进, 2022. 水稻工厂化育秧播种流水线叠盘装置的研究设计[J]. 南方农机, 53(17): 69-74.

许方甫, 2023. 常规秧田硬化微喷灌水稻育秧技术[J]. 安徽农学通报, 29(Z1): 1-4.

许海敏, 王顺法, 冯敏谢, 等, 2018. 水稻长期钾肥效率和土壤钾素平衡[J]. 浙江农业科学, 62(7): 1 312-1 314.

许俊伟, 孟天瑶, 荆培培, 等, 2015. 机插密度对不同类型水稻抗倒伏能力及产量的影响[J]. 作物学报(11): 1 767-1 776.

薛文多, 李超凡, 王世平, 等, 2023. 水稻秧苗素质影响因素研究进展[J]. 中国种业(10): 21-24.

闫平, 张书利, 于艳敏, 等, 2015. 不同水稻品种干物质积累与产量性状的相关研究[J]. 中国农学通报, 31(18): 1-6.

闫宇霆, 衣淑娟, 李渤海, 等, 2024. 拨齿式电驱动水稻育秧盘起盘机设计与试验[J]. 农机化研究, 46(5): 210-215.

阎海燕, 2006. 榆林市沙区水稻早育稀植技术要点[J]. 现代农业(11): 20.

阳湘林, 2024. 水稻育秧播种流水线操作与维保要点[J]. 湖南农业(3): 9.

杨飞, 牛建刚, 王阳峰, 2016. 不同水稻品种在陕西南部的适应性研究[J]. 中国农技推广，32（7）：25-26.

杨飞，赵建兴，王阳峰，等，2020. 陕南地区水稻直播栽培技术［J］. 基层农技推广，8（7）：63-64.

杨罗锦，陶洪斌，王璞，2012. 种植密度对不同株型玉米生长及根系形态特征的影响［J］. 应用与环境生物学报，18（6）：1 009-1 013.

杨敏勇，倪志勇，池建云，2012. 单季稻乳苗抛栽技术［J］. 现代农业科技（12）：32-33.

杨敏勇，阮凯基，丁四弟，2006. 单季稻乳苗抛栽技术［J］. 上海农业科技（5）：89.

杨庆，马文东，李大林，等，2016. 不同密度杂草稻对栽培稻群体特征及穗部性状的影响［J］. 黑龙江农业科学（4）：16-22.

杨小侠，李小刚，陈耀楠，等，2022. 优质杂交稻新品种在汉中的种植表现［J］. 陕西农业科学，68（7）：73-76.

姚辰，赵宏伟，邹德堂，等，2015. 插秧密度和施氮量对不同穗型水稻灌浆特性的影响［J］. 灌溉排水学报，34（11）：24-29.

叶世青，2023. 赣南水稻工厂化育秧栽培技术［J］. 基层农技推广，11（7）：49-52.

衣淑娟，王鹏，李衣菲，等，2024. 水稻硬质育秧盘全自动起盘机提升与叠盘装置研究［J］. 农业机械学报，55（7）：168-178.

殷春渊，王书玉，刘贺梅，等，2024. 不同氮肥处理对香稻和非香稻品种籽粒灌浆和叶片光合特性的影响［J］. 中国农学通报，40（17）：8-13.

游家俊，2023. 荣县水稻暗化催芽无纺布覆盖高效育秧技术［J］. 四川农业与农机（3）：53-54.

于雷，2022. 水稻育秧及机插秧技术要点及优势分析［J］. 农机使用与维修（12）：133-135.

玉春燕，2023. 水稻规格化育秧及机械插秧技术研究［J］. 南方农机，54（10）：41-43，70.

袁高流，2023. 潜山市水稻机械化种植的调研［J］. 农机科技推广（8）：56-57.

詹新民，2023. 杂交水稻机插育秧技术［J］. 河北农机（23）：148-150.

张洪程，戴其根，霍中洋，等，2008. 中国抛秧稻作技术体系及其特征［J］. 中国农业科学，41（1）：43-52.

张集文，万欢，张振中，2014. 水稻2叶期乳苗机插技术试验［J］. 中国农机化学报，35（1）：133-137.

张江林，侯文峰，鲁剑巍，等，2017. 不同施氮量和移栽密度对水稻产量及灌浆特性的影响［J］. 中国农业科技导报（2）：81-91.

张杰，2011. 北方一季粳稻区优质高产水稻栽培技术［J］. 农业科技通讯（9）：147-148.

张娟，张恒伟，2017. 汉中盆地水稻超高产栽培的实践与创新［J］. 农业科技通讯（9）：34-35.

张俊辉，崔磊，张永勤，2012. 不同栽培密度对杂交水稻产量的影响［J］. 现代农业科技（8）：62，65.

张凌枫，2023. 水稻旱育秧苗期常见病害及防治措施［J］. 农村百事通（2）：47-48.

张茂明,2022.水稻育秧棚内稻壳覆盖马铃薯栽培技术研究[J].蔬菜(11):25-28.

张铭轩,李爱传,李岐,等,2023.水稻工厂化育秧滴灌控制系统设计:基于模糊神经网络[J].农机化研究,45(8):64-68.

张淇,王宏立,梁春英,2023.水稻育秧叠盘铺盘机械化研究进展[J].南方农机,54(22):9-12.

张峭,2017.陕西省榆林地区水稻生产现状及趋势[J].农家参谋(17):166.

张青,王明,朱孔志,等,2024.杂交水稻制种亲本印刷粘种育秧特性及其机插效果研究[J/OL].杂交水稻,2024-09-24.DOI:10.16267/j.cnki.1005-3956.2024.0403.104.

张万春,2011b.汉中优质水稻油菜增产关键技术研究[D].杨凌:西北农林科技大学.

张万春,葛红心,马晓丽,等,2011a.汉中水稻简易温室两段育秧技术集成及配套高产栽培技术[J].陕西农业科学,57(4):243-244,276.

张万春,葛红心,屈发科,等,2010.杂交稻新组合武香988在汉中的种植表现及高产栽培技术[J].陕西农业科学,56(1):251-252.

张万春,马晓丽,刘五志,等,2020.栽插密度与规格对杂交水稻泰优058产量的影响[J].现代农业科技(4):10-11.

张万春,申宝峰,马晓丽,等,2014.优质杂交稻新组合泰香8号的特征特性及保优高产栽培技术[J].现代农业科技(4):37,45.

张万春,张文明,李厚华,等,2000.陕西汉中盆地杂交水稻制种最佳出穗期研究[J].中国农学通报(5):66-68.

张效忠,王宏锦,付建民,1995.汉中地区水稻旱育稀植栽培技术规范[J].陕西农业科学(4):40-41.

张新河,2023.水稻不同育秧方式栽培对比试验[J].安徽农学通报,29(7):49-51,68.

张煊,张戈,胡俊男,等,2023.水稻生态育秧装置及全程机械化应用现状与发展前景[J].农机使用与维修,(12):48-50.

张雪盈,郑波,2024.满足机插、机抛对秧苗的较高要求:全国水稻集中育秧技术培训班在湖南汨罗开班[J].农机市场(4):27.

赵芬,葛茜,屈发科,等,2016.汉中水稻机械化插秧适宜新品种筛选试验初报[J].陕西农业科学,62(10):49-51.

赵海新,杨丽敏,陈书强,等,2011.行距对两个不同类型水稻品种冠层结构与产量的影响[J].中国水稻科学,25(5):488-494.

赵宏伟,刘洋,谷海东,等,2014.插秧密度对两种不同穗型水稻品种灌浆特性的影响[J].东北农业大学学报,45(9):18-24.

赵强,屈发科,葛茜,等,2019.汉中市水稻机械直播技术[J].基层农技推广,7(6):72-73.

赵汝成,范国新,崔致和,1980.榆林地区推广水稻育卷秧技术[J].陕西农业科学(2):36-37.

赵婷婷,赵珅,李鹏,等,2023.育秧基质对水稻秧苗素质的影响[J].北方水稻,53(1):

38-39, 49.

郑爱军, 王姝逸, 杜佳林, 等, 2013. 天津市水稻旱直播技术的发展历程及前景展望[J]. 天津农林科技(3): 30-33. DOI: 10.16013/j.cnki.1002-0659.2013.03.017.

周爱珠, 周正春, 张玉屏, 等, 2012. 早稻直播和乳苗抛栽比较试验[J]. 浙江农业科学(11): 1 485-1 486, 1 498. DOI: 10.16178/j.issn.0528-9017.2012.11.019.

周德田, 2024. 四川丘陵地区水稻旱育秧栽培技术[J]. 四川农业科技(4): 48-50.

周汉良, 鲁雪林, 2008. 水稻大芽直播(乳苗抛秧)栽培技术[J]. 现代农业科技(20): 190, 193.

周汉良, 孙昌禹, 鲁雪林, 等, 2009. 不同日龄的水稻芽撒播成苗的研究[J]. 河北北方学院学报(自然科学版), 25(6): 29-32, 41.

周凯, 郝莉, 王保军, 等, 2018. 汉中市2017年水稻种植品种及栽培技术需求调研报告[J]. 陕西农业科学, 64(6): 69-71.

朱聪聪, 张洪程, 郭保卫, 等, 2014. 钵苗机插密度对不同类型水稻产量及光合物质生产特性的影响[J]. 作物学报, 40(1): 122-133.

朱宏宇, 高波, 张苏萍, 等, 2007. 不同移栽方式对水稻产量及效益的影响[J]. 安徽农业科学, 35(29): 9 188-9 190.

朱相成, 汤亮, 张文字, 等, 2012. 不同品种和栽培条件下水稻冠层光合有效辐射传输特征[J]. 中国农业科学, 45(1): 34-43.

朱小霞, 王奉斌, 文孝荣, 等, 2014. 移栽行距和密度对新稻36号叶面积指数及干物质积累与分配的影响[J]. 安徽农业科学, 42(33): 11 648-11 649.

朱学文, 2023. 水稻机械化插秧育秧技术推广应用研究[J]. 当代农机(11): 42-43.

庄春, 章安康, 纪力, 等, 2023. 机插水稻清洁漂浮育秧技术规范[J]. 上海农业科技(2): 58-61.

邹文广, 2011. 不同籼粳分化类型品种的茎秆基部结构差异研究[D]. 福建: 福建农林大学.

WANG Y J, MENG-JIE G E, YAN X T, et al., 2014, Effects of Light, Nitrogen and Their Interaction on Grain Yield and Matter Production Characteristics of Japonica Super Rice[J]. Acta Agronomica Sinica, 40(1): 154.

第四章
陕西特种稻栽培与多作栽培

第一节　陕西特种稻栽培

特种稻米是指具有特定遗传性状和特殊用途的稻米，主要是针对其用途的特殊性，借以区别普通稻米。特种稻米一般包括有色稻米、香稻米和专用稻米3类，虽然其品种数量仅占水稻种质资源的10%左右，但由于其特殊的营养、保健和加工利用的特点，在国内外受到广泛重视。最早阐述特种稻米的概念是中国学者赵则胜，1989年他在日本大阪府立大学农学部做学术报告《特种米在优质主食和食品结构中的作用》时，首次提出特种稻是指具有特殊性状的水稻，而且这些性状是可以遗传的，以它碾成的米具有较高的利用价值和较大的社会经济效益。这一概念在1992年"首届中国特种稻学术研讨会"上经与会专家的广泛讨论得到认可。1995年由赵则胜等主编的《中国特种稻》专著的出版，标志着中国特种稻学科体系已初步建立。

一、特种稻米的类型及特点

1. 有色稻米

有色稻米是指糙米（颖果）带有色泽的稻米。由于花青素在果皮、种皮内大量积累，从而使糙米呈现绿色、黄褐色、褐色、咖啡色、红色、红褐色、紫红色、紫黑色、乌黑色等颜色。通常，红米的红棕色素集积在种皮内，紫米和黑米的紫色素、黑色素集积在果皮内。目前，有色米以红米和黑米占绝大多数，但迄今未发现胚乳有色泽的品种。有色米可供直接食用、熬粥、制糕、做饼、酿酒以及用于食疗、药疗，也可以从中提取出自然色素等，用于食品工业。

（1）黑米和紫米　黑米及紫米是一种特殊的稻种资源类型，主要分布于我国云南、贵州、广西、广东、陕西、四川、福建、湖南、江苏等省（区），米质多为糯米类型。米粒表皮为黑色、紫色或褐色，胚乳为白色。黑米、紫米通常以糙米进食，营养价值极高，同时还具有很高的药用价值，如云南、贵州省的某些黑糯、紫米除滋补强身外，还兼有接骨生肌的药效。广西的东兰墨米，其黑米色素含量高，又溶于水，具有提高机体免疫的功能。黑米、紫米品种由于种植历史悠久，分布地域广，地理环境复杂，气候差异甚大，因而形成品种的多样性，类型上有籼、粳、水、陆、糯之分，但多数为黑糯或紫糯。著名的品种有陕西洋县黑米，云南的西双黑糯、临沧黑糯、德宏紫米、丽江紫米、保山紫米、石屏紫米、墨江接骨糯，贵州的惠水黑糯、屯里黑糯、高子黑糯，广西容县黑糯、隆村黑糯、东兰墨米；福建的云霄紫米；广东韶关黑糯；湖南湘西黑糯；江苏常熟鸭血糯等。

（2）红米　河南、云南、贵州、广西、江西、江苏、福建、湖南、陕西、山西等省（区）传统品种中有一些红米品种，籼、粳、黏、糯均有。著名的品种有云南的红云当，山西的红香稻、红香米，陕西的平利三粒寸，江西的矮化柳条红等。其中陕西的平利三粒寸，米色粉红，糯性，米粒特长，有香气，是安康地区的名贵品种，主要种植区域在平利、宁康县一带，还包括长安柳叶米、宝鸡红稻子、镇安红谷子、旬阳三粒寸等。红米作为特用商品米有较大的价值，也可作酿酒、红色素和香型饮料原料米。红米米质以半玻璃质的品种占多数。

（3）绿米及黄米　中国丰富的稻种资源中蕴藏着一些绿米、黄米品种，但国内研究报道极少，这里仅就陕西绿米、黄米品种加以介绍。如商南县的红壳稻，米色成熟后为浅绿色，黏性，米粒大都半透明，米质优良。此类品种有商南县白秆子、岗泉冷水谷等；黄米以洋县香米为代表，米色浅黄，鲜亮无垩白，半透明，米质优良，有香气，此类品种较少。绿米所具的色素极不稳定，往往在贮藏过程中褪色。

2. 香稻米

香稻米是指米粒含有香味的稻米。香稻的谷粒、糙米和精米具有芬芳的香气，使人感到舒适，米饭清香可口。不少香稻品种的茎秆、叶片也会散发强烈的香气，顺风吹之，十里皆香。香稻中香气的主要成分是 2-乙酰-1-吡咯啉，属羰酰基化合物，易挥发分解。香米蒸饭、煮粥，清香满屋，令人食欲大增。也可在普通大米中加入少量香米，制成混合香米，功效相同。香米以其香气浓馥、米粒晶莹、米饭芬芳而深为人们所喜爱，其经济价值高，含丰富的蛋白质、多种氨基酸、生物碱、维生素 B_1 和维生素 B_2 以及多种人体必需的营养成分，具有某种滋补和药用效果。据李时珍《本草纲目》记载，香米能"润心肺、和百药，久服轻身延年"。用香米制作的元宵、米糕、米酒，其味极佳。而历朝均把香米留作贡米，专供达官贵人享用。中国香稻米既有籼、粳、黏、糯之别，果皮亦有白、赤、褐、紫、黑之分，产地遍布 15 个省（区）。著名品种有陕西洋县的香谷、寸米、寸香米和汉中黑香糯，云南景洪的大香糯、亳达哥、香紫糯，贵州的白毛香谷、红香谷，广东的罗浮香稻，江西的龙南香禾、吉水香糯，江苏的苏御糯，浙江的香粳糯，上海青浦和松江的香粳和香粳糯，安徽宿州的夹沟香稻，山东曲阜香稻、临沂大香稻和白壳香稻，河南的辉县香糯、息县香稻，四川的凉山稻和天全十八道香米、泸县香谷等。

3. 专用稻米

专用稻米是指专门用于食品加工业用的稻米，如酒米、软米、凉皮米、蒸谷米、糕点米、罐头米、巨胚米、饲料米等。

（1）酒米　酒米是专门用于酿酒的稻米，可分为两类，即粳酒米和糯酒米，中国的酒米通常为糯米，而日本的酒米则为粳米。酒米的米粒通常较食用米大且柔软，淀粉质多，中心富含淀粉的部分呈现乳白不透明状，称为"心白"。心白有许多微小的空隙，利于曲菌菌丝深入，让淀粉转化为糖分。酒米的特征是出糙率、精米率和整精米率高，直链淀粉含量低于 2 g/100 g，蛋白质含量 5～6 g/100 g，脂肪含量少，精米籽粒大，多呈圆形，通体乳白色，有光泽，吸水力强，淀粉粒易酶解。

（2）软米　软米是云南特有的籼型优质米，米质介于糯性与黏米之间，其米饭质软而爽口，冷后不变硬、不回生，食用时冷热皆宜，故而得名。软米饭吃后耐饥，做米线不易折断。有的品种具有香味，品种多样，有红白之分，还有透明、半透明和粉白色的品种。主要分布在云南德宏和保山的部分县以及临沧地区的耿马、云县、双江、永德等地，多集中在海拔 800～1 000 m。软米品种在异地种植后，往往难以保持其原有的优良品质。软米品种主要是由少数民族的食用习惯及特殊的自然条件相互作用形成的，它的植物学特征与一般的籼稻品种不同，产量较低。近年来广东、湖南等地区根据市场需要相继培育了一些产量较高的软米新品种。

（3）凉皮米　凉皮为陕西特有的一种米制品小吃，凉皮米要求其精米的直链淀含量高（>24%），胶稠度软（米胶长度>80 mm），打浆后蒸出的米皮柔软而筋道，不易折断。

二、主要特种稻米的特异品质

现代营养学研究结果表明，食物的天然颜色与营养功能密切相关，颜色愈深其营养愈丰富，结构愈平衡，特种稻米中的有色米就具有丰富的营养品质，具有特异的食疗和保健效果。研究和开发通过膳食干预来满足特殊人群需要的功能性专用稻米，可使人们通过食用这种营养性、治疗性和保健性稻米来达到预防和治疗的目的，因此，特种稻米的研究及其食品、产品的开发应用将会广泛地造福社会大众。

1. 黑米、紫米

黑米是指稻谷糙米天然色泽为黑色的稻米，是营养、药用和保健价值很高的米种。黑米和紫米中的黑色素是黑米中的营养精华物质，其学名为"花色苷"，存在于黑稻的果实、茎、叶、根等器官的细胞液中，黑米中的花色苷是由花青素在自然状态下与各种单糖结合而成的糖苷化合物，据陕西理工大学等有关研究报告，黑米中的色素提取物主要含有矢车菊素-3-葡萄糖苷、矢车菊素-3,5-二葡萄糖苷、矢车菊素-3-鼠李糖苷、芍药素-3-葡萄糖苷、芍药素-3-阿拉伯糖苷、天竺葵素-3,5-二葡萄糖苷、锦葵素、锦葵素-3-半乳糖苷等 8 种。临床医学研究表明，黑米色素中的黄酮化合物是重要的生物活性成分，其含量是白米的 13.28 倍，具有很强的抗氧化和清除自由基的能力，其对抗游离子的能力显著强于维生素 E 50 倍，比维生素 C 强 20 倍；同时，花青苷作为一种安全、营养的天然色素，在食品工业上已显示出广阔的应用前景。黑米的蛋白质含量一般在 10% 以上，最高可达 15%，是除豆类以外的高蛋白作物，8 种必需氨基酸总量比普通大米高 25.4%，其中赖氨酸含量比普通大米高出 28.2%。黑米中含有丰富且平衡的矿质营养元素，其中，Zn、Fe、Ca 高于同等栽培条件下的白米 1 倍以上。此外，黑米色素对铁、酮、锌等具有络合作用，经常食用黑米或黑米食品，可有效补充铁，从而防止缺铁性贫血的产生。黑米中含有普通白米所缺乏的维生素 C、胡萝卜素（维生素 A 的前体物）和维生素 D，其中维生素 B_1、维生素 B_2 含量较白米高 1～2

倍。黑米中膳食纤维含量丰富，约 1.11 g/100 g，显著高于普通白米（0.087 g/100 g）。

2. 红米

红米是指稻谷经加工脱壳后天然色泽为红色的糙米，也有叫胭脂米，其糙米为红色，是由于在果皮和种皮上沉积红色素（花青苷）而显示出红颜色。红米富含多种维生素、胡萝卜素和膳食纤维等营养成分，含有普通稻米所缺乏的维生素 C，对防治夜盲症和脚气病等其他慢性疾病具有重要作用；红米中的锰、锌、铜等矿质营养大都比普通大米高数倍；红米色素中还含黄酮类活性物质，具有提高机体抗氧化能力、增强免疫力等多种食疗保健功效。

2002 年中山大学的有关临床试验结果表明，食用红米能有效降低血糖指数（GI），其效果和荞麦米相近，由于红米的单位产量显著高于荞麦，价格较低，对于糖尿病患者来说，是一种比较理想的食物。

3. 血糯米

血糯米，是带有紫红色种皮的大米，因为米质有糯性，所以称为血糯。血糯米经过温水浸泡后，种皮的红色素被水溶液溶解，会出现紫红色水溶液，时间延长，红色越浓。煮熟后红色种皮会与胚（米粒）分离。

血糯米中的氨基酸含量均衡且丰富。血糯米中 17 种氨基酸含量比较均衡，除酪氨酸、异亮氨酸、半胱氨酸、谷氨酸、苯丙氨酸 5 种氨基酸平均含量比普通粳米低外，其他氨基酸含量高于普通粳米；8 种必需氨基酸中只有异亮氨酸、苯丙氨酸含量低于粳米，其他 6 种必需氨基酸含量均高于粳米。血糯米中的矿物质元素普遍高于普通稻米。血糯米是一种铁、锌、锰含量丰富的营养食品。特别是镁含量比较突出，是普通稻米的 1.33 倍。中医理论中血糯米具有滋阴补血的功效。

三、国内外特种稻生产现状与发展趋势

特种稻是世界水稻栽培品种的重要组成部分，黑稻、红稻等有色稻资源主要分布于中国、斯里兰卡、印度、菲律宾、缅甸等东亚、东南亚和南亚等地区，香稻主要分布在中国、泰国、日本、韩国等国。

在特种稻米的理论研究方面，上海交通大学赵则胜教授在国内外首先提出了"特种稻"概念及其理论基础，并获得了广泛的认可，在特种稻的遗传育种、食疗保健和功能性机制研究及其产品开发方面作出了重大贡献，被公认为是中国乃至国际特种稻米科学体系的奠基人；广东省农业科学院赖来展和张名位领导的科研团队在特种稻米遗传育种、创建中国黑色食品种质库和数据库、率先全面评价黑色食品资源的保健功能并明确其作用机制、挖掘出活性成分突出的黑米种质资源、发明系列黑色食品核心加工技术等方面的成就突出，因此，获 2008 年国家科学技术进步奖二等奖。因此，这两个科研团队在特种稻领域的成就和贡献被公认为达到国内领先水平。

我国在色稻遗传育种方面的成就较大，选育出了一批高产优质且具有保健功效的有色稻米品种，如广东省农业科学院的黑优占，陕西省水稻研究所的汉中黑糯、黑糯二号、黑丰糯和黑帅，上海农业科学院选育的上农黑糯 07，浙江省农业科学院的黑宝、

中国水稻研究所的黑珍米，吉林省农业科学院的龙锦1号和江西奉新山区农业科学研究所的奉新红米等，这些品种均在国内大面积种植，为中国黑色食品、功能食品产业的发展创造了优越条件。

国外也选育出一些特种稻米品种，例如美国的黑米品种A-204、红米品种A-201，印度的红米品种ASD17，但均未大面积种植。值得重视的是西方发达国家十分重视具有特殊食疗作用的功能型稻米研究，如功能性蛋白稻米、活性多糖稻米、功能性油脂稻米、功能性维生素稻米、功能性黄酮类化合物稻米和高微量元素稻米等，其技术方法主要依据分子遗传学和数量遗传学的理论，借助现代生物技术来筛选、创造新种质和选育功能性稻米新品种。1994年，在世界银行和亚洲银行的资助下，国际水稻研究所开展了高微量元素稻米遗传育种研究，选育出了富铁高产水稻IR64，其铁含量25 mg/kg，比普通稻米高60%；日本九州大学和农业生物资源研究所通过化学诱变方法选育出了巨大胚水稻突变体，其稻米浸水后γ-氨基丁酸（GABA）会急剧增加并累积，具有缓解和预防血压上升的功效，其中，品种"Haiminori"已通过日本医学会的3年临床试验，作为高血压患者的专用米全国定点种植专卖；德国、瑞士、英国等国科学家通过农杆菌介导法成功把外源基因整合到水稻基因组中，培育出胚乳中富含β-胡萝卜素的转基因水稻品种，食用后可满足人体每天所需要的维生素A，因其外观金黄色，被称为"黄金大米"。在特种稻米食品、保健品等产品开发方面，值得一提的是美国曾获诺贝尔生理学（医学奖）的伊格纳罗博士发现、发明的"一氧化氮"，它能有效预防人类心脑血管疾病，其主要原料成分之一就是中国黑米色素中大量存在的活性物质原花青苷，被公认是目前能逆转心脑血管疾病的有效物质；西北农林科技大学的研究表明，花青苷对结肠癌细胞具有显著的诱导凋亡作用；芬兰的艾斯蒂博士在实验中发现，太阳可以杀死人类50%的皮肤细胞，但是如果用花青素加以保护，则大约有85%的皮肤细胞可以幸免于死，因此，花青素在欧洲被称为"可以口服的皮肤化妆品"，它不但能防止皮肤皱纹的提早生成，还是天然的阳光遮盖物，能够阻止紫外线侵害皮肤；日本以"黑米"提取物"原花青苷"开发出"黑米精华洗发水和护发素"等系列生物日化产品，畅销世界各地。

四、陕西特种稻米研究和生产应用

（一）陕西特种稻生产概况

陕西以黑米为主的特种稻种植历史悠久，据史料记载，黑米在汉中已有3 500年种植历史，自汉代以来为朝廷贡米，在20世纪80年代以前，陕西特种稻生产基本处于一种自然状态，因受制于较低的生活水平而种植面积很小，年种植面积不到667 hm^2，单产100～150 kg/亩，主要集中在洋县和城固县一带。到了80年代，随着人民生活水平的不断提高和矮秆高产特种稻新品种的大面积推广，种植面积不断扩大，每年可达2 500 hm^{2}左右。尤其是随着特种稻食品工业的发展，1992年特种稻的种植面积迅速扩大到10 000 hm^{2}左右，约占当地水稻面积的7%左右，成为当时全国最大的特种稻生产基地。

目前年种植面积约 700 hm², 年产特种稻约 4 550 t。其中, 黑稻米占 70% 左右, 1982 年以前产量 1 500～2 500 kg/hm², 1992 年产量 4 500～6 000 kg/hm², 2002—2012 年的产量高达 6 500～7 500 kg/hm²。目前的特种稻生产以较为固定的生产基地为主, 采用订单生产方式, 特种稻米约 40% 作为国内食品工业原料被利用, 其余 60% 左右作为直接蒸煮食用的稻米进入省内外粮食交易市场。

陕西黑米生产种植约 80% 以上集中在汉中洋县, 洋县目前已经发展成为我国少有的集黑米生产、加工、产品开发于一体的黑米生产加工基地。同时, 在洋县朱鹮保护区和我国南水北调工程的大背景下, 重视发展绿色、有机产业, 着重发展黑米有机生产种植, 90% 以上黑米种植采用绿色有机栽培模式。2010 年前后, 随着黑帅等优质糯性品种的育成及大面积推广和黑米深加工产业的发展, "洋县黑米"被国家质检总局命名为国家地理标志产品及 DB 61/T 1011—2018《地理标志产品洋县黑米》的发布, 尤其是 2018 年洋县县政府打造"洋县黑米"区域公用品牌, 大力促进了黑米生产, 使洋县的黑米生产种植面积逐年扩大, 2022 年种植面积约 4 333 hm², 其中有机黑米生产占 90% 以上。

目前, 洋县黑米生产多以专业合作社、种粮大户、高素质农民、企业自主生产、订单生产等方式集中统一生产种植。约 40% 的黑米作为食品工业原料（如生产黑米酒、黑米醋、黑米茶、黑米食品等）被利用, 其余 60% 左右作为直接蒸煮食用的稻米进入省内外粮食交易市场。目前, 汉中是全国为数不多的集黑米科研、生产、加工于一体的全产业链生产基地之一。

（二）陕西特种稻地方种质资源

水稻种质资源在生产和育种实践中具有不可替代的作用, 特种稻育种尤其是功能性稻米良种选育对专用类型种质资源的依赖性更强。陕西的稻种资源数不多, 进入国家库的稻种资源共 526 份, 但其类型丰富, 别具特色, 这主要依赖于特殊的历史、地理和气候生态条件, 其中, 特种稻米资源约占总数的 25%, 包括有色米、香米和专用米三大类, 有色米包含有黑米、红米、绿米和黄米 4 种。黑米类以洋县黑米为代表, 种植时间约千年以上, 民间古传为补血珍品, 此类包括汉中黑谷子、褒城黑谷等 10 个品种; 红米以安康平利三粒寸为代表, 米色粉红, 糯性, 米粒特长, 有香气, 此类品种包括长安柳叶米、宝鸡红稻子、千阳桃花米等 96 个品种; 绿米以商南县红壳稻为代表, 米色成熟后为浅绿色, 米质优良; 黄米以洋县香米为代表, 米色浅黄, 香气宜人, 米质优良, 此类品种较少; 香气类品种较多, 如黄坝驿香米等, 大多米质优良; 疗效型的品种有红毛粘、红花稻、红须粘等 5 个品种, 民间验方认为这些品种有治疗肝炎的作用。这些丰富的特种稻资源大多是种植历史久远的地方高秆品种, 但它们为现代品种的改良提供了优异的种质基础。

（三）陕西特种稻生产中的主要应用品种

地方品种中的特种稻都是高秆类型, 如洋县黑谷株高在 150 cm 以上, 易倒伏, 产量水平很低,仅 3 200 kg/hm² 左右。1977 年,陕西省农业科学院和洋县农场的科技人员在洋县地方品种黑谷中发现矮秆黑稻米变异株,从中选育出矮秆黑糯米新品种秦稻一号,于 1985 年 12 月通过品种审定,陕西省水稻研究所从中定向选育出黑心、糯性、增产效果显著的矮秆黑米新品种汉中黑糯,这两个品种单产 4 500 kg/hm²,比高秆黑谷品种增产 208% 左右,株高 95 cm 左右,1982—1989 年在陕西大面积推广,实现了陕西省黑稻米品种的第一次更新换代。1988 年,陕西省水稻研究所从引种材料中系统选育出高产、抗病、矮秆黑米新品种黑糯二号,替代秦稻一号、汉中黑糯等感病品种在陕西大面积推广,一般增产 10% 以上;洋县农场的科技人员通过系统选育方法选育出了粳型黑米新品种洋县黑香粳糯,通过辐照诱变方法选育出了籼型矮秆红米新品种洋县红香寸,这两个品种均于 1991 年 12 月通过陕西省品种审定,其中洋县红香寸曾作为红米主栽新品种在陕西推广种植;1999 年洋县黑米名特作物研究所成立,选育出了黑粳稻新品种秦稻二号,于 2000 年 1 月通过陕西省品种审定委员会审定。

1989—1993 年,以黑糯二号为主、搭配种植洋县黑香粳糯和秦稻二号,完成了陕西省第二次黑米品种的更新换代。

陕西省水稻研究所科技人员 1993 年通过复合杂交方法,从杂交后代中定向选育出黑心、糯性、易蒸煮、增产显著、高抗稻瘟病的矮秆黑米新品种黑丰糯,从广东省农业科学院引进抗病、高产黑黏米新品种黑优占。这两个品种一般单产 7 000 kg/hm²,比黑谷推广品种黑糯二号增产 15% 左右,两个品种均于 1993 年 8 月通过陕西省品种审定委员会审定,1992—2007 年在陕西大面积推广,实现了黑稻米新品种的第三次更新换代。

目前,陕西省的主栽黑稻米品种为陕西省水稻研究所选育出的黑籼糯米品种黑帅,搭配品种为浙江省选育出的黑粘稻品种黑宝,这两个品种一般单产 7 500 kg/hm²,均表现品质优异,高产抗病抗倒伏。其中,黑帅属籼型糯稻,其糊化温度低,胶稠度软,食用蒸煮品质优良,经数年食用,显著较其他黑米品种易于蒸煮,口感软滑爽口,特别适宜于做元宵、醪糟、黑米八宝饭、八宝粥等糯米食品,也是酿造黑米酒、黑米稠酒的上乘原料品种,其外观品质甚优,集黑优粘的油黑和黑丰糯的墨黑为一体,糙米胴体全黑且富有光泽。据陕西理工学院的检测结果,其黑米色素为 2.86 E,居供测试的国内 15 份知名黑米品种之首,按照 NY/T 832—2004《黑米》评价,其稻米品质可达一级。

黑帅和黑宝这两个优质高产品种于 2005 年开始在陕西大面积推广至今,共同实现了黑稻米新品种的第四次更新换代。黑帅因其丰产性、稳产性好,适应性广,稻米品质优良,黑米花青苷含量高等特点,已被引种至广东、广西、云南、贵州、湖北、湖南、安徽、重庆、四川等多省区市大面积种植,据不完全统计,该品种是我国目前推广种植面积较大的黑米品种之一。

一直以来,陕西省水稻研究所(汉中市农业科学研究所)一直致力于黑米的品种选育及研究,2022 年通过审定的黑米品种陕黑六号,黑米色素 E 实测结果 2.08,较对照黑丰糯 0.65 高 1.43;黑色度实测结果 96%,较对照黑丰糯 92% 高 4%;花青苷含量 0.91%,较对照黑丰糯 0.28% 高 0.63%。

(四)陕西省特种稻米栽培技术研究

特种稻与常规稻、杂交稻有许多共性,也有它独特的栽培技术要求与措施。特种稻追求高产,更注重稻米品质,因此其栽培技术以优质为核心,兼顾高产。

以黑丰糯和黑帅为试验对象,研究了不同插植密度对黑稻产量和主要经济性状的影响,结果表明,黑稻的亩产量随着亩插植密度的提高,伴随着亩有效穗增多而增加;逐步回归分析结果表明,对产量有明显影响的4个因素(亩插植密度、亩有效穗、每穗实粒数、千粒重)中,亩插植密度、亩有效穗对产量有显著促进作用;进一步通径分析表明,亩有效穗数对产量直接作用最大,亩插植密度次之。因此,在黑稻栽培中要通过插足基本苗,结合合理施肥,巧施穗肥及田间管理,促成22万左右的有效穗,实现高产。

黑米的外观品质(糙米黑色程度)是其商品品质、花青苷含量的重要体现,多年观察分析结果表明,发现黑米的黑色度与其灌浆结实期的气温有显著负相关性,为此开展了以黑帅为材料的播期试验,试验结果表明,在汉中气候条件下,4月10日播种,可于8月13日齐穗,其糙米黑色度达到95%以上,综合外观品质最好,分析其原因为:灌浆结实期避开了汉中的高温时段,其间平均气温相对较低(25.3℃),平均相对湿度较高,因此,在汉中地区,黑稻的最佳播种期在4月10日前后,使其齐穗期在8月10日前后,可以避开汉中7月底至8月初的高温时段,使其灌浆结实期处于较为适宜的温度、湿度和良好的光照生态条件下,生产出外观品质优异的优质黑米。

五、陕西特种稻米产业开发概况

陕西的特种稻产业开发是以黑稻米和红稻米为代表的食品加工产业,经历了由最初大量大包装出售稻米,发展到小包装、精包装特种稻米、五彩米销售,随着黑米的高营养、高保健食疗价值的发现而朝着深加工和精细加工提取营养精华的方向发展。

陕西早期的黑色食品龙头企业为陕西秦洋食品饮料有限公司,1984年该公司的科技人员李天刚带领的团队对民间黑米酒的酿造技术进行了深入的调查研究,在继承传统发酵工艺技术的基础上,结合现代生产工艺,实现了黑米酒的工业化生产,使黑米酒生产发展进入了新的历史阶段。李天刚、翟映雪研发成功的黑米酒工艺技术,属国内首创,获国家专利,朱鹮牌黑米酒1993年被外交部指定为驻外领事馆招待用酒,黑米养生酒系列产品1994年获卫生部全国保健食品名牌产品奖。

陕西黑色食品龙头企业陕西朱鹮黑谷酒业有限公司的产品已先后通过了QS认证、出口产品卫生注册证、ISO质量体系认证、HACCP食品安全体系认证、中国有机产品五大类认证。目前,该公司的朱鹮黑米酒、黑谷酒是中国黄酒行业中的第一支有机酒,号称"中国的第五种酒",2010年—2011年,朱鹮牌黑米酒获得陕西省名牌产品称号。15年来,陕西省各特种稻米类食品在历次国家优质名牌产品的评比中获得各种奖牌荣誉称号近百项,产值过亿元,由此标志着陕西特种稻加工业的产业化已基本实现。

陕西双亚有机农业集团有限公司是国家级农业产业化重点龙头企业。公司采用

"农户+合作社+企业"的模式，年发展黑米种植基地约 2 300 hm^2。公司主导产品有有机黑米、有机五彩米、黑米茶、黑米糊、黑米锅巴、黑米巧克力、黑米酵素等七类69个单品。公司有年生产18 000 t的黑米五彩米生产线、年生产1 800 t的黑米茶生产线、年生产1 500 t的黑米粉生产线及黑米锅巴、黑米巧克力、黑米酵素等黑色食品生产线。公司申请以黑米茶为首的发明等专利26项，双亚、周大黑商标均获得陕西省著名商标称号，年销售额达1.6亿元。

目前，陕西省已逐步形成了以黑米、红米为主体原料的食品、酒饮工业群体，产品有黑米酒、桃花米养生酒、黑米稠酒、黑米茶、黑米醋、黑米粉丝、黑米粥罐头和黑米巧克力等系列产品，黑米酒系列产品的年产规模达10 000 t以上，其中有机酒3 000 t以上，现有黑米食品加工企业15个，拥有固定资产5亿元以上，从业人员3 600多人，取得了显著的社会效益和经济效益。

由于有色稻米集天然色、香、味和显著的营养疗效为一体，其产品发展将走向类型多样化、保健功能明确化、食用形式方便化，符合未来食品市场的需求，可以相信，随着特种稻生物科学和食品科学的不断发展，陕西特种稻米产业将会为人类的健康作出新的贡献。

六、陕西特种稻米及其产业开发展望

有色稻米的颜色性状是受遗传控制的，在各个稻区都可种植，但其特异品质却受到气候、土壤和水质等自然条件的极大影响，因此适宜优质黑米、红米种植的产地却不多，陕南汉江、月河流域的川道盆地和关中渭河流域是优质特种稻的产区之一，如黑米品种黑优占，在陕西汉中和安康种植米色油黑，而在广东、湖北种植后外观呈红褐色。陕南生态环境条件优越，特别适宜发展绿色和有机类特种稻米生产。

汉中已建立国内最大的优质特种稻原料生产基地，基地生产条件优越，农户普遍掌握了特种稻的优质高产栽培技术，有陕西省水稻研究所、洋县黑米名特作物研究所等科研单位强有力的科技支撑，还有县、乡各级农技推广中心的栽培技术指导，因此，特种稻的规模生产优势显著。尽管这些年种植业受加工业萎缩的影响，特种稻种植面积有所下降，但随着食品工业科技创新及有关产品的技术升级并获得稳步发展，特种稻的规模生产优势将会持续产生显著的经济效益。

花色苷类物质除了赋予植物丰富的色彩外，还具有显著的抗氧化、抗炎、降血脂以及抑制肿瘤生成等生理功能，引起食品和医疗保健行业的高度重视。随着黑色食品的兴起以及黑米花青苷色素的精细化、工业化生产和应用的实现，食品工业对黑米花色苷的需求量将会日益增加。因此，开展黑稻中花色苷种类的组成分析、花青苷的药理学研究、黑米花色苷工业化生产技术及稳定性等方面的研究就显得十分重要。由于食品中常用人工合成色素的安全性越来越多地受到人们的关注与摒弃，花色苷作为一种安全、营养的天然色素，在食品工业中展示出广阔的应用前景。目前，陕西理工学院李新生教授的科研团队在上述领域已取得了突破，先后完成了"黑米色素分离纯化及工业化生产技术研究""黑米花青苷胶囊研制与中试生产""黑米花青苷提取工艺条

件优化""酒体中黑米花青苷的稳定性研究"等高新技术研究项目，随着这些科技成果的开发应用，陕西特种稻产业将会进入技术创新的历史性发展阶段。

七、陕西特种稻栽培技术

（一）黑米红米优质高产栽培技术

黑色稻米、红色稻米与常规水稻、杂交水稻有许多共同的栽培技术和原理，还有它独特的栽培技术要求与措施。生产上不但要求高产，更要注重稻米品质。因此，其栽培技术以优质为核心，兼顾高产。

1. 选用优良品种

目前，陕西的黑米、红米都是常规水稻品种，有籼、粳、黏、糯4种类型。黑米品种主要是迟熟类型，红米品种有中熟和迟熟两种类型。

糯性的黑米品种适宜做酿造黑米酒（黄酒系列）的原料，适宜做黑米汤圆、黑米八宝饭、黑米稠酒和黑米粥等，可选用品种有黑帅、黑丰糯和秦稻二号等；黏性的品种适宜做黑米粉条粉丝、黑米米粉、黑米米皮等，可选用的优良品种有黑优占、黑宝等品种。

糯性的红米品种适宜做酿造原料；黏性的品种适宜做红米粉条粉丝、红米米粉等，可选用的优良品种有红香二号、千阳桃花米和矮秆三粒寸等。

无论黑米品种还是红米品种的选择种植最好都要根据稻米加工企业、食品企业、收购企业商定并签订收购协议而定，避免盲目种植造成经济损失。

一般种植 1 hm² 黑稻米、红米需要准备常规种子 30 kg 左右，机插秧需要准备 45 kg 左右。

2. 适期播种培育壮秧

黑稻米、红稻米的播种期和育秧方式要根据品种和栽培稻区的气候条件确定。在汉中、安康种植尽量把抽穗期安排在8月上旬，此时两地的日平均温度在 23～32℃，利于黑米红米优质高产。

迟熟中籼黑米品种黑帅生育期长达 158 d 左右，故在汉中川道盆地种植应在4月初采用温室（或地池）两段育秧或薄膜育秧的方式早播，安康平坝种植可于4月初采用薄膜育秧的方式育秧，这样才能保证在8月上旬齐穗。

迟熟中籼红米品种红香二号生育期 152 d 左右，在汉中和安康川道盆地种植应在4月上旬采用薄膜育秧，能够在8月上旬齐穗。

中熟黑米品种黑宝，4月上旬在汉中薄膜育秧，在安康露地育秧能够在8月上旬齐穗。

中熟红香米品种千阳桃花米全生育期 145 d 左右，在关中稻区种植应在4月中旬采用薄膜育秧，在8月初抽穗。

3. 浸种催芽

黑米、红米种子较其他稻种吸水慢，因此浸种时间应比其他稻种长 1～2 d，操作上应在播种前晒种 1～2 d，除去空瘪粒和杂质，将种子先用清水浸泡 12 h，再用三氯异氰尿酸、乙蒜素（如咪鲜胺、强氯精）类药剂浸种 12 h 杀菌，冲净药液后再用清水浸种 3～4 d 每天换水一次），然后进行催芽，破胸后即可进行两段育秧或机插秧用盘育秧的播种，露地播种要求达到芽长半粒谷、根长一粒谷时为好。

4. 播种

按每亩秧母田杂交稻撒播 12～15 kg、常规稻 15～20 kg 芽谷的播量播种，然后用木模轻抹于泥下，以刚不见谷种为宜，上覆细灰粪。

5. 搭拱、覆膜

将 2.2～2.4 m 长的竹片按 50 cm 插 1 根，插成拱架型，中央拱高 50 cm，上覆膜且四周用泥压严保温即可。

6. 薄膜管理

播种至显青扎根期要严盖保温，促进萌发生长，晴天膜内温度高于 32℃时，应揭开膜的两端换气降温。如遇连续晴天温度上升，可部分揭开秧厢半边地膜，16 时后再将膜盖好，覆膜至 4 月下旬。

7. 秧田灌水

播种后畦面不上水，只保持畦面湿润，促进扎根。出苗后畦面上可放浅水，但不能较长时间淹水。畦沟晴天满沟水，阴天半沟水，雨天退干水，3 叶期前干湿交替灌溉。3 叶期以后保持浅水层促分蘖，插秧前一周灌深水，以利拔秧。遇持续低温寒潮天气，采取深水护苗和覆膜防冻等保温措施，防止秧苗受冻。寒潮过后慢退水，并于 16 时以后或阴天露水干后喷施多菌灵、敌磺钠防止立枯病和青枯病的发生。

8. 秧田追肥

秧苗 1 叶 1 心期，每亩秧田泼腐熟淡尿水 1 000 kg 或追施尿素 5～6 kg 作"断奶肥"，其后每隔 5～7 d 追施尿素 8～10 kg 促进分蘖的发生，插秧前 5 d 追肥尿素 3～5 kg 作"送嫁肥"。

9. 秧田除草

2 叶 1 心期用秧田净除草，以后可以采取人工拔除杂草的方法。

10. 合理密植

现有黑米、红米品种均为常规稻，分蘖力不强，栽插密度应比杂交稻适当密植，一般采取 26 cm×15 cm，穴插 8 苗左右。具体应该根据品种生育期、茬口、分蘖能力、植株高度、株叶形态、抗病抗倒性而定。采取机械化插秧时以 30 cm×12 cm 左右插植密度为宜，取秧量以每穴 4～5 苗有利于高产。

11. 施肥和水浆管理

施肥上应遵循有机肥和化学肥料配合，氮、磷、钾肥配合施用的原则，才能生产出具有良好外观品质、优良内在营养品质的黑米、红米。底肥一般每公顷施用农家肥 30 000 kg 左右、纯氮 75 kg、五氧化二磷 60 kg，在犁、耙田时混合后作底肥施用；插秧后 7 d 左右每公顷施用纯氮 75 kg、硫酸钾 60 kg，混合后做追肥均匀施入，其后一般不再施用氮肥。

由于黑稻谷、红稻谷的结实率和籽粒充实度普遍低于普通水稻，可在水稻破口期采取结合"两防一喷"（防稻瘟病、稻苞虫、叶面喷施磷酸二氢钾）。另外，每公顷每次用 0.2% 硼砂 1 500 g 兑水 750 kg 喷雾，提高结实率和籽粒充实度。

水浆管理要求浅水插秧，寸水换衣，浅水分蘖，苗够晒田，幼穗分化不断水，孕穗扬花灌深水，勾头散籽"跑马水"，稻谷黄熟落干水，以利优质高产。

12. 水稻病虫草害综合防控

推广"健身栽培 + 精准测报 + 物理防控 + 生物防控 + 科学用药"的病虫草害防控模式，突出抓好水稻重大病虫害的预测预报和防控。大力推广稻田养鸭、太阳能杀虫灯、二化螟性诱剂等防治虫害；选用高效低毒低残留生物农药进行病虫害防治，采用"统一组织、统一时间、统一农药、统一防治"为主的防治方式，及时防治螟虫、稻苞虫、稻飞虱、稻瘟病、稻纹枯病、稻曲病等。同时做好高温、暴雨等灾害性天气的防控，减少损失。具体防治方法详见第五章第二、第三节。

13. 收获晾晒

过早、过晚收获均会显著影响稻米品质和稻谷产量，因此，黑稻米应掌握在稻谷外观由黑转变为灰褐色时，红稻米应掌握在稻谷外观淡红色，谷粒变硬不易破碎的完熟期收获；当籼稻 85% 以上谷粒黄熟、粳稻 95% 以上谷粒黄熟时应及时收获。收获和晾晒时应注意预防混杂、稻谷霉变。晾晒时要避免暴晒，以免影响黑米品质。

（二）糯稻栽培技术

糯稻是水稻的一个群体种，糯稻稻谷加工成糯米。糯米是人们生活的辅助食品，又是酿酒和生产糯米粉、做糯米饭等的主要原料。特别是中国人喜欢 5 月端午吃粽子，正月吃元宵，陕西人喜欢吃醪糟、年糕、甜米饭等，其主要原料都是糯米。因此，发展糯稻生产，能改善人们生活，也是水稻生产适应市场的需要。

1. 选择优质高产抗病良种

优质糯米的米粒雪白，整精米率高。做元宵软黏、做粽子蒸甜饭黏软无硬心、熬粥易糊汤、做醪糟出酒多。

要选择适应当地生态气候条件的品种，例如在陕南平坝丘陵区全生育期 145 ～ 152 d 的品种，在关中全生育期 140 ～ 145 d 的粳糯品种如西糯 2 号，在陕北全生育期 138 ～ 142 d 的粳糯品种。

选择抗性好的品种。例如在陕南要抗稻瘟病和纹枯病，在关中要抗稻瘟病，易倒伏的品种不但稳产性差，而且不利于机械化收获，增加了生产成本。选择植株繁茂、分蘖力强、株型好、产量比较高的品种，这样种植效益才够高。职业农民进行专业化生产时还要注意能够实现机械化育秧插秧的品种，才能产生规模效益。在大面积种植时，最好与大米加工企业、大米贸易企业、食品加工企业等签订订单合同，以销定产，提高种植效益。

2. 培育适龄矮壮秧

糯稻育秧技术与其他水稻相同，培育壮秧技术详见第二章。注意根据品种生育期和茬口确定播种时间和育秧方式,在移栽前两天普防一次稻瘟病,以减轻大田发病的严重程度。

3. 大田管理技术

陕西省现在生产上使用的糯稻品种主要是常规稻,插植密度高于杂交水稻,一般每公顷插植陕南 19.5 万～22.5 万穴,关中 21 万～23.25 万穴,陕北 24 万～25.5 万穴,根据品种特性进行适当调整。施肥量相当于杂交稻的 80%,防止后期倒伏,注意收获后及时晾晒,防止霉烂。稻田管理与其他水稻相同。

第二节 陕西稻渔综合种养与水稻多作物栽培

一、陕西稻渔综合种养

(一)稻渔综合种养发展及推广

稻田养殖,又称稻田养鱼,是根据生态经济学的原理在稻田生态系统进行良性循环的生态养殖模式。近年来,经过不断的技术创新、品种优化和模式探索,中国的稻渔综合种养产业走出了一条产业高效、产品安全、资源节约、环境友好的发展之路,形成了一个经济、生态和社会效益共赢的产业链,成为中国农业绿色发展的有效途径之一。

中国是历史上最早进行稻渔综合种养的国家。"稻田养鱼"是一种农耕文化、是多民族经验和智慧的结晶,这种传统的生态农业方式达到"一水两用、一田双收"的粮渔共赢效果,具有显著的经济、社会和生态效益,因而被传承下来并在稻作区广泛传播,成为极富生命力的农业文化遗产。中国约有水稻田 2 440 万 km²,其中,在目前条件下可养鱼面积约 1 000 万 km²,但全国现在已养殖稻田面积仅占 1/10(约 100 万 km²),开发的潜力巨大。随着农业农村部提出加快推进农业供给侧结构性改革,大力发展生态循环农业,"一水两用、一田双收"的稻渔综合种养模式优势显著,日益焕发出新的生机,成为一种备受各方认可的新业态。李庆山(1995)认为,稻(鱼)田合理施肥,不但可以满足水稻生长需要,而且能够促进浮游生物的繁殖,为鱼类提供丰富的饵料,对水稻和鱼类的生长都有利。但是施肥过量或方法不当,会对鱼类产生毒害作用;相反,施肥不足和时间掌握不当,又对水稻生长不利。因此,掌握正确的稻鱼田施肥技术,既可解决稻田施肥与养鱼的矛盾,又可保证粮渔协调发展,达到增产增收的目的。施肥原则是施足基肥,减少追肥;以基肥为主,追肥为辅;以有机肥为主,化肥为辅。养鱼用的氮素肥料有有机肥(包括人粪尿、家畜禽肥、绿肥等)、碳酸氢铵、尿素、硫酸铵等,但稻鱼田施用时最好用碳酸氢铵和有机肥混合做基肥。

汉中位于陕西西南部,全市辖 9 县 2 区,总面积 2.72 万 km²,人口 386 万,北依秦岭,南屏巴山,坐拥汉江源头,市内河流密布,水资源丰富,气候温和,全市年均降水量 900 mm,渔业资源得天独厚,是陕西省降水量最多的地区和主要水稻种植区,根据汉中各县区《养殖水域滩涂规划（2017—2030年）》，全市宜渔稻田近26 667 hm²，具备发展稻渔综合种养的优越条件。杨永斌（2000）介绍，汉中市地处陕西省南部，北邻秦岭，南倚巴山，汉江横贯其中，气候温和，水资源丰富，水质清新，水利工程基础雄厚，农业灌溉条件优越。全市有稻田12.7万hm²，其中，两季田8.3万hm²，冬季田0.43万hm²，宜渔稻田2万hm²，人们从事稻田养鱼历史悠久。王震等（2013）介绍，陕西省安康市汉阴县位于陕西南部的秦巴山区，水资源丰沛，气候条件适宜，是陕西省传统主产水稻区，气候温和，雨量适中，气候条件符合工程化稻田养鱼要求。经过省市水产机构多年来的努力推广，曾从事这一项目的示范农户逐年增加，成为安康乃至全省稻田养鱼最为成功的县区，稻鱼双丰收，取得了较好的效益。

"蛙鸣蒲叶下，鱼入稻花中。"在唐诗中，很早就有描写稻田养鱼这一悠久生态农业生产方式的诗句，将当时农业稻鱼耕作的生动场景展现得淋漓尽致。汉中从事稻田养鱼历史悠久，考古发现表明，早在汉代，陕西和四川等地已普遍流行稻田养鱼。我国稻田养鱼最早见于东汉之前汉中勉县一带，而在塘库、陂池、冬水田中的人工养殖也多见于勉县出土的蜀汉墓中。1978年，勉县老道寺镇沙家庄发掘出土4座东汉墓，出土红陶水田与动植物模型，红陶水田模型尺寸长39 cm、宽22 cm、高3.5 cm，为典型的一稻一麦两季田模型，田中放置的鱼类等水生动植物当属人工放养。该文物现为勉县博物馆的镇馆之宝，它的发现推翻了历史上"中国稻田养鱼始于四川郫县"的1 700多年的观点，确立了"中国稻田养鱼始于东汉中期以前的陕西汉中勉县一带"的新观点，在国内外学术界产生较大反响。

党的十一届三中全会以后，为推动稻田养鱼的快速发展，陕西省政府把汉中作为全省发展稻田养鱼的重点，技术上大力支持，在汉中进行了稻田养鱼试验示范。为促进全省稻田养鱼的蓬勃发展，1983年、1985年"陕西省稻田养鱼经验交流会"均在汉中市召开，并在会上推广了汉中稻渔综合种养经验，推动了汉中稻渔综合种养的发展。稻渔综合种养面积从1983年小面积试验到1990年面积达4 000 hm²，产鱼430 t，占年度水产品总产量的79%。自2016年开始，农业部（现农业农村部）连续5年以文件、规划的形式明确支持发展稻渔综合种养，汉中市也积极响应中央规划发展稻渔综合种养。2019年陕西省稻渔综合种养现场推介会在汉中市召开，汉中市政府出台《汉中市推进渔业绿色发展的实施意见》（汉政发〔2019〕19号），有力地推动稻渔综合种养产业快速发展，种养面积从2016年100 hm²发展到2023年的7 067 hm²，种养规模位居陕西首位。

（二）稻渔种养产业现状

1. 产业分布及发展规模

2020年底，汉中市稻田面积8万hm²，其中适宜渔稻种养的田块近2.67万hm²。除宁强县、佛坪县外，其他9个县区结合本辖区实际均有新增发展计划，新增种养面积800 hm²，发展规模空前。主要分布在平川县区，受气候、地势和灌溉水源配套设施的影响，山区县零星分布；面积3.3 hm²以上成规模的经营主体有99家（表4–1）。

表 4-1 汉中市 2020 年稻渔综合种养基本情况

县（区）	面积（hm²）	模式	67 hm²（个）	33～66 hm²（个）	6.7～32 hm²（个）	3.3～6.6 hm²（个）
南郑区	685	稻鳅、稻虾、稻鳖、稻鱼、稻蟹、稻蛙、藕鱼	0	0	36	16
勉　县	235	稻鳅、稻虾、稻鱼、稻虾鱼	0	0	15	2
汉台区	213	稻鳅、稻虾、稻鳖、稻虾鱼	1	2	4	2
城固县	168	稻虾、稻虾鱼、稻蛙、稻鱼、稻鳖、藕鱼	0	0	11	1
镇巴县	99	稻鳅、稻鱼、稻虾鱼	0	0	2	1
洋　县	34	稻鳅、稻虾、稻鳖	0	0	1	2
西乡县	33	稻鳅、稻虾	0	0	0	1
留坝县	3	稻鳅	0	0	0	1
宁强县	1	藕鱼	0	0	0	1
合计	1 471	稻鳅、稻虾、稻虾鱼、稻鳖、稻鱼、稻蟹、稻蛙、藕鱼	1	2	69	27

到 2021 年底，汉中市稻渔综合种养总面积达到 3 526.6 hm²，水稻总产量 22 431.6 t、蔬菜总产量 4 216.5 t、水产品总产量 6 464.5 t，每亩平均水产 122.5 kg、产粮 450 kg。2022 年，汉中市持续加大工作力度量，强化服务指导，有力有序推进稻渔综合种养产业发展。全市稻渔综合种养面积总达到 5 616.5 hm²，覆盖 11 个县区 90 个乡镇 283 个村，涉及村集体经济、企业、合作社、家庭农场等经营主体达 365 个（表 4-2）。

表 4-2 汉中市 2022 年稻渔综合种养产业分布基本情况

县（区）	面积（hm²）	覆盖镇村数（个）		经营主体数量（个）					
		乡镇	村	小计	村集经济组织	企业	合作社	家庭农场	其他
汉中市	5 616.5	90	283	365	142	90	93	40	0
汉台区	988.7	9	30	29	1	8	10	10	0
南郑区	2 053.3	15	80	153	68	34	35	16	0
城固县	902.9	12	36	41	24	12	4	1	0
洋　县	369.7	11	35	29	19	5	1	4	0
西乡县	266.7	10	21	22	5	10	1	6	0
勉　县	803.3	14	51	57	19	7	31	0	0
宁强县	51.5	5	8	11	2	5	1	3	0
略阳县	13.0	2	3	3	1	2	0	0	0
镇巴县	156.6	6	11	12	0	7	5	0	0
留坝县	3.8	4	5	5	0	0	5	0	0
佛坪县	7.2	2	3	3	3	0	0	0	0

2. 主要技术和经营模式

稻渔种养模式主要以稻鱼型为主，逐渐发展为稻蟹型、稻虾型、稻虾蟹型、稻鳝型、稻鳅型。在发展稻田养殖多种水生动物的同时，还开展了稻田种植莲藕、茭白、慈姑、水芹等与水产养殖结合。由单品种种养向多品种混养发展，由种养常规品种向名特优新品种发展，从而提高了市场的适应能力。而且提出了水田半旱式耕作技术和自然免耕理论，使稻田养殖向立体农业、生态农业和综合农业的方向发展。李荣波等（2020）调研介绍昆明市稻渔综合种养模式呈现出从单纯"稻鱼共生"向稻、鱼、虾、鳅、蟹等共生的多种模式发展，已逐步形成稻鱼、稻鳅、稻虾、稻蟹4类典型模式。稻渔综合种养技术模式在各县区因地制宜，进一步本地化，区域特色明显。稻－鱼共作模式主要分布在寻甸、富民、禄劝、宜良、东川、石林、五华等县（区），已形成典型的"寻甸、富民稻鱼共作模式"，此模式是昆明市稻渔共生的主要模式；稻－鳅共作模式主要在晋宁区成功进行示范推广应用；稻－虾共作模式，在嵩明县进行稻田小龙虾试验示范，取得较好的收益；稻－蟹共作模式，在寻甸县进行稻蟹综合种养试验。

2020年，汉中稻渔综合种养技术模式主要有稻虾、稻鱼、稻鳅、稻虾鱼、稻鳖、稻蟹、藕鱼、稻蛙、稻鸭等9种生态种养方式，其中，以稻虾、稻鱼、稻鳅为主要模式，分别占比30.52%、21.82%、17.73%。除了藕鱼种植莲藕外，其他模式种植的水稻以优质米品种为主，有黄华占、宜香优2115、川优6203等，水产品种有台湾泥鳅、本地泥鳅、克氏原螯虾、澳洲岩龙虾、中华鳖、清溪乌鳖、中华绒螯蟹、牛蛙、鲫鱼、鲤鱼、草鱼等（表4-3）。经营模式则以"企业（合作社）+农户（贫困户）""企业+基地+农户（贫困户）""专业合作社+基地+贫困户""家庭农场+基地+贫困户"四大模式进行，通过"利益共享、风险共担"方式来实现小生产与大市场的有效对接。

表4-3 汉中市2020年稻渔综合种养技术模式基本情况

模式	面积（hm²）	种植品种	水产品种
稻虾	449	黄华占、美香占2号、竹香稻	克氏原螯虾、澳洲岩龙虾
稻鱼	321	黄华占、非优香占	鲫鱼、鲤鱼、草鱼、鲢、鳙
稻鳅	202	红优香稻、广州油占米、丰优香占、宜香优2115、川优6203	台湾泥鳅、本地泥鳅
稻虾鱼	3	黄华占	克氏原螯虾、鲢、鳙、鲫鱼
稻鳖	133	黄华占、甬优1540	中华鳖、清溪乌鳖
藕鱼	173	藕	鲫鱼、鲤鱼、草鱼、鲢、鳙、虾
稻蛙	124	黄华占	美国青蛙、牛蛙
稻蟹	59	黄华占	中华绒螯蟹
稻鸭	7	黄华占	麻鸭

到2021年底，汉中市融合多种产业发展模式，发展有稻鱼、稻虾、稻鳅、稻鳖、稻蟹、稻蛙等11种综合种养模式，其中仍以稻鱼、稻虾、稻鳅为主要模式，分别占48.74%、24.04%、8.03%（表4-4）。

表 4-4 2021年汉中市稻渔综合种养技术模式及县区分布情况

种养模式	涉及县（区）	种养面积（hm²）
稻鱼	汉台、南郑、城固、洋县、西乡、勉县、宁强、略阳、镇巴、留坝	1 718.7
稻虾	汉台、南郑、城固、洋县、西乡、勉县、镇巴	847.8
稻鳅	汉台、南郑、城固、洋县、西乡、勉县、镇巴、佛坪、留坝	283.1
稻蟹	汉台、南郑、城固、洋县、西乡、勉县	113.5
稻鳖	汉台、南郑、城固、洋县	76.1
稻蛙	汉台、南郑、洋县	103.5
稻蟾蜍	南郑、洋县	52.7
稻鸭	城固、西乡、洋县、城固	127.7
藕鱼	汉台、洋县、城固、勉县、略阳、镇巴、留坝	171.7
藕虾	汉台、洋县、宁强	9
藕蛙	南郑、洋县	22.7
稻鱼、稻虾、稻鳅、稻鸭、稻蟹、稻蛙、稻鳖、藕鱼、藕蛙、藕虾	汉台、南郑、城固、洋县、西乡、勉县、宁强、略阳、镇巴、留坝、佛坪	3 526.6

到2022年第四季度，稻渔综合种养产业发展规模逐渐扩大，发展增加至稻鱼、稻虾、稻鳅、稻鳖、稻蟹、稻蛙等13种综合种养模式，其中，稻鱼、稻虾、稻鳅、稻蟹、稻蛙、稻鸭为主要模式，分别占52.9%、20.39%、4.93%、2.62%、2.74%和2.89%（表4-5）。

表 4-5 2022年汉中市稻渔综合种养技术模式及县区分布情况

县（区）	面积（hm²）	稻虾	稻鱼	稻蟹	稻鳅	稻鳖	稻蛙	藕蛙
汉中市	5 616.5	17 183	44 570	2 212	4 156	1 611	2 305	480
汉台区	988.7	8 326	3 105	460	60	241	530	300
南郑区	2 053.3	4 706	15 261	817	3 156	1 300	1 520	100
城固县	902.9	1 095	9 498	710	20	20	0	0
洋县	369.7	436	3 656	50	150	30	60	80
西乡县	266.7	300	3 525	25	100	0	0	0
勉县	803.3	2 300	6 458	150	530	0	170	0
宁强县	51.5	0	732	0	15	0	25	0
略阳县	13.0	0	135	0	0	0	0	0
镇巴县	156.6	20	2 134	0	60	20	0	0
留坝县	3.8	0	8	0	15	0	0	0
佛坪县	7.2	0	58	0	50	0	0	0

3. 稻渔品牌建设情况

目前，汉中市稻渔综合种养经营主体达到 341 个，但本地稻渔产品品牌刚刚起步，产品附加值不高，特色不足，而且主要是水稻品牌，水产品品牌屈指可数。根据不完全统计，汉中地区稻渔综合种养注册品牌共有 12 个，其中大米品牌 7 个，水产品品牌 4 个，公用品牌 1 个（表 4-6）。

表 4-6 汉中市稻渔品牌基本情况

持有人（运营企业）	种养模式	大米品牌	水产品品牌
汉中市农业绿色产业发展协会、陕西味见汉中公用品牌运营有限公司	农产品区域公用品牌	味见汉中	味见汉中
汉中恒丰元生态农业发展有限公司	稻+鳅	褒渔谷道	无
镇巴县红娃农牧开发有限公司	稻+鱼	赤南大米	无
汉台区国柱种养殖专业合作社	稻+虾、稻+蟹	刘堡村、汉渔	汉江鲜
汉中市聚丰种养殖专业合作社	稻+虾	汉水嫁莛	无
西乡县利民科技农业粮油专业合作社	稻+鱼、稻+鳅	汉鑫源	无
新集康源甲鱼专业合作社	稻+鳖	无	培全甲鱼、汉水甲鱼
南郑花英家庭农场	稻+鳅	稻鳅米	无

为了打造汉中当地特色品牌，随后又培育了汉台汉渔虾稻米，南郑花英稻鳅米，勉县稻鳅香米、西乡稻鸭米、稻鱼米等稻渔米品牌。举办捕捞节、小龙虾美食节、丰收节、插秧体验暨品鉴等活动，结合汉中最美油菜花节、千亩荷花观赏等旅游业态，推进产业融合发展，稻渔产业正逐步向组织化、规模化、标准化、品牌化、产业化高质量发展。

4. 稻渔种养经济效益

稻渔综合种养是在传统稻田养鱼基础上逐步发展起来的一种现代农业生产新模式，是将水稻种植技术与渔业生产技术相结合的一种现代生态循环农业生产方式，具有稳粮、促渔、提质、增效、生态等多方面功能。据核算，汉中市常规稻谷价格 2～3 元 /kg，稻田综合种养的稻谷价格 4～6 元 /kg。单一种植水稻，汉中以产量 9 000 kg/hm²、稻谷销售价 2.4 元 /kg 计算，收入 21 600 元 /hm²，扣除种子、肥料、人工、农机等费用 11 700 元 /hm²，年平均纯收益为 9 900 元 /hm²；进行稻渔综合种养后，稻谷产量 7 500 kg/hm² 左右，比单一种稻产量略有减少，但稻米价格翻番，加上鱼的增收，平均增加收入 30 675 元 /hm² 以上（表 4-7）。

表 4-7 汉中市 3 种主要稻渔种养模式经济效益

模式	产量（kg/hm²）		收入（元/hm²）		成本（元/hm²）			利润（元/hm²）
	水稻	水产品	水稻	水产品	苗种	饵料	人工及其他	
稻+虾	7 500	2 250	37 500	90 000	32 550	15 750	19 200	60 000
稻+鱼	7 875	4 875	39 375	87 750	23 400	9 000	64 050	30 675
稻+鳅	7 500	5 400	37 500	108 000	23 550	31 800	20 700	69 450

注：水稻产量以平川区产量计算，稻+鱼中水产品按草鱼计算；计算基数：田间工程折旧 2 700 元/hm²、水稻稻米价格 5 元/kg，秧苗 1 050 元/hm²，水产品售价小龙虾 40 元/kg、泥鳅 20 元/kg、草鱼 18 元/kg。

（1）经济效益　稻渔综合种养是对稻田实施工程化改造，构建稻渔共作系统，通过规模开发、产业经营、标准生产、品牌运作，实现水稻稳产、水产品新增、经济效益提高、农药化肥施用量显著减少的一种生态循环农业发展模式。

勉县褒城镇邹寨村村民张恒从 2016 年开始不断进行稻鳅综合种植养殖模式探索，已经发展稻鳅综合种植养殖产业田 33.3 hm²，水稻平均产能达 475 kg/亩，泥鳅平均产 375 kg/亩，均纯利润可达 3 100 元/亩，是常规稻田亩均利润的 6 倍。王心华（2023）对汉中市南郑区稻渔综合种养发展情况进行调研发现，稻渔养殖亩产值达 10 000 元，平均产值 8 000 元。稻渔综合种养不仅可以产出优质水产品，还可以生产高品质的大米，亩均效益可达 2 000～3 000 元，比单纯粮食种植亩均增收 1 800 元以上。王晨（2018）对多家稻渔种养农场效益进行分析结果表明，与常规水稻单作农场相比，稻鱼种养型农场的水稻产量表现为增产或稳产效应，同时产出一定数量水产品，平均水产品产量为（1.19±0.08）t/hm²。稻鱼种养型农场氮肥平均投入为（128.40±8.03）kg/hm²，比水稻单作模式平均减少 33.63%；农药平均投入（6.21±0.62）kg/hm²，比水稻单作模式平均减少 59.73%。稻鱼种养型农场总经济产出平均为（6.98±4.12）万元/hm²，不同模式间差异较大；与水稻单作经济产出（2.60±0.34）万元/hm² 相比，稻鲤、稻鳖、稻虾、稻蟹和稻鳅总经济产出分别增加效益 205%、78%、156%、710% 和 480%。稻鱼种养型农场总投入产出比为 0.47±0.16，显著低于水稻单作模式总投入产出比 0.66±0.17。李荣波等（2020）调查发现，2016—2018 年昆明市稻渔综合种养推广应用 2 700 hm²，经济效益明显，稻田鱼产量 1 604 116.7 kg，产值 8 178.46 万元，水产品平均售价 50.98 元/kg，高于同类市场价格；稻谷总产量 25 981.82 t，产值 13 299.28 万元，稻谷平均价格 5.12 元/kg，高于常规种植市场价格的 42%，经济效益明显。昆明市稻渔综合种养示范推广应用面积在不断增加，稻谷和水产品量随之增加，销售价格高于同类产品的市场售价，说明稻渔综合种养农副产品受到消费者的青睐，稻渔综合种养有较好的市场前景。邓正春等（2021）调查稻虾、稻鱼、稻鳖、稻蛙种养等种养模式每公顷较单作水稻增收 1.66 万元。增收原因是鱼类粪便和下沉饲料为水稻提供了优质肥料，使化肥用量减少；同时，鱼类可吃掉部分害虫和杂草，使农药、除草剂用量减少。因此，稻渔生态种养减少了农药、化肥、除草剂用量，种养环境近似野生，稻米和鱼类品质得到提升，产品价格提高、效益增加。李丽华（2018）研究发现"稻虾共生"模式的效益较高，达到 46 350 元 /hm²（第一年为 10 350 元 /hm²），其综合效益约为传统水稻种植的 10 倍。其中，水稻纯利润（按普通水稻价格计算）为 4 350 元 /hm²，略低于传统水稻的平均效益，但"稻虾共生"模式所产水稻可按绿色甚至无公害食品进行销售，售价远高于市价；另外，小龙虾养殖净利润较高可达 42 000 元 /hm²（按 30 元 /kg 算）。曹志强等（2001）的北方稻鱼共生试验结果表明，稻鱼田稻谷产量略增。能量产投比和光能利用率分别比对照高 0.08% 和 0.1%，土壤有机质高 0.24%，纹枯病发病率低 3.8%，纯收入增加 90.0 元 /hm²，表现出良好的共生效应。张东江（2003）介绍，工程化稻田养鱼曾是农业部确定的重点农业推广技术，自 1996 年全国工程化稻田养鱼现场会议以来，全国工程化稻田养鱼迅猛发展，已经成为农村经济发展新的增长点和农业产业结构调整的切入点，产生了显著的社会效益、经济效益和生态效益。陕西省具有发展工程化稻田养鱼较好的基础和条件，是解决问题的有效措施。王西耀等（2019）等曾开展稻田生态养鳖示范。示范池面积 10 亩，共产水稻 5 392 kg、鳖 2 103 kg，产值 52.6 万元，利润 16.98 万元，取得了良好经济效益和生态效益。

（2）生态环境效益　稻渔综合种养实现了"一水两用，一田多收"，水稻为鱼提供栖息场所，鱼粪便为水稻提供所需营养，同时摄食田间害虫卵、杂草等，减少农药、化肥的施用量，节约了生产成本及劳力。经当年及以往多年的示范样板监测，平均可减少 30%～50% 的农药、化肥施用量。邓正春等（2021）实施稻渔综合种养能够获得良好的生态效益。一是稻渔优势互补、共生互利。水稻为鱼类提供了活动场所和丰富食物，鱼类粪便及下沉饲料为水稻提供了优质肥料；鱼类活动使土壤活化，改善了土壤结构，同时又使肥料活化，利于水稻吸收，促进水稻生长发育。二是优化了农业生态环境。鱼类为水稻提供了优质肥料使化肥用量减少，同时可吃掉部分害虫和杂草，使农药、除草剂用量减少，且鱼类养殖一般不用或少用农药。据上海海洋大学、浙江大学研究，稻渔综合种养可减少 50% 以上的农药、化肥用量。因此，实施稻渔种养减少了农药、除草剂、化肥等用量，稻田面源污染减轻，种养环境优化，推进了生态循环农业发展。李荣波等（2020）介绍，稻渔综合种养，首先，可以减少化肥农药用量，有效控制农业面源污染。根据昆明市稻渔综合种养示范点近 3 年示范推广应用结果，全市加权平均减少化肥用量 21.1%，全市纯氮厌量按 15 kg/ 亩计算，减少纯氮用量 128 179.02 kg，相当于含氮量为 47.6% 的尿素 269 283.7 kg；全市加权平均减少农药用量 44.9%，化肥农药的减量效果明显，对控制农业面源污染起到积极作用。其次，可以减少病虫害的传播和杂草的滋生。稻田综合种养中鱼、虾等能大量摄食稻田中蚊子幼虫和稻飞虱等，可有效减少疟疾和血吸虫病等重大传染病的发生，稻渔活动和摄食可有效减少杂草的滋生，节省人力并减少农药的使用。王强盛等（2019）研究表明，稻田养殖的湿地作用明显，起到培肥土壤地力的作用。人类文明产生于河流灌溉的农耕区域，稻田是重要的人工湿地系统之一，在蓄滞洪水、补充地下水、气候调节和维护生态平衡中具有其他农业系统不能取代的作用；稻田湿地还具有净化污水的功能，因而有"地球之肾"的美誉，对生态系统的恢复和调节起到积极作用。稻鱼共生，水稻根系、鱼的活动和排泄物改善土壤结构，培肥田块肥力。吴明林等（2018）稻渔综合种养模式具有稳粮、增收、减肥、减药、增强抗灾能力、拓展产业链等优点，真正实现了"一田多收、一水两用、生态循环、高效节能"的农业可持续发展。

（3）社会效益　一是种稻养鱼，既可以收获相当数量的鱼产品（食用鱼或大规格鱼种），又可以在不增加投入的情况下促使稻谷增加一成以上。特别是发展稻田生态渔业，可以形成种养结合，具有"三增一节"的功能。二是帮助农民脱贫致富，稳定地区发展。稻田养殖，可让经济欠发达地区的部分农民摆脱贫困，让经济发达地区的部分农民走上小康。陕西省农业农村厅最新数据表明，全省稻渔综合种养发展势头良好，稻田综合种养面积达 1 960 hm^2 以上，精准带动 0.71 万贫困群众，户均增收 0.6 万元，为贫困群众脱贫致富发挥了重要作用。汉中市勉县褒城镇邹寨村是汉中市出了名的贫困村。2016 年，张恒在自家 0.4 hm^2 稻田中进行稻鳅综合种养模式探索试验，当年获利 1.6 万元。初尝成功喜悦，增强了他继续发展壮大的决心。2017 年，张恒注册成立汇诚生态种养殖专业合作社，合作社面积 24.3 hm^2。在他的带动和帮助下，本村贫困户邹东君也组建了东兴种养殖专业合作社，发展稻虾综合种养。三是推进西部渔业开发。稻田养鱼在西部渔业开发中占有重要地位。据 1998 年的资料，西部稻田养鱼的面积占全国稻田养鱼面积的比例达 44% 以上，来自稻田的水产品产量占西部地区养殖水产品总产量的 20%。发展稻田养殖，有利于西部地区的食物安全保障，有利于农民增产增收，有利于集雨抗旱，保持水土，保护生态环境，实施持续发展战略。四是有利于农业结构的调整。广大农村把规范化稻田养殖与扶贫工程、商品粮大县建设、农田水利基本建设、小型农田水利建设、中低产田改造、"菜篮子"工程等结合起来，加大稻鱼工程建设的力度，推动农村产业结构的优化。随着脱贫攻坚战和乡村振兴战略的顺利推进，稻渔综合种养已成为农业产业结构调整、稳粮增效、农民脱贫致富的有效渠道。李荣波等（2020）调研指出，稻田综合种养与农耕文化结合，促进了第三产业的发展。稻鱼综合种养为社会提供了优质安全的农产品，有利于推进农业供给侧结构性改革；同时，促进当地旅游业和餐饮业的发展，搞活经济，增加就业机会。宜良马蹄湾的稻田创意农业每年吸引 10 万以上人次前来旅游观光；寻甸、晋宁和五华等地举办的"栽秧节""摸鱼节"和"鱼米节"吸引游客上万人次参与和观光，推动了乡村旅游和农耕文化的发展。齐庆等（2022）介绍稻渔综合种养企业为周边 120 余户农户提供技术咨询和支持服务，并且基地提供大量的长期就业岗位，总计可以解决 40 余户的就业情况，带动 45 户贫困户脱贫。邓正春等（2021）指出，稻渔生态种养具有稳粮促渔的作用，符合农业供给侧结构性改革的要求，促进了种植业和水产业的有机结合；同时稻渔生态种养符合资源节约型社会发展要求，提高了稻田和水体利用率，实现了田水两用。实施稻渔综合种养使产品质量提升，市场竞争力增强，对提升消费者生活水平具有重要作用。推广稻渔综合种养使生产效益提升，有利于农民增收、乡村振兴和社会主义新农村建设。

(三）稻渔综合种养技术要点

1. 品种选择

选择已经过国家审定的品种，并且稻米品质达国标Ⅱ级以上的优质迟熟高产品种。选择水稻叶片开张角度小、茎秆粗壮、耐肥、不易倒伏、分蘖力较强、成穗率高、结实率高、抗逆性强、株型适中的紧凑型品种。例如黄华占、川优6203、竹香稻等都是比较适合开展稻渔综合种养的水稻品种。

2. 适期播种，培育壮秧

稻田综合种养的稻田不能直播，除草施用会造成药害，不用除草剂会造成草害；手栽秧苗大，有利于鱼类进田共生但用工比较多；钵苗毯状机插等新型高效移栽技术是方向。陕南手插秧在3月下旬或4月初播种，栽插秧龄35 d左右为宜。播量1 kg/亩左右，培育多蘖壮秧。机插秧在4月中下旬播种，播量2.5 kg/亩左右，常规种如黄华占，每盘播芽谷种100～110 g，备育25～30盘秧，杂交稻种每盘播芽谷种90～100 g，备育20～25盘秧，要求播种准确、均匀、不重不漏。进行精细管理，秧龄30～40 d，苗高17～25 cm，茎基宽≥2.0 mm，白根数≥10条即可机插。

播种前确保施足基肥，一般秧田使用40 kg/亩的复合肥作为基肥，移栽前4～7 d追施尿素8 kg/亩作为"送嫁肥"，并带药下田，手插秧苗移栽时带蘖2～3个。

3. 合理施肥

种养稻田施肥应坚持"以有机肥为主、无机肥为辅，重施基肥、轻施追肥"原则，总施肥量与常规大田水稻相比要减少30%以上。稻田底肥的施用要根据土壤肥力酌量考虑，一般施用有机肥300～400 kg/亩或腐熟粪肥400～600 kg/亩培肥水质，均匀撒在田面并用机器翻耕耙匀。追肥要根据前期稻田施肥和田间苗情酌情考虑，追肥最好使用复合肥或尿素，并注意施肥方法。穗肥用尿素3～4 kg/亩，苗叶浓绿的可不施。在晒田前后一般追施钾肥10～15 kg/亩，可壮秆壮籽，防止水稻倒伏。肥料的使用应符合NY/T 394—2023《绿色食品 肥料使用准则》和NY/T 496—2010《肥料合理使用准则》的要求。施肥方法参照NY/T 419—2014《绿色食品 稻米》执行，严禁使用对鱼类有害的氨水、碳酸氢铵等化肥。

4. 合理密植、插足基本苗

4月底至5月底移栽，如条件许可，最好尽早移栽，以增加水生动物在稻田里的共生期。稻田养殖鱼、虾、蟹、鳅等体型较小的水生动物可采用宽行窄株的方式，栽插规格为16.7 cm×33.3 cm；如果是养殖鳖、鸭等体型较大的动物就要采用宽窄行的方式，规格为16.7 cm×（20.0＋40.0）cm，东西向种植，有利于增加通透性和鱼类生长。同时还要适当增加鱼沟两边的栽插密度，充分发挥边际优势，弥补田间工程占地而减少的穴数。根据品种分蘖能力确定每穴插植株数，一般插1万穴/亩，每穴插5～7苗，保证6万～8万/亩的基本苗，机插密度14 cm×30 cm，每穴保证4苗以上，搭建好高产苗架。

5. 科学管水

要处理好稻鱼直接矛盾，根据水稻不同生长阶段的特点，适时调节水位。秧苗生长前期田水要做到薄水栽秧、活水返青，返青后水深控制在 6～8 cm，促进水稻分蘖；田间够苗后应及时晒田，注意选择连续晴天，保持水面比垄面低 10 cm 左右放水晒田。晒田宜时间短、轻度晒，不能完全将田水排干，水位降低到田面露出即可。晒田结束后，加深水位至 15～18 cm，满足逐渐长大的水生动物的活动和生长所需。

当水温达到 35℃以上时，应及时换水降温或适当加深田水，高温季节需每周换水一次，并注意调高水位。水稻收割前 10～15 d，降低田水，以环沟水面低于田面 10 cm 为宜，让水生动物集中在环沟内生活，全生育期每 10 d 左右排水露田 1 次，露田持续 2～3 d，养根壮苗，黄熟期及时落水干田。便于水稻机械收割。通过科学的水分管理，可以控制草害和部分虫害，减轻病害的发生，达到以水控草、以水控虫的目的。

6. 科学防治水稻的病虫草害水产类病害

病虫害防治参照《绿色食品　稻米》（NY/T 419—2014）执行，不得使用有机磷、菊酯类、氰氟草酯、噁草酮等对鱼类有毒害作用的药剂。遵循"以防为主，综合防治"方针，采用绿色防控措施综合防治水稻病虫草害，合理设置频振式诱虫灯和性诱剂、生物农药等措施控制病虫害，坚决不使用任何化学农药和植物激素。如确需施用农药，也要选用对口、高效、低毒、低残留的生物农药，严禁使用对鱼类高毒的农药品种。农药剂型方面，应多选用水剂或油剂，少用或不用粉剂，养鱼稻田一般不使用除草剂。施药时可适当加深田水，在施药时边进水边出水，以减少水中的农药浓度。水剂（乳剂）药在露水干后使用，施药时喷嘴横向或朝上，尽量将药喷在稻叶上，减少落在水中的机会。下雨或雷雨前不要喷洒农药，否则农药会被雨水冲刷进入田水中，既防治效果差，还容易导致鱼中毒。本区域重点防治纹枯病、稻曲病、稻瘟病、稻二化螟、稻纵卷叶螟等病虫害。水稻纹枯病和稻曲病用芽孢杆菌、井冈霉素等；用生防菌 LX-11（叶斑宁）、解淀粉芽孢杆菌 LX-11，防控细菌性基腐病和白叶枯病等细菌性病害；茶黄素对稻瘟病的治疗和预防作用比较强，防病效果要优于三环唑，同时可以兼治纹枯病。生态防治法如利用天敌生物控制害虫的为害，稻鸭共作田块对稻纵卷叶螟防效为 97.1%，对稻飞虱防效为 90.9%。水稻虫害防治可用氯虫苯甲酰胺等对鱼类微毒的农药。

水产类养殖及病害防治：水产养殖渔用饲料应当符合《饲料和饲料添加剂管理条例》和《无公害食品　渔用配合饲料安全限量》（NY 5072—2002）相关规定；要加强日常管理，每天认真巡塘，密切观察养殖品种的变化，做到"早发现、早诊断、早处置"。要贯彻"以防为主、防重于治"的方针，定期对养殖水体消毒，使用微生物制剂调节水质，增强鱼类抗病、抗应激能力。采用药物进行治疗时，所用药物必须严格遵守应当符合《兽药管理条例》和《无公害食品　渔用药物使用准则》（NY 5071—2002）相关规定，严禁使用禁用药物和滥用药物，并严格遵守休药期的规定，确保水产品质量安全。

7. 水稻及鱼类的收获

水稻进入黄熟期即可收获。水稻收割前 10～15 d，排干稻田的水，将水生动物赶至环沟，沟水面低于田面 10 cm，晾晒 3～5 d，即可进行水稻收获。水稻收获后，如水生动物已经达到上市规格，应及时捕捞上市；若未达到上市规格的，可加深稻田水位继续养殖，有池塘配套的农户可将水生动物转入池塘继续养殖，或与低洼冬闲田结合，可以延长水产品的上市时间，错峰上市。

二、陕西粮经二元高效栽培

一般有水稻–油菜、水稻–小麦、水稻–元胡、水稻–蔬菜（包括大蒜）、水稻–马铃薯等。

（一）水稻–油菜

在陕西二熟制地区，稻麦轮作是陕南一种普遍的农业种植方式。它是指在同一块土地上，轮流种植稻谷和油菜。这种轮作方式不仅有助于改善土壤中养分与水分的供应状况，控制杂草与病虫害的蔓延，还能提高土壤肥力，为后续作物生长提供良好的土壤环境。从而提高粮食作物的产量和改善产品品质。陕南稻油轮作区有 5.7 万 hm² 左右，占陕南水稻面积的 56.7% 左右，年度间因气候及油菜价格等因素略有增减。

1. 陕南稻油轮作区水稻油菜周年高产高效"1253"模式

2023 年，汉中市农业技术推广与培训中心（汉中市农业科学研究所）在陕西省农业农村厅的指导下，联合国家水稻产业技术体系、陕西水稻产业技术体系专家和油菜产业技术体系专家，立足汉中盆地发展稻油轮作区位优势，以稻油全产业链高质量发展为目标，着力解决粮油增产、农民种田得利，聚焦粮油综合生产能力建设，深挖稻油轮作发展潜力，以品牌赋能增效。通过合理搭配稻油品种、优化资源利用、统筹水肥一体化节本降耗、优化密度配置、构建高光效群体，集成稻油协同高产高效绿色生产技术，订单生产提升综合效益，实现稻油周年增产增效。首次探索总结形成了稻油轮作周年"1253"产业发展模式。该模式目标是每亩产 500 kg 稻米、100 kg 菜籽油，实现 5 000 元产值、3 000 元纯收益。此技术模式入选陕西省 2024 年农业主推技术。2024 年 3 月，该模式报送至农业农村部种植业司。

2023 年，稻油轮作"1253"模式在陕南 5 个示范县重点推广 1 000 hm²，其中示范县城固县林胜粮油专业合作社示范种植 66.7 hm²，水稻平均亩产 753.3 kg，加工大米 516 kg，每亩均产值为 4 100 元；油菜平均亩产 215.6 kg，加工菜籽油 92.7 kg，亩均产值 1 550 元；稻油轮作亩均产值达 5 650 元，亩均纯收入近 4 000 元。

稻油轮作"1253"模式必须聚焦核心要素，紧扣 3 个环节。一是确定品种组合、找准茬口衔接。做好水稻油菜品种组合筛选，紧扣高产播期和生育期，确保水稻油菜生产周期高效衔接，缩短窗口期，最大化利用光温资源，提高稻油单产。油菜要选用含油量高、抗病、生育期适中、适宜机械化的品种，水稻选用高产、优质、出米率高、抗倒伏、生育期适宜的品种，2023 年品种组合为邡油 777（油菜）– 黄华占（水稻）、邡油777（油菜）- 华浙优210（水稻）。"邡油777"含油量达到49.6%，并在全国单品推广位列第五位，2023年平均亩产215.6 kg（可产菜籽油92.7 kg），订单收购价为7.2元/kg，油菜亩产值为1 550元。华浙优210和黄华占米质达国标优质I级，机械种植生育期适宜与高产抽穗期气象条件耦合，2023年省级专家组测产，示范基地平均单产753.76 kg/亩，最高田块单产798.71 kg/亩，每亩可生产大米516.3 kg，产值为4 100元。以主推品种组合为核心，最大化利用光热资源。通过大量试验研究，水稻高产播期为4月5—15日；油菜育苗移栽高产播期为9月1—10日，直播高产播期为9月25日至10月5日。同时，为有效应对秋淋天气，按照40%比例育苗，确保油菜播栽在高产期。二是集成核心技术、紧扣周年高产。集成总结出水稻机械化种植"两增一控"高产栽培技术，增加基本苗2.0万～3.0万苗，杂交水稻、常规稻有效穗分别增加到20万左右和28万左右，适时控制无效分蘖，着力构建高产群体。油菜主推"一增三控332"丰产技术，直播基本苗达到3万株，控制草害、渍害和病虫害3种为害，每亩产量达到200 kg以上，为稻油轮作"1253"模式实践提供技术支撑。同时做好肥水管理周年一体化。水稻前肥后移增穗肥，油菜"一促四防"增钾肥，周年提高肥料利用率；水稻分蘖期开沟、后期湿润管理为油菜播种创造条件，油菜两段收获提早、水稻插在高产期。三是延长产业链条、品牌加持增效。以创品牌强效能为引领，采取订单种植+土地流转的方式，由新型经营主体和种植大户组织规模化生产，实行统一品种、统一管理、统一收购，从源头上确保大米和菜籽油的质量，同时加大品牌创建，增加优质稻米和优质菜籽油的附加值，实现质优价优、增产增收的可持续发展目标。

此项产业发展模式是实施粮油大面积单纯提升行动的重要支撑，可显著提高土地和粮油产业链效益，实现"一年多季""一田多收"，促进农业增效、农民增收，在陕南传统稻油轮作区具有较大生产潜力和复制推广价值。

2. 水稻 - 油菜轮作的优点

稻油轮作具有多个优点，主要包括改善土壤结构、提高土壤肥力、减轻病虫害、促进生态环境改善、实现耕地高产高效种植和农业可持续发展。

（1）改善土壤结构和提高土壤肥力　通过水稻和油菜的轮作，可以改善土壤的结构和肥力，因为不同的作物对土壤养分的吸收不同，这种交替种植有助于均衡地利用土壤中的养分，避免某些养分的过度消耗。

（2）减轻病虫害　水旱轮作（如稻油轮作）通过改变土壤的环境条件（干湿交替），可以有效减少土壤中的病原菌和害虫数量，从而降低病虫害的发生率。

（3）促进生态环境改善　稻油轮作不仅提高了农业生产的效率，还有助于生态环境的改善，例如，通过机械化收割秸秆还田，增加了有机质的积累，也减少了环境污染。

（4）实现耕地高产高效种植和农业可持续发展　这种种植模式不仅提高了单位面积产量，还通过优化种植结构和采用现代农业技术，如机械化种植和收割，实现了高效农业生产，同时也促进了农业的可持续发展。

此外，稻油轮作还与生态旅游相结合，带动了当地经济的发展，增加了农民的收入。

3. 水稻、油菜秸秆还田技术

随着传统农业向现代农业的转型，农业机械在农业生产各环节中不断投入，农业机械化水平不断提高，使农作物秸秆从原始的田间丢弃和焚烧处理逐渐开始向资源化利用发展，其中，机械化秸秆直接还田作为最直接、最低成本的利用方式，成为农业生产实现高效、循环、可持续发展的重要技术措施。

（1）水稻秸秆还田技术

技术流程：水稻机械化收割→秸秆切碎直接撒田→机械旋耕秸秆翻埋入田→大田整平、开沟→大田施肥→油菜机械化播种。

技术要点：秸秆还田时间，水稻收割时联合收割机直接将秸秆粉碎覆盖于地表，油菜田在9月底油菜播种时旋耕还田，小麦田于10月中旬播种前旋耕还田；秸秆还田量，秸秆还田量为全量还田，按照水稻平均亩产和水稻草谷比，水稻秸秆还田量为500～600 kg/亩；秸秆还田方式，以旋耕方式将秸秆翻埋入土，翻耕深度小于15 cm；秸秆还田长度，为提高秸秆腐解效率和播种质量，秸秆粉碎长小于10 cm，留茬高度越低越好，不超过30 cm。配方施肥，冬油菜田每亩施用纯N 12 kg、P_2O_5 7 kg、K_2O 6 kg；冬小麦田每亩施用纯N 12 kg、P_2O_5 6 kg、K_2O 6 kg。推广使用秸秆腐熟剂，为加快稻草腐解速度，可结合使用秸秆腐熟剂。每亩施用秸秆腐熟剂2 kg，为了便于操作，可与肥料拌匀撒于田间。

（2）油菜秸秆还田技术

技术流程：油菜机械化收割→秸秆粉碎直接撒田→灌水泡田→机械旋耕秸秆翻埋入田→大田整平→大田施肥→水稻机械化插秧。

技术要点：秸秆还田时间，油菜收割时直接将作物秸秆粉碎，于5月底至6月初水稻机械插秧前进行旋耕还田；秸秆还田量，秸秆还田量为全量还田，按照农作物平均亩产和草谷比，油菜秸秆还田量为300～350 kg/亩，小麦秸秆为280～330 kg/亩；秸秆还田方式，以旋耕方式将秸秆翻埋入土，翻耕深度小于15 cm；秸秆还田长度，为提高秸秆腐解效率和播种质量，秸秆粉碎长小于10 cm，茬高度越低越好，不超过30 cm。配方施肥，水稻季每亩施用纯N 12 kg、P_2O_5 6 kg、K_2O 7 kg。推广使用秸秆腐熟剂，为加快稻草腐解速度，可结合使用秸秆腐熟剂。每亩施用秸秆腐熟剂2 kg，为了便于操作，可与肥料拌匀撒于田间。

4. 稻－油轮作"1253"模式技术要点

稻－油轮作"1253"模式中水稻、油菜的栽培均为陕南主推技术。水稻栽培采用陕南水稻"两增一控"技术，即优化株行距，增加插植密度，增加基本苗，通过科学肥水管理、及时晒田等方式，控制最高苗数，抑制无效分蘖，提高成穗率，进一步增加水稻单产；油菜"一增三控332"丰产栽培技术，是指直播油菜密度增加到，创造适宜机械化收获的农艺条件，做好开沟排湿、病虫草害绿色防控，控制"三害"（湿害、病害、草害）发生，力争实现亩产200 kg高产目标。

（1）作业流程　水稻播种育秧→油菜秸秆还田与耕整田→插秧→田间管理→机械

化收获→油菜耕整田→油菜播种→田间管理→油菜机收。

（2）品种选择和茬口衔接　水稻宜选择当地推广的生育期适宜、品质优、日产量高、抗倒伏、抗病性强的主栽水稻品种，如黄华占、川优6203、华浙优210、香龙优2018、陕稻12号、泰丰优7号、羌穗100等；水稻育秧时间为4月中下旬，栽插时间为5月中下旬，收获时间为9月中下旬。油菜选择高产、多抗、偏早熟、适宜机械化的"双低"油菜品种，主推邡油777、汉油9号、陕油28、中油杂19、德中油339等，搭配庆油8号、秦油1618、大秦油888等品种。油菜播种时间为9月中下旬，收获时间为5月上中旬。

（3）水稻绿色高产栽培技术

适时播种、培育壮秧：播种期要综合考虑茬口、秧龄、品种和当地的气候条件。机插秧的秧龄一般为25～35 d，根据油菜预期收获时间倒推20 d左右播种。以高产出穗期在7月底至8月上旬、安全齐穗期8月20日和水稻品种播始历期（播种到始穗）为主要依据进行推算播种期。手插秧采用温室育秧、地池育秧或拱棚育秧为主，4月10日左右开始播种，每亩备种1 kg，做好秧田水分控制、防冻保温和秧田病虫害防治管理措施，培育成秧龄45～50 d、叶龄6～8叶、单株带蘖3～5个、清秀无病虫的壮秧。机插秧采用播种流水线播种，播种时间一般前茬油菜小麦田为4月20—25日，空茬田为4月10—15日，常规种如黄华占每盘播芽谷种100～130 g，杂交稻种每盘播芽谷种90～120 g。通过科学水分控制、追施尿素和病虫害防治管理措施，机插秧秧苗达到秧龄30～40 d，苗高17～25 cm，茎基宽≥2.0 mm，白根数≥10条，即可进行机插工作。

精细整地：油菜秸秆全量机械粉碎还田或半量机械粉碎还田，油菜收获后对残茬及时灭茬后整地。大田整地质量要做到田平、泥软、肥匀。通过旋耕机、水田驱动耙和打浆机等耕整机械将田块进行耕整，达到田面平整，全田高低差不宜超过5 cm为宜，田面"整洁"，无杂草杂物，无浮渣等，表土上细下粗，上烂下实。沙质土沉实1 d左右，壤土沉实1～2 d，黏土沉实2～3 d，保持浅薄水机插或手插。

抢时早插、增密增苗：汉中水稻高产插植期在5月15日至6月5日，在此期间抢时早插。手插秧拉绳定距，提倡采取宽行窄株或宽窄行插植，每亩插1.2万～1.4万穴，平均每穴插7～8苗，基本苗力争达到10万/亩以上；机械插秧亩1.5万～1.8万穴，平均每穴插4～6苗，基本苗达到6万/亩以上。在原有基础上增加密度2 000穴左右，增加基本苗1.5万以上。提倡3～4 m留操作道利于后期管理和开沟排水晒田。

测土配方、科学施肥：推广测土配方施肥技术，坚持稳氮、控磷、补钾、配微施肥原则，保证养分平衡，将水稻氮、磷、钾肥的施用总量控制在合理范围内，即氮（N）10～12 kg/亩、磷（P_2O_5）5～6.5 kg/亩、钾（K_2O）6～8 kg/亩、硫酸锌1～2 kg/亩。氮肥按6:3:1的比例分别做基肥、蘖肥、穗肥分次施入；磷肥、锌肥全部作底施，钾肥施用以60%作底肥，40%在晒田复水后作穗肥施入。积极推广水稻专用缓释肥一次性底施施肥技术。

及时晒田、控苗促穗：推广节水灌溉技术，大田水分管理采取肥促水调、间歇灌溉的方式。一般在6月20日左右总茎数达到目标穗数的80%～90%时及时退水晒田，控制无效分蘖，促进营养生长向生殖生长转化，构建高光效群体，促进大穗形成，增加籽粒数和千粒重。7月10日前及时复水，孕穗期至抽穗扬花期保持浅水层，勾头散籽后采取间歇灌溉，乳熟期以湿润为主，蜡熟期干干湿湿灌溉，以干为主，收获前7 d左右排水落干。

绿色防控、防灾减损：推广"健身栽培＋精准测报＋物理防控＋生物防控＋科学用药"的病虫害防控模式，突出抓好水稻重大病虫害的预测预报和防控。大力推广稻田养鸭、太阳能杀虫灯、二化螟性诱剂等防治虫害；选用高效低毒低残留生物农药进行病虫害防治，采用"统一组织、统一时间、统一农药、统一防治"为主的防治方式，及时防治螟虫、稻苞虫、稻飞虱、稻瘟病、稻纹枯病、稻曲病等。同时做好高温、暴雨等灾害性天气的防控，减少损失。

机械收获：全田95%以上的稻谷黄熟及时抢晴天采用联合收割机机械化收割，并机械烘干或晒干。

（4）精细整地开沟排湿　水稻收获后，及时清理秸秆、晾晒地块，尽早开沟，排除田间积水降低湿度，以利整地播种。播种前，及时翻耕或深松整地，按照沟距1.2～1.6 m、沟宽20～30 cm、沟深20～25 cm开沟作业，做到明水能排、暗水能滤。播种后整个生产季节持续整修排水沟，保障排水通畅。

（5）油菜绿色高产栽培技术　直播油菜高产播期9月20日至10月5日，亩播量200～250 g，每亩苗数达到3万株以上。受秋淋影响的地块，及时开沟散墒，播期不迟于10月10日。错过适播期的要增加播种量到300 g，密度增加到4万株，以密补迟。根据土壤墒情和土质，选择适宜的播种方式。一是浅旋开沟直播。将肥料均匀撒于田面，用机械浅旋并开沟，种子均匀撒于田中。二是免耕机械开沟直播。先将肥料和种子分别均匀撒于田面，然后每隔1.2～1.6 m用旋耕式开沟机开沟，使开沟旋出的土均匀抛洒到畦面。要求畦面宽度和抛土距离相配套，以便种子覆土均匀。三是机械精量直播。选用油菜精量联合直播机，一次完成灭茬、旋耕、开沟、施肥、播种、镇压6道工序，一次播4或6行，播幅1.5～2 m，播深1.5～2 cm，应注意选用高花轮胎，防止作业打滑。四是无人机飞播。前茬作物收获后进行秸秆还田，在施足底肥旋耕开沟后用无人机进行飞播或免耕施肥后进行无人机飞播。五是人工撒播。对于田间湿度大、不便于机械作业、缺乏无人机作业条件的田块，可进行人工开沟排湿后撒播。

科学施肥：一般每亩施纯N12～14 kg、P_2O_5 5～6 kg、K_2O 6～7 kg，对于配方肥里无硼肥的，每亩增施硼肥1 kg。将氮肥的60%、全部磷、钾、硼肥作底肥一次施入，1月20日前后追施腊肥，每亩施总氮的30%左右，在抽薹初期根据苗情亩施总氮10%的薹肥。推荐施用氮磷钾配比为25∶7∶8的缓释肥，每亩用量40～50 kg一次性作底肥施入。

杂草防控：播后24 h内选用封闭除草剂进行封闭除草，推荐用量和方法严格按照农药登记执行，土壤湿度大时用量少些，土壤干燥时用量大些。苗期杂草较多的田块针对油菜田杂草种类，选用适宜农药机械进行二次化除。禾本科杂草于油菜3～4叶期选择性除草，双子叶杂草于油菜7～8叶期后选择性除草；单双子叶同时发生的田块在油菜5～6叶期进行防除。

病虫害综合防治：在油菜初花期开展"一喷三防"，以防治菌核病为主，统筹兼顾苗期菜青虫和蚜虫防治。可结合油菜菌核病防控亩增施磷酸二氢钾250～300 g进行叶面喷施，防花而不实、防早衰、防高温逼熟，增加角果数和粒重。

机械收获：当全株2/3角果呈黄绿色、主轴基部角果呈枇杷色时，采用割晒机或人工割倒，后熟干燥后，用油菜捡拾收获机脱粒。目前，大力推广联合收获，当油菜籽完全脱水，角果呈黄褐色，成熟度达到95%以上时，选择联合收割机进行一次性收获。

侯秀峰（1986）提出推广水稻-油菜轮作制需注意的几个关键环节：选取早中熟高产油菜品种，积极推广"双低"油菜品种。提高油菜产量和品质，进一步提高经济效益和社会效益。改油菜移栽为板茬直播油菜移栽时费工多，季节紧，整地困难，与秋收秋种争劳力，为了解决这一问题，油菜播种期提早20 d左右，每亩省工9个左右，油菜直播冬前有效生长期长、无缓苗期，幼苗生长茁壮，壮苗越冬。油菜产量比耕翻移栽油菜增产15%～20%，成熟期提早3～4 d。水稻需选用高产良种，还需注意培育壮秧，腾茬后及早栽植，合理密植，确保粮油双丰收。张新龙（2022）以陕西省洋县为例介绍了当地水稻油菜种植机械化关键技术：水稻机械育插秧。技术流程：机械育秧（硬盘）→机械耕整地→机插秧→大田管理。油菜机械直播，水稻机械收获后→联合精量播种机（施肥、旋耕、播种、覆土一次完成）。

为有效预防洋县4月中旬频发的"倒春寒"天气对育秧成秧率的影响，同时满足机插秧对秧龄、苗高要求，确保安全齐穗，选择生育期在145 d左右的黄华占品种示范推广，采取拱棚覆盖塑料硬盘机械育秧播种及小拱棚覆盖塑料硬盘人工育秧技术相结合模式。4月上旬播种，每盘播谷种70～80 g。苗期实行水、旱交替管理，促根促壮，苗高控制在20～25 cm，秧龄25～45 d，5月上旬至下旬按要求整地施肥，及时组织好机插和大田管理。适宜机型选择油菜浅耕精播施肥联合播种机，一次性完成灭茬、旋耕、开沟、施肥、播种、覆土6道工序。油菜品种选择。选用高产、抗病、矮秆、抗倒、抗裂角、株型紧凑、偏早熟、花期集中便于机械收获的"双低"油菜品种，如邡油777、陕油28、宁杂11号、沣油737、油研52等。播种前5～7 d每亩用10%草甘膦水剂100 mL兑水50 kg均匀喷雾，杀灭杂草。配方施肥，重施底肥。机械直播时间及配套机具选择。适宜播期为9月20—30日。

5. 主要适宜推广地区

目前，陕西水稻-油菜轮作耕作模式主要分布在适宜机械化操作的陕南地区汉中、安康平川、浅丘陵地区。翟英等（2016）介绍陕南位于陕西的南部，包括汉中、安康、商洛3市，油菜生产主要分布于汉中、安康的平坝和浅山丘陵区，商洛的部分浅山区也有少量种植，但不具有代表性，所以，文中陕南特指汉中、安康地区。汉中、安康两地区的油菜种植面积在陕南的占比大约为60%和30%，两地区的气候类型相似，种植方式相近，均属于稻－油轮作两熟区。

6. 效益分析

（1）增加土壤养分，减少化肥施用量，提高作物产量　秸秆中含有农作物生长需要的氮、磷、钾、镁、钙等元素。秸秆还田后，加快秸秆资源的肥料化利用，可有效增加农田土壤养分，减少化肥施用量，实现作物稳产增产效果。机械化秸秆还田示范基地大田试验研究显示，2015—2019年连续4年秸秆还田后，小麦、油菜秸秆还田区水稻产量平均增幅分别为10.85%和15.30%，水稻秸秆还田区小麦、油菜产量平均增幅分别为11.50%和14.72%。

何杰等（2017）曾探究不同施氮处理对水稻油菜轮作区土壤氮素养分及作物产量的影响，并重点分析不同处理在水稻油菜轮作间的差异及原因。2014—2015年在成都市典型水稻油菜轮作区进行连续两年小区定位试验，试验处理包括不施氮（CK）、单施尿素（UR）、40%控释氮肥+60%尿素（40%CRU）和单施控释氮肥（CRU）。研究不同处理对水稻油菜轮作条件下土壤无机氮、酶活性、作物产量及氮素利用率的影响。相较UR处理，40%CRU处理能显著提高水稻生育中后期土壤无机氮含量；油菜蕾薹期到成熟期，土壤无机氮含量随控释氮肥添加量的增加而增大，40%CRU、CRU处理间无显著差异。各施氮处理相比，在作物生育前期UR处理土壤脲酶和蛋白酶活性最高。随生育期推进，添加控释氮肥处理土壤酶活性均高于UR处理，但40%CRU、CRU处理间差异较小。两季作物相比，水稻季土壤脲酶和蛋白酶活性整体均呈升高—降低的趋势，孕穗期出现峰值；而油菜季土壤脲酶活性随生育期发展逐渐降低，添加控释氮肥处理蛋白酶活性先升高后降低。水稻油菜产量均以40%CRU处理最大，两年水稻产量分别较UR处理增产597.04 kg/hm^2（2014年）和582.61 kg/hm^2（2015年），提高了7.50%～7.83%；油菜增产391.19 kg/hm^2（2014年）和378.49 kg/hm^2（2015年），提高了15.39%～16.70%。产量与构成因子的回归方程显示，水稻穗粒数和结实率与产量呈显著正相关，40%CRU处理穗粒数较UR处理提高15.17%（2014年）和17.72%（2015年），结实率提高4.49%（2014年）和4.44%（2015年）。油菜产量与每角粒数和总角果数相关性显著，40%CRU处理每角粒数最多，总角果数较UR处理两年分别增加8.98%（2014年）和13.80%（2015年）。施氮显著提高水稻油菜成熟期地上部分氮积累量，且均以40%CRU处理最大。相较其余施氮处理，40%CRU处理的水稻成熟期氮积累量提高了6.21%～21.83%（2014年）、6.51%～20.74%（2015年），油菜成熟期氮积累量提高了8.42%～24.74%（2014年）、9.39%～22.77%（2015年）。施氮处理能有效提高水稻油菜作物的氮肥表观利用率、氮肥偏生产力和氮肥农学利用率，且均以40%CRU处理最优，CRU处理次之。研究结论是添加控释氮肥的处理可有效改善水稻油菜生育中后期的土壤酶活性与氮素供应，显著增加水稻和油菜作物产量，提高氮素利用率。其中，控释掺混尿素处理土壤的氮素供应适宜，能有效促进作物对氮素的吸收利用，产量水平更大。

丁武汉等（2019）介绍，一次性施肥技术是指在作物根际附近只进行一次施基肥的新技术，具有简化施肥管理、降低劳动成本等优点，但其对环境的影响如氮素淋失等仍需进一步分析。以长江中下游地区典型的水稻 - 油菜轮作模式为例，设置了空白对照（CK）、农民习惯施肥（FP）、优化施肥（OPT）、一次性基施尿素（UA）、一次性基施控释肥（CRF）5 个处理，采用地下淋溶原位监测的方法，获取了不同处理下水稻 - 油菜轮作系统土壤 90 cm 深度处氮素（N）淋失特征，评估了一次性施肥技术对氮素淋失的影响，并综合分析了其经济效应。结果表明：油菜季和水稻季土壤渗漏液中氮素的主要形态不同，油菜季渗漏液中以 NO_3^--N 为主，水稻季渗漏水中 NO_3^--N 和 NH_4^+-N 各占约 50%。从整个轮作周期看，氮素淋失主要发生在水稻季，与 FP、OPT 和 UA 相比，CRF 氮淋失总量分别显著减少 33.7%、20.8% 和 20.7%；但各施肥处理对油菜季氮素淋失影响不显著。在相同施氮量的条件下，与 OPT 相比，UA 不仅保证油菜和水稻均稳产，而且使油菜季氮肥农学效率显著提高了 15.1%，但是没能提高水稻季氮肥农学效率；CRF 水稻产量和氮肥农学效率均差异不显著，但油菜产量和氮肥农学效率分别显著提高 10.7% 和 18.9%。经济效益上，与 OPT 相比，UA 和 CRF 处理油菜分别增收 3 660 元 /hm^2 和 3 048 元 /hm^2，水稻分别增收 3 162 元 /hm^2 和 2 220 元 /hm^2。因此，对于长江中下游典型种植系统而言，综合考虑对氮素淋失、作物产量和经济效益的影响，一次性基施控释肥技术能在保证作物稳产或增产、提高农民经济效益的同时显著降低氮淋失量，是未来水稻 - 油菜轮作系统值得推荐的一种生产技术。

刘禹池等（2014）研究发现，在水稻 - 油菜轮作下，秸秆还田在前两年对水稻的产量无显著影响，其显著影响始于还田后的第三年。秸秆还田处理中水稻产量随施氮量的增加而增加，但获得最高水稻产量的施氮量因年份而有变化。油菜秸秆还田种植水稻的合理施氮量一般在 105 kg/hm^2 左右，比对照处理（N165 kg/hm^2）减少大约 N60 kg/hm^2。减磷和减钾处理（第一年除外）能获得高于对照的水稻产量，意味着长期秸秆还田水稻可以节约 K_2O 90 kg/hm^2。在稻草还田条件下，油菜产量基本上随施氮量的增加而增加。由于试验的前 5 年出现不同程度的冬季干旱，油菜籽产量对施氮量的反应规律不强。该地区油菜高产的合理施氮量为 180～210 kg/hm^2。稻草还田在油菜季可以节约大约 N 30 kg/hm^2 和 K_2O 90 kg/hm^2，但不施磷肥的油菜产量最低。

李小坤等（2021）介绍，水稻 - 油菜轮作体系氮肥增产增效综合调控模式已在湖北、湖南、安徽、江西、江苏等省份应用。与习惯用量施肥处理相比，水稻可平均增产 7.8%，减少 1～2 次施肥，省工 0.3 个 / 亩，氮肥的农学效率提高 8.8%，氮肥利用率增加 7.5 个百分点；油菜平均增产 3.9%，每亩减少追肥用工量 0.5 个，增收节支 67.5 元 / 亩，氮肥利用率提高到 48%。长江流域水稻 - 油菜轮作体系氮肥增产增效综合调控模式在水稻、油菜生产中的增产、增效，减少氮素损失等方面发挥了重要作用。

陈国徽等（2022）研究表明，秸秆还田对油菜籽粒产量及其构成因素具有显著影响。均较对照显著增加了油菜籽粒产量，其中，OS、RS、DS 各处理增幅分别为 6.82%～26.81%、2.35%～23.72% 和 7.23%～26.30%。不同处理平均籽粒产量由高到低依次为：DS、OS、RS 和 CK。秸秆还田明显提高油菜株高、一次有效分枝数、单株角果数及每角粒数。与 CK 相比，OS、RS 处理 2020 年油菜株高显著增加 4.54% 和 6.04%（$P < 0.05$）；OS、RS 和 DS 处理 2021 年油菜一次有效分枝数显著增

加（$P < 0.05$）；RS、DS 处理 2019 年油菜显著增加，OS、DS 处理 2020 年油菜单株角果数显著增加（$P < 0.05$；OS、RS 和 DS 处理下 2019 年油菜每角粒数显著增加 1～2 粒，RS 和 DS 处理下 2021 年油菜每角粒数显著增加约 3 粒。但是，秸秆还田显著降低了油菜分枝高度，OS 处理在 2020 年和 2021 年分别显著降低 11.11%、9.70%，DS 在 2019 年降低 11.89%（$P < 0.05$）。水稻产量及其构成因素对水稻而言，秸秆还田显著增加其籽粒产量、株高、有效穗、穗长和结实率，但对水稻穗粒数和千粒质量影响较小。除 2021 年 OS 和 DS 处理外，不同年限各处理水稻籽粒产量均显著提高。与 CK 相比，2019—2021 年 OS、RS 和 DS 处理籽粒产量分别增加 1.87%～8.30%、2.34%～10.17% 和 3.75%～5.70%，其平均产量由高到低依序为 RS、DS、OS、CK。与 CK 相比，各处理也显著提高了水稻株高 0.98%～3%（$P < 0.05$）（2019 年 RS 处理除外）。RS 处理 2020 年、DS 处理 2020 年和 2021 年水稻有效穗数显著增加（$P < 0.05$），而 OS 处理 2021 年水稻穗长显著提高 3.26%（$P < 0.05$）。此外，2019 年 OS 处理、2020 年 DS 处理水稻结实率分别较 CK 增加 5.82% 和 6.04%（$P < 0.05$）。秸秆还田条件下水稻穗粒数和千粒质量略有增加，但未达显著性水平（$P > 0.05$）。

（2）增加土壤有机质，优化土壤结构和微生物环境，改善土壤物理性质　秸秆还田不但能提高土壤肥力，还可以使土壤通气孔隙、土壤有机质含量增加，具有较好的节肥增效和改土培肥效果。秸秆还田对土壤理化性质的影响，秸秆还田后均显著降低 0～15 cm 土壤的容重，土壤耕性增强。油菜秸秆还田后水稻田 0～30 cm 土壤碳储量增加 20% 以上，说明秸秆还田有利于增强土壤碳汇功能。对土壤微生物的影响表现为不同程度地提高土壤酶活性。

殷志遥等（2017）研究认为，秸秆还田处理能降低土壤容重，增加土壤总孔隙度，对土壤物理性质具有改良作用，一定程度上能增加 0～20 cm 土层中土壤养分含量，其中速效钾的增加幅度相对最高。稻油轮作免耕还田下，对土壤物理性质和土壤养分的影响明显，对土壤养分含量则有较好的提高效果。相对于秸秆不还田，秸秆还田处理能提高土壤综合肥力水平，且 0～20 cm 土层的肥力状况显著优于 20～40 cm 土层，免耕还田和旋耕还田方式增加效果相对较好，增加了 7.56%～25.93%。张顺涛等（2022）研究认为，油-稻轮作在相同施肥处理中土壤养分含量显著提高，土壤孔隙结构得到改善，土壤团聚体的稳定性增加，大团聚体有机碳和全氮贡献率提高，秸秆不还田时油—稻轮作对土壤理化性质的影响更为显著。李善斌（2016）研究了稻-油轮作连续免耕对土壤理化形状的影响。亚表层土壤容重随着水旱轮作免耕年限的增长呈现出不断增加的趋势，表层土壤呈现出不断降低的变化趋势，可见水旱轮作长期免耕会造成亚表层土壤板结，表层土壤疏松。随着耕作时间的增加，土壤 pH 值在两种耕作方式下均减小，其中免耕土壤明显低于对照。土壤有机质含量随着免耕年限的增加而不断增加，免耕土壤表层有机质含量增加比较快，二者在第 4 年差异达到明显水平。李海渤等（2022）研究表明油-稻轮作对土壤理化性质的影响较大，油菜还田提高了后茬稻田土壤有机质、碱解氮、速效钾及团粒结构的含量，调节了土壤 pH 值及有效磷的含量，有益于土壤微生物、动物数量和酶活性的提高。土壤有机质是土壤固相的一个重要组成部分,影响着土壤一系列特性。土壤有机质的增加可以增加土壤团聚体的数量,有助于改善土壤物理结构,为土壤微生物、动物生存提供有利的环境条件及碳源,因此可以增加土壤微生物和动物的数量。土壤微生物生物量碳与有机碳、全氮、有效氮呈显著正相关($P<0.05$),部分呈极显著正相关($P<0.01$),而化肥减量配施有机肥(40%化肥+60%有机肥处理)能够显著增加土壤有机质含量,并改善土壤微生物群落结构,降低绿弯菌门相对丰度,增加拟杆菌门、子囊菌门和担子菌门相对丰度。蚯蚓能分解有机质、提高土壤肥力,促进土壤团粒结构的形成,改善土壤物理性质,改善土壤结构、活化土壤养分、优化土壤微生物群落结构,而高地力水平下的土壤有机质含量较高,有利于蚯蚓种群的增长;油菜还田田块的蚯蚓数量也显著高于空闲田;而油菜根系分泌物及油菜绿肥的腐解,以及蚯蚓的活动及其粪便分解,也在一定程度上调节了稻田土壤pH值和酶活性。刘淑军等(2022)研究表明,稻田轮作措施形成的微生物数量和种类较为丰富,微生物分泌产生的多糖等有机胶结物质胶结微团聚体形成大团聚体。与水稻-冬闲相比,水稻-油菜轮作处理提高了0.25~2 mm团聚体的比例和0.5~2 mm团聚体中钾对全土钾的贡献率,土壤团聚体的稳定性增加。水稻-油菜轮作模式下,稻草还田配施化肥提高了>2 mm团聚体的比例和所有粒级团聚体中的交换性钾含量,减钾降低了>0.5 mm团聚体中的交换性钾含量。与水稻-冬闲下的化肥处理相比,水稻-油菜轮作降低了团聚体中的非交换性含量。综上所述,水稻-油菜轮作可改善土壤结构,在该轮作模式下稻草还田配施化肥是提高稻田土壤团聚体钾素供应的重要措施。伏成秀等(2020)在洱海流域油菜-水稻水旱轮作农田研究发现,土壤有机质(OM)和全氮(TN)与细菌种群中的变形菌门(Proteobacteria)和酸杆菌门(Acidobacteria)的种群相对丰度呈显著负相关关系,与绿弯菌门(Chloroflexi)和放线菌门(Actinobacteria)的种群相对丰度呈显著正相关关系;其中,土壤OM对微生物种群丰度的影响解释度最高。在洱海流域油菜-水稻水旱轮作农田,水旱轮作对土壤细菌种群多样性的影响不显著,其群落结构组成和多样性稳定性可能与土壤本底较高的碳氮素含量有关。马鹏等(2020)研究认为在油-稻轮作模式下,油菜季减少氮肥投入30 kg/hm²(约18%),水稻季在施氮150 kg/hm²下以基肥:分蘖肥:穗肥为4:4:2运筹模式可以有效地改善稻田土壤养分和碳库状况,提高水稻产量。张翰林等(2016)研究结果认为秸秆还田显著提高了土壤大团聚体数量R0.25、平均质量直径MWD和几何平均直径GMD,降低了分形维数D,且随还田年限的增加趋势更加明显,但短期秸秆还田(5a以内)对土壤MWD的提升和分形维数D的降低效果并不显著。秸秆还田对总有机碳TOC有显著的提升效果,但短期秸秆还田(5年以内)与不还田处理差异不显著;无论是长期还是短期,秸秆还田对于活性有机碳AC的提升作用均显著。相比活性有机碳AC,土壤团聚体结构稳定更能促进总有机碳TOC的增长;土壤团聚体稳定性指数中,几何平均直径GMD与土壤有机碳组分的相关性更显著,更适合用于揭示团聚体与有机碳组分之间的关系。

(3)抑制主要杂草生长,减轻病虫害发生,减少农用化学品污染 2015—2019年通过4年连续试验发现,与秸秆不还田相比较,秸秆还田能够有效控制主要优势杂草的生长，如夏季稻田中稗、千金子、水花生、莎草、过江草、鸭趾草、野慈姑等主要优势杂草发生概率明显降低，其杂草发生总密度降低了24%；冬季油菜田、小麦田稗草、猪殃殃、繁缕等主要优势杂草发生总密度降低了18%。杂草发生密度的减少，可以有效缓减农药施用量和施用强度，对保障农产品质量安全具有重要意义。陈浩等（2018）调查研究发现，稻油轮作体制对农田杂草影响显著。首先，秸秆还田和氮肥管理能有效降低稻田杂草的发生密度、总生物量和生物多样性，有利于提高水稻产量。其次，从产量效应和氮肥的吸收利用效率方面考虑，可以通过配施秸秆腐解剂或提高水稻生育前期氮肥基追肥比例，促进秸秆氮素转化，减轻秸秆微生物与作物生长、杂草与作物生长争氮的不利影响，达到抑制优势杂草生长、提高秸秆腐解效率及增加作物产量的效果。从生态环境方面和农业可持续发展方面考虑，可以合理减少氮肥施入量，通过秸秆还田来抑制优势杂草生长和提高杂草生物多样性，并配施秸秆腐解剂加快秸秆营养物质分解速率，增加土壤肥力，少潜在的农田环境污染，提高氮肥的利用效率，达到稳产、增产的作用。田应学（2018）发现稻油轮作可以有效防治病虫害，将感病的寄主作物与不感病的非寄主作物实行轮作种植，可达到减少或消灭病菌在土壤中的数量，减轻病害的作用。例如，三化螟、稻飞虱、稻纵卷叶螟等对农田水稻的依赖性极强，水稻是寄主作物。轮作油菜后，这些寄生虫由于失去了伴生作物或寄主，从而得到抑制。而导致油菜霜霉病、油菜菌核病、油菜蚜虫病等的病菌主要寄生在油菜上，油菜对于这些病菌来说是寄主作物，而水稻则是非寄主作物。在轮作水稻时，这些寄生在油菜上的病菌失去了繁衍的寄主作物，从而其发展繁殖也得到一定的抑制。应国勇（2022）试验结果表明，油菜秸秆还田减氮10%，不仅没有减产，而且病虫害发生为害较轻，并获得了较高的产量，说明油菜秸秆还田腐熟后能够向土壤提供一定的氮素。因此，在油菜秸秆还田的前提下，适当减少一定的氮肥用量，不仅可以有效防治水稻病虫害的发生，有利于控制水稻病虫害，提高水稻的产量，还可以减少因过量施用氮肥带来的环境污染，为全面推进油菜秸秆还田、实现水稻生产化肥、农药"零增长"提供技术支撑。

（4）降低生产成本，提高劳动生产率，增加农民收入　推广机械化作业，即耕地、播种、施肥、中耕、除草、收获等农事环节实施机械化作业，可以有效降低人工成本投入，大大减轻农民的劳动强度，简化农业生产环节，提高农业生产效率，节约生产成本，提高投入产出比。同时也利于农村劳动力向其他行业的转移，增加农民收入。陈兵等（2023）介绍稻油轮作配套的精准测土配方施肥、病虫草害绿色综防等新技术的推广应用，减少了农药、化肥的使用量，控制了成本。更重要的是减轻了施药施肥对后茬作物造成的为害，土壤富营养化程度得到改善，重金属含量降低，农田生态环境自然平衡，生态效益保持良好。许杰贤（2017）研究对比结果显示：油菜机械直播和人工育苗移栽相比减少支出545元/亩，具有显著的节本增效作用。机播油菜平均每亩产量为189 kg，较上年增产6.5 kg，较人工移栽油菜每亩产量183 kg增产6 kg，增幅为3.3%。机播油菜增产稳产的主要因素表现在3个方面：一是机播油菜种植密度大，人工育苗移栽每亩株数约7 000株，机械直播每亩株数达30 000株以上，一般较人工移栽多 1.5 万～ 2 万株；二是植株较人工矮 0.5 ～ 0.8 m，不易倒伏，杂草、病害轻；三是光照充足，一次分枝角果多，籽粒饱满，千粒重高等。罗有兴等（2013）结果表明：油菜生产劳动力占总投入的 54.1%～ 76.3%，物化投入占总投入的 23.7%～ 45.9%，其效益的增加主要依赖于节约生产成本，采用少耕点播、条播、撒播栽培方式，较翻耕育苗移栽节本 25.7%～ 45.7%，增效 12.8%～ 27.1%，节本增效 38.5%～ 72.8%，是云南户撒油菜生产的主要种植方式。

张新龙（2022）对当年水稻—油菜轮作模式收益进行了测算。经测产，水稻平均每亩产量提高 73.46 kg，黄华占在洋县市场价格为 3 元 /kg，农民平均用工价格为每人 100 元，共节约用工 5 个（其中田间管理、机械化收获节约用工 3 个），与传统人工插秧相比，每亩新增纯收益 625.38 元。经测定，常油杂 69 采用全程机械化生产平均每亩产量为 226 kg，人工直播常油杂 69 每亩产量 175 kg，油菜市场价格为 5.2 元 /kg，洋县农民平均用工价格为每人 100 元，共节约用工 4 个（其中机械播种比人工直播节省用工 2 个，田间管理、机械化收获节约用工 2 个），与传统人工直播相比，每亩新增纯收益 565.2 元。水稻机械化示范纯收益 625.38 元 / 亩，按洋县 2020 年水稻机插秧示范面积 133.4 万 m² 计算，年创收 125.076 万元。油菜机械化示范纯收益 565.2 元 / 亩，按洋县 2020 年油菜机械直播示范种植 100.05 万 m² 计算，创收 84 780 元。两者合计，共创收 133.554 万元。

王俊明（2021）介绍采取"稻 – 油"轮作绿色高效机械化栽培模式，能够取得良好的经济效益，确保土地资源得到高效利用，具有推广意义。针对油菜种植，采取全机械化生产方式，实现耕地、起垄、施肥、播种一体化操作，可以节省大量人工成本，显著缩短油菜播种时间，取得较高的经济效益。

杨春沅等（2002）调查统计结果表明：稻 – 油模式比传统的稻 – 稻 – 油模式每公顷省工 75 个，折合人民币 900 元，省种 150 元，省药约 150 元，省肥约 750 元，油菜籽增收 1 275 元（油菜籽按 1.7 元 /kg 折算），合计 3 225 元，除去水稻每公顷减产 2 250 kg（早籼稻按 0.9 元 /kg 计算），减收 2 025 元，总计每公顷稻 – 油两熟可增收节支 1 200 元，全县 1.8 万 hm² 稻 – 油模式比稻 – 稻 – 油模式可增收节支 2 160 万元。

（5）保护农村环境，节约生物资源，实现农业可持续发展　秸秆还田后避免了秸秆焚烧对农村环境的污染，保护了农村环境。同时，秸秆资源化利用有效节约了农业生物资源，减少化肥投入来促进农业增收，利于生态农业和循环农业的可持续发展，具有较好的经济效益、生态效益和社会效益。曾家玉等（2009）介绍，稻油轮作连免耕具有节能环保优势，作物高桩秸秆具有光效应及固定作用，覆盖于田间的秸秆可增温保湿，能促进油菜生长，可增加反射光和散射光，能有效提高水稻对光能的利用率，此外，由于油菜留桩的固定作用，使之分布于田间的秸秆不致被风吹成堆，在灌深水自然落干的过程中，秸秆经水肥后紧贴土壤，对抛秧立苗影响不大。免耕避免了耕翻所带来的土壤风蚀和水分径流，秸秆还田可减少因大量秸秆焚烧而造成资源浪费和环境污染，且移栽时老少均可参加，缓解了农村因大量劳动力转移而造成的劳力短缺现象。陈兵等（2023）认为高产优良稻油品种的统一种植，为农户种植粮油作物同一化、高产化和优质化起到了很好的辐射带动作用，提高了农户科学种田和科学管田水平。绿色高质高效栽培技术的实施，除草剂、化肥和农药的使用量大幅减少，稻米对重金属镉的吸收也随之降低，稻米品质和稻米市场竞争力都得到提升，社会效益稳中向好。牛建刚（2009）推广陕南稻茬麦油免耕覆盖栽培技术，3年共在汉中、安康两市10县（区）115个乡镇的31.91万户示范推广4 593.3万 hm^2，免耕小麦亩均节本1 312.5元、免耕油菜亩均节本1 050元，项目共计节本7 946.75万元；增产小麦692.5万kg，增收969.5万元，增产油菜籽671.5万kg，增收1 745.9万元，共计增产增值2 715.4万元；总新增纯收入合计4110 662.15万元。

稻茬麦油免耕覆盖栽培技术简化了技术环节，减轻了劳动强度，缓解了播种季节劳动力紧张的局面，解放了农村劳动力，促进农村劳动力转移和二三产业的发展，增加了农民收入，推动了社会主义新农村建设，具有良好的社会效益；同时，免耕栽培不仅为农业生产废弃物秸秆找到新用途，变废为宝，而且有效解决了焚烧和丢弃秸秆所造成的资源浪费和环境污染，还能增加土壤有机质，改善稻田有益生物环境条件，促进农田平衡，提高后茬作物产量，有利于形成良好的生态环境和良性循环关系，推进资源节约型和环境友好型农业的发展，具有兼收并蓄的经济效益、社会效益、生态效益。

（二）水稻－小麦

稻－麦轮作是陕南一种常见的农业种植方式，它是指在同一块土地上，轮流种植水稻和小麦。这种轮作方式不仅有助于改善土壤中养分与水分的供应状况，控制杂草与病虫害的蔓延，还能提高土壤肥力，为后续作物生长提供良好的土壤环境，从而提高粮食作物的产量和改善产品品质。陕南稻－麦轮作区有3.47万 hm^2 左右，占陕南水稻面积的35%左右，年度间因气候、小麦价格等因素略有增减。

1. 稻麦轮作的优点

（1）稻－麦轮作可以提高土地的利用率　稻－麦轮作可以使土地得到更好地利用，因为稻谷和小麦的生长周期不同，可以充分利用土地的时间和空间。在小麦收割后，可以立即种植稻谷，提高土地的产量和效益。

（2）稻－麦轮作可以改善土壤质量　稻麦轮作可以改善土壤质量，因为稻谷和小麦的生长方式不同，稻谷的根系比较发达，可以增加土壤的透气性和保水性，而小麦的根系比较浅，可以增加土壤的肥力和保持土壤的结构。通过轮作可以改善土壤的物理性质和化学性质，如增加土壤有机质和微生物群落。从而调节土壤肥力，使土壤得到更好地保护和修复，为下一季作物提供更好的生长环境。

（3）均衡利用土壤养分　通过水稻和小麦轮作，可以保证土壤中的各种养分得到均衡利用，避免某种养分被过度消耗，从而维持土壤的肥力。

（4）稻－麦轮作可以减少病虫害的发生　稻－麦轮作可以减少病虫害的发生，因为稻谷和小麦的生长周期不同，可以减少同一种病虫害在同一块田块上的滋生和传播。同时，稻谷和小麦的生长方式也不同，不同的作物有不同的病虫害，通过轮作可以打破病原菌和害虫的生活周期，减少其在土壤中的数量和活性，从而达到减少病虫害的发生概率。

（5）稻-麦轮作可以提高农民的收益　稻-麦轮作可以提高农民的收益，因为稻谷和小麦的价格不同，可以使农民在同一块土地上获得更多的收益。同时，稻-麦轮作可以减少农民的成本，稻谷和小麦的生长方式不同，可以减少农民的施肥和农药的使用。

（6）稻-麦轮作可以保护生态环境　稻-麦轮作可以保护生态环境，因为稻谷和小麦的生长方式不同，可以减少农药和化肥的使用，减少环境的污染。同时，稻-麦轮作可以保护土地的生态环境，减少土地的退化和水土流失。

综上所述，水稻小麦轮作不仅提高了土地的生产效率和经济收益，还有助于维护土壤健康和生态平衡，是一种可持续的农业生产方式。

2. 作业流程

水稻播种育秧—小麦秸秆还田与耕整田—插秧—田间管理—机械化收获—小麦耕整田—播种—田间管理—小麦机收。

3. 稻-麦轮作技术要点

水稻、小麦的栽培均采用陕南主推技术。水稻栽培采用陕南水稻"两增一控"技术，即优化株行距，增加插植密度、增加基本苗，通过科学肥水管理、及时晒田等方式，控制最高苗数，抑制无效分蘖，提高成穗率，进一步增加水稻单产。小麦栽培技术采用小麦"一增三促233"丰产栽培技术，即通过选用优良品种，适当增加播种量，加强田间管理促分蘖、促转化、促大穗，实现每亩基本苗20万、有效穗30万、产量300 kg的目标。

（1）品种选择和茬口衔接　水稻宜选择当地推广的生育期较短、品质优、日产量高、抗倒伏、抗病性强的主栽品种，如黄华占、川优6203、华浙优210、香龙优2018、陕稻12号、泰丰优7号、羌穗100等优质稻品种；水稻育秧时间为4月中下旬，栽插时间为5月中下旬，收获时间为9月中下旬。小麦宜选用早熟、抗病性强、丰产稳产性较好的汉麦7号、川麦43、绵阳31、汉麦5号、川麦93、西科麦4号等优良品种。播种时间为10月中下旬，收获时间为5月中下旬。

（2）水稻绿色高产栽培技术　播种期要综合考虑茬口、秧龄、品种和当地的气候条件。机插秧的秧龄一般为25～35 d，根据小麦预期收获时间倒推20 d左右播种。以高产出穗期在7月底至8月上旬、安全齐穗期在8月20日和水稻品种播始历期（播种到始穗）为主要依据推算播种期。

手插秧采用温室育秧、地池育秧或拱棚育秧为主，4月10日左右开始播种，每亩备种1 kg，做好秧田水分控制、防冻保温和秧田病虫害防治管理措施，培育成秧龄45～50 d、叶龄6～8叶、单株带蘖3～5个、清秀无病虫的壮秧。

机插秧采用播种流水线播种，播种时间一般前茬油菜小麦田4月20—25日，空茬田4月10—15日，常规种如黄华占，每盘播芽谷种100～130 g，杂交稻种每盘播芽谷种90～120 g。通过科学水分控制、追施尿素和病虫害防治管理措施，机插秧秧苗达到秧龄 30～40 d，苗高 17～25 cm，茎基宽≥2 mm，白根数≥10 条，即可进行机插工作。

精细整地：小麦秸秆全量机械粉碎还田，小麦收获的同时进行秸秆粉碎，收获后对残留麦茬及时灭茬后进行整地。大田整地质量要做到田平、泥软、肥匀。通过旋耕机、水田驱动耙和打浆机等耕整机械将田块进行耕整，达到田面平整，全田高低差不宜超过 5 cm 为宜，田面"整洁"，无杂草、杂物、无浮渣等，表土上细下粗，上烂下实。沙质土沉实 1 d 左右，壤土沉实 1～2 d，黏土沉实 2～3 d，保持浅薄水机插或手插。

抢时早插、增密增苗：汉中水稻高产插植期在 5 月 15 日至 6 月 5 日，在此期间抢时早插。手插秧拉绳定距，提倡采取宽行窄株或宽窄行插植，每亩插 1.2 万～1.4 万穴，平均每穴插 7～8 苗，基本苗力争达到 10 万/亩以上；机械插秧亩插 1.5 万～1.8 万穴，平均每穴插 4～6 苗，基本苗达到 6 万/亩以上。在原有基础上增加密度 2 000 穴左右，增加基本苗 1.5 万以上。提倡 3～4 m 留操作道利于后期管理和开沟排水晒田。

测土配方、科学施肥：推广测土配方施肥技术，坚持稳氮、控磷、补钾、配微施肥原则，保证养分平衡，将水稻氮、磷、钾肥的施用总量控制在合理范围内，即氮（N）10～12 kg/亩、磷（P_2O_5）5～6.5 kg/亩、钾（K_2O）6～8 kg/亩、硫酸锌 1～2 kg/亩。氮肥按 6∶3∶1 的比例分别做基肥、蘖肥、穗肥分次施入；磷肥、锌肥全部底施，钾肥施用以 60% 做底肥，40% 在晒田复水后做穗肥施入。积极推广水稻专用缓释肥一次性底施施肥技术。

及时晒田、控苗促穗：推广节水灌溉技术，在大田水分管理上，采取肥促水调、间歇灌溉的方式。一般在 6 月 20 日左右总茎数达到目标穗数的 80%～90% 时及时退水晒田，控制无效分蘖，促进营养生长向生殖生长转化，构建高光效群体，促进大穗形成，增加籽粒数和千粒重。7 月 10 日前及时复水，孕穗期至抽穗扬花期保持浅水层，勾头散籽后采取间歇灌溉，乳熟期以湿润为主，蜡熟期干干湿湿灌溉，以干为主，收获前 7 d 左右排水落干。

绿色防控、防灾减损：推广"健身栽培+精准测报+物理防控+生物防控+科学用药"的病虫害防控模式，突出抓好水稻重大病虫害的预测预报和防控。大力推广稻田养鸭、太阳能杀虫灯、二化螟性诱剂等防治虫害；选用高效低毒低残留生物农药进行病虫害防治，采用"统一组织、统一时间、统一农药、统一防治"为主的防治方式，及时防治螟虫、稻苞虫、稻飞虱、稻瘟病、稻纹枯病、稻曲病等。同时做好高温、暴雨等灾害性天气的防控，减少损失。

机械收获、秸秆全量还田：当全田 95% 以上的稻谷黄熟时，及时抢晴天采用联合收割机进行机械化收割，秸秆全量还田，稻谷及时机械烘干或晒干。

（3）精细整地开沟排湿　水稻收获后，晾晒地块，水稻田开好三沟排湿降渍。播种前，及时翻耕或深松整地，深度 20～30 cm，要做到随耕随耙、耙细耙平。

(4) 小麦绿色高产栽培技术

选用良种和药剂拌种：选用早熟抗逆丰产的小麦品种，生育期一般为 200～210 d。种子质量应符合 GB/T 4404.1—2008《粮食作物种子 第 1 部分：禾谷类》的规定。播前采用药剂拌种，推荐选用吡虫啉、辛硫磷、三唑类药剂拌种或包衣，种子包衣标准应符合 GB/T 15671—2009《农作物薄膜包衣种子技术条件》要求。

科学播种：小麦高产播期为 10 月 15—25 日，亩播量 12.5～17.5 kg。播期早，播量适当减少，播期晚，播量适当增加；土壤肥力较高，地块播种量宜适当减少；10 月 25 日后播种的亩播种量应增加至 17.5～20 kg；播种前进行包衣处理或药剂拌种预防病虫害。要适墒播种，小麦播种时墒情以土壤相对含水量 70%～75% 为宜，播种深度 3～4 cm 为宜。播种前墒情不足时要提前浇灌增墒，水分偏多时要及时开沟排湿散墒。播种后及时耙糖，沉实土壤，确保播种质量，实现一播全苗。

合理施肥：按照 300 kg/亩产量目标，坚持施足底肥、适时追肥，积极示范应用缓释肥。每亩施用纯氮 8～10 kg、P_2O_5 4～6 kg、K_2O 3～5 kg。将全部的有机肥、磷肥、钾肥和 70% 的氮肥结合整地，一次性作底肥施入，其余 30% 氮肥作苗肥和腊肥两次施入，同时增施拔节肥。

加强田管：早施苗肥促分蘖。小麦 3 叶期施苗肥，按 15% 的氮肥用量趁雨抢墒撒施，促进根系生长和植株分蘖早发，提高分蘖力，为小麦构建高产群体打好基础；冬春肥水促转化。12 月底至 1 月初，当日平均气温降到 7～8℃时进行冬灌，低于 3℃结束。结合冬灌，按 15% 的氮肥用量及时追施腊肥，提高植株耐寒能力，促进麦苗安全越冬，防止旱旱和倒春寒。无灌溉条件的要根据苗情抢雨施肥，促弱转壮。没有冬灌田块要在返青前及时春灌增加土壤墒情，促进小麦返青生长；施拔节肥促大穗。小麦拔节期生长快，需肥量大，要结合地力、苗情及时追施拔节肥，亩增施尿素 1～5 kg、100 g 磷酸二氢钾混合撒施或叶面喷雾，可防止后期脱肥，预防倒春寒，提高有效分蘖率，增加穗粒数，促大穗。

绿色防控：重点防控蛴螬、蝼蛄等害虫，土传病害和地下害虫严重的田块，实施土壤处理；播种后至出苗前采用广谱性除草剂进行封闭化除；小麦返青前选用适宜农药机械化学除草。推荐用量和方法严格按照农药登记执行，一般在杂草 2～4 叶期、日均气温大于 5℃的晴天进行茎叶喷雾防除；防治条锈病、白粉病按 GB/T 35238—2017《小麦条锈病防治技术规范》中 6.3 执行；赤霉病的防控以预防为主，推荐见花打药，如果花期雨水多，间隔 7 d 再施药一次。推荐使用含有丙硫菌唑、氰烯菌酯、戊唑醇和咪鲜胺的复配制剂。同时，尽量选用耐雨水冲刷的超微粉、胶悬剂等剂型；注意轮换用药，第二次防治应选用与第一次防治不同作用机理的药剂品种，以延缓抗药性产生。结合赤霉病的防控，加上磷酸二氢钾、芸薹素内酯、杀虫剂、杀菌剂等叶面肥或调节剂，开展"一喷三防"，防治病虫害的同时以延缓植株衰老，增加粒重，提高产量。

小麦适时机收：蜡熟末期机械收获，含水量低于 12.5% 以下时进仓贮藏。

小麦秸秆全量还田：机械收获时对秸秆进行粉碎还田。

周良平等（2020）总结了稻麦轮作秸秆粉碎还田技术。

技术路线：机械收割小麦、麦秸秆切碎匀抛撒－秸秆粉碎还田机作业－旋耕还田机作业－浅水泡田－施基肥－起浆平整（浅水层）－大田沉实－机插秧－田间管理。联合收割机配备秸秆切碎抛撒装置、55.125 kW 以上大中拖、秸秆粉碎还田机、秸秆还田机或旋耕机、水田耙、撒肥机、乘坐式插秧机等。操作要点是适当留高茬（30～40 cm）、秸秆粉碎、旋耕埋茬、浅水泡田、撒施基肥（浅水层施肥，防止流失）、起浆平整、大田沉实、机械插秧，浅水活棵，露田排毒，促早发。技术优点：留高茬、低茬均可；还田质量高，秸秆粉碎后易与土壤充分混合，旋耕后田面基本无残茬，对水稻影响小；能加速秸秆腐烂。配套动力要求高；比常规旱耕水整技术路线增加了一道作业工序。

吴咏梅等（2014）介绍实施稻麦轮作保护性耕作，经济效益提高较明显。节约灌水量约 300 m³/hm²，节约作业费用 225 元/hm²。小麦平均增产 300 kg/hm²，节支增收 750 元/hm² 以上；水稻平均增产 375 kg/hm²，节支增收 1 050 元/hm² 以上。该技术实施后降低了农药和化肥的使用量，减少了对土壤、水、大气的污染，改良了土壤，降低了农产品的农药残留，增强了农产品的市场竞争力。示范推广秸秆机械化还田技术，不但改善了土壤结构，增加了土壤有机质，提高了土壤肥力，改善了农业生产条件，增强了农业发展后劲；而且减少了因秸秆焚烧所造成的环境污染和交通事故。机械化耕整作业，可防止因长期施用化肥而造成的土壤板结，提高地力，为粮食作物提供了更好的生长条件。实施该技术，使广大农民摆脱了繁重的体力劳动，提高了农民生活质量和种粮积极性，保证了该市的粮食产量；加快了粮食生产机械化的进程，降低了农业生产成本，增加了农民收入；促进了农村劳动力向二、三产业转移，推动了二、三产业的持续、稳定、协调发展，加快了该市城市化的进程；促进了农机社会化服务水平和农机管理服务水平不断提高，粮食生产逐步走上可持续发展道路。盛婧等（2008）分析稻麦轮作农田生态系统包括对农产品生产、大气调节、涵养水分和蓄积洪水、营养物质循环以及保持土壤等主要的生态服务功能价值进行评估分析。结果表明，当前单位面积稻麦轮作农田生态系统服务功能所提供的年平均价值为 45 998.08 元/hm²，其中对环境的调节功能价值为 26 458.86 元/hm²，是直接服务功能农产品生产价值的 1.35 倍。稻麦农田生态系统每投入 1 元成本，将会产生 358 元的环境效益。在稻麦轮作农田生态系统环境调节功能中，对大气的调节功能占主体，占总环境调节功能价值的 62.20%。信彩云等（2019）研究表明，水稻－小麦轮作模式中，有利于农作物秸秆中矿质元素，如碳、磷、钾、氮、钙、镁、硫、硅等和纤维素、半纤维素、木质素、蛋白质等有机物质的腐解。试验结果表明：结束腐解期（水稻秸秆 210 d、小麦秸秆 120 d），水稻和小麦秸秆 65% 以上已腐解；水稻秸秆中氮、磷、钾、纤维素、半纤维素、木质素分别释放 60.95%、6.77%、90.58%、38.77%、9.04%、30.97%；小麦秸秆中氮、磷、钾、纤维素、半纤维素、木质素分别释放 24.94%、22.01%、93.64%、25.39%、24.19%、39.13% 李跃飞等（2020）通过稻麦轮作长期秸秆全量还田，土壤有机质、全氮、有效磷、速效钾均呈现出不同程度的增加，秸秆还田后 5 年的土壤平均有机质、全氮、有效磷、速效钾分别为 25.45 g/kg、1.56 g/kg、27.52 mg/kg、115.3 8 mg/kg；较 2012 年分别增加了 5.31%、17.19%、82.1%、18.4%。对土壤环境具有长期调控作用，减少过量施肥造成土壤酸化等问题，减少农业面源污染的产生。顾志权等（2001）应用稻麦秸秆全量旋耕还田，年产量增加 723.0 kg/hm^2，年经济收入净增 423.0 元 /hm^2。并可显著地改善土壤理化性状，有效解决多余秸秆对农村环境的污染，解决农村农时季节与专业劳力缺乏的矛盾，确保其他产业发展所需要的劳力。

（三）水稻—经济作物（中药材、食用菌、蔬菜、绿肥）

1. 水稻－元胡

汉中四季分明，气候温和，日照充分，雨量丰沛，自然条件得天独厚，适宜水稻、元胡的种植与生长。汉中大米和城固元胡品牌分别于 2015 年和 2016 年获得国家地理标志证明商标，城固县已是全国元胡种植面积最大的基地县，常年种植面积达 0.67 万 hm^2 以上，总产量在 5 万 t 以上，约占全国总量的 70%，产值近 13 亿元。

元胡－水稻轮作作为汉中主要农业生产方式，利用冬闲水稻田种植元胡，实现粮经周年水旱轮作，在提高元胡品质的同时，实现了元胡、水稻双丰收。这种轮作方式提高了农田生态系统的物种多样性和遗传多样性，也有利于降低病虫草害的发生，减少农药和除草剂等的使用，提高土地利用率，既能够稳定粮食生产，充分发挥汉中的资源禀赋和元胡这一区域主导产业优势，又实现了农民增收，而且有利于提高农业生产效益，从而推动了农业可持续发展。元胡是水稻最佳的前茬作物，元胡生长周期较短，从播种至收获仅 210 d 左右，较油菜收获期早 10 d 左右，为水稻机插秧优质品种布局、高产、优质赢得了较多的光热资源，可有效缓解机插秧亩基本苗不足、成穗率低、亩有效穗少的问题，为优质高产高效提供了保障。因元胡种植效益高，农民除施用优质高效缓释肥外，还喜好增施有机肥，这样土壤就比较肥沃疏松。轮作可以改善土壤环境，充分利用土壤中的养分，均衡两种作物的营养物质，减少化肥施用量，同时水旱轮作，病虫害较轻，可以有效达到化肥、农药"双减"目标。汉中种植元胡已有 40 多年的历史，元胡已成为当地农民增收的主导产业。一般每亩收益达 6 000～9 000 元，高者可达万元以上。既保障了粮食安全的"粮袋子"，又可丰富群众的"钱袋子"。

水稻－元胡轮作栽培技术如下

（1）作业流程　水稻田整田→元胡播种→田间管理→水稻播种育秧（专用秧亩田）→元胡采收→元胡田秆还耕整田→插秧→田间管理→机械化收获。

（2）品种选择和茬口衔接　水稻品种平川地区选用全生育期不超过 155 d，如黄华占、川优 6203、华浙优 210、香龙优 2018 等；浅山丘陵山区选用全生育期不超过 145 d 的水稻品种，如陕稻 12 号、泰丰优 7 号、羌穗 100 等；要求选择抗倒伏性好、生育期适宜、品质优、日产量高、抗倒伏、抗病性强的主栽水稻品种。水稻育秧时间为 4 月中下旬，栽插时间为 5 月中下旬，收获时间为 9 月中下旬。元胡选择当地大叶元胡

提纯生产种。元胡播种时间平坝地区为9月20日至10月20日，浅山丘陵区9月10日至10月10日。收获时间为4月下旬至5月上旬。

（3）元胡种植　种块茎选择与处理：选择当年生的块茎作种使用，要求直径＞1 cm，外表无破损、无病虫害。播种前用杀菌剂（多菌灵或代森锰锌或敌磺钠等）浸泡种块茎30 min，晾干后播种；或拌种使用。

施肥与整地：宜使用腐熟农家肥和商品有机肥，合理使用化肥，并按（NY/T 496—2010）《肥料合理使用准则　通则》规定执行。每亩施氮肥（N）14～18 kg、磷肥（P_2O_5）8～10 kg、硫酸钾（K_2O）10～13 kg、腐熟农家肥2 000 kg以上。水稻收获后，结合深翻，施入70%的氮肥和钾肥、全部的磷肥和腐熟农家肥；剩余30%的氮肥和钾肥冬灌时施入。若无农家肥，在播种时亩增施商品有机肥200 kg。整地作畦，要求畦宽100～120 cm，畦沟宽25～30 cm、深20 cm以上，中沟、边沟、腰沟3沟相通，深25 cm以上。播种：平坝地区9月20日至10月20日，浅山丘陵区9月10日至10月10日。播种行株距10 cm×9 cm，亩播种量70～90 kg。条播，在四周沟开好后，开20 cm宽播种沟，深约7 cm，沟内播种2行种块茎，播后用细土盖平。依次进行，覆土8～10 cm，畦面呈龟背形。穴播，在畦面上打穴，穴距9 cm，深约6 cm，每穴播种块茎1粒，播完覆土8～10 cm。播完后用稻草覆盖畦面。

田间管理：播种后，每亩用乙草胺或二甲戊灵100～200 g兑水50 kg于畦面喷雾，封闭除草；12月至翌年1月田间杂草较多时，可用41%草甘膦150 g兑水30 kg喷雾；出苗后禁用药剂。1月上旬冬灌；苗期可沟内灌水，水不上畦面，并清沟排湿。3月可采用根外追肥。元胡常见病害为霜霉病。3月上旬开始，每10 d喷1次药，连喷3次。第1次可选用百菌清或丙森锌等保护性杀菌剂，第2、第3次选用苯甲·嘧菌酯或嘧菌酯叶面喷雾。

采收：元胡在4月下旬至5月上旬成熟，倒苗后采挖，收回后及时摊晾，严禁日光暴晒。

（4）水稻种植　平川地区4月10日左右播种，浅山丘陵地区4月15日播种，薄膜保温育秧。手插秧采用温室育秧、地池育秧或拱棚育秧为主，4月10日左右开始播种，每亩备种1 kg，做好秧田水分控制、防冻保温和积田病虫害防治管理措施，培育成秧龄45～50 d、叶龄6～8叶、单株带蘖3～5个、清秀无病虫的壮秧。机插秧采用流水线播种，播种时间一般前茬油菜小麦田4月20—25日，空茬田4月10—15日，常规种如黄华占，每盘播芽谷种100～130 g，杂交稻种每盘播芽谷种90～120 g。通过科学水分控制、追施尿素和病虫害防治管理措施，机插秧秧苗达到秧龄30～40 d，苗高17～25 cm，茎基宽≥2.0 mm，白根数≥10条，即可进行机插工作。

精细整地：元胡收获后，及时上水耙田整地，达到田平、泥熟、无残渣，田面高差不超过3 cm。待泥浆沉实后机插或手插。

抢时早插、增密增苗：适时早插，高产插植期为5月15日至6月5日，最迟不晚于6月10日。手插秧拉绳定距，提倡采取宽行窄株或宽窄行插植，每亩插1.2万～1.4万穴，平均每穴插7～8苗，基本苗力争达到10万/亩以上；机械插秧亩插1.5

万～1.8万穴，平均每穴插4～6苗，基本苗达到6万/亩以上。在原有基础上增加密度2 000穴左右，增加基本苗1.5万以上。提倡3～4 m留操作道利于后期管理和开沟排水晒田。

测土配方、科学施肥：推广测土配方施肥技术，坚持稳氮、控磷、补钾、配微施肥原则，保证养分平衡，将水稻氮、磷、钾肥的施用总量控制在合理范围内，即氮（N）10～12 kg/亩、磷（P_2O_5）5～6.5 kg/亩、钾（K_2O）6～8 kg/亩、硫酸锌1～2 kg/亩。氮肥按6∶3∶1的比例分别做基肥、蘖肥、穗肥分次施入；磷肥、锌肥全部底施，钾肥施用以60%做底肥，40%在晒田复水后做穗肥施入。积极推广水稻专用缓释肥一次性底施施肥技术。

及时晒田、控苗促穗：推广节水灌溉技术，在大田水分管理上，采取肥促水调、间歇灌溉的方式。一般在6月20日左右总茎数达到目标穗数的80%～90%时及时退水晒田，控制无效分蘖，促进营养生长向生殖生长转化，构建高光效群体，促进大穗形成，增加籽粒数和千粒重。7月10日前及时复水，孕穗期至抽穗扬花期保持浅水层，勾头散籽后间歇灌溉，乳熟期以湿润为主，蜡熟期干干湿湿灌溉，以干为主，收获前7 d左右排水落干。

绿色防控、防灾减损：推广"健身栽培＋精准测报＋物理防控＋生物防控＋科学用药"的病虫害防控模式，突出抓好水稻重大病虫害的预测预报和防控。大力推广稻田养鸭、太阳能杀虫灯、二化螟性诱剂等防治虫害；选用高效低毒低残留生物农药进行病虫害防治，采用"统一组织、统一时间、统一农药、统一防治"为主的防治方式，及时防治螟虫、稻苞虫、稻飞虱、稻瘟病、稻纹枯病、稻曲病等。同时做好高温、暴雨等灾害性天气的防控，减少损失。

机械收获：8月底至9月初当全田95%以上的稻谷黄熟时，及时抢晴天采用联合收割机进行机械化收割，并进行机械烘干或晒干。

（5）精细整地开沟排湿　水稻收获后，及时清理秸秆、晾晒地块，尽早开沟，排出田间积水降低湿度，以利元胡整地播种。黎官军等（2017）总结了元胡—水稻轮作技术要点。一是元胡栽培技术要点。播种时间南郑元胡以9月下旬至10月上旬栽种为宜，宜适时早播，以使播种后有一段较长的时间温度保持在18～20℃，有利于元胡种茎生根和发展地下茎。异地换种，为防止品种退化混杂，推行异地换种（种植户每隔2～3年到异地高海拔培养专业良种基地换种一次），充分发挥种子在元胡生产上的增产潜力。精选种选择增产潜力大、抗病性较强的大叶型品种，并选择体型整齐、直径1.4～1.6 cm、扁球形、淡黄色、无病虫害、无伤疤的当年新生块茎（千粒重在1 500 g左右）子元胡作为生产用种。种子消毒：将精选的种子用25%的甲霜灵800倍液，或50%瑞矾600倍液浸泡10～15 min，捞出后晾晒1～2 d，使种子表皮略有皱缩时播种。播种在畦面上按15 cm行距开宽10 cm、深5 cm左右的播种沟，每条沟内播2行，株距5～8 cm（每亩播5.8万～6.0万株，每亩用种量在75～90 kg），芽向上，播后盖一层细土并用细粪土盖平播种沟，而且播种后畦面覆盖稻壳、稻草等秸秆，既能保墒保温，又能防止畦面板结，有利于提早出苗。二是水稻栽培技术要点。播种育苗根据前作元胡收获时间提前 1 个月左右做好秧田播种育苗工作。一般在 4 月初，采用温室两段育秧，培育适龄多蘖壮秧；5 月中下旬至 6 月 5 日移栽。测土配方施肥，合理群体前作种植元胡后土壤肥力较好，可以为水稻提供养分，水稻栽培应减少施肥量。一般每亩仅施用 40%（N∶P∶K=2∶8∶12）测土配方肥 40 kg 作基肥，以后看苗施追肥。适宜插植密度：株行距为 26.6 cm×20 cm 左右，每亩 1 万～1.3 万穴，8 万～10 万基本苗，力争有效穗达 15 万～20 万。采取宽行窄株插植方式，通过适度稀植，提高田间通风透光性，有利于植株健壮生长，减少病虫害发生。田间管理大田浅水插秧，深水换衣，寸水促蘖，够苗时及时晒田，控制无效分蘖。孕穗期及抽穗扬花期田间应保持浅水层；勾头散籽后采取间歇灌溉，以湿为主；蜡熟期干干湿湿灌溉，以干为主；蜡熟末期以"跑马水"为主，利于增强土壤通透性，提高根系活力，促进谷粒充实，保证青秆黄熟夺高产。病虫草害采取综合防治措施，尽量少用化学农药。当病虫草害达到防治指标时，严格按照 GB/T 8321.9—2009《农药合理使用准则》中允许使用的农药种类、浓度和间隔时间进行防治。适时收获。当 90% 谷粒黄熟时，抢晴天及时收获。黎官军等（2017）介绍，南郑位于汉中盆地南部，北依秦岭南屏巴山，属浅山丘陵地势，1 月平均气温 2.1℃，雨量充沛，与浙江产区气候相似，非常适合元胡种植。"元胡 - 水稻水旱轮作种植模式"，全年可实现产元胡鲜品 7 500 kg/hm^2，产值 112 500 元，扣除成本 42 000 元 /hm^2，可实现纯收入 70 500 元 /hm^2；水稻产量 9 000 kg/hm^2，纯收入 6 750 元 /hm^2；全年累计可实现纯收入 77 250 元 /hm^2，纯经济效益是传统稻—油种植模式的 10～12 倍，十分可观。向晓强等（2022）认为水稻—元胡轮作是元胡生产的最佳栽培模式，效益高、茬口衔接紧密、适宜推广面积大，年产值 8 193 元，适宜推广面积 4 000 hm^2 以上。水稻 - 元胡轮作模式在上元观、董家营等元胡高产区一年两熟，每亩产值超万元的面积占 76.8%。2014 年董家营镇湖广营村 2 组药农陈少清 800 m^2 水稻 - 元胡轮作田块，水稻每亩产 702 kg，元胡每亩产 685 kg，年每亩产值达 11 415 元，创亩产和年产值最高纪录。

2. 水稻—蔬菜（食用菌）

据调查，截至 2022 年，汉中市粮菜轮作种植面积约 4 000 hm^2 万亩，主要集中在洋县、城固、勉县等县（区），约占全市蔬菜种植面积的 6%。轮作的粮食作物以水稻、玉米为主，蔬菜主要包括菜花、叶菜、大蒜等。现有水旱轮作模式以水稻 - 大蒜、水稻—菜花等一年两茬模式为主。水稻 - 菜花模式下，水稻 4 月上中旬育秧，5 月下旬移栽，9 月中旬采收；菜花 8 月育苗，9 月上旬移栽，翌年 3 月中下旬至 4 月上旬采收，此时正值蔬菜供应淡季，经济效益较高。水稻选用黄华占，菜花选生育期 180～240 d 的越冬品种。水稻每亩产 600 kg，每亩效益 1 500 元。菜花每亩产 3 000～4 000 kg，有些年份收购价高达 1.6 元 /kg，但个别年份收购价跌至 0.1 元/kg，年收益波动较大。水稻 - 大蒜 / 蒜苗 / 蒜薹。水稻 4 月上中旬育秧，5 月下旬移栽，9 月中旬采收；水稻每亩产 600 kg，产值 1 500 元。大蒜 8 月中旬种植，10—12 月收获蒜苗；也可在翌年 3 月中下旬收获蒜薹，4 月底至 5 月上旬收获大蒜。根据市场行情，酌情考虑收获。蒜薹每亩产 200～300 kg，产值 4 000～6 000 元；蒜苗每亩产 3 000 kg，产值约 3 000 元；

大蒜每亩产 800～1 200 kg，产值 2 400～3 600 元。王永琦等（2019）研究发现，大棚早春番茄＋水稻＋秋冬青菜轮作模式下，大棚早春番茄平均每亩产量 4 000 kg，产值 14 000 元，净收入 10 200 元；每亩水稻平均产量 500 kg，产值 1 200 元，净收入 800 元；每亩青菜平均产量 2 200 kg，产值 3 000 元，净收入 2 000 元。三茬合计每亩产值达 18 200 元，净收入 13 000 元。"大棚早春番茄＋水稻＋秋冬青菜"高效轮作模式只在番茄和青菜栽培中施入腐熟的农家肥和复合肥，水稻种植不施肥，减少了施肥次数，提高了肥料利用率，减轻了农民的工作量，实现了节劳节本；同时提高了土地利用率，茬口安排紧密，实现了周年生产，给农民带来切实的效益。水旱轮作模式对提高土壤肥力和改善土壤结构效果明显，作物病虫害明显减轻，减少了农药的使用，降低了农业生产对自然环境的污染。马江黎等（2018）介绍，西瓜采用大棚＋小棚＋地膜覆盖栽培，于 2 月初播种育苗，3 月上旬移栽，5 月中旬至 6 月底开始采收，中果型品种只采收一茬瓜，小果型品种可根据实际考虑采收二茬瓜，水稻常规栽培，5 月底至 6 月初播种育秧，保证苗龄 30 d 左右，7 月初手插移栽，11 月上中旬收获，水稻收割后耕翻土地冻晒养田。刘许辉等（2023）介绍，在水稻－马铃薯模式中，冬种马铃薯破坏了水稻三化螟、稻纵卷叶螟、福寿螺等主要虫害的越冬繁殖环境，显著降低了翌年水稻虫害，春夏种植水稻可以减少马铃薯土壤病菌残留、破坏蚜虫和地下害虫对冬种马铃薯的侵害等，轮作种植减少了全年生产周期内的化肥、农药使用量，从而达到促进马铃薯、水稻一田双收，获得高效节本良性循环耕种效果。另外，冬种马铃薯，收获的鲜薯将于北方错季上市、价高好销，产业经济效益明显，将为当地全年农业经济的增长发挥重要作用。敖清艳等（2021）研究认为，冬瓜－水稻水旱轮作栽培模式，栽培冬瓜可提早到 5 月初上市，比常规露地栽培冬瓜提早上市 30 d 以上，嫩瓜平均每亩产值约 13 500 元，较常规露地栽培产值增幅达 70% 以上。每亩农药费用可减少约 200 元，肥料费用减少约 100 元，每亩效益增加近 4 000 元（不含水稻栽培效益）。结果表明，早春冬瓜－水稻水旱轮作栽培模式可有效改善土壤酸碱度，减少病虫害发生，冬瓜植株生长势强，基本不发生枯萎病，每亩农药用量比常规露地栽培减少约 50%，减少化肥用量 40～50 kg，利于保护生态环境、提高蔬菜品质、节约栽培成本。常规栽培冬瓜因采收期较晚（6 月中旬），不能赶上水稻栽培，无法实现水旱轮作，早春冬瓜－水稻水旱轮作栽培模式推广，增加了当地菜农收入，促进了地方经济发展，在水旱轮作优势区域具有良好的推广应用价值。高丽艳等（2016）介绍以"水稻－大蒜"水旱轮作为主，水旱轮作可以增加土壤的透气性，使土壤微生物活动旺盛，改进土壤理化性状，有利于大蒜根系分泌物对病菌的繁殖起到抑制作用，加上蒜稻轮作改变了大蒜病、虫生存的环境条件，可以减轻大蒜病害和地下害虫的为害。涂安君等（2021）综合 2016 年、2017 年水稻－甘蓝类蔬菜水旱轮作生产模式的示范结果发现，水稻－春甘 3 号、水稻－B-1406、水稻－瑞雪 70 水旱轮作生产模式的纯经济效益分别比传统水稻－油菜轮作生产模式（CK）每亩增加 2 350 元、3 400 元、3 600 元，增幅分别为 97.9%、141.7%、150.0%。水稻－甘蓝类蔬菜水旱轮作生产模式实行水旱轮作，且增施有机肥，并结合茎秆等再生资源的有效还田，改良了土壤的团粒结构，增加了土壤肥力，再加上该生产模式采用优质高效栽培技术，农药用量大大减少，故该生产模式的生态效益显著，有利于促进农业的良性发展。洪健康等（2020）介绍推广稻-薯水旱轮作绿色高效模式，实现水稻定植后"零"化肥种植，可节约水稻种植所需化肥成本 2 400 元/hm²（尿素 300 kg/hm² 成本 900 元/hm²+普钙 750 kg/hm² 成本 450 元/hm²+硫酸钾 150 kg/hm² 成本 600 元/hm²+其他微肥 450 元/hm²），全州水旱轮作模式应用面积 3 466.7 hm²，每年可节约水稻生产化肥成本 832 万元；按照稻薯水旱轮作可促进马铃薯减少 30 次/hm² 喷药计，可节约用药成本 900 元/hm²，3 466.7 hm² 水旱轮作模式可节约用药成本 312 元，全州稻薯水旱轮作每年可节约化肥和农药成本共 1 144 万元。马金骏等（2020）介绍，以 2~3 茬蔬菜替代小麦，实现每年 3~4 熟的"稻-菜-菜"多元高效种植模式后，原小麦茬口的每亩均产值可由 850 元左右提升至 6 000 元以上，产值提升 7 倍左右，同时水稻产量由原来的 540 kg/亩提高至 625 kg/亩，产值由 1 500 元/亩提高至 1 750 元/亩，均提高 15% 左右，增效明显。孙志明等（2007）介绍，锡山区 2006 年水稻番茄轮作农户有 112 户，面积达 285 hm²，平均亩净收入都超过了 10 000 元。以羊尖镇南丰村沈祖根农户为例，种植大棚番茄面积 0.2 hm²，产量 12 000 kg，产值 45 000 元，净收入 30 000 元；水稻产量 1 840 kg，产值 3 218 元，净收入 1 400 元。合计净收入 31 400 元，亩平均净收入达 10 467 元，效益十分可观。雷振华（2023）采用大棚生姜-晚稻周年轮作栽培技术的田块，生姜平均每亩产量为 1 525 kg，按市场平均收购价 13 元/kg 计算，每亩产值为 19 825 元，扣除每亩生产成本 10 700 元（包括种姜 3 000 元、农药肥料 700 元、农膜 500 元、人工及机械 3 500 元、其他 3 000 元），每亩纯收益为 9 125 元；稻谷平均每亩产量为 622 kg，按市场平均收购价 3.5 元/kg 计算，每亩产值为 2 177 元，扣除每亩生产成本 1 980 元（包括稻种 120 元、农药肥料 360 元、人工及机械 1 500 元），每亩纯收益为 197 元；合计每亩产值为 22 002 元，每亩纯收益为 9 322 元，经济效益十分显著。周英俊等（2009）根据贵州实际，介绍辣椒轮作水稻无公害栽培模式平均比单纯种植水稻增收 6~8 倍。秦文斌等（2012）介绍甘蓝类蔬菜-水稻轮作有利于降低病虫害基数，促进土壤结构改良，提高土壤肥力水平，从而达到增产增收的效果。郭利等（2017）通过多年研究探索，推广了结球甘蓝与水稻轮作栽培模式，结球甘蓝每亩产量 3 500~4 000 kg，机插水稻每亩产量 600~650 kg，经济效益显著。金伟萍等（2012）利用山区冬闲水稻田，采用室内成花、大田繁殖种球的方法栽培西红花，每亩收获西红花干品 2.1 kg、稻谷 650 kg，培养优质球茎 750 kg，每亩产值达 3.2 万余元，经济效益较好。卢欣欣等（2016）介绍，土壤盐渍化、酸化是当前扁豆连作引起的主要问题之一，而扁豆-水稻轮作的种植方法能优化土壤环境。通过试验对比扁豆-水稻轮作，扁豆连作（CK_1）和水稻连作（CK_2）3 种方法对土壤的影响，结果表明：与 CK_1 相比，扁豆-水稻轮作情况下的电导率（EC），主要阴离子、阳离子、盐渍化程度显著下降；土壤养分方面，扁豆-水稻轮作与 CK_1 相比有所下降，各养分物质含量下降幅度在 9.1%~27.1%，有助于水稻生长；土壤理化成分中总孔隙度扁豆-水稻轮作比 CK_2 增加 11%，土壤通气孔隙度比 CK_2 增加 9.7%。研究表明，扁豆-水稻轮作有利于土壤环境改良。据估计，羊肚菌+水稻地块，每亩均投入 0.96 万元，每亩均产值 2.54 万元，每亩均纯收益 1.58 万元；大球盖菇+水稻地块，每亩均投入 0.93 万元，每亩均产值 2.40 万元，每亩均纯收益 1.47 万元。按每亩均纯收益 1.53 万元计算，累计推广应用菌稻轮作模式 727 万 m^2，预计产生经济效益 16 677 万元。罗喜秀（2022）研究认为水稻-大球盖菇模式可以增加成熟期的土壤铵态氮、硝态氮、速效磷、速效钾、水溶性有机碳、总有机碳浓度；水稻-羊肚菌模式则可以增加成熟期的土壤速效钾、速效磷浓度。与水稻-小麦相比，水稻-羊肚菌模式的冬季全球增温潜势降低了 61.36%～80.03%，夏季全球增温潜势降低了 18.23%～47.29%；与水稻-油菜模式相比，水稻-羊肚菌模式的冬季全球增温潜势降低了 76.64%～92.09%，夏季全球增温潜势降低了 58.77%～72.03%。

3. 水稻-绿肥

丁但连等（2008）介绍了绿肥结荚翻耕技术要点。选择品种：品种可选用宁波大桥种、平湖大叶种等紫云英高产良种。晒种浸种：播种前应将绿肥种子摊晒 4～5 h，晒种后加入一定量的细沙擦种，将种子表皮上的蜡质擦掉，以提高种子的吸水速度和发芽率。然后，将种子放入 0.1%～0.2% 的钼酸铵溶液中浸 12～24 h，或者放入 0.2% 的磷酸二氢钾溶液中浸 10～12 h，捞出晾干，用钙镁磷肥拌种后即可播种。适时播种：紫云英一般在 10 月上旬播种。播种过早，稻肥共生期过长，幼苗瘦弱；播种过迟，则易受冻害，越冬苗不足。一般用种量为 30 kg/hm^2，播种时一定要按田定量，分畦匀播，落子均匀。田间管理：凡是种绿肥的稻田，在播种前均要开好"十"字沟以及田边的围沟，达到沟沟相通，排灌自如，田面不积水。播种后遇干旱天气，要灌 1 次"跑马水"，保持田间湿润，既可满足紫云英种子对水分的需要，也能满足晚稻后期对水、气的要求，有利于灌浆结实。晚稻收获后，应及时灌"跑马水"防旱，以田面不晒白为度，春暖以后要注意清沟防渍。紫云英生长的最适温度是 15～25℃，当气温低于 -3℃ 时就会受冻害，晚稻收获后均匀覆盖稻草、增施猪牛栏粪肥和草木灰，有利于紫云英防寒抗冻，增产效果显著。开春后看苗追施尿素 30～75 kg/hm^2，促平衡生长，搭丰产架子。叶面喷施硼砂溶液，可显著提高鲜草产量。紫云英的主要害虫有蚜虫、潜叶蝇、蓟马等，可用 20% 乐果 1 000～2 000 倍稀释液喷杀；紫云英的主要病害有白粉病和菌核病，可用石硫合剂防治。化学除草：采用结荚翻耕技术。大田杂草有所加重，特别是看麦娘，需进行年内重点除草。可用 15% 精稳杀得乳油 1 125～1 500 mL/hm^2 或 10.8% 高效盖草能乳油 300～600 mL/hm^2 除草。结荚翻耕：5 月中旬绿肥结荚成熟时，一次性翻耕入土。这样绿肥种子撒落田中，冬季无须播种自然长出绿肥。既解决了推广水稻强化栽培所需的有机肥源，又节省了种子、播种及 1 次翻耕绿肥的费用。采用结荚翻耕技术，鲜草中的纤维素、木质素增多，植株老化，不利于腐烂分解，养分有所损失。丁但连等（2008）介绍，采用紫云英结荚后再翻耕技术，与单季稻茬口相衔接，可减少 1 次机耕费用；紫云英结荚后落到田里的种子，在单季稻收割时会自行发芽出苗，且基本苗足、长势旺盛，免去种子成本和播种用工，可谓一举两得，并能年复一年，往复循环。一般鲜草产量为 22.5～30.0 kg/hm^2，需纯氮 90～120 kg/hm^2，跟盛花期翻耕相比，采用结荚翻耕，纯氮约损失 45 kg/hm^2；相当于损失肥料成本 225 元 /hm²；减少 1 次机耕，节省翻耕成本 900 元 /hm²；不用播种，免去种子成本 300 元 /hm² 和播种用工成本 300 元 /hm²。综合增效 1 275 元 /hm²，且地力培肥效果明显，农户乐于接受。通过这一技术的推广，使绿肥播种面积得到恢复性增长，全县冬绿肥面积已恢复到 4 000 hm²。横溪镇下陈村连续几年采用这一技术，使土壤有机质含量从原来的 2% 提高到 4% 左右，节约肥料成本 225～300 元 /hm²，单季稻产量提高 10% 以上，普遍达到 9 750 kg/hm²，且稻米品质得到改善，经济效益和社会效益显著。吴玉红等（2021）研究认为绿肥（紫云英）- 水稻轮作改善稻米品质的优势明显，因此，绿肥（紫云英）- 水稻轮作结合稻草周年全量还田是一种适合汉中地区农业高质量发展的绿色栽培模式。高菊生等（2010）研究表明，与稻 - 稻 - 冬闲处理相比，长期稻 - 稻 - 紫云英轮作能够提高水稻稻谷和稻草产量。早、晚稻稻谷、稻草年度产量变化的总体趋势一样（长期稻 - 稻 - 紫云英轮作＞长期稻 - 稻 - 油菜轮作＞长期稻 - 稻 - 黑麦草轮作＞长期稻 - 稻 - 冬闲轮作）。以长期稻 - 稻 - 紫云英轮作处理稻谷产量为最高，以长期稻 - 稻 - 冬闲为最低，长期稻 - 稻 - 油菜轮作处理稻谷产量高于长期稻 - 稻 - 黑麦草轮作处理。与冬闲处理相比，长期稻 - 稻 - 紫云英轮作能够明显降低田间杂草密度，减少早稻期间田间杂草的种类，然而，对晚稻时期田间杂草种类的影响不明显；稻 - 稻 - 紫云英轮作是 3 种不同轮作方式中较好的一种，值得推广。

高汝霞等（2020）对水稻 - 绿肥轮作模式效益进行分析。经济效益：传统种植模式平均成本 35 592.75 元 /hm²，有机栽培平均成本 42 150.00 元 /hm²，较传统种植模式增加 6 557.25 元 /hm²，增幅 18.4%，主要是有机栽培模式人工拔草用工多，成本较高，总成本高于传统模式；绿色栽培模式平均成本 33 075.00 元 /hm²，较传统种植模式减少 2 517.75 元 /hm²，减幅 7.1%，人工成本投入虽然略高于传统模式，但肥料、农药、机械作业等投入成本明显低于传统模式，总成本下降。生态效益：常规水稻种植条件下需纯氮 300 kg/hm²，同等条件下有机栽培施纯氮 131.25 kg/hm²、绿色栽培施纯氮 250.5 kg/hm²，有机栽培、绿色栽培纯氮施用量分别较常规水稻栽培减少了 56.25%、16.50%；常规水稻病虫草害防治需要农药纯品 2 184 g/hm²，而有机栽培农药投入量为 0，绿色栽培需要农药纯品 1 845 g/hm²（较常规栽培减少 15.52%）。由此表明，水稻 - 绿肥轮作模式节肥、节药、节本，有利于改善土壤结构、提升有机质含量，有利于改善生态环境。姜孟山（2020）研究水稻 - 绿肥种植模式，结果表明，种植一季稻减施水稻配方肥 150 kg/hm²，尿素 45 kg/hm²，钾肥 30 kg/hm²，节省肥料成本约 525 元 /hm²。紫云英连续翻压还田 2 年以上田块，节省肥料成本可达 750 元 /hm²。紫云英翻压还田的一季稻产量在 9 750～10 500 kg/hm²，比非紫云英种植田块增产 375 kg/hm² 以上，增效 900 元 /hm² 以上。两者合计，推广"水稻 - 紫云英"种植节本增效 1 500 元 /hm²。同样以推广"水稻 - 紫云英"种植为例，水稻面积 20% 推广紫云英种植，9 万 hm² 一季稻可实现节本增效 900 万元。再以品牌组织营销，9 万 hm² 一季稻按平均产量 9 750 kg/hm²，加工大米 6 750 kg/hm²，高于市场普通大米 2 元 /kg 计算，可实现增效 8 100 万元。连续 2 年种植紫云英的田块，土壤有机质、全氮等养分含量分别上升 1.41%、1.23%，土壤理化性状明显改善。林丽华等（2006）试验结果表明，绿肥还田免耕抛秧栽培比无绿肥免耕抛秧增产 2 370 307.5 kg/hm², 比绿肥还田常耕抛秧增产 3 030 393.0 kg/hm²。增产的主要原因是绿肥还田免耕可增加土壤表层有机质含量，提高土壤肥力，改良土质，从而提高有效穗数、结实率和千粒重，进而提高产量。同时每公顷农田减少犁耙田人工费用 900 元，增收稻谷 303 kg，净增收 858.3 元。

4. 水稻－其他作物轮作模式

周翠英等（2002）采取"大麦茬种水稻，稻饲双丰收"栽培模式，可有效增加收入。经实践，每公顷可产饲用大麦 379 kg 以上，比种小麦增产 10% 左右，稻谷 543 kg，比小麦茬水稻增加产量 43 kg 以上，并且大米可提早上市 15 d 左右，增加收入 214 元，经济效益十分显著。陈庆政等（2023）对水稻－花生轮作研究表明，水稻秸秆还田能够显著提高花针期、结荚期、成熟期的株高、侧枝长和地上部分干物重，显著降低主根长度；除苗期外，显著提高水稻叶片过氧化物酶活性和显著降低丙二醛含量，显著提高单株果数、百果重、百仁重、双仁果率、饱果率，提高花生产量，显著提高粗脂肪和油酸含量，显著降低蛋白质和亚油酸含量，但对于花生酸、油亚比影响不大。秸秆还田提高了土壤 pH，土壤有机质、全氮、全磷、全钾和交换钙含量。水旱轮作模式下前茬水稻秸秆还田改善土壤养分状况，不但有利于后茬花生形成良好的形态特征，还有利于提高后茬花生叶片抗氧化能力，进一步增强花生的抗逆性，为后期荚果产量和籽粒品质的提高打下基础。因此，水稻和花生轮作前茬水稻秸秆还田处理值得推广应用。余显荣等（2015）研究结果表明，水稻－小葱－马铃薯模式较当地传统的水稻－小麦和水稻－油菜模式复种指数提高了 50%，原粮产量与水稻－油菜模式相当，总产值和净产值比水稻－小麦和水稻－油菜模式提高了 3.6～4.1 倍。扣除劳动力成本后，水稻－小葱－马铃薯模式的纯收益较水稻－小麦模式提高 3.19 倍，较水稻－油菜模式提高 6.16 倍。

参考以上例证，结合陕西实际，具体介绍水稻－其他作物的技术要点、适宜地区和效益分析。

本章参考文献

敖清艳，先本刚，游敏，等，2021. 成都平原稻菜轮作早春冬瓜高效栽培技术[J]. 中国蔬菜（1）：105-107.

曹志强，梁知洁，赵艺欣，等，2001. 北方稻田养鱼的共生效应研究[J]. 应用生态学报，12（3）：405-408.

陈兵，陈虎，2023. 资阳区"稻＋油"水旱轮作技术应用效果探讨[J]. 农业科技通讯（5）：4-6，180.

陈国徽，赵小敏，谢国强，等，2022. 油稻轮作下秸秆还田对土壤化学性质及作物产量的影响[J]. 江西农业大学学报，44（4）：813-824.

陈浩，张秀英，吴玉红，等，2018. 秸秆还田与氮肥管理对稻田杂草群落和水稻产量的影响[J]. 农业资源与环境学报，35（6）：500-507.

陈庆政，吴春玲，林秀芳，等，2023. 水稻秸秆还田对后茬花生形态、生理及品质特征的影响[J]. 热带农业科学, 43（2）：8–12.

陈生良, 陈水良, 沈涛, 等, 2016. "马铃薯 – 水稻"轮作模式研究[J]. 中国农业信息（5）：110–113.

邓正春, 王朝晖, 顾振华, 等, 2021. 湖南稻渔生态种养现状与发展对策[J]. 作物研究, 35（3）：274–277.

丁存英, 郜微微, 李进, 等, 2008. 直播水稻不同茬口品种选用的研究[J]. 现代农业科技（9）：116–117, 119.

丁坦连, 朱贵平, 2008. 绿肥结荚翻耕技术[J]. 现代农业科技（18）：200.

丁武汉, 谢海宽, 徐驰, 等, 2019. 一次性施肥技术对水稻 – 油菜轮作系统氮素淋失特征及经济效益的影响[J]. 应用生态学报, 30（4）：1 097–1 109.

房贤涛, 何花榕, 谢祖钦, 等, 2016. 早熟糯稻组合产量及其构成性状的关联度分析[J]. 福建稻麦科技, 34（1）：5–8.

伏成秀, 李铭刚, 吴翔, 等, 2020. 洱海流域油菜 – 水稻轮作农田土壤细菌多样性特征[J]. 西南农业学报 33（9）：1 898–1 904.

高如嵩, 1994. 稻米品质气候生态基础研究[M]. 西安：陕西科学技术出版社.

高菊生, 徐明岗, 曹卫东, 等, 2010. 长期稻 – 稻 – 紫云英轮作28年对水稻产量及田间杂草多样性影响[J]. 中国农学通报, 26（17）：155–159.

高丽艳, 魏飞鹏, 2016. 大蒜病虫害绿色防控技术及效益分析[J]. 现代农业科技（13）：155–156.

高汝霞, 倪艳云, 宋桂香, 等, 2020. 传统种植模式与水稻 – 绿肥轮作模式发展现状及效益分析[J]. 现代农业科技（11）：42–43.

顾志权, 李庆康, 赵强基, 2001. 苏南稻麦二熟区秸秆全量机械还田技术[J]. 土壤肥料（5）：23–26.

韩利, 赵艳, 孙剑霞, 等, 2017. 结球甘蓝 – 水稻轮作高产高效栽培[J]. 上海蔬菜（4）：49–51.

何杰, 李冰, 王昌全, 等, 2017. 不同施氮处理对水稻油菜轮作土壤氮素供应与作物产量的影响[J]. 中国农业科学, 50（15）：2 957–2 968.

洪健康, 范汝明, 白学贵, 2020. 红河州"水稻 – 马铃薯"水旱轮作绿色高效模式[J]. 云南农业科技（3）：29–31.

侯秀峰, 1986. 发展稻油双熟制, 提高经济效益[J]. 农业科技通讯（10）：3.

姜孟山, 2020. 含山县推广"水稻 – 绿肥"种植模式的思考与建议[J]. 安徽农学通报, 26（Z1）：33–34, 71.

金伟萍, 邵泱峰, 徐永清, 2012. 单季稻接茬西红花高效栽培技术[J]. 上海蔬菜（1）：42–43.

李新生, 吴升华, 1998. 陕西黑稻资源及其开发利用[J]. 资源科学, 20（6）：67–73.

孔令瑶, 2008. 黑米中生物活性物质的研究[D], 无锡：江南大学.

赖来展, 1995. 黑米食品开拓研究[M]. 北京：中国农业出版社.

雷振华, 2023. 大棚生姜-晚稻周年轮作栽培技术及其经济效益分析[J]. 上海农业科技(2): 177-178, 182.

黎官军, 黄正强, 南郑县, 2017. 元胡-水稻水旱轮作高效种植模式[J]. 基层农技推广, 5(5): 73-74.

李海渤, 郭小丽, 温晓彤, 等, 2022. 油-稻轮作及鸭-稻共作等模式对土壤影响的研究进展[J]. 韶关学院学报, 43(12): 55-61.

李丽华, 2018. 西洞庭湖地区"稻虾共生"综合种养模式及其效益分析[J]. 作物研究, 32(S1): 46-47, 52.

李庆山, 1995. 养鱼稻田施肥技术[J]. 中国水产(9): 22.

李荣波, 马卫祖, 李国雄, 等, 2020. 昆明市稻渔综合种养的成效与发展对策[J]. 农业科技通讯(3): 18-20, 173.

李善斌, 2016. 稻油轮作连续免耕直播对作物产量及土壤理化性状的影响[J]. 中国农业信息(6): 61-62.

李万里, 谢晓燕, 2010. 稻草还田与低碳水稻栽培技术研究[J]. 作物研究, 24(4): 334-336.

李小坤, 任涛, 鲁剑巍, 2021. 长江流域水稻-油菜轮作体系氮肥增产增效综合调控[J]. 华中农业大学学报, 40(3): 13-20.

李新生, 吴升华, 1998. 陕西黑稻资源及其开发利用[J]. 资源科学, 20(6): 67-74.

李跃飞, 李彬, 陶加乐, 等, 2020. 长期秸秆还田对苏北稻麦轮作体系土壤肥力的影响[J]. 现代农业科技(4): 160-162, 168.

林丽华, 廖平和, 梁东方, 等, 2006. 绿肥还田水稻免耕抛秧栽培增产效果[J]. 杂交水稻(S1): 139-140.

刘淑军, 李冬初, 黄晶, 等, 2022. 水稻油菜轮作下稻草还田和钾肥对土壤团聚体及钾素分布的影响[J]. 中国农业科学, 55(23): 4 651-4 663.

刘许辉, 杜希夷, 2023. 恭城县稻作区水旱轮作马铃薯减肥高效冬种栽培技术[J]. 农业与技术, 43(5): 54-57.

刘颖, 席俊国, 张连第, 2009. 草莓-水稻轮作高效栽培技术[J]. 现代农业科技(17): 95, 97.

刘禹池, 曾祥忠, 冯文强, 等, 2004. 稻-油轮作下长期秸秆还田与施肥对作物产量和土壤理化性状的影响[J]. 植物营养与肥料学报, 20(6): 1 450-1 459.

卢欣欣, 邢茂玉, 姚陆铭, 等, 2016. 扁豆-水稻轮作对土壤环境影响的比较分析[J]. 上海农业学报, 32(5): 92-96.

罗有兴, 刘和湖, 魏生广, 2013. 稻油轮作区油菜轻简高效栽培实践与应用[J]. 云南农业(7): 24-25.

马静, 夏额, 吴聪娥, 2002. 摄入不同谷物对人体血糖的影响[J]. 食品科学(5): 127-130.

马江黎, 周峰, 孙兴祥, 2018. 西瓜-水稻轮作模式及优势分析[J]. 基层农技推广, 6

（2）：84-86.

马金骏，冒维维，曾晓萍，等，2020. 江苏省稻菜（菌）轮作高效生产模式探讨[J]. 农业科技通讯（1）：204-206.

马鹏，张宇杰，林郸，等，2020. 油-稻轮作下前茬氮肥投入与稻季氮肥运筹对稻田土壤养分、碳库及作物产量的影响[J]. 江苏农业学报，36（4）：896-904.

莫钦勇，陈志伟，2015. 单季稻-黑木耳轮作生产技术[J]. 蔬菜（6）：63-64.

庞海霞，2013. 汉中五彩米中微量元素的测定分析[J]. 江苏农业科学，41（5）：301-302.

齐庆，刘影，詹世盈，2022. 南阳市稻渔综合种养调研报告[J]. 河南水产（6）：6-8.

秦文斌，涂安君，黄海溶，等，2012. 甘蓝类蔬菜-水稻轮作无公害生产模式[J]. 蔬菜（9）：23-25.

苏宁，万向元，翟虎渠，等，2007. 功能型水稻研究现状和发展趋向[J]. 中国农业科学，40（3）：433-439.

盛婧，陈留根，朱普平，2008. 稻麦轮作农田生态系统服务功能价值评估[J]. 中国生态农业学报（6）：1 541-1 545.

孙宪明，王月林，查怀华，等，2010. 麦茬直播水稻农业气象条件分析[J]. 现代农业科技（2）：308-309.

孙志明，华秀丽，钱文明，等，2007. 水稻-番茄轮作栽培技术[J]. 上海蔬菜（5）：75.

田应学，2018. 农田稻油轮作的优势及标准化栽培技术要点[J]. 农家参谋（10）：81-82.

涂安君，黄海溶，2021. 镇江地区水稻-甘蓝类蔬菜水旱轮作生产模式探讨[J]. 上海农业科技（6）：138-140.

王一凡，2002. 北方优质稻品种及栽培. 北京：中国农业出版社.

王艳龙，石绍福，韩豪，等，2010. 中国黑米花色苷研究现状及展望[J]. 中国生化药物杂志，31（1）：63.

王艳龙，2010. 黑米花青苷提取及其在酒溶液中稳定性的研究[D]. 汉中：陕西理工学院.

王艳龙，陈进，韩豪，等，2016. 黑米花青苷药理学作用研究进展[J]. 大麦与谷类科学，33（3）：5-8.

吴升华，赵志杰，1989. 水稻香味的遗传规律研究初探[J]. 陕西农业科学（1）2-3.

王俊明，2021. "稻-油"轮作绿色高效机械化栽培模式分析[J]. 南方农业，15（9）：24-25.

王声淼，2012. 鲜食毛豆-单季稻-萝卜三熟高效栽培[J]. 长江蔬菜（5）：41-42.

王强盛，王晓芸，杭玉洁，等，2019. 稻田综合种养结合模式及生态效益[J]. 中国农业学报，35（8）：46-51.

王西耀，晏顺，卜林刚，等，2019. 汉中地区稻田生态养殖中华鳖试验[J]. 科学养鱼（1）：24-26，29.

王永琦，高媛，霍国琴，2019. 陕南设施蔬菜水旱轮作绿色高效种植模式[J]. 西北园艺（6）：8-10.

王震，欧阳月，万星山，2013. 稻田主养湘云鲫高产技术[J]. 渔业致富指南（5）：47-49.

吴明林, 崔凯, 李海洋, 等, 2018. 安徽稻渔综合种养经济模式的探索与实践[J]. 科学养鱼(4): 3-5.

吴艳, 王晓东, 蒙天竣, 等, 2021. 汉中市稻渔综合种养产业发展现状及对策[J]. 安徽农学通报, 27(6): 81-84, 133.

吴咏梅, 严建忠, 2014. 浅析稻麦轮作区保护性耕作技术的应用[J]. 江苏农机化(3): 23-24.

吴玉红, 王吕, 崔月贞, 等, 2021. 轮作模式及秸秆还田对水稻产量、稻米品质及土壤肥力的影响[J]. 植物营养与肥料学报, 27(11): 1 926-1 937.

向安强, 1995. 稻田养殖起源新探[J]. 中国科技史料, 16(2): 62-74.

向晓强, 刘丽, 王娟, 等, 2022. 城固元胡轮作最佳模式研究与应用[J]. 西北园艺(5): 45-47.

信彩云, 马惠, 王瑜, 等, 2019. 水旱轮作条件下稻麦秸秆腐解规律研究[J]. 山东农业科学, 51(8): 75-78.

许杰贤, 2017. 油菜机械化直播技术在陕南试验结果[J]. 农机科技推广(7): 38-40.

杨春沅, 任业军, 朱金凤, 2002. "稻-油"两熟栽培的效益及技术要点[J]. 作物研究(3): 144-145.

杨永斌, 2000. 汉中市稻田养鱼现状及发展对策[J]. 中国水产(10): 19.

殷尧翥, 郭长春, 孙永健, 等, 2019. 稻油轮作下油菜秸秆还田与水氮管理对杂交稻群体质量和产量的影响[J]. 中国水稻科学, 33(3): 257-268.

应国勇, 2022. 油菜秸秆还田条件下减施氮肥对水稻病虫害发生及产量的影响[J]. 基层农技推广, 10(12): 8-10.

余显荣, 李艳, 沈学善, 等, 2015. 安宁河谷一年三熟"稻-葱-薯"粮经复合高效种植新模式效益分析[J]. 中国农学通报, 31(24): 132-136.

曾家玉, 熊楚国, 吴平, 等, 2009. 稻田免耕水旱轮作对作物产量及土壤生态效应的影响[J]. 湖南农业科学(8): 34-36.

翟英, 谌国鹏, 王虎军, 2016. 陕南油菜机械化生产现状及关键技术[J]. 陕西农业科学, 62(7): 126-128.

张东江, 2003. 陕西省发展工程化稻田养鱼的问题与对策[J]. 中国水产(7): 25-26.

张翰林, 郑宪清, 何七勇, 等, 2016. 不同秸秆还田年限对稻麦轮作土壤团聚体和有机碳的影响[J]. 水土保持学报, 30(4): 216-220.

张娟, 张恒伟, 2017. 汉中盆地水稻超高产栽培的实践与创新[J]. 农业科技通讯(9): 34-35.

张龙新, 2022. 水稻油菜种植机械化探讨和效益测算[J]. 农机质量与监督(1): 22, 25.

张顺涛, 任涛, 周橡棋, 等, 2022. 油/麦-稻轮作和施肥对土壤养分及团聚体碳氮分布的影响[J]. 土壤学报, 59(1): 194-205.

张涛, 尹亚军, 路宏朝, 等, 2016. 汉中黑稻黄烷酮3-羟化酶基因($F3H$)的遗传变异分析[J]. 西南农业学报(10): 2 257-2 262.

张名位, 2000. 特种稻米及其加工技术[M]. 北京: 中国轻工业出版社.

张名位, 郭宝江, 张瑞芬, 等, 2006. 黑米抗氧活性成分的分离纯化和结构鉴定[J]. 中国农业科学, 39(1): 153-160.

张名位, 郭宝江, 2002. 色米的营养功能特点及相应加工技术研究[J]. 上海农业学报, 18(增刊): 19-24.

张羽, 冯志峰, 吴升华, 等, 2008. 陕西汉中地区水稻主要推广品种的香味分析[J]. 陕西农业科学(3): 1.

赵则胜, 赖来展, 郑金贵, 1995. 中国特种稻[M]. 上海: 上海科学技术出版社.

赵则胜, 2002a. 初论功能性稻米[J]. 上海农业学报, 18(增刊): 1-4.

赵则胜, 2002b. 特种稻遗传育种[J]. 上海农业学报, 18(增刊): 40-46.

赵芸卉, 李海洋, 徐珊娜, 等, 2016. 洋县五彩稻米的营养成分测定[J]. 现代农业科技(12): 289-290.

周翠英, 张华东, 2002. 大麦与水稻轮作经济效益不一般[J]. 农村经济与科技(10): 14.

周良平, 陆新, 2020. 金坛稻麦轮作区麦秸秆机械化还田技术研究[J]. 农业装备技术, 46(5): 62-64.

周英俊, 石远奎, 2009. 辣椒轮作水稻无公害栽培技术[J]. 中国园艺文摘, 25(9): 172-173.

朱波, 华金渭, 施林妹, 等, 2016. 番红花-水稻水旱轮作高效生产技术[J]. 中国现代中药, 18(5): 600-603.

紫洪发, 2002. 中国稻米品质区划及优质栽培[M]. 北京: 中国农业出版社.

郑兴飞, 董华林, 高艳琼, 等, 2019. 我国红米资源研究进展与开发前景[J]. 农业科技通讯(6): 4-6.

赵芸卉, 李海洋, 徐姗娜, 等, 2016. 洋县五彩稻米的营养成分测定[J]. 现代农业科技(12): 289-290.

第五章
陕西水稻种植中的环境胁迫及其应对

第一节 气象灾害及其应对

中国是世界"气候脆弱区"之一,复杂多样的地形地貌和气候特征导致不良天气频发,据统计,由不良天气引发的气象灾害占中国所有自然灾害的70%以上。农业是受气候影响最敏感的领域,气象灾害对农业的影响往往是大范围的,轻则导致病虫害频发,影响农产品品质,重则会对农业生产造成破坏性影响,导致农作物减产甚至绝收。作为一个农业与人口大国,农业生产特别是粮食生产直接关系到中国社会的稳定和可持续发展。据统计,近10年来,中国平均每年因各种气象灾害造成的农田受灾面积达3 400万hm^2,经济损失占国内生产总值(GDP)的3%~6%。

农业气象灾害一般是指农业生产过程中导致作物显著减产的不利天气或气候异常的总称。农业气象灾害的发生及其为害取决于气候异常与农业对象,农业生产不仅有明显的地域性,而且有很强的季节性。气候变化会造成中国大多数主要作物水分亏缺、生育期缩短,产量下降,并使中国现行的农业种植制度和作物布局发生改变。气候变化会使农业的脆弱性更加明显,会改变中国当前的农业空间布局,降低主要作物的产量,引起农业生产环境的恶化,危及区域的粮食供给能力等。农业气象灾害的影响往往是大范围的,历史上农业气象灾害就是农业生产的重大威胁,每年都有几亿亩农田受灾。了解和掌握农业气象灾害的空间分布特征和发生规律,并采取相应的应对措施,对于防御气象灾害,对提高中国农业抗风险能力、趋利避害、解决粮食危机具有重要意义。

陕西从北向南横跨3个气候带,区域内对气候变化响应敏感,干旱、洪涝、低温、大风、冰雹等气象灾害发生频繁,是受气象灾害影响较为严重的省份之一。加之,陕西农业生产属"气候农业",农业生产的丰歉在很大程度上受制于气候条件的优劣。陕西水稻生产主要分布在陕西南部,生产中常常会遇到的气象灾害类型包括倒春寒、低温、干旱胁迫、暴雨洪涝、大风灾害、高温热害、秋封、秋淋等。

1971年以来,陕西省因气象灾害造成的农业受灾面积及成灾面积总体上呈波动下降趋势,其中,干旱造成的受灾面积及成灾面积呈下降趋势,洪涝、大风冰雹及低温冷害造成的农业受灾及成灾面积呈上升趋势,气象灾害强度呈波动加重趋势,进入21世纪以来有所下降。总体来看,旱涝灾害是影响陕西粮食生产的主要气象灾害,气象灾害对陕西粮食生产的影响呈波动增加趋势,20世纪90年代影响最重,进入21世纪后有所缓解。作为陕西省第三大粮食作物的水稻，在其生长季节里，常发生的气象灾害主要有育秧期间的倒春寒、插秧后的连阴雨低温、干旱、冰雹和大风等，对陕西水稻的生产带来了极为不利的影响。

一、倒春寒

倒春寒是指 3 月下旬至 4 月下旬气温回暖过程中冷空气入侵产生急剧降温，指初春（一般指 3 月）气温回升较快，而在春季后期（一般指 4 月或 5 月）气温较正常年份偏低的天气现象。气象学中，受较强冷空气频繁袭击后，气温下降较快，当日平均气温＜10℃，并持续 3 d 以上，常伴有风、阴雨等寡照天气，对农作物生产造成严重威胁。倒春寒天气可能产生水稻冷害，它直接影响水稻适时播种和播种后正常出苗、生长，严重的倒春寒造成烂种烂秧，推迟移栽，影响产量。例如 2023 年春季特重级倒春寒灾害天气，陕南降温幅度超过 15℃，且持续时间较长，使陕南水稻烂种烂秧率高达 40% 以上。持续低温导致秧苗生长发育迟缓，插秧推后 5～7 d，因此，由低温诱发的水稻烂秧是陕西水稻生产中重要的农业气象灾害之一。张小峰等（2014）收集 1971—2010 年陕西省汉中市 11 个县（区）气象站逐日气象降水资料。经过统计，得出春季低温站次汉中市年均 13 站次，次数最多的 1987 年年均 25 站次，没出现春季低温的有 1975 年和 2003 年。1975 年以前和 1997 年以后为春季低温少发年份；1976—1996 年的 20 年间为春季低温频发年份；1997—2010 年春季低温发生频率较低（图 5-1）。

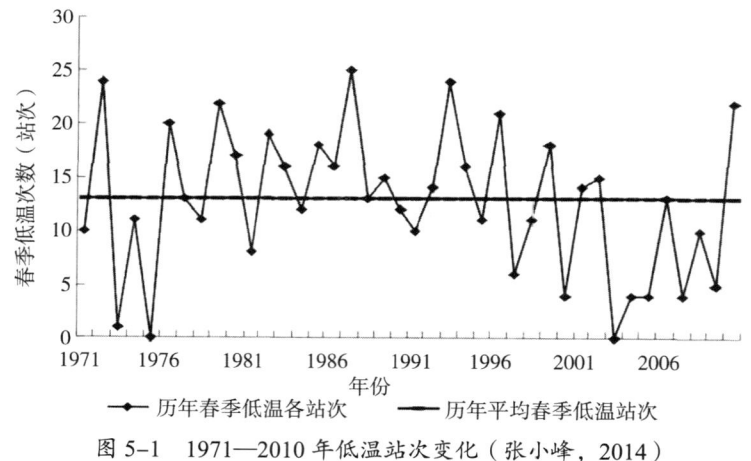

图 5-1　1971—2010 年低温站次变化（张小峰，2014）

（一）倒春寒产生原因

汉中地区位于秦岭南麓，处在中国季风亚热带气候北界，是气象和农作物南北交错的过渡地区，汉中地区春季冷空气活动频繁。杨利霞等（2020）以 2018 年和 2020 年倒春寒发生为例，介绍倒春寒产生的气候原因。2018 年 4 月 5—7 日的过程，500 hPa 高空图上中高纬为两槽一脊型，巴尔克什湖有低槽存在，温度场落后于高度场。新疆北部的高压脊后有暖平流，使高压脊继续发展加强，巴湖低槽东移加深，中纬度环流经向度加大，有利于地面冷空气迅速南下。地面图上，贝湖西部的冷高压中心维持在

1 045 hPa，高压前部等压线密集，气压差达到 15 hPa。强冷空气从西北路影响汉中市，造成此次强降温过程，并伴有雷电、短时暴雨、大风等对流天气。2020 年 3 月 27—30 日的过程，500 hPa 高空图上中纬度欧亚环流形势为一槽一脊型，西西伯利亚为一长波脊，贝加尔湖以东有低涡存在，配合有 −44℃ 的冷中心，在 40°N～50°N 有 ≥12℃ 高空锋区，表明冷空气在贝加尔湖附近堆积。陕西处于槽前弱的西南暖湿气流中，槽后强冷平流沿高空西北气流向东南输送，引导冷空气从河西入侵陕西，在冷空气主力继续东移南下中，低层冷空气沿华北南下折向西，并伴有明显的偏东湿冷急流，不仅带来了持续降温，还为持续降水提供了水汽条件。地面图上冷高压在贝加尔湖以东地区堆积，中心达 1 057.5 hPa，冷空气经华北南下，从东路回流影响汉中市，此次天气过程冷空气强，影响时间长，造成持续降温和阴雨雪天气。可以看出，2018 年 4 月 5—7 日降温过程是西北路冷空气入侵，天气现象剧烈，降温幅度大，天气转晴后出现强辐射降温，低温持续时间长。2020 年 3 月 27—30 日降温过程先是北路冷空气入侵，然后随着系统东移，冷空气从东路回流继续影响汉中市，造成持续降温和低温雨雪天气。

2018 年 4 月 5—7 日降温过程前的 4 日，汉中各区县日平均气温在 17.8～20.2℃，4 月 7 日日平均气温下降至 9.5～11.2℃，降温幅度达 8～9.4℃；2020 年 3 月 27—30 日降温过程前的 26 日，汉中各区县日平均气温在 11.9～16.6℃，日最低气温普遍在 7.8℃ 以上，27—29 日持续降温，降幅达 5.5～10.5℃。28、29 日西乡、城固、宁强、略阳日最低气温低于 4℃。倒春寒将直接影响水稻种子的出苗、生长，致使秧苗的生理机能失调和诱发病害，最终导致烂秧死苗，既损失良种，又贻误农时。由阴雨低温诱发的烂秧是汉中水稻栽培中遇到的第一道难题，因烂种烂秧损失稻谷并不罕见，由此而引起的秧苗短缺，延误农时亦时有发生，直接关系水稻全年的单产和总产。因此，倒春寒是实现水稻适时早播早插的障碍。

（二）倒春寒对水稻的冷害表现

水稻属喜温作物，对温度变化相当敏感。低温冷害是水稻生产的一大威胁，前期低温冷害会造成烂种、烂秧与死苗，后期低温可造成水稻明显减产，甚至颗粒无收，常常造成经济上的巨大损失。籼稻生长的温度界限是 12℃，低于 12℃ 秧苗会停止生长，低于 8℃ 就会产生延迟性冷害，低于 0℃ 就会发生冻害，甚至有可能会被冻死。

秧苗生长期间如果遇到低温，就会产生冷害。倒春寒导致的冷害可分为水稻芽期冷害和苗期冷害。芽期冷害是指水稻从播种到第一片叶长成期间受到低温侵袭，导致出芽时间延长，成苗率降低，甚至出现烂种、烂秧的一种现象。其田间表现为叶鞘伸展不开，向内弯曲，真叶抽出来畸形，叶顶端形成一个圆圈状，叶尖在叶鞘里包裹抽不出来等现象（蔡志欢等，2018）。孙焱（2013）研究表明，芽期低温使水稻成苗率降低，并且随处理温度的降低而降低，随处理时间的延长而降低。不同质量的秧苗遭受的冷害冻害程度也是不同的，苗的素质好影响就轻，苗弱受到的影响就大。

苗期冷害是指水稻从第一片完全叶长成到进入生殖生长之前的整个营养生长时期受到低温侵袭，导致叶片失绿、发僵、分蘖减少、秧苗枯萎、根系受损，甚至秧苗死亡的一种现象。张嵩午（1987）在汉中南郑农气试验观测场观测到，当气温低于7℃时，刚进入出苗期的籼稻湘矮早3号和华矮选在低温过后即发生烂秧，死苗达一成之多。黄伟军（2013）研究表明，苗期低温导致叶片叶绿素下降，光合速率减弱，根系活力下降。肖宇龙等（2014）研究表明，苗期低温导致水稻分蘖成穗减少，但是对每穗总粒数、结实率及千粒重影响不大。

在汉中，低温危害主要在育秧期间发生，水稻播种一般在3月底至4月初，此时发生的低温烂秧主要有烂种、烂芽和死苗3类。从发生时间看，烂种、烂芽发生在"现青"以前，死苗发生在"现青"以后，尤其在2～3叶期，遇到倒春寒，青枯、黄枯死苗现象比较严重。烂种是指播种以后，遇到低温冷害种谷发芽过于缓慢或不发芽就腐烂。烂芽包括芽干、烂根、烂芽3种。芽干指幼芽、幼根干枯现象。主要是因为水稻播种后，常遇低温阴雨天气，而习惯上实行深水保温护芽，一旦骤晴，便采取一次急排水抢晴晒秧，由于气温急增，秧板、种芽水分蒸发极快，而幼根吸水力很弱，根、芽失水造成。烂根、烂芽主要是由于长期淹水，种芽因长时间缺氧，处于无氧呼吸状态，加上低温侵袭，生理机能减弱，抵抗力降低，病菌（如锦腐病菌等）侵入引起传染性烂秧。也有因施用未腐熟的有机肥后长期淹水，使土壤氧化还原电位大大降低，产生大量的有机酸、硫化氢等有毒物质，抑制种芽的呼吸作用而引起的。防止烂根、烂芽的关键是播种后采用湿润灌溉，促进土壤中气体交换，增加土壤中氧气，缓和土壤中的还原作用。在施肥上要施用腐熟有机肥料，减少还原物质的发生。如遇连续低温阴雨时，秧田灌水要合理。

死苗可分为急性青枯死苗和慢性黄枯死苗两种，多发生在2～3叶期。许多研究表明，死苗的原因，主要是早春寒潮频繁，长时间0℃以上低温严重地抑制了秧苗的生活力，代谢低弱，生长停滞，抗病力降低；同时，低温引起幼苗细胞原生质透性增加，氨基酸、糖类等养分外渗，为病原菌造成了营养条件，病原菌侵入使根、假茎受害或腐烂。当时未表现症状，遇大晴温度上升，因根系吸收功能丧失，表现出急性青枯死苗。如长期持续低温，则表现为慢性黄枯死苗。主要是腐霉菌属、地霉菌属、丝核菌属的病菌，侵害秧苗，引起烂根造成。防止死苗除选用耐寒品种，掌握好播期，促进秧苗早扎根外，改善秧苗生活环境，提高秧苗生活力的综合管理措施是防止烂根死苗的重要途径。如1叶1心时，浅灌既可增温，又可抑制病菌。同时适量施以氮素为主的"断奶肥"，可使秧苗"得氮增糖"，特别是施用硫酸铵等酸性肥料，增加土壤酸度，能增加秧苗抗逆力，施用敌磺钠等土壤杀菌剂可以制止死苗和加速秧苗复活生根。另据一些试验资料，秧苗在pH值4～5的条件下，表现叶色深绿，生长健壮，抗逆力增强，因此，选用酸性土壤作秧田是值得考虑的。

（三）水稻冷害生理研究

水稻遇到低温冷害时，体内将发生一系列适应低温的生理生化变化，以增强其耐冷性，维持稳定生长。光合作用是水稻最重要的生理功能，在作物生长发育中起着至关重要的作用，也是其产量高低的决定因素，而低温冷害是影响水稻生长发育和产量的严重自然灾害之一。在低温胁迫条件下，水稻叶片叶绿素合成受到抑制或叶绿体功能紊乱，细胞膜透性增加，导致气孔导度降低，光合速率降低。光合功能和叶绿素含量加速降低，这是由于光合机构中光系统复合物、酶蛋白降解、内源激素中激动素下降和脱落酸增加所致。呼吸作用是植物生命中极为重要的代谢机能，植物遭遇低温必然影响呼吸。冷害初期，呼吸速率上升被认为是一种保护性反应，因为呼吸强、放热多，对抵抗寒冷有利；以后呼吸作用被认为是伤害反应，有氧呼吸受到抑制，无氧呼吸相对加强，一方面因产能少而使物质消耗过速，另一方面形成乙醛、乙醇等有毒物质。叶片的呼吸强度降低，吸收利用养分的能力降低，气温对植物的生命活动具有很大的影响，对整个生命周期也有很大的影响，植物所获得的养分大部分是通过根系吸收获得，根部营养是作物获得高产的前提。水稻的根是植物获得营养物质和水分的主要来源，同时也是植物激素、有机酸、氨基酸的主要来源。低温可削弱根的呼吸作用，低温对矿质养分吸收的影响很大，使其吸收能力下降，影响水稻体内氮、磷、钾、钙、镁、氯等养分元素的吸收和分配。低温影响水稻对矿质元素的吸收因生育期而异，插秧初期影响最大，随生育的进展而逐渐减轻。有研究者发现，氮、磷、钾、铜、钙这些元素缺乏，不仅降低蛋白质、叶绿素含量，影响叶绿体结构，也影响电子传递和激发能分配，从而影响光合作用，导致植株遭受冷害程度加重。根系的生长发育、形态结构和根系的多种新陈代谢都受到根际气温的控制，当其在 0～20 cm 的范围时表现得尤为显著。环境因子对稻根的影响在农业生产中有重要的指导意义，如适度的抗性锻炼能增强渗透调节能力，促进水稻根系发育，从而提高其对逆境的适应能力和代谢潜能。

（四）倒春寒天气预报

对于种植业来说，气象上带来的灾害很难避免的主要原因就是气候不可控性，随时随地都会发生变化。特别是在夏季，突如其来的暴风雨、冰雹等灾害都是时常发生的。因此，为了能够更好地应对气象变化带来的灾害问题，当地的气象部门必须要加强气象预警的建设工作，如完善短期气候预测系统、灾害性天气预测系统、气象报警装置等，为农业生产提供更加全面和准确的气象预报服务。

对倒春寒进行天气预测，是提前做好应对倒春寒的重要手段。国内众多学者进行了这方面研究。李恩莉介绍（2022 年），宝鸡市气象局基于 1974—2019 年宝鸡 11 个气象监测站 3—4 月逐日最高气温、最低气温、平均气温数据和 NCEP 2.5°×2.5° 再分析资料，采用统计学与天气学方法对宝鸡倒春寒天气的时空分布特征及其天气形势进行了分析，结果显示：宝鸡倒春寒发生总次数呈南北山区多、川塬县区少的特征；太白、麟游、岐山、凤翔是各个等级倒春寒高发区域，川道县区发生倒春寒的次数最少，这与宝鸡的地形有关；时间上，宝鸡倒春寒天气呈逐年缓慢递减趋势，倒春寒初日推迟而终日提前；影响宝鸡中度以上倒春寒天气的冷空气路径由多到少依次是西北路、东路、北路和西路，500 hPa 高度场上中高纬度以"两槽一脊"或"一槽一脊"形势为主；从高低空冷空气的强度、锋区强度、地面冷空气路径等方面着手，建立了宝鸡中等以上等级倒春寒天气预报指标。

(五) 应对倒春寒措施

每年的育秧季节,都不可避免地出现倒春寒,只是时间长短有差异而已。陕南倒春寒常发生在3月、4月或者5月上旬,正值水稻播种育秧,如遇倒春寒将直接影响种子出苗、生长,致使秧苗的生理机能失调和诱发病害,最终导致烂秧死苗,既损失良种,又贻误农时。倒春寒对水稻育秧往往造成以下危害。

1. 低温的伤害

(1) 低温抑制生长　播种后遭遇长期日平均气温低于12℃的天气,种子不能扎根出苗,出苗以后遇低温则会大大降低幼苗的生活能力,使根、苗生长受抑制或生长十分缓慢,抗逆能力削弱,严重时秧田会烂芽死苗。

(2) 缺氧产生毒害　倒春寒持续阴雨造成秧田淹水缺氧环境,使秧苗呼吸作用消耗胚乳中的大量养分,特别是施用未腐熟的绿肥或其他有机肥而产生硫化氢、亚硝酸等还原性有毒物质,会直接毒害谷芽或幼苗,导致烂根死苗。

(3) 光合作用弱　倒春寒由于长时间日照不足,叶绿素形成受阻,叶片变黄白色,使秧苗的光合作用削弱或停止。处于"断乳期"的秧苗,胚乳养分已经耗尽,合成蛋白质的功能受到抑制,易导致植株缺乏营养"饿死",并逐渐干枯。

(4) 低温久雨诱发病害　在种芽或幼苗期若低温阴雨,抵抗能力减弱,病菌从芽口乘虚侵入谷粒内,从而诱发腐生性病害,致使幼芽幼苗因养分供应不足及病菌影响而变黄死亡。

(5) 温度剧变导致生理失水　秧苗受到倒春寒低温阴雨危害后,生理机能产生障碍,遇到突然转晴的天气后,气温上升快,而根系生活能力尚未恢复,吸水弥补不了叶片蒸腾消耗,表现为叶片卷曲,呈青枯状"干死",尤其在3叶期前后表现明显。

2. 应对措施

针对以上危害,可采取以下措施预防或减轻倒春寒对秧苗生长发育的影响。

(1) 选育和应用耐低温的水稻品种　选育耐低温水稻品种是应对倒春寒的一种经济有效的措施,国内育种工作者在这方面开展了大量工作。国内选育耐冷品种的育种策略:一是耐冷种质的挖掘和利用,首先一般是对现有品种、品系进行系统的耐冷性评价,作为配制杂交组合依据;其次是积极引进其他地区优良耐冷资源(如野生稻、杂草稻),加以改造利用;最后是利用籼粳稻亚远缘杂交或地理远缘杂交,再通过复交或回交优化性状组配,聚合有利基因,创造新材料(宋冬明等,2011)。二是对现有品种、品系进行系统的耐冷性评价,在水稻耐冷性育种中,对稻种资源和杂交后代材料的耐冷性鉴定评价是稻种资源鉴定和耐冷育种的关键。选择耐寒性较强、抗病抗倒、米质优、生育期适中、适应性广、综合性状优的水稻品种,是抵御倒春寒造成低温冷害最有效的措施之一。这可以减少遇到低温造成水稻烂种死苗,减轻人工补救成本,也可以防止水稻产量出现大幅度减少的风险。稻农应根据种植面积、播种时间选择适宜生育期的品种,合理搭配熟期,确保水稻丰产增收。

目前，汉中平川地区主推品种有黄华占、香龙优2018、美香占2号、两优687、汉香优755、荃香优1521等；浅山丘陵地区主推品种有陕稻12号、特优801、泸优11、泰丰优7号。对低温冷害均有一定的忍耐性，且杂交稻的耐寒性明显优于非杂交稻。

（2）适期播种，避开倒春寒侵袭，培育壮苗　应根据春季气候变化规律，确定水稻适宜播种期。不宜过早种植，也不宜过晚，播种时间有利于适期栽培即可。避免播种过早易遭遇倒春寒，芽期遭遇低温会导致水稻出苗慢或烂芽烂秧，影响出苗率，苗期遭遇低温会失绿、枯萎甚至死亡。播种过晚抽穗期易遭遇低温导致秋封，孕穗期遭遇低温，小穗及颖花分化不良，甚至出现难抽穗的情况；扬花期遭遇低温会阻碍花药正常开裂，致使水稻难以受精结实、空壳增多而减产；灌浆期遭遇低温，植物光合作用能力下降，谷粒不饱满，空壳增加，米质受影响。

水稻喜高温、多湿、短日照，幼苗发芽最低温度10～12℃，最适28～32℃。分蘖期日均20℃以上，穗分化适温30℃左右，抽穗适温25～35℃，开花最适温30℃左右。根据往年倒春寒的发生规律，注意收听天气预报，在不误农时情况下尽量回避严重低温阴雨天气，抢晴播种。低温不利于种子发芽，播种时温度至少应保证在10℃以上，适宜的气温条件有助于提高种子发芽率。播种前注意查看天气预报，当连续3日平均气温稳定通过12℃，最低温度不低于5℃时可准备播种育秧。播种时如遇倒春寒，尚未浸种的要推迟播种，在冷中浸种，冷尾催芽，暖头播种，避免低温阴雨造成烂种烂苗；已经浸种催芽尚未下田的稻种要摊薄晾芽，在天气好转的"冷尾暖头"及时抢晴播种；抓住冷尾暖头有利时机播种，确保播种后要有3～5个晴天，利于稻种生长发芽，培育出合格的壮秧。

（3）保温育秧，减轻秧苗的低温冷害　育秧期间倒春寒天气发生频繁，遇到低温冷害天气概率增加，则应选用合适的播种方法，例如覆膜育秧、温室两段育秧和旱育秧等保温措施，尽量减轻低温冷害对秧苗的危害。

盖薄膜保温：水稻育秧采用薄膜覆盖为主，可以使秧苗避免早春低温的危害，有利于培育壮苗，简化秧田管理。由于早春膜内和膜外温差很大，要特别注意调节温湿度。一般出苗之前保持密封状态，出苗以后遇晴暖天气，要严格掌握膜内温度，超过30℃时揭开薄膜两头进行通风降温。膜内外温差较小时开始通风，时间为8—9时，忌在中午温度增高时骤然揭膜，以免秧苗不能适应外界温差剧变，导致死苗。若遇长时间低温阴雨天气，为降低膜内湿度，减轻霉菌的发生，应每隔3～5 d于中午揭开两头通风换气。秧苗移栽前3 d应进行揭膜炼苗，使其抗逆能力增强，有利于栽后扎根返青。当秧苗遭遇低温时可搭拱棚，覆盖塑料薄膜保温。

温室两段育秧：水稻温室两段育秧能提高水稻产量，是把水稻育秧全过程分成两个阶段进行的一种育秧方法。第一阶段是温室育小苗，在1叶1心或2叶1心时寄插。第二阶段是寄插秧田、培育适龄大苗壮苗，寄插时采用双株寄插方法，合理密植，保证秧苗有足够的生长空间，利于壮秧形成。温室两段育秧是提高水稻产量的最佳方法，由于采用"头段育足，二段育壮"策略，使两段育秧具有早播早熟、秧壮蘖多、成秧率高、节省种子、秧龄弹性大、增产增收等优点，有利于避开汉中常年出现在4月上中旬的寒潮，不易发生冻害和造成烂秧死苗，能够适时早播，解决前后茬口矛盾，提高复种指数，既解决前期低温出苗不全的生产问题，也彻底解决了陕南在杂交稻推广种植中普遍存在的早春烂秧、秧苗不壮、伏旱和秋风危害等问题。温室两段育秧可以节省用种，培育的秧苗素质好，能够培育出叶龄6～6.5叶，带蘖3～4个的大苗壮苗，为水稻超高产奠定了良好的基础。中低位分蘖进程快，由于秧苗素质好，插后返青快，分蘖早、进程快，且秧苗带蘖100%成活，有效分蘖增多，无效分蘖减少，整齐度好，分蘖利用率高达95%以上。抗逆性强，两段育秧配套稀植插秧规格，通风透光好，植株茎秆粗壮，叶片肥厚、宽大，叶色浓绿，抗逆性增强，病虫害明显减轻，同时，单株营养面积大，个体生育旺盛，光能利用率高，有利高产，是水稻栽培的重要环节和高产的基础。

温室育秧应注意：一是温度，种子入室后，猛火升温，2～3 h后升至35～38℃，保持24 h，使芽梢伸长，长出初生根，到达出芽整齐一致。从第2～6天，每24 h逐减3℃，第7天保持19℃。秧苗达2叶1心后降至接近室外温度，开门炼苗，准备寄栽。二是湿度：入室第1～2天保持相对湿度在95%以上，保持"谷壳不现白，秧盘无积水"，促使出苗快而整齐。第3～6天保持相对湿度在80%左右，均匀少量多次喷水，保持"谷芽温淋淋，秧尖挂露珠"。第7天保持相对湿度70%以上，减少喷水次数，做到秧间有露珠即可。

（4）调盘镇压　秧盘入室后的第2～3天，因根芽伸长，容易翘，需及时用木板顺一个方向轻轻压平，每隔4～5 h压苗1～2次，最后几天要适当增加次数，使秧苗生长整齐，顺利绿化。追肥防病：秧苗若发生霉病，要及时用1 000倍液敌磺钠进行喷施防治，小苗出温室前2 d用2%的磷酸二氢钾和少量尿素混合液喷施1次，提高秧苗移栽后的成活率。

（5）旱育秧　水稻旱育秧是在水稻育秧过程中避免水层、保持土壤湿润、接近旱地条件下培育壮秧的一项新技术，具有提高秧苗素质、返青快、分蘖强、节约秧田、节省灌溉水和劳动力的优点。具体要求：一是根据秧苗叶龄控制播种密度；二是播种前苗床地应灌足底水，保证发苗整齐，水稻秧苗2叶前尽量不浇水，如果浇水会降低地温，形成"冰根"现象，以后秧苗很容易发病；三是增施旱育秧壮秧剂；四是施用敌磺钠药剂防治青枯病和立枯病；五是苗床地应疏松、平整，播种后盖土应均匀，厚度0.5～1 cm。

播种至出苗前盖严地膜，膜内温度控制在35℃内，1叶期控制在25℃左右，2叶期控制在20℃左右，2叶后晴天白天揭膜炼苗，晚上盖膜，适时通风炼苗，揭膜炼苗应先揭开两头，再揭一边，最后全揭。炼苗期间如遇低温寒潮天气应覆盖地膜保温。若连续遇阴雨天气，出苗后，每天也要揭膜换气0.5 h左右。旱育秧出苗前保持苗床土湿润，出苗后至2.5叶期要控水降湿防病。当出现苗床土干发白或秧苗叶尖无水珠或秧苗开始卷叶时，应在早、晚揭膜灌足水，同时要加强肥水管理和病虫害防治。

（6）加强田间管理，灌水防寒　加强田间管理，增加秧苗对低温冷害的影响。一是对秧田进行合理灌水，用水调温，可以有效改变稻田的小气候，达到防寒护秧的目的。利用水传热比较均匀，遇冷时水温下降缓慢，晴转暖时也不会急剧升高温度的特点，进行灌水防寒护秧。在倒春寒到来时进行深水护秧，采取夜灌日排、晴排雨灌，调节秧田水、热、气状况。灌水要根据不同秧龄而采取灵活措施，一般播种后压种压芽，轻晒秧板至微裂，可提高土温和增加土壤中的氧气含量，促进早扎深根，增强以后的抗寒能力。播后芽针期，若温度不是太低，不必灌水浸芽，只需保持湿润。在第一完全叶展开之前为芽期，此时秧苗耐低温能力较弱，应保持秧板土壤湿润和供氧充足，灌水技术要点为"晴天满沟水、阴天半沟水、雨天排干水、烈日跑马水"（翟丽英等，2016）。长成秧苗后，初冷时降温不大，可浅灌秧脚水。若气温继续下降，可适当增加灌水的深度，遇到刮强劲干风时，要抓紧灌齐腰水，以防秧苗失水萎蔫。从出苗到3叶期为幼苗期，采取露田与浅灌相结合的管水方法，2叶期前、后分别以露田、浅灌为主。成苗期指3叶期以后到移栽前，采用浅水灌溉，不宜时灌时排（王洪军等，2012）。如果持续低温阴雨，灌水时间较长，要在中午气温回升时，排去积水，提高土温，更换新鲜水，以提高水中含氧量，预防根系窒息枯死。持续低温阴雨过后，天气突然转晴时，要提前灌深水，以后缓排，预防"芽干"。寒潮过后若天气突然放晴，应慢慢退水以使秧苗逐渐适应晴天气温回升的生长环境，切勿立即退水晒田，以免气温骤然回升带来的苗床温度剧烈变化，造成秧苗生理脱水和青枯烂秧死苗。二是遇到低温天气，可及时泼浇敌磺钠，低温来临前或寒潮过后，每分秧田可用 100～150 g 敌磺钠兑成 1 000 倍液泼浇，防止烂秧死苗。三是忌过早追肥，低温过后，秧苗抗逆能力较差，若过早施用化肥，对生长弱的秧苗不利，有可能加速烂秧死苗，因此，可在低温过后 3～4 d 再适量追肥。

（7）适当施肥　要根据天气变化情况，科学做好肥水管理。为加速土壤熟化，增强秧苗抗寒能力，秧田深耕应结合增施基肥进行。基肥中要注意"三结合"，即有机肥和无机肥相结合，速效肥和迟效肥相结合，氮肥和磷、钾肥相结合。同时，要适当控制基肥中的氮肥比例，适当增施磷肥。要依据秧苗生长状况、长势长相和天气条件进行科学追肥。若遇温度低，多阴雨天气，要少施氮肥；若遇晴天多，温度高，适当增加氮肥施用量。对黄化苗和弱苗应选择晴天多次追肥，先轻后重，少吃多餐，对弱小苗不要大水大肥，可施适量的淡粪水，待秧苗生长正常开始分蘖时，再追较多的肥料，每亩秧田可施15～20 kg 草木灰，既增加了钾肥，又提高了土壤温度，使秧苗生长健壮，增强了抗病力，阴雨寡照天气情况下，严禁施用任何化肥，防止肥害。在降温前适当喷施磷肥，增强稻苗抗逆性，可以防止冷空气造成水稻烂种烂秧。对白化死苗的秧田：一是及时进行秧田排水，撒施草木灰，或使用磷酸二氢钾进行秧苗根外追肥，提高秧苗抗逆性；二是使用硫酸亚铁、硫酸锌等微肥，增加秧苗叶绿素含量，增强光合作用。

（8）药剂防治　倒春寒天气常会使秧苗遭受病菌侵害，不仅易感染立枯病，而且还会发生苗瘟、叶瘟，应及时对症施药。水稻育秧田以预防为主，敌磺钠是防治秧苗3叶期前后侵染性烂秧的高效药剂，为防止秧苗发生立枯病，具体做法是：当秧苗1叶1心期，喷洒 65%～75% 敌磺钠 1 000 倍液，不但能有效预防烂秧，还能促进已烂秧的秧苗重新生根，恢复生机。若以防治立枯病和绵腐病为主时，可在早晨放干水，下午泼洒敌磺钠 500 倍液 1 000～1 200 kg/亩，或 2 000 倍液硫酸铜 300 kg，均为良好效果，但泼后 2 d 内不排不灌，以保药效。发生严重的冻害（地上部分基本没有绿叶）后，每平方米追 50 g 硫铵和生根剂，在 30℃以下的温度情况下，尽可能保证温度和湿度促进秧苗发新叶，秧苗发出 2 叶后开始进入正常管理。上部有些叶受冻害时，一般对秧苗生长影响不大。防治苗瘟和叶瘟要掌握在发病初期，可用 40% 富士 1 号乳油 1 125～1 500 mL/hm^2，或 75% 三环唑可湿性粉剂 300～450 g/hm^2 兑水 750 kg/hm^2 喷雾，控制病害发生和蔓延。

二、高温热害

水稻高温热害一般是指在水稻抽穗结实期，气温超过水稻正常生育温度上限，影响正常开花结实，造成空瘪粒率上升而减产甚至绝收的一种农业气象灾害。

近年来，随着社会发展和工业化进程加快，全球气候变暖，夏季出现高温灾害天气的频率增加。夏季的高温干旱灾害性天气对水稻种植会有明显影响，常体现在孕穗期和抽穗扬花阶段，当水稻孕穗时，如遭遇连续高温天气，气温超过 35℃，将会影响水稻花期授粉，水稻形成不良好发育，整体生长成活率下降。抽穗扬花阶段来临时，高温干旱天气会影响花期授粉，不利于水稻的开花授粉过程，易出现空壳现象。若水稻处于灌浆后期和成熟期，种植地区普遍高温干旱、降雨偏少，将会导致水稻灌浆期速度加快，降低水稻结实率，造成水稻产量严重降低。

按照 NY/T 2915—2016《水稻高温热害鉴定与分级》规定，早稻抽穗开花期和灌浆期高温热害的温度指标均为日平均温度 ≥ 30℃或日最高温度 ≥ 35℃连续 3 d 及以上，且每天高温持续时间 ≥ 5 h；中稻（一季稻）孕穗 – 开花期和灌浆期高温热害的指标均为日平均温度 ≥ 33℃或日最高温度 ≥ 38℃连续 3 d 及以上，且每天高温持续时间 ≥ 5 h。水稻孕穗 – 开花期高温热害造成花粉发育不良，开花授粉受精不良和空粒增加；灌浆期高温热害造成灌浆期缩短，成熟期提前，千粒重下降，秕谷率增加，产量降低和品质变差。早稻和中稻品种开花期的高温耐性以其高温结实率与对照结实率的百分比大小进行划分，分为强耐热型、耐热型、中间型、不耐热型、极不耐热型 5 级。按照 GB/T 37744—2019《水稻热害气象等级》的规定，水稻热害气象等级以日最高温度 ≥ 35℃连续 3 d 及以上的日数、≥ 35℃积温、气象台站数、水稻面积、结实率、千粒重等进行计算划分等级。水稻（早稻、中稻）孕穗 – 开花期、灌浆期高温热害按强度等级分单点（单个气象台站）热害强度等级、区域（多个气象台站）热害强度等级、致灾因子（最高气温和高温持续时间）强度等级 3 种；按影响等级分产量要素（结实率和千粒重）影响等级、区域（气象台站数或水稻面积）热害影响等级 2 种；按灾损等级分灾损（结实率和千粒重）程度等级 1 种。强度等级（除致灾因子）、影响等级和灾损等级均划分为轻度、中度和重度 3 个等级。需要注意的是，气象部门一般将气象站百叶箱日平均气温 ≥ 30℃或日最高气温 ≥ 35℃称为高温，而农业部门更多的时候会在试验中测定特定位置的温度，如作物冠层温度，对作物生长发育影响明显的冠层温度，如日平均温度 ≥ 33℃或日最高温度 ≥ 38℃则称为高温。因百叶箱气温与作物冠层温度间存在一定差异，一般温度较高情况下，百叶箱温度低于作物冠层温度，所以气象和农业上所用的温度要注意区分。

（一）陕西高温热害概况

陕西水稻种植主要分布在汉中、安康和陕北，汉中市和安康市主要种植籼稻，陕北主要种植粳稻。陕西省水稻生产中遇到的高温热害主要发生在7月、8月水稻的幼穗发育期和抽穗开花期。安康盆地，包括安康、白河、岚皋等是高温气象灾害重灾区。任青青等（2022）利用秦巴山区安康气象站1953—2020年逐日最高气温和1980—2020年逐日最小相对湿度资料，采用常规气候统计分析、线性回归、5年滑动平均和Mann-Kendall检验法，对安康市极端高温、高温日数、持续高温过程和酷热日数等高温特征指数进行计算和分析。结果表明，安康市的极端高温平均为39℃，以7月出现频次最多；高温日出现在4—9月，年平均高温日数25 d，以7—8月出现较多，平均月高温日数分别为9.5 d和9.2 d；最早出现高温天气是在1953年4月12日，最晚是在2010年9月19日；极端高温最大值出现在2017年7月27日，达41.9℃；年平均持续高温次数3.4次，平均持续时间为5.3 d，最长可达16 d；酷热日数出现在6—9月，相对湿度较大且最高温在32.9℃以上时发生，年平均酷热日数10.2 d，明显少于高温日数，且8.3%的酷热日未伴随高温日出现。各高温特征指数年代际变化表现出周期性；极端高温、高温日数、持续高温次数年代际变化均呈高—低—平—高的波动下降趋势，而酷热日数则呈低—高—略低—高的波动上升趋势。

（二）高温对水稻生长发育的影响

抽穗扬花期是水稻对高温最为敏感时期，这一时期花药易受到热害而引起不育，导致结实率下降，造成减产。在抽穗开花期遇到高温，能使开花期提前，致使花药开裂不良、花粉萌发率低和花粉活力下降，最终造成水稻籽粒败育。许多学者对水稻开花期热害的临界温度展开研究，国际水稻研究所在开花时用35℃和38℃的温度处理84个选系，约有75%的选系在38℃下结实率低于20%，认为耐高温筛选以35℃较好。上海植物生理生态研究所（中国科学院分子植物科学卓越创新中心）人工气候室在籼稻二九青开花期进行不同高温试验，30℃处理5 d对开花结实已有明显伤害，38℃处理5 d则全部不能结实，认为籼稻开花期长期高温伤害的临界温度为30℃，短期高温伤害的临界温度为35℃（上海植物生理生态研究所人工气候室，1976）。任昌福等（1984）研究结果表明，杂交水稻开花期对高温最敏感，其伤害的临界指标是日平均温度30℃，最高温度35℃，也有研究表明水稻抽穗开花期遇到持续5 d的高温，就会影响花粉管伸长和正常散粉，导致不能受精而形成空粒。花药活性伴随胁迫温度的升高，降幅增大。在41℃高温中处理3 d，花粉的可染率和花药活性明显降低，其中花粉可染率下降到10%左右，花药活力接近于0，在38℃高温中处理5 d，花粉活力基本维持正常水平，7 d花粉活力迅速下降，其中花粉可染率下降到6%左右，花粉活力下降到3%左右。

幼穗发育期遇到高温，会抑制颖花分化，导致颖花退化；在灌浆期遇到高温，会

缩短灌浆期，阻碍籽粒充实。营养生长期遇到高温会促进水稻的生长，株高、茎蘖数、叶面积和地上部干物质量明显增加。

水稻灌浆期遇高温危害，一方面使灌浆期缩短，光合速度和同化产物积累量降低，秕谷粒增多和粒重下降，导致水稻产量损失；另一方面，高温危害下还会引起水稻的稻米品质发生较大变化，灌浆期高温危害会导致稻米碾磨品质下降，垩白面积、垩白米率增加，稻米直链淀粉含量降低，支链淀粉的精细结构发生改变，蛋白质含量增加、米粒碱消值降低，糊化温度随之上升；稻米蒸煮食味品质变差，从而导致稻米综合品质变劣。上海植物生理生态研究所曾报道，不同高温对水稻灌浆期的影响不同，日温32℃、夜温27℃处理5 d，千粒重有所下降；日温35℃、夜温30℃处理5 d，千粒重和结实率都明显降低。四川省农业科学院水稻研究所在杂交水稻汕优2号灌浆期的高温试验中指出，水稻在开花后1～10 d，日平均温度大于28℃就会降低谷粒千粒重（四川省农业科学院水稻研究所，1981）。

（三）水稻高温热害的生理机理

1. 导致水稻所含蛋白质变性

水稻主要由蛋白质、淀粉、维生素、酶、脂肪及微量元素等组成，其中，蛋白质和酶均为蛋白质类物质，≥35℃的高温环境下会发生变性凝聚，失去活性，最终对植株的正常新陈代谢造成不利影响，严重时导致作物死亡。

2. 局部灼伤

水稻处在生长旺盛阶段时，如果遭遇吐水太多、强降水天气、初阴乍晴等会导致其局部器官出现热害。如水稻幼苗阶段遭遇温度变化剧烈时，叶片产生的露水在水稻叶片叶腋内积聚，局地太阳入射角度可能会和露滴产生凸透镜效应，致使露滴温度骤然升高灼伤叶片。

3. 导致水稻幼嫩器官失水严重

水稻在开花阶段若遭遇超过生长发育的上限高温，花粉在较短时间内失水破裂，进而不利于授粉，从而造成空粒不断增多。

4. 叶片气孔关闭，植株温度上升幅度较大

若水稻在生长发育过程中遭遇适宜温度上限时，叶片气孔往往会自动关闭，如果长时间处于高温天气条件中，会导致植株体内温度上升幅度较大，影响水稻新陈代谢，最终导致水稻减产。

（四）水稻高温热害的分子生物学研究

1. 水稻耐高温热害的 QTL 定位

前人对水稻高温进行了大量的数量性状座位（QTL）定位研究，耐热QTL位点在水稻所有12条染色体上均有分布，相对集中于第3和第4号染色体，且主要是开花期的耐热QTLs。QTL定位结果表明，水稻耐热性是由多基因控制的数量性状。

2. 水稻育性高温伤害的转录组和蛋白质组分析

水稻的热应激反应十分复杂，涉及多种基因和蛋白质的上调或下调表达，主要包括参与生物合成与降解、调控和转运、能量和碳水化合物代谢、氧化还原等基因和蛋白质。Zhang等（2012）利用基因芯片技术对水稻发育中的花药进行40℃高温处理，发现差异基因主要参与了转录调控、转运、细胞调节和胁迫响应等过程，转录因子Hsf、NAC、AP2/ERF、WRKY、MYB和C2H2参与了高温响应。Endo等（2009）发现，小孢子期39℃高温处理显著降低了日本晴的小穗育性，主要原因是花粉活力及在柱头上的萌发力下降；基因芯片鉴定的13个与高温有关的基因在花药绒毡层中下调表达。Wu等（2015）以38℃处理水稻花粉母细胞减数分裂期的雌雄蕊，利用RNA-Seq测序鉴定了7 178个差异表达基因，其中61%的基因上调，59%的基因下调。高温抑制了花药发育后期编码转录因子家族基因、信号转导及代谢途径基因的表达，激活编码热激因子和热激蛋白基因的表达（2016）。利用转录组测序鉴定了耐热种质SDWG005花药中热响应的主要基因，包括OsACT、转录因子，核酸和蛋白质代谢等（2016）。Jagadish等发现，38℃高温下花药中热激蛋白表达上调，这可能是耐热品种N22小穗育性较高的原因。高温下耐热品种N22的小穗育性高于热敏感品种Mian-hui101；花药蛋白质组学分析表明，高温导致Mian-hui101中核糖体蛋白质的降解，但在N22中不降解，同时高温诱导了N22花药中热激蛋白、扩展蛋白和脂质转移蛋白的增加（2017）。Lin等（2005）研究了高温对水稻颖花发育的影响，发现差异蛋白主要参与了碳水化合物的代谢、蛋白质合成与分解。

（五）高温产生的原因

苏俊辉（2007）对2006年汉中市持续高温形成原因进行分析指出，全球气候变暖是中国2006年大范围高温天气的大气候背景；稳定持续、强大深厚的西太平洋副热带高压控制，是形成盛夏高温的主要天气学原因。致使2006年7月副高稳定少动的原因则是影响中国的冷空气路径偏北、势力偏小，影响我国的台风持续北上、将副热带高压切断阻隔。

（六）高温热害天气预报

对高温热害进行天气预测，是提前做好应对高温热害的重要手段。胡雪媛等（2018）引入温度异常度概念，构建超级早稻的高温热害预警指数SA（standardized anomaly），利用TS（threat score）评分法确定了超级早稻抽穗扬花-灌浆成熟期的SA指数预报阈值，并结合欧洲中心细网格温度预报资料进行湖南省超级早稻的高温预警。利用2012年和2015年2a典型的高温年份检验，结果表明，SA指标预警结果与实况基本一致，因此可以使用该方法进行长江中下游地区超级早稻高温热害预警。阳园燕等（2013）从水稻遭遇高温热害的生物学角度出发，筛选影响气象的主要因子（日最高气温、日平均气温、空气相对湿度等），建立水稻高温热害累积危害指数，结合天气预报，在动态监测水稻高温热害危害的同时，发布水稻的高温热害累积危害指数预警，对水稻防御高温热害有一定的指导意义。章文鑫等（2022）通过对肇庆市高要、广宁、封开3个农业气象观测站2011—2020年温度、早晚稻生长发育及产量资料整理分析，研究了早稻在不同生长期产量受高温胁迫的影响情况。运用SPSS软件对不同生长期不同等级的水稻高温热害积温ST与产量进行各种回归分析，建立产量模型并进行对比验证。结果表明：早稻和晚稻均在孕穗抽穗期对高温天气最敏感，ST越高，产量越低，且早稻受其影响更明显，其他生长期ST与最终产量均不存在明显关联性；进而推算出各地早晚稻遭受高温热害的风险等级，进行基于GIS的肇庆地区水稻高温热害风险区划，为水稻保质高量生产做好气象保障服务。

（七）应对高温热害的措施

1. 选育耐高温水稻品种

选育耐高温水稻品种是应对高温热害经济有效的方法，国内众多学者进行了探索，取得了一些成效。王春虎等（2020）通过人工气候室模拟当地高温年份日温度变化，采用梯级温度法对收集到的14个水稻品种进行花期高温处理，测定不同温度下的受精率，计算各品种的耐热指数和耐热综合指数，判定各品种的耐热性。结果表明，荃优华占和屈荃两优华占的耐热综合指数在2.5以上，日平均气温为30.0℃、32.0℃的处理下耐热指数均在0.75以上；日平均气温为34.0℃时，其耐热指数显著下降；其他品种的耐热综合指数均低于2.5，且日平均气温为32.0℃时，其耐热指数在0.51及以下。筛选出了荃优华占和全两优华占2个较耐热品种，可安全地用于大面积商业化生产。刘友权等（2022）在定量高温和自然常温条件下以耐热性品种N22为对照，研究了近年审定的适应四川生态区种植的35个杂交稻的耐热性。筛选出耐热品种9个，并通过耐热指数将35个杂交水稻品种分为耐热能力不同的4类，可为水稻生产布局提供科学依据。申广勒等（2022）利用合肥地区高温频发天气，通过分期播种使水稻抽穗开花期，遇到田间连续2天最低温度高于27℃且最高温度高于35℃的自然高温，进行多年大群体耐高温筛选，形成了一种经济可行、简单高效的方法对水稻耐高温性进行鉴定，筛选出一批具有耐高温特性的育种材料和品种，为大田耐高温育种奠定基础。陕西省在耐高温水稻品种选育方面未见报道，但是参加陕西省区域试验的品种都是经过两年试验，产量过关，因此在生产上能适应汉中和安康高温气候。

2. 农艺措施应对高温热害

（1）加强健身栽培管理　良好的田间微环境可以为水稻生长提供良好的条件，使水稻生长健壮，提高其自身的抗逆性，一定程度上有助于减弱高温热害造成的不利影响。可通过合理控制水稻的栽植密度、优化田间水分管理、适当控制氮肥施用量等，创建出一个结构合理、通风透气性良好的高产稳产群体，对高温胁迫的危害有着很好的缓解作用。有学者在田间设置了不同株行距，比较了不同情况下水稻田内的微环境变化，结果发现宽行距可明显降低田间温度、湿度，分析其原因主要在于此种植模式下水稻群体内透气性更好，气候交换更为顺畅，因此，在确保田间穗数充足的基础上控制适宜株行距对缓解高温热害造成的危害有明显作用。对田间水分轻度干湿交替管理，灌浆到乳熟期保持干干湿湿，以湿为主，先灌浅水，待水自然落干后 2 d 左右再灌水，水稻进入黄熟期后灌浅水，之后自然落干，3～4 d 后再灌水，黄熟末期灌"跑马水"，以显著降低稻田内水稻冠层的湿度，缓解高温危害，提高水稻的产量及品质；如果遇到较长时间的高温热害，可以在水稻田间灌深水，条件允许的情况下可以白天灌水，晚上排走，或者一直灌"跑马水"，有很好的降温作用，还可以对准水稻植株喷水，以迅速降低穗层的温度（一般可降低 4～5℃）。控制氮肥的过量施入，避免水稻植株长势过旺，在稻田内形成良好的微气候条件，提高水稻植株的光合效率、蒸腾速率，降低稻田内的温度，减缓高温热害；根外适当喷施磷酸二氢钾（0.2%）或者过磷酸钙（3%）等溶液，以提高水稻植株的抗高温能力；如果水稻受到较轻程度的高温热害，为了提高水稻的结实率，可以在水稻破口前追施尿素 45 kg/hm^2。此外，田间管理中还要加强病虫害防治，尤其是纹枯病、稻飞虱、稻瘟病、稻纵卷叶螟等。

（2）叶面喷施有关药物 当水稻遭遇高温时，叶面喷施外源物质（根外施肥）可抵御高温的不利影响，减轻高温热害。吴晨阳等（2013）和李文彬等（2005）发现，外源硅可通过提高花粉发育质量减轻高温对水稻结实率的影响。营养期或开花期高温下，喷施 0.2% 的硼肥可增加抗氧化酶活性，增加膜稳定性和糖转运，提高花粉活力、小穗育性和水稻产量。高温下喷施油菜素内酯可增加热休克蛋白的合成，增加颖花分化数，降低颖花退化率，使穗粒数提高 13.7%。研究表明，高温下外源施用 6-苄氨基嘌呤有利于提高水稻颖花分化、花粉活力和花药开裂，最终增加穗粒数。水稻灌浆初期高温下，叶面喷洒 1mmol/L 亚精胺可提高 SOD 和 POD 活性、可溶性糖含量、光合和蒸腾速率，降低 MDA 含量，维持渗透平衡。有报道称，ASA、生育酚、油菜素类固醇和茉莉酸甲酯 4 种植物生长调节剂的复合施用可促进水稻光合作用和籽粒灌浆，提高小穗育性，有效缓解高温热害。高温前利用生育酚、甜菜碱和水杨酸（SA）喷施水稻叶片，可有效减轻夜间高温对水稻小穗育性的影响，且 SA 效果最好。高温下 SA 处理可提高颖花的抗氧化酶（SOD、POD 和 CAT）活性、ZR 和 IAA 含量，降低 MDA 含量，提高叶片光合速率，增加水稻穗粒数和产量。高温下喷施 SA 可降低花药中 ROS 的积累，阻止绒毡层程序性细胞死亡和降解，最终显著提高花粉活力和结实率。熊洪等（2016）研究发现，水稻抽穗开花期喷施磷酸二氢钾可增强稻株抗高温能力，提高水稻结实率和千粒重。水稻拔节期高温条件下喷施次硅酸钠、SA、氯化钙和磷酸二氢钾皆可提高叶片 SOD、POD、CAT 活性和叶绿素、可溶性蛋白质含量，减少 MDA 含量；其中，喷施 20 mmol/L 的氯化钙和 22.04 mmol/L 的磷酸二氢钾溶液效果最显著。

（3）实施人工辅助授粉措施 高温条件下水稻结实率不高的主要原因之一在于花药开裂受阻、柱头花粉量不足，因此，提高水稻授粉率的一个重要措施就是人工辅助授粉。高温条件下，花药开裂受到阻碍，花药散粉时间有所推后，降低了自然授粉率。人工辅助授粉过程中通过"赶粉"可让花粉提前散落，提高柱头的受精率。

三、干旱胁迫

干旱在中国发生具有普遍性、区域性、季节性、连续性等特征。水是作物生长的基本条件,水分亏缺对其生长发育、产量和品质有很大的影响。干旱胁迫不但使水稻生长受到抑制,如干物质减少,株高降低,叶面积减小,节间长度变短,根冠比在干旱胁迫初期增大等,而且干旱胁迫还会引起水稻生理生化活动的改变。水分含量的变化密切影响着水稻生命活动,对其生存起着决定性的作用。水稻干旱灾害是指在水稻生长过程中,由于气象因子或灌溉条件限制造成田间土壤水分不足或空气干燥,使植株体内的水分平衡遭到破坏,导致生长发育受阻,产量降低的一种灾害。根据土壤含水量可分为轻旱、中旱、重旱、特旱。依据发生时间,分为苗期干旱、分蘖期干旱、幼穗分化期干旱、抽穗开花期干旱及灌浆结实期干旱。不同阶段干旱危害对象不同,先后影响成苗、分蘖、成穗、结实与充实等;不同阶段干旱胁迫指标不同。水稻干旱灾害在陕西汉中、安康和榆林等地均有发生。

(一)汉中干旱天气概况

汉中市处于陕西省南部,北依秦岭,南靠巴山,中部为盆地、丘陵和浅山区,属于北亚热带大陆性季风气候,冬无严寒,夏无酷暑,雨热同季,四季分明,春秋略短,冬夏稍长。由于地处汉江、嘉陵江上游区域,水资源主要来源于降水,而降水量多少和时空分布直接影响农业生产、生态环境和社会经济。多年气象灾害统计结果发现,旱灾是汉中气象灾害中除暴雨之外第二多的气象灾害,受灾面积大,影响范围广,对农业生产的危害严重,而且随着近年全球气温升高,气候恶化,干旱有逐年加剧趋势。

马楚楚等(2020)基于1971—2015年汉中11个县区地面气象观测站逐日降水观测资料,以降水距平百分率为干旱划分标准,采用干旱频率、干旱站次比和干旱强度3个指标分析了汉中地区年尺度和季尺度干旱时空变化特征。

1. 空间分布特征

计算汉中地区45年来11个县区气象观测站点的年干旱频率,采用反距离权重插值方法进行插值,生成空间栅格数据,得到1971—2015年汉中地区11站点年尺度干旱频率分布。汉中地区年尺度干旱频率分布区间为17%~31%,11站点平均干旱频率为23%。空间分布上汉中东南大部地区干旱频率低,在24%以下,留坝等靠近秦岭山区的地区干旱频率高,整体分布上呈现从东南部向西北部递增的态势。

2. 时间分布特征

分析汉中地区11个县区气象观测站点干旱站次比与干旱强度年际变化,如图5-2所示,汉中地区45年来有31年出现干旱,其中1986—2002年干旱站次比最高接近100%,2002—2015年干旱站次比呈现明显降低的趋势,年际波动明显。从干旱站次比来看,共12年干旱明显,其中3年发生局部性干旱,3年发生部分区域干旱,4年发生大范围干旱,2年发生全区域干旱。干旱强度分布在1~2,平均干旱强度为0.8,

有 10 年干旱强度大于 1，说明汉中地区出现的干旱大多数为轻旱。从图 5-2 中还可以看到，从 1996 年开始，干旱强度有由弱增强的趋势，而干旱站次比有明显降低趋势，说明汉中地区干旱形势朝着小区域性中旱发展。

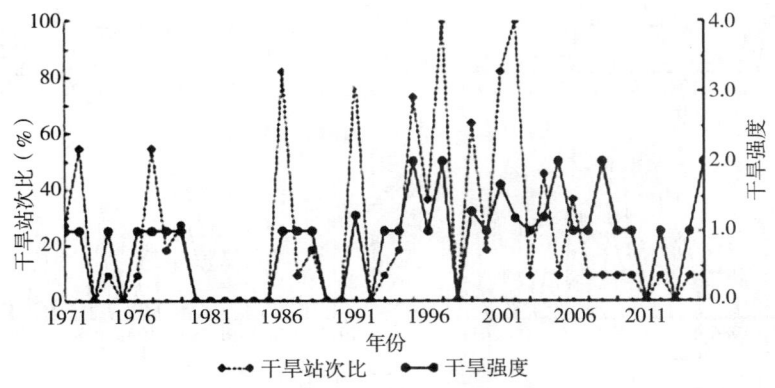

图 5-2 1971—2015 年汉中干旱站次比与干旱强度年际变化（马楚楚等，2020）

3. 季尺度干旱时空特征

（1）空间分布特征 春季干旱频率分布区间为 13%～24%，汉台和南郑干旱频率最高为 24%，留坝最低为 13%，分布特征为中部地区干旱发生频率最高，并从中部地区向北部山区和南部盆地逐步降低。夏旱的干旱频率分布区间为 18%～29%，留坝、汉台和南郑的干旱频率最高为 29%，分布特征为南北干旱频率高，东西干旱频率低，呈现出马蹄形分布。秋旱的干旱频率分布区间为 27%～36%，镇巴、洋县和佛坪 3 站干旱频率最高为 36%，分布特征为由略阳、勉县、汉台和西乡一线向南北两侧逐渐升高。冬旱的干旱频率分布区间为 29%～49%，城固站干旱频率最高为 49%，略阳站干旱频率最低为 29%，分布特征为由东部向西部逐渐降低。

（2）时间分布特征 1971—2015 年汉中春季和夏季干旱站次比有增加趋势，秋季和冬季有减少趋势，其中，夏季干旱站次比增加趋势最为明显，其余三季变化趋势较不明显。四季普遍存在 3～5 年震荡周期，秋季周期变化最为明显。春旱只有 4 年干旱站次比在 80% 以上，其余年份干旱站次比普遍不足 40%；绝大多数年份的干旱强度为 1，只有 3 年干旱强度大于 1 且不超过 2。夏旱大部分干旱站次比在 50% 以上，其中，1986—2002 年为夏旱高发期，干旱强度基本为 1。秋季站次比大多在 60% 以上，短期波动明显，干旱强度最大为 1.8，共出现 2 次，其余年份干旱强度基本在 1 左右。冬季站次比基本集中在 40% 以上，60% 以上占多数，全区性干旱出现 3 次，干旱强度最强达 3.1，干旱强度集中在 1.5 左右（图 5-3）。

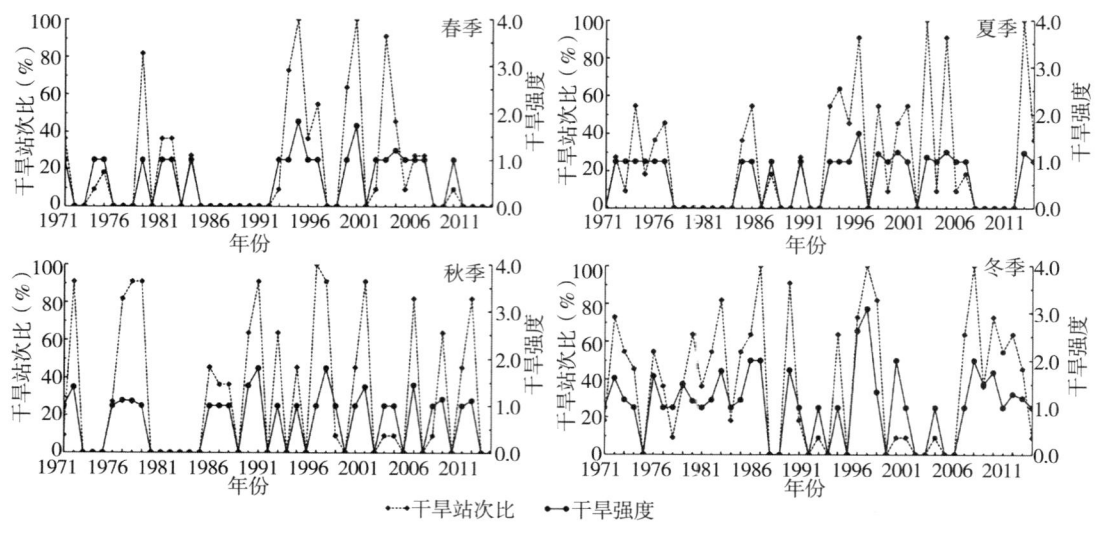

图 5-3　1971—2015 年汉中干旱站次比和干旱强度季节变化（马楚楚等，2020）

（二）干旱胁迫对水稻生长发育的影响

干旱胁迫对水稻生育期有很大影响，有研究表明，水稻在拔节、分蘖、孕穗阶段遭受干旱胁迫会导致生育期延长 5～7 d，这可能是干旱胁迫阻碍了穗节间的伸长、延迟穗分化时间导致。在生殖生长阶段，干旱胁迫大都会推迟孕穗和开花的开始时间，从而导致花粉败育降低单位有效穗。同时也有研究发现，花后齐穗期、灌浆期进行干旱胁迫对水稻的整个生育期影响不显著，因为水稻在花后基础形态基本构建完成，此时干旱胁迫对灌浆有明显的影响。

干旱胁迫对水稻分蘖和孕穗有很大影响。有研究表明，分蘖期和孕穗分化期干旱胁迫显著降低了水稻的分蘖数，进而影响水稻穗数和穗粒的形成，而抽穗期干旱胁迫对水稻分蘖无显著影响。但水稻在分蘖期对水分反应迟钝、抗旱性强，分蘖期进行适度水分胁迫处理可有效地抑制无效分蘖，有助于植株干物重的增加，对水稻有效穗数没有影响，对株高没有影响，对水稻叶面积指数影响不大。而重度干旱胁迫则抑制了水稻的有效分蘖，造成植株的生长发育不良，降低了水稻的有效穗数，对株高影响较大，叶面积指数明显降低。因此，了解干旱胁迫对水稻分蘖的影响，控制不同生育阶段的水分状况以达到调控水稻分蘖提高产量具有重要意义。

水稻株高作为水稻重要的农艺性状之一，是影响水稻产量的重要因素。国际水稻研究所认为，水稻高产适合的株高为 90～100 cm，在一定的范围内，生物量和株高呈线性正相关，但是株高过高容易倒伏，造成水稻减产。干旱胁迫对株高的影响作用显著，干旱胁迫可抑制节间和穗部节间的伸长、降低株高，但因干旱发生的时期，持续时间以及不同品种而存在差异。在分蘖期和拔节期内遭受干旱胁迫显著降低株高，而在抽穗后干旱胁迫对株高影响不显著。

干旱胁迫对水稻叶面积指数的影响也有很大影响，研究发现干旱胁迫抑制了水稻细胞的增大，为了减少水分的散失、气孔关闭，水稻叶片的生长伸长受到抑制，叶片变小、变窄，严重干旱胁迫时会发生卷叶甚至死亡，此外，干旱胁迫还在一定程度上降低叶片叶绿素含量，降低群体的绿叶面积。研究发现在水稻整个生育期内进行旱作栽培，水稻群体光合速率显著下降的主要因素是水稻群体叶面积的下降；在水稻分蘖期的干旱胁迫，显著影响了水稻后期群体叶面积的构建，降幅可达30%，幼穗分化期内干旱胁迫会降低水稻在生殖生长阶段的叶面积，明显制约了水稻产量。研究干旱胁迫下，不同生育阶段水稻叶面积的动态变化对于指导农业生产节水，促进农业生态发展具有重要意义。干旱胁迫对水稻干物质的积累影响显著，且干旱胁迫下干物质在水稻叶片、茎秆、穗子、根系之间的分配也存在差异。研究发现，干旱胁迫改变了根冠比的关系，地上部积累的干物质往根部运输增加、地上部减少；抽穗开花后，干旱胁迫显著降低了干物质的总量，限制了茎鞘碳水化合物向籽粒运输的数量和速率，同时加速了水稻叶片的衰老，导致籽粒灌浆时间不足，产量降低。

　　干旱胁迫会对水稻叶绿素合成有显著影响，造成叶绿素合成减缓、加速叶绿素的分解，从而导致叶片由冠层下部往上部开始发黄，叶片叶绿素含量降低，干旱胁迫持续的时间越长、程度越重对叶片造成的损害越大，严重时导致叶片丧失光合功能。在水稻孕穗期进行短期的干旱胁迫，叶绿素含量降低，并在复水后发现叶绿素含量显著回升。干旱胁迫会对水稻产量有显著影响。水稻在不同生育阶段遭受干旱胁迫，对产量的影响不同，在水稻水分钝感生育期内短期干旱胁迫，对产量影响不显著；在水稻水分敏感的生育期遭受干旱胁迫，会导致水稻各项生理机能的衰退，光合产物积累下降、籽粒转运效率低下、成穗率低、穗粒数减少、千粒重下降等因素，最终导致产量的降低。研究表明，在水稻分蘖期内遭受干旱胁迫，影响水稻分蘖的发生、群体的构建、降低有效穗和穗粒数，导致水稻库容不足而引起减产；幼穗分化期内干旱胁迫抑制水稻颖花的发育，阻碍了细胞的减数分裂，降低了穗粒数和每穗实粒数，结实率过低从而降低产量；孕穗期是水稻需水的关键时期，干旱胁迫会降低水稻枝梗的发生和颖花的发育，显著降低了穗粒数和穗长，随干旱胁迫程度的加重、产量降幅增大；开花期干旱胁迫对每穗粒数、结实率和千粒重均有显著的影响，但是在结实率和千粒重因素方面表现更突出；灌浆结实期是花前干物质向籽粒运转的关键时期，在干旱胁迫条件下，水稻在花后积累的干物质量比较少，花前茎鞘积累的碳水化合物决定了水稻产量的最终形成。灌浆结实期轻度的干旱胁迫有利于提高干物质的运转，随着干旱胁迫的加重，物质运转受到限制，降低了结实率和千粒重，导致产量的下降。也有研究认为，在水稻不同的生育期进行适度的水分亏缺有利于增强水稻对干旱胁迫的适应性，对提高水稻产量具有促进作用，适度的水分亏缺会延长根系入土深度，增强根系吸收水分和营养；控制水稻有效分蘖，增加每穗实粒数和千粒重。

　　干旱胁迫对稻米的品质有很大影响。研究表明，水稻在水分过多和干旱胁迫下，籽粒中蛋白质的含量都会下降，且垩白度、垩白粒率与淹水深度和干旱胁迫程度呈正相关。水稻在孕穗期和抽穗扬花期干旱胁迫会导致外观品质糙米率下降，稻米食味品质的下降，花后生育阶段是籽粒灌浆的重要阶段，稻米品质的形成在生育后期因干旱胁迫程度的不同有所差异：当土壤水势高于 –15 kPa 时，整精米率显著提高、垩白度和垩白粒率无显著影响；当土壤水势低于 –30 kPa 时，整精米率显著下降，垩白度、垩白粒率显著增加、稻米糊化温度升高，但对直链淀粉和粗蛋白含量无显著影响。也有研究指出生育后期干旱胁迫对籽粒灌浆速率影响不大，对稻米品质造成影响的原因可能是，生育期的缩短和植物叶片的早衰。干旱会影响水稻的各种生理代谢过程。质膜是细胞最外的一层薄膜，它能有效抵御逆境对细胞的伤害，使细胞结构维持稳定，保证生理生化活动能够正常进行。水稻原生质膜的组成和结构在干旱胁迫下发生明显变化，从而破坏了细胞膜的透性。研究发现，随着干旱胁迫强度的增加和时间的延长，超氧化物阴离子自由基（O_2^-）、过氧化氢（H_2O_2）和羟基自由基（–OH）大量产生，膜脂过氧化加剧，水稻叶片质膜透性增加，丙二醛（MDA）含量显著提升，造成膜系统和多种酶遭受严重损伤。植物体内有着能够清除活性氧伤害的抗氧化酶，如超氧化物歧化酶（SOD）和过氧化氢酶（CAT）等。研究发现，水稻叶片的 SOD 和 CAT 活性在干旱胁迫下升高与其抗旱性强弱呈正相关，对耐旱性强的水稻品种的分析显示多有较强抗氧化胁迫的能力。水稻在遭受干旱逆境时，细胞分裂和细胞扩张减少，新叶生长和叶片扩增受到抑制，叶片加速衰老，叶面积系数减少，同时叶表面气孔关闭，CO_2 导度降低。随着干旱胁迫程度的加深，水稻叶片中叶绿素的分解加快，叶绿体的超微结构受到不可逆的破坏，光合量子效率、光合电子传递速率、羧化效率及光合磷酸化活力下降，导致叶肉细胞光合能力下降，引发光合作用降低，减少有机物合成，使生长受到抑制。光合作用对干旱的敏感性相比之下要大于呼吸作用。干旱胁迫初期，水稻叶、茎及植株呼吸速率明显提升，随着胁迫时间的延长又明显下降。干旱胁迫还导致氮代谢受到破坏，使硝酸还原酶活性降低，引起植物体内硝酸累积而引发毒害，同时增强水解酶活性，引起蛋白质的降解，降低蛋白质含量，增加了可溶性氮含量，不利于水稻的生长和代谢。

（三）干旱胁迫天气预测

对干旱胁迫天气进行预测，是提前做好应对干旱胁迫天气的重要手段。阎然（2021）将土壤水分作为关键研究变量，探究 2003—2017 年陕西省农业干旱的时空变化情况，并对未来干旱进行预测。选择被动微波遥感土壤水分产品 AMSR-E 和 AMSR2 作为基础数据。由于微波遥感的空间分辨率较粗，不能满足研究需要，先用随机森林算法（Random forest，RF）对数据做了降尺度处理。选择降水、地表温度、蒸散发、植被指数、高程、坡度、坡向和土壤质地作为土壤水分的解释变量，分 4 个季节建立降尺度模型，对解释变量在不同季节模型中的贡献率差异做出分析。根据得到的降尺度土壤水分数据构建了用于表征干旱的土壤水分干旱指数（Soil Moisture Drought Index，SMDI），借助 SPI 指数对土壤水分干旱指数的准确性做对比验证。根据得到的土壤水分干旱指数的时间序列集，探究陕西省干旱的时空变化。利用求和自回归移动平均模型以及随机森林算法对指数进行拟合，并结合降水数据，通过对干旱指数未来变化的预测，预估未来的干旱情况。得到的主要结论如下：随机森林算法可以很好地用于建立土壤水分降尺度模型，考虑土壤水分变化的季节差异建立模型，降尺度结果的精度有所提高。降水量、地表温度、蒸散发、植被、地形和土壤质地等因素都可以很好地用于建立土壤水分的降尺度回归关系模型。降尺度后的土壤水分数据与AMSR（AMSR-E和AMSR2）土壤水分产品以及站点实测数据的拟合度都很好。在用于构建降尺度模型的解释变量中，降水对土壤水分的变化起主导作用，气象是影响土壤水分变化的主要因素。各个变量对土壤水分的影响程度因季节而异，植被的影响在冬季更为突出，而地形的影响在其他3个季节更为重要。基于降尺度的土壤水分数据构建的土壤水分干旱指数可以用于表征干旱。在SMDI与不同时间尺度的SPI对比中可以看到，SMDI与SPI1的拟合度是最好的，不同月的SMDI与SPI1、SPI3的变化趋势也基本一致，特别是在春、秋两季SMDI与SPI的相关性更好。基于土壤水分干旱指数的干旱时空分析表明，SMDI数值的年际变化小，但整体来说有递减趋势，并存在明显的雨季和旱季。从时间上来看，夏、秋两季有变干旱的趋势，是影响SMDI年际变化的两个关键时期，而冬季和春季的SMDI值变化较为平稳。从月尺度的角度考虑，SMDI在春季是缓慢递增，7月达到峰值，在7—9月都维持在一个比较高的水平，随后快速下降，在整个冬季和初春时节都维持在较低水平。从空间变化分析中可以发现，陕北、关中和陕南地区SMDI数值的变化也存在差别。陕北的土壤水分值较低，年内变化相对较小，植被稀少，受降水影响很大，在春季降水开始逐渐增多时，土壤水分波动剧烈，SMDI值的标准差较高。关中地区的雨季主要集中于夏季，相比较陕北来说，土壤水分值较高，但是旱季和雨季的差别也更大。陕南的雨季持续时间最长，从春末到秋初土壤水分都保持在一个比较高的状态，土壤水分的数值也是最高的。受到频繁降雨的影响，陕南夏季SMDI波动最为剧烈，SMDI值的标准差最大。ARIMA模型和随机森林模型的组合可以很好地对时间序列数据进行拟合并做出准确的预测。首先，加入降水后的多元时间序列模型可以很好地拟合SMDI的变化，并做出预测。预测结果会受到某些降水极值的影响，并且预测结果的残差与降水和SMDI的差值存在较为明显的相关性。借助随机森林模型，利用这一相关性对残差做进一步的处理。ARIMA模型预测的SMDI值与随机森林预测的残差相加后，得到的预测值与真实值的相关性更好，准确度也明显提高。因此，利用ARIMA与随机森林组合模型对土壤水分干旱指数预测的思路是可取的。景毅刚等（2010）依据陕西省生态农业干旱相似区，将陕西省干旱预测预警划分为8个分区；利用中期或延伸期天气预报、土壤相对湿度观测值、地面植被等信息，分别建立了综合气象和综合农业干旱预测模型，开发了陕西省干旱预测预警系统平台，可逐日对全省97个气象站点未来的干旱演变进行滚动预测，在此基础上结合干旱预警条件分析及等级判识，进一步判断是否发布以及如何发布干旱预警信息。与实际出现的旱情相比，2007年的干旱预测准确率达88%。

（四）水稻生产中应对干旱胁迫措施

1. 选育抗旱水稻品种

选育抗旱水稻品种是一种经济有效的抗旱方法。节水抗旱稻是指既拥有正常水稻高产优质的特性，同时又具有旱稻品种节水抗旱能力的一种新型栽培稻类型。在灌溉条件下，节水抗旱稻的产量、米质与普通水稻基本持平，但可节水 50% 以上；而在缺乏灌溉条件的环境中，节水抗旱稻又可依靠其优良抗旱性来大幅度减少干旱胁迫对稻米产量与质量的影响。

在抗旱水稻品种选育方面，国内众多育种研究者进行了探索并选育出一系列品种。翟伟等（2010）报道，中国农业大学选育出的秦爱、旱稻 502，云南省农业科学院选育的云陆 29 和滇 604，以及辽宁省丹东市农业科学院选育了一批丹粳系列旱稻品种。河南省农业科学院粮食作物研究所选育的优质旱稻品种郑旱 6 号米质达国标优质稻米 2 级标准，经鉴定可于黄淮海麦茬稻区及长江流域部分地区种植（2006）。上海市农业生物基因中心于 2003 年成功培育出世界首个节水抗旱稻细胞质雄性不育系沪旱 1A，在此基础上选育而成的沪优 2 号、旱优 3 号已经在广西、浙江、重庆、安徽等多省（区、市）推广，而用抗旱不育系沪旱 7A 与恢复系旱恢 3 号育成的籼型节水抗旱杂交稻新组合旱优 73 经试种后也表现出节水抗旱、适应性广，并且有水增产、缺水稳产等优良特性（2016）。陕西省在抗旱育种方面未见相关报道，在这方面的研究需要加强。

2. 水稻防旱抗旱技术

（1）推广旱育秧　为节约育秧用水，在汉中、安康和榆林等地区，水稻育秧可采用塑料软盘旱育秧、旱地肥床育秧、大棚育秧等，一般较常规薄膜育秧节约用水 50% 以上。旱育秧可有效增加秧苗干物质含量，提高秧苗抗旱能力。旱育秧苗床播种干种子 180～200 g/m^2（芽谷 240～280 g/m^2），每公顷大田育秧 150～180 m^2。播量不能过大，播量过大难以达到培育壮苗的目标。播前苗床和用土要进行消毒，苗床用敌磺钠或五氯硝基苯 3～4 g/m^2 拌成毒土撒入床苗进行消毒。种子播前要进行消毒和浸种催芽，浸种药剂可用 2/1 000 的咪鲜胺浸种 48 h，浸种吸透水后，催芽 3～4 d，待芽有谷粒 1/2 长时进行播种。播种时种子着床要均匀，一般要分 2～3 次才能播匀，播种结束后覆严细土、浇透水，用杀草丹 800 倍液喷雾进行化学除草，然后盖上薄膜进行保温保湿。如果采用塑料软盘育秧，则苗床要先消毒、浇透水再摆育秧盘，装土、播种、覆土、浇水、除草、盖膜，盖膜后 10～12 d，待秧苗长到 2.5 叶时即可揭去薄膜，适当浇水，不让秧苗干死即可。一般秧龄掌握在 40～45 d，叶龄 4～5 叶，苗高 15～20 cm，秧苗要达到根系发达、假茎肥壮、无病虫害的壮苗标准，以提高秧苗移栽后的抗旱能力和增产能力。

（2）水稻大田期防旱抗旱技术　对受旱的稻田，宜采用节水灌溉方法。首先，要满足移栽后的缓苗水，之后应先湿润灌溉，田面不留水层，待水量充足后再采取浅水灌溉；其次，要满足孕穗水，因为孕穗期是水稻一生中需水的临界期，对干旱更为敏感，此期如受旱会引起大量颖花败育，从而减少总颖花数和花粉粒发育不全，使其抽穗后不能受精而成为空壳，直接影响产量和质量。抓紧中耕、及时追肥。天旱时，如田面尚未完全干涸，就要抓紧中耕除草。这样既有利于根系发育，减少蒸发，增强水稻的耐旱力，又可防止田里的杂草争夺水分及养料。另外，高温干旱也影响水稻的吸肥能力，致使水稻生育受抑制，因此应结合中耕灌水，抓紧追施氮肥及复合肥。如苗数不足，灌水后叶片转色不明显，叶色仍偏黄，应增加用肥量，后期应施好穗粒肥。

灌水较晚的地块,应先施恢复生长肥,再重施粒肥,以减少颖花退化,促进灌浆结实。有条件的地区可使用防旱剂,可减少水分蒸发率70%～80%。没条件的地区可以利用青草或稻草等均匀铺在稻行间,既可以减少蒸发,又可以供给稻苗一定养分,以利于生长。加强病虫防治,受旱水稻的生育进程都有不同程度的推迟,生育滞后,抵抗力弱,因此应加强病虫监测和防治。

(3)水稻控制灌溉技术 水稻控制灌溉是指水稻移栽后,田面保持5～25 mm薄水层返青活苗,返青以后的各个生育时期田面不再建立灌溉水层,以根层土壤含水量作为控制指标,确定灌水时间和灌水定额。土壤水分控制上限为饱和含水率,下限则视水稻不同生育阶段,分别取土壤饱和含水率60%～70%。

四、暴雨洪涝

水稻虽是一种水生植物,耐涝能力较强,但被洪水淹没仍会受到伤害。在陕西省,水稻在苗期、分蘖期、孕穗期、抽穗扬花期、灌浆期都有被水淹记录。暴雨洪涝是陕西省常见气象灾害之一。

(一)陕西洪涝灾害概况

洪涝灾害主要指由于暴雨以及连续降雨造成山洪暴发、江河泛滥,从而冲毁房屋、道路、农田,造成人员死亡和财产损失,或导致大面积的积水,农作物长期被浸泡受害,阻断交通,房屋倒塌,使人类生活受到严重影响的水涝灾害。以成灾情况为主要指标,综合考虑洪涝灾害持续时间、受灾范围以及受灾程度等方面,并对局部地区暴雨造成的小范围但有重大人畜伤亡的突发性较强的洪涝灾害给以酌情处理。桑京京等(2011)将陕西省洪涝灾害划分出4个等级序列。一级洪涝灾害(轻灾):指文献中常常有小范围"大水""大雨""大雨水"等轻微灾害记载,降水持续时间不长,且未记载对人民生产、生活产生较大影响。例如1951年9月平利县春秋阴雨连绵,洋芋、小麦、豌豆霉烂,玉米秋封;1956年6月中旬,安康出现连阴雨天气,致使熟麦霉烂。二级洪涝灾害(中灾):指文献中记载有降水持续时间较长、局部范围受灾、河水涨溢、民田被淹、淫雨害稼、减免某地水灾额赋等;局部地区暴雨造成的小范围但有重大人员伤亡的水灾也归为此类。例如1954年7月中旬至8月底,柞水阴阳雨持续50多天,降水量达375 mm,冲毁耕地333.3 hm^2,倒塌房屋187间,死亡3人,伤5人;1957年7月17日,西安市雁塔区一场暴雨造成曲江原坡的洪水直泄而下,冲毁农田60 hm^2,北池头村40户人家被淹,倒塌房屋190余间,霉烂小麦10万kg,淹死1人。三级洪涝灾害(重灾):指文献中记载有受灾范围较广,大量民田被淹,城垣倒塌,有人畜死伤。例如1977年7月4—6日,泾河、洛河、延河、清涧河上游出现大暴雨,6日晨,洪水冲入延安市区,市内倒塌房屋2 000间,死亡134人,失踪26人。据统计,延安地区11个县(市)受灾,受灾农田$1.4×10^4$ hm^2,成灾$1.2×10^4$ hm^2,受灾人口$2.0×10^5$人。四级洪涝灾害(大灾):指文献记载表现为降雨持续时间很长,强度大,几乎波及整个陕西地区,对人民生命财产造成严重危害。例如1981年8月14—

31日，宝鸡市、汉中地区普降大到暴雨，造成灾难性破坏，渭河、嘉陵江、汉江暴涨，达到历史最大流量，这次暴雨主雨区涉及29个县受灾。仅汉中地区农村就有8.98×10^5人受灾，占总人口的27%，无家可归者达2.48×10^5人，因灾死亡369人，受伤6 000余人。桑京京等（2011）将陕西省自中华人民共和国成立以来至2007年近60年的洪涝灾害进行了逐年等级划分，陕西省在这段时期中一级洪涝灾害0次；二级洪涝灾害35次，占发生总次数的59.32%；三级洪涝灾害21次，占发生总次数的35.59%；四级洪涝灾害3次，占发生总次数的5.09%。表明中华人民共和国成立以来陕西省洪涝灾害大多属于二级灾害，三级灾害也较多发生，四级灾害发生较少，一级灾害没有发生。从不同等级洪涝灾害在时间上的变化分析可知，20世纪80年代前重灾和大灾很少，以中灾为主；20世纪80年代后重灾和大灾较多，在1978—2007年的30年内，共发生重灾和大灾18次，平均1.67年就会发生一次，而且这一时期洪涝灾害造成农业、经济等各方面的损失也特别大（图5-4）。

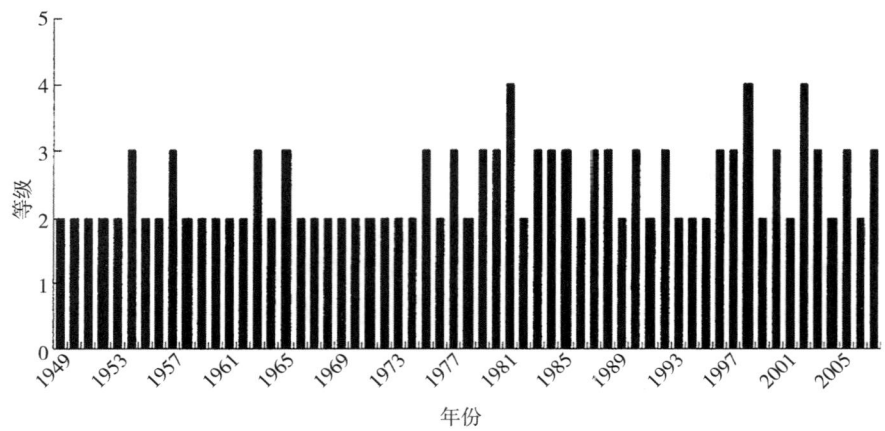

图5-4　陕西省1949—2007年洪涝灾害等级序列（桑京京等，2011）

桑京京等（2011年）研究表明洪水一旦泛滥成灾，将给陕西农业带来巨大的破坏作用，严重的洪涝灾害，常造成大面积的农田受淹，粮、棉、油等作物严重减产，甚至绝收。1980年之前基本变化不大，陕西省洪涝受灾面积大概20 000 hm²，只有很小幅度的波动；但20世纪80年代后到2000年这段时期受灾和成灾面积很大且波动变化，个别年份特别大，如1981年、1983年、1991年，陕西省的受灾和成灾面积分别达到116.6×10^4 hm²和76.4×10^4 hm²，117.5×10^4 hm²和54.5×10^4 hm²，104.6×10^4 hm²和23.5×10^4 hm²；2000年后受灾面积和成灾面积较1980—2000年这段时期有所下降但下降幅度不大。这是因为2000年后虽然水利基础等设施在不断加强，但仍然以重灾大灾为主。50年代的年均受灾面积和成灾面积分别为15.48×10^4 hm²和5.25×10^4 hm²，80年代的年均受灾面积为64.15×10^4 hm²，成灾面积为32.47×10^4 hm²，分别为前者的4.14倍和6.18倍，这是因为50年代是中灾多发期，8年发生了中灾，而80年代为重灾大灾频发期，10年中有6年为重灾年，1年为大灾年。可见，重灾大灾对农业的影响远远大于中灾（图5-5）。

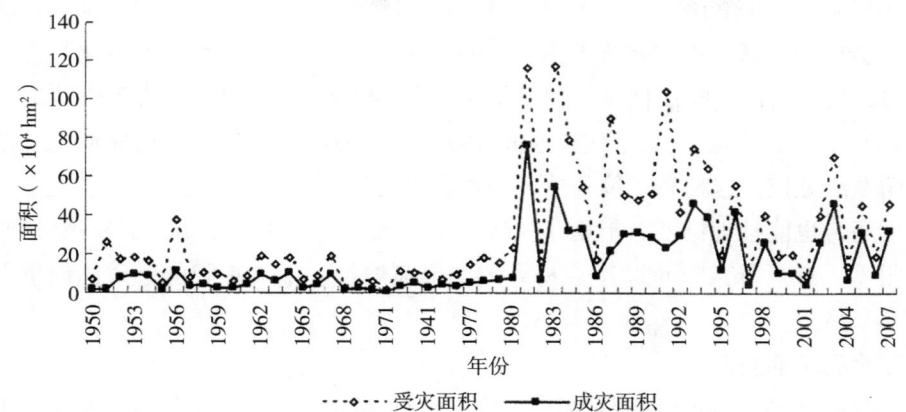

图 5-5　1950—2007 年陕西省洪涝灾害受灾面积和成灾面积时间演化曲线（桑京京等，2011）

（二）水稻受淹受到伤害表现

1. 苗期受淹

水稻苗期受淹后，秧苗茎秆表现为瘦弱细长，脚叶呈黄绿色，水退后叶面会出现不同程度的枯萎，但是这时候水稻依然存活，不会腐烂和死亡。

2. 分蘖期受淹

分蘖期淹水深度占株高的 2/4 时，水稻植株脚叶坏死，呈黄褐色或暗绿色，心叶略有弯曲，水退后有不同程度的叶片干枯，但不致引起腐烂死亡，对水稻生育期基本没有影响。没顶淹水 3～6 d 对生育期天数影响不明显，露出地上的部分会全部枯萎，但分蘖芽和茎生长点都能够存活，所以退水后稻苗理论上来讲仍然能够长出新叶和分蘖。而没顶淹水 9 d 时，水稻生育期延长 4 d。此外，淹水对水稻抽穗期也有推迟的效用。水稻受淹后，分蘖期淹水深度占株高的 2/4 时 3～9 d 对抽穗期无明显影响。分蘖期没顶淹水 3～9 d 则水稻抽穗期推迟 1～3 d，表明淹水历时愈长，深度越深，抽穗期推迟时间愈长。没顶淹水延迟了水稻生育期，水稻收获期滞后。淹水情况下，产量随着淹水历时增加而减少，淹水 3 d 水稻产量增产 16%，没顶淹水 6 d 产量与对照组基本持平，没顶淹水 9 d 的减产 33%。

3. 拔节期受淹

受涝时正在拔节的节间，随着淹水天数和淹水深度的增加，节间延长程度愈大。但在水退后，植株节间以上的各节长度，淹水的反而比未淹水的要短。因此，全株高度也随着淹水越久而越短。在严重受淹情况下，由于植株体内养分消耗殆尽，在退水后，造成茎秆细弱，出现植株弯曲、折断以及倒伏后重新翘竖、挠折等畸形现象，这种弯曲茎也因淹水越久而越多。

4. 孕穗期受淹

水稻孕穗初期处在营养生长与生殖生长并进阶段，植株受淹后，株高生长加快，节间延长，造成茎秆细弱打曲，影响幼穗发育，对水稻产量影响较大。孕穗末期稻株光合作用增强，新陈代谢旺盛，对淹水反应最敏感，受淹后剑叶面积减少，颖花分化受抑制，会出现烂穗、畸形穗等现象。同时未死亡的幼穗颖花和枝梗退化严重，抽穗后白秆多，甚至会出现畸形穗（没有小穗，只有穗轴）。且抽穗和成熟期推迟 5～15 d，每穗粒数减少，空瘪增多。由于主茎幼穗伤亡，顶端生长受阻，使稻株地上部茎节的潜伏芽萌发成分枝，这种高节位分枝，一般在水退后 2～3 d 内就会出现。这些分枝如后期温度高，也能抽穗结实，但由于主茎受涝衰败，养分供应不足，故每穗粒数减少，结实率很低，最后导致严重减产。易导致空瘪粒增加，千粒重降低，致使产量下降明显，减产率高。

5. 灌浆乳熟期受淹

表现脚叶枯萎，顶叶呈黄绿色，谷粒灰色有乳浆，少数谷粒在穗上发芽，千粒重下降，米质变劣，发芽率降低。水稻后期受涝，空瘪粒增加，千粒重下降，茎秆纤细，易倒伏减产。水稻受淹时，水层若不淹没叶顶，则尚有收成，如淹没叶顶，则受灾严重；浑浊的水比清澈的水危害重；水流速度大，易使水稻倒伏、冲走，故危害大；水温高，植株呼吸作用旺盛，体内积累的营养物质消耗快，故危害加重。

（三）涝害引起的水稻生理变化

1. 光合作用的变化

夏石头等（2000）报道，水稻受洪涝伤害后，叶片的净光合速率、可溶性糖、淀粉和总糖含量下降，淀粉下降比可溶性糖快得多。导致光合速率降低的因素有叶片失绿、CO_2 浓度低且在水中扩散慢、含泥浆水中光照强度低和泥沙附在叶片上堵塞气孔等。一般气体在液相中的扩散速度相当于气相中的 1/10000，气体扩散变慢可导致：光合作用所需的 CO_2 流入受阻；白天叶片中氧的流出受阻以致光呼吸增加；地上部缺氧导致根系夜间缺氧积累乙烯。因此，CO_2 扩散慢是受淹水稻光合作用的一个主要限制因子。但在长时间淹水后叶绿体固定 CO_2 能力的下降可能比 CO_2 扩散慢，导致光合速率下降幅度更大。高的光呼吸可能会加速光合速率的下降。导致叶片失绿的原因有多种，例如高浓度乙烯导致叶绿素的降解和淹水低氧条件对叶绿素合成限制步骤 –ALA（δ – 氨基乙酰丙酸）合成的抑制。淹水时光合速率降低还可能是洪涝胁迫导致光系统 II 周围光合化学元件发生变化，而这些光合化学元件很容易受到环境胁迫如低温、光合抑制剂的破坏。

2. 营养代谢的变化

夏石头等（2000）报道受淹水稻的无氧呼吸会加速呼吸底物的大量消耗，造成根系的碳水化合物饥饿，而碳水化合物的饥饿和缺氧又会导致根系对矿质养分（如 N、P、K）吸收的减少或胞液外渗。根系一旦受到伤害，矿质养分向上运输的能力便减弱。水稻受淹时，植株含氮量上升，此种上升随淹水时间的延长而增加，而 P、K 含量则下降，但 Setter 等（1989）发现受淹稻株露出水面的叶片中 K 含量和游离氨基酸的含量要么与未受淹的稻株一样高，要么比它高。受淹水稻叶片中总氮含量增加是由于淹水后蛋白质的水解增强，非蛋白质氮化物积累增加所致。露出水面的叶片中游离氨基酸增加则可能是由于蛋白质的净合成停止造成的。因此对氮素来说，淹水限制了氮的利用而不是限制了氮的吸收。部分淹水时，露出水面叶片中含 K 量上升，这一方面说明较短时间内部分淹水后叶片仍维持对溶质良好的选择透过能力，另一方面也可能是老叶提前衰老 K 素通过韧皮部重新分布的结果。

（四）暴雨洪涝天气预测

对暴雨洪涝进行天气预测，是提前做好应对秋淋天气的重要手段。王娜等（2022）利用陕西气象站点逐小时降水实况、精细化格点预报、数字高程、土地利用、灾情等资料，应用水动力模型 FloodArea 对暴雨洪涝进行淹没模拟，在淹没水深和范围的基础上叠置承灾体属性，引入承灾体的灾损曲线，建立暴雨洪涝灾害风险预评估模型，并从数量占比和灾情占比两个角度，以县为单元进行验证，利用格点降水量预报对陕西 6 次大范围暴雨过程灾害风险进行预评估以及效果检验。结果表明：暴雨洪涝气象风险预估结果与实际受灾地区分布基本吻合，正确预报率 73.2%，模拟结果可信度高，对于降水区域集中暴雨的风险预评估性能较分散性暴雨高，漏报率相对低，但是空报率较高；建立的暴雨洪涝灾害风险预评估及效果检验流程，提高了气象服务的针对性，可以用于洪涝风险预评估的实际业务中，为暴雨洪涝风险管理提供技术支撑。蔡新玲等（2019）利用 1961—2016 年陕西中南部地区国家级地面气象观测站逐日降水量、NCEP 再分析资料、NOAA 海温资料以及国家气候中心的海温指数，通过定义秋淋强度指数，分析了陕西秋淋变化特征及其与大气环流和海温的关系。结果表明，近 56 年陕西秋淋开始日期平均是 9 月 10 日，年际波动较大，整体上无明显变化趋势，但年代际变化特征明显；结束日期平均是 10 月 7 日，变化趋势整体趋于偏早。秋淋强度呈波动减弱趋势，且年代际阶段性变化特征明显。陕西秋淋偏强年，500 hPa 欧亚中高纬上空呈现"+、—、+"的异常环流特征，且西太平洋副热带高压和印缅槽偏强。陕西秋淋的强弱与 ENSO 事件有密切联系，前期春、夏季赤道中东太平洋冷（暖）海温发展有利于陕西秋淋偏强（弱），且 Nino3.4 区海温异常是陕西秋淋强弱的年际预测信号，对陕西秋淋强度预测有较好的指示意义。李双等（2021）基于陕南地区 28 县区统计数据，应用熵权和灰靶评价模型方法，构建陕南地区暴雨洪涝灾害风险评价模型，结合 GIS 空间分析技术对陕南地区暴雨洪涝灾害风险进行了区划。结果表明，陕南地区致灾因子风险性整体较高，10 个县区为中等或以上风险等级，尤其是以中低山地形为主的柞水县、镇巴县和镇坪县风险最高；承灾体暴露性以轻风险为主，规模以上工业产值高的城固县、人口密度大的汉台区风险较高；孕灾环境高脆弱性区分布在汉滨区，其余县区脆弱性危险等级处于中等以下水平；本区防灾减灾能力整体偏弱，经济发展较好的汉台区、汉滨区其防灾减灾能力等级为强和较强。综合风险区划结果显示，陕南地区暴雨洪涝风险等级较高，28 个县区中处于中等及以上风险等级的县区有 9 个。

（五）洪涝灾害应对措施

1. 选育耐涝水稻品种

选育耐淹水稻品种是抵抗暴雨洪涝灾害一种经济有效的方法。夏石头等（2000）报道，耐涝水稻品种有根系发达、茎秆粗壮、株型紧凑、叶鞘包裹紧密、叶片直立、表皮毛浓厚、通气系统发达、淹涝胁迫下无氧呼吸相对较弱而有氧代谢仍维持较高水平、受淹涝后恢复生长较快、死亡率低和再生能力强等特点。水稻品种的耐涝能力受遗传控制，属不完全显性遗传（李绍清等，1999）。因此，可选用耐涝种质如起源于印度东北或孟加拉国的水稻品种和亚马孙河盆地的野生稻作父母本培育耐涝新品种。根据水稻生产实际的需要，早稻、中稻品种（组合）的耐涝能力筛选应以农艺学耐性为主。在长江流域双季稻区由于生产季节的限制，早稻生产应尽量避免生育后期受淹后产生大量高位芽的品种（组合）。中稻则不必考虑这些因素。晚稻品种（组合）在生产中往往是苗期受淹涝，因此，耐淹涝力的筛选应以生物学耐性为主。地势低洼易涝的田块还应尽可能注意选择株型高大、剑叶较长的品种，植株高大的品种有利于叶片及早露出水面，可减少完全淹涝时间。

杨小艳等（2023）以22个杂交水稻品种为材料，采用室内淹水直播试验，分析了胚芽鞘、成苗率、株高、根长、根数、地上部干物质量、地下部干物质量等指标性状表现，并基于主成分分析和隶属函数法鉴定评价了晚熟中稻直播品种萌发期的耐淹能力。结果表明，直播水稻萌发期经过淹水胁迫后，根长、地上部干物质量和地下部干物质量3个指标的耐淹性系数较低，平均值为0.21～0.25，表明受淹水胁迫的影响最大。主成分分析表明，前4个主成分的特征值分别为3.39、2.13、0.97和0.86，贡献率分别为42.36%、26.59%、12.08%和10.79%，累计贡献率为91.82%。其中，第一主成分主要由株高、根长、成苗率的耐淹性系数决定，其包含的信息量占总体信息量的42.36%，可作为晚熟中稻直播品种萌发期耐淹能力鉴定的主要指标。在主成分分析的基础上进行聚类分析，在欧氏距离0.19处将22个供试水稻品种的耐淹能力分为强、中、弱3个等级。其中，耐淹性相对较强的杂交水稻品种有7个，包括荃优华占、川优6203、深两优1177、渝香203、旌1优华珍、隆两优黄莉占和宜优2108。时强等（2021）为推广适于复杂气候生态条件直播种植的耐淹水稻品种，以近年审定的部分适合江苏地区种植的粳稻品种60份为试验材料，设置两种光照处理方式，结果表明，全黑暗处理能排除光照强度不均匀对种子萌发生长的影响。并设置2 cm、3 cm和5 cm 3种水深处理，分别测定3种水深处理下各品种平均芽长，结果表明，只有在5 cm水深处理下各品种平均芽长呈明显双峰分布，且60份供试品种中仅有武粳15号、武香粳9号、武育粳18号和镇稻1号的芽长超过5 mm，因此，明确5 cm水深处理10 d后芽长＞5 mm作为芽期耐淹性能强的水稻品种的筛选指标，实现了芽期耐淹水稻品种的实验室快速筛选。宋睿等（2017）为筛选适应河南省种植的耐淹涝水稻品种，以河南省目前推广种植的27个品种为材料，采用人工模拟淹涝灾害，于水泥池中进行没顶淹涝处理，分别测定淹涝处理和正常水分管理各品种的株高、主茎节间长、分蘖数、主茎绿叶数等形态性状，结果表明，以主茎叶片相对绿叶数和干物质质量2个指标聚类分析发现，内2优6号、冈优158、丰优22、冈优188、冈优827、Ⅱ优838、粤优938、裕丰8号和珞优8号耐淹性强，方欣1号、冈优363、Y两优1号、方欣4号、豫农粳6号耐淹性较弱。淹涝处理造成水稻植株伸长生长和主茎绿叶数减少。与敏感品种相比，耐淹品种绿叶数多、植株较高、根系发达、叶片和叶鞘干物质质量都较大。淹涝条件下，植株高、分蘖多、干物质质量大和保持一定的绿叶数是分蘖期河南省主推水稻品种耐淹涝的特征。在耐涝水稻育种方面，陕西省未见相关报道，在这方面需要加强研究。

2. 农艺措施应对洪涝灾害措施

（1）尽早排水　尽快排出田间积水，受淹水稻能否收到产量，决定于排水早晚，而产量高低则决定于栽培措施能否跟得上。因此，排出积水是当前灾后恢复水稻的紧迫任务，也是最有效的抗灾措施。要抢时间、争速度，采取一切必要和可能手段，突击排出积水，减轻涝的危害。抓紧疏浚农田沟系，开启排水设施，降低外围水位，确保田间积水排得出。但要注意雨后会遇到高温，因此，不能把田间积水排完，要适当保留水层，防止高强度叶面蒸发导致植株生理性缺水而枯死。处于孕穗抽穗期、淹没时间在24 h内的稻田，当水退后应立即扶苗洗苗。

（2）清水洗泥　洪水退后，首先要尽快排干积水、清理淤泥及田间浪渣，冲洗禾叶，扶正禾苗。可在退水刚露苗尖时，用竹竿来回振荡，洗去沾污茎叶的泥沙，对稻叶仍沾有泥浆的稻田，边放水边洗苗，并用清水喷淋叶片上的泥浆，以恢复叶片正常的光合功能，促进植株恢复生长。同时要捞出水稻田中其他杂物。但排水时应注意天气情况：在阴天时应一次性排干田间积水直至露田，遇晴天高温天气切忌立即排干，必须保持一定的水层，做到逐步排水，日灌夜露，夜间排水调气，以利水稻恢复生长，较快恢复光合呼吸等生理功能。

（3）及时施肥　尽早追施灾害恢复肥。水稻受淹期间，营养器官受到不同程度损害，出水后植株重新恢复生长，需要大量营养，而排水后肥料流失较多，因此，要根据灾情及时施肥，促进水稻灾后恢复生长，肥料种类以速效氮为主，一般每亩施尿素8～10 kg，并配合施用磷钾肥。淹没时间短、稻苗受害轻、施用缓释肥及孕穗后的地块，施肥量可少些，部分受淹时间长、稻苗受害重的田块，可适当多施，但必须采取多次轻施的方法，防止一次施肥过多，造成肥害伤苗。在追施恢复肥的同时，采取"上喷下施"相结合，喷施高效叶面肥、生长调节剂（灾后喷施绿施达、促多宝，庇护效果很好），促进恢复生长。并根据生育期不同采取不同的施肥方法、使用不同的肥料种类和用量。对在拔节期间受淹的稻田，可采取一追一补的方法，施肥以氮为主，配合磷钾，宜在排水后3 d内，每亩施尿素10～12.5 kg或复合肥30～40 kg，后期还应补施促花肥以促大穗，每亩用尿素4～6 kg；在水稻抽穗20%时，为促进抽穗整齐，每亩可喷施0.5～1 g"920"（慎用）；在灌浆结实期，为利于提高结实率和千粒重，每亩可结合喷施0.2%磷酸二氢钾液50～100 kg，每隔5～7 d喷1次，连喷2～3次。于孕穗结实期受淹的稻田，在排水后以补喷叶面肥为宜，可在齐穗后每亩用磷酸二氢钾 150 g + 尿素 250 g 兑水 50～60 kg 进行根外追肥，以增加千粒重。

（4）**防治病虫害** 重视病虫害防治，切实加强病虫害的预报和防治工作，防止灾害进一步加重和蔓延。受淹水稻恢复生长后长出的叶、蘖较嫩，易遭受稻飞虱、稻纵卷叶螟、二化螟为害；同时，细菌性病菌随水流传播，极易导致病害的发生，特别是细菌性病害白叶枯病，也应注意稻瘟病、纹枯病的防治。稻瘟病可用三环唑、纹枯病可用井冈霉素、白叶枯可用叶青霜防治。

（5）**加强灾后管理** 排水后，在稻田浮泥得到沉实的基础上，坚持干干湿湿，间歇灌溉新鲜水，既保持土壤通气，又保证稻苗正常水分要求。对已进入孕穗抽穗期的稻田则应保持浅水层以养胎保穗；对已齐穗灌浆的稻田要运用干湿交替的灌溉方法，切忌断水过早，以提高结实率和千粒重。

五、大风灾害

（一）陕西大风天气概况

贺文丽等（2012）研究表明，近 30 年，陕西大风高山、高原多于平原、盆地，陕北多于关中、陕南；大风多发区在陕北北部、山地隘口和孤立山峰处；大风出现较少的地区在陕北东南部、关中渭河沿岸、汉中盆地及巴山山区；全省大部分地区多年平均大风日数 1981—2010 年比 1971—2000 年明显减少；大风天气春夏季多，秋冬季少，4 月最多，9 月最少。1980—2010 年陕西各代表站最大风速 ≥ 6 级大风呈递减趋势，变化速率在 –16.7～–0.6 d/10 年；最大风速 ≥ 8 级大风 2000 年后出现较少，主要集中在 20 世纪 80 年代至 90 年代中期；最大风速 ≥ 6 级和 ≥ 8 级大风，各地、各月 2000—2010 年较 1980—2010 年明显减少。植被覆盖的增加和部分地区日较差减小所导致的局地环流减弱可能是陕西大风日数减少的原因。

（二）大风导致水稻倒伏危害

陕西水稻生产上发生的大风天气导致水稻倒伏一般发生在水稻灌浆成熟期，在每年的 8 月底至 9 月初。水稻倒伏不仅降低产量而且降低稻米品质，并给收割带来困难，增加收割成本。采取积极措施防范水稻倒伏，提高水稻单产，促进农民增收增效，意义十分重大。

（三）大风天气预测

王清霖（2022）利用气象历史数据，研究了一种基于机器学习的天气预测方法。该文分别采用美国气象环境预报中心获取的全球化气象数据和某省地面观测站的实况数据进行训练及预测研究。选取 2015—2018 年共计 4 896 个时次数据资料进行实验。首先，对数据资料进行下载、解析等预处理，根据气象专家经验选取 46 个属性作为特征。接着采用随机森林方法对气象属性特征重要性进行计算，筛选与雷雨大风关系较大的 25 个特征属性，作为最终实验特征属性数据集。其次，采用 KNN、线性回归、支持向量机、人工神经网络、Stacking集成模型和XGBoost等机器学习模型，建立预测算法模型，进行模型训练。模型输入为25个特征属性数值，输出为未来3 h降雨和大风的数值，进而预测是否具有雷雨大风天气。通过实验对比，确定XGBoost算法模型具有较好的预测效果。接着采用网格搜索和贝叶斯方法对XGBoost预测模型进行改进提升，实验结果表明，改进后的XGBoost模型测试集的准确率进一步得到了提升。根据某省气象灾害预警中心的实际需求，自主设计并实现短临（即短时临近）雷雨大风预报系统。该系统主要实现数据监控、实时数据处理、实时预测查询、实况雷雨大风等级显示等功能。在此基础上，将改进好的最终预测模型部署在系统上。目前预测系统已用于某省气象预警部门，通过对接CIMISS系统实时数据进行验证，对雷雨大风预报能力和综合灾害预警能力进行测试和评估，为某省气象灾害预警中心的雷雨大风预报提供参考。彭小桐等（2016）依据欧阳首承的理论和天气学原理，利用V-3θ图中的信息，以酒泉站为例，将该图中一些信息数字化，图中的信息针对大风天气做多元线性回归分析，并得出逐步回归方程，结果表明，沙尘大风的发生与V-3θ图中800 hPa湿度、700 hPa风速、不稳定层结的起点、厚度以及滚流相关性明显，依据此方程进行检验预报，效果良好。

（四）防范大风天气导致水稻倒伏措施

1. 抗倒伏水稻品种选育

选育抗倒伏水稻品种是防范大风天气的有效方法，国内育种工作者在这方面做了大量工作，取得了显著成效。中国种子集团有限公司（曹志等，2023）按性状互补原则，以华占为母本与抗倒性强的亲本远恢611进行杂交改良育成籼型水稻恢复中种R1607，该恢复系品种在产量配合力、米质、抗倒性、抗病性及后期转色等性状上综合表现优良。2019年7月获得植物新品种权授权。利用该恢复系配组的荃优607、川种优3607、中两优607、旌优607等杂交稻组合已经通过国家或湖南省农作物品种审定委员会审定。周卫营（2021）发明了一种抗倒伏型水稻品种选育方法，这个方法属于水稻育种领域，主要是采用水稻包颈突变体对水稻的抗倒伏性进行改良，选育出抗倒伏型恢复系，抗倒伏型恢复系进一步与不育系配组，从而选配出抗倒伏性强、综合性状优良的杂交水稻新品种（组合），对解决目前生产上直播稻容易倒伏的问题具有明显的效果，能够为农业生产、粮食安全、农民增收提供保障。本次发明首次提出了利用水稻包颈突变体来改良水稻品种抗倒伏性的方法，解决了目前杂交水稻直播易倒伏的问题，本发明在生产实践中发现的保藏编号为CGMCC NO.15191的包颈突变体，其综合性状优良，以其为亲本改良得到万象优982抗倒性明显强于万象优华占（2017年江西奉新同期种植的万象优982和万象优华占各10亩，同期抽穗，受雨水大风等天气影响，万象优华占倒伏70%，万象优982未受影响）。赖上坤等（2017）为加快抗倒伏水稻新品种培育和解决稻作生产的倒伏问题，采用水稻综合定量鉴定技术，对16个水稻新品系和4个对照品种进行抗倒伏比较试验，定量鉴定参试品系综合表现。结果表明：16个新品系和4个对照品种的茎秆性状和倒伏指数均存在较大变异，其中品系

15-89 倒伏指数为 12.8，稻瘟病综合抗性指数为 2.5，产量为 12 675 kg/hm²，垩白米率为 20%，在各品系和对照品种中综合排名第 1，是抗倒性强、抗病好、产量高、米质佳的优异品系，可推荐参加品种审定试验。抗倒伏水稻新品种综合定量鉴定技术量化了水稻基本农艺性状及抗倒性能的评价指标，排除人为主观误差，可用于抗倒伏水稻新品种选育和引种鉴定。

2. 农艺措施防范水稻倒伏

（1）加强栽培管理　一是合理施肥。不要偏施氮肥，在稻秆还田的基础上，适当多施有机肥，重点施用农家肥作为底肥。氮、磷、钾应合理配合施用，并补充微量元素，特别是硅肥。施用硅肥能使水稻植株挺拔、茎秆坚硬、茎基部粗壮，控制基部节间伸长，有明显的抗倒伏作用。同时，水稻各生育期还要增施速效钾肥，其中，孕穗期重施，效果最好。钾能促进杂交水稻茎秆细胞壁内纤维素累积，有利于提高杂交水稻茎秆抗折强度，从而增强抗倒伏的能力。二是科学灌水。要根据杂交早稻各生长发育期对水分需求的不同，实行浅水插秧，寸水分蘖，分蘖末期晒田，做到"浅浅露晒湿"的灌水方法。在保证水分需求的前提下，也要使土壤内有足够的氧气含量，促使根系生长强大。三是控制栽植密度。合理的栽植密度可使水稻通风透光良好，个体发育健壮，保证地下有足够的营养面积，地上有一定的空间，利于通风透光，抗倒伏能力增强。

（2）综合防治病虫害　根据植保部门的病虫情报，及时进行病虫害防治，重点防治稻飞虱、纹枯病等。纹枯病可在水稻分蘖末期发病率达 5%～10% 时，用 5% 井冈霉素 1.5 L/hm² 兑水 450～675 kg/hm² 进行茎叶喷雾。防治稻飞虱，可用稻虱净农药防治。

（3）合理化学调控　化学调控是防止水稻倒伏的措施之一，效果显著。多效唑是能有效控制水稻株高的化学药剂之一。生产实践表明，在秧苗 1 叶 1 心期和移栽水稻拔节前用 15% 多效唑可湿性粉剂 1.8 kg/hm²，兑水 900 kg/hm² 喷施，可控制水稻节间伸长，有效降低植株高度，促进茎秆和根系健壮生长，从而显著提高杂交水稻抗倒伏能力。吴海洋等（2020）认为，在分蘖前使用多效唑 1.65 kg/hm² 最为适宜，因为这个时期施用能使水稻植株株高和重心高度显著降低，基部第 1、第 2、第 3 节间长度缩短，基部第 1、第 2、第 3 节间粗度增大，从而使得茎秆抗折力提高，水稻品种的抗倒伏能力明显增强。翟孝勋（2005）认为，多效唑的群体质量后效应明显，可增加有效分蘖，增加干物质积累，株型更为矮壮合理，最终实现增产的目的。与多效唑一样，烯效唑也是一种植物生长抑制剂，但烯效唑的生理活性更高，且易降解，对环境和后茬作物更安全，被认为是多效唑的替代品。苏兰少报道（2021），截至 2021 年 4 月 5 日适用于水稻的植物生长调节剂产品有 184 个，其中农药名称为烯效唑的为 10 个，另有 2 个产品名称中含有烯效唑。烯效唑处理可显著缩短水稻基部节间长度，降低株高和重心高度，且显著增加植株基部节间茎粗、茎壁厚及茎鞘充实度，使水稻植株的抗倒伏能力得到显著提高。综合考虑施用成本、效果以及高浓度烯效唑对水稻生长潜在的抑制作用，张巫军等（2019）认为以 40 mg/L 的烯效唑浓度在水稻拔节初期进行叶面喷施的效果较为理想。

（4）密切注意天气预报　在大风到来时，应抢在大风雨来临前加快机收进度，确保水稻不受大风雨吹倒影响产量和稻米品质。

六、秋封

（一）陕南秋封概况

秋封是汉中地区水稻生产中的重要农业气象问题之一，对其产量及全地区粮食总产量影响很大。所谓秋封是指从8月中旬至9月上旬由于立秋后强冷空气活动，致使少数早、中茬口生育期较长的水稻品种和部分晚茬口的水稻品种在幼穗分化期和抽穗扬花期遭受低温危害，出现大量翘穗和空壳，使产量显著下降的现象。秋封的农业气象指标为8月中旬至9月初出现连续3 d日平均气温≤20℃。

任利利等（2013）报道，1960—2010年陕南汉江上游的秋封灾害发生情况。1960—1972年发生频率高，但强度相对较小，1973—1988年发生频率小，连续3年发生，灾害强度大；1989年以后，灾害发生的频率较小，持续时间较长，灾害强度较大。汉江上游秋季1997年、1999—2000年、2001—2002年、2002—2003年、2003—2004年出现了多个气候突变点，说明这段时间内秋季气温很不稳定。这可能是导致秋季日平均气温波动幅度大、秋封灾害持续时间较长的原因。汉中地区是陕西省水稻主产区，水稻面积9.33万 hm² 左右，约占陕西省水稻总面积的70%，总产、单产也均为全省之冠，但该地8月中旬以后（包括8月中旬在内）冷空气活动频繁，正值水稻抽穗扬花（少量的正在穗分化），如果遭受低温危害，将出现大量翘穗头和空粒，使产量显著下降（表5-1）。

表5-1　1960—2010年汉江上游秋封发生情况

年份	持续时间（d）	秋封次数（次）	>3 d次数（次）
1960	7		
1963	3		
1965	3		
1968	3	7	3
1969	6		
1971	3		
1972	8		
1973	0		
1978	0	0	0
1979	4		
1980	6	3	3
1981	7		

(续表)

年份	持续时间（d）	秋封次数（次）	>3d次数（次）
1982	0		
1988	0	0	0
1989	3		
1993	4		
1996	8		
2000	5	6	5
2003	4		
2005	6		
合计	80	16	11

（二）秋封对水稻危害表现

赵志杰（1980）研究表明在陕西汉中地区，籼稻在20℃以下、粳稻在18℃以下低温使花粉内容物不够充实，花粉成熟度不够，因而花粉发芽力差，影响受精结实，经过统计分析，把8月20日定为汉中地区水稻安全齐穗期。近年来，受机械收割影响，农户喜欢生育期稍早的品种，大多数要求齐穗期在8月10日之前。李健陵等（2014）研究表明，水稻孕穗期遭遇低温，致使水稻叶片叶绿素含量降低，光合速率下降，受精率及可育率下降，最终导致水稻籽粒发育过程明显受阻，每穗总粒数减少，结实率及千粒重降低。张金恩等（2014）研究表明，孕穗期低温使水稻叶绿素含量降低，净光合速率显著下降，叶片气体交换能力及光响应能力减弱，导致空壳率与秕谷率上升，产量下降达25%。张荣萍等（2012）与钟楚等（2013）研究发现，开花期遭遇低温会导致花药不能正常开裂，散粉不足，花粉可育率和柱头花粉萌发率降低，受精结实差，结实率降低，空壳率上升。马树庆等（2018）研究表明，在水稻幼穗形成期，温度越低，低温持续时间越长，空壳率越高。另外，周新桥等（2013）研究发现，低温导致稻穗包颈或者包颈加剧。灌浆期冷害是指水稻灌浆期遭遇低温侵袭，水稻光合功能与产物运输功能受到损害，导致籽粒灌浆不佳，产量性状与品质性状下降的一种冷害。耿立清等（2009）研究表明，灌浆期低温导致结实率明显下降，穗粒重降低。薛菁芳等（2014）研究表明，灌浆期低温导致稻米整精米率下降。

（三）秋封天气预测

西北农业大学（1978）分析汉中1935—1977年的气象资料（其中1946—1948年缺测）发现，早冷年的出现和致害冷空气活动均有一定规律，掌握这些规律对于同汉中地区水稻秋封进行"斗争"有一定意义。1935年以来，早冷年居少数，共出现过8年，占总年份的21%。每10年中早冷年至少出现1次，20世纪50年代以来，每10年出现2次，而且比较稳定。在30年代早冷年是1936年，40年代是1940年，50年代是1952年和1956年，60年代是1960年和1968年，70年代是1972年和1976年。早冷年的出现全部不连续。从1935年以来，相邻两个早冷年之间基本上和至少有连续3个晚冷年相间，最多可相间连续7个晚冷年（1961—1967年）。在40年代由于1946—1948年的记录缺测，故难以断定相间几个连续的晚冷年（但至少相间3个连续的晚冷年）。而据记录资料可以看出，自30年代以来，从未出现过一个或连续两个晚冷年相间的情况。早冷年过后，第四年再次出现早冷年的可能性较大，其概率为71%，出现晚冷年的可能性较小，其概率为29%。每10年中均会在8月中旬至9月初出现1~2次致害冷空气活动，无一例外。伴随每次强冷空气活动所出现的致害低温一般持续3~4 d，唯70年代出现的两次分别达5 d和10 d。50年代以来，致害低温出现的强度逐渐变大，降温呈逐渐加剧的趋势。8月中旬出现的致害低温均连续维持3 d，时间较短，且对应的致害低温较高，引起水稻减产不到一成；在8月下旬至9月初出现的致害低温多数连续维持4~10 d，时间较长，且对应的致害低温较低，对水稻产量的影响较大，均可减产一成以上，多达二成以上。

周冬梅等（2019）采用模糊数学原理研制田阳秋季低温冷害始现时段预警输出模型，选配适合于模糊事件秋季低温冷害初日出现时段的隶属函数，计算各预报因子隶属度，结合数理统计，建立多元线性回归预警输出模型，作秋季低温冷害初日出现时段第一次预警；第二次预警，采用模糊数学并、交运算逻辑关系原理制作预警模型。结果表明，第一次预警历史拟合率87.3%，第二次预警历史拟合率88.5%。试运行预警4年，第一次试警正确3年，正确率75.0%，第二次试警1年，试警正确。秋季低温冷害模糊数学预警输出模型技术科学，方法易学易懂，历史正确拟合率、预警准确率结果理想。

（四）应对措施

1. 品种选择

选择综合性状好、米质优、抗性强、生育期适中、比较耐寒的高产品种是抵御冷害的有效措施之一，这可以减少遇到低温对水稻造成影响的人工补救成本，也可以降低产量大幅度减少的风险。目前，汉中平川地区主推品种有黄华占、香龙优2018、美香占2号、两优687、汉香优755、荃香优1521等；浅山丘陵地区主推品种有陕稻12号、特优801、泸优11、泰丰优7号。

2. 适期播种，培育壮秧

应根据品种的生育期安排合适的播种移栽时期，避开低温，抓住农时，适时早插。此外，要注意培育壮秧，合理密植。

（1）药剂浸种　每公顷大田备稻种15 kg左右。播种前晒种1~2 d，使其发芽快而整齐。浸种时先将稻种用清水预浸1 d，然后用强氯精500倍液浸种1 d，再用清水浸种1~2 d，预防恶苗病。

（2）育秧方式　温度是汉中水稻生产的一大限制因素，前期要注意防止烂秧，后期要保证8月20日前安全齐穗，防止"秋封"。生育期较长的品种要坚持两段育秧，增温早熟夺高产；生育期较短的品种可采取旱育秧、薄膜育秧或露地育秧。

（3）适期播种　两段育秧平川稻区4月5日前后、山区4月10日前后进温室，育成1叶1心小苗，按照5 cm×5 cm的规格寄插。旱育秧平川稻区3月底至4月初播种，山区4月5—8日播种。针对汉中秧龄较长的生产实际，采取稀播（稀寄插）育壮秧，增加秧田分蘖。积极推广应用"旱育保姆"拌种，简化旱育秧，秧苗根部可形成吸湿泥球，方便抛栽。使用方法是用"旱育保姆"1袋（350 g）拌稻种1～1.2 kg，直接进行播种，床土不需再进行调酸消毒。

3. 秧田管理

两段育秧秧苗寄插后5～7 d畦面不上水，保持畦面干爽，促进根系下扎。3叶期之后保持浅水层。育秧期间如遇持续强降温天气应做好深水护苗、覆膜防冻等保温措施，寒潮过后要及时喷施多菌灵等杀菌助长药剂。2叶1心期秧田泼浇淡尿素水15 t/hm²或追施尿素45～75 kg/hm²做"断奶肥"，4～6叶期追施尿素105～120 kg/hm²促进分蘖的发生，插秧前5 d追施尿素75～90 kg/hm²做"送嫁肥"。旱育秧做到旱育旱管，及时追肥、除草。1～2叶期低温寒潮过后注意用敌磺钠等杀菌剂灌根防治立枯病。

4. 壮秧标准

两段育秧：插秧前仍能保持叶蘖同伸，秧龄40～50 d，叶龄6～8叶，苗高35～40 cm，单株带蘖3～5个，白根10条以上，叶片老健，清秀无病虫害。旱育秧：插秧前仍能保持叶蘖同伸，秧龄40～50 d，叶龄6～8叶，苗高20～25 cm，单株带蘖4～6个，白根20条以上，清秀无病虫害。

5. 抢时早插，合理稀植

（1）抢时早插　汉中油菜一般5月中下旬收获，小麦5月底至6月初收获，水稻高产插秧期为5月15日至6月5日，早腾茬，早整田，6月5日前抢时早插，力争插在高产期。扩大机械浅旋耕整田面积，降低耕作成本，提高工效。

（2）合理稀植　平川稻区大田适宜插植密度（26.7～33.0）cm×16.7 cm，18万～22.5万穴/hm²，每穴插两粒谷的秧苗，茎蘖7～9个，基本苗120万～150万/hm²；山区适宜插植密度（20～26.7）cm×16.7 cm，22.5万～30万穴/hm²，基本苗150万～180万/hm²。采取宽行窄株或宽窄行方式插植。提倡适度稀植，合理群体结构，提高田间通风透光性，有利于植株健壮生长，减少病虫害的发生；防止过度稀植，以免因群体不足影响产量。

6. 免耕抛栽

选择水源条件较好的稻区，选用抗倒伏品种，采用无盘肥床旱育秧，积极示范推广水稻免耕抛栽技术，达到节本、省力、高效的目的。一般抛秧密度应比手插秧提高3%～5%。积极开展水稻机械插秧试验示范，研究摸索适宜汉中推广应用的机插秧集成配套技术，做到农机农艺结合。机插秧技术的普及推广可有效降低生产成本，提高工作效率。

7. 配方施肥，科学运筹

水稻高产施肥应做到有机肥与无机肥结合，氮、磷、钾配合，控氮、增磷、补钾、配微平衡施肥，注意增施有机肥，培肥地力，避免过分依赖化肥，偏施氮肥，大力推广测土配方施肥技术，节省成本，提高肥效，避免浪费。

（1）配方施肥　根据水稻需肥规律和汉中土壤养分亏缺状况，一般中等肥力水平田块，产量 7.5～9.0 t/hm^2，在施有机肥 30 t/hm^2 基础上，需施纯氮（N）150～180 kg/hm^2、纯磷（P$_2$O$_5$）75～90 kg/hm^2、纯钾（K$_2$O）75～90 kg/hm^2，低湿冷浸田施硫酸锌 15～30 kg/hm^2，绵沙田增施适量硼肥。

（2）科学运筹　将总施氮量的 50%～60%、总施钾量的 60%～70% 和全部磷、锌、硼肥作底肥，于犁田整地时施入；其余 30%～40% 的氮肥在插秧后 7～10 d 作分蘖肥追施，10%～20% 的氮肥以及 30%～40% 的钾肥作穗肥追施。提倡施用水稻专用肥，后期看苗看田施肥，出穗前叶面喷施禾枯灵、磷酸二氢钾，防早衰，增粒重，夺高产。黄泥田等保水保肥性好的稻田可采取"一炮轰"施肥法；砂壤田宜采取分次施肥法，适当减少底肥，增加穗粒肥用量。

8. 科学灌水，合理促控

（1）科学灌水　大田应做到浅水插秧，深水活棵，寸水促蘖，孕穗期及抽穗扬花期田间保持浅水层，勾头散籽后采取干干湿湿间歇灌溉，增加土壤通透性，养根保叶，延长叶片功能期。一般于收获前 7 d 左右排水落干，断水不宜过早，养好老稻。山区稻田水冷土凉，发苗缓慢，要采取干干湿湿灌水方法，以提高水温泥温，促进水稻生长发育。

（2）及时晒田　按照"苗够不等时、时到不等苗"的原则，当总茎蘖数达到目标穗数的 80% 时，或大苗晚插水稻已进入拔节期，要及时退水晒田，控上促下，控制无效分蘖的发生，促进根系生长发育。苗旱的田块、烂泥田、山区冷浸田要早晒重晒。

9. 病虫综防

减灾保产搞好水稻主要病虫害的预测预报，坚持"预防为主，综合防治"的原则。优先采用农业防治、物理防治、生物防治，合理使用化学药剂。通过选用抗病品种，实施健身栽培等措施，减轻病虫害的发生；积极推广应用稻鸭共育技术，利用鸭子吃虫除草生产绿色无公害大米；选用低毒、安全、高效农药进行病虫草害防治，水稻齐穗后一般不再用药。

（1）秧田防治　秧母田具有面积小、用药量少、虫龄低、防效好的特点，要重视防治。用 1% 印楝素水剂 800～1 000 倍液，或 20% 辛三唑 1 050～1 200 mL/hm^2 兑水 600 kg 喷雾，搞好秧母田特别是迟插田稻蓟马、螟虫、稻蝗等虫害的防治，一般防治 1～2 次，做到带药移栽。黑、香、粳、糯等特种稻要重点搞好苗期稻瘟的预防。

（2）大田防治　插秧后 7～10 d 每公顷选用 5% 氟虫腈悬浮液 450～600 mL 兑水 600 kg 喷雾，或用 3.6% 杀虫双大粒剂量 22.5～30.0 kg 撒施防治螟虫。结合追肥根据杂草种类选用高效低毒广谱性除草剂进行化学除草。水稻分蘖盛期每公顷用 5% 的井冈霉素水剂 2 250～3 000 mL 兑水 600 kg，对植株中下部喷雾，防治纹枯病。丰优香占等易感稻曲病品种在水稻破口抽穗前 5～7 d，每公顷用 30%DT 悬浮剂 1 500～2 250 mL，或 10% 井冈霉素可湿性粉剂 750 g 兑水 600 kg，对穗部进行喷雾防治。水稻破口抽穗前搞好"两防一喷",方法是每公顷用 90% 的晶体敌百虫、20% 的三环唑、磷酸二氢钾各 1.5 kg 兑水 600 kg 喷雾,防治稻苞虫(兼防二代螟虫),预防穗颈稻瘟病。进行叶面喷肥。平川稻区近年来稻曲病、二代螟虫、稻纵卷叶螟发生偏重;山区穗颈稻瘟病、稻飞虱有的年份发生较重。要搞好防治,降低损失。

10. 及时收获,防止霉变

汉中水稻 9 月上中旬陆续进入成熟期,此时正值雨季来临,要抢晴收获,及时晾晒,防止混杂霉变,颗粒归仓。扩大机收面积,降低收获成本,加快收获进度。

七、秋淋

秋淋天气是指在 8 月中旬以后,西太平洋副热带高压南退时,在长江以南驻留期间,其西部边缘携带大量暖湿气流,与其北部持续不断分裂南下的冷空气在陕西中南部上空汇合,形成持续性长、强度高的降水过程。秋淋是陕西关中、陕南地区秋季主要的气象灾害之一,可能对省内不同区域带来洪涝、地质灾害、低温风险,特别是汉中地区秋淋频发。

蔡新玲等(2019)报道,近 56 年来,陕西秋淋开始日期平均是 9 月 10 日,开始日期整体无明显变化趋势,但年代际变化特征明显。其中,20 世纪 60—80 年代中期和 21 世纪以后以偏早为主,20 世纪 80 年代后期至 90 年代以偏晚为主。结束日期平均为 10 月 7 日,且长期变化趋势趋于偏早。陕西秋季多雨期集中在 8 月 27 日至 9 月 14 日、9 月 20 日至 10 月 4 日和 10 月 10—20 日 3 个时段,但年代际变化差异较大。其中,1960—1975 年,秋淋多集中于 8 月 29 日至 9 月 14 日,以及 9 月 21 日至 10 月 5 日;1976—1985 年,秋淋有 3 个显著多雨时段,分别为 8 月 21 日至 9 月 12 日、9 月 21 日至 10 月 5 日和 10 月 10—20 日;1986—2000 年,多雨期显著偏少,且分布零散;2001—2010 年有 2 个显著多雨时段,分别为 8 月 25 日至 9 月 6 日和 9 月 23 日至 10 月 6 日;2010 年以后秋雨仅集中于 9 月 4—22 日。近 56 年陕西秋淋强度呈波动减弱趋势,且阶段性变化特征明显。60—80 年代前期以偏强为主,80 年代中后期至 90 年代末显著偏弱,21 世纪初以后由偏强逐渐转为偏弱。其中,秋淋显著偏强年份有 9 年,显著偏弱年份有 10 年。秋淋偏早时,其强度往往偏强。陕西秋淋始于夏末秋初,西太副高偏强、偏西,陕西秋淋区的水汽输送既有副高外围的东南气流,也有高原东侧的西南气流,持续性降水具有夏季强降水的环流特征,雨日多、雨量大造成秋淋偏强。陕西秋淋偏强时,高空西风急流偏强,陕西中南部处于急流南侧的高空辐散区,500 hPa 欧亚中高纬上空呈现"+、−、+"的异常环流分布型,700 hPa 风场我国华东沿海至日本岛附近为反气旋式环流,其西南侧强盛的暖湿气流与青藏高原及以北地区的干冷空气在高原东北侧汇合,对应陕西秋淋区。赤道中东太平洋海表温度变化与陕西秋淋有密切联系。前期春、夏季赤道中东太平洋海温负(正)异常时,陕西秋淋可能偏强(弱),且海温负异常对陕西秋淋的影响更为显著,尤其是赤道中东太平洋 Nio3.4 区,该区海温异常是影响陕西秋淋强弱的年际预测信号。

汉中地处秦岭与巴山之间,属温带和亚热带过渡性气候,其温、光、水资源优良,是陕西省水稻的主产区。2021年8—11月，汉中市遭遇了自1971年以来最为严重的持续强降雨天气，秋淋平均降水量达常年平均降水量的2.4倍，极端天气给水稻生长和收获带来严重的不利影响。

（一）汉中秋淋成因

秋淋又叫华西秋雨，是中国西部地区秋季多雨的特殊天气现象，主要是受高原高空槽和副热带高压的共同影响而出现，影响四川、重庆、贵州、宁夏南部、甘肃东部、甘肃南部、陕西南部、湖南西部、湖北西部等地。秋淋指对秋季5 d以上的连阴雨天气过程。汉中秋淋天气多出现在8月中旬至9月中旬，最晚持续到10月上旬。成因主要为受携带大量暖湿气流的西太平洋副热带高压南退在长江以南驻留，其西部边缘与北部高原高空槽持续不断分裂南下的冷空气在陕西中南部上空汇合，长时间对峙，形成了长持续性的降水过程，其降水量一般多于春季，仅次于夏季，且呈由南而北递减趋势。汉中是秋淋频发地区，有"十年九淋"之称，且长时间的强秋淋天气10年中能出现2～3次。

（二）秋淋天气对水稻的危害

汉中地区水稻作物一般在4月初播种，5月下旬移栽，8月初抽穗开花，9月初成熟。故连阴雨主要危害9月成熟的水稻。9月初秋淋天气对水稻产量影响较大，汉中地区因阴雨天气造成水稻在成熟期后无法及时开展正常收割、晾晒等农事活动，植株倒伏、发芽和霉变现象严重，因降水天气不能及时收割，水稻植株在田间不同程度的倒伏、穗子谷粒发芽霉烂现象普遍。原因主要是连阴雨天气，加上强降水与强风所致，收割期越推后损失越严重，主要受害症状表现如下。

1. 不同程度的植株倒伏

受降水伴随风力的影响，一般田间首先会局部1～2个小块面积出现倒伏。随着降水持续，田间水分过多，成熟期本来"头重脚轻"的茎秆出现连锁反应，引发连片倒伏。

2. 发芽

倒伏的稻穗在田间开始不同程度地发芽，谷粒品质变差。

3. 霉变

持续时间长，还未能收割，穗子和叶片开始发霉。

4. 植株腐烂

倒伏时间长，田间积水多，整片植株腐烂变味，已无法再收割。

（三）秋淋天气预测

提前对秋淋进行预测，可以为水稻生产提供预防措施。蔡新玲等（2019）为增强华西秋雨监测评估的客观量化，改善陕西秋淋强度的预测方法，利用1961—2016年陕西中南部地区国家级地面气象观测站逐日降水量、NCEP再分析资料、NOAA海温资料以及国家气候中心的海温指数,通过定义秋淋强度指数,分析了陕西秋淋变化特征及其与大气环流和海温的关系。结果表明,近56年陕西秋淋开始日期平均是9月10日,年际波动较大,整体上无明显变化趋势,但年代际变化特征明显;结束日期平均是10月7日,变化趋势整体趋于偏早。秋淋强度呈波动减弱趋势,且年代际阶段性变化特征明显。陕西秋淋偏强年,500 hPa欧亚中高纬上空呈现"+、-、+"的异常环流特征,且西太平洋副热带高压和印缅槽偏强。陕西秋淋的强弱与ENSO事件有密切联系,前期春、夏季赤道中东太平洋冷(暖)海温发展有利于陕西秋淋偏强(弱),且Nio3.4区海温异常是陕西秋淋强弱的年际预测信号,对陕西秋淋强度预测有较好的指示意义。周佑云等(2015)利用郴州市1981—2010年的气候观测资料,按照定义秋季(9月21日至11月20日)连阴雨天气过程的条件进行相应的资料处理,统计出每一次连阴雨天气过程,并对发生的每一次连阴雨天气过程的天气背景进行分类统计分析。结果表明,郴州各县(市、区)连续3 d以上的秋雨次数分布呈现中部地区多、南部地区少,10月上旬和11月中旬是秋雨过程的多发期。郴州秋季连阴雨天气的形成,其大气环流形势和季节性转换基本一致,其中地面冷空气入侵影响郴州是秋季连阴雨开始的主要特征;与长波槽系统的稳定维持着密切的关系,沿海槽的建立是郴州秋季连阴雨天气结束的主要特征,长波槽系统的稳定决定秋雨的长短。总结郴州秋季连阴雨天气过程的变化特征,有助于提高对郴州秋季连阴雨天气过程的预测预报水平,提升为农气象服务水平。郝巨飞(2006)对秋季连阴雨天气的典型形势场进行研究,通过对其高低空的环流形势及各种统计特征场的分析,进行了天气学及其动力学成因的解释,通过对其发生过程的分析,得出了有利于连阴雨天气发生的大气环流场特征,并进一步加深了对这种形势场下连阴雨天气的认识,对今后如何做好连阴雨天气的预报与服务工作有一定的借鉴作用。袁小超等(2017)利用局地经向环流模式定量分析对河南省历史上秋季连阴雨天气的影响因子,找出其共同特征,作为预报因子。诊断分析2014年秋季河南连阴雨天气大气环流的异常特征,并通过与历史上的长连阴雨个例进行对比分析,利用提取信号场的方法,找出导致河南省秋季发生连阴雨的信号特征,在此基础上,找出河南省秋季连阴雨的预报着眼点及中期预报指标。

(四)应对秋淋天气的措施

每年的秋季连阴雨天气常常造成产量严重损失,为减轻和预防连阴雨天气给水稻收割带来的不利影响,达到增产增收的效果,可以采取以下几方面措施。

1. 选用抗倒伏品种

选用抗倒伏品种,如黄华占。周凯等(2014)报道黄华占是广东省农业科学院水稻研究所用黄新占作母本与丰华占作父本杂交,经系谱法选育而成的常规优质籼稻品种,2005年通过广东省品种审定,2006年由汉中市农业科学研究所引进陕西试种。经2011—2012年连续两年的陕西省水稻区域试验特优组试验,表现增产、米质优、熟期早、抗倒伏等优点,2013年3月通过陕西省农作物品种审定委员会审定。

黄华占在汉中利用人工手插秧种植,4月10—15日播种,8月下旬成熟,全生育期145～150 d，比汕优63短5 d左右，可避开汉中秋淋天气。黄华占叶片较窄，叶姿挺直，谷粒细长，颖尖无色、无芒。经2011—2012年两年省区域试验，平均有效穗数17.76万/亩，成穗率70.07%，株高98.31 cm，穗长22.45 cm，每穗总粒数145.3粒，实粒数123.6粒，结实率85.0%，千粒重25.6 g。

黄华占经农业农村部稻米及制品质量监督检验测试中心检测为出糙率80.9%、整精米率63.8%、垩白粒率5%、垩白度0.6%、直链淀粉含量17.8%、胶稠度78 mm、长宽比3.0、蛋白质含量10.2%，米质达国标优质稻谷Ⅰ级标准。参加陕西省2011年水稻区域试验（晚熟FTY组）试验，平均产量538.9 kg/亩，比对照黑丰糯增产7.48%（极显著）；2012年续试，平均产量496.5 kg/亩，较对照增产6.35%（极显著）；两年区试共计12点次，10增2减，平均产量517.7 kg/亩，较对照平均增产6.92%。参加陕西省2012年水稻晚熟（SW3）组生产试验，平均产量565.8 kg/亩，比对照汕优63增产6.13%，居参试8个品种第四位。2012年，在汉中平川两县的机插秧示范中，经后期田间机械收获实收测产，平均产量581.4 kg/亩。经陕西省水稻研究所鉴定，该品种中感稻瘟病、感纹枯病、中抗白叶枯病、抗稻曲病。株型适中，植株较矮，茎秆韧性好，抗倒性强。

2. 化学控制防倒伏

在水稻拔节期喷施植物生长延缓剂可缩短水稻植株基部节间距，增强茎秆抗倒性。化学防倒技术具有很好的效果，能明显降低水稻株高，显著增强植株抗倒伏能力。陆佳乾（2009）研究表明，喷施立丰灵对水稻植株有缩短基部节间、矮化植株高度、改善株型、防止倒伏和提高分蘖成穗、结实率、千粒重以及增加产量的作用。在水稻拔节前7 d喷施5%立丰灵600～900 g/hm²，对于水稻防倒伏、改善株型和增产效果较好，比空白对照增产6.17%～10.59%，经济效益显著，可示范推广。姜龙等（2018）为了研究矮壮素、烯效唑和多效唑对水稻倒伏和产量的影响及作用机制，掌握其使用技术，每个植物生长调节剂配制4个不同浓度的处理液，以水稻品系牡10-8为供试材料，并以未经植物生长调节剂处理的牡10-8为对照进行试验，通过对株高、重心、折节粗、抗折力、壁厚、倒伏程度、穗长、穗粒数、秕粒数、空粒数、千粒重、单位面积有效穗数、小区产量等性状分析发现，施用矮壮素、烯效唑和多效唑能减小植株的倒伏程度；矮壮素、烯效唑和多效唑没有降低植株株高，抗倒伏的作用机制主要是增加了植株的茎秆粗度和壁厚，增强了植株的抗折力，从而减小了植株的倒伏程度。施用矮壮素、烯效唑和多效唑都能增加小区产量。其作用机制是倒伏植株通风透光条件差，功能叶面积急剧衰减，营养物质运转受阻，提高了抗倒伏能力，就变相延长了有效光合时间，这是增产的重要因素；另外，矮壮素、烯效唑、多效唑处理过的植株灌浆后期茎秆的充实度强于对照，抗折力较强，能促进弱势粒灌浆，进而提高有效穗数和穗粒数，而这2个性状与产量呈显著正相关。

3. 防倒伏栽培措施

（1）适期播种，适期早栽 黄华占在陕南海拔650 m以下稻区内，可于4月10—15日采用薄膜育秧（机插秧4月20日播种），秧田应注意做好肥水管理，培育带蘖壮秧。水稻适期早栽可以抢积温、抗倒伏。适期早栽能充分利用丰富的光、温资源，保证秧苗移栽后有充足的大田营养生长期，进行光合作用，积累同化物质，为后期的生殖生长打下基础。适期早栽可使水稻在有利的光、温条件下生长，返青快，分蘖早，且分蘖多，有效分蘖率增加，为多穗高产奠定基础。

（2）合理密植　确保足穗大田插植密度以 1.5 万穴/亩，每亩插基本苗 10 万~12 万为宜（机插秧穴插 5 粒谷子的苗）。

（3）科学施肥　耐肥抗倒，在增施有机肥的基础上，每亩施纯氮 10~12 kg，磷 5 kg、钾 7 kg。其中，70% 的氮肥和全部的磷、钾肥作底肥，30% 的氮肥作追肥。注意在晒田复水后每亩再撒施 2~4 kg 尿素有利攻大穗夺高产。

4. 水稻倒伏后的抢收

①提前了解收割期天气，合理安排收割期。一旦成熟后应及时抢收，避免后期遭遇连阴雨。

②已倒伏的水稻建议增加人力，尽快人工收割，应对秋季连阴雨应早做准备，防止失控难收、弃收的现象发生。

③由于农村普遍存在劳力不足的现象，建议以机械收割为主。发展乡村农技组织，采取联合收割、一次烘干的机械收割，防止烂谷场天气危害。

④有条件的地方，农户可以组织力量对倒伏早期的水稻采取集中抢救性收割，使用机械风干设备干燥稻谷，尽量减少损失。

⑤连阴雨天气不利收割时要加强田间水分管理，采取导沟排水，降低田间土壤水分，尽量减少倒伏程度，降低收割机进场收割的难度。防止因连阴雨造成的人工收割难度大，而机械不能进田操作的现象大面积发生。在水稻收割后要在田块四周开深沟，沟深 25~30 mm，再从田块中间开始每隔 1.5~2.0 m 开深度 20~25 mm 浅沟，确保后期农作物的播种、移栽，确保农田不是处于过湿的状态。

第二节　水稻病害及其防治

水稻病害按病原物种类可划分为真菌性病害、细菌性病害、病毒性病害、类菌原体病害、线虫病害五大类。中国报道的水稻病害有 80 多种，其中在全国和大区具有经济重要性的有 20 多种，在中国最重要的是稻瘟病、纹枯病和白叶枯病，素称水稻三大病害，这一直是中国水稻高产的限制因素。各地反映，病害对水稻造成的损失大于虫害，在病虫害所造成的减产中要占 60%，因此，做好病害防治工作是提高水稻单产的重要措施。

一、真菌性病害

真菌是引起水稻传染性病害中最重要的一类病原物。全世界记载与水稻发生侵染关系的病原真菌达 140 余种。大多数真菌性病害分布都较广，很多遍及全球各稻区。例如，据英园真菌研究所（1981）记载全世界有 85 个国家和地区发生稻瘟病害，纹枯病、恶苗病、胡麻斑病等都几乎遍及世界各稻区。中国已知的水稻真菌病害 50 余种，约有半数病害比较常见，诸如稻瘟病、纹枯病、烂秧病、菌核病、胡麻斑病、窄斑病、云形病、恶苗病、稻曲病、粒黑粉病等都在很多稻区造成较严重的为害。稻瘟病是水稻上一个为害历史很久远的重要病害，在全国一般每年造成减产约 10 亿 kg。纹枯病在过去历史上对水稻的为害都很轻微，自 20 世纪 50 年代后期开始随着矮多品种及密植增施氮肥等高产栽培措施的推广，其为害日益严重，在多数稻区很快超过稻瘟病的为害。中国幅员辽阔，不同区域的气候条件不尽相同，水稻上的主要病害也不完全相同。陕西省水稻种植真菌性病害主要有稻瘟病、稻纹枯病、稻曲病、稻恶苗病、水稻烂秧、水稻霜霉病、稻胡麻斑病、稻叶鞘腐败病、稻粒黑粉病、水稻赤霉病等。

（一）稻瘟病

稻瘟病又名稻热病。TIshiyama（1953）报道该病最早已于 1560 年在意大利就有记载。中国也早在 1637 年明朝后期宋应星著的《天工开物》中就有类似稻热病的记载。1704 年日本亦记录了这一病害。目前，稻瘟病的分布极为广泛，遍及全世界各稻区，其中以亚洲、非洲和拉丁美洲为害较重。中国南北稻区均有发生，其为害程度因品种、栽培管理及气候条件不同而有很大差异，但以日照少、雾与露持续时间长的山区，雾多露浓气候较温和的沿江及水稻生育期适逢雨季的稻区发病为重。一般山区重于平原，粳、糯稻重于籼稻，晚稻重于早稻。流行年份一般减产 10%～20%，严重的达 40%～50%，局部田块甚至颗粒无收。汉中水稻种植区年均发生水稻稻瘟病面积 2 600 hm² 以上，稻谷年损失 2.03 万 t；2005 年在汉中洋县、西乡、勉县浅山丘陵区穗颈瘟重发，绝收面积 353 hm²，产量损失 2 915 t，给当地水稻生产造成了重大的损失（陆小成，2015）。

1. 症状

稻瘟病在水稻整个生育期中都可能发生，为害秧苗、叶片、节、穗颈、枝梗和谷粒，分别称为苗瘟、叶瘟、叶枕瘟、节瘟、穗颈瘟、枝梗瘟、谷粒瘟。

（1）苗瘟　因秧苗受害时期不同，又分为苗瘟和苗叶瘟。苗瘟是指发生在 3 叶期以前的幼苗上，多由种子带菌引起，先在幼芽或芽鞘上出现水渍状斑点，后幼苗基部变暗褐色，上部呈褐色枯死。苗叶瘟指发生在 3 叶期以后的叶片上，其症状与本田叶瘟相同。

（2）叶瘟　指本田成株期叶片发病。由于气候条件和水稻品种间抗病力不同，叶瘟病斑可分为白点型、急性型、慢性型和褐点型 4 种。

白点型：斑点白色，圆形或近圆形，病、健界限清楚，多在雨后突然转晴或稻田受旱情况下，发生在高度感病品种的幼嫩叶片上，表面不产生孢子。这种病斑很少发生，出现后遇阴雨或高湿，可迅速转变为急性型。

急性型：初生水渍状小点，后迅速扩大成圆形、椭圆形或两端稍尖的暗绿色水渍状病斑，表面密生灰绿色霉层。这种病斑既无黄色中毒部，也无褐色坏死部，暗示病菌对寄主攻击力很强。它的出现，表明稻株生长状况和气候条件均有利发病，是病害流行的预兆。如果天气转晴燥或经药剂防治后,暗绿色病斑四周出现黄色或褐色部分,表示病斑钝化,已向慢性型转化。

慢性型:这类病斑最为常见,通常呈纺锤形,也有近圆形或长达 2～3 cm 的长条形。典型病斑的最外围是黄色的中毒部,内层是褐色的坏死部,中央是灰白色的崩溃部,病斑内部常有褐色的坏死线向两端延伸,这种病斑色泽变化层次表明病菌对寄主同化组织细胞逐步破坏的过程。稻瘟病菌也能从机动细胞和气孔保卫细胞侵入。当病菌的侵染丝贯通病叶角质层侵入表皮细胞内后,侵染丝尖端稍微膨大形成泡囊,再由泡囊产生菌丝,向邻近细胞不断扩展。在病菌进入含有叶绿体的薄壁细胞后,由于病菌分泌毒素的影响,叶绿体先膨软,继之和细胞核一起解体消失,使病斑外围褪绿呈现黄色晕圈;随后这些细胞内含物被破坏,收缩死亡,并逐渐充满褐色树胶状酚类物质,因而病斑内层出现褐色环;最后树胶状物质消失,细胞内含物崩解,残留崩溃的细胞壁使病斑中央呈灰白色;同时,病斑内的褐色坏死线向两端延伸,表示病菌的攻击力减弱只能向维管束发展。慢性病斑在天气潮湿时,背面也能产生灰绿色霉层。

褐点型:通常局限于两条叶脉间的褐色小点,坏死线和中毒部一般不很明显,多发生在抗病品种或稻株下部的老叶上,表面不产生孢子,没有传病的危险。

(3)叶枕瘟　稻株的叶耳、叶舌很容易感病。病斑初呈暗绿色后逐渐向整个叶枕部以及叶鞘、叶片基部扩展,形成淡褐色至灰褐色的不规则形大斑,可导致叶片早期枯死。由于稻穗紧贴剑叶叶枕而抽出,因而也常引起穗颈瘟,天气高湿时,病斑表面长有灰绿色霉状物。

(4)节瘟　多在穗颈下第 1～2 节上发生。初生暗褐色小点,以后逐渐作环状扩展,使部分或整个节部变黑褐色,干缩凹陷,影响稻株营养和水分的输送,严重的病节断裂,造成上部枯死或白穗。病节上较容易产生灰绿色霉层。

(5)穗颈瘟和枝梗瘟　发生在穗颈、穗轴和枝梗上。病菌最易从穗颈节的苞叶、退化枝梗、退化颖以及枝梗分枝点侵入,初为水渍状暗褐色斑点,后渐作环状和上下扩展,最后变成黑褐色,变色部可长达 2～3 cm。早期侵害穗颈节的常造成"全白穗",侵害穗轴的形成"半白穗",局部枝梗被害的形成"阴阳穗";发病迟或受害轻时,谷增加,千粒重降低,米质差。穗颈瘟一般发生在出穗后,多自穗颈节处侵入,但也有在远离穗颈的下方,包裹在剑叶叶鞘内的节间部分受侵染而形成白穗。高湿时,病部多长有灰绿色霉状物。

(6)谷粒瘟　发生在谷壳和护颖上。谷壳早期受害,病斑褐色,中央灰白色,椭圆形,严重的可延及整个谷粒,使其呈暗灰色或灰白色;受害迟的多产生椭圆形或不规则的褐色斑点,这种症状与其他病菌侵染引起的斑点很易混淆,特别是谷粒黄熟后更难区分,需经保湿培养、镜检孢子后才能鉴别。护颖很易感病,病斑初呈黄色,后变灰褐色或灰黑色。护颖发病虽较少影响谷粒的饱满,但常是翌年苗瘟的重要侵染来源。

2. 病原

Pyricularia（*Piricularia*）*grisea*（cooke）Sacc.,属半知菌亚门丝孢目梨孢属灰梨孢菌。本病菌的无性时期曾有过两个属名,即 *Pyricularia*（曾被拼为 *Piricularia*）和 *Dactylaria*。

因此，文献中有 *Pyricularia orgzae*、*Dactylaria orgzae*、*D.grisea* 和 *D.parasitans* 等同种异名，其中尤以前者最为常见。分生孢子梗从病部的气孔或表皮伸出，前者常 3～5 根成束，后者多是单根。孢子梗细长，不分枝，大小为（112～456）μm×（3～4）（μm），有 2～8 个隔膜，基部稍微大，略带淡褐色，越至上端色越淡，顶端屈曲，可陆续产生分生孢子 5～6 个，多达 9～20 个，屈曲处有孢子脱落的疤痕。分生孢子呈鸭梨形或慈姑形，通常有 2 个隔膜，分隔处稍微缢缩，顶细胞的端部略尖，基部细胞钝圆并有小突起的胶孢。分生孢子单个无色透明，密集时呈淡灰绿色，大小为（16～34）μm×（6～12）μm。菌丝体的发育温度范围为 8～37℃，以 26～28℃最为适宜，用稻节培养的菌丝体在干燥条件下经 10 年以上其活力仍不丧失。分生孢子在 10～35℃都可形成，以 25～28℃为适宜，在 28℃时孢子产生很快，9 d 后开始下降，但在 16℃、20℃、24℃时，甚至 15 d 后孢子形成仍有所增加。

分生孢子形成率与大气相对湿度的关系极为密切。只有当相对湿度高于 93%时，稻叶上病斑才能产生分生孢子，大气湿度饱和时最适于孢子的形成。孢子的萌发对湿度的要求更高，临界大气湿度是 92%～96%；只有当相对湿度达 96%以上，且有水滴存在时，孢子才能萌发良好；如果没有水滴，即使大气湿度达到饱和，萌芽率也只有 1.5%左右。但当分生孢子在水中浸 20 min 至 3 h 后使其干燥，即使再遇水也不能发芽。长时间的水滴或雨滴能促成附着胞的形成，促使孢子固着于稻株表面。附着胞形成率雨天可高于晴天数倍，菌丝的生长随着光照的减弱而增强，在培养中减少光照会使病菌产孢减少。孢子脱落须具有光照和黑暗时期的交替。受害叶上的病斑保持 100%的相对湿度时，只在夜间释放孢子。一般傍晚天暗后孢子开始脱落，6～8 h 后达到高峰，随后逐渐减少，至黎明时终止。连续黑暗或光照处理 1～2 d 后，孢子几乎停止脱落，直至病斑再分别给予适当的黑暗或光照条件，孢子才又开始脱落。在散射光下，孢子萌发率减少，仅为黑暗时萌发的一半左右。光线也抑制芽管的伸长，黑暗有利于其侵染的发生，散射光会抑制侵染。稻瘟病菌的碳源以蔗糖、葡萄糖、麦芽糖、果糖等为适宜。氮源以天门冬氨酸、谷氨酸、甘氨酸、硝酸钾、硝酸钠等适宜。在合成培养基中加入微量的维生素 H 和硫胺素，或适量的玉米粉和稻草浸汁可促进孢子的形成。病菌生长适宜的 pH 值 6～6.5。

3. 侵染循环

病菌以菌丝和分生孢子在病草、病谷上越冬，其中，病草更是翌年病害初次侵染的主要来源。越冬病菌存活期的长短与外界环境条件有关，尤与湿度关系最密切。常年比较干燥的稻区病菌存活时间较长，病草、病谷上的病菌大都可成为翌年病害初次侵染源。比较湿润的稻区，病菌的存活期则视病菌所处的场所而异。草堆内部干燥，病草中的菌丝，经一年尚有 60%存活，病草上所附的分生孢子，至翌年 4—5 月还有生活力；而草堆表面的菌丝经 7～8 个月全部死亡，分生孢子至翌年早春全部死亡。至于埋入土下或浸入水中的菌丝，经 1 个月就全部死亡。散落室外病草中的病菌约经 4 个月失去生活力。利用病草作堆肥，经 10 d 充分发酵温度达 52～62℃，病菌可全部死亡。病草垫猪圈的经 27 d 后病菌也可死亡，病谷上的病菌至翌年 7 月下旬才开始死亡。病谷播种后易引起苗瘟，但病谷的传病作用常因育秧时期和育秧方式的不同而异。在以往水育秧的情况下，由于种子长期浸在水下因缺氧和产生有机酸而影响病菌活动，一般不会引起发病。目前，广泛采用湿润育秧，由于播种期的气温较低，也不利于病菌的活动，病谷的传病作用不大。病草上的越冬病菌，至翌年育秧期间，当日平均气温回升到20℃左右时，每遇降雨，就能不断产生分生孢子，孢子通过风雨传播，引起周围的秧田或早插本田的稻苗发病。病斑上孢子多在夜间大量形成。一个典型病斑在温湿度适宜时，每天可产生2 000～6 000个孢子，且可持续14 d左右。孢子主要借气流传播，其次是雨水和昆虫。孢子飞散以晚间12时至清晨6时最多，其落附在叶片上的数量随叶片的位置及叶片和茎秆间的角度大小而有很大差异。叶片坡度近乎水平的品种比叶片与茎秆成锐角的品种所附着的孢子数大得多；第三叶的孢子附着量远比第二叶的多，顶叶上更少；就一张叶片来说，上表面与下表面的孢子附着数，除顶叶差异不大外，第二叶与第三叶的上表面均比下表面多得多。孢子传到寄主组织表面后，当温湿度适宜时，经0.5～1 h开始发芽。萌发侵染需要6～10 h持续的结露。侵入寄主细胞所需的时间，32℃下至少10 h，28℃下8 h，24℃下6 h。丛病菌侵入到病状表现的潜伏期长短，也随温度而变化，在9～10℃时为13～16 d, 17～18℃时为7～9 d, 24～25℃时为5～6 d, 26～28℃时为4～5 d。当叶上病斑出现3～8 d后，病斑上孢子形成达到高峰。叶瘟随着稻苗生长，不断蔓延扩大至抽穗前10 d左右倒3叶上的病斑产生孢子达到高峰，并能持续到抽穗后。因此，倒2、倒3叶上所形成的孢子是引起穗颈瘟的主要菌源，剑叶叶瘟仅对穗瘟后期病势具有一定作用。

4. 发病因素

稻瘟病的发生和发展受水稻品种抗病性、栽培管理技术和气象条件等多种因素的影响。

（1）品种抗病性　不同的水稻类型有不同的抗病性。一般来说，籼稻比粳稻、糯稻抗病；籼稻较抗侵入，粳稻较抗扩展。但各稻作类型的品种间抗病性差异很大，就是同一品种在不同稻区间种植，其抗病性也不一样。李爱玲等（2007）结合陕西省水稻区试品种抗病性鉴定结果分析了2000—2006年陕西省水稻区307个品种抗病性变化，高抗稻瘟病的品种已由原来的18.24%下降至0%，中感以下稻瘟病的品种由原来的35.58%上升到43.31%，所占比例明显上升，表明近7年来陕西省水稻区试品种抗稻瘟病总体水平明显下降。全国抗稻瘟病品种联合试验结果总的趋势是：南方稻区品种向北移或西移，抗性都比原产地增强；北方和长江流域稻区的品种南下至华南或西南稻区，其抗病性都下降；云贵高原粳稻品种移至华南和长江中下游种植，一般抗性变化不明显，而至北方稻区则抗性增强。同一品种的不同生育期，其抗病性也不一样。一般以4叶期分蘖盛期和抽穗至齐穗期最易感病，拔节期比较抗病。同一生育期中，以一张叶片来说，开始展叶40%至完全展叶后2 d最容易感病，5 d后抗病性增加，13 d后就很少感病。穗期则以始穗时容易感病，出穗6 d后抗病性逐渐增强，此后随出穗日数增加而抗病性提高。品种对叶瘟和穗瘟的抗病性一般呈正相关。王晓娥等（2002）对来自全国各地杂交、常规及杂交亲本材料8 953份（次）材料进行稻瘟病抗性鉴定，结果表明大部分表现较好的抗瘟性，且品种协优57等全生育期在155 d左右的晚熟品种对穗颈瘟病的抗性比汕优64等全生育期在140～145 d的中早熟品种好，指出不同生育期的品种因其抽穗期、熟期早晚，表现出一定的避病性。

（2）栽培管理　栽培管理直接影响水稻抗病力，田间小气候也为病菌生长发育创造条件，其中以肥、水管理关系最为密切。

肥料：根据水稻生长发育规律，适时适量合理施肥，才能达到既增强抗病性又能获得高产的目的。多种营养元素的失调都与稻瘟病的发生发展密切相关，尤以氮素失调为最。氮肥施得过多或过于集中会使碳素同化作用产生的糖或贮藏的淀粉分解所形成的糖供应跟不上过量吸收的氨合成蛋白质的需要，氨素就以氨或氨基酸形态存在，并且部分氨与氨基酸中的谷氨酸和天门冬氨酸结合，形成谷氨酰胺和天门冬酰胺等，使稻体内态氮和可溶性氮（酰胺态）大量增加。这些物质都是稻瘟病菌的良好氮源，有利于病菌的生长发育。同时，氮肥过多时，稻株徒长，硅化细胞数减少，叶片浓绿披垂，过早封行封顶，通风透光差，湿度增加，又为病菌的滋生和侵入创造了良好的环境条件。氮肥施用过迟，则使稻株贪青，生育期推迟，无效分蘖增加，抽穗迟缓而不整齐，并由于抽穗以后不再生长新的茎叶，其吸氮量大大减少（一般只需整个生育过程中吸氮量的一成左右），过多吸收的氮素不再合成蛋白质，而以铵态氮和可溶性氮的形式残存下来，再加刚抽穗的穗颈和枝梗组织尚柔嫩，就很容易导致穗瘟的发生。磷能促使稻株的新陈代谢和蛋白质的合成。如果水稻缺磷，光合作用和呼吸作用降低，蛋白质合成不良，稻体内的铵态氮和可溶性氮积累增多，就容易诱发病害。钾能促使稻株的碳素同化作用、蛋白质的合成、多种酶的活性以及纤维素和木质素的形成等。水稻缺钾带来的后果是：同化作用减弱，呼吸作用加强，碳水化合物减少；蛋白氮减少，氨基酸和酰氨态氮的积累相应增加；纤维素和木质素形成少，机械组织发育不良，茎秆软弱；根中亚铁化酶的活性减弱，易受亚铁和硫化氢危害，根系活力恶化等，从而降低稻株抗病力，引起严重发病。当氮肥施用量过多再增施磷钾肥，会助长水稻体内氮素过剩而加剧病害的发生。硅是水稻吸收的营养元素最多的一种，其需要量约等于氮素量的10倍。硅酸由稻根吸收后，随着蒸腾作用与水一起在稻体内上升，水从叶表面蒸发，大部分则在茎叶、谷粒等表皮细胞中沉积，形成一层坚硬的硅胶，不仅能阻碍病菌的穿透侵入，而且这种硅化细胞能增强茎叶硬度，使叶片挺直、角度变小，可缓和多肥条件下叶片生长过于繁茂和易于发生披叶的不良影响，改善通风透光条件，降低田间湿度，不利于病菌的滋生繁殖。从目前的资料分析，硅与氮似有相反的作用。凡硅氮（SiO_2/N）比值大的，稻株生育健壮，抗病力强，产量高；若偏施过量氮肥，硅的吸收减少，硅氮比下降，则叶片软弱披散，易受病菌侵染。所以氮素用量较多的高产田增加硅肥更为重要。此外，钙、镁、硫、锰、硼等营养元素，在稻区虽然很少出现大范围的失调现象，但在某些特定条件下会有一定面积的发生。当水稻一旦出现上述元素的缺素症时，表明稻株生理活性已受到严重干扰，最终导致稻体内碳水化合物含量减少，可溶性氮化物增加，从而有利于稻瘟病菌的发生和发展。

灌溉：水与发病的关系比较密切。长期深水灌溉或冷水串灌漫灌以及地下水位高，土质黏重，排水不良等，有利于病菌繁殖，而且造成根部氧气不足，阻碍根系生长，稻根甚至发黑腐烂影响稻株碳、氮代谢；田间湿度高，还使蒸腾作用减弱，碳素同化降低，糖的含量少，钾和硅的吸收减少，表皮细胞硅质化程度低，而铵态氮和可溶性氮显著增加，因而显著降低了水稻抗病力，但在水稻秧苗期、孕穗期和抽穗期等需水期间若遇干旱缺水也容易诱发稻瘟病，通常所见早秧田、漏水田发病较重就与蒸腾作用减弱，硅的吸收、传运受阻有关。

（3）气象条件　影响稻瘟病流行的主要气象因素是温度和湿度，其次是光和风。温度主要影响水稻和病菌的生长发育，湿度则影响病菌孢子的形成、萌发和侵入，两者相互关联。病菌孢子产生的高峰，一般在适温范围内遇降雨或持续高温的情况下出现，时晴时雨或早晚雾浓露重，最利于病菌的生长繁殖。当气温在20～30℃，田间相对湿度为90%以上，稻株体表保持一层水膜的时间达6～10 h的情况下，孢子最易萌发侵入。侵入后的潜育期随温度高低而异。如果旬平均温度为24～28℃，且有一昼夜以上的饱和湿度，稻瘟病就容易流行。光照不足，稻株同化作用降低，碳水化合物的合成减少，可溶性氮化物增加，并且硅质化细胞数减少，稻株组织柔嫩，有利于病菌的侵入和病斑的扩展，日照则能抑制病菌的发育。风是传播病菌的动力，风速和风向直接关系到病菌孢子传播的距离和方向，越近发病中心，所受影响越大，下风头比上风头的孢子数量多，孢子借风传播的最大距离可达400m以上。但风又能降低湿度，不利于孢子萌发侵入。山区海拔高，受山脉和林木的影响，光照少，水温低，气流强，云雾多露水重，水稻生活力差，也有利于病菌的滋生、传播、侵染和发育。因此山区往往比平原发病严重，特别是两山对峙的峡谷垄田，土质多系重砂性土，土层浅薄，加之长期冷水灌溉，稻株硅化程度很低，抗病力极差，往往是稻瘟病猖獗流行的常发区。

5. 发病流行特点

陕西省各稻区的耕作制度、稻作类型、品种菌源以及气候条件等都有差异。如果一旦出现病菌的优势种群生理小种与该地区当家品种的感病性相一致，以及水稻感病生育期与有利病菌的气候条件相吻合，病害就会迅速发生，流行成灾。

6. 预测预报

由于稻瘟病对生产的严重为害，国内早在20世纪50年代就开始对本病测报方法进行研究。诸如根据水稻孕穗期的叶瘟轻重、病斑类型及叶枕瘟多寡等进行穗瘟的预测；应用气象预报的阴雨日温度、结露时间长短等因子进行叶瘟、穗瘟的预测；应用空中孢子捕捉了解空中孢子浮游量进行叶瘟、穗瘟的预测；测定叶鞘淀粉含量、剑叶硅化细胞数等来预测穗瘟；应用电子计算机分析历年稻瘟病发生与气象、病理等因子的关系，建立多元回归预测方程，组建预测模型，进行穗瘟中长期预测等。李汉一（2008）关于陕南晚熟水稻穗颈瘟预报模型新应用的研究表明，一个品种穗颈瘟重发是充足的菌源、孕穗抽穗期丰富的降雨和低温等条件作用的结果。但由于影响稻瘟病发生与流行的因素十分复杂，这些预测方法都有一定的局限性，在生产实际中应用还有待进一步完善与提高。目前，生产上大多仍然是以大田直接调查病情为主，结合品种的抗病性、稻苗生育期、长势，以及气候条件等因素的综合分析，对苗叶瘟、叶瘟和穗瘟等各阶段的发病趋势作出预测。

（1）苗叶瘟的预测　早稻秧苗期由于气温较低，苗叶瘟一般发生较迟、较轻；晚稻在3叶期即可初见苗叶瘟，4～5叶期常是发病高峰期，但5～6叶期，由于秧苗本身抗病力增强和受高温影响，往往有一个病情抑制过程。苗叶瘟的发生程度应根据育秧方式、播种密度、品种抗病性、施肥情况、秧苗长势气候等条件来分析。如果品种感病、施肥量多、播种量大、秧苗长势黑嫩、气候又多阴雨，秧苗发病常较重。因此，秧田苗叶瘟发病趋势的预测，可在秧苗3叶期开始，按不同品种、不同播种期，选择若干类型田块，每类型田固定2～4点，每点正方形规定秧苗100株，每3～5 d调查一次记载病苗数、病叶数和各类型病斑数，计算株发病率、叶发病率和严重程度。为及时指导防治，定点时要注意选择村前屋后或肥料堆积地秧苗长势嫩绿、发病较早的田块。

（2）本田期叶瘟的预测　早稻一般在返青后逐渐上升，分蘖盛期开始病情增长较快，至孕穗末期破口始穗时，叶瘟达到高峰。一般当田间出现发病中心后，如品种感病，稻苗生长嫩绿，又遇多阴多雨天气，约1星期以后，田间将会普遍发病，10～14 d病情加重。如果出现急性型病斑，并且逐日增加时，可预测3～5 d以内至1星期左右叶瘟将会严重发生，应立即组织防治。因此，本田期叶瘟的预测可在稻苗返青后选择当家品种的早中迟或好中差类型田若干块，每块田固定5丛，每3～5 d调查一次。调查时只检查绿色健叶，不计枯黄叶，记载和计算株发病率、叶发病率、病情指数和病斑类型，然后作出叶瘟发展趋势的预测。

（3）穗瘟的预测　穗瘟是稻瘟病测报的重点。穗瘟一般在齐穗至齐穗后5 d初见，大量出现约在齐穗后半个月。穗瘟症状一旦出现，造成的减产就难以挽回。因此，要求能预测出穗瘟是否会大发生，以及严重趋势，以便确定需要防治对象田的范围，及早做好防治的准备工作。穗瘟发生发展趋势的预测，主要是根据品种抗性、稻苗长势、抽穗前的叶瘟发生情况及抽穗前后的天气状况来综合分析。如果在水稻孕穗至抽穗期，稻株贪青，剑叶宽大软弱，抽穗推迟，叶瘟发病率高，或继续发展，且有急性型病斑出现，而始穗期至齐穗期与适宜发病的天气吻合，即早稻遇阴雨天气，晚稻遇气温20℃以下持续3 d以上有连续小雨或早晚雾大露重，则预示穗瘟将会大发生。因此，对穗瘟的预测，可在抽穗前10 d左右加强对叶瘟的定点观察，然后结合天气预报进行综合分析，做出各类型田的穗瘟发生发展趋势的预测。为了总结穗瘟预测的经验教训，可选不同抽穗期、不同品种的类型田各2块，每田定2点，每点100～200穗，自齐穗期开始调查，每5 d一次直至蜡熟期为止，调查时按病情分级标准记载，计算穗发病率、病情指数和损失率等。

7. 防治方法

应以选用抗病品种为基础，切实抓好以肥水管理为主的丰产防病措施，尽可能减少菌源，以及在发病期间及时辅以药剂防治的综合防治措施。

（1）选用抗病高产良种　因地制宜，选用抗病高产良种是稻瘟病综合防治中最经济有效的措施。一个品种的抗病性常因环境的改变而异。因此，选育或引进一些抗病品种，必须遵循就地鉴定、就地评选、就地推广、充分利用的原则。同时，还应尽量注意丰产多抗的品种，特别要选能兼抗三大病害的品种。例如，对稻瘟病、白叶枯病都有较强抗性的金陵57、扬稻2号（苏）、城特232、秀水48（浙）、湘早籼3号、湘州5号（湘）、青华矮6号、玻惠占1号（粤）、汕优63、双桂36（川）以及威优64等。王亚文等（2016）鉴定了22个稻瘟病抗性基因在陕南的抗性效果，筛选出了几种抗性效果较好的抗病基因，得出结论，单个稻瘟病抗性基因并不理想，只有将2个或者多个基因聚合在一份材料中才能进一步提高抗性。在推广种植抗病品种时，先要了解病菌生理小种的消长变化规律，注意选取适宜当地种植的抗病品种，合理安排品种布局，严防品种单一化种植，以防病菌产生变异菌株形成新的生理小种，或劣势小种上升为优势小种，延缓抗病性的丧失，并注意合理的栽培措施和开展良种的提纯复壮，提高品种的抗病性。陆小成等（2015）指出，应根据当地自然条件选用熟期适宜的抗病品种（以杂交水稻为主），同时注意抗病品种的交替使用，以推迟品种抗病性的丧失，延长水稻品种的使用周期；另外，为了防止单一种植而引发病害时的严重损失，在品种布局上应合理搭配，提供多品种组合。

（2）消灭菌原　及时处理病草、病谷，病田应分别收割，病草、病谷另行堆放，做到病草先用，病谷先吃，有病谷及早加工。病草一般宜用作燃料、饲料和造纸等；用作堆肥或垫猪牛栏时，应充分腐熟后施用；不要用病草搭棚、盖舍。春播育秧前多余的病稻草，应移至室内，或用茅草、塑料薄膜覆盖，保持干燥。切不可用病草催芽和捆秧把等。选留无病种子及种子消毒，种子应从无病田选留。带菌种子特别是晚稻的病种子应进行消毒。浸种药剂可选用25%咪鲜胺2 000倍液浸种6 h。陆小成等（2015）指出，每千克种子用25%咪鲜胺乳油3 000倍液浸种24 h，或用90%三氯异氰尿酸（强氯精）可溶性粉剂300～400倍液浸种12 h（种子预先清水浸泡12 h），然后用清水洗净药液后催播种。

（3）加强栽培管理　培育无病壮秧：除做好选种、消毒、催芽等工作外，还要强调适当稀播和适施基、追肥。因为秧田发病重，常与播种过密和施肥过多有密切的关系，更要注意降低播种量，3～4叶期以后适当控肥、控水，防止栽后返青快，分蘖早。合理施肥：根据土壤肥力、品种特性、稻苗长势、气候条件以及水稻各生育阶段的生产目标合理施用肥料。在移栽后至有效分蘖终止时，要求返青快，分蘖早，叶片嫩绿不披，株型松散矮壮；在分蘖末期至幼穗分化期，要求稻苗健壮，生长平衡，根系深扎，叶色稍褪淡，叶鞘内淀粉含量有较多的积累；至抽穗结实期，能养根保叶，增粒增重，青秆黄熟。既要避免氮肥偏施、迟施和一次过量施用，又要防止后期缺肥脱力而早衰。一般应施足基肥，慎施穗肥，基追肥比例恰当；在增施有机肥、配施有机肥、配施磷钾肥的基础上，还应根据不同地区和不同田块的土壤营养状况、注意硅、镁、锌等其他营养元素的施用。科学用水：根据水稻各生育期的需水要求，看苗、看土、看天进行合理灌溉，以水调气，以水调肥，促控结合。一般在"深水还苗"以后至分蘖末期以前，实行浅水勤灌，对于地下水位高、黏性重的高肥田块，宜结合反复排水露田，以利根系生长发育，提高抗病力。分蘖末期至幼穗分化以前，应及时搁田。搁田要掌握沙田轻搁，泥田重搁；瘦田轻搁，肥田重搁；叶色浓绿、叶瘟发生重的田块重搁。幼穗分化至抽穗期，也要浅水勤灌，保证"做肚水"，特别要防止花粉母细胞减数分裂期缺水受旱，但对低洼黏糊田块，则宜适当露田，防止根系早衰，降低抗病力。灌浆结实期，应灌"跑马水"，实行干干湿湿灌溉，使水、气协调，以利养根保叶。为确保合理浇灌，需进行农田基本建设，改善排灌条件。每块田要开围沟，小田块有"十"字沟，大田块有"井"字沟，使排灌灵活、均匀。山垄梯田更要开好过水沟和坎里壁沟，防止冷水串流漫灌，降低土温，影响根系发育而诱发稻瘟病。

带药移栽：药液浸秧，在秧苗移栽时，用20%三环唑可湿性粉剂750倍液，或用75%三环唑可湿性粉剂2 000倍液，将秧苗倒置于药液内浸30 s至1 min后取出，堆30 min后移栽；秧田喷雾；在移栽前3～5 d，用75%三环唑可湿性粉剂300 g/hm^{2}加水30 kg喷雾秧苗（陆小成，2015）。

适期喷药防治：根据发病的调查预测，及时确定药剂防治的对象田、适期和次数。苗叶瘟的防治重点是中晚稻秧田，一般在4～5叶时和移栽前各防治一次。叶瘟应着重保护易感病的分蘖盛期，心叶及控制孕穗末期剑叶和倒二、倒三叶的叶瘟，尽最大可能地压低穗瘟的菌源。关于叶瘟的防治，陆小成等（2015）指出，水稻移栽返青后，要加强田间病情检查，发现发病中心，叶病株率达3%，或有急性病斑的稻田，且近期有连绵阴雨时应及时施药防治，选用治疗性药剂，40%稻瘟灵乳油1 500 mL/hm^2，间隔5～7 d喷药1次，连续2～3次。穗瘟是药剂防治的重点，要抓住破口始穗和齐穗期的保护，施药掌握适期偏早的原则。关于穗颈瘟的预防，陆小成等（2015）关于陕西汉中水稻稻瘟病发生情况及综合防治措施文中指出，预防的关键时期是孕穗末至破口初期（即破口5%左右），选用保护性药剂，如20%三环唑可湿性粉剂1 500 g/hm^2，或75%三环唑可湿性粉剂450 g/hm^2。闫东林等（2010）指出汉中市水稻叶瘟病防治适期一般在6月下旬分蘖期，穗颈瘟防治适期一般在7月下旬至8月上旬水稻破口期至始穗期。除很抗病的品种可以不喷药外，对于生长较嫩绿、叶瘟发生率在1%～3%而气象预报又有低温时，分别在破口和齐穗期各防治一次，必要时还应在灌浆前期再治一次，特别是山区的山垄更有必要。至于稻株生长较差，叶瘟发生较轻的，如果气候不适宜于发病时，一般可以不治，但如果天气阴雨，或早晚雾大、露重时，仍需治两次。抢雨前用药的防治效果较好。如遇连续阴雨，也应抓住雨停间隙抢治，只要喷洒后药液还没有干燥，即使再遇雨淋，仍可收到效果。喷时雾点要细，喷洒要均匀周到，药液量要喷足，目前防治效果较好的是20%三环唑可湿粉剂1 000倍液，或40%稻瘟灵乳油1 000倍液。

（二）稻纹枯病

稻纹枯病菌最初是1905年日本佐佐木（RSasaki）在樟苗上首先发现，1906年经白井（M. Shirai）研究后，定名为 *Hypochnus sasakii* Shirai（樟苗白绢病）。1911年泽田（K. Sawada）在我国台湾也发现樟苗白绢病，并经接种试验，1912 年证明此病菌就是引起水稻纹枯病的病原菌。但此后很长时间内，稻纹枯病并未引起人们注意，直至 20 世纪 50 年代才逐渐被重视。

1. 为害

稻纹枯病广泛分布于亚洲、欧洲、非洲和美洲，尤以亚洲各稻区为害严重。中国在 20 世纪 50 年代中期之前对本病尚未引起重视。至 50 年代末，随着矮秆多蘖品种、杂交稻组合以及密植增肥等高产栽培措施的推广，纹枯病的为害急剧上升，日趋严重。至 80 年代，除宁夏和新疆未见报道外，我国各地均有发生，尤以高产稻区的为害更为突出，已居水稻三大病害之首。据不完全统计，1982 年全国水稻因纹枯病的为害减产约 5 000 万 kg。稻纹枯病的为害一般早稻重于晚稻，早稻中又以早、中熟品种受害最大。纹枯病对水稻产量的影响主要表现在秕谷率增加和千粒重降低。病斑仅局限于稻株基部的则对产量影响极微，如病斑上升到倒四叶以上时，对产量的影响则随病斑上升的高度而递增，当病斑上升到剑叶叶尖时减产将达 3 成左右。

2. 症状

水稻从秧苗至抽穗结实的各个生育期中都可能发生。一般在分蘖期开始至抽穗前后为害最烈。主要为害叶鞘和叶尖，严重时可侵入茎秆和蔓延到穗部为害。叶鞘受害，先在近水面处生暗绿色水渍状边缘模糊的斑点，后渐扩大成椭圆形病斑，病斑边缘淡褐色，中央灰绿色，外围稍呈湿润状；湿度低时，边缘暗褐色，中央灰白色。病斑多时，常数个相互融合成不规则云纹状大斑。重病叶鞘常引起上面的叶片发黄枯死。叶片上病斑与叶鞘上相似，但常形成不规则形大病斑，深褐色边缘的外围组织褪黄。当环境条件适于病情发展时，病斑呈污绿色，似开水烫伤；发病重的叶片很快青枯或腐烂。稻穗受害呈污绿色至灰褐色。如破口前剑叶叶鞘严重受害时，往往不能正常抽穗而造成"胎里死"或出穗后就呈现一段变灰褐色的颖壳。茎秆上一般很少见到病斑，但在发病严重时仍可见茎秆组织呈黄褐色坏死斑块，常诱使稻株折倒。阴雨高湿时，病部会长出白色蛛丝状菌丝体，于病组织表面或攀缘于邻近的稻株之间。随后菌丝体集结成白色绒球状菌丝团，最后形成暗褐色菌核。在病斑表面及其附近还可产生一层白色粉状物，此为病菌的担子和担孢子构成的子实层。

3. 病原

稻纹枯病菌有性时期为 *Thanatephorus cucumeris*（Frank）Domk，隶属于担子菌亚门层菌纲胶膜菌目亡革菌属瓜亡革菌；无性时期为 *Rhizoctonia solani* Kühn，隶属于半知菌亚门无孢菌目丝核菌属、立枯丝核菌。菌丝幼时无色，老熟时淡褐色，分枝不远处有一分隔。气生菌丝集结形成菌核时，细胞户间膨大，两隔膜间距离缩短分隔处明显缢缩，使菌丝细胞呈藕节状。菌核初为白色，后变暗褐色；球形或肾形，黏附在病斑的一面稍扁平凹陷，因而多呈扁球形，并常数个愈合成不规则形，大小 1.5～3.5 mm；菌核借少量菌丝联系于病斑表面，很易脱落。菌核表面粗糙，具有较多的圆形小孔，菌核在形成过程中，由孔洞向外排出分泌物，在萌芽时也由此伸出菌丝，故又称萌发孔。老熟菌核有内、外层之分，虽然色泽一致，但外层由死细胞腔所组成，是菌核越冬的保护层，内层则为活的细胞群。内外层的厚薄决定菌核在水中的浮沉。在自然条件下形成的菌核，一般浮核多于沉核，浮核率达59.9%～98.4%，沉核率为1.6%～40.1%。病斑表面的白色粉状物为病菌的子实层，是由粗菌丝和聚伞状排列的担子所组成。担子无色，倒卵形或棍棒形，单胞，大小为（8～13）μm×（6～9）μm，顶端生2～4个小梗，其上分别着生一个担孢子。担孢子单胞，无色，卵圆形或椭圆形，基部稍尖，大小为（6～10）μm×（5～7）μm。病菌菌丝生长发育的温度范围为10～38℃，最适温度为28～32℃。浮于水面的菌核在17℃时开始萌发，20℃时萌发率显著增高，30℃时萌发率可达96%。菌核萌发不需要经过休眠期或后熟期，即新产生的菌核只要条件适宜就能萌发。侵染稻株的温度范围为23～35℃，但要求96%以上的相对湿度，如果相对湿度在85%以下，则侵染受抑制；在最适温度下，如有水分，经18～24 h即可完成侵入。菌核形成的数量与气生菌丝的形成量呈正相关，在12～15℃时开始形成，30～32℃形成最多，超过40℃就不能形成，日光对菌核形成有刺激作用，但对菌丝的生长则有抑制作用。病菌对酸碱度的适应范围pH值为2.5～7.8，而以pH值为5.6～6.7为最适宜。致死温度菌丝为53℃ 5 min，菌核为55℃ 8 min。

4. 侵染循环

纹枯病病菌主要以菌核在土壤中越冬，也能以菌丝和菌核在染病稻草田边杂草及其他寄主上越冬。水稻收割前及收割过程中大量菌核落入田中，成为翌年或下季的主要初侵染源。据有关单位调查水稻收割后遗留田间的菌核数量，一般病田每公顷平均150万粒左右、重病田达800万～1 200万粒、最重病田可高达3 000万粒左右。菌核的生活力极强，据湖南省测定，各种不同冬作物的稻田中，在土表越冬的菌核存活率达96%以上，在土表下10～25 cm处越冬的菌核存活率也在87.8%以上。在室内水层下保存32个月的菌核萌发率仍达50%，在室内干燥条件下保存11年之久的浪渣菌核，仍有27.5%的萌发率。春耕灌水耕耙后，越冬菌核漂浮于水面，插秧后菌核附着在稻丛近水面的叶鞘上，适温高湿的条件下菌核萌发长出菌丝，菌丝在稻株叶鞘上延伸并从叶鞘缝隙进入叶鞘内侧，先形成附着胞，从叶鞘内侧表皮的气孔或直接穿破表皮侵入。菌核萌发伸出的菌丝，也可侵染稻株水下的及水面上的叶鞘。菌丝侵入后，少则1～2 d、多则3～5 d便出现病斑。病菌在稻株组织中不断扩展后，就向外长出气生菌丝，在病组织附近继续蔓延扩展，并通过接触或攀缘对邻近稻株进行再次侵染，扩大为害一般在分蘖盛期至孕穗初期，主要在株间或丛间不断横向扩展（水平扩展），使病株率或病丛率增加，随后病部由下位叶鞘向上位叶鞘发展（垂直扩展），导致严重度增加。条件适宜时，在高秆品种上发病部位每上升一个叶位需3～5 d，在矮秆品种上只需2～3 d。垂直扩展的速度以孕穗末至抽穗灌浆期最快，乳熟后又逐渐缓慢。病部新形成的菌核脱落后，随水流传播也可立即萌发进行再侵染。病部所产生白色粉状物的担孢子，虽经人工接种可引起发病，但田间观察，其传病作用不大。王晓娥等（2003）关于汉中稻区水稻纹枯病发生规律研究，结果表明，水稻纹枯病田间流行规律由水平扩展规律和垂直扩展规律组成；发病初期以水平扩展为主，中后期在水平扩展的同时，垂直扩展相伴发生；气候与水稻纹枯病关系密切，汉中稻区 7 月 10 日至 8 月 3 日，即水稻拔节孕穗期是病情迅速发展阶段，这个时间段也是防治纹枯病的最佳时期。

5. 发病因素

稻纹枯病的发生和为害，受菌源数量、田间气候、肥水管理、品种抗病性和稻株生育情况等多种因素的影响。

（1）栽培管理　此病在中华人民共和国成立前后发生甚少；1958 年以后，随着密植程度普遍增加、施肥水平不断提高、矮秆品种全面推广而逐年加重，说明它的发生与栽培管理关系极为密切。

（2）肥料对纹枯病的影响　一般与稻瘟病、白叶枯病相似。凡偏施、迟施氮肥的，稻株长势过旺，叶片浓绿披垂，过早封行又封顶，田间郁闭，湿度增大，并且稻体碳氮比下降，纤维素、木质素减少，茎秆软弱，抗病力明显下降，因而很有利于病菌滋生、侵入和蔓延，特别是倒伏的稻株更会促使病情加重。重施基肥，注意氮、磷、钾三要素的配合，对抑制纹枯病病菌有重要作用。王胜宝等（2008）关于基施氮量、追肥时间与发病关系的试验结果表明，随着基施氮量增加、追肥时间推迟，病情指数上升；适当减少基施氮量、提早追肥时间，可以减轻纹枯病的发生。Masaki Sugiyama（2013），纹枯病病菌在定量的氮素营养液（0.8～13 mg/mL）中培养，菌丝丛的生长随着淀粉量的增加而变差，例如，营养液中把淀粉量加大到 25 mg/mL 时，即使增加氮素含量也能抑制菌丝生长。

（3）灌溉状况对纹枯病的发生发展影响较大　长期积水或深灌的田块，稻丛间湿度大，有利于病菌的滋生和蔓延，特别是孕穗至灌浆期保持深灌，病害更重。湿润灌溉和适时适度搁田，能有效控制病害的发生为害。湿润灌溉使田间保持干干湿湿状态，稻丛间湿度较低，病菌气生菌丝的生长和蔓延便受到抑制，而且湿润灌溉和搁田还可以增强土壤氧化能力，消除土壤还原性有毒物质，有利于根系发育；促使稻秆基部的两个伸长节的节间短而粗壮，秆壁增厚，组织紧密，增强抗病和抗倒能力；同时，可促进早发，控制无效分蘖，减少丛间密集程度，提高光合作用效能，增加稻株碳水化合物的积累等，从而抑制或减轻为害。

（4）密植程度与纹枯病的发生也有相当关系　一般来说，当密植达到一定程度以后，每亩栽插丛数和每丛插本数越多，丛间和株间湿度越高，越适于病菌的气生菌丝生长和蔓延，而且光照差，光合效能低，不利于稻株积累足够的碳水化合物，抑菌能力就差。据浙江省农业科学院试验，早稻青森 5 号在行株距为 15～5 cm 时，每丛插 1 株、3 株、5 株的病害轻，而插 7 株、9 株、11 株的病害明显加重。王胜宝等（2008）开展插植密度与发病的试验结果表明，插植密度越高，发病越重。

（5）气候　纹枯病是一种高温高湿的病害，在品种和栽培条件变化不大的情况下，不同年份病害发生轻重主要受温湿度的综合影响。温度，主要影响每年病害在早稻上初发期和晚稻上终止期的出现迟早，在温度达到适宜范围以后，湿度对病情发展起着主导作用。当日平均气温达 22℃又有雨湿时，病害开始零星发病；在 23～35℃并伴有相当雨湿的情况下，有利于病情扩展；特别在 28～32℃ 和 97% 以上的相对湿度时最有利于病害的蔓延为害。在适宜的温度范围内，如降雨频繁，田间郁闭，株间湿度越高，病害发展越快。王胜宝等（2008）关于陕南水稻纹枯病主要发病因素及其防治指标的研究表明，平均温度高、日照时间短、雨日及降水量多、相对湿度高，不仅有利于提早发病，而且发病程度明显加重。

（6）品种和生育期　水稻的不同类型和品种对纹枯病的抗病性有一定差异，但不显著，也不很稳定。一般来说，矮秆阔叶型比高秆窄叶型易感病；稻作类型中以糯稻最感病，粳稻次之，籼稻又次之；生育期较短的早熟品种比生育期长的迟熟品种发病较重。王胜宝等（2008）对 2000—2007 年陕西省水稻区 238 个供试品种进行纹枯病抗病性试验，结果表明，无高抗水稻纹枯病的品种，但品种间对纹枯病抗病性有一定差异；中早熟品种对纹枯病的抗性差于晚熟品种。王晓娥等（2002）对 286 份来自全国各地的杂交、常规及杂交亲本材料进行了纹枯病抗性鉴定试验，结果表明，没有对纹枯病抗性突出的品种和抗原材料。

（7）水稻的生育期与发病也有关系　除晚稻在秧苗就有发病外，一般都在分蘖盛期开始发病，孕穗至抽穗期为发病高峰期，乳熟期后病势开始下降，蜡熟期基本停止。分蘖盛期稻株叶片开始交错，田间初步形成郁闭环境，逐渐构成有利于发病的条件。进入圆秆拔节期，叶鞘开始松散，进一步有利于菌丝侵染，使丛、株发病率增加。孕穗至抽穗期，水稻叶面积达到最大值，叶片重，群体密闭，株间形成高湿条件，而且此时根系生长发育达最高点，根系呼吸作用强，需氧量大，容易出现缺氧和还原性物质中毒，加上此时水稻体内养分大量转运到穗部，集中于生殖生长，因而稻株抗病力锐减。至乳熟后，下部老叶逐渐枯死，株间湿度下降，病情发展趋向缓慢。蜡熟期后，病害就基本停止。从稻株组织老嫩来看，一般 2～3 周龄的叶鞘、叶片比 5～6 周龄的耐病，抽穗以前，上部的叶鞘、叶片比下部的抗病；抽穗以后，上部叶鞘、叶片的抗病性随着株龄的增加而减退。抽穗以后，病情严重度迅速上升。另据日本测定，发现品种抗病性与生育期迟早有关。纹枯病在各品种上垂直扩展的速度顺序是早熟＞中熟＞迟熟，这种抗性差异与叶鞘内淀粉和氮素的含量有关。早熟品种叶鞘中的淀粉含量较少，并随稻株生长而迅速下降，故垂直扩展速度快，发病较重；迟熟品种叶鞘淀粉含量较多且保持平稳，故垂直扩展速度慢，发病较轻。

（8）菌源基数　田间越冬菌核残留量的多少与初期发病轻重有密切关系。上年轻病田，一般发病较轻；反之，越冬菌核残留量大，初期发病就较多。但后来病情的继续发展，受田间管理、稻苗长势等因素的影响，与原来菌核残留量的关系往往不显著。

6. 预测预报

稻纹枯病的预测主要是根据菌核残留量、肥水管理、密植程度、稻苗长势及其生育期天气状况等动态状况，对病害的发生期和发展趋势作出估计以指导大田防治。

（1）菌核残留量的调查　在稻田翻耕前，选择上年发病轻、中、重 3 种类型田各 1 块，每块田 5 点取样，每点 0.11 m²，将 1 cm 厚的表土连同冬作物和残渣一并挖起，分别放入水缸内，加水搅动，捞取上浮的菌核计数，然后将沉淀物逐步洗去泥土，再细检沉核数，最后合计折算每亩菌核的残留量。

（2）病情系统调查　选择本地当家品种中长势好、中、差各类型田各1块，从分蘖期开始每块田固定两条平行线，每间隔一定距离调查一定丛数，共查200丛，每3~5 d查一次，计算丛发病率，并在其中固定20~40丛，调查总株数、病株数和严重度，计算株发病率和病情指数，直至乳熟末期为止。

（3）一般性的测报　如受人力、条件等限制不能进行上述的菌核残留量和病菌系统调查时，可直接在分蘖盛期、孕穗中期和始穗期选择长势不同的各类型水稻当家品种田各1块，每块田固定两条平行线，每间隔一定距离调查一定丛数，共查200丛左右，计算丛发病率。

（4）病情预测及防治指标　根据稻田残留菌核量和各时期调查的病情，参照气象条件、稻苗长势及肥水管理等进行综合分析，估计病害的发生发展趋势。一般早稻在分蘖末期发病率达10%~15%，或孕穗期丛发病率达15%~20%的田块；晚稻孕穗期丛发病率达15%~20%的田块，为用药防治的适期。汉中市水稻纹枯病的防治适期一般在6月下旬至7月中旬分蘖末期至孕穗期（闫东林，2010）。但历年的重病田，排水不良的田以及过肥、过密生长过旺的高产田，即使发病率没有达到上述标准，也应定为防治对象田。

7. 防治方法

防治纹枯病必须以肥水管理为中心，结合喷药保护才能控制其为害。

（1）打捞菌核，减少菌源　在秧田或本田翻耕灌水耙平时，多数菌核浮于水面，混杂在"浪渣"内，被风吹到田边或田角，可用细纱网等工具打捞"浪渣"并带出田外深埋或晒干后烧毁。还应注意铲除田边杂草，及时拔除田中草，防止病稻草还田，病草垫栏的肥料须充分腐熟后才可施用。

（2）湿润灌溉，适时搁田　必须根据水稻生长发育和气象条件，在比较多肥密植的情况下，分蘖末期以前应以浅水勤灌，结合适当排水露田为宜；分蘖末期须及时搁田做到肥田、泥田或冷水田重搁，瘦田砂性田轻搁，稻苗生长过旺的田还宜分次搁田；孕穗至抽穗灌浆阶段，宜以浅水勤灌反复落水露田；乳熟后仍应干干湿湿，以湿为主。

（3）合理施肥，增强抗病力　总的要掌握基肥足、追肥早，基、追肥比例恰当的原则。在施肥种类上，要以有机肥和化肥相结合，注意氮磷配合施用，切忌过施、偏施氮肥。务使稻苗前期能早发，中期控得住，叶片挺立，叶色适中，后期不脱力早衰。

（4）适期喷药防治　目前防治纹枯病的生物农药有井冈霉素、井冈霉素A、蜡质芽孢杆菌，化学农药有己唑醇、噻呋酰胺、氟环唑、苯醚甲环唑、嘧菌酯、甲基硫菌灵等产品，可根据农药标准推荐剂量喷雾防。轻病田一般可在孕穗期用药一次，多肥重病田如需用药两次的可参照说明。

（三）稻曲病

稻曲病由库克（1878）首次加以描述并定名为 *Ustilaginoidea virens*，现在大多数水稻主要产区都有发生，发病后一般减产5%~10%。该病不仅直接影响水稻产量，且因病菌严重污染稻谷，病粒对人畜有毒，食后可导致腹泻、流产、早产等中毒现象，因此，水稻稻曲病越来越引起重视。

1. 症状

稻曲病仅发生在水稻穗部，为害单个谷粒，少则 1~2 粒多至 10 余粒。受害谷粒在内外颖处先裂开，露出淡黄色块状物逐渐膨大包裹内外颖两侧，呈孢子球，开始很小，逐渐膨大，稍扁平，光滑，外覆盖一层薄膜，随孢子球膨大而破裂。孢子球的颜色逐渐变为黄绿色至墨绿色粉末，即病原菌的厚垣孢子。切开病球，外层呈墨绿色，第二层为橙黄色，第三层为淡黄色，内层为白色菌丝。有的病球到后期两侧着生黑色、稍扁平、硬质的菌核 2~4 粒，经风雨震动很容易脱落在田间越冬。

2. 病原

稻曲病菌 Ustilaginoidea virens（Cke.）Tak.，菌核从分生孢子座生出，黑色，内部白色，长椭圆形，长 2~20 μm，入土休眠后产生子座，橙黄色，头部球形或椭圆形，直径 1~3 mm，有长柄达 10 mm 左右，头部外围生子囊壳。子囊壳瓶形；子囊无色，圆筒形，长 180~220 μm；子囊孢子无色，线形，单细胞（120~180）μm×（0.5~1.0）μm。厚垣孢子球形，墨绿色，表面有瘤状突起，大小（3~5）μm×（4~6）μm，未成熟的孢子较小，色淡，几乎光滑。厚垣孢子在水中萌发产生细小的芽管，生 1~3 个分生孢子。

3. 侵染循环

病菌可由落入土内的菌核或附着种子上的厚垣孢子越冬。翌年菌核产生厚垣孢子，由其再生小孢子和子囊孢子，都是主要的初次侵染菌源。病菌在气温 24~32℃发育良好，而厚垣孢子发芽和菌丝生长则以 28℃适宜，低于 12℃或高于 36℃不能生长。稻曲病的侵染时期众说不一，多数研究者认为于水稻孕穗至开花期侵染为主；也有的认为厚垣孢子萌发后能直接侵染幼芽，菌丝在稻体内随着寄主的生长而侵染发病。子囊孢子和小孢子均可侵染花器及幼颖。病菌早期侵入花器只破坏子房，而将花柱、柱头、花蕊碎片等埋藏于孢子座内；晚期可侵染成熟的谷粒，聚集颖壳上的厚垣孢子吸湿膨胀，挤开内外颖，深入胚乳，然后迅速生长，取代并包围整个谷粒。以落入田间菌核和黏附种子上的厚垣孢子越冬。

4. 流行规律

病害的发生与品种、施肥及气候条件等关系密切。

（1）品种　目前栽培品种中尚未见能免受感染的品种，但不同品种之间发病程度差异明显。凡穗大粒多密穗形的品种晚播晚栽、晚熟品种发病重。

（2）气候条件　除品种固有的特性外，病害的发生还可能与感病期的气候条件有关。一般从幼穗形成至孕穗期，降水量多，相对湿度大（90%），开花期间遇低温（20℃），又有适量降雨时，水稻生育期延长，则有利病害流行。山区由于雾大，露重，日照少，气温偏低，发病重于平原，即使同一品种在不同海拔，其感病程度也呈垂直分布，一般海拔越高，发病越重。

（3）肥水管理　氮肥用量大，使水稻出穗后生长过于繁茂嫩绿，稻株抗病力减弱，尤其在后期施氮量偏多时发病重。每公顷施纯氮 210 kg、180 kg、150 kg，百穗病粒数分别为 15.4 粒、7.4 粒和 4.5 粒。施用硅酸可减轻发病。水浆管理方面，一般长期深灌的发病较重。

5. 防治方法

（1）选用抗病品种。

（2）药剂防治　化学防治时要采取"预防为主"的方针，即在稻曲病菌侵入前期或刚侵入时施药，保护花器不受侵染；在田间发现有稻曲病病粒时才施药对稻曲病的防治是没有任何效果的。因此，对稻曲病的防治，确定施药时期非常重要。稻曲病防治适期为水稻破口期（顶小穗抽出剑叶鞘即为破口，破口率达 5% 为破口期）前 5～7 d，用药效果最为明显。如闫东林等（2010）指出汉中市稻曲病防治适期，一般在 7 月下旬水稻破口前 5～7 d 进行防治。如需进行第二次防治，则在水稻破口期（水稻破口 50% 左右）施药。齐穗期防治效果较差。药剂可选用 5% 井冈霉素水剂每公顷 22 250～3 000 mL，或 43% 戊唑醇悬浮剂每公顷 180 mL，或 20% 瘟曲克星每公顷 1 500～2 250 g，或 15.5% 井酮可湿性粉剂每公顷 1 200～1 800 g，或 15% 三唑酮可湿性粉剂每公顷 1 200～1 800 g。近年有的也试用 14% 络氨铜等铜制剂，在水稻抽穗前 10 d 施用；抽后不宜施用；否则，易发生药害。云崇容等（2006）关于汉中盆地水稻稻曲病农药防治效果试验表明，16% 井·酮·三环唑具有内吸性强、见效快、防效好、持效期长等优点，是防治水稻稻曲病的理想药剂，生产中以 100 mL/亩为宜。

（四）稻恶苗病

稻恶苗病又名徒长病、白秆病，全国各主要稻区都有发生，为害较重。中华人民共和国成立后，经大力开展种子消毒和换种无病种子，曾在很长时期内控制了为害，但近年由于放松了种子处理工作，在许多稻区的为害又有回升，应引起注意。

1. 症状

苗期至抽穗期都可发生。苗期发病与种谷带菌有关。重病谷粒往往不发芽，或萌发后幼苗不久即死亡。病轻的种子长出的苗比健苗高而细弱，叶片和叶鞘窄长，全株淡黄绿色，根系发育不良，根毛稀少，部分病苗在移栽前死亡。在枯死苗上有淡红色或白色粉霉，即病菌的分生孢子。本田期一般在移栽后 0.5～1 个月出现病株，症状与苗期相似，分蘖少或不分蘖，节间显著伸长，节部常常弯曲露出叶鞘之外，下部几个基节生有许多倒生不定根。剥开叶鞘，有时可见节的上下组织呈暗色，茎上有暗褐色条斑。剖开病茎，可见白色蛛丝状菌丝体，以后基秆逐渐腐朽，重病株多在孕穗期枯死，轻病株常提早抽穗，穗形短小或籽粒不实。天气潮湿时，在枯死病株的表面长满淡红色或白色粉霉，后期有时散生或群生蓝黑色小粒，即病菌的子囊壳。水稻抽穗期谷粒也可受害，严重的变为褐色，不能灌浆结实，或在颖壳合缝处生淡红色霉。发病轻的仅谷粒基部或尖端变为褐色，有的外表无症状表现，但内部有菌丝潜伏。徒长是本病的主要特征，但也有病株矮化或外观正常的，这和病菌的株系有关。

2. 病原

恶苗病病原菌的有性世代为 *Gibberella fujikuroy*（Sawada）Wollenw.，无性世代为

Fusarium moniliforme Sheld.。病菌的分生孢子梗无色，分生孢子有大、小两型。小型分生孢子卵形、椭圆形或纺锤形，无色，单胞，间或双胞，最初在孢子梗上串生成链状或簇生成球状，以后分散，大小为（4～6）μm×（2～5）μm；大型分生孢子无色，细长，新月形，两端弯曲尖削，基部有足胞，一般有 3～5 个隔膜，大小为（17～28）μm×（2.5～4.5）μm，通常着生于多次分枝的无色分生孢子梗上，多数孢子集聚时，呈淡红色或橙红色，干燥时呈粉红色或白色。子囊壳一般在将成熟的水稻病株下部茎节附近或叶鞘上产生，蓝黑色，球形或卵形，表面粗糙，大小为（240～360）μm×（220～420）μm。子囊圆筒形，基部细而上部圆，大小为（96～120）μm×（8～12）μm，内生子囊孢子 4～8 个，排列成一行或两行。子囊孢子长椭圆形，无色，双胞，分隔处稍缢缩，大小为（5.5～11.5）μm×（2.5～4.5）μm。病菌菌丝生长温度范围为 3～39℃，以 25～30℃为最适。侵害寄主以 35℃为最适，并以 31℃时诱发徒长症状最明显。分生孢子在 25℃的水滴中，经 5～6 h 即可萌发。子囊壳的形成以 26℃左右最为适宜，10℃以下或 30℃以上均不能形成。子囊孢子在 25～26℃时经 5 h 大部分可萌发。病菌在新陈代谢过程中分泌赤霉素、赤霉酸、镰刀菌酸、去氢镰刀菌酸、脉镰刀菌酸 5 种物质。赤霉素和赤霉酸能引起稻株徒长，并抑制叶绿素的形成；镰刀菌酸和去氢镰刀菌酸则有抑制稻苗生长的作用。在不同条件下，这些物质的形成可因病菌的株系及温度、营养条件等不同而异。如有的菌株可引起稻株徒长或矮化，有的则对稻株高矮无影响。赤霉素的刺激作用无专化性，对许多大田作物和果树蔬菜等都有刺激生长的效果。

3. 侵染循环

此病的初侵染源主要是带菌种子，其次是带菌稻草，病菌以分生孢子在种子表面或以菌丝体在种子内部越冬。在浸种时，分生孢子又可污染无病种子而传病。据报道，将 1%～10% 的带菌种子混在无病种子中，经 1～4 d 的浸种过程可使大部分无病种子附有分生孢子。浸种的水温在 30℃以内时，温度越高污染病菌种子越多，苗期发病越严重。稻草内的菌丝体和分生孢子在干燥条件下可分别存活 3 年和 2 年。在潮湿土面或翻入土中的病菌一般在短期内即死亡。播种带菌种子或用染病稻草覆盖催芽，均可引起幼苗发病，严重的可引起苗枯。病死植株表面产生的分生孢子，可传播到健苗，从茎部伤口侵入，引起再侵染。带菌秧苗移植到大田后，在适宜条件下陆续呈现症状。病株中的菌丝体蔓延扩展至全株，并刺激茎叶徒长，但不扩展到花器；在个别情况下也有使病株矮缩而不抽穗的。在发病后期，下部叶鞘和茎部产生分生孢子。水稻开花时，分生孢子借风雨传播到花器上进行再侵染，从内外颖壳部位侵入颖片组织和胚乳内。一般以抽穗灌浆期最易感染，接近成熟时病菌不易侵入。稻谷发病后，病菌侵入内外颖片组织和胚乳内，在内外颖合缝处产生红色至淡红色团块，造成秕谷或畸形。如病菌侵入较迟，种子受害较轻，虽外观无异常症状，但菌丝已侵入颖或种皮组织内而使种子带菌。脱粒时，病部的分生孢子也会黏附于无病谷粒表面而使无病谷粒带菌。

4. 流行规律

（1）气候条件　此病发生与土温关系较大。土温 30～35℃时，病苗出现最多，

25℃时病苗很少出现，20℃时病苗不表现症状，但可分离到病原菌。当土温升到40℃时，病原菌和水稻的生长都受到抑制，不表现症状。移栽时若遇温度高或中午阳光猛烈，则发病较多。

（2）品种抗病性　水稻不同品种对恶苗病的抗性有所不同，但无免疫品种，一般糯稻较籼稻发病轻。

（3）栽培管理　伤口有利于病菌侵入，脱粒时受伤的种子或移栽时受伤的秧苗都易于发病；旱育秧比水育秧发病重；中午插秧或插隔夜秧的发病也较多；增施氮肥有刺激病害发展的趋向。

5. 防治方法

建立无病留种田和进行种子处理，是防治此病的关键。

（1）建立无病留种田　在发病普遍的地区，可改种抗病品种，并选用健壮种谷，剔除秕谷和受伤种子。

（2）种子处理　用25%咪鲜胺2 000倍液，或25%氰烯菌酯3 000倍液，浸种48 h后不必淘洗，即可催芽播种，防效均在95%以上。或者使用25%咯菌腈包衣干种子，10 mL药剂加90 mL水调制成药浆后包衣5 kg水稻，水稻种子浸种催芽使用，10 mL直接包衣5 kg水稻即可。包衣后需要晾干。

（3）加强栽培管理　催芽不能太长，以免下种时受伤；拔秧也要尽量避免秧根损伤过重，并尽量避免在中午高温时插秧，以减轻发病。广西提出拔秧和插秧"五不要"，即不要在冷水中浸秧；不要在烈日下拔秧；不要在烈日下插秧；不要插隔夜秧；不要插老龄秧；不要插深泥秧。

（4）及时拔除病株　发现病株及时拔除，并集中晒干烧毁。

（5）处理病稻草　病稻草尽量用作燃料或沤制肥料。不要用病稻草作为种子消毒或催芽时的覆盖物或捆秧把。

（五）水稻烂秧

烂秧是水稻的种子、幼芽和幼苗在秧田前期死亡（即烂种、烂芽和死苗）的总称，可分为非传染性和传染性两大类。非传染性烂秧是指由管理不善和不良环境条件造成，传染性烂秧则多指不良环境诱致腐霉菌、绵霉菌、水霉菌、镰刀菌、丝核菌等弱性寄生菌为害而引起的。一般来说，烂种纯属非传染性，死苗青枯型和黄枯型多属传染性，而烂芽则两者兼有之，但以传染性（绵腐型和立枯型）为严重。这里主要阐述传染性病害烂芽和死苗。

1. 症状

（1）烂芽　指芽谷播种后至不完全叶伸出（冒青）期间的根死亡现象，以水育秧最为严重，湿润育秧次之，肥床旱育秧最轻。传染性烂芽根据症状分为绵腐型和立枯型两类。绵腐型烂芽主要发生在水秧田中，或湿润秧田中遇持续低温阴雨而使秧田积水时偶有出现。最初在根、芽基部颖壳破口处产生乳白色胶状物，逐渐向四周呈放射状长出白色绵毛样的菌丝体和孢子囊，呈近圆球形，以后常因氧化铁沉积或藻类附着逐渐变成土褐色或绿褐色，幼芽渐变黄褐色枯死。立枯型烂芽是烂芽中的重要类型。开始时零星发生，以后迅速向四周蔓延，严重的成簇、成片死亡。主要发生在湿润秧田中，最初在根芽基部呈现稍带水渍状淡褐色斑，随后以根、芽基部为中心长出白色绵毛菌丝体平贴于土表，并很快变成土褐色，需仔细观察才能辨认，也有一些长出淡金黄色霉状物。幼芽基部多软弱，很易拔断，最后幼芽变褐、扭曲、腐烂。

（2）死苗　指第一完全叶伸出至三叶期的幼苗死亡。在早稻2～3叶期常易发生，以湿润育秧最为严重，水育秧次之，肥床旱育秧最轻。死苗根据症状可分为青枯型和黄枯型两类。青枯型死苗的病株最初叶尖停止吐水，后心叶突然萎蔫，卷成筒状，随后下叶也很快失水萎蔫筒卷，全株呈污绿色枯死。病株根系色泽变暗，根毛稀少。青枯死苗大多发生在二三叶期，往往一墩墩突然出现，迅速蔓延，严重的成片枯死，但发病点周围仍有病健株交错现象。黄枯型死苗的病株则从下部叶片开始，先由叶尖向叶基逐渐变黄色，再从叶片向上延及心叶，最后幼苗基部变褐软化，全株呈黄褐色枯死。病苗根系变暗色，根毛很少，易拔起，黄枯死苗常多在1叶1心时就开始发生，初期多在生长矮小的弱苗上先发病，随后逐渐蔓延扩大，严重时也一墩墩或成片枯死。

2. 病原

导致烂芽和死苗的病原菌种类很多，是广泛存在于土壤和污水中的弱性寄生菌。吉林通化市农业科学研究所的研究证明其以镰刀菌为主，其次是丝核菌、腐霉菌等。江苏周燮（1978）的研究认为腐霉菌是最主要的致病菌。据洪剑鸣等多年的随机取样镜检，浙江地区在湿润秧田育秧情况下，似乎在不同年份及田块间存有差异，以腐霉菌最为常见，绵霉菌次之，镰刀菌和丝核菌较少出现。已报道引发烂芽和死苗的病原菌有8个属29个种和1个变种。

（1）水霉属（*Saprolegnia*）　隶属于水霉目水霉科。菌丝粗壮，很少分枝。游动孢子囊生在菌丝顶端，棍棒形或长梭形。游动孢子两游现象明显。新孢子囊从旧的空孢子囊基部长出，具显著的层出现象。藏卵器球形或卵形，顶生，少数间生，内含卵孢子，1至多个。本属菌多腐生，少数引起鱼病。已报道可引起烂秧的仅1个种，即异孢水霉菌（*S.amisospora* de Bary）。

（2）网囊霉属（*Dictyuchus*）　隶属于水霉目水霉科。菌丝发达，孢子囊顶生，与菌丝相仿或长棍棒形，新生孢子囊以合轴分枝式生出。静子（休止孢）在孢子囊内形成，排成数行，互相挤压成为多角形，使孢子囊呈网状，萌发时生芽管或次生肾形的游动孢子，藏卵器内只含1个卵球子球形。已知能引起烂秧的有3个种，如异常网囊霉菌（*D.anomalus* Nagai）。

（3）绵霉属（*Achlya*）　隶属于水霉目水霉科。孢子囊丝状或棍棒状，新生孢子囊从老孢子囊的外侧基部长出（含轴式）。游动孢子在排孢口处聚集成团休止，随后萌发产生次生游动孢子。本属依据卵孢子或成熟卵球中油球的位置可再分为3个亚属。

（4）腐霉属（*Pythium*）　隶属于霜霉目腐霉科。孢囊梗与菌丝无区别。游动孢子囊丝状至瓣状、或球形至卵形，成熟萌发时先形成球形泄囊，再在其中产生游动孢子。卵孢子球形，壁平滑或具纹。这一属的菌生长在水中或土内，侵害植物的根或近地面部分，虽然寄生性弱，但破坏力强。已知腐霉属能引起烂秧的有 12 个种，如稻腐霉菌和瓜果腐霉菌等。

（5）类腐霉属（*Pythiogeton*） 隶属于霜霉目腐霉科。游动孢子不在孢子囊内形成。孢子囊先将内含物挤出体外后，也不形成明显的活囊就产生游动孢子。孢子囊的纵轴与孢囊梗近乎直角交接。已知类腐霉属引起烂秧有 3 个种，如单态类腐霉菌（*P.uniforme* A.Lund）。

（6）疫霉属（*Phytophthora*） 隶属于霜霉目腐霉科。本属名有 8 个异名如 *Pythiomorpha*、*Pseud-opythicem* 等。本属菌在形态上的变异很大，不论孢子囊形状、大小，是否产生厚垣孢子、性器官的类型和大小等，变幅都相当大。因此，本属内种的鉴定还要结合它们的寄主生长温度以及在某种培养基上的生长能力等来确定。已知疫霉属中能引致烂秧的有两个种，如稻疫霉菌（*P. oryzae*Ito et Nagai）。

（7）镰刀菌孢属（*Fusarium*） 隶属于瘤座孢目。分生孢子梗无色，不分枝至多分枝，上端是产孢细胞，内壁芽生瓶体式产孢。分生孢子有二型：大型分生孢子椭圆形至镰刀形无色，多胞两端稍尖，略弯曲，基部常有一明显突起的脚胞；小型分生孢子卵圆形至椭圆形，无色，大多单胞，少数双胞或三孢单生或聚合成假头状，或串生成链状。有的可在菌丝末端和中间或分生孢子上形成近球形的厚垣孢子，无色或有色，单生或串生。属以下根据培养中是否形成大型或小型分生孢子和厚垣孢子及各种孢子的形态，分生孢子座和黏分生孢子团的性状及培养基中产生色素种类分成组、种、变种（品种）。已知镰刀菌孢属引致烂秧的有 4 个种，其中尤以尖孢镰孢菌（*F.oxysporum* Schlecht）最为重要。

（8）丝核菌属（*Rhizoctonia*） 隶属于无孢目。无性态不产生分生孢子。菌核与菌丝彼此相连，褐色或黑色，表面粗糙，内外层色泽一致，结构较疏松。老熟菌丝淡褐色，近分枝处形成隔膜，呈缩状，多为直角分枝。此属在国内已报道 3 个种，最常见的是立枯丝核菌（*R.solani* Kuhn），它也可以引起水稻烂秧。这个种还可以分为 9 个菌丝融合群，每一菌丝融合群体有一定的寄主范围。引起绵腐型症状的病原菌主要是前述 6 个属病菌在水育情况下侵害发生的，而呈现立枯型症状并不只是立枯丝核菌和镰孢菌侵害引起，在湿润育秧中所出现的立枯症状（青枯、黄枯死苗和烂芽），其病原菌仍以腐霉和绵腐等鞭毛菌为主。

3. 侵染循环

引致烂秧的病原菌，均能在土壤中长期营腐生生活，一旦遇有机会就侵染生长衰弱的幼芽和幼苗，引起烂秧，但不同病原菌越冬方式和传播途径有所差异。水霉菌、绵霉菌和腐霉菌等鞭毛菌类普遍存于污水中，主要以菌丝、卵孢子在水中和土壤中越冬，条件适宜时形成游动孢子囊，再萌发产生游动孢子，借水流传播，侵染幼苗，随后病菌上又不断产生孢子囊和游动孢子进行再次侵染，扩大为害。镰孢菌一般以菌丝及厚垣孢子在各种寄主病残体及土壤中越冬，适宜条件下产生分生孢子，借雨水和气流传播，进行初次和再次侵染。立枯丝核菌则以菌丝和菌核在各种寄主病残体和土壤中越冬，菌丝在幼苗株间进行近距离接触传播，不断扩大为害。

4. 发病因素

引起传染性烂芽和死苗的病原菌虽然在土壤和污水中普遍存在，但它们的寄主性都很弱，只有当不良的外界环境条件影响导致幼苗生长衰弱、抗性降低时，病菌才得乘虚而入。如气候条件、秧苗抗性、育秧方式、催芽质量、肥水管理等都与秧苗生活有关，其中尤以气候条件更为密切。张先平等（2010）研究表明，寒流、低温、阴雨是利于发病的诱因，冻害造成的伤口是病原菌侵染的有利条件，小苗秧刚寄插抵抗力弱又遭遇寒流，为病菌的乘虚而入提供了合适的时机。

（1）气候条件　育秧期间的气候条件与烂秧密切相关，特别是低温阴雨更是烂芽、死苗的前奏，低温前的异常高温和冷后暴晴，温差过大，又是促使死苗发展快、为害程度加重的重要诱因。每当冷空气侵袭，温度低于幼芽生长的最低温度12℃，又多阴雨少日照时，芽的生理机能大大减弱，抗逆力差，迟迟不能扎根出叶，就诱使腐霉、绵霉等弱性寄生菌侵染而烂芽。特别是二三叶期，胚乳内贮藏的营养物质即将耗尽，幼苗体内贮糖量不足，抗寒力最弱，若遇到低温更易造成青枯、黄枯死苗。土温低于15℃时，籼稻幼苗的叶基生长与根尖生长受阻；低于8℃时，幼苗根系活力严重受害，"吐水"发生障碍。随着低温时间的延长，根内的可溶性糖类与氨基酸等还会向根际土壤外渗，这就为腐霉等菌侵入根部创造了营养条件。而且腐霉菌和绵霉菌等又耐低温生长，故在0℃低温情况下，持续时间愈长，低温强度越大，越易引起腐霉菌等侵入，导致死苗。如果低温前后出现异常高温，更会促使严重死苗。镰刀菌和丝核菌的生育温度范围也较宽，例如，禾谷镰刀菌、木贼镰刀菌温度范围为3～35℃，丝核菌为13～30℃，低温削弱幼苗抗性同样有利于侵染。张先平等（2010）研究汉中市水稻烂秧原因分析与防治对策，结果表明低温是第一病因，绵腐、腐霉等病原物侵染是第二病因。

（2）幼苗抗性　幼苗的抗病性与其抗寒性成正相关，而幼苗抗寒性则与水稻类型、品种种子质量、催芽技术、幼苗生育期、肥水管理等密切相关。一般粳稻比籼稻抗寒，而籼稻不同品种的抗寒性也不一致，同一品种不同生育期的抗寒性差异更为明显。种芽对经较长时间6℃低温都无大影响，甚至能耐1～2℃；1～2叶期就不能忍受11℃以下的低温；3叶"离乳期"的抗寒性最差，15℃以下都难忍受，这是传染性死苗的危险期；4叶期以后，叶片光合作用和根系吸收能力都增强，耐寒力显著提高，死苗就极少发生。

（3）种谷成熟度不高或不饱满，贮藏养分少，发芽力差，抗逆力也低　浸种未浸透或浸种时间过长，发芽力差，也会降低幼苗的抗逆力。催芽后，根、芽的长短与烂芽密切相关，短芽的抗逆力比长芽强；种根超过2 cm，入土能力就下降。根芽过长，常缠绕一起，既难撒播均匀，又易损伤幼芽和碰断种子根，影响及早扎根竖芽而导致烂芽，播后阴雨天更甚。在根、芽长短比例中，特别是芽长根短或根芽过长不利于扎根竖芽，也极易遭受腐霉菌、绵霉菌等侵害。

（4）播种应避免阴雨天进行　播后如排水不良或过早灌水上畦面，就易造成缺氧而诱致烂芽。1叶展开后，遇寒潮来临，幼苗受冻，诱使病菌侵入，如冷后暴晴，很易出现死苗。秧苗偏施氮肥，苗体内氮代谢过旺，游离氨基酸过多，使之出现"得氮耗

糖"的当时效应，碳氮比率下降抗寒性差，极易诱发病菌侵害而造成死苗。

（5）各类型秧田生态环境不同，各种传染性烂秧的发生也有差异　例如水霉菌和绵霉菌适于水生环境，所以老式的水秧田有利于其发生，湿润秧田为害较轻，肥床旱育秧则能抑制其为害。各种镰刀菌以土壤含水量10%～25%的低湿生育良好，所以肥床旱育秧仍能受害。

5. 防治方法

防治烂秧应以提高育秧技术、改善环境条件、增强稻苗抗病力为重点，适时进行药剂防治。芽谷播种后至幼苗1叶期，其主要矛盾是扎根立苗，只有使种子根和1叶期芽鞘节上长出的次生根（鸡爪根）及时扎入土中，才能使幼芽正常成长为幼苗，这是防止烂芽、培育壮秧的关键。扎根的首要条件是向根部供氧。因此，防止烂芽应狠抓秧田、催芽、播种的质量以及芽期湿润灌溉等措施。1叶伸展以后，应着重通过肥水管理，增强幼苗抗性，减少低温影响，必要时辅以喷药保护。

（1）提高秧田质量　秧田位置应选择肥力中等，避风向阳，排灌方便而地势较高的地方，避免四周空旷、遮阳以及有潜水的田块。秧田制作应提倡燥耕、燥作和水耥，达到面平沟深、上糊下松、软硬适度、畦宽恰当。凡冬闲田作秧田要冬耕晒垡，多施温性基肥，以增加土温和通透性。张先平等（2010）研究表明，做好畦面后用敌磺钠$5 \sim 7 \, g/m^2$进行土壤消毒，杀灭土壤中的病原菌，减少初侵染病原。

（2）精选谷种　种谷要纯、净、健、壮，成熟度高。浸种前抓住晴天晒种1～2 d，使种子的含水量降低，增强吸水能力，促进新陈代谢，提高种胚的生活力，以求发芽迅速而整齐。晒种后进行风选，盐（泥）水选种和种子消毒。

（3）提高浸种催芽技术　浸种要浸透，以胚部膨大凸起、谷壳呈半透明状态、透过谷壳隐隐可见腹白和胚为准。既要防止未浸透，又要防止浸种过水，造成胚乳中营养物质外渗，种子发黏而降低发芽力。催芽过程使水分、温度、氧气三者关系协调，露白前温度过低和水分过多容易出现"滑壳"，露白后温度过高又易发生"烧芽"，要求做到"高温（36～38℃）露白，适温（28～32℃）催根，淋水长芽，低温炼芽"，避免出现根长芽短、芽长根短、根芽过长等不良现象。

（4）掌握播种质量　根据品种特性，确定播种适期、播种量和秧龄。稻区要在当地平均气温稳定通过12℃时，方可大批播种露地育秧。适期播种要相应适时催芽。浸种催芽应根据天气预报，抓住暖尾冷头开始，以便在冷尾暖头抢晴播种，使播后有3～5 d为晴天，有利于谷扎根现青。根据秧龄期长短严格控制播种量，并均匀播种。播后适度塌谷，以谷陷半为宜，防止露籽或淤籽。塌谷后盖灰，保暖保湿，有利于扎根竖芽。

（5）科学管水　芽期的主要矛盾是扎根立苗。扎根的主要条件是向根部直接供氧，因为此时根的持续生长要有5%的氧气，而田水中氧气一般只含0.3%～0.5%。所以芽期应保持畦面湿润，也要尽可能不灌水护芽。只有遇到暴风雨、冰雹或霜冻，才进行短时间的灌水护芽。1叶期展开以后，幼苗地上部向根部的供氧能力与叶鞘的贮藏能力明显增强，因此可以适当短期建立薄水层。2～3叶期幼苗抗寒力弱，应以灌水缓和温差、保温防冻为主。在寒潮来临时，要灌好深水或"拦腰水"护苗；寒潮期间当水温接近气温后，应适当降低水层或日排夜灌；冷后初晴时会出现极端低温，个别年份甚至出现晚霜，当气象预报最低气温在5℃以下时，可短时间灌深水，但宜在翌晨排去冷水，换上新鲜水，保持畦面在1～2 d内留有薄皮水，以防幼苗水分供求失去平衡。等气温比较稳定、幼苗恢复正常的生理机能以后，就不再在畦面上灌水，一般保持湿润并追施少量肥料，以恢复生长。塑料薄膜搭架育秧的，通风时要先上薄皮水，并宜在上午8—9时膜内外温差不大时进行。全部揭膜也要先灌水上畦面，防止温湿度突然变化，以维护幼苗活力。对于土壤含有机质多的排水不良秧田，或已施用过多绿肥及其他未腐熟有机肥的秧田，在低温阴雨转晴，温度上升到20℃以上后，田中会产生大量的亚铁、硫化氢等还原性有毒物质，田水中甚至出现"油镜""锈水"，导致幼苗根系发黑。遇到这种情况，可先边灌边排，冲洗有毒物质，然后适当排水落干，以利幼苗恢复。已发生死苗的秧田，应当立即灌"跑马水"，每天一次，每次灌水上畦面后再立即排出。

（6）合理施肥　秧田施肥掌握基肥稳，追肥少量多次，先轻后重，先淡后浓，以及提高磷、钾比例等原则。对于肥力较低的秧田，应在"氮断奶"以前的鞘叶至1叶期追施少量速效性氮肥，以利于扎根，即所谓扎根肥。至"糖断奶"以前的2叶到2叶1心时，一般都应及早追施较多量的"断奶肥"，以弥补"糖断奶"时幼苗体内的氮素不足，防止3叶期脱力黄苗，降低抗性，以利异养苗向自养苗转化。

（7）药剂防治

田或灌溉污水的秧田，宜在发病前用药预防。在烂芽刚开始，或1叶1心到3叶期出现零星卷叶，或无风的早晨出现零星苗叶尖端没有水珠时，应及时用药抢治。目前防治传染性烂芽和死苗的农药以敌磺钠的效果最好。据江苏试验预防浓度为65%敌磺钠可湿性粉剂700倍液，抢治浓度为300～500倍液，每公顷净秧板用药18.75 kg。用药前先在早晨排出秧田积水待16时左右畦面干后，用喷雾器喷粗雾点或用洒水壶浇洒于畦面尽量使药液全部渗入土内。用药后2 d内不要灌水，以免冲稀。此药遇阳光直射或遇碱性物质易失效，所以晴天宜在16—17时后使用，并勿和碱性农药或化肥同时混用，但与硫酸铜750～1 500 g/hm^{2}合用有增效作用，与硫酸等酸性化肥合用还可以加速病苗恢复。据张先平等（2010）关于汉中市水稻烂秧原因分析与防治对策的研究指出，选用移栽灵混剂，水稻苗床用1～2 mL/m^{2}加水3 kg左右，浇在苗床上，具有促根、发苗、防衰和杀菌作用；用15%立枯灵500倍液，于水稻秧苗1叶1心期喷雾，具有防病促进生长双重作用；对由绵腐病等为主引起的烂秧，发现中心病株后，可选用65%敌磺钠可湿性粉剂700倍液进行喷雾防治，也可在进水口用纱布袋装入90%以上硫酸铜100～200 g，随水流灌入秧田。另据广东用65%～70%敌磺钠120～200倍液，晴天用2 250 g/hm^2，阴天用药3 750 g/hm^2，兑水450～750 kg喷雾，药效可维持10～15 d。施药后经正常排灌管理，不致失效。用于秧板消毒，则可在播种塌谷后用65%敌磺钠可湿性粉剂120～200倍液，用药液750 kg/hm^2。

(六)水稻霜霉病

水稻霜霉病又称黄化萎缩病,寄主广泛,能侵害禾本科作物和杂草43属以上,由于病株大都不能结实,可造成个别地方连片失收。

1. 症状

感病稻苗在秧田后期开始出现症状,分蘖盛期症状显著。病株矮缩,叶片淡绿,呈斑驳花叶,斑点黄白色,圆形或椭圆形,排列不规则。孕穗后,病株矮缩更为明显,株高不及健株的一半。叶片宽短肥厚,由于叶片黄化,有时黄白斑点不清。病株心叶常黄化卷曲或捻转,不易抽出,下部老叶逐渐枯死。受害叶鞘略现蓬松,表面有不规则波纹,有时产生皱褶或扭曲。分蘖减少,所有分蘖均感病,为系统侵染。重病株不能孕穗,轻病株即使孕穗,也不能正常抽穗,常包裹于剑叶鞘中,或从其侧面拱出,成卷曲状,穗小不实,且扭曲畸形。

2. 病原

水稻霜霉病菌 *Sclerophthora macrospora*(Sacc.)Thirum etal. 孢子世代似疫霉菌,卵孢子世代似指梗霉菌。病菌的藏卵器球形,淡黄褐色,雄器侧生,结合而成卵孢子。卵孢子在稻株发病初期,较难在病组织内查到,往后到孕穗期则易见于显微镜下。卵子初为无色到淡黄白色,嵌于病组织的深层细胞中,不易与病组织分离。随着病株老化卵孢子逐渐成熟,便从病组织内离散出来。卵子有后熟作用,未成熟的卵孢子可在病组织内放置 $10\sim15$ d 后,明显老熟。成熟卵孢子外壁与藏卵器壁具有相愈合的特征。卵孢子呈近球形或近卵圆形,黄褐色,表面光滑或微有皱褶,大小为 $(36\sim46)\mu m\times(44.8\sim65.6)\mu m$。孢子囊柠檬形,无色,单生于孢囊梗顶端。孢囊梗自气孔伸出,常为单根,其上有分枝。孢子囊遇水萌芽,将内含物分割为多个游动孢子。游动孢子椭圆形具双鞭毛,静止后呈球形。孢子囊多在尚未完全展开的被害叶及其浮于水面的叶片上见到。

3. 侵染循环

病菌以卵孢子在病叶内或随病株残留土壤中越冬,或以菌丝体在大、小麦及多年生杂草寄主中越冬。翌年春,卵孢子在淹水条件下萌发产生游动孢子,或越年寄主上的菌丝体产生孢子囊和游动孢子,随水流传播进行侵染。在淹水条件下,卵孢子产生孢子囊和游动孢子,待游动孢子活动休止后,很快产生菌丝侵害寄主。故大水淹漫明显加重发病。卵孢子在 $10\sim26$℃ 均可发芽,以 $19\sim20$℃ 最适。在 $10\sim25$℃ 均能致病,以 $15\sim20$℃ 最宜。孢子囊发芽必须有水存在,干燥时数分钟便死亡。病害的潜育期一般约需 14 d,最短 $9\sim10$ d。秧田期幼芽受侵染至 3 叶期就可出现症状。本田期的分蘖芽及刚处于伸长的心叶也可被侵染,一般自病茵侵染后所形成的分蘖都会发病,而侵入以前已长成的分蘖则不发病。本病的发生与洪涝极为密切,其次才是温度和品种。

4. 流行规律

秧田期和本田初期遭受淹水是重要的发病条件,过水秧田、深水护苗、暴雨淹漫或连续阴雨都有可能造成严重发病。所以早稻育秧期间如遇低温和连续阴雨，进行深水护苗或遭大水淹苗的，往往发病较重。河、溪两旁易受洪涝的田块最易发病。低温有利本病的发生，早稻育秧期间温度恰在 10～20℃ 范围内，与病菌发育适温相符，故早稻病常重于中晚稻。秧苗期是水稻主要感病的生育期，本田发病多由染病秧苗带来。邓根生等（2006）关于汉中市新发病虫害为害症状与形态特征研究指出，汉中市20世纪70年代及80年代初局部地区曾有发生，但近20年很少发现，发病的主要原因是秧苗期遭水淹，该病秧苗期与大田期均可发生，一般秧田后期出现症状，分蘖盛期症状明显。

5. 防治方法

（1）加强农业防治措施，建立完善排灌系统　病区应注意清除沿沟杂草。

（2）选择地势较高地块做秧田，建好排水沟搞好田水管理，防止淹苗　邓根生等（2006）指出，只要秧苗期避免水淹，便可有效控制该病发生。

（3）清除病源　拔毁病株，清除菌源。

（4）药剂防治　发病初期喷洒 25% 甲霜灵可湿性粉剂 800～1 000 倍液，或 90% 霜疫净（100g 烯酰吗啉）可湿性粉剂 400 倍液，或 80% 霜脲锰锌可湿性粉剂 700 倍液，或 64% 恶霜灵可湿性粉剂 600 倍液，或 58% 甲霜灵·锰锌 600 倍液，或 70% 乙磷·锰锌可湿性粉剂 600 倍液，或 72.2% 霜霉威水剂 800 倍液。例如汉中市汉台区龙江镇、舒家营 2004 年有水稻霜霉病发生，6月10日、17日分别喷施 25% 甲霜灵 WP100 g/亩，6月26日大多数田块发病明显得到抑制（邓根生，2006）。

（七）稻胡麻斑病

胡麻斑病是水稻病害中分布最广的一种病害。中华人民共和国成立前被视为国内水稻三大病害之一，全国各稻区均有发生。一般由于缺肥缺水等原因，引起水稻生长不良时发病严重。中华人民共和国成立后，随着水稻生产管理及施肥水平的提高，为害已日益减轻。但晚稻秧龄过长时，发病仍然较多，是引起晚稻后期穗枯的主要病害之一。

1. 症状

从苗期到收获期都可发病，稻株地上部均能受害，尤其以叶片最为普遍。种子发芽不久，芽鞘就会受害变褐。严重的，甚至不待鞘叶抽出，随即枯死。秧苗叶片和叶鞘上的病斑大多为椭圆形或近圆形，浓褐色至暗褐色，有时扩展并相连呈条形，病斑多时会引起秧苗枯死，如遇潮湿条件，死苗上会生出黑色绒状的霉层，即病菌的分生孢子。成株叶片受害，初现褐色小点，逐渐扩大成为椭圆形病斑。病斑大小如芝麻粒，病斑周围一般有黄色晕圈。用放大镜观察时，因变褐程度不同而呈轮纹状，后期病斑边缘仍为褐色，中央则呈黄褐色或灰白色。一般稻株缺氮的病斑较小；缺钾的较大，且病斑中的轮纹更加明显。病情严重时，叶片上病斑密布，并往往愈合成不规则的大斑，最后使叶片干枯。受害严重的稻株，生长受到抑制，分蘖少，抽穗迟。叶鞘上初形成的病斑，椭圆形或长方形，暗褐色，边缘淡褐色，水渍状，以后变为中心部呈灰褐色不整齐的大型病斑。穗颈和枝梗受害变暗褐色，与穗颈稻瘟很相似，但穗颈稻瘟病病部色泽深，为黑褐色，以后成为灰褐色，变色部较短。而胡麻斑病穗引起的，穗部色泽浅，为棕褐色，变色部长。此外，发生期也有不同。穗颈瘟发生较早，多出现在水稻乳熟期，而胡麻斑病引起的穗枯大多出现在后期。如两病混淆不清，可取病部保湿培养，镜检孢子，加以区别。谷粒受害迟的，病斑形状、色泽与叶片上的很相似，仅较小而边缘不明显，病斑多时可互相愈合。受害早的，病斑灰黑色，可扩至全粒，造成秋谷，空气潮湿时，在内外颖合缝处及其附近，甚至全粒表面，产生大量黑色绒状的霉层。

2. 病原

病原菌无性世代为 *Helminthosporium oryzae* van Breda de Haan。在自然情况下，通常所见的都是其无性世代。分生孢子梗常 2～5 个成丛，从气孔穿出，基部较粗，暗褐色，越向上颜色愈淡，大小为（99～345）μm×（368～377）μm，不分枝，稍微曲折，有多个膈膜。孢子散落后顶端尚有屈曲的孢子着生痕。分生孢子为倒棍棒形或长圆筒形，弯曲或不弯曲，褐色，有 3～11 个膈膜，大小（24～122）μm×（11～23）μm，一般自两端萌发。病原菌培养需要的氮源以蛋白陈、碳源以麦芽糖为优，酸碱度反应以微碱性为宜。在培养基中加入米粒浸出液能刺激病原菌的生长。人工培养基上的菌丝体经 12 h 近紫外线照射和 12 h 暗处理能促进大量分生孢子的形成。菌丝生长温度为 5～35℃，以 28℃最适。分生孢子形成的温度为 8～33℃，以 30℃左右最适；萌芽的温度为 2～40℃，以 24～30℃最适。孢子发芽时不仅需要水滴，而且要求 92% 以上的相对湿度，如无水滴，在相对湿度 96% 下尚不能完全发芽。当湿度饱和、温度为 20℃的条件下，经 8 h 即能侵入寄主组织；在 25～28℃时 4 h 就完成侵入过程。

3. 侵染循环

病菌以菌丝体在病草与颖壳内或以分生孢子附着在种子和病草上越冬，成为初次侵染源。干燥情况下病组织上的分生孢子可存活 2～3 年，潜伏的菌丝体可存活 3～4 年，但翻埋中的病菌经一个冬季便失去生活力。遗落土面的病草，其中一部分菌丝体有越冬能力。病谷播种后，潜伏的菌丝体可直接侵害纤苗。在病草上越冬和由越冬菌丝产生的分生孢子，都可随风散布，在秧田和本田引起初次侵染；病部产生的分生孢子可进行再侵染。飞散到稻株上的分生孢子在适宜的条件下经 1 h 即可萌芽。芽管的前端形成附着器附着于寄主表面然后产生侵染丝，穿透表皮细胞或从气孔侵入。侵入后，在适宜条件下经一昼夜即可表现症状，并形成分生孢子。在高温和遮阳条件下潜育期短，在低温和强光下潜育期延长。

4. 流行规律

（1）肥力　土壤瘠薄缺肥发病重。缺乏钾肥时更易发病。晚稻由于秧龄期长，常以少施肥料控制秧苗的生长，最易诱发此病。大田绿肥翻耕过迟，或过量施用石灰，也会增加发病机会。

（2）土质和翻耕　一般酸性土、砂质土和泥质土发病重，在土壤缺水或积水田中发病也重。生产实践证明，适当深耕的稻田发病轻。

（3）品种和生育期　品种间的抗病性有差异。同一品种的不同生育期，其抗病性也不一样。一般苗期易感病，分蘖期抗病性增强，但分蘖末期以后抗病性又减弱，此时因叶片内积蓄的养分迅速向穗部转运，叶片随之衰老，越是下部的叶片越易感病。穗颈和枝梗以抽穗至齐穗期抗病性最强，随着灌浆成熟，抗病性逐渐降低。谷粒则以抽穗至齐穗期最易感病，随后抗病性逐渐增强。

5. 防治方法

由于水稻胡麻斑病的侵染循环与稻瘟病基本相似，所以种子消毒、病草处理以及药剂防治等方法也与稻瘟病相同。应该注意的是，预防本病着重于增施基肥，及时追肥，并做到氮、磷、钾适当配合。砂质土更应多施腐熟堆肥作基肥，以增加土壤保水保肥力。无论秧田还是本田，当氮肥不足、稻叶发黄而引起普通型病斑大量发生时，应立即适量施用硫酸、尿素等速效氮肥。出现大斑型病斑时，病田施用钾肥，有较好的防病效果。在灌溉方面，既要避免田中长期积水，又要避免过分缺水而造成土壤干裂，影响根系的吸收。还有穗期药剂防治时期，应略迟于稻瘟病的防治期。

（八）稻叶鞘腐败病

稻叶鞘腐败病是由泽田（1922）首先描述的，为水稻常见病害之一，中国以长江流域及其以南稻区发生较多。一般年份为害不重，但有的年份，早稻、杂交稻和杂交稻制种田的母本稻发生普遍，受害重，减产率可达20%以上。

1. 症状

据实验观察，本病因品种侵入方式、菌株等不同，其症状可分成两个类型。叶鞘腐败型，水稻孕穗期在剑叶鞘上发生，初为暗褐色小斑，逐渐扩大呈虎斑状大型斑纹，边缘暗褐色或黑褐色，中间色较淡，严重时病斑蔓延到整个叶鞘，幼穗全部或局部腐败，形成半枯穗或枯穗。剥开穗苞，在颖壳及叶鞘内壁，有时在穗苞外部产生淡粉红色霉，即病原的菌丝体、分生孢子梗和分生孢子。紫鞘型，水稻抽穗后，在剑叶叶鞘上发生，初为密集的、针尖状的紫色小点，后渐扩大至叶鞘的大部或全部变紫褐色，叶鞘的外壁症状明显，但也有少数可侵至内壁，甚至达到基部，严重时常引起剑叶早枯7～10 d，有时甚至导致第二、第三叶鞘变紫，不过叶片不枯死。在高湿下，病部常长出一层白粉状霉，即分生孢子和分生孢子梗。病菌也可侵染谷粒，造成褐斑，影响结实或降低千粒重。

2. 病原

病原为 *Sarocladium oryzae*（Sawada）W. Gams. et Webster 称稻帚枝霉，属半知菌亚门真菌。异名 *Acrocylindrium oryzae* Sawada。病部产生的分生孢子梗圆柱状，有1～2回分枝，每次分枝3～4根，在分枝顶端着生分生孢子。分生孢子单胞无色，圆柱形至椭圆形，大小为（3～20）μm×（1.5～4）μm。病菌生长温度为10～35℃，菌丝生长和产生孢子的适温为25～30℃，适宜pH值为3～9，其中，pH值5.5最适。光照对病菌的生长发育、产生孢子有抑制作用，黑暗时产孢多。30℃潜育期为1 d，20～28℃为2 d，23℃为3 d，19℃为4 d。

3. 侵染源

种子。据浙江省农业科学院介绍，有病斑的种子可使 75%～80% 的苗染病。病菌可侵及颖壳、米粒。病菌可在种子上存续到翌年的 8—9 月。稻草、病叶上都带病菌。室内保存的稻草，病菌存续力达 397 d 以上；早春散落场地的，存续 137 d；浸泡田水中存续 38 d。从病株上采集褐稻虱、虫、蛾的体躯上都可测到病菌，最高的每头褐稻虱可培养出 71 个菌落。据浙江省农业科学院调查，病区褐稻虱带菌率为 70%，而细端的带菌率高达 90%。侵染方式可分为 3 种：第一，种子带菌，病菌在种子发芽后，侵入生长点，随稻苗生长而生长，有系统侵染性质；第二，伤口侵染，由虫伤口或产卵的斑痕侵入；第三，由水孔等自然孔口侵入。

4. 流行规律

（1）品种　紫鞘型一般以杂交稻、国际稻以及多数的早稻发病较重。鞘腐型以杂交稻制种田母本易感病。抽穗不齐整的中晚稻品种发病也多，至于一般的晚稻发病则较轻。

（2）栽培条件　偏施氮肥，或后期脱肥引起早衰的都会加重发病。在砂质土壤中增施钾肥；或在制种田及时喷洒赤霉素，出穗整齐，能减轻为害。长期积水不搁田和荫蔽的田病情也重。

（3）气候影响　病菌侵染剑叶叶鞘的最适温度为 24～25℃，还需要较高湿度。凡水稻始穗前 10 d 中有 4 个以上雨日的，有利于发病。

5. 防治方法

（1）种植抗病品种　选栽早熟、穗颈长、抗倒、抗耐、避病品种，淘汰感病品种。

（2）控制传染源　及时处理带病稻草，铲除田边、水沟边杂草，压低病害的传染源。

（3）合理用肥　加强健身栽培，提高稻株抗病力，不偏施氮肥，注意分期施肥，预防后期脱肥、早衰。砂土田要适当增施钾肥。杂交稻制种田的母本要及时喷赤霉素，防包颈穗，促抽穗。

（4）做好排灌工作　积水田要开深沟，防止积水，一般田要浅水勤灌，适时搁田，使水稻生育健壮，提高抗病能力。

（5）药剂防治　防治方法参见稻瘟病。可结合其他稻病进行种子消毒，以减少菌源。田间喷药结合防治稻瘟病可兼治本病。鞘腐型可在防治稻瘟病时兼治。紫鞘型防治时期在抽穗 6% 左右时，喷药 1 次。可喷洒 50% 苯菌灵可湿性粉剂 1 500 倍液，隔 15 d 喷 1 次防治 1 次或 2 次。此外，还可选用 0.02% 高锰酸钾溶液，防效 70%；或 50% 丰米超微可湿性粉剂，用药 1 125 g/hm²，防效 60% 左右；比多菌灵、三唑酮、三环唑防效高。提倡使用 40% 禾枯灵可湿性粉剂，用药 900～1 125 g/hm²，兑水 60 kg 喷雾，还可兼治水稻紫鞘病、叶尖枯病、稻曲病等。

（6）改进杂交稻制种技术　稻株破口抽穗期喷施赤霉素稀释 1.5 万～2 万倍液，以促进稻穗伸长，防止包颈；孕穗至抽穗期用 50% 多菌灵，或 50% 甲基硫菌灵 1 000 倍液，或 40% 异稻瘟净 600 倍液喷雾，可收到良好的防治效果。

（九）稻粒黑粉病

稻粒黑粉病又称墨黑穗病，俗称黑粉谷、乌米谷等。主要发生在日本、缅甸、印度尼西亚、尼泊尔、菲律宾、泰国、越南和中国。中国主要稻区均有发生，自20世纪70年代中期推广种植杂交水稻以来发病日渐普遍，尤以杂交水稻制种田受害严重，一般病粒率5%～10%，重病田块高达50%以上，严重影响制种的产量和质量。

1. 症状

稻粒黑粉病在水稻成熟前才可见到病粒。病菌侵害稻穗的单个谷粒，一般每穗1～2粒多至十数粒至几十粒。病谷米粒全部或部分被破坏，变成青黑色粉末状物，即病原菌的厚垣孢子。一是病谷不变色，只在外颖背线基部近护颖处裂开出白色舌状的残余物，裂口近旁常黏附着散出的黑色粉末；二是病谷不变色，在内外颖合缝处裂开，露出黑色圆锥形角状物，破裂后，散出黑色粉末；三是谷粒变暗绿色或暗黄色，不裂开，似青粒，手捏有松软感，浸泡水中即显黑色，可与健粒区别。有时病谷仅局部遭破坏，若种胚尚保持完整，仍可萌发，但出苗细弱。邓根生等（2000）采用聚集度指数，以及Iwao、Taylor法研究了稻粒黑粉病病株在稻田的空间分布，结果表明，稻粒黑粉病病株在稻田的空间呈聚集分布。

2. 病原

稻粒黑粉病菌 *Neovossia horrida*（Takahashi）Padwick et Azmat Khan.［= *Tilletia horrida* Tak.］，厚孢子球形，黑色，大小（25～32）μm×（23～30）μm。孢子表面密布无色或淡色的齿状突起，在显微镜下呈网状，略弯曲，基部宽2～3μm，高2.5～4μm。外围往往有透明的残余物。不育细胞圆形至多角形或长圆形，无色或淡黄色，大小15～23μm，膜厚1.5～2μm，有1短而无色的尾突。厚孢子经5个月的休眠期后，在充足的水湿、30℃左右的温度和一定的光线条件下即可萌发。发芽时长出无色先菌丝，其顶端轮生许多指状突起，小孢子集生突起上，数目多达50～60个，线状，稍弯曲，无色透明，无分隔。小孢子萌芽生菌丝或次生小孢子，香蕉状或针状，能侵染发病。

3. 侵染循环

病菌以厚垣孢子黏附在种子内、外和散落田间，越冬种子带菌随播种进入稻田，土壤带菌是主要菌源。田间越冬菌量以连年制种田的菌量大，每平方米多达2亿～4亿个。该菌厚垣孢子抗逆力强，自然条件下能存活1年，在贮存的种子上能存活3年，55℃恒温水中浸10 min仍能存活，通过家禽家畜消化道病菌仍可萌发，该菌需经过5个月以上休眠，气温高于20℃，湿度大，通风透光，厚垣子即萌发，产生担孢子及次生小孢子。借气流传播到抽穗扬花的稻穗上，侵入花器或幼嫩的种子，在谷粒内繁殖产生厚垣孢子。病菌主要在水稻开花至灌浆期侵染，高峰为盛花期。病菌从花柱进入子房，再侵入珠心组织，菌丝在其中生长蔓延，病菌入侵花器后2 d，子房内出现树脂状膨大菌丝，3 d形成雏形厚垣孢子，4～5 d后厚垣孢子变褐色，6 d形成小刺，11 d病粒破裂露出黑粉，掉落田间或黏附种子上越冬。邓根生等（1996）对稻粒黑粉病侵染时期及防治进行研究，人工套袋考种和人工接菌观察结果表明，稻粒黑粉病主要侵染时期在水稻齐穗至灌浆初期。

4. 发病因素

水稻从抽穗至乳熟，特别是在水稻开花期间，如遇连续阴雨，湿度大，温度25～30℃时，有利于病菌侵染。水稻孕穗至抽穗开花期及杂交稻制种田父母本花期相遇差的，发病率高，发病重。此外，施用氮肥过多也会加重该病发生。在杂交制种不同组合中，存在着母本内外颖最终不能闭合的现象，称作开颖。一般开颖时间长、颖壳张开角度大、柱头外露率高、外露时间长的制种田母本发病重。邓根生等（1999）关于稻粒黑粉病主要发病因素及防治指标研究结果表明，杂交稻品种及其不育系、同一不育系的不同播期、不同施肥量及气候与稻粒黑粉病发病关系密切，而插植密度与发病关系不密切。

5. 防治方法

（1）实行检疫　严防带菌稻种传入无病区。

（2）种子消毒　明确当地老制种田土壤带菌与种子带菌两者作用的主次。以种子带菌为主的地区，播种前必须用10%盐水选种，汰除病粒，然后进行种子消毒，消毒方法参见稻瘟病。

（3）实行2年以上轮作　病区畜禽粪便制腐熟后再施用，防止土壤、粪肥传播。

（4）栽培管理　避免偏施、过施氮肥，制种田通过栽插苗数、苗龄、调节出秧整齐度，做到花期相遇。孕穗后期喷洒赤霉素等均可减轻发病。

（5）选用抗病品种　在杂交稻的配制上，要选用闭颖的品种，可减轻发病。

（6）药剂防治　杂交制种田或种植感病品种，以及发病重的地区或年份，于水稻盛花高峰末期和抽穗始期，各喷1次灭黑1号（多菌灵＋烯唑醇）胶悬剂250倍液。轻病则于盛花高峰末期喷1次即可。据湖南省农业科学院介绍，应用20%三酮乳油1 000～1 500倍液喷雾，于水稻始花和盛花期各防治1次防病效果较好；也可用20%三唑酮可湿性粉剂。使用三唑酮时应避开花期，于下午施药以免产生药害。邓根生等（1996）开展的稻粒黑粉病药剂防治试验结果表明，18.7%灭黑灵（多菌灵＋R-烯唑醇）用450 g/hm² 防效最高，达93.24%；参试药保产结果表明，灭黑灵、灭黑1号及禾枯灵［多菌灵（35%）·三唑酮（5%）］保产最明显，最高达18.12%，经济、社会效益十分明显；稻粒黑粉病多点试验、示范结果表明，灭黑灵在各点的防效均在69%以上，是参试药剂中防效最高的，可大面积推广。江苏省农业科学院研制的三唑类复配剂18.7%灭黑灵可湿性粉剂30 g，兑水30 kg，于制种田母本抽穗30%～50%时，喷细雾防治1次，效果很好。也可在水稻穗期喷洒25%丙环唑乳油2 000倍液，还可兼治纹枯病、稻曲病、叶鞘腐败病。此外，用30%苯甲·丙环唑乳油225～300 mL/hm²，兑水450 kg，于水稻破口前3～7 d和始穗期各施药1次，防治效果达到90%左右，显著优于常用农药。

（十）水稻赤霉病

引起小麦赤霉病的真菌也侵染水稻，引起与小麦赤霉病相似的症状，在水稻上的症状发现于颖壳和叶片上，这一点是意大利由卡特略 1877 年提出的。此后在巴西、中国、印度和乌干达曾有记载。邓根生等（2010）分别于 2008 年 9 月在汉中市洋县，2010 年 9 月 4 日在汉中市勉县稻田发现该病为害谷粒。该病不经常引起严重损失，但在有利病害发生的条件如高湿度下可能严重。

1. 症状

染病颖壳上产生病斑或变色，起初白色，后变黄色、赤色或洋红色。有时整个籽粒都受害。这些病斑生出分生孢子座和大量分生孢子。受侵染的籽粒轻、皱缩而脆，往往不能萌发，即使能够萌发的也长出病苗。病菌还能侵害茎节，使其变黑和崩解，并使茎秆枯萎和破裂。邓根生等（2010）研究发现，发病秧田秧苗表现枯心，在田间呈条带状分布，叶鞘均正常，剥开叶鞘后，植株第 2 节变黑朽腐，易于折断，严重者第 2 节间变褐腐烂，其症状与节瘟症状相似。

2. 病原

稻赤霉病菌 *Gbberella zeae*（Schw.）Petch 属子囊菌亚门球壳目赤霉属、玉蜀黍赤霉；子囊壳蓝黑色，卵形。子囊孢子纺锤形，直或略弯，两端钝圆，多数为 3 个隔膜，大小（18～27）μm×（3.4～5）μm。无性态为 *Fusarium graminearum* Schwabe，属半知菌亚门瘤座孢目镰孢属禾本科镰孢。分生孢子层为密丝组织，有各种色泽，多为橘红色。分生孢子镰刀，稍弯，两端尖，3～5 个膈膜，大小（30～60）μm×（3.5～5.5）μm。寄主植物有水稻、小麦、大麦、玉米等禾本科植物。

3. 侵染循环和发病因素

此菌在生理上与小麦赤霉病相似，生长适温为 28℃左右，侵害水稻以 20～24℃时最适宜。病菌主要在开花期侵染谷粒，乳熟后就较难侵染。花期遇连续阴雨天气有利于发病。

4. 防治方法

本病发生不普遍，一般只要结合防治稻瘟病、胡麻斑病等穗期病害防治即可。邓根生等（2013）指出，水稻赤霉病以为害稻株为主，为害稻穗或谷粒较轻，所以在水稻营养生长阶段的发病初期，可用多菌灵或硫菌灵防治；在以稻穗或谷粒为害为主的地区，可于水稻抽穗扬花期用多菌灵或硫菌灵防治。

二、细菌性病害

水稻由细菌引起的病害，全世界已报道 12 种。国内已知水稻细菌病害有 6 种，即白叶枯病、细菌性基腐病、细菌性条斑病、细菌性褐条病、细菌性褐斑病和细菌性粒腐病。其中，白叶枯病是全国水稻三大病害之一，常区域性流行，形成局部性灾害。20 世纪 70 年代初就曾连续 3 年在长江流域大流行，损失惨重，重病稻田几乎绝收。另外，20 世纪 60 年代尚在争论，至 70 年代末才明确的水稻细菌性基腐病，已知从东北稻区黑龙江省直至华南稻区广西、云南均有发生，重病地区株发病率高达90%以上。但由于本病菌主要侵害地下部根系和根节部，轻病株仅影响千粒重，重病株的枯心苗、枯孕穗和青枯穗又常易误诊。因此，较多地区对该病的为害认识不足，还有待进一步提高认识。陕西省水稻种植细菌性病害主要有稻白叶枯病、稻细菌性基腐病等。

（一）白叶枯病

白叶枯病俗称茅草瘟、白叶瘟等，19世纪末首先在日本发现，是水稻上的重要病害之一。水稻因受白叶枯病的为害所致的损失，一般约为10%，发病重的可达50%～60%，甚至90%以上。发病轻重和对水稻影响的大小与发病早迟有关。抽穗前发病，顶叶枯死，往往造成瘪粒、青米粒增加，千粒重降低，对产量影响很大；灌浆后发病，则损失较小。

白叶枯病最早于1884年在日本福冈地区发现。20世纪50年代以来，发病范围扩大，目前白叶枯病的发生范围已遍及世界各水稻产区，在欧洲、非洲、美洲、大洋洲、亚洲都有发生，而以日本、印度、中国发生较重。流行年份稻叶焦枯，造成严重减产。白叶枯病一般在沿海、沿湖、丘陵和低洼易涝地区发生较为频繁，籼稻发病重于粳糯稻，单季中稻重于单季晚稻，多发生在孕穗至抽穗阶段，提前发病可使抽穗延迟，穗形变小，粒数减少。孕穗后发病，粒重减轻，不实率增加。病株结实差，青粒多，米质松脆，出米率低，发芽率也低，分蘖期出现凋萎型白叶枯病，造成稻株大量枯死，损失更大。

1. 症状

白叶枯病主要为害叶片，严重时也可侵害叶鞘。由于病菌侵入时期、侵染部位、环境条件和品种抗病性的不同，表现的症状也各异。

（1）苗期症状　由带病种子育成的秧苗，以及病菌自幼芽、胚根的伤口或从苗叶的水孔侵染的秧苗，在早、中稻秧田中，由于温度低，菌量少，病情发展缓慢，一般并不表现症状。这种已感染而未表现症状的秧苗称为"带菌苗"。把带菌苗移栽到本田后，遇到适宜条件就出现明显的症状，成为本田的发病中心。

（2）成株期的症状　可以分为以下5种类型。一是叶缘型，为最常见的典型病斑。发病初期，先在叶尖或叶缘出现针头大小的黄绿色或暗绿色水渍状侵染点，在侵染点周围迅速形成淡黄白色短线状病斑继续扩展，沿叶缘两侧或中脉向上下延伸，形成黄褐色长条状病斑最后呈枯白色。病斑边缘常呈不规则波纹状，与健部界限明显。病斑症状常因品种而异。籼稻上的病斑多为橙黄色或黄褐色，粳稻上的病斑多为灰白色。另外，在病健交界或病斑的前端还有黄绿相间的断续条斑，也有在分界处显示暗绿色变色部分。这些特征都与机械损伤或生理因素造成的叶端枯白有区别。二是急性型，为常见的症状类型。主要发生于多肥栽培、易感品种或温度极有利于病害发展时。病叶先产生暗绿色病斑随后迅速扩展使叶片变灰绿色，并向内侧卷曲，失水呈青枯状。在种植感病品种、高肥水平或温湿度适宜的情况下病害容易发生，多见于上部的叶片，不蔓延到全株。此种症状出现，表示病害正在急剧发展。三是凋萎型，又称枯心型，一般不常发生。1963年湖南省首先观察到这种症状，经湖南试验证明是系统侵染的结果。多见于杂交水稻系统及一些高感品种，常在秧田后期或本田分期发生，与菌量大或根基部受伤有关。病株最明显的症状是心叶迅速失水、内卷、青枯而死，很似螟害造成的枯心苗；有的病株随着病势的进展可使主茎及分蘖的其余叶片相继凋萎。一丛内有时主茎或者 2 个以上分蘖同时发病，心叶失水青枯，随即凋萎而死，其余叶片也先后青枯卷曲然后全株枯死；也有仅心叶枯死，其他叶片仍能正常生长；也有先从下部叶片开始发病，再向上部叶片扩展，与因螟虫造成的枯心苗极为相似，但基部无虫蛀孔。解剖病株在内腔泌有大量菌脓；病叶的叶鞘基部，特别是连接假茎的近水面部位，常呈黄褐色病变，自外而内逐步入侵。当假茎受到严重侵染时，茎节部位变褐色。剥开病叶，切断病节或病叶鞘，用手挤压可溢出大量黄色菌脓。切片镜检，也可见到病组织的维管束内充满细菌。严重田块的生育后期，除有凋萎枯心外，还可出现因茎节受害或剑叶枯死而引起与螟害近似的"枯孕稻"或"白穗"。四是中脉型，亦系湖南首先观察到的一种系统侵染症状。水稻自分蘖期或孕穗期起在剑叶或其下一二叶，少数在 3 叶的中脉中部开始表现淡黄色症状。病叶两侧有时相互折叠。病斑沿中脉逐渐往上下延伸可上达叶尖，下至叶鞘，并向全株扩展成为中心病株。此病株往往未抽穗即死去。五是黄化型，为不常出现的一种症状。初期心叶并不枯死，可以平展或部分平展，其上常有不规则形的褪绿斑，进而发展为枯黄的小块或大块的病斑。病叶基部偶有水渍状断续的小条斑出现，可检查到病菌。

上述各类型病叶，在天气潮湿或晨露未干时，常在叶缘或新病斑表面排出蜜黄色带黏性的菌脓。干燥后，成鱼籽状的菌脓易掉落田间，并溶散于水中随水流传播而侵害健苗。

2. 病原

稻白叶枯病原细菌 *Xanthomonas oryzae* pv.oryzae（Ishiya-ma）Zoo（1990）是稻黄单胞杆菌 *Xanthomonas oryzae*（Ishiyama）Dowson（1943）中的致病变种。菌体单细胞，短杆状，两端钝圆，大小为（1.0～2.7）μm×（0.5～10）μm，单鞭毛，极生或亚极生，鞭毛长 6～9 μm，宽约 30 μm。革兰氏染色反应阴性。不产生芽孢和荚膜，但在菌体表面有黏质的胞外多糖包围，使菌体互相粘连成团。病菌生长比较缓慢。一般培养 2～3 d 甚至 5～7 d 后才逐渐形成菌落。在肉汁胨琼脂培养基上的菌落为蜜黄色，能产生非水溶性的黄色素。菌落圆形，周边整齐，质地均匀，表面隆起，光滑发亮，无荧光。

3. 生理生化特性

病菌好气性，能利用多种醇、糖等碳水化合物产酸；适合的碳源是蔗糖，谷氨酸是适合利用的氮源，不能利用淀粉果糖和糊精等；能轻度液化明胶，产生硫化氢和氨；不产生吲哚，不能利用硝酸盐、石蕊牛乳变红色；病菌生长温度范围 17～33℃，最适生长温度 25～30℃；最低最高生长温度分别为 5℃和 40℃ 10 min；致死温度在无胶质保护下（潮湿状态）为 53℃ 10 min，在有胶质保护下（干燥状态）为 57℃ 10 min。病菌生长最适宜的氢离子浓度为中性偏酸（pH 值 6.5～7.0）。噬菌体，寄生在细菌和放线菌等微生物上的一种病毒，外结构为蛋白质外壳，内为脱氧核糖核酸（DNA）等成分。当细菌被噬菌体寄生后,细胞壁溶解或破裂细胞消失。在液体培养基中能使混浊的菌液变清;在固体培养基平板上,表现为透亮的无菌空斑,称为溶菌斑或噬菌斑。凡有白叶枯病菌存在的场所,如病田的土壤、田水,或感病的稻叶、茎和种子内,甚至灌溉水和打谷场上,几乎都有白叶枯病菌的噬菌体存在,并对白叶枯病菌有相应的专化寄生性和稳定性,而且数量与白叶枯病菌的数量或正相关,在病菌多的情况下,噬菌体的数量也多。因此,可以利用噬菌体来检验白叶枯病菌的有无或多少。目前,已成为应用于检验和预测白叶枯病发生和流行的一种重要方法。

4. 侵染循环

越冬及初冬染源。本病的初次侵染来源,主要是带病稻草、病稻种和残留田间的病株稻桩。一是来源于系统侵染,病菌通过稻株维管束输导至种子内;二是在水稻抽穗开花时,病菌借风雨露滴飞溅,沾染稻穗,渗进谷粒,寄藏在颖壳组织内,或胚和胚乳表面越夏越冬。在干燥贮存条件下,据四川、云南用噬菌体测定,可活 8～10 个月,直到第二年播种季节。不过在贮存期,病菌会逐渐死亡,到播种时,种子带菌率很低。但由于播种量大仍有足够的传病来源。病稻草传病,由于从干稻草上分离病菌很难成功,后经江苏研究,剪取一段病稻草,插入湿的河沙内保湿,取剪口上溢出的菌脓接种,引起稻苗发病取得了稻草传病的依据。目前已明确稻草传病能力与其存放条件有关。干燥贮存,在江苏、广东、湖北病菌可存活 7～9 个月,在云南元江可存活 11 个月,在陕西可存活 1 年零 5 个月。存活率高,传病率也高。如果稻草散放田野场地,受日晒雨淋影响,病菌随稻草腐烂而很快死亡,即失去传病能力。病稻桩传病,特别是高度感病的品种或杂交稻,在田间残留的稻桩内潜存大量病菌,冬后形成干结菌脓,用少许灭菌水稀释,针刺接到稻苗上即可发病。综上所述,白叶枯病的初次侵染菌源,老病区以有病稻草和残留的稻桩为主,新病区以稻种为主。

5. 传播特点与发病过程

在稻草、稻种上的病菌,到翌年播种期间,一遇雨水,便随水流传播。对初次侵染途径有几种看法;一种认为病种萌芽时首先感染芽鞘,当真叶穿过芽鞘接触病菌时,叶尖即受侵害而成带菌苗;另一种认为根部先受病菌污染,再从茎基叶鞘基部的伤口侵入;还有一种认为稻苗叶鞘上有部分开张的变态气孔,病菌可以由此侵入,能到达维管束的,就在内繁殖运转直至发病,到不了维管束的,就在组织内繁殖,并泌出体外进行再侵染。上述早期进入稻体内的病菌,在维管束内繁殖转移过程中,当被局限于一处时,所表现的症状是局部的,如常见的叶部病斑,称为局部侵染;当病菌沿维管束输导到其他部位,有的就表现为枯心或全株凋萎等,有的即使未表现症状,但在叶、叶鞘、茎穗等部均有细菌存在,这种全株性的,称系统侵染。1964 年湖南用人工分别接种水稻芽鞘,第一至第四片真叶及不定根等,和 1975 年以 3P 标记白叶枯病菌浸根,都指出病菌可以向地上任何部分扩展,形成系统侵染。1976 年湖北亦以 P 标记试验得出浸秧根和针刺主脉能系统侵染,但针刺叶肉则只出现局部侵染,从而证明了在一定条件下,系统侵染确实存在,不是前人所作的只有局部侵染的结论。在病区,田间传病来源很广,除了带病种子外,还有带病稻草等。如用病稻草裹秧包覆盖或下垫催芽堆、搓秧绳、扎秧把、堵涵洞、水口或还田作肥料等，都有机会与水接触，病菌随之大量释放出来。据测定，水中的细菌，在28℃水温下可活4 d，21℃下可活10 d以上。由此可知，水孔和伤口等是入侵的主要途径，秧苗期是建立初次侵染的关键时期。灌溉水和暴雨是病害传播的重要媒介。秧田期淹水，会加重秧苗的感染，淹水的次数愈多，病苗数量愈大。发病快慢与品种的抗病性、菌量的多少、温度的高低、湿度的大小有关，其中，品种的抗性是主要的。对感病品种来说，菌量多，温度适宜，湿度大，病害潜育期就短。日平均温度稳定在25℃以上时，潜育期7~8 d；遇暴雨，可缩短至5 d；在23℃左右时约14 d；低到20℃左右，则需要20 d以上。病害在大田发展后，病叶从组织里泌出的菌脓愈来愈多，不断引起重复侵染。病菌从感染发病到排菌再传染的循环周期约10 d，发病具骤发性高潮，故在环境条件适宜时，短期内能导致全面暴发流行。病菌能借灌溉水、风雨传播到较远的稻田。低洼积水、大雨涝淹以及串灌、漫灌往往引起连片发病。在风雨交加时，病菌可依风速强度和风向传播，传播半径60~100 m；晨露未干时进出病田操作或沿田边行走都能带菌，助长病害扩散。

6. 流行规律

白叶枯病发生的先决条件是有足够的菌源。至于病害流行与否和流行程度，则受品种抗病性、气候条件和栽培因素等影响。

（1）品种　在目前栽培的品种中，还未发现有免疫的，只是品种间的抗病性有着明显的差别。现已研究明确品种抗性表现与生育期有关，一类是全生育期抗性，即苗期到穗期的各期都具有抗病性，如IR_{26}等；另一类是成株期抗性，即苗期无抗病性，要到第10片叶左右时，才表现出抗性。因此，利用品种抗性的特点，选栽抗性品种和合理安排抗病品种布局，就可达到控制或明显减轻发病的目的。不过在应用抗病品种上，目前尚存在以下几个问题：一是抗病性随品种种植时间的增长而减退，例如江苏、浙江、上海开始推广农垦58时，其抗病力很强，经过10年左右有的已无抗病力，感病较重。二是品种抗病力对地区的优势小种反应不同，例如IR_{26}在全国大部分稻区高抗，但在广东、福建一些稻区，由于C_5小种的出现已见感病，因此，今后育种工作必须注意广谱抗病性亲本的选择。三是高产与抗病的矛盾不易统一，故高产抗病的品种并不多，兼抗稻瘟病以及病虫兼抗的更少。解决这些问题，对抗性品种的利用前途至关重要。

（2）气候　本病一般在气温25~30℃、相对湿度85%以上、多雨、日照不足、风速大的气候条件下暴发流行。20℃以下、30℃以上发病就会受到抑制。天气干燥，相对湿度低于80%，则不利于病菌的繁殖。高湿条件对病菌的繁殖很重要。早稻前中期、晚稻中后期，如遇长期阴雨，稻叶上菌脓多，叶面保持潮湿时间长，气温虽低到20~22℃，病害仍可流行。狂风暴雨的袭击往往加速病害的扩散，加重病势。

（3）栽培　稻株的幼穗分化期和孕穗期是两个比较容易感病的生育期。在此期间，如绿肥压青量大或偏施速效氮肥，特别是化肥过多，稻株生育过茂，浓绿披叶，则易严重发病。其原因与植株本身的新陈代谢受到干扰有关，表现为细胞内部生理生化的改变，蛋白质氮化合物大量降解，游离氨基酸尤其是酰胺类化合物和胱氨酸含量的增加，助长和加速病菌的繁殖；同时也由于这两个生育期分蘖的骤增，茎叶的成长，株间通风透光度明显减弱，湿度显著增加，有利于病害的发生和发展。绿肥压青量多还容易引起根部窒息中毒，削弱稻株的抵抗力。水的关系同样重要。水是白叶枯病菌侵入稻体和传播蔓延的重要媒介。淹水和串灌、漫灌不但直接有利传病，而且同时促成土壤还原性强，有毒物质不断累积，以致生理上受影响而产生根衰、黑根多，活力相对下降，减弱稻株抗病力，易于感病。浅水勤灌，结合干田，增强稻株抗逆力，可减轻受害。

7. 防治方法

白叶枯病发生的特点是病菌来源广，传播途径多，侵染时间长，情况比较复杂，因而依靠单一的防治方法不易取得成功，必须因地制宜，实施以抗病品种为主体，协调秧（培育无病壮秧）、水（防淹防串灌）、药（控制发病中心）的综合防治对策。

（1）选用抗病品种　利用品种抗病性控制白叶枯病是经济有效、切实可行的办法。选用抗病品种不是一劳永逸的。为了延缓抗性的退化，要注重选种，提纯复壮，以提高品种纯度和保持其原有特性。王晓娥等（2002）对来自全国各地的杂交、常规及杂交亲本材料共10 395份进行白叶枯病害抗性鉴定试验，结果表明，表现高抗（0级）和高感（5级）的材料均为极少数，大部分表现中抗到中感（2～3级）；粳（糯）型稻对白叶枯病的抗性较籼稻好，抗原比籼型稻丰富；研究同时筛选出协优413、特三矮二号、双抗77020等40份（次）高抗白叶枯病的品种。

（2）清除病菌来源　一是严格执行检疫制度，防止带菌种子传入无病区，必须种时应先进行小面积种植，证明无病后再扩大；同时，要坚持选种和种子消毒，根据具体情况，可用1% 石灰水浸种2 d（宜于晚稻），或用80% 抗菌剂402乳油2 000倍液浸种2 d，也可用福尔马林50倍液浸3 h，或闷种处理洗净再催芽，以上种子消毒方法都可兼治由种子携带的其他病害。二是妥善处理病稻草，不让病菌有接触种、芽、苗等机会。重病田稻草和打场的残体、谷等应先处理。如做肥料，宜采用高温堆肥或草塘沤制，促使充分腐熟。应避免直接还田，以免病菌扩散。病区还应强调不用病草扎秧把，不用病草做草套围秧，不用病草做浸种催芽覆盖物，不用病草堵塞水口和涵洞，不用病草铺垫拖拉机道路等。打谷场及村庄附近应开截水沟，防止菌水流入进水渠，污染秧田和大田。三是狠抓秧田预防工作，严防秧苗受淹。秧田位置事先应有计划地选择在背风向阳（早稻）、地势高而开阔、水源近、排放方便、远离三边（村庄、打谷场、牛栏）的田块；中晚稻秧田应尽量分片集中，不与早稻病田插花，以防传染。秧田整地要平整。采用通气湿润或旱育秧方式，用绿肥或草木灰等盖种，做好防寒保温工作。开好平水缺口，防止大水淹苗。要把管好秧苗水作为育秧防病技术上一个重要环节来抓。同时，根据秧田病情检查及预测，在秧苗3叶期及拔秧前数日各喷药一次，消灭初侵染源，保护秧苗不带病到大田。

（3）采用优良农业措施，协调肥水促控关系　一是健全排灌系统，搞好水浆管理。首先结合平整土地，修筑坪堤治理河渠，实现沟渠配套，排灌分开，增强排涝防洪能力，建成旱涝保收高产稳产防病农田。在此基础上，切实抓好科学用水，水既能传病，也能控病。适时适度进行晒田，对抑制病害尤其重要。晒田的标准是"田边有裂，新根露白,叶色褪淡,脚踩不陷。"但晒田过度,又会加重病情,造成减产。管水的要求是浅水(前期)、湿润(后期)与晒田(中期)相结合,采取返青养苗水(2～4 cm)、分蘖润泥水、苗足放干水(晒田)、孕穗扬花不断水、穗期"跑马水"的科学管水方法。要切实做到严防深灌、串灌和大水涝淹,真正做到"田外排水沟,田内丰产沟,灌排顺沟流"。二是根据叶色变化,科学施用肥料,具体方法可参阅本书稻瘟病关于用肥方面的介绍。三是合理安排品种布局,改变病区面貌。品种布局是否适当与病害流行有密切关系。

(4) 药剂防治　根据病情测报,及时喷药防治,控制病害发展蔓延。当田间病害进入点发阶段,或根据预报病害即将发生,而气候条件又适于发病时,特别是在狂风暴雨发生后,应发动群众进行全面普查,并立即组织喷药防治。喷药前,首先要排水搁田并暂停追肥,以改善稻株生育环境,增强稻株抗病力并防止病菌随水流窜,助长传播;其次是带药下田侦察,及时喷药封锁发病中心,但须在露水干后进行,防止人为传播病菌。在当前的杀菌剂中,只有噻枯唑、噻唑锌等对人畜安全,防治白叶枯病有效。施药期要点:秧田期在3叶期和移栽前各喷药1次,大田出现发病中心时挑治,控制在点发阶段。暴风雨后,对病区的感病品种必须立即用药普治。用20%噻唑锌悬浮剂1 125～1 500 mL/hm²或25%噻枯唑可湿性粉剂1 125～1 500 g/hm²兑水,叶面喷雾。

(二) 细菌性基腐病

水稻细菌性基腐病过去未见诸正式报道,实际上此病症状早在20世纪60年代就已发现,直到70年代末才引起人们的注意,现已知在国内分布很广。浙江省80年代初中期曾普遍发生且发病严重,在分蘖至拔节期造成枯心苗、枯死株,严重影响单位面积的基本苗数,孕穗至抽穗期引起枯孕穗、半枯穗和枯穗,秕谷率大大增加,千粒重显著降低。此病已成为某些地区水稻生产的严重威胁。因该病的主要特征是茎基部变黑腐烂,故有人认为它是由不良环境所引起的生理性病害,同时因为稻苗分蘖期至拔节初期的症状为枯心苗,孕穗期为"胎里死",易被误认为螟害或白叶枯病的急性凋萎型。水稻发病后,分蘖至拔节初期造成稻株枯死,严重影响基本苗数;孕穗以后引起枯孕穗、半枯穗和枯穗,秕谷率增加,千粒重显著降低,使产量锐减。

1. 症状

水稻细菌性基腐病的主要特征是根节部和茎基部变深褐色腐烂。一般在水稻分蘖期开始发生,田间常先出现1丛只有1～2株的零星病株。病株先在近土表基部叶鞘上产生水渍状椭圆形、长梭形或不规则形病斑,后渐向上扩展成边缘褐色、中间枯白色的不规则形大型病斑,可延及大部叶鞘,基部老叶略呈淡黄色。剥去叶鞘,可见茎基部特别是根节部变褐色至黑褐色,有时仅在节间出现深褐色纵条斑。严重的病株心叶青卷,随后枯黄,酷似螟害枯心苗。此后,这种枯心株基部进一步变黑褐色腐烂,极易拔断,并有一股难闻的恶臭,其叶片自上而下依次枯黄,直至全株枯死。拔节以后,病株节间伸长受阻,叶枕距缩短,较健株明显矮缩,叶片自下而上枯黄,重病株枯死或造成枯孕穗白穗，轻病株秕谷率增加，千粒重降低。病株茎基部变色程度，晚稻常比早稻浅，有些呈水渍状淡褐色，但晚稻变色长度常可延伸至倒二节间，早稻多停留在根节部和倒四、倒五节间；早稻中、后期和晚稻前中期病株的臭味比较浓烈，而到晚稻后期，由于气温低，臭味不明显，特别是断水过早的干燥田块其病株几乎闻不到臭味。晚稻乳熟期遭遇较大风时，由于根节部组织变褐坏死，水分输送受阻，蒸腾大于吸收，常使病株叶片突然失水，萎蔫内卷，全株呈青灰色，无光泽，很像已割倒一天的青稻。这种青枯病株在田间多呈零星分布，病健交错现象明显，甚至一丛中仅数株青枯。

2. 病原

病原为菊欧氏杆菌玉米致病变种 Erwinia chrysanthemi pv.zeae（Barkh.）Victoria et al., 菌体单生，短秆状，两端钝圆，大小为（0.6～0.8）μm×（2.6～3）μm，周生多根鞭毛，无芽孢和荚膜，革兰氏染色反应阴性。在牛肉浸膏蛋白胨琼脂培养基上，28℃温度下培养24～48 h后出现菌落，呈假根状或变形虫状，边缘不整齐，表面稍凸起，不透明，色暗淡。菌苔成直线形，边缘有锯齿状凸起，其色泽初为乳白色；随着菌龄的增长逐渐变成淡土黄色，表面稍皱缩，无光泽。在反射光下观察，菌落有网络状闪光花纹。在金氏 B 培养基上无荧光反应。厌气生长。致病性类型为软腐，能使马铃薯薯片腐烂，并有难闻的恶臭。此菌不仅能在37℃中生长，还能在39～40℃生长；果胶酸盐降解产生杯状垂直凹陷；卵磷脂酶测定，其菌落周围能见到不透明区；磷酸酯酶测定，菌落变粉红色；对红霉素敏感，产生抑制圈。

3. 侵染循环

本病的侵染循环尚未完全搞清楚。据初步研究，病原细菌可在病稻草、病稻桩和病杂草（如千金子、碎米莎草等）上越冬，种子不带菌。翌年，越冬的病原细菌可从叶片上的水孔、伤口、受伤的叶片和根系侵入，以根部的茎基部伤口侵入为主。侵入后主要在根基的气孔中作系统侵染，在水稻整个生育期中可重复侵染，扩大为害。早稻秧田期由于气温低，秧苗并不发病，一般要在移栽后稻苗进入分蘖盛期才开始呈现症状，至抽穗期达到发病高峰。晚稻秧田期就开始发病，孕穗期进入发病高峰，一般发病晚稻重于早稻，据报道杂交稻发病也重。

4. 流行规律

本病的发生、发展与水稻品种、秧苗素质、肥水管理、气候条件都有关系，尤以品种和秧苗素质的关系最为密切。

（1）品种　经大面积调查和不同品种的抗性试验，水稻不同类型和品种间的抗病性有明显差异。一般早熟品种重于中、迟熟品种，糯、粳稻重于杂交稻。

（2）秧苗素质　首先，要求秧苗粗壮，壮秧移栽后返青快，分蘖早，长势良好，抗病性就强。其次，拔秧质量要好，即秧苗要求易拔、易洗，务使秧苗根系和基部损伤较轻，减少病菌的侵染机会，发病就轻；反之，则严重。

（3）插秧质量　插秧质量不好，稻苗返青慢，分蘖迟，抗病性就差，特别是深插的影响更大。

（4）肥水管理　肥料的种类和数量与细菌性基腐病的发生发展密切相关。凡偏施或过多、过迟施用氮肥，稻苗过于旺嫩的发病较重；增施磷肥也不能减轻发病。但增施有机肥，特别是增施钾肥，则有明显延缓发病和减轻为害的作用。从大面积生产情况看，地势低洼、土壤黏重、排水不良、通气性差的田块发病较重。一般来说分蘖期浅水勤灌，适当结合露田，分蘖末期适度搁田，后期干干湿湿保持土壤湿润的发病轻。

（5）气象因素　本病病原适宜于较高温度，温度左右着发病开始的时间和轻重的程度。绿肥田稻前期气温低，秧田期不发病，移栽后还需 20 ~ 30 d 才始见病株，病情发展也缓慢，且病情初见期与 5 月平均气温 20℃以上的出现时间有关。高温早到的年份病害早发。

5. 防治方法

根据本病均是侵害稻株地下部、并能不断从根基和茎基部伤口入侵、药剂防治较难奏效，以及菌源广泛等特点，目前对本病的防治必须以选用抗病品种为中心，狠抓培育壮秧为重点的农业防治措施。

（1）选用抗病高产良种　选用抗病品种是防治细菌性基腐病的经济有效的措施。

（2）提高秧苗素质　培育壮秧是减轻本病为害的重要措施。在抓好晒种、选种、催芽、稀播的基础上，采用湿润育秧，适当增施磷、钾肥，确保秧苗粗壮，提高抗病力；并在移栽前重施"起身肥"，使秧苗易拔易洗，避免秧苗根系和基部损害过重，减少病菌的侵入机会。

（3）提高插秧质量　插秧力求插得浅、匀、直，防止深插，避免败苗，促使稻苗返青快，分蘖早，增强稻苗抗病力。

（4）加强肥水管理　合理施肥和科学用水方面的要求与稻瘟病、纹枯病防治基本相同，但对本病要特别强调及早增施钾肥，促使稻株健壮生长，可明显减轻病害的发生；在用水上要特别注意稻乳熟期间的气象预报，一旦有大风，应抢在刮大风前，立即适当灌薄层水，防止病株失水青枯，以减轻为害。

（5）药剂防治　可选用具有保护和治疗作用的 20% 噻唑锌悬浮剂。

三、干尖线虫病

最早报道的水稻线虫病为稻潜根线虫病、稻茎线虫病和稻干尖线虫病。迄今为止，全世界已知与稻作发生联系的寄生线虫 30 余种，其中潜根线虫属（*Hirschmanniella*）在世界各稻区普遍发生，仅此 1 属就已报道有 20 多种。国内对水稻线虫病的研究开展得较迟，有关稻干尖线虫病的发生和防治技术始于 1949 年。进入 20 世纪 70 年代后，陆续探明在我国南方稻区普遍发生的稻潜根线虫病，并报道了为害水稻根部的潜根线虫属在国内已经有 13 个种，以及南方局部地区发生的稻根结线虫病。同时，将主要分布于南亚、东南亚地区和埃及等国家的稻茎线虫病列为我国进口植物检疫对象。陕西省报道的线虫病害为稻干尖线虫病（刘健，1958）。水稻干尖线虫病又名稻白尖病。本病最初由各田（Kakuta）于 1915 年在日本九州发现，以后杜德（E.H.Tdd）和安提金斯（JGAtkins）于 1935 年在美国也注意到稻白尖病。但初期有些学者曾认为水稻叶尖褪色是因土壤缺铁、缺镁等因子造成。至于本病病原线虫（*Aphelechoides besseyi* Christie）系 Christis 在 1942 年于美国南部草莓上发现的线虫而定名。随后，阿伦（Allen）在 1952 年进一步研究这些相关线虫时，认定克里斯（Christie）在 1942 年所发表的线虫与以后由日本吉井（Yoshii）在 1946 年对稻尖线虫所定的 *Aphelenchoides oryzae* Yakoo 完全相同。因此，为尊重最初定名者，而将稻干尖线虫再特转为贝西滑刃线虫，即 *Aphelenchoides besseyi* Christie。

稻干尖线虫分布很广，几乎遍及全世界各稻区，其为害程度各地不一美国南部产稻米的几个州，在 1935—1945 年曾严重发生此病，减产达 17%～54%，后经推广抗性品种才得以控制。本病在我国是 1940 年由日本先传入天津市郊，至 50 年代查明在 18 个省（区、市）的部分稻区都有此病发生。此后，紧随着温汤浸种防治技术的大力推广，稻干尖线虫的发生为害基本得到控制。但近些年来，在某些稻区的发病又有回升趋势。

（一）症状

水稻整个生育期都会受害，主要被害部位是叶片和穗。苗期一般不表现症状，仅少数在 4～5 片叶时，叶尖 2～4 cm 处的细胞收缩变灰白或淡褐色，以后干枯卷缩、扭曲，这种干尖常在移栽或遇风雨时脱落。分蘖期病株的心叶刚抽出尚未展开时，叶尖部即呈淡黄色或黄白色，随后变成淡褐色干尖。严重时，有些病株在基节间还会出现褐色斑纹。孕穗后的病株，叶片上的干尖症状最为明显。一般在剑叶或倒二、倒三叶尖端的 1～8 cm 变成黄褐色或褐色扭曲枯死的干尖，并常在病健部之间形成 1 条不规则弯曲的深褐色界纹，但有些品种的病叶也不现此界纹，类似自然枯黄。成株期病叶的干尖不易折断脱落。受害严重的稻株，茎秆节间有些会出现暗色斑纹，最突出的是病株剑叶比健株剑叶显著变短、变窄，且枯死的干尖可达到叶片全长的 2/3 以上，甚至全叶枯死因而严重影响抽穗和结实。病原线虫在幼穗形成进程中，线虫陆续集中幼穗为害，因而颖壳扭歪不整，颖壳表面出现红褐色斑点，或整粒颖壳全面暗褐不实。一般病穗短小，粒增多，千粒重降低。有时幼穗被剑叶叶鞘包裹无法抽出时，促使下一个节部再抽出另一个分枝小穗的现象。此外，还有一些已被线虫感染的病株，其叶片并不出现干尖的隐症现象，这在江苏的一些稻田中隐症株率高达 30%～74%，值得注意。

（二）病原

病原学名为 *Aphelenehoides besseyi* Christie。病原线虫隶属于垫刃线虫目滑刃线虫科滑刃线虫属贝西滑刃线虫。雌雄虫体均为细长蠕虫形，体两侧各有 4 条侧线，两端钝尖。口唇紧合凸出，吻针较大，长 9～12 μm。食道球发达，椭圆形。排泄孔小，不易见，开口于神经环的前方。尾尖由 4 个乳状突组成。雌虫体长 617.0～952.0 μm，宽 13.8～20.6 μm。尾部稍长而略弯曲，阴门部角皮不突出，单卵巢前伸，直生，后阴子官囊短而窄。雄虫体长 556.7～743 μm，宽 12.5～18 μm。雄虫死后的尾部近 90° 急弯，呈镰刀状。尾部腹侧有 3 对乳突。交接刺呈新月形，无交合伞和引带。稻干尖线虫能耐寒冷，不耐高温，活动适温为 20～25℃，在 54℃高温下 5 min 即致死。线虫在干燥的稻种内可存活 3 年左右，在壤中不能营腐生生活。对汞和氰的抵抗力很强，在 0.02%的升汞和氰酸钾溶液中浸种 8 h 还不能杀死颖壳内侧的线虫，但其对硝酸银很敏感，在 0.05%的溶液中浸种 3 h 就死亡。稻干尖线虫据记载可寄生于 30 多属的 40 余种高等植物。

（三）侵染循环

稻干尖线虫以幼虫或成虫潜伏在谷壳内侧休眠越冬，线虫在干燥的谷粒内可存活 3 年左右。带虫种子是本病的初侵染来源。浸种催芽时种子内的线虫开始活动，随种子播后游离于水中，遇到幼芽、幼苗，即丛芽鞘缝隙侵入，附于生长点叶芽及新生幼叶的细胞外部以吻针刺吸组织汁液，营细胞外寄生。这些被刺吸的幼叶伸展后，其叶即呈现出"干尖"症状。线虫在稻株内生长发育、交配繁殖，随着稻株的生长，渐渐向上部移动，数量也渐增。孕穗以前，越在稻株上部几节叶鞘内侧的虫数越多；至孕穗时，大量线虫集中于幼穗颖壳内外，为害幼穗穗粒。病谷内的线虫大多集中在饱满的谷粒内，其比例为总带虫数的 83%～88%，秕粒中仅 12%～17%。谷粒中的线虫 65%～85%潜伏在颖壳内侧，只有 15%～35%附在米粒表面。雌虫在水稻整个生育期间，繁殖 1～2 代，但雌虫较雄虫多 5 倍，所以它们的繁殖力很强。秧田期及大田初期，线虫可借灌溉水，通过病、健叶接触传播，扩大为害。土壤很难传病，远距离传播主要靠稻种的调运。例如，将带虫谷壳作商品运输的包装填充物时，亦有可能将线虫传到别的地区。

（四）防治方法

建立无病留种田，病种子用温汤或药液浸种，均为有效的防治措施。

（1）建立无病种子田　病区应有计划地建立无病种子田，繁殖无病良种，尽快缩小病区。

（2）温汤浸种　先将种子在冷水中预浸 24 h，然后在 45～47℃温水中浸 5 min 再移入 52～54℃温水中浸 10 min，取出立即用冷水冷却再行催芽播种。

（3）药液浸种　用 10%二硫氰基甲烷乳油，或 25%菌威乳油 2 mL，兑水 5～6 kg，浸种 5 kg 左右，时间 48～60 h；也可用工业盐酸 0.25 kg 加水 50 kg 浸种 72 h，或用 92%巴丹药液稀释成 6 000～8 000 倍液浸种 48 h，但凡经上述药液浸足时间捞出后，都必须立即用水冲洗，再催芽播种。

温汤浸种和药液浸种后，种子发芽势降低，如不催芽就直接播种，容易引起烂种烂芽。因此，处理后的种子都宜先及时催芽后再播种。

（4）管好田水　不串灌、漫灌，减少线虫随水流近距离传播。

第三节 水稻虫害及其防治

水稻病虫绿色综合防控技术指严格按照"预防为主,综合防治"的植保方针,根据水稻病虫害发生发展规律和生活习性、生理特点、抓住有利时机,将植物检疫、农业防治、化学防治、物理防治、生物防治以及科学、合理、安全使用农药等技术措施相结合,达到有效控制或消灭农作物病虫害,将其为害降低至可控制范围,确保农作物生产安全、农产品质量安全和农业生态环境安全,对水稻病虫害做到重防轻治、防治结合,治早、治小、治少,达到农业增产、增收的目的。

目前,汉中市水稻常年发生的虫害有稻水象甲、二化螟、大螟、稻苞虫、稻蝗,偶发稻飞虱、稻纵卷叶螟、稻蓟马,常年水稻虫害发生面积12万 hm^2,常年为害损失5%~10%,年损失稻谷4万~8万 t。其中,以稻水象甲、二化螟、稻苞虫为主要害虫,发生面积大,为害损失较重。盆地东部的洋县东部及西乡二化螟、三化螟发生较重,北部丘陵区由于玉米种植面积较大,大螟也呈加重为害趋势。两迁害虫稻飞虱、稻纵卷叶螟若遇7月中下旬至8月上旬多大至暴雨,且南方稻飞虱、稻纵卷叶螟当年发生为害重,则汉中市就有突发、重发可能。

一、稻水象甲

稻水象甲(*Lissorhoptrus oryzopilus* Kuschel)隶属于昆虫纲鞘翅目象甲科稻水象甲属,是世界性检疫害虫。1986年中国将其列为对外检疫对象,是中国公布的《中华人民共和国进境植物检疫危险性病、虫、草名录》中规定的二类危险性害虫,国际自然保护联盟已将其列为全球100种最具威胁的外来入侵生物之一,为2001年农业部确定的278种有害生物病情普查重点之一。

(一)分布范围

稻水象甲原产于美国,1800年首次于美国密西西比河流域发现,1883年首次报道该虫的两性生殖型,1959年在加利福尼亚州首次发现该虫可孤雌生殖。之后,在美国、加拿大、墨西哥、古巴、多米尼加、圭亚那、哥伦比亚、北非等地广泛分布,1976年由美国传入日本。现已分布中国、加拿大、美国、古巴、朝鲜等10个国家。1988年首次传入中国河北省唐山市唐海县,1990年台湾、天津、北京,1991年辽宁,1992年山东,1993年浙江和吉林都相继发现该虫,随后又蔓延至山西、江苏、江西、福建、广东、广西、湖南、湖北、安徽、四川等省份。自2003年6月9日在陕西省汉中市留坝县首次发现稻水象甲,后陆续传入汉台、南郑、城固、洋县、勉县、镇巴、宁强、西乡、略阳等10县(区)。

(二)形态特征

1. 成虫

体长2.6~3.2 mm,体壁黑色,密被灰绿色鳞片,复眼黑色。喙短阔,端部环绕灰白色刚毛。前胸背板肩突明显，从背板中区至鞘翅末端 1/3 处密布黑色鳞片，组成明显的广口瓶状黑斑，鞘翅长宽比为 1.5∶1，有 6 条纵纹，鞘翅未能覆盖臀板。足基节基部鳞片黄色，中足胫节两内侧各具 1 列长毛。成虫具雌雄二形现象，在我国目前发现的仅是雌虫。

2. 卵

长径约 0.8 mm，短径约 0.2 mm，珍珠白色，圆柱形，两端圆，略向一侧弯曲。

3. 幼虫

体长 8 mm，老熟幼虫长约 10 mm，白色，头部褐色，无足，在第 2 腹节至第 7 腹节的背面各具 1 对突起，气门就位于其中。

4. 蛹

老熟幼虫在寄主植物根系上作土茧化蛹。土茧绿豆状，长径 4～5 mm，短径 3～4 mm；蛹白色，复眼红褐色，大小和形态均似成虫。

（三）发生规律

稻水象甲在汉中 1 年发生 1 代，一生经过卵、幼虫、蛹和成虫 4 个阶段。以成虫在稻田田埂、沟渠的禾本科杂草、落叶下及附近的草地 5 cm 以内越冬，越冬成虫迁移前以取食禾本科杂草为主，4 月中下旬迁入早稻秧田为害，5 月初随早稻秧苗移栽带入本田。越冬成虫 3 月下旬开始出土，4 月中下旬开始迁入秧母田为害秧叶。5 月初开始大量迁入水稻本田为害并产卵，5 月中旬为产卵高峰期，6 月初产卵结束。产卵以白天为主，产卵时多寻找插秧早、秧苗长势好、田间灌水深的田块，多产于水面以下的前两片叶鞘或近中脉组织处，与叶脉平行，淹水的上部和根部也有少量卵，以第 2 片叶鞘最多，多数 1 孔 1 卵，数粒至数十粒呈纵向排列，无水不产卵。卵孵化期约 7 d，6 月中旬卵大量孵化，为幼虫发生盛期，幼虫期约 1 个月，在稻根内蛀食或咬食稻根，老熟幼虫在稻根、稻茬或田间杂草根上做土茧化蛹，6 月底至 7 月初为化蛹盛期，7 月中下旬为羽化盛期，9 月中下旬新一代成虫陆续迁入稻田四周寻找幼嫩杂草取食，以备越冬。一般昼伏夜出，傍晚气温 20～27℃、风力 3～4 级顺风情况下可迁飞。成虫全年有两次迁飞过程，越冬代成虫 3 月下旬至 4 月上旬开始迁入秧田，迁飞距离短，一代成虫 6 月下旬至 7 月上旬，迁飞距离长，一次飞行距离可达 4～6 km。越冬成虫和新一代成虫均有趋光性，对日光灯、白炽灯、黑光灯及混合光源均有明显的趋向性，新一代成虫更加明显。成虫有很强的耐饥、耐低温、耐窒息的能力，将成虫放入封闭的瓶中，无食无水，可存活 1 个月之久。

（四）为害症状

成虫沿水稻叶脉啃食叶片正面叶肉或幼苗叶鞘，喜食 2 周龄水稻叶片，被食叶片仅存透明表皮，在叶面形成白色长条斑，长不超过 30 mm，宽 0.38～0.8 mm，通常为 0.5 mm，斑纹两端钝圆，形状较规则。田间被害叶片上一般有 1～2 条白色长条斑，严重时全田叶片变白，下折，影响水稻正常光合作用，抑制生长。低龄幼虫在稻根内蛀食，使稻根呈空洞状；高龄幼虫在稻根外部咬食，造成稻根断裂，将根系拔起，漂洗时可看见许多断根。使水稻根系与土壤接触面积减少，导致植株对营养物质吸收能力较低，被害植株易倒伏。受害植株矮小，分蘖数下降，花穗数量下降，成熟谷粒比例小，瘪粒增多，产量下降10%～20%，严重时可达50%以上，甚至绝收。

（五）防治方法

越冬代成虫防治时间为4月下旬至6月上旬，幼虫防治时间为6月中旬至7月上旬，新一代成虫防治时间为7月上旬至8月中旬。

1. 植物检疫

作为中国检疫性害虫，在防治上首先注重检疫工作，加强调运检疫，防止检疫对象远距离传播。

2. 农业防治

通过多年调查发现，田埂、沟渠越冬虫量大，山坡、荒地虫量很少，几乎没有；随着温度降低，田埂潜伏成虫向沟渠迁移，最终大多数成虫潜伏在沟渠旁的土层越冬；9—10月田埂虫量比例大，11月以后沟渠虫量比例大，田埂虫量下降；土壤0～5 cm深度虫量比例大，5～8 cm土层虫量比例很小。因此，农业防治的重心要放在田埂、沟渠的浅土层，防治时间要抓住9—11月的关键时期。在每年的春季育秧前，结合积肥，清除田边、沟渠边、荒地、坡边林下的杂草，采用铁耙耙松表土或耙掉落叶层杂草及烧毁落叶。虫害发生区严禁串换秧苗，稻田灌水管理应坚持"只灌不排、遇水防溢"的原则，杜绝因田水退入沟、渠、河流造成害虫向下游扩散。收割水稻时，将稻草（含脱粒时打断的部分）、稻茬、田边杂草就地焚毁，同时在半月内灭茬翻耕，炕干土块。

3. 物理防治

3月下旬至9月上旬，在有稻水象甲害虫的地方，设立高压杀虫灯，诱杀成虫。1盏灯的杀虫范围大约为方圆50 m的距离，每天天黑前0.5 h开灯至天亮，可有效防治稻水象甲的扩展为害。

4. 化学防治

（1）种子处理　种子处理即水稻种子播种前采用的物理、化学或生物处理措施的总称，包括精选、晒种、浸种、拌种、催芽等。目的是促使种子发芽快而整齐、幼苗生长健壮、预防病虫害和促使某些作物早熟。稻种出入库时，用磷化铝、防虫磷对种子密封的仓库进行熏蒸，杀灭仓库害虫和稻水象甲成虫。要求种子必须进行熏蒸之后，再分成小袋进行销售。

（2）田间防治　包括秧田、大田、田埂及田块周边杂草，其中，秧母田是防治中的重中之重。秧母田防治主要在每年4月下旬至5月下旬，对越冬代成虫防治2次。用药范围除秧田外，对秧田周边的杂草同时喷药防治。用25%阿克泰水分散粒剂4 g/亩，或20%三唑磷120 mL/亩兑水50 kg，进行叶面喷雾。大田防治一般在插秧7 d后，对本田及附近田埂、沟渠边杂草喷药防治1次，防治对象以成虫、幼虫各防治1次，或插秧迟（6月3日以后）的成虫、幼虫药剂混合一次施用，或具有兼治作用的药剂。其中,成幼虫兼治选用25%噻虫嗪水分散粒剂4 g/亩,或20%三唑磷100 mL兑水50 kg,进行叶面喷雾。同时,选用10%辛拌磷粉粒剂1 kg,或毒死蜱颗粒剂1 kg拌20～30 kg细土,均匀撒施,并保持水深3～5 cm7～10 d。幼虫防治选用10%辛拌磷粉粒剂1 kg或毒死蜱颗粒剂1 kg拌细土20～30 kg均匀撒施,并保持水深3～5 cm,7～10 d;无水田块,亩用25%噻虫嗪水分散粒剂4 g均匀喷雾,药液量应以叶片滴水为准。

二、水稻螟虫

汉中稻区螟虫主要有3种,即螟蛾科的二化螟（*Chilo suppressalis* Walker）、三化螟（*Tryporyza incertulas* Walker）及夜蛾科的大螟（*Sesamia inferens* Walker）。常年在全市发生为害60万～80万亩,造成损失在10%左右,严重年份在20%以上。多年来,汉中市稻螟主要以二化螟为主,农民形成了只在插秧后7 d范围内进行一次防治的习惯。三化螟原仅分布于西乡、宁强两县地区,随栽培制度、气象条件的变化,三化螟发生面积于2003—2009年扩展到汉中盆地平川所有县区,2010年后发生面积及发生范围已逐渐缩小。

（一）二化螟

二化螟（*Chilo suppressalis* Walker）属鳞翅目螟蛾科,别名钻心虫,蛀心虫,是我国水稻上为害较为严重的常发性害虫之一,在分蘖期为害造成枯鞘、枯心苗,在穗期为害造成虫伤株和白穗,一般年份减产3%～5%,严重时减产在三成以上。国内各稻区均有分布,较三化螟和大螟分布广,但主要以长江流域及以南稻区发生较重,近年来发生数量呈明显上升的态势。由于杂交稻的推广和耕作制度的变革,二化螟的发生量逐年增加,为害造成水稻枯心、枯鞘、枯孕穗和白穗,严重时造成显著减产。据统计,我国二化螟年发生面积为1 400万 hm^2,经济损失达115亿元。

1. 分布范围

二化螟主要分布于亚洲、中东和南欧地区,在中国尤以长江流域及以南稻区为害最重。二化螟在汉中全市稻区均有分布,为汉中稻区的优势种群。在水稻上呈中等程度发生,严重影响水稻产量。2021—2022年在汉中市始见期皆为4月上旬。

2. 形态特征

成虫体长10～15 mm,翅展20～31 mm。雌蛾前翅近长方形,灰黄至淡褐色,外缘有7个小黑点;雄蛾体稍小,翅色较深,中央有3个紫黑色斑,斜行排列。后翅白色。幼虫一般6龄,老熟时体长20～30 mm,头淡褐色,体灰白色,背面有5条紫褐色纵线,最外侧纵线从气门通过,腹足趾钩双序全环或缺环,由内向外渐短渐稀。卵块为长椭圆形,卵粒为珍珠白色,几十粒甚至几百粒排列成鱼鳞状,外面涂有雌蛾产卵后分泌的透明胶层。蛹圆筒形,刚化蛹时,背上的5条纵线条较为明显,后期蛹体变为棕色,纵线条消失。

3. 生活习性

二化螟除为害水稻外,还能为害茭白、玉米、高粱、甘蔗、油菜、蚕豆、麦类以及芦苇、稗等杂草。二化螟幼虫喜群居，每株可多达数十头。发生时呈聚集分布，有明显为害中心。目前，由于水稻品种的变更、田间种植模式复杂化、二化螟抗药性增加等原因，田间二化螟数量呈上升趋势，世代增加，世代重叠现象严重，蛾峰发生不整齐，加大了虫害防治难度。

4. 发生规律

中国多数地区二化螟每年发生1～2代，以第1代为害重，故上半年发生量大，下半年发生少。早栽、生长茂密的田块及杂交水稻田受害较重。二化螟的幼虫侵入稻茎的能力比三化螟强，陕南4月下旬至5月上旬越冬代幼虫进入化蛹盛期；5月中下旬为越冬代成虫盛发期，5月下旬至6月上旬为1代初孵幼虫盛发期，低龄时群聚为害，3龄后转株为害，干旱少雨年份转株为害特别严重，7月上中旬形成明显枯心团，1代螟虫于7月中下旬进入化蛹盛期，1代二化螟于8月上中旬钻蛀植株造成白穗或虫伤株，老熟幼虫转入稻株下部准备越冬。二化螟是变温动物，幼虫具有耐寒性，但不耐高温，月平均气温在22～25℃时有利其生命活动，成虫具有趋光性。气象条件会直接影响二化螟的生命活动，少雨、多日照对二化螟的生存有利；多雨、高湿条件有利于杀螟杆菌等菌类繁殖，高温会抑制二化螟繁育，对二化螟发生不利。

5. 为害症状

根据多年成虫资料，1代幼虫多在5月下旬由卵孵化而钻蛀植株茎基部。低龄二化螟多群居为害，高龄由于食量增大而多1虫1株为害，但也有多头高龄二化螟在单株为害的现象。二化螟对水稻生长的各个时期都有不同的为害，幼虫会钻蛀到茎内蛀食茎秆组织，破坏被寄生植物的输送系统，受害叶鞘会出现黄色枯状斑块，在分蘖期会造成枯心苗、枯梢，1代二化螟为害后多在7月上中旬形成枯心团，在孕穗期喜蛀食稻茎而造成枯孕穗；2代二化螟多在8月上旬由卵孵化钻蛀植株上部而造成枯穗和白穗，使水稻千粒重下降；成熟期会导致稻田产量降低。枯心苗、枯孕穗、白穗易拔出，植株茎基部近水面处有虫孔，为害部位呈毛刷状，有虫粪。

6. 防治方法

（1）农业防治　一是降低越冬基数，低茬收割、秸秆处理，及时清理田间的秸秆和杂草，使用对秸秆有粉碎作用的收割机或对稻茬和秸秆进行收集利用，同时在冬季经常翻晒土地，可以破坏二化螟越冬的适宜环境，降低二化螟越冬基数，进而降低翌年的虫害程度。二是灌水灭蛹，结合农田灌溉过程，在适宜的时机灌水灭蛹，可在第一代二化螟化蛹期进行灌田，并在第二代低龄幼虫群集叶鞘期进行深灌，能有效消灭虫口量。在冬季也可适当开展闲田深耕灌水工作，有利于有效消灭虫源。三是改善栽培方式，调整栽培时间。在不影响水稻正常生产的情况下适当延迟水稻种植时间，错开稻苗生长期与二化螟生长期，错开二化螟产卵高峰期；大量种植时适当增加不同品种的间距，避免混栽；在水稻种植期间，适时适量施用肥料，及时清除发现的虫株并集中烧毁；同时，在水稻种植过程中可在田埂上种植些香根草、大豆、芝麻等，创造有利于害虫天敌生存的环境。此外，采收后要割断剩余稻秆。

（2）物理防治　一是灯诱，引进频振式杀虫灯诱杀螟蛾等水稻害虫。汉中市于

2002年始在洋县、勉县等地引进示范佳多牌频振式杀虫灯，防虫控害效果显著，对水稻螟虫的控制效果达82.6%，特别是洋县用于朱鹮保护区水稻绿色稻米基地建设。二是昆虫性信息素诱控，二化螟始蛾期，集中连片设置性信息素，群集诱杀或干扰交配。交配干扰，采用高剂量性信息素智能喷施装置，每3亩设置1套，傍晚至日出每隔10 min喷施1次。群集诱杀，采用持效期3个月以上的挥散芯（诱芯）和干式飞蛾诱捕器，平均每亩放置1套，田间均匀放置，高度以诱捕器底端距地面50～80 cm为宜，并随植株生长调整高度。秦德强等（2023）研究发现波纽康、昆明猎虫性诱剂诱芯在云南对二化螟的诱捕头数达36～40头，对二化螟的防效可达50%～60%。曾云等（2023）应用基于性信息素的迷向技术（交配干扰技术）开展了大面积防治水稻二化螟的试验，结果表明，性信息素能显著降低二化螟成虫诱捕量（$P < 0.05$），性信息素安装后0～42 d干扰率达95.28%～97.17%，安装42 d后干扰效果有所下降；在第42 d更换1次性信息素后能持续起效，更新后干扰率可达92.52%及以上；从枯鞘率来看，各处理间差异不显著，但性信息素处理区的枯鞘率较低，表明其对防止二化螟为害有一定效果。从枯心率来看，性信息素的防效与农药防效相当，但二者结合使用效果更好、更稳定，成熟期防效达62.34%；使用性信息素的处理能间接增加水稻产量，增产率在10%以上。由此可知，应用性信息素迷向技术干扰二化螟成虫交配，防治效果明显，结合1～2次农药防治，能有效防治二化螟为害。

（3）生物防治　生物防治参照"以鸟治虫，以菌治虫，以虫治虫"的原则。

一是生态调控，采用生态工程技术，田埂、路边沟边、机耕道旁种植芝麻、大豆、波斯菊等显花植物，涵养和保护寄生蜂、蜘蛛等天敌，提高稻田生物多样性。二是稻鸭共育，有条件的稻田，水稻分蘖初期每亩放入15～20日龄的雏鸭10～15只，水稻齐穗时收鸭。通过鸭子的取食和活动，减轻纹枯病、稻飞虱和杂草等发生为害。三是人工释放赤天敌，赤眼蜂可以寄生在二化螟卵中，对水稻二化螟卵的寄生能力较强，阻碍二化螟卵的孵化，降低虫量，可有效控害。运用赤眼蜂防治二化螟操作简单、成本较低、生态环保且防治效果较好，在田间具有良好的应用效果。5—6月在二化螟主害代蛾始盛期释放稻螟赤眼蜂，每代放蜂2～3次，间隔3～5 d，每亩每次放蜂量8 000～10 000头，均匀放置5～8点。蜂卡放置高度以分蘖期高于植株顶端5～20 cm、穗期低于植株顶端5～10 cm为宜，可降解释放球直接抛入田中，高温季节宜在傍晚放蜂。

黄志农等（2012）研究表明，在水稻二化螟中等或偏轻发生年份，大面积释放稻螟赤眼蜂对水稻二化螟防治效果达60%～70%。秦德强等（2023）分别在云南选取3个二化螟为害都比较严重，常年白穗率为2%～3%的田块，在水稻抽穗前7～10 d投放赤眼蜂卵卡，在水稻齐穗期进入灌浆期进行白穗调查，实验发现赤眼蜂对水稻螟虫造成水稻白穗的防治效果可达43%～51%。同时长期以来水田释放赤眼蜂一直依靠人工，不仅释放效率低，且随着人工费用日益增长，防治投入的成本也越来越高。李清超等（2023）在黑龙江应用植保无人机释放稻螟赤眼蜂防治水稻二化螟，释放量为45万头/亩，放蜂器投放数量90个/亩，分3次平均释放，每次释放间隔5 d，卵块寄生率62.8%，校正寄生率60.0%，防治效果67.7%，产量和挽回产量损失率分别为11 186.4 kg/亩和6%。应用无人机投放稻螟赤眼蜂，具有高效、快速、低成本、投放精准均匀的特点，可在各种复杂的地形中投放。

（4）化学防治　卵孵化盛期至枯心刚出现时，二化螟防治对象田的标准是早稻分蘖期枯鞘率7%～9%、常规水稻枯鞘率5%～7%、杂交中稻枯鞘率3%～4%、孕穗期枯鞘率1%以下。药剂防治指标为分蘖期枯鞘丛率达8%～10%或枯鞘株率3%；穗期重点防治上代残虫量大、当代卵孵盛期与水稻破口抽穗期相吻合的稻田，于卵孵化高峰期施药。选用苏云金杆菌（Bt）、短稳杆菌、金龟子绿僵菌CQMa421、印楝素、氯虫苯甲酰胺、乙基多杀菌素等生物农药和低风险化学农药。利用药物防治二化螟时，应充分结合当地测报数据与种植模式，减少农药滥用与低效使用，避免重复使用相同机理的药物，推荐轮用或混用化学药物，避免二化螟产生抗药性。魏中华等（2020）通过不同药剂对水田稻螟蛉的防治效果对比，发现在6—7月水稻分蘖期，可使用价廉物美的生物农药34%乙多·甲氧虫24 mL/亩进行叶面喷施，能有效降低田间二化螟的为害，提高水稻产量。王星等（2023）通过试验对比10%阿维菌素悬浮剂、34%乙多·甲氧虫悬浮剂、5%溴虫氟苯双酰胺悬浮剂、200 g/L四唑虫酰胺悬浮剂、25%乙基多杀菌素水分散粒剂5种药剂对水稻二化螟防治效果，发现25%乙基多杀菌素水分散粒剂对水稻二化螟的防治效果较好，在一代二化螟初孵幼虫高峰期每亩用12 mL，施药后20 d的保苗效果接近80%，说明该药剂的防治持效期可达20 d以上，且该药剂对水稻生长安全。同时，该药剂的作用方式独特，与目前常用杀虫剂尚未出现交互抗性，故25%乙基多杀菌素水分散粒剂有望成为防治水稻二化螟抗性种群的有效药剂。王凤立等（2021）通过阿维菌素复配制剂对水稻二化螟的田间防治效果研究得出，6%阿维菌素·氯虫苯甲酰胺SC、8%阿维菌素·甲氧虫酰胺SC、20%阿维菌素·丙溴磷ME和32%阿维菌素·毒死蜱EC对水稻二化螟均有较好的防治效果。阿维菌素具有较高的田间生物活性，有效成分用量为9 g/亩时，防治效果仍较好，枯心防效为83%，杀虫防效为80.85%，氯虫苯甲酰胺和甲氧虫酰胺次之，有机磷杀虫剂丙溴磷和毒死蜱生物活性则相对较低，用于田间防治水稻二化螟时用药量较大。

近年来，谢原利等（2019）将生物农药与生物防治措施组合使用，在二化螟卵孵化期内，喷施甘蓝夜蛾NPV悬浮剂的同时在田间投放赤眼蜂，此组合措施可在降低药物对田间生态系统破坏的同时有效控制二化螟为害，符合减药增收的用药原则。白僵菌作为最重要虫生真菌广泛用于农林业害虫生物防治，李美君等（2019）从越冬代染病的二化螟幼虫成功分离纯化1株球孢白僵菌JL005，二化螟幼虫致死率最高可达93.0%。于洪春等（2023）研究证实白僵菌是越冬期二化螟的优势病原菌，对二化螟幼虫有较强致病力。研究表明，球孢白僵菌Bb-YM以浓度8.7×10^7孢子/mL菌液处理越冬幼虫校正死亡率可达92.09%，成虫羽化率仅为2.90%，具有较好的防治效果，表明秋末幼虫滞育越冬期是白僵菌防治二化螟适期，此期用白僵菌喷施稻秆和稻茬是防治二化螟有效的生物防治措施。刘樾等（2020）研究表明，越冬期二化螟自然患病的幼虫体内白僵菌相对丰富度达90%以上，是二化螟优势病原菌。根据二化螟发生规律和为害习性，水稻生长期白僵菌防治的有效时期是 3 龄幼虫前，此期对二化螟幼虫致病力强，防治效果高，适于白僵菌防治。

（二）三化螟

三化螟（*Tryporyxa incertulas* Walker），属鳞翅目螟蛾科，主要为害水稻，俗称钻心虫、白穗虫。三化螟是东南亚和中国长江流域及以南稻区的重要害虫，特别是沿江、沿海平原地区受害严重，在陕西省为害较二化螟轻，常和二化螟、大螟一起被统称为水稻螟虫、水稻钻心虫。一般造成水稻减产 5%～10%，重发年份损失更大。在 20 世纪 50—60 年代曾经是中国影响水稻生产的最大害虫。自 70 年代以后，三化螟为害逐年下降为次要地位，70 年代后期至 80 年代初，仅在华南稻区为害较重，在苏南稻区几乎绝迹。80 年代中期，三化螟在长江中下游沿江地区种群数量开始回升，为害程度日趋严重，继而又成为水稻生产上为害严重的钻蛀性害虫。

1. 分布范围

国内分布在 14℃年等温线的山东莱阳、烟台，河南辉县，安徽宿州，陕西武功一线以南，四川西昌以东，主要集中在淮河以南稻区。近年来，三化螟在四川盆地局部地区发生上升明显。20 世纪 70 年代初因水稻改制（单季稻改双季稻），三化螟曾在汉中稻区大发生，70 年代后期至 80 年代初水稻又"双改单"，恢复单季稻，三化螟种群逐年下降，80 年代至 90 年代前期主要分布于西乡古城一带及宁强县五丁关以北稻区，从 90 年代中期逐渐向汉中全市稻区扩展，近年来主要分布于西乡、洋县、城固及汉台部分稻区，平坝东中部以三化螟占优势，平坝各县由东向西、三化螟数量逐渐减少。

2. 形态特征

成虫雄体长 8～9 mm，头、胸部背面和前翅淡灰褐色。前翅三角形，中央具 1 小黑点，翅尖至内缘中央有 1 条暗褐色斜纹，沿外缘有 7 个小黑点，后翅灰白色，腹部细瘦，末端尖，无绒毛。雌体长 10～13 mm，翅展 23～28 mm，体淡黄色或黄白色。前翅中央有 1 个很明显的小黑点，后翅白色，腹部较肥大，末端长有棕褐色绒毛。幼虫一般 4～5 龄，个别 6 龄。初孵幼虫灰黑色，为 1 龄，也叫蚁螟；2 龄，头黄褐色，体暗黄白色，头壳后部至中胸间可透见 1 对纺锤形灰白色斑纹；3 龄，体黄白色或淡黄绿色，体背中央有 1 条半透明的纵线，前胸背面后半部有 1 对淡褐色扇形斑；4 龄，前胸背板后缘有 1 对新月形斑，头壳宽 1 mm 以下；5 龄，新月形斑与 4 龄相似，老熟幼虫体长约 18 mm，腹足退化，趾钩单序全环。卵块长椭圆形，中央稍隆起，形似半边黄豆，由数十粒至百多粒分层粘叠而成，卵初产时乳白色，后转为黄白、黄褐色，孵化时变为灰黑色。蛹圆筒形，长 12～15 mm，外有白色薄茧包围。雌蛹比较肥大，腹部末端钝圆形，后足短，伸至第 6 腹节。雄蛹较细瘦，后足长，伸至腹部末端第 9 节，复眼外薄膜较厚，为金黄色，翅点黑色明显。

3. 生活习性

三化螟专吃水稻，是单食性害虫，而且对水稻生育期非常敏感。同一地区各年间温度及耕作栽培制度的变化，常影响三化螟的发生时间及数量。温度高，发生的代数多，发生的时间早；反之，发生代数少，发生时间晚。成虫爬出孔后经 10 min 左右便可飞翔。成虫特别是雄蛾白天多潜伏在稻株下部，夜间活动，趋光性强。成虫羽化后 20℃以上，第二天晚上开始产卵，并多产于深夜。产卵具有趋嫩性，各代产卵以倒 2 叶为主。有风天产在下部或叶鞘部位。每只雌虫产卵 1～5 块。卵块几乎均产在水稻叶片上，叶鞘上很难查见。卵块以叶面着卵为多，反面较少。蚁螟孵化后从卵块正面或底面咬孔爬出，爬至叶尖吐丝下垂，借风扩散至附近稻株，然后爬至适当部位蛀孔侵入，也有的蚁螟直接爬进叶鞘内。蚁螟在稻株外部活动时间一般为 15～60 min，60 min 未侵入的，大部分自然死亡。破口期蚁螟由剑叶叶鞘裂缝处直接侵入，一般只需 30 s，侵入时间最短。水稻抽穗期和分蘖期最适合三化螟蚁螟入侵，幼虫成活率极高，苗期次之，而圆秆拔节期和齐穗后，蚁螟几乎不能入侵。以幼虫在稻茬根部结小茧越冬，其越冬部位一般较二化螟低，多为真菌或细菌寄生致死，因此一般冬后基数小。此外，由于三化螟的寄主和越冬场所单一，其发蛾时间集中，峰期相对较短。因此，三化螟的发生受水稻耕作制度的影响最大。

4. 发生规律

汉中市汉台区第 1 代化螟成虫产卵盛期早于 2 代稻苞虫的产卵期，发生量大。越冬幼虫在开始发育和化蛹期，遇到降雨时间长和降水量大则死亡率高，干旱年份越冬死亡率低。翌年 4 月中下旬越冬代幼虫开始化蛹，4 月下旬至 5 月上旬为化蛹盛期，一般 5 月下旬为越冬代成虫峰期，越冬代成虫主要产卵于秧田及早插大田，6 月上旬为卵孵盛期，6 月下旬至 7 月上旬为 1 代幼虫化蛹盛期，7 月中旬为 1 代成虫盛发期，此时水稻处于孕穗中后期，7 月中下旬 2 代幼虫蛀入水稻穗颈部和倒 1 节，由于 2 代幼虫盛发期与水稻破口抽穗期相吻合，因而造成大量白穗或枯孕穗。8 月中下旬 2 代三化螟进入成虫盛发期，这代虫量大，但幼虫孵化时水稻大部分已齐穗，不利于其取食为害，对水稻影响不大，只有少部分贪青晚熟田因 3 代三化螟幼虫聚集为害而造成大量白穗，造成重大损失。

5. 为害症状

三化螟幼虫在化蛹前先在稻茎基部咬一羽化孔并且吐丝封盖，羽化时顶破封盖物向外爬出。成虫爬出孔后经 10 min 左右就可以飞翔了。成虫白天多潜伏在稻株下部，夜间活动，趋光性强。成虫羽化后温度在 20℃以上，第 2 天晚上就可以产卵。卵一般产在叶上部，有风天产在下部或叶鞘部位。每只雌虫产卵 1～5 块，卵历期一般 7 d 左右。蚁螟孵化后从卵块正面或者底面咬孔爬出，爬到叶尖吐丝下垂，借风扩散到附近稻株，然后爬到适当部位蛀孔侵入稻株内部。幼虫在水稻分蘖期，从稻茎下部近水面处蛀孔侵入造成枯心。水稻孕穗期，幼虫从叶鞘或者叶鞘合缝处潜入，抽穗期从剑叶叶鞘口附近蛀茎侵入，造成白穗。

6. 防治方法

近年，汉中市大力推广水稻规范化栽培，以及相配套的旱育秧配方施肥等健身栽培技术，使水稻植株生长健壮，并且生育期相应提前，可以有效避免一代三化螟蚁螟的钻蛀。

（1）农业防治　一是选用抗虫品种，叶绿色较浅、茎壁厚实、茎细髓腔小、维管束硅化细胞多、叶鞘气腔较小的水稻品种，较抗、耐螟虫。二是冬闲田冬前翻耕浸田，以减少越冬虫源，免耕田春季灌水淹蛹。掌握在化蛹期（常年在4月下旬），灌水淹蛹控虫，以压低主要虫源田有效虫口。三是调整栽播期。一季稻大面积移栽期尽可能调至1代蚁螟盛孵期，此时栽插能致60%蚁螟死亡，或调整播期使大面积一季中稻在8月15日前齐穗，单季晚稻在8月底破口，以避开3代三化螟卵孵盛期，减轻为害。四是进行监测预报。在1代化蛹期灌水淹蛹，能致大量蛹死亡，控虫效果十分明显。灌水深度保持在10 cm以上，淹水时间要求在1周左右。五是拔除白穗株。在白穗初现、大量幼虫还在植株上部为害时连根拔除白穗株，既防止幼虫的转株为害，又可减少虫源。六是齐泥割稻。能直接杀死部分幼虫，破坏幼虫的越冬场所，提高越冬死亡率。同时，张振飞等（2013）研究表明，隔离育秧、稻菜轮作和浸桩旋耕等方法对于三化螟发生具有明显控制作用，而烧桩对三化螟控制效果不明显。轻简化和机械化将是未来水稻种植主流，对指导生产实践中三化螟防治具有重要意义。

（2）物理防治　利用频振灯诱集成虫应掌握在发蛾始盛期开始开灯，诱杀成虫。

（3）生物农药防治　三化螟等卵孵化前1～2 d或刚孵化时，用100亿活芽孢/g苏云金杆菌可湿性粉剂300～400 g，兑水50 kg喷洒，防效为70%～95%。三化螟等卵孵化期，用100亿活芽孢/g青虫菌可湿性粉剂500～600倍液，每亩喷洒药液50～60 kg，防效为80%～95%；或者用100亿活芽孢/g杀螟杆菌可湿性粉剂，每亩用药70～100 g，兑水50～60 kg喷洒，防效达85%～90%。

（4）化学防治　三化螟最佳防治期是卵孵化始期至盛期和1龄幼虫期，水稻分蘖期，当每亩有三化螟卵块50块以上时，应用药防治；每亩卵块低于50块的田块，可用药挑治。孕穗期和抽穗期的水稻，每亩有三化螟卵块30块以上的，可定为防治对象。三化螟卵孵化盛期以前，抽穗已超过89%或卵盛孵末期稻株大肚不足10%的田块，可不用药防治。纪文珍等（2014）通过对比2%依维菌素水乳剂和20%三唑磷乳油对水稻三化螟防效，发现2%依维菌素水乳剂对水稻三化螟有较好的防治效果，且剂量增加防效也提高，药后15 d防效81.31%～88.24%，与对照药剂20%三唑磷乳油150 mL/亩防效相当，可以有效控制三化螟的发生为害。生产上推荐使用2%依维菌素水乳剂25～75 mL/亩，可于水稻破口期三化螟蚁螟盛孵期喷雾1次。周小武等（2016）在粤北通过20%氯虫苯甲酰胺悬浮剂防治水稻三化螟试验结果表明，20%氯虫苯甲酰胺悬浮剂150 g/亩、225 g/亩，在三化螟成虫高峰期用药1次，对三化螟的防治效果分别为60.70%和77.84%；在三化螟成虫高峰期和卵孵化高峰期各用药1次，对三化螟的防治效果分别为84.37%和88.16%，由此表明，20%氯虫苯甲酰胺悬浮剂对水稻三化螟具有较好的防效。覃春燕等（2011）通过对比40.7%毒死蜱乳油、30%毒死蜱·三唑磷乳油、5%氟虫腈悬浮剂、21%氟虫腈·三唑磷乳油、20%三唑磷乳油在水稻上防治效果，结果表明，21%氟虫腈·三唑磷乳油防治水稻三化螟效果良好，对水稻安全无药害。氟虫腈·三唑磷乳油与现有杀虫剂无交互抗性，对有机磷、有机氯、氨基甲酸酯、拟除虫菊酯等有抗性的或敏感的害虫均有效。

（三）大螟

大螟（*Sesamia inferens* Walker）又名稻蛀茎夜蛾，属鳞翅目夜蛾科。以幼虫为害稻、麦、玉米、甘蔗、高粱、茭白、向日葵等，为害状与二化螟相似。蛀入稻茎内为害，可造成枯鞘、枯心、死孕穗、白穗和虫伤株，但一般蛀孔较大，并有大量虫粪排出蛀孔外。分布广泛，经常在不同地区造成为害，近年来种群数量显著上升，已成为水稻重要害虫。

1. 分布范围

大螟分布于黄河以南各稻区，一般种群密度较低，是以田边发生为害为主的兼治性害虫。但目前为害日趋加重，在一些植株高大的杂交稻田，已演变成为整田发生，必须进行针对性防治的优势害虫。加之过去对大螟的基础研究较少，缺乏准确测报和针对性防治的技术措施，防治用药量大，严重影响了高产优质杂交稻和超级稻的推广种植。在汉中市主要分布于北部丘陵稻区及山区。

2. 形态特征

成虫灰黄色，比三化螟、二化螟成虫均大，体长 15 mm。前翅略呈长方形，宽而短，从翅基部到外缘有 1 条暗棕色纵纹。幼虫肥大，背面浅紫红色，老熟幼虫体长 21～30 mm。卵扁圆形，顶端稍为凹陷，卵表面有放射状隆起线，卵初产时为乳白色，逐渐变为淡红色、灰黄色。蛹棕色，头、胸部常有白粉，翅芽在蛹体腹面左右相接。

3. 生活习性

大螟为杂食性害虫，除为害水稻外，还为害玉米、小麦、茭白等作物及多种禾本科杂草，以幼虫在寄主遗株上越冬，在水稻上则在稻茬中越冬。翌年春季气温上升到 9～10℃时老熟幼虫化蛹，气温 15～16℃时羽化。雌蛾羽化后 2～3 d 开始产卵，一只雌蛾可产卵 200～300 粒，多将卵产于距田埂 3 m 以内的稻株上，大螟多在稻田边为害，严重发生田块距田边 2 m 内白穗率为 30%，整田在 20% 左右。未老熟的越冬幼虫，将转移到白菜、油菜、小麦等越冬作物上取食，继续生长发育，大大延长了越冬代的化蛹和羽化期，此特点与三化螟和二化螟有很大不同。大螟 2 代成虫的产卵期略晚于稻苞虫产卵期，在野外可以利用多种作物和杂草顺利完成种群繁殖，越冬场所和虫源极为复杂，田间监测甚至很难发现典型的发蛾峰期。因此，水稻耕作制度对大螟发生的直接影响很小。

4. 发生规律

大螟在江苏、浙江、上海、安徽等地 1 年发生 3～4 代，江西、湖南、湖北等地 4 代，福建 4～6 代，台湾 5～7 代。以幼虫在稻桩、杂草根际，或玉米、茭白等残株内越冬。未老熟的越冬幼虫至翌年春暖时，可转移食害大麦、小麦、油菜、蚕豆等作物。越冬幼虫抗逆性强，遇淹水有逃逸习性，发生期不整齐。越冬代成虫发生于 4—5 月，第 1 代成虫发生于 7 月，第 2 代发生于 8 月中旬至 9 月下旬。成虫白天潜伏于杂草丛中或稻丛基部，夜晚飞出活动，趋光性弱。产卵前期 2～3 d，有趋向秆高茎粗、叶片宽大、叶色浓绿稻株上产卵的习性，故田边稻株、杂交稻品种落卵量大，受害较重。

在汉中市大螟灯下无明显成虫峰期,一年发生3代,海拔在800~1 000 m的地区1年发生2代,以3代幼虫为害为主,造成大量白穗。大螟卵期6~13 d,幼虫期14~52 d,蛹期7~32 d,成虫期6~12 d。越冬代大螟成虫峰期比二化螟、三化螟早。1代螟蛾发生,大部分水稻尚未插植,所以多在田边杂草或春玉米、油菜、小麦上为害,第2代才转移到水稻上为害。

5. 为害症状

大螟1个卵块孵出的幼虫,能引发稻株集中枯心60~80株或引发枯孕穗或白穗15~20株。刚孵出的幼虫最初2 d会群集于苗期水稻原叶鞘内取食,2 d后幼虫从变黄的叶鞘转移到同蔸水稻的其他稻株上为害,引发枯鞘和枯心苗;4~6 d后虫再次转移到附近稻株上为害,引发更多的枯心。幼虫3~4龄时,为害能力增强,第三次转移扩大为害,引发成片的枯心。水稻孕穗期,幼虫会侵食幼穗和花粉。水稻抽穗后,幼虫从剑叶鞘处蛀入茎秆,致白穗发生。大螟幼虫期,每条虫能造成5~6株水稻枯心。大螟幼虫能多次转株为害,虫孔较大,且会从虫孔排出较多粪便,这与三化螟和二化螟不同,易于区分。

6. 防治方法

(1) 农业防治 一是翻耕灭茬,降低螟虫越冬虫口密度。稻茬是许多水稻病虫害的越冬场所,水稻收获后,田间遗留大量的稻茬秸秆,及时耕地灭茬,直接杀死部分害虫,恶化害虫栖息环境,同时可将暴露地表的螟卵晒死或被天敌取食,又能把大量的螟卵埋入土壤深层,使其不能孵化。二是结合农事操作,开展糊埂或铲埂,可有效杀灭螟卵。春季结合修整田埂、沟渠,用泥糊埂,造成密封缺氧环境;或铲除田埂、沟渠表层2~3 cm,既可除草,又可铲除卵块;插秧前捞浪渣,将漂浮在水面的稻螟卵块消灭。三是合理安排耕作制度和播期。根据情况适当推迟单季稻播种期,避免一季晚稻与中稻在同一区块混栽,有控制螟虫为害的作用。稻田四周或附近最好不要种植小麦、玉米、茭白、棉花、甘蔗等,尽量减少螟虫的越冬场所和食物源。四是科学收割。机收水稻要尽可能降低收割高度或收割后尽快清除稻茬,以消灭茎秆中的螟虫,减少虫源。五是选好水稻品种。尽量选用茎秆壁厚实、茎秆髓腔小、叶鞘硅细胞多、茎秆含硅较多、叶色相对较浅的水稻品种。六是合理灌排水。冬、春季稻田灌深水(最好淹没稻茬)5 d以上或冬季翻耕稻田,能基本消灭越冬螟虫。根据螟虫、二化螟的为害特点,水稻拔节期排干稻田水,过10 h左右速灌水深10~12 cm并保持3~4 d,可杀灭大量螟虫的蛹和幼虫。七是推行配方施肥。控氮增磷钾,使氮磷钾比达到1∶0.5∶1,防止贪青晚熟,提高水稻植株抵抗力。要重视腐熟农家肥和硅、钾肥的施用,以提高水稻的抗虫、耐虫能力。严禁偏施或过多施用氮肥,以免加重螟虫为害。

(2) 生物防治 一是稻田养鸭。二是微生物农药防治用1.8%阿维菌素乳油50 mL,兑水30 kg喷洒,可防水稻苗期螟虫所致的枯心;用该药剂70~100 mL,兑水30 kg喷洒,对螟虫所致的水稻抽穗期白穗有较好防效;水稻蜡熟期用该药剂50 mL,兑水30 kg

喷洒，可防螟虫伤株。

（3）物理防治 诱虫灯诱杀，成虫发生期在稻田安装太阳能诱虫灯，可大量诱杀成虫。

（4）化学防治 大螟防治时期是卵孵化高峰至2龄幼虫前，水稻孕穗末期、破肚抽穗和齐穗期，如遇大螟卵孵化盛期，应根据情况用药防治。与小麦、玉米连作的水稻，分蘖期大螟所致枯鞘率超过2%的田块，要定为用药防治对象。

三、稻苞虫

稻苞虫（*Parnara guttata*）俗名结苞虫、青虫，属鳞翅目弄蝶科，是中国水稻上重要害虫之一。稻苞虫在中国分布广泛，在106°～124°E，18°～42°N均有发生，为害水稻造成白穗减产、灌浆不充分、稻粒黑粉病增加，影响稻米质量和经济效益。一般年份发生少、为害轻，大发生年份则引起严重损失。目前，中国发生的稻苞虫种类较多，以直纹稻苞虫、曲纹稻苞虫、隐纹稻苞虫发生较多。

1. 分布范围

直纹稻苞虫是陕西汉中稻区三大水稻害虫之一，常间歇性猖獗发生，在汉中稻区年发生4代，以3代幼虫为害为主。直纹稻苞虫可在汉中稻区越冬，但越冬基数低，且越冬消亡率高。常年在汉中市宁强县、留坝县等浅山丘陵稻区受害相对较重。研究表明，为害汉中水稻的3代稻苞虫幼虫（2代成虫）主要为外地迁入虫源，本地虫源仅占很少比例，之后稻苞虫成虫大量迁出，仅有少部分以幼虫在本地田边、沟边的丝茅草等杂草上越冬。

2. 形态特征

成虫翅正面褐色，前翅具半透明白斑7～8个，排列成半环状；后翅中央有4个白色透明斑，排列成直线，室端2个斑大小基本一致，而雌蝶上方1个长大，下方1个多退化成小点或消失。体长16～20 mm，翅展36～40 mm。体翅黑褐色，有金黄色光泽。前翅有7～8枚排成半环状的白斑，后翅有4个白斑，呈"一"字形排列。幼虫老熟时体长30～40 mm。头大，正面有"W"形黑褐色形纹，胴部第1～2节细小似颈，中段肥大，末端又细小，故虫体略呈纺锤形。卵半球形，直径约1 mm，高0.6 mm。顶端平，中部稍下凹，表面有六角形刻纹。初产时淡绿色，后变褐色，孵化前呈紫黑色。蛹近圆筒形，腹面淡黄白色，背面淡褐色，快羽化时腹背均变为紫黑色，第5～6腹节腹面中央有1个倒"八"字形褐纹。

3. 生活习性

稻苞虫幼虫通常在避风向阳的田沟边、塘边及湖泊浅滩、低湿草地等处的李氏禾及其他禾本科杂草上越冬，或在晚稻禾丛间或再生稻下部根丛间、茭白叶鞘间越冬。每年3月中下旬羽化出成虫，成虫白天飞行敏捷，每天上午8—11、下午4—6时最为活跃，喜食苞类、芝麻、黄豆、油菜等的花蜜。凡是蜜源丰富地区，发生为害严重。羽化后1～4 d交尾，再经1～3 d产卵。成虫昼出夜伏，白天常在各种花上吸蜜，卵散产嫩绿稻叶背面，在稻叶背面近中脉处，一张稻叶上产1～2粒，多有6～7粒，每天雌虫的产卵120粒。1～2龄幼虫在叶夹或叶边缘纵卷成单叶小卷;3龄后卷叶增多,常卷叶2～8片,多可达15片左右;4龄以后呈暴食性,占一生所食总量的80%,白天苞内取食,黄昏或阴天苞外为害,一生食稻叶10多片。使植株矮小,穗短粒小成熟迟,无法抽穗,影响开花结实,严重时期稻叶全被吸光。

稻苞虫有间歇性发生的特点,其发生与气候、天敌作物种类和栽培管理等有密切关系。6月下旬至8月中雨日多时,有利于该虫发生,而不利于天敌活动,有可能成灾;山边稻田及水稻与棉花、芝麻、豆类、瓜类等混栽地区,花蜜丰富,能使幼虫获得足够的营养,一般发生量大,为害也重;偏施氮肥,嫩绿茂密的稻田或叶色浓绿的品种为害重,幼虫发生期正是分蘖期的水稻,常会遭受稻苞虫集中为害。

4. 发生规律

在中国平均年发生2～8代,稻苞虫在南方地区一年发生5～6代,以幼虫在田边、沟边、湖边的芦苇、游草及茭白遗株上越冬,4月羽化,第1、2代虫量少,对水稻为害不大,第3代幼虫在7—8月为害中稻和单晚,8—9月第4代幼虫为害双晚,常以4代幼虫越冬,秋季气温高的年份,可发生5代,以第5代幼虫越冬。稻苞虫的主要为害时期在6月下旬至7月,尤其对山区中稻为害较重。

直纹稻苞虫是汉中稻区常年发生的主要害虫之一,常间歇性猖獗发生,是陕西汉中稻区三大水稻害虫之一。稻苞虫在汉中年发生4代,5月上中旬越冬代成虫羽化,主要在秧田产卵为害,6月中下旬第1代成虫羽化,在大田产卵,一般前两代数量较小;第2代成虫7月上中旬始见,7月底8月初盛发,虫量大,为害重,8月上中旬为1～3龄幼虫盛发期,主要为害贪青晚熟田,特别是8月10日前未齐穗田受害重;第3代成虫于9月中下旬盛发,产卵于杂草,以幼虫在低凹潮湿、避风向阳的田坎,以及沟渠的丝茅草、游草等杂草上结苞越冬,但越冬消亡率高。王清文等(2012)研究表明,为害汉中水稻的3代稻苞虫幼虫(2代成虫)主要为外地迁入虫源,本地虫源仅占很少比例,之后稻苞虫成虫大量迁出,仅有少部分以幼虫在本地田边、沟边的丝茅草等杂草上越冬。稻苞虫发育温度为25～30℃,相对湿度80%以上,当气温低于20℃或高于32℃,相对湿度在75%以下时,成虫产卵少,这样为害就轻些。6—8月是稻苞虫开始上升和大发生时期,如遇降雨日多,就适宜稻苞虫的生长发育,又对天敌活动不利,是大发生的预兆。

5. 为害症状

稻苞虫早期为害造成白穗减产,晚期为害大量吞噬绿叶,造成绿叶面积锐减,稻谷灌浆不充分,千粒重低,严重减产。更为严重的是由于稻苞虫为害,导致稻粒黑粉病剧增,收获的稻谷中带病谷粒多,加工时黑粉不易去除,直接影响稻米质量,造成经济损失,威胁消费者的身体健康。除水稻外,还取食甘蔗、玉米、麦类、茭白等作物,并能在游草、芦苇、稗等多种杂草上取食存活。幼虫吐丝缀合叶片形成筒状"多叶虫苞",躲在内蚕食叶片,轻则造成缺刻,重则吃光叶片。在稻叶上的卵孵化后,幼虫即爬至近叶尖处咬食叶缘,形成锯齿状缺刻,不久吐丝缀叶纵卷成圆筒形虫苞。抽穗前为害,使稻穗卷曲,无法抽出,或被曲折,不能开花结实,严重影响产量。在中国除西北地区外，遍及各稻区，以淮河流域以南发生普遍。

6. 防治方法

（1）农业防治 一是清除越冬寄主。在冬季结合积肥、清除茭白残株和沟边、塘边等杂草，4月上旬割光沟边的游草，集中烧毁或作饲料，消灭越冬幼虫。如遇上年9月有大量降雨，应在冬春季成虫羽化前，铲除田边、沟边的杂草以消灭越冬虫源。二是做好监测预报。稻苞虫在田间的发生分布很不平衡，应做好测报，掌握在幼虫3龄以前，抓住重点田块进行药剂防治。在稻苞虫经常猖獗的地区内，要设立成虫观测圃预测防治适期。在成虫出现高峰后2～4 d是田间产卵高峰，10～14 d是田间幼虫出现盛期。在成虫高峰后7～10 d，检查田间虫龄，决定防治日期。高霞等（2012）在汉中经过大量分析，筛选出的7月中下旬均温、6—8月降水量和上年9月降雨日数是与直纹稻苞虫发生密切的气象因子。三是改良耕种方法。选用早熟、高产良种，贯彻早熟栽培措施；改造深脚田、烂泥田，降低地下水位。改善灌溉条件，实行浅水勤灌，适时晒田，以躲过多雨季节，恶化发生条件，减轻其发生和为害。

（2）生物防控 注意保护天敌。捕食的天敌有螳螂、蜘蛛、胡蜂等，寄卵生的天敌有赤眼蜂、黑卵蜂等，寄生幼虫和蛹的天敌有寄生蝇、绒茧蜂、姬蜂等，这些天敌对抑制和消灭稻苞虫有很大作用，应加以保护和利用，不要使用对天敌有毒害的化学农药。可选用苏云金杆菌、金龟子绿僵菌COMa421、短稳杆菌、甘蓝夜蛾核型多角体病毒、球孢白僵菌等微生物农药等生物农药进行防治。

（3）物理防治 通过黑光灯及设花圃诱杀成虫，可较好控制三代稻苞虫幼虫为害。幼虫大量发生时，可采取人工摘除虫苞和拍板拍杀防治的方法。

（4）化学防控 按照"控制一代，压制二代，重治三代"的防治原则，防治重点为偏施氮肥，贪青晚熟田，选用四氯虫酰胺、茚虫威、多杀霉素、氯虫苯甲酰胺等高效、低生态风险的化学药剂在低龄幼虫期进行防治。

四、稻蝗

稻蝗是陕南稻区主要害虫之一，它是一个混合种群。经分类鉴定，在汉中平坝稻区有4个种，即中华稻蝗、日本稻蝗、小稻蝗、无齿稻蝗。其中，中华稻蝗、日本稻蝗为优势种群，占整个种群的90%以上。

1. 分布范围

稻蝗在江苏、山东、安徽、河北、河南、山西、四川、陕西等省稻区由次要害虫演变成主要害虫。稻蝗、日本稻蝗及小稻蝗在汉江南北均有分布，而无齿稻蝗仅在盆地中部的汉江北岸，所见比例很小，仅占0.65%，汉中稻区的稻蝗优势种主要为中华稻蝗和日本稻蝗。稻蝗的数量特征及其生物学特性与其分布的地理环境有极大的联系。吴明庆等（1997）研究发现，在汉中市汉江南北岸中华稻蝗均为优势种；江南的中华稻蝗比例较江北高16%，江北的日本稻蝗比例较江南高出18.3%，小稻蝗江南较江北的比例高2.8%；无齿稻蝗仅在盆地中部的汉江北岸有所发现，所占比例仅为0.65%。谢娟英等（1999）用自然对数的绝对值对雌雄原始数据矩阵分别进行标准化后，用

PCT 距离系数和离差平方和法进行聚类。用欧氏距离系数和单链法、全链法等聚类方法进行验证。结果表明，汉中和安康一线沿秦岭山脉南麓汉江两岸的中华稻蝗距离较近，应为一个地理宗或居群；秦岭山脉北麓的眉县至长安一线的中华稻蝗距离较近，应为一个地理宗或居群；黄土高原另一侧的延安地区的中华稻蝗应为一个地理宗或居群。王海川等（1997）也同样发现中华稻蝗的生境与水有着极为密切的联系，集中分布于中国南北稻区及河滩洼地，而在较为干旱的地区便不能生存和繁殖。由于长期的自然地理阻隔及中华稻蝗自身扩散能力的局限性，分布在陕西长安和汉中两地的中华稻蝗在数量形态特征以及许多生物学特性上都形成了明显的差异，可以被视为相对独立的地理宗或居群。

2. 形态特征

（1）中华稻蝗　成虫体长 30～37 mm，体色为绿色或黄绿色，头胸部从复眼后方开始，前胸背板两侧各有 1 条明显的黑色纵带直达前胸背板后缘，复眼突出，灰褐色，触角丝状，24～26 节，前翅黄褐色，后翅浅黄色，翅长超过腹部未达后足胫节，腹部 8 节，后足胫节有 8～11 对小刺。雄成虫尾部圆形，雌成虫尾部有两对明显的产卵瓣，前胸背中线呈凹形。若虫卵孵化出经 5 次蜕皮共 6 龄，1 龄为浅黄色，2～5 龄绿色，6 龄变为褐色，4 龄后翅芽迅速发育，至末龄时前后翅等长，超过腹末节。卵块褐色呈囊状，长 11～18 mm，宽 7～9 mm，卵囊前端平截，后端圆，中部略弯，卵块中有卵粒 30 粒左右，多的可达 50 粒以上，初产卵乳白色，以后变淡黄色，卵粒长 4～5 mm，宽 1 mm，卵在卵囊内排列呈上下两行，不整齐，卵粒间有胶质粘连，卵块可浮在水上。

（2）日本稻蝗　日本稻蝗体色为黄绿色至淡褐色。本种近似台湾稻蝗，除了体型稍大外，必须由尾端的生殖板特征才能鉴别。雄性体形中等，体表具有细小刻点。触角细长，有 24～26 节，其长仅到达或略超过前胸背板后缘，其中段一节的长度为其宽度的 1.5～2 倍。头顶宽短，长宽相等，顶端圆形，在复眼间的宽度等于或略宽于其颜面隆起在触角间的宽度。颜面隆起较宽，纵沟明显，两侧缘近乎平行。复眼较大，为卵形。前胸背板略平，两侧缘几乎平行；中隆线明显，线状，缺侧隆线，3 条横沟均明显；后横沟位于近后端，沟前区略长于沟后区。前胸腹板突锥形，顶端较尖。中胸腹板侧叶间之中隔较狭，中隔的长度明显大于其宽度。前翅较长，不到达后足胫节的中部；后翅长等于前翅。后足股节匀称，上隆线缺细齿；内、外下膝侧片的顶端均具有锐刺。后足胫节近端部之半的上侧内、外缘均扩大成狭片状，顶端具有外端刺和内端刺；跗节爪间的中垫较大，常超过爪长。肛上板呈圆三角形，具有很发达的褶皱。尾须圆锥形，顶端略尖或斜形。阳具基背片桥部较狭，缺锚状突；外冠突具钩状；内冠突细而短；色带后突由背面观为圆三角形，其后缘呈深的凹缝，两侧突不可见，色带瓣后缘具深凹；阳具端瓣较细长，向上弯。雌性较雄性为大。触角略较短，常不到达前胸背板的后缘。头顶宽短，其在复眼间的宽度宽于或略宽于颜面隆起在触角间的长度，前翅的前缘具有弱的刺。腹部第 2 节背板侧面的后下角具刺，第 3 节背板侧面的后下角略有隆起。上、下产卵瓣的外缘皆具齿，下产卵瓣基板腹面内缘具 1 个大的刺。下生殖板腹面具 1 个深纵凹沟，后缘较宽，两侧各具 1 条发达的纵脊，仅其顶端具刺；在其后缘中央具 1 对齿，两侧各具齿。

3. 发生规律

中华稻蝗在长江流域及北方地区 1 年发生 1 代，南方地区 1 年 2 代，均以卵在土表层越冬。汉中稻区 4 种稻蝗均 1 年发生 1 代，以卵块在田埂、沟渠坎 1～2 cm 土层越冬，部分在稻茬内越冬。翌年 5 月上中旬孵化出土，同时向秧田和本田扩散为害，5 月下旬至 6 月上旬为出土高峰，6 月下旬初为出土末期，稻蝗若虫一般 6 个龄期。稻蝗成虫羽化一般于 7 月中旬始见，7 月下旬末进入羽化盛期，8 月下旬至 9 月上旬成虫向田埂外迁达到产卵峰期，10 月中下旬田间很少见到活虫。

4. 生活习性

稻蝗成虫迁移到田埂杂草中日活动最高峰发生在 12 时左右，上午 10 时和下午 4 时次之。表明成虫向田边迁移活动多发生在白天，而且也是防治成虫的最好时机。成虫在羽化后 10～25 d 开始交尾，一生可多次交尾，每头雌虫产卵 1～3 块。稻蝗喜选择土壤湿度大、植物覆盖面积大、土质松软的地方产卵，一般在水田多产于条田渠道两侧田埂的中上部。产卵处规律是低洼处较高燥处多，有草地较无草地多，丛草处较稀草处多，向阳地较背阳地多，沙质土较黏质土多；而产卵于稻茬的卵块数量与当年产卵盛期的降水量关系密切，降水量多的年份，稻茬内蝗卵密度小，反之则大。不同种群稻蝗的产卵盛期不一致，同一种群有两次产卵的习性。经对雌成虫卵巢解剖观察，日本稻蝗产卵盛期较中华稻蝗早 5～6 d，且平均有两次产卵习性，第一次产卵高峰期为 8 月下旬至 9 月上旬，第二次产卵高峰期为 9 月下旬。两优势种群在发育上的差异也是汉中稻区稻蝗若虫出土时间长达 55～60 d 的原因。卵粒新孵化出的 1 龄若虫 5 min 后即可跳跃活动，群居在田埂草丛中取食活动，因活动范围很小，一般不在稻株上，不易被发现。几天后，有的若虫蜕皮为 2 龄，逐渐取食活动于田埂附近。3 龄后跳跃能力加强，逐渐向稻田内运动，4 龄后扩散到稻田内取食。到成虫时，逐渐集中到田埂草丛中和附近的稻株上取食、交尾、产卵直到冻死。中华稻蝗集中在田埂附近为害的时间为 70～80 d，分散到田内为害时间为 30～40 d，可增加水稻秕粒率、降低千粒重，从而使产量降低。调查中发现，稻蝗开始迁至田边活动，并不意味着成虫卵巢发育成熟，只有在成虫数量增多后才出现产卵情况。稻蝗成虫数量变动高峰期与产卵高峰期完全吻合的结果，有助于在生产上用成虫高峰期推算产卵高峰期，以此进行稻蝗发生期预报。

稻蝗卵的天敌有蚂蚁、金针虫等，若虫天敌有蛙、鸟、鸭等。天敌的存在，能在一定程度上控制中华稻蝗的发生与为害。

5. 为害症状

稻蝗若虫为害水稻可推迟水稻的齐穗期，比未为害的水稻齐穗推迟 5 d 左右。导致水稻减产的主要原因是影响水稻的分蘖数和成穗率。中华稻蝗主要为害水稻、玉米、大豆、狗尾草、香蒲、芦苇、稗及小莎草等禾本科植物。初孵蝗蝻先在越冬卵附近取食杂草，几天后有一部分蝗蝻迁入农田为害作物的嫩尖、嫩叶，以作物上部叶片受害最重。一天中以上午10—12时和下午4—7时取食最多，中午和夜间栖息于作物下部、草丛中，取食较少，阴雨或大风天很少活动和取食。3龄前的蝗蝻食量较小，多在农田外取食杂草，进入4～5龄后食量渐增。成虫羽化后进入暴食阶段，主要取食作物叶片的叶肉，形成缺刻，只残留叶脉。成虫还可为害水稻，谷子的穗梗、穗码，以及玉米的雌穗、颗粒。高龄蝗蝻和成虫喜欢在植株的中上部叶片上取食，在水稻、谷子上喜欢取食剑叶、倒数第1片叶和倒数第2片叶，在玉米上喜欢取食雌穗上下的叶片。

6. 防治方法

（1）农业防治 一是翻耕灭茬，降低越冬虫口密度。稻茬是许多水稻病虫害的越冬场所，水稻收获后，田间遗留大量的稻茬秸秆，及时耕地灭茬，直接杀死部分害虫，恶化害虫栖息环境，同时可将暴露地表的蝗卵晒死或被天敌取食，又能把大量的蝗卵埋入土壤深层，使其不能孵化。二是结合农事操作，开展糊埂或铲埂，可有效杀灭蝗卵。春季结合修整田埂、沟渠，用泥糊埂，造成密封缺氧环境；或铲除田埂、沟渠表层2～3 cm，既可除草，又可铲除卵块；插秧前捞浪渣，将漂浮在水面的稻蝗卵块消灭。三是加强栽培管理，适时移栽。对生育期较长的晚熟品种（组合）实行温室育秧两段寄插，培育带蘖老壮秧。

（2）化学防治 稻蝗以防治若虫为重点，进行"周边防治"，6月上旬至中旬前期（稻蝗若虫3龄前），当边行百虫量达60～80头时，选用毒死蜱、氰戊·辛硫磷等农药喷于田埂及稻田边3～5行秧苗上。

五、稻纵卷叶螟

稻纵卷叶螟（*Cnaphalocrocis medinalis*）属鳞翅目螟蛾科，俗称卷叶虫、刮青虫、白叶虫、苞叶虫等，主要为害水稻，有时为害小麦、甘蔗、粟、禾本科杂草等，是东南亚和东北亚为害水稻的一种迁飞性害虫，也是中国水稻上重要的"两迁"害虫之一。在中国各水稻生产区均可发生。此虫20世纪60年代前仅在局部地区偶发为害，其后发生面积和为害程度逐年增加和加重；70年代以来，在全国主要稻区大发生的频率明显增加，尤其是2003—2004年，在江苏、安徽、浙江、上海、湖北、重庆等地连续大发生。主要以幼虫对水稻产生为害，可导致水稻枯萎死亡，降低产量。

1. 分布范围

自20世纪90年代中后期稻纵卷叶螟在中国各大稻区连年发生并表现出明显的间歇性突发猖獗的特征。2003年中国出现稻纵卷叶螟全国性的特大暴发，而后连年猖獗为害，2007年再次全国性大暴发（刘宇等，2008），大发生年份为害面积达2 530万 hm^2，造成粮食损失超76万 t，对中国水稻生产构成了严重的威胁。中国除新疆和宁夏分布情况不明外，其余各省、自治区、直辖市均有发生，在汉中稻区均有发生。

2. 形态特征

成虫体长平均为7～9 mm，体表为淡黄褐色，前翅上有2条褐色的横向线条，2线间有1条短线，外缘可见1条较宽的条带，为暗褐色，后翅同样有横向的线2条，外缘具宽带。雄蛾前部翅的中间可见到"眼点"，为凹陷状，闪光；雌蛾前部翅膀上未见到。老熟幼虫体长约 16 mm，最长约 19 mm，低龄幼虫颜色初为绿色，之后转为黄绿，成熟的幼虫胸部毛片外围颜色为黑色，背部为橘红，腹部毛片的颜色为黄绿。卵形状为椭圆，中部稍微隆起，长度约 1 mm，初产呈透明白色，快孵化时的颜色转为淡黄色，被寄生卵颜色为黑色。蛹长 9～11 mm，略呈细纺锤形，末端比较尖，有臀刺 8～10 根。初期颜色为黄色，之后转为褐色。

3. 生活习性

稻纵卷叶螟属于迁飞性害虫，稻纵卷叶螟具有南北往返迁飞的特性，各发生区的环境条件如有利于其繁殖和虫量积累，就有连年大发生的可能。对迁入区来说，迁入蛾量的多寡和迁入后的气候条件是影响发生轻重的前提，水稻生育状况和天敌数量多少等因素则关系当年田块受害程度的轻重。成虫喜欢群集在生长嫩绿、荫蔽、湿度大的稻田或者生长茂密的草丛间，夜间活动，有一定的趋光性，对金属卤素灯趋性较强。喜欢在插秧密度大、植株嫩绿的田块产卵，多散产在植株上部 1～3 个叶片上，以剑叶下的叶片卵量最高，并且叶背多于叶面，少数产在叶鞘上，多数是 1 处产 1 个卵。初孵幼虫多数取食心叶，2 龄后逐渐转移到叶片上结成虫苞继续为害。每只稻纵卷叶螟幼虫一生取食叶片 5～6 片，食量大的可取食 9～10 片。稻纵卷叶螟的发生很大程度上受气候条件的影响，在温度适宜、相对湿度较高的条件下有利于成虫产卵、孵化。翟成勋等（2005）研究发现，如果遇到连续降雨，则容易暴发稻纵卷叶螟。稻纵卷叶螟成虫一般在晚上 8 时之后开始大量羽化，夜间 12 时后为羽化高峰期，之后 2 d 交配，3～6 d 后开始产卵。成虫运动能力差，在人工田间驱赶时可在水稻植株高度以下的范围内飞行，且飞行距离很短；幼虫运动能力较强，善跳跃。成虫在水稻中上部叶片背面产卵，平均约产卵 100 粒/头，何萍等（2005）发现，温度较低的条件下卵的成活率更高。李传明等（2017）发现稻纵卷叶螟成虫显著偏好在水稻上产卵，产卵选择性不受幼虫取食经历影响，产卵选择性与幼虫的取食选择性并不一致。幼虫取食水稻的发育历期最短，蛹重最高。高龄幼虫显著偏好取食狗尾草，同时，低龄期的取食经历改变了高龄幼虫对水稻和玉米的取食偏好。

4. 发生规律

稻纵卷叶螟一年发生代数，因纬度和海拔高度所造成的气候、食料情况而异。一般在气候温暖、栽稻季节长、食料丰富时，各虫态历期短，一年发生的代数多。海南省陵水 1 年发生 10～11 代，黑龙江 7 月平均温度 22℃等温线附近可完成 1 个世代，陕西省秦岭以北年发生 1～3 代，秦岭以南年发生 4～5 代，当地不能越冬。

5. 为害症状

幼虫先在心叶及附近取食，1 龄、2 龄后开始吐丝，幼虫吐丝将水稻叶片纵卷形成圆筒状"单叶虫苞"，在内部啃食叶肉，只剩下虫苞外表的 1 层表皮，形成白色条斑，严重时"虫苞累累，白叶满田"。幼虫机敏活泼，一触即跳，并且能迅速后退，幼虫还能转叶为害，一生结苞 4～5 个，遇阴雨或者惊扰时，转苞次数会增加，为害加重。幼虫有背光性，多在傍晚或者夜间转移，老熟幼虫主要在距离地面 7～10 cm 处叶鞘内、枯黄叶片或稻丛基部及老虫苞内化蛹。

6. 防治方法

（1）农业防治　一是栽植综合抗性强的水稻品种，提高对稻纵卷叶螟的抗性水平。在高产、优质的前提下，选择叶片厚硬、主脉紧实的品种类型，使低龄幼虫卷叶困难，成活率低，达到减轻为害的目的。二是加强施肥管理。采用配方施肥，合理把握好施肥时间及施肥量，为水稻健壮生长提供良好条件，防止水稻前期长势过旺、后期贪青晚熟等。三是科学管水。田间的湿度条件要适时调节，控制好水稻的搁田时间，在稻纵卷叶螟孵化时适当降低田间相对湿度，或者在化蛹集中期灌深水，保持 2～3 d，以杀死田间虫蛹，降低稻纵卷叶螟的虫口基数。四是合理密植等措施。促进植株健壮生长，稻叶老熟青健，抑制虫害发生。五是消灭越冬虫源。在冬季和早春结合积肥、治螟，清除田块内的稻桩以及田边的杂草，沤制堆肥，以消灭越冬虫源。

（2）生物防治　一是释放赤眼蜂。通常在稻纵卷叶螟产卵期释放赤眼蜂效果最佳，具体的释放量根据田间卵的密度确定。经过抽样调查，如果田间卵的密度低于 5 粒/丛，则释放赤眼蜂量 15 万头/亩；如果卵的密度为 10 粒/丛，则放蜂量为 45 万～75 万头/亩，一般需要放蜂 3～5 次。二是在卵孵化始盛期至低龄幼虫高峰期施用，优先选用苏云金杆菌（Bt）、金龟子绿僵菌 CQMa421、短稳杆菌、甘蓝夜蛾核型多角体病毒、球孢白僵菌、稻纵卷叶螟颗粒体病毒等微生物农药进行防控。

（3）理化诱控　可用杀虫灯进行灯光诱杀，也可利于性信息素进行诱杀。

（4）化学防控　做好预测预报工作，结合大田普查资料以及系统调查等数据开展田间虫害的测报工作，如调查田间稻纵卷叶螟的卵量、诱虫灯诱捕的虫量、田间赶蛾的虫量等，并根据当地的气象资料，对稻纵卷叶螟主害代的发生时间、发病程度以及发生区域等做出较准确的预测，指导各地适时开展防治。水稻分蘖期和长穗期易受稻纵卷叶螟为害。药剂防治应采取"狠治 2 代、巧治 3 代、挑治 4 代"的综防措施，一般年份防治只需施药 1 次，即可达到消灾保产的目的。3～4 代幼虫视发生情况结合其他病虫兼治。药剂防治指标为孕穗后百丛水稻束叶尖 60 个。幼虫 3 龄前是药剂防治的最好时机，每亩可用 5% 氟虫腈悬浮剂 50 mL 兑水 50 kg 喷雾。一般傍晚及早晨露水未干时施药的效果较好，晚间施药效果更好，阴天和小雨天全天都可以施用。在错过最佳防治时间、或幼虫已达到 4～5 龄的情况下，可以选用 18% 杀虫双水剂 100 mL 兑水 50 kg 喷雾补治。在施药前先用竹帚猛扫虫苞，使虫苞散开，促使幼虫受惊外出，然后施药，可提高防治效果。施药期间应灌浅水 3～6 cm，保持 3～4 d。刘兆鸿等（2023）研究发现 12% 甲维·虫螨腈 SC 和 5% 甲氨基阿维菌素苯甲酸盐 ME 对稻纵卷叶螟有优异的防治效果；10 亿 PIB/mL 甘蓝夜蛾核型多角体病毒 SC 对稻纵卷叶螟防治效果稍低。王晓飞等（2023）发现 200 g/L 四唑虫酰胺悬浮剂对稻纵卷叶螟、大螟的防控效果达 96% 以上，一次用药即可有效防控，在大面积防控时可以采用植保无人机飞防方式。周建等（2022）通过对比 6% 阿维·氯虫苯甲酰胺 SC 40% 氯虫·噻虫嗪 WG 对水稻防效发现，6% 阿维·氯虫苯甲酰胺 SC（750 mL/亩）和 40% 氯虫·噻虫嗪 WG（120 g/亩）对水稻二化螟和稻纵卷叶螟具有很好的虫口防效及保株效果。方雪勇等（2023）喷施 1 次 10% 三氟苯嘧啶 SC 16 mL/亩 +6% 阿维·氯苯酰 SC 50 mL/亩和喷施 1 次 60% 吡蚜·呋虫胺 WG 18 g/亩 +30% 茚虫威 WG 10 g/亩，对稻纵卷叶螟幼虫、保叶效果也均较好。同时几种杀虫剂混施对稻飞虱和稻纵卷叶螟主害代适期防治 1 次，具有较好的综合防控效果，可因地制宜在单季稻区轮换推广使用。

在卵孵化始盛期至低龄幼虫高峰期施用，选用四氯虫酰胺、茚虫威、多杀霉素、氯虫苯甲酰胺等高效、低生态风险的化学药剂进行防控。

六、稻飞虱

稻飞虱为我国南方水稻主要害虫，在陕西一般发生较轻，个别年份发生较重，1958 年、1972 年、1975 年、2007 年、2023 年在陕南稻区呈局部重发。在汉中水稻生产中，主要有褐飞虱、白背飞虱和灰飞虱 3 种类型的稻飞虱，相对来讲，南方地区褐飞虱为害较重，白背飞虱一般情况下为害较轻，但陕南各地区因气象条件、品种特性、自然状况的差别，为害程度也有所不同，白背飞虱、褐飞虱一般于 6 月迁入陕南为害，但数量少，7 月中下旬迁入虫量较大，在丘陵山区水稻上发生数量较大，为害较重。稻飞虱开始时多在田中间点成间片发生，形成枯萎团，然后迅速扩散蔓延，为害造成的伤口，使稻株易感染菌核病。稻飞虱还能传播病毒病，造成更大的损失。严重时可造成稻株基部茎秆腐烂、枯死，形成"黄塘""穿顶"现象，导致大片稻株枯黄倒伏，危及产量。一般可造成 20%～30% 的减产，严重时减产可达 50% 以上，甚至颗粒无收。

白背飞虱属同翅目飞虱科，别名火蠓子、火旋。主要为害水稻、玉米、大麦、小麦、甘蔗、高粱、稗、早熟禾等。中国南至海南岛，北至黑龙江各稻区，以及东南亚各国均有分布，是当前中国水稻上主要的迁飞性害虫之一，2020 年，白背飞虱被农业农村部列入一类农作物病虫害名录。20 世纪 70 年代以前白背飞虱仅在西南及闽北发生频次高，80 年代以来，由于东南亚和中国南方稻区大面积推广种植抗褐飞虱而不抗白背飞虱的 IR 系列和杂交稻品种，该虫在我国各稻区的发生面积和大发生频率明显增加，对水稻的为害日趋严重。90 年代发生面积和为害损失已超过褐飞虱，成为对水稻生产威胁最大的害虫。为害方式与褐飞虱相似，严重时可造成死秆倒伏。据观察，白背飞虱能在稗、看麦娘、早熟禾等多种禾本科植物上完成世代发育，但水稻是其最适宜的寄主。

褐飞虱属同翅目飞虱科。主要为害水稻。单食性害虫，只能在水稻和普通野生稻上取食和繁殖后代。远距离迁飞习性。是中国和许多亚洲国家当前水稻上的首要害虫，2022 年被农业农村部列入一类农作物病虫害名录。国外分布于南亚、东南亚、太平洋岛屿、日本、朝鲜半岛和澳大利亚等。中国除黑龙江、内蒙古、青海、新疆外，其他各地均有分布。常年在长江流域以及以南地区暴发频繁，有记载 1987 年、1991 年、1997 年、2005 年、2006 年褐飞虱数度特大暴发，损失惨重。

灰飞虱属同翅目飞虱科。其为害方式与褐飞虱、白背飞虱类似，是 3 种稻飞虱发生最早的一种，主要为害早中稻秧田和大田分蘖期的稻苗。除以成虫、若虫刺吸为害外，还传播病毒病害。由于寄主是各种草坪禾草及水稻、麦类、玉米、稗等禾本科植物，所以对农业为害很大，是近年来间歇性大发生的害虫。

1. 分布范围

（1）白背飞虱　分布在西南部分稻区，含云南中部和西部、赤水河流域的四川盆地南部和贵州西北局部。西南稻区白背飞虱在不同区域具有虫源关系，云南前期虫源繁殖后，在西北风的作用下迁飞到赤水河流域等地，构成后者的初始虫源重发生区为西南稻区的云南、贵州，以及四川盆地中南部；中等发生县占南方稻区总县数的40.6%，白背飞虱当地发生面积为52.9%；轻发生区包括重庆大部、四川盆地西部和北部、长江中下游其他稻区以及其他北方稻区。发生特点是始见期比较晚，一般要到6月后白背飞虱才大量迁入，当地年发生2~3代，为害盛期在7月下旬至8月上中旬；一般年份甚至不造成为害。

（2）褐飞虱　相比白背飞虱，褐飞虱重发区分布偏东。重发区主要分布在东部稻区西线湖南雪峰山，东至福建中部、浙江沿海，南至南岭山脉以南，北至长江，包括广西、湖南、江西、浙江、福建大部地区、湖北中部、广东局部、贵州东南部，还包括西南稻区的云南西部和南部。西南稻区为轻发生区。

（3）灰飞虱　在我国南自海南岛，北至黑龙江，东自台湾和东部沿海各地，西至新疆均有发生，以长江中下游和华北地区发生较多。

2. 形态特征

（1）白背飞虱　成虫长翅型体长3.8~4.6 mm，短翅型体长2.7~3.5 mm。雄虫大部分黑褐色，雌虫大部分灰黄褐色。头顶除端部两侧脊间、前胸背板和中胸背板中域黄白色。前胸背板在复眼后方有1个暗褐色斑；中胸背板侧区黑褐色，雌虫的略浅。头顶端部两侧脊间和面部雄虫为黑褐色，雌虫为灰褐色。胸部腹面及腹部雄虫为黑褐色，雌虫为黄褐色，仅腹背有黑褐色斑。前翅淡黄褐色，透明，有的翅端近背缘具暗褐色晕，翅斑黑褐色。短翅型体色如长翅型，雄虫前翅伸达腹部末端或稍超过。头顶长方形，中长为基宽的1.3倍；额长为最宽处宽的2.5倍，侧缘直，向端部渐宽，以近端部1/3处为最宽。触角圆筒形，第1节长大于宽，第2节约为第1节长的2倍。前胸背板宽于头部，短于头顶中长，侧脊不伸达后缘。后足胫距薄，后缘具齿。5龄若虫体长2.9 mm，灰黑与乳白镶嵌，胸背具不规则的暗褐色斑纹，边缘界线清晰，腹背第3~4节各具1对乳白色"△"形大斑，第6节背板中部有1条浅色横带。体形近橄榄形，尖尾较尖。卵长0.8 mm，宽0.2 mm。新月形。初产时乳白色，后变黄色，并出现红色眼点；卵产于叶鞘、叶中肋等处组织中，卵粒单行排列成块，卵帽不外露。

（2）褐飞虱　成虫有长翅和短翅两种类型，长翅型褐飞虱体长3.6~4.8 mm，短翅型体长2.5~4 mm。黄褐、黑褐色，有油状光泽。头顶近方形，额近长方形，中部略宽，触角稍伸出额唇基缝，后足基跗节外侧具2~4根小刺。前翅黄褐色，透明，翅斑黑褐色。短翅型前翅伸达腹部第5~6节，后翅均退化。雄虫阳基侧突似蟹钳状，顶部呈尖角状向内前方突出；雌虫产卵器基部两侧，第1载瓣片的内缘基部突起呈半圆形。若虫初孵时浅黄白色，后变褐色，近椭圆形。5龄若虫体长3.2 mm，腹部第3~4腹节背面各生1个白色"山"字形纹。前翅芽伸达腹部3~4节处，前后翅芽的尖端十分接近。卵产在叶鞘和叶片组织内，排成一条，称为"卵条"。卵粒香蕉形，长约 1 mm，宽 0.22 mm。初呈丝瓜形，后呈弯弓形，10～20 粒排列成行，前部单行，后部挤成双行，卵帽略露出产卵痕。卵帽高大于宽底，顶端圆弧，露出部分近短椭圆形，粗看似小方格，清晰可数。初产时乳白色，渐变淡黄至锈褐色，并出现红色眼点。产在叶鞘和茎秆里，多呈双行排列好似香蕉。

（3）灰飞虱　成虫有长翅型、短翅型两种，长翅型成虫体长 3.5～4 mm，短翅型成虫体长 2.4～2.6 mm，头顶四方形，稍突出于复眼前方，额以中部最宽，侧脊弧形。雄虫中胸背板黑褐色，雌虫中胸背板中域淡黄色，两侧具暗褐色宽条斑。雄虫腹部黑褐色，雌虫腹部背面暗褐色，腹面黄褐色。前翅淡黄褐色透明，脉与翅面同色，翅斑黑褐色。卵香蕉形，长约 0.8 mm，宽约 0.2 mm，卵帽底宽大于高，顶端钝圆。卵成块产于叶鞘、叶中肋或茎秆组织中，卵粒成簇或成双行排列，卵帽露出产卵痕，如粒粒鱼子状。若虫多为 5 龄，5 龄若虫体长 2.7～3 mm，长椭圆形，体灰褐色，两侧深灰褐色，第 3～4 节各镶嵌 1 个淡褐色"八"字形斑纹，有明显的翅芽，前翅芽的尖端往往超过后翅芽的尖端。落水后足向后斜伸呈"八"字形。

3. 发生规律

（1）白背飞虱　在我国南方有冬秧、冬季再生稻和自生苗能存活的地区才能越冬，白背飞虱 5—6 月迁入长江中下游地区，7—8 月进入为害盛期，8 月下旬以后种群开始衰减，主要为害生育前中期水稻，又称为"夏稻虱"，各地每年迁入的初发虫源比褐飞虱早，迁出去不完全受水稻生育期所控制，各代长翅型成虫均有向外迁出的特性，因此持续时间长，且峰次频繁。要以成虫迁入后第 2 代若虫高峰构成主要为害世代。年发生世代因地而异，一年发生 1～11 代不等。具有远距离迁飞性，对水稻有明显的专食性，成虫和若虫群集在稻丛基部，以刺吸水稻叶鞘和茎秆的汁液为生。成虫有较强的趋光性和趋绿性，在迁入、转移、扩散及产卵时，都趋向于生长嫩绿茂密的稻田。白背飞虱比褐飞虱适宜温度范围广，初夏多雨、盛夏干旱的年份，白背飞虱往往偏重发生。适宜虫害发生的温度为 22～28℃，相对湿度为 80%～85%。恒温 30℃、25℃和 20℃下，卵期分别为 6 d、9.7 d 和 11.3 d 左右；若虫期分别为 14.3 d、18.5 d 和 19.4 d。在自然变温的相近平均气温下，各虫态历期稍有缩短。产卵前期，短翅雌虫为 3～4 d，长翅雌虫为 4～7 d。在 25℃左右，完成一代约需 26 d。卵的发育起点为 10.4℃。在 5℃恒温时，各虫态存活的最长时间，卵为 7 d，低龄若虫为 7.9 d，高龄若虫为 3.4 d，雌成虫为 3 d，雄成虫为 5 d。白背飞虱喜温暖，抗寒力弱。

（2）褐飞虱　褐飞虱在 25°N 以北不能越冬，每年虫源逐代、逐区呈季节性南北往返迁移，受季风进退的气流制约。一般每年 3 月下旬至 5 月，随西南气流由中南半岛迁入两广南部发生区（19°N 到北回归线），在该区繁殖 2～3 代，于 6 月早稻黄熟时产生大量长翅型成虫随季风北迁，主降于南岭发生区（北回归线至北纬 26°～28°），7 月中下旬南岭区早稻黄熟收割，再北迁至长江流域及其以北地区。9 月中下旬至 10 月上旬，长江流域及其以北地区水稻黄熟时产生大量长翅型褐飞虱，随东北气流向西南回迁。褐飞虱喜温暖高湿的气候条件，盛夏不太热、晚秋暖和的年份，褐飞虱往往为害严重。研究表明，在自然变温条件下，褐飞虱卵期胚胎发育的起点温度为 10.6℃。

褐飞虱卵在25℃左右孵化率最高，达91.5%，完成胚胎发育所需的时间与气温高低有密切关系，在15℃、20℃、25℃、28℃及29℃恒温下卵期分别为26.7 d、15.2 d、8.2 d、7.9 d及8.5 d，28℃左右卵期最短。在12～13℃条件下褐飞虱4龄和5龄若虫均能正常生活与活动。褐飞虱长翅型雄成虫正常活动的温度范围为9～30℃，长翅型雌成虫为10～32℃。在20～33℃温度范围内，随着温度升高，成虫寿命缩短，褐飞虱雌成虫寿命在25℃下为22 d，在17～20℃时寿命长达30 d。气温较高时，褐飞虱雌成虫的产卵率较高。褐飞虱雌成虫产卵盛期历时10～15 d，产卵高峰期通常持续6～10 d。如果气温低于17℃，褐飞虱卵巢管不能发育，但将这些成虫每天只放在较低温度下几小时，几天后，它们在低于17℃的温度下也能产卵。

（3）灰飞虱　在北方地区1年发生4～5代，长江中下游地区1年发生5～6代，福建1年发生7～8代。在南部稻区如广东等地无越冬现象，冬季仍继续为害小麦。其他地区均以3龄、4龄若虫在麦田、绿肥田、杂草根际、落叶下及土缝内越冬。当气温高于5℃时，越冬若虫能爬到寄主上取食，早春旬平均气温10℃时开始羽化为成虫，12℃左右达羽化高峰。灰飞虱具有长、短两种翅型。越冬代若虫羽化出来的成虫短翅型占多数，第一代成虫长翅型成虫占绝对优势，这时灰飞虱也由越冬寄主迁飞扩散到稻田为害。灰飞虱有趋食禾本科杂草的习性，其寄主随着季节性变化而转移。有趋光、趋绿和趋边行的习性，边行虫口密度远高于田中。稻田成虫可产卵于稗，其卵量往往高于水稻5.2～11.8倍；在麦田，有时看麦娘上的卵量也高于麦株。扩大冬小麦面积，稻麦连作，寄主条件适宜、食物丰富，有利灰飞虱的发生。秧苗和直播稻播种过早，氮肥用量过大，稻苗生长嫩绿，易诱集灰飞虱雌虫产卵。

4. 为害症状

（1）白背飞虱　在水稻各个生育期，成虫、若虫均能取食，但以分蘖盛期、孕穗和抽穗期最为适宜，此时增殖快，受害重。在水稻茎秆部的为害位置要高于褐飞虱，称为"茎秆稻虱"。成虫、若虫吸食稻株汁液，雌成虫利用产卵器划破寄主组织，造成机械伤害，并将卵产于稻株下部叶片中脉或叶鞘内。造成伤口，增大稻株的养分消耗和水分的散失，还为一些弱寄生菌侵染创造了条件。水稻受害后，病部出现黄白色至褐色斑点，后期形成褐色条斑。一般水稻苗期和分蘖期受害后，从下至上的叶片端部发黄，分蘖减少，植株矮缩甚至枯死；拔节期、孕穗期受害，下部和中、上部叶片发黄，植株短缩，叶鞘、茎秆上褐色伤痕密集，实粒数减少；乳熟期受害，千粒重下降，青头穗增加，甚至植株倒伏或干枯。在水稻成熟期，虫口密度高、高温、干燥条件下，各代长翅型成虫出现比例高；在水稻拔节孕穗期，虫口密度低、多雨日的条件下，短翅型雌虫出现比例高，短翅雄虫少。

（2）褐飞虱　以成虫或若虫群集于稻丛下部茎秆上刺吸汁液，稻株上产生浅褐色小斑点，严重时植株枯萎、倒伏。褐飞虱为害抽穗后期到成熟期水稻，收获前还能造成严重倒秆、冒穿，损失巨大，主要在水稻基部为害，称为"根（基）稻虱"。褐飞虱体型较小，多由其他地区迁飞而来，具有一定的群集特点，为害相对集中，成虫、幼虫吸食稻丛下部汁液，同时排出大量含糖类有毒黏液，使稻丛基部变黑，最后导致水稻叶片发黄干枯，茎秆变软遇外力则倒伏。褐飞虱的成虫具有很强的趋光性，喜欢在相对较嫩的潮湿稗草上产卵，也有在稻丛下的叶鞘及嫩茎组织内产卵，温度在25～30℃时，对卵的孵化十分有利，如果食物充足而且田间湿度大，便会孵化，形成幼虫对水稻进行为害，先从水稻下部开始，呈点片状分布，短时间就会暴发成灾。

（3）灰飞虱　成虫、若虫均以口器刺吸水稻汁液为害，一般群集于稻丛中上部叶片，近年发现部分稻区水稻穗部受害亦较严重，虫口大时，稻株汁液大量丧失而枯黄，同时因大量蜜露洒落附近叶片或穗子上而滋生霉菌，但较少出现类似褐飞虱和白背飞虱的"虱烧""冒穿"等症状。灰飞虱是传播条纹叶枯病等多种水稻病毒病的媒介，所造成的为害常大于直接吸食为害。为害作物多为水稻、大麦、小麦，取食看麦娘、疣草（禾本科假稻属植物）、稗、双穗雀稗。近年来，对玉米的为害正呈逐步上升的趋势。

5. 防治方法

防治稻飞虱应遵循综合防治的原则，主要采用"压前控后"策略，防治适期早稻是5月下旬至6月上旬，晚稻是9月下旬至10月上旬。稻飞虱基本在水稻生长前中期发生，与稻纵卷叶螟发生的时间接近，在防治稻纵卷叶螟的同时可得到控制。

（1）农业防治　一是选用高产抗虫良种。二是要重视改善栽培措施。生产上必须合理布局，实行同品种、同生育期的水稻连片种植。三是清除田边、沟边、坡边杂草，消灭越冬虫源。四是尽量选择地势较高或平坦、灌排方便的地块。雨后及时排水，避免田间水层过深，降低田间湿度。五是做到浅水勤灌，适时排水晒田，控制无效分蘖，形成合理的群体结构。提高植株间的通透性，改善田间通风透光条件，恶化稻飞虱生存环境，控制虫害发生。六是根据本田实际情况均衡施肥，建议测土配方施肥，既可满足植株生长需要，又能避免因过量施肥对水稻及农业生产环境的影响。

（2）物理防治　在幼虫为害初期，可摘除虫苞或水稻孕穗前采用梳、拍、捏等方法杀虫苞。

（3）生物防治　保护天敌，虫药要尽量避免杀伤天敌。稻飞虱的田间天敌种类多，数量大，如稻田蜘蛛、黑肩绿盲蝽等自然天敌，能有效控制稻飞虱的发生和为害。在水稻封行之前，尽量少用农药，以利天敌建立群落，严禁使用高毒农药，如甲胺磷等。

（4）化学防治　田间管理时，防治指标为百丛虫量达1 000～1 500头以上。抓准在低龄（1龄、2龄）若虫盛发期用药防治；应急控害重点在水稻生长中后期，对孕穗期百丛虫量1 000头、穗期百丛虫量1 500头以上的稻田施药。优先选用金龟子绿僵菌CQMa421、球孢白僵菌、苦参碱等生物农药和烯啶虫胺、吡蚜酮、呋虫胺等高效、低生态风险的化学药剂。喷雾时采取四周向中间围歼的方法进行，防止稻飞虱扩散，喷药重点部位为水稻中下部，应对禾苗正背面喷施，施药时田间有水层3～5 cm。方雪勇等（2023）研究通过喷施1次10%三氟苯嘧啶悬浮液16 mL/亩+6%阿维·氯苯酰悬浮液50 mL/亩和喷施1次60%吡蚜·呋虫胺可分散性颗粒剂18 g/亩+30%茚虫威可分散性颗粒剂10 g/亩，对稻飞虱的速效、控效均较好，药后3 d校正防效分别达90%和88%，药后7～14 d校正防效均达97%以上。

建议几种药液科学混配、交替喷施，避免害虫产生抗药性。

七、水稻叶蝉

水稻叶蝉是为害水稻的叶蝉类昆虫的统称，叶蝉属同翅目叶蝉科。为不全变态昆虫，为害虫态为成虫和若虫。在中国，常见的水稻叶蝉有20余种，包括黑尾叶蝉、大青叶蝉、二点叶蝉、白翅叶蝉等，是中国水稻的重要害虫，广泛分布于各稻区，尤以南方稻区发生较重。同稻飞虱相似，除直接取食为害外，还传播水稻病毒病，后者的为害常超过直接吸食。国内常见的稻田叶蝉有10多种，以黑尾叶蝉发生最普遍，白翅叶蝉在云南、贵州、四川局部山区和陕西汉中受害重。陕西省稻区主要有黑尾叶蝉、电光叶蝉、大青叶蝉、白翅叶蝉、二点叶蝉5种，其中以电光叶蝉为主，其次是黑尾叶蝉和二点叶蝉。一般于5月下旬始见，二点叶蝉6月底至7月初进入发生盛期，8月上旬进入高峰，电光叶蝉和黑尾叶蝉发生较迟，一般8月上旬进入盛期，8月下旬进入高峰。

1. 分布范围

（1）黑尾叶蝉　分布在中国各稻区，长江流域发生较多，成虫和幼虫有刺吸式口器，取食水稻汁液，叶片出现褐色斑点，严重时可造成植株倒伏和死亡，其中黑尾叶蝉吸食传播水稻病毒病更为严重。

（2）大青叶蝉　国内分布于黑龙江、吉林、辽宁、内蒙古、河北、河南、山东、江苏、浙江、安徽、江西、台湾、福建、湖北、湖南、广东、海南、贵州、四川、陕西、甘肃、宁夏、青海、新疆等地。国外分布于俄罗斯、日本、朝鲜、马来西亚、印度、加拿大、欧洲等地。大青叶蝉在北方每年发生2～3代，以卵在2～3年生树皮层下越冬，3—4月间孵化。早晨及夜间在稻叶上活动为害，性活泼，受惊动时则表现为横行、斜走或飞走逃避。成虫有趋光性。天敌种类较多，如赤眼蜂、缨小蜂、头蝇、猎蝽、步甲和蜘蛛，以及白僵菌等。

（3）二点叶蝉　分布于东北、陕西、甘肃、河南、江西、湖南、广东、四川、贵州等地。寄主有草坪草、水稻、小麦、茄子、白菜、胡萝卜、大豆、棉花及其他禾本科植物等。以成虫、若虫为害寄主植物的叶片，以刺吸式口器刺入植物组织内吸取汁液，叶片受害后，多褪色成畸形卷缩现象，甚至全叶枯死。

（4）白翅叶蝉　分布在黄河以南，四川西昌以东，云南、贵州、四川局部山区和陕西汉中受害重，为害水稻、小麦、大麦、甘蔗、茭白、玉米、油菜等。

2. 形态特征

（1）黑尾叶蝉　成虫体长4～6 mm，黄绿色，头与前胸背板等宽，向前成钝圆角突出，头顶复眼间接近前缘处有1条黑色横凹沟，内有1条黑色亚缘横带；复眼黑褐色，单眼黄绿色；雄虫额唇基区黑色，前唇基及颊区为淡黄绿色；雌虫体为淡黄褐色，额唇基的基部两侧区各有数条淡褐色横纹，颊区淡黄绿色；前胸背板两侧均为黄绿色；小盾片黄绿色；前翅淡蓝绿色，前缘区淡黄绿色，雄虫翅端1/3处黑色，雌虫为淡褐色；雄虫胸、腹部腹面及背面黑色，雌虫腹面淡黄色，腹背黑色；各足黄色。卵长茄形；末龄若虫体长 3.5～4 mm，若虫共 4 龄。

（2）大青叶蝉　成虫体长雌虫 9～10 mm，雄虫 7～8 mm。头橙黄色，头顶有 1 对多边形的黑斑；前胸背板黄色，上有三角形的绿斑。前翅绿色，边缘黄色，尖端透明。若虫共 5 龄，初孵时灰白色，半透明，复眼红色，渐变淡黄色。3 龄后胸腹背面有 4 条褐色纵纹，3 龄翅芽长近中足基部，4 龄翅芽长近中胸部，5 龄翅芽超过腹部第 2 节。卵白色微黄，长卵圆形，长 1.6 mm，宽 0.4 mm，中间微弯曲，一端稍细，表面光滑。

（3）二点叶蝉　成虫体长 3～4 mm，淡黄绿色。头顶有 2 个小黑圆点，其前方有 2 条黑横纹，复眼内侧各有 1 短纵纹。单眼橙黄色。小盾板基部有 2 黑斑，中央有 1 细沟。若虫初孵时色较淡，头特别大，无翅，以后体色变深，翅芽发达，5 龄时前翅芽达第 4 腹节，后翅翅芽达第 4 腹节末端。前翅翅芽黄色。卵长 0.7 mm，宽 0.15 mm，无色透明，孵化前为淡绿色，长肾形。

（4）白翅叶蝉　雌虫体长 3.5～3.7 mm，雄虫稍小。头、胸、腹部橙黄色。头部前缘两侧各具 1 个半月形白斑。前胸背板中央具 1 个浅灰黄色菱形斑，斑的两侧各具小白点 1 个。前翅灰白色，半透明，具虹彩闪光；后翅浅橙色，透明度较前翅高。若虫共 5 龄。末龄若虫体长 2.4～3.2 mm，浅黄绿色，体上刚毛明显。卵长 0.65 mm，近瓶形，略弯曲，一端尖，另一端钝圆，乳白色。

3. 发生规律

（1）黑尾叶蝉　一年发生代数随地理纬度而异。河南信阳、安徽阜阳 1 年发生 4 代，江苏南部、上海、浙江北部以 5 代为主，江西南昌、湖南长沙以 6 代为主；福建福州、广东曲江以 7 代为主，广东广州以 8 代为主，田间世代重叠，主要以若虫和少量成虫在冬闲田、绿肥田、田边等处的杂草上越冬，主要食料是看麦娘。长江流域以 7 月中旬至 8 月下旬发生量较大，主要在早稻生长后期、中稻灌浆期、单晚稻分蘖期和连晚秧田及分蘖期为害；华南稻区则在 6 月上旬至 9 月下旬均有较大发生量，为害于早稻穗期和晚稻各生育期。成虫、若虫均较稻飞虱活泼，受惊即横行或斜走逃避，惊动剧烈则跳跃或飞去。成虫白天多栖于稻丛中下部，晨间和夜晚在叶片上部为害，趋光性强。卵产于水稻或稗草上，多从叶鞘内侧下表皮产入组织中。若虫多群集于稻丛基部，少数可取食叶片和穗，具体部位随水稻生育期不同而有所变化，一般较褐飞虱位置稍高。冬季温暖，降水少，越冬虫死亡率低，带毒个体体内病毒增殖速度较快，传毒力较强，翌年较易大发生。该虫喜高温干旱，6 月气温稳定回升后，虫量显著增多，至 7—8 月高温季节达发生高峰。单、双季稻混栽区食料连续、丰富，该虫发生量大，为害重；连作稻区早、晚季稻换茬期食料连续性稍差，发生量次之。早栽、密植以及肥水管理不当而造成稻株生长嫩绿、繁茂郁闭，田间湿度增大，有利于该虫发生。

（2）大青叶蝉　北方 1 年生 3 代，以卵于树木枝条表皮下越冬。4 月孵化，于杂草、农作物及蔬菜上为害。若虫期 30～50 d，第 1 代成虫发生期为 5 月下旬至 7 月上旬。各代发生期大体为第 1 代 4 月上旬至 7 月上旬，成虫 5 月下旬开始出现；第 2 代 6 月上旬至 8 月中旬，成虫 7 月开始出现；第 3 代 7 月下旬至 11 月中旬，成虫 9 月开始出现。发生不整齐，世代重叠。成虫有趋光性，夏季颇强，晚秋不明显，可能是低温所致。成虫、若虫日夜均可活动取食，产卵于寄主植物茎秆、叶柄、主脉、枝条等组织内，以产卵器刺破表皮成月牙形伤口，产卵6～12粒于其中，排列整齐，产卵处的植物表皮呈肾形凸起。每雌可产卵30～70粒，非越冬卵期9～15 d，越冬卵期达5个月以上。前期主要为害农作物、蔬菜及杂草等植物，9—10月农作物陆续收割、杂草枯萎，则集中于秋菜、冬麦等绿色植物上为害，10月中旬第3代成虫陆续转移到果树、林木上为害并产卵于枝条内，10月下旬为产卵盛期，直至秋后，以卵越冬。

（3）二点叶蝉　在江西南昌1年约发生5代，以成虫及大、中若虫在较潮湿的浅草地越冬（冬暖时仍能活动取食）。第二年3月下旬至4月上中旬越冬若虫羽化。第一代成虫于6月上中旬出现，以后陆续繁殖为害，直到12月上中旬仍能正常活动。在宁夏银川，以成虫在冬麦上越冬，越冬代成虫翌年春为害。1年中7—8月间为盛发期，11月在冬麦上仍有发生。在湖南长沙，12月中下旬仍有发生，且数量较多。

（4）白翅叶蝉　浙江、安徽、湖南1年生3代，再往南年生3～6代。以成虫在麦田、绿肥田及避风向阳的杂草上越冬。翌春，越冬成虫先在麦田为害，当早稻出苗后，即迁入为害、繁殖，后向早稻本田或晚稻田上扩展，晚稻进入收获季节，该虫又迁飞到越冬寄主上。成虫活泼善飞，受惊扰时横行躲避或飞至别处，若虫跳跃能力差，受惊时斜着走或横行。气温低于1℃，成虫多潜伏在土缝里或植株基部，高于2℃开始活动。均温21～23℃卵历期15～16 d，1代、2代若虫历期17～21 d，3代33～40 d。成虫寿命20～30 d，越冬代为194 d。喜在上午羽化，在植株上部叶片取食，有较强趋嫩绿性和趋光性，多在白天把卵产在稻叶主脉的空腔内，分蘖期产在稻株基部第1～2叶片，抽穗期以第3叶为主，每处着卵1～3粒，个别5粒。越冬代每雌产卵45～60粒，1代55～60粒，2代30粒。气温低于20℃，相对湿度85%～90%若虫死亡多，寿命短，产卵量下降。生产上5—6月雨水多，8—9月气温偏高，且有一定降水量，可能大发生。稻麦两熟和双季稻混栽区，二季晚稻受害重，晚熟中稻居次。早播、早插秧的水稻一般在前期易受害，偏施氮肥，稻苗生长旺盛的虫口数量多，受害重。

4. 为害症状

水稻叶蝉的寄主有水稻、小麦、玉米、甘蔗、茭白，以及看麦娘、早熟禾、稗、李氏禾等禾本科植物。成虫和若虫群集稻丛基部刺吸汁液，消耗养料和水分，破坏输导组织，被害稻株形成棕褐色伤斑。苗期和分蘖期可致全株发黄、枯死；抽穗、成熟期可致茎秆基部发黑，烂秆倒伏。同时，传播水稻矮缩病（RDV）、黄矮病（RTYV）及黄萎病。1年发生的世代数自北向南递增。长江流域各省1年发生5～6代，从第3代起世代重叠。多以4龄若虫和少量3龄若虫及成虫在绿肥田、冬种作物田、田埂、沟边等禾本科杂草上越冬。冬春主要寄主为看麦娘和早熟禾。越冬期间如气温达12.5℃以上，仍可活动取食。越冬若虫在翌年早春旬平均气温10℃以上，一般在3月下旬到4月上旬，便陆续开始羽化。各地各代成虫发生期因早春气温回升的迟早而异。4—5月是黑尾叶蝉第1次迁飞扩散期。越冬成虫从越冬寄主迁至早稻秧田和本田，构成以后各代发生的基数，也是将毒源传播到水稻上的关键时期。

5. 防治方法

（1）农业防治 种植抗性品种，因地制宜改革耕作制度。尽量避免混栽，减少桥梁田；加强肥水管理，提高稻苗健壮度，防止稻苗贪青徒长。注意保护利用天敌昆虫和捕食性蜘蛛。

（2）物理防治 在成虫发生期可进行灯光诱杀。

（3）化学防治 主要应掌握在其若虫盛发期喷药防治，优先选用金龟子绿僵菌CQMa421、球孢白僵菌、苦参碱等生物农药和烯啶虫胺、吡蚜酮、呋虫胺等高效、低生态风险的化学药剂。施药时田间要有水层 3～5 cm，保持 3～4 d。农药要混合使用或更换使用，以免产生抗药性。

八、稻蓟马

为害水稻的蓟马，以稻蓟马和稻管蓟马发生最为普遍，其次还有花蓟马、禾蓟马、端带蓟马等，均属缨翅目。其中，稻蓟马、花蓟马、禾蓟马和端带蓟马属于蓟马科，稻管蓟马属管蓟马科。

1. 分布范围

（1）稻蓟马 在中国，北起黑龙江、内蒙古，南至广东、广西和云南，东自台湾，西达四川、贵州均有发生。20世纪70年代初期推广三熟制，扩大了迟熟早稻，以致"小虫成大灾"。80年代中期以后，一些地区随着双熟、三熟制面积压缩，化学除草剂大面积推广，减少了越冬及早春寄主，稻蓟马发生面积缩小，为害下降。寄主除水稻外，还取食麦类、玉米及李氏禾、看麦娘、早熟禾、稗、马唐、双穗雀稗等多种禾本科杂草。

（2）稻管蓟马 属于管蓟马科昆虫的一种，又称禾谷蓟马，广泛寄生于禾谷类作物及多种禾本科杂草。亚洲各稻区均有分布，中国大部分稻区，特别是淮河流域以南地区，为水稻的重要害虫之一。

2. 形态特征

（1）稻蓟马 成虫体长 1～1.3 mm，黑褐色。头近似正方形，触角7节；前胸背板发达，后缘角各有1对长鬃。翅淡褐色，羽毛状，腹末雌虫锥形，雄虫较圆钝。若虫有4龄，3龄、4龄若虫不取食，但能活动，称为前蛹和蛹。4龄若虫淡褐色，触角向后翻，翅芽伸至第6、7腹节。卵肾状形，长约 0.26 mm。黄白色，半透明，孵化前可透见两个红色眼点。

（2）稻管蓟马 雌成虫体黑褐色至黑色，略具光泽；前足胫节和跗节黄色；触角第1～2节黑褐色，第3节黄色；翅透明，鬃黄灰色；头长大于宽，口锥宽平截；前胸横向，前节内侧具齿；翅发达，中部收缩，呈鞋底形，无脉，有5～7根间插缨；腹部2～7节背板两侧各有1对向内弯曲的粗鬃。雄虫比雌虫小而窄，前足腿节扩大，前跗节具三角形大齿。卵肾形，初产白色，稍透明，后变黄色。

3. 发生规律

（1）稻蓟马 生活周期短，发生代数多，世代重叠。成虫多在麦类、茭白、李氏禾、看麦娘、早熟禾等禾本科植物上越冬。成虫和若虫都怕光和干旱，喜湿润环境。成虫白天常藏身卷叶尖或心叶内，早晚或阴天爬至叶面活动。有明显趋嫩绿稻苗产卵习性，卵散产于叶片正面脉间组织内，对光观察，见到叶片上有针尖大小的半透明黄色小亮点，即为稻蓟马卵。初孵幼虫多藏于心叶卷缝和叶腋内取食，随后分散到嫩叶上取食为害，导致叶尖失水纵卷。7—8月低温多雨，有利于发生为害。水稻品种混栽，提早栽插，可为稻蓟马提供食物条件，施肥过多，也加重为害。

（2）稻管蓟马　1年发生8代左右，以成虫越冬。卵期4～6 d，1～2龄若虫7～12 d，3～5龄若虫（即预蛹、前蛹和蛹）3～6 d，雌成虫存活期34～71 d。每雌虫产卵15～20粒。取食植物的繁殖器官对若虫发育有利。成虫强烈趋花，一旦植物开花，成虫立即飞集于穗花上活动，当花谢后又迅速迁往其他开花植株或另一种开花植物。成虫白天多隐藏在纵卷的叶尖或心叶内，有的潜伏于叶鞘内，早晨、黄昏或阴天多在叶上活动，爬行迅速，受震动后常展翅飞去，有一定迁飞能力，能随气流扩散。雄成虫寿命短，只有几天；雌成虫寿命长，为害季节中多在20 d以上。雌成虫有明显趋嫩绿秧苗产卵的习性，在秧田中，一般在2～3叶期以上的秧苗上产卵。若虫活泼，1～2龄若虫是取食为害的主要阶段，多聚集在叶耳、叶舌处，特别是在卷针状的心叶内隐匿取食；3龄若虫行动呆滞，取食变缓，此时多集中在叶尖部分，使秧叶自尖起纵卷变黄。大量叶尖纵卷变黄，预示着3～4龄若虫激增，成虫将盛发。

4. 为害症状

（1）稻蓟马　水稻秧苗3叶期至分蘖期的害虫。成虫和1～2龄若虫刮破稻叶表皮，吸食汁液，被害叶面先出现黄白色小斑点，后叶尖失水纵卷。严重受害时，秧苗成片枯焦，状如火烧。本田受害，严重影响返青和分蘖，生长受阻，发育不良。

（2）稻管蓟马　成虫和若虫以口器磨破稻叶表皮，吸食汁液，被害叶上出现黄白色小斑点或微孔，叶尖枯黄卷缩，严重时可使成片秧苗发黄、发红，状如火烧。稻苗严重受害时，影响稻株返青和分蘖，生长受阻，稻苗坐蔸；孕穗期严重受害，影响小穗发育，抽出穗只有白色丝状颖壳；抽穗期受害，花器被破坏，影响受粉结实，有的造成空壳。

5. 防治方法

（1）农业防治　冬春季清除杂草，特别是秧田附近的游草及其他禾本科杂草等越冬寄主，降低虫源基数；同一品种、同一类型田应集中种植，改变插花种植现象。合理施肥，在施足基肥的基础上追施返青肥，受害水稻生长势弱，适当的增施肥料可使水稻迅速恢复生长，减少损失。

（2）生物防治　保护和利用螳螂、蜻蜓、青蛙、蟾蜍、蜘蛛等捕食性天敌，抑制虫害的发生。

（3）药剂防治　一是药剂拌种。水稻干种拌70%吡虫啉可湿性粉剂1～2 g/kg，有效期可达30 d以上；还可选用20%咯菌腈·精甲霜灵·噻虫嗪悬浮种衣剂2.5～5 g/kg，在水稻浸种催芽露白后拌种，待晾干后再播种（江曲等，2021）；或用27%苯醚·咯·噻虫种子处理悬浮剂4～5 mL/kg，在水稻种子浸种露白后拌种，待晾干后再播种（王祥等，2021）；或将种子浸种催芽，待芽长为半粒种子长时，按 246 g/L 吡虫啉·戊唑悬浮种衣剂 3.5 mL/kg 与种子充分搅拌混合，使药液均匀分布种子；或用 18% 噻虫胺悬浮种衣剂 7 mL/kg，兑水 8 mL/kg，与种子充分拌匀，摊晾 25 min 后播种（谢茂成等，2021）。二是药剂喷雾。在幼虫盛发期，当秧田百株虫量 200~300 头或卷叶株率 10%~20%，水稻本田百株虫量 300~500 头或卷叶株率 20%~30% 时，及时用药喷雾防治。秧田和直播稻苗期，可选用 90% 晶体敌百虫 1 500 倍液、10% 吡虫啉可湿性粉剂 2 500 倍液、40% 氯虫·噻虫嗪水分散粒剂 300 倍液、18% 杀虫双水剂 1 000 倍液、20% 阿维·三唑磷乳油 1 000 倍液、25% 吡蚜酮可湿性粉剂 300 g/hm^2，喷雾或弥雾，喷雾兑水 900~1 123 L/hm^2，弥雾兑水 150~125 L/hm^2（王玖等，2021）。施药后田间保持 3~5 cm 水层 5 d 左右。穗期可选用 90% 敌百虫晶体 1 000 倍液喷雾，对花器较安全，但要避免扬花期施药，盛花期一般不用化学农药，以防药害。

九、稻秆蝇

稻秆蝇（*Chlorops oryzae* Matsumura），属双翅目秆蝇科，又名稻秆潜蝇、稻黄秆蝇、稻钻心蝇，是中国、越南、日本、朝鲜和韩国等山区半山区水稻的主要害虫。稻秆蝇主要为害水稻，并取食大麦、小麦、疣草、稗、看麦娘、大看麦娘、日本看麦娘、棒头草、剪股颖、华北剪股颖、李氏禾、早熟禾和鹅冠草等禾本科杂草。20 世纪 80 年代以来，随着营养条件和适生环境的改变，该虫在汉中地区的种群数量迅速增加，在山区、半山区发生普遍，为害严重，为害损失逐年加重，发生面积达 90 万亩（任善福等，1994）。贵州省 70 年代主要在秧田分蘖期和大田孕穗期为害株率分别为 20% 和 8% 左右，进入 80 年代后，稻秆潜蝇为害加重，据 1984—1996 年的调查资料表明，受害的秧田占 95%，大田占 70%，为害株率分蘖期为 85%，孕穗期为 28% 以上，已成为我国水稻的主要害虫（张信扬等，1997），在稻田中呈均匀分布型（林玉福等，1986）。

1. 形态特征

（1）成虫　体长 2.3~3 mm，翅展 5~6 mm，身体鲜黄色。头、胸部等宽，头部背面有 1 个钻石形黑色大斑；复眼大，暗褐色；触角 3 节，基节黄褐色，第 2 节暗褐色，第 3 节黑色膨大呈圆板形，触角芒黄褐色，与触角近等长，触角基部上方颜面显著向前突出。胸部背面有 3 条黑色大纵斑，它的两侧还有短而细的黑色纵斑。双翅透明，翅脉褐色。足黄褐色，跗节末端暗黑色。腹部纺锤形，各节背面前缘具黑褐色横带，第 1 节背面两侧各生 1 黑色小点。身体腹面浅黄色。

（2）卵　长椭圆形，长 0.7~1 mm，白色，表面有纵向排列的细凹纹，呈现出波状柳条纹。孵化前变为淡黄色。

（3）幼虫　蛆型，末龄幼虫体长约 6 mm，近纺锤形，浅白色或黄白色，11 节，体壁坚韧具光泽，前端略尖，口钩浅黑色。尾端分两叉，各叉末端尖，开有气孔。

（4）围蛹　体长约 6 mm，浅黄褐色至黄褐色，体形稍扁，上具黑斑，羽化前变深黄褐色，可透见内部蛹体轮廓，尾端分两叉与幼虫相似。

2. 发生规律

（1）生活习性　成虫多在上午羽化，以7—10时最盛，白天活动，羽化后1~3 d 交尾，雌雄均可多次交尾，以上午交尾居多；羽化后2~5 d 开始产卵，叶色浓绿的稻田，能引诱成虫产卵，卵散产于叶背和叶鞘上，多1叶1卵。幼虫多在天亮前后孵化，幼虫孵化后，借露水湿润由叶枕经叶鞘侵入，为害心叶、生长点和幼穗，钻入5~7 d 心叶上就可以出现为害症状，一般不转株为害。孕穗期，幼虫取食幼穗顶部小穗的颖壳及花器，抽穗后部分小穗不实呈"刷状"，受害严重的大部分或全部呈白色，与螟害白穗相似，幼虫老熟后，在叶鞘内侧靠近叶耳处化蛹，幼虫的预蛹期较长，一般不少于4~5 d，寄主抽穗时，幼虫爬到叶鞘内化蛹。水稻抽穗后，幼虫和蛹主要分布在倒2叶和倒3叶的叶鞘内，其次在剑叶和倒4叶的叶鞘内（任善福等，1994）。

（2）发生世代　稻秆蝇在我国1年发生1~3代。在汉中1年发生2代，第1代从5月上旬至9月中旬在水稻上生活为害，9月中旬至10月成虫羽化，卵产在早播麦苗及其他越冬寄主上。越冬代幼虫10月上旬至翌年4月底在越冬寄主上生活为害。因其发育不整齐而各虫态间有重叠现象（任善福等，1994）。在湖南江华县1年发生3代，两个世代为害水稻，一个世代为害越冬寄主。以幼虫越冬，越冬代成虫于4月中下旬始见，飞至早稻秧田和本田产卵，幼虫孵化后为害心叶；第1代成虫6月中下旬出现，产卵在中稻、晚稻秧田和单季中晚稻本田，幼虫为害心叶或幼穗；第2代成虫8月下旬羽化，并在越冬寄主产卵，幼虫孵化后钻入心叶过冬，产生为害症状。据梁梅新研究，第1代卵8.2 d，幼虫30.6 d，蛹11.5 d，成虫产卵前期4.1 d；第2代分别为6.3、63.0、17.8和4.0 d；第3代分别为8.8 d、177.0 d、20.2 d和4.0 d。

3. 为害症状

稻秆蝇在稻株从苗期至孕穗期均可受害，以幼虫为害水稻心叶、生长点和幼穗。水稻苗期受害后，心叶有椭圆形或长条形小孔洞，后发展为纵裂长条状，叶片破碎。受害轻的生长势弱而且较矮，受害严重的田块心叶抽出极为缓慢，似僵苗或抽出的心叶扭曲，叶片枯萎，组织被破坏，有腐臭味，植株矮化，分蘖增多。孕穗期被害，表现为穗形不正常弯弯扭扭，部分穗不实，严重时穗子短籽粒少，穗尖退化像胡须状，抽穗后直立不钩头，与螟害白穗相似。

4. 影响因素

（1）品种　稻秆蝇发生轻重与品种抗性有一定的关系，杂交稻比常规稻较抗虫，两系杂交比三系杂交抗虫，粳稻比糯稻抗性好（刘成书，2016）。任善福等（1994）对大田栽培的14个水稻品种调查表明，品种间对稻秆蝇有一定的抗性作用。

（2）气象因素　稻秆蝇卵的孵化和幼虫的入侵与降水量和湿度密切相关，凡产卵期雨水较多、湿度大，孵化率高，为害严重，反之则轻。

（3）天敌　抑制稻秆蝇发生为害的因子之一，任善福等（1994）饲养观察，在幼虫和蛹期有3种寄生蜂寄生，其中2种为金小蜂，1种为小茧蜂，寄生蜂比稻秆蝇迟羽化10~20 d，第1代寄生率为30.63%，越冬代寄生率为37.5%，有保护利用价值。

5. 防治方法

（1）农业防治　一是消灭越冬虫源。入春后及时将沟、田、井、塘等地边看麦娘、疣草、马鞭草等禾本科杂草铲除，减少越冬虫口基数，对空闲田、绿肥作物田，在稻秆蝇化蛹前结合春耕备耕及时灌水或翻耕能起到很好的灭蛹灭虫作用。二是选种抗虫品种。适当调整品种布局，尽量选择种植对稻秆蝇有较好抗耐性的水稻品种。三是因地制宜安排播插期。并用噻虫嗪等种衣剂处理种子，及时覆盖尼龙纱网，培育壮秧。四是科学管理水肥。不要偏施氮肥，合理搭配磷钾肥，增施硅肥也能有效增强水稻植株的抗虫性。

（2）物理防控　采用黄板诱杀，稻秆蝇成虫对黄色有较强的趋性，可采用在稻田挂插黄色粘板进行诱杀成虫，亩插25～30张，黄板以性诱剂黄板为佳，黄板挂插高度以离水面20～30 cm为宜。

（3）化学防治　当秧田期平均每百株有卵10粒、株为害率1%以上；大田期平均每丛水稻有卵1粒，株为害率3%～5%时（王华弟，2007），选用高效低毒的化学农药，如杀虫双、氯虫苯甲酰胺、氯虫·噻虫嗪、乙酰甲胺磷等，进行防治，狠治第2代。

第四节　稻田杂草防除

稻田草害是影响水稻高产优质的重要因素，不仅与水稻争肥、争光、争空间，严重制约了水稻生长，而且有的杂草还是水稻病虫的中间寄主和传播介体，诱发和加快病虫传播为害，对水稻生产影响极大。稻田杂草防除是水稻生产上的重要环节，防除效果的好坏，直接关系水稻的产量和品质。随着种植方式的多元化、耕作制度的现代化以及生产程序的简便化，杂草抗药性不断增强，种群演替加快，发生程度加重，对水稻绿色生产构成严重威胁，给杂草防除带来了较大的难度。

一、杂草的生物学特性

方永生（2013）从10个方面阐述了杂草的生物学特性。

1. 杂草有多种授粉途径

杂草一般既能异花授粉又能自花授粉，同时对传粉媒介要求不严格，杂草花粉一般可通过风、水、昆虫等动物或人类活动从一株传到另一株上。杂草多具有远缘杂草亲和性和自交亲和性。异花授粉有利于杂草种群创造新的变异和生命力更强的变种，自花授粉则可保证杂草单株生存的特殊环境下仍可正常结实，以保证基因的延续。

2. 杂草有多实性、连续结实性和落粒性

杂草在长期的选择进化下，绝大多数结实都比农作物多而且连续。种子一般都较小，一株杂草的种子量往往是农作物种子的几倍、百倍甚至成千上万倍，并且一年生杂草的营养生长与生殖生长一般同时进行，其结实可从植物生育中期开始一直持续到生长季节末期，在作物收获前种子从母体脱落下来，进入土壤，或随风、水传播到其他地块，农作物田间杂草不会因为作物收获而被清除到田外。

3. 杂草有多种传播方式

杂草的传播途径多种多样，其中人为活动起到了主要作用。在农业生产中，从引种、播种、灌水、施肥、耕作、运输等农业活动都可以直接或间接将杂草从某一块地传播到另一块地。此外，杂草还可通过风、水、鸟、牲畜等传播。许多杂草还具有适于传播的植物学性状，例如，藜、香薷等杂草种子经过动物的消化后仍具有很强的发芽能力，可通过动物及其粪便传播蔓延。

4. 杂草种子的长寿性

杂草种子一般都具有长寿性。相关资料记载，藜的种子可在土壤中存活1 700年以上，野燕麦的种子寿命比较短，在土壤中也可存活3年以上。

5. 出苗持续不一

农作物的种子出苗时间一般整齐一致，这是长期的农业活动选择的结果。而杂草则不然，杂草的出苗期可在作物播种至收获整个生长季节持续出苗，这同样是长期自然选择和人类农业活动共同影响的结果。

6. 杂草的光合途径

杂草具有C_4光合途径，光合作用效益高，能迅速生长发育。从光合途径分，植物可以被分为C_3植物和C_4植物，很多杂草都具有C_4光合途径，在18种世界恶性杂草中，有14种是C_4植物，比植物界中的C_4植物比例高17倍，也远比主要农作物中C_4植物比例高（世界16种主要农作物中只有玉米、谷子和高粱是C_4植物）。C_4植物比C_3植物在光合作用上具有净光合效率高、对CO_2的光合补偿点低、饱和点高、蒸腾系数低等特点。正是由于很多恶性杂草具有C_4植物的这些特点，所以能够表现出顽强的生命力。

7. 杂草的杂合性

除了一些专性自花授粉植物杂草外，一般杂草都具有杂合性，异花授粉及基因突变，决定了杂草个体的基因型很少是纯合的。此外，土壤中杂草种子的多样性决定了田间杂草群落的混杂性。杂草的这一特性常导致单施一种除草剂后并不能达到防除所有杂草和防止抗性杂草生态型出现的目的，因此，根据杂草杂合性的特征，选择混合型配方农药显得尤为重要。

8. 杂草的可塑性

可塑性是指植物在不同生态环境条件下，对其个体大小、生长量和种群大小的自我调节能力。一般杂草都具有不同程度的可塑性。藜的株高最低可达1 cm，最高可达300 cm，结实可少达5粒，多可达100万粒以上。杂草能在多变的农田生态条件下自我调节种群结构，尤其是在其密度较低的情况下能够通过提高个体的结实量生产出大量的种子，为其下代大量生育打下基础。此外，杂草发芽率也有很大的可塑性，当土壤中草籽密度很大时，草籽的发芽率会相应下降，从而防止其群体过大而引起其个体死亡率的升高。

9. 杂草的生态适应性和抗逆性

杂草抗逆性强，个体小，生长快，生命周期短，群体不饱和，一年一更新，繁殖快，生产力高。杂草是在比较稳定的环境条件下选择下来的植物类型，其个体生长能力强、群体竞争力强、生命周期长，在一个生命期内可多次重复生殖，群体饱和稳定。因此，杂草比作物有更强的生态适应性和抗逆性，表现为对盐碱、旱涝、热害、冷害及人工干扰等较强的忍耐能力。

10. 杂草对作物的拟态性

在长期人类活动的干扰下，为了能够使基因延续，很多杂草在植物形态、生长发育规律，以及对环境条件的要求上与伴生作物都有很多相似之处，杂草的这一特性给除草特别是人工除草带来了极大的困难。从杂草防除方面来看，人们对杂草的错误认识和理解不同，大量使用化学除草剂使杂草抗性增强，自我调节种群的能力丧失，新的杂草种群不断出现和蔓延，给农业生产带来新的课题。

二、稻田杂草种类

据调查，稻田杂草有110多种，隶属37科。其主要杂草种类有稗、千金子、香附子、异型莎草、牛毛毡、眼子菜、水花生、野慈姑等。从稻田杂草分布的总体情况看，一般稻田以禾本科的稗，莎草科的香附子、牛毛毡以及苋科的水花生杂草分布广泛，为稻田优势种。近年来，随着轻简化栽培技术的推广、秸秆还田技术应用和机械远距离播种收割，稻田杂草数量呈逐年增多态势。汉中稻区主要为害杂草有以下10种。

1. 空心莲子草 *Alternanthera philoxeroides*（Mart.）Griseb.

空心莲子草别名革命草、水花生。中央子目苋科。多年生草本；茎基部匍匐，上部上升，管状，长55～120 cm，具分枝，幼茎及叶腋有白色或锈色柔毛。叶片矩圆形，长2.5～5 cm，宽7～20 mm，全缘，两面无毛，下面有颗粒状突起；叶柄长3～10 mm。花密生，成具总花梗的头状花序。子房倒卵形。花期5—10月。稻田主要为害表现在生长快，吸肥、吸水力强；排挤其他植物，使群落物种单一化；植株长，影响水稻光合作用，使其产量受损。

2. 马齿苋 *Portulaca oleracea* L.

马齿苋，中央子目苋科。一年生草本，全株无毛。茎平卧，伏地铺散，枝淡绿色或带暗红色。叶互生，叶片扁平，肥厚，似马齿状，上面暗绿色，下面淡绿色或带暗红色；叶柄粗短。花无梗，午时盛开；苞片叶状；萼片绿色，盔形；花瓣黄色，倒卵形；雄蕊花药黄色；子房无毛。蒴果卵球形；种子细小，偏斜球形，黑褐色，有光泽。花期5—8月，果期6—9月。性喜肥沃土壤，耐旱耐涝，生命力强，与水稻争肥争水，发生面积大时，严重降低土壤肥力。

3. 矮慈姑 *Sagittaria pygmaea* Miq

矮慈姑属沼生目泽泻科。生于浅水池塘、沼泽及稻田中。一年生草本植物。匍匐茎短细，根状，末端的芽几乎不膨大，通常当年萌发形成新株。叶条形，长2～30 cm，宽0.2～1 cm，光滑，先端渐尖，或稍钝，基部鞘状。花高5～35 cm，直立，花序总状。种子或球茎繁殖。主要与水稻争养分和水分，影响水稻的分蘖；耐阴，稻棵封行后，仍可大量发生。

4. 眼子菜 *Potamogeton distinctus* A. Benn.

眼子菜，沼生目眼子菜科。多年生水生草本植物。根状茎发达，白色，直径 1.5～2 mm，多分枝。茎圆柱形，直径 1.5～2 mm，通常不分枝。浮叶革质，披针形，宽披针形至卵状披针形，长 2～10 cm，宽 1～4 cm。穗状花序圆柱形，花密集。花果期为 5—10 月。眼子菜根系庞大，适应性强，与水稻争肥争水，恶化田间小气候。是一种常见的稻田杂草，也是一种恶性杂草。

5. 稗 *Echinochoa crusgalli* (L.) Beauv

稗草属禾本目禾本科。稻田中最常见的杂草。一年生草本植物，外形和水稻相似，但叶片毛涩，颜色较浅。秆直立，基部倾斜或膝曲，光滑无毛。叶鞘松弛，下部者长于节间，上部者短于节间；无叶舌；叶片无毛。圆锥花序主轴具角棱，粗糙；小穗密集于穗轴的一侧，具极短柄或近无柄；第 1 颖三角形，基部包卷小穗，长为小穗的 1/3～1/2，具 5 脉，被短硬毛或硬刺疣毛，第 2 颖先端具小尖头，具 5 脉，脉上具刺状硬毛，脉间被短硬毛；第 1 外稃草质，上部具 7 脉，先端延伸成 1 粗壮芒，内稃与外稃等长。稗与水稻共同吸收稻田里的养分，因此，稗属于稻田恶性杂草。

6. 千金子 *Leuphorbia lathyris* L.

千金子属禾本目禾本科，别名绣花草、畔茅。一年生草本植物。分布在长江流域、陕西等地。为害秋熟旱作物和水稻，发生量大，为害严重。株高可达 90 cm，秆丛生，上部直立，基部膝曲，具 3～6 节，光滑无毛。叶片条状披针形，无毛、卷折。花序圆锥状。颖果长圆形。种子繁殖。5—6 月初出苗，6 月中下旬出现高峰，8—11 月陆续开花、结果与成熟，随后颖果自穗轴上脱落，或直接入土，或借水流、风力传播，或混杂于收获物中扩散，种子经越冬休眠后萌发。千金子的分蘖力强，而且中后期生长较快，在抽穗后往往高出水稻。

7. 马唐 *Digitaria sanguinalis* (L.) Scop.

马唐属禾本目禾本科。一年生草本植物。株高可达 80 cm，直径 2～3 mm，无毛或节生柔毛。总状花序。种子传播。一般于 5—6 月出苗，7—9 月抽穗、开花，8—10 月结实并成熟。马唐的分蘖力较强。一株生长良好的植株可以分生出 8～18 个茎枝，个别可达 32 枝之多。喜湿、好肥、嗜光照，对土壤要求不严格，在弱酸、弱碱性的土壤上均能良好地生长。繁殖力强，植株生长快，分枝多，竞争力强。在稻田经常与水稻争肥争空间，影响水稻生长发育。

8. 香附子 *Cyperus rotundus*

香附子属莎草目莎草科，别名三棱草、小三棱、大香附、雷公头、雀头香、水香棱。多年生草本植物，茎直立，三棱形，高 40 cm；叶丛生于茎基部，平行脉，主脉于背面隆起，质硬。花序复穗状。花期 6—8 月，果期 7—11 月。香附子生存能力强。依附于作物的根系处，与农作物抢夺土壤中的养分，影响农作物生长。不仅与水稻争水、争肥、争光，而且由于根系庞大，耗费水肥能力强。同时还是一些病虫害的中间寄主，帮助病虫害越冬。水稻生长期间影响光合作用，加快病虫害侵染传播，降低水稻的产量和品质。

9. 牛毛毡 *Eleocharis yokoscensis*（Franch.et Sav.）Tang et

牛毛毡，莎草科荸荠属单子叶植物，别名松毛蔺、牛毛草、绒毛头。稻田的重要杂草之一。水草看起来细长如牛毛，故名牛毛毡。株高 2～12 cm。花柱基稍膨大，呈短尖状。主要靠其丝状匍匐茎在泥中延伸生殖，也能利用种子在湿地上繁殖。水上叶呼吸形态与水下叶不一致，呼吸细胞与气门结构存在差异，陆生与沉水是不同的两个呼吸系统。牛毛毡是水稻田中的一种恶性杂草，地下根茎发达，繁殖能力强，蔓延迅速。在稻田中，如果牛毛毡的覆盖度比较高，会降低水温，影响水稻根系发育和植株生长。并且牛毛毡的吸肥能力较强，会与水稻争夺生长所需的养分，为害较大。

10. 鸭趾草 *Monochoria vaginalis*（Burm.f.）C.Presl

鸭趾草属百合目雨久花科，别名鸭仔菜、兰花草、菱角草、田芋等。水生草本。根状茎极短，须根柔软。茎直立或斜上，全株光滑无毛。总状花序。花期 8—9 月，果期 9—10 月。鸭趾草是一种繁殖力很强的杂草。喜生于湿地或浅水中，但出苗不整齐，进入水稻生育中期，仍见有新苗长出来，是稻田重要杂草。

三、稻田杂草的发生特点

1. 不同种植方式对杂草数量影响较大

对不同种植方式稻田杂草数量、种类调查发现，耕作方式不同、田间管理方式的差异化，对稻田杂草数量影响很大。直播稻田杂草数量最大，其次是机插秧稻田，移栽稻田杂草数量最少。直播稻田杂草平均数量是移栽稻田杂草数量的 5～6 倍，直播稻秧田杂草数量大的主要原因是秧苗田间生长时间长，较移栽田长 20～30 d，且前期无明水覆盖，有利于杂草的萌发生长；移栽田、机插秧田经过了插秧前土壤深翻、深水覆草等农艺措施，有效抑制了杂草出土发芽。

2. 不同杂草出土时间和发生盛期不一致

不同种类杂草出土时间差异较大，发生持续时间长，导致杂草的最佳防除时间难判定，用药量和用药时间很难掌握，鉴于此在防治上通常采用"封杀结合"的防除方式来解决杂草出土不一致的问题。

3. 不同生态区域，稻田杂草草相、数量有所差异

以汉中为例，汉中水稻种植区域分为平坝稻区、丘陵稻区和浅山稻区。平坝稻区优势种群主要是禾本科杂草、莎草科及苋科杂草，主要杂草有稗、异形莎草、香附子、牛毛毡、水花生等；丘陵稻区优势种群是眼子菜和鸭趾草；浅山稻区优势种群为莎草科杂草和眼子菜。杂草密度分布呈浅山稻区＞丘陵稻区＞平坝稻区。

四、稻田杂草的发生规律

水稻田杂草的发生规律受气温和播种方式等因素影响。气温越高越有利于杂草萌发生长；播种方式主要是通过农事操作将杂草种子及其他繁殖材料在土壤中的掩埋深

度来影响杂草出土时间。整地时间对杂草发生的时间影响很大，整地越早，杂草发生时间就越早，因在整地过程中打破了杂草种子的休眠期，促使种子快速萌发。

在汉中稻田杂草通常有3个发生高峰期，播种或插秧后5～10 d出现第1个杂草萌发高峰，主要是稗、千金子等禾本科杂草、牛毛毡和异型莎草等一年生杂草。此时秧苗生长速度慢，田间群体小，空间大，杂草生存空间好，竞争力差，所以会出现草欺苗的现象。播种后15～20 d出现第2个萌发高峰期，以阔叶杂草为主。第3个高峰期出现在30 d左右，主要以前期深埋杂草为主。

五、杂草防除原则

坚持"预防为主，综合防治"的植保方针，以水稻稳产增产和除草剂减量控害为目标，按照"综合防控、治早治小、减药增效"的原则，突出重点区域、主要杂草、关键环节，开展稻田除草。

1. 坚持综合防控

充分发挥水旱轮作控草、深耕除草、合理密植、控水除草、种养结合等农业、物理、生态措施的作用，降低杂草发生基数，控制杂草密度，科学应用"封杀结合"的化学除草技术。

2. 坚持治早治小

出苗期和幼苗期是杂草防控的关键阶段，此时防治杂草用药量小、防治效果好。符合农药减量增效要求。根据水稻栽培模式、杂草出土时间以及除草剂特性，优先进行土壤封闭处理，在杂草幼苗期实施茎叶喷雾处理，提高杂草防治效果。坚持减量增效。大力推广除草剂减量使用技术，选用高效安全除草剂品种和增效助剂，轮换使用不同作用机理除草剂产品，坚持对靶选药、适时适量施药，严格按照产品说明书科学用药，避免乱用药。

六、稻田杂草防除技术

根据水稻种植方式、杂草数量、种类与分布特点，开展分类指导、分区施策、达标防治的防控方式。以农业防治措施为基础，物理、生态防治措施为辅助，化学农药防控为重要手段的综合治理策略，实现稻田杂草绿色可持续防治的目标。重点防控稗草、千金子等禾本科杂草，水花生、鸭趾草、雨久花等阔叶杂草，牛毛毡、异型莎草等莎草科杂草。

1. 植物检疫

通过植物检疫手段防止检疫性杂草随种子调运输入的风险，控制杂草种子远距离传播与为害。

2. 农业防治

（1）精选种子　通过对稻种过筛、风扬、水选等措施，去除稻种中的杂草种子，防止杂草种子随稻种远距离传播与为害。

（2）农艺措施　深翻土地、平整土壤将土表杂草和杂草种子深埋下压，降低土壤潜在的杂草种群规模，减轻杂草发生数量；通过清洁田园、水层管理、肥水壮苗、施用腐熟粪肥、水旱轮作、合理换茬、合理密植等措施，减少田间杂草繁殖材料数量，形成不利杂草萌芽的环境，保持有利于水稻良好生长的生态条件，促进水稻生长。

（3）清洁稻田周边环境　提前清除田埂、机耕道两边杂草，田埂种植大豆，以大豆抑制田埂上杂草生长。灌水前清理灌溉沟渠内杂草，减少稻田周边杂草繁殖材料向田间传播。

3. 物理措施

（1）打捞杂草繁殖材料　在稻田进水口安装尼龙纱网拦截杂草种子和杂草残体，田间灌水结束后，将聚集到龙纱网处的杂草种子和其他繁殖材料捞取深埋或烧毁，减小杂草繁殖材料向田间输入。

（2）清洁农具　清除跨区或跨地作业的整地、插秧、施药、收割等机械所携带的杂草种子及繁殖器官，避免杂草尤其是抗性杂草人为传播。

（3）人工除草　对于杂草数量较少且容易拔除的田块可进行人工拔除除草；对前期经过"封杀处理"后，仍未除掉的株型较大的稗、香附子、丁香蓼等杂草在抽穗前进行人工拔除。在水稻生长后期，杂草果实成熟脱落前，可人工拔除或剪除杂草果穗，避免新一代杂草种子侵染田间。

4. 生物措施

在水稻移栽活棵后至抽穗前，通过稻田人工养鸭、稻田养鱼、养虾等稻养共生方式，发挥养殖生物取食杂草子实和幼芽的作用，减少杂草数量，达到除草目的。

5. 化学控草技术

稻田杂草因地域、种植方式的不同，出土时间、草相、密度都有所不同，采用的化除策略和除草剂品种有所不同。下面分别从人工移栽、机插秧和直播稻3种种植方式叙述稻田化除技术。

（1）移栽稻田化学除草　传统人工插秧依然是当前水稻种植的主要方式。人工插秧田在插秧前经过了土地深翻和土地平整，加上人工插秧时秧苗苗体较大，一般在6～7叶期，有利于抑制杂草的出苗生长。插秧后又有深水促活棵、浅水促分蘖的水层管理措施，因此，水稻移栽田相对于其他种植方式的稻田杂草表现为出草时间迟、数量较少、为害小、易控制。移栽大田化学除草采用"一封一杀"的除草方式。在许多地方仅在插秧后7～10 d施用封闭药剂，就能取得较好的防治效果，可以不进行二次除草。人工移栽稻田化学除草分秧苗期除草和大田期除草。

（2）制畦前除草　通常留作秧母田的田块基本上都是冬季种植短季节蔬菜或空置田，因此在作畦时杂草数量多、植株大，不便于制畦工作开展，同时还为秧苗期留下大量的杂草种群隐患，致秧苗期草量大，影响秧苗生长。为了防止播前杂草向秧田的传播，在灌水前7～10 d，亩用41%草甘膦铵盐水剂200～300 g或敌草快二氯盐200～250 mL，进行一次灭生性除草。待杂草枯黄后，再进行灌水、翻地、制畦、撒种工作。

（3）秧田除草　秧苗期植株小，耐药性差，对一些稻田化学除剂比较敏感，因此在选择除草剂品种和施药方式上要格外注意。通常在秧苗2叶1心到3叶1心期，亩用36％苄·二氯可湿性粉剂50 g均匀喷雾。喷药时放掉秧田多余的水，保持畦面外漏无明水，药后保持1～2 d。两天后覆水，水面不超过心叶。或用10%吡嘧磺隆20～30 g/亩喷雾或拌土、拌肥均匀撒施，此法不用退水、用法简单，但是吡嘧磺隆对禾本科杂草防治效果较差，稗、马唐等禾本科杂草严重田块不建议用吡嘧磺隆除草。稗严重田块可用50%苯噻酰草胺可湿性粉剂拌土或拌肥撒施。

（4）移栽田化学除草　移栽大田化学除草通常采用"一封一杀"策略。水稻移栽后5～7 d，每亩用18%苄·乙（苄嘧磺隆＋乙草胺）可湿性粉剂30～40 g拌毒土或拌肥均匀撒施，药后保水5～7 d可达到禾本科和阔叶杂草通除的效果。施药时和施药后5～7 d要确保秧田水面不超过秧苗心叶，否则容易损伤心叶产生药害，或者选用丙草胺、苯噻酰草胺、苄嘧磺隆、吡嘧磺隆等药剂及其复配制剂进行土壤封闭处理。水稻移栽后15～20 d，视田间杂草种类、密度、数量进行喷药除草。前期封杀处理后田间杂草仍较多，可选用选择性除草剂进行喷雾处理。稗、千金子、马唐等禾本杂草多的田，选用10％氰氟草酯处理，用药量视草龄而定，草龄大可适当增加用药量，通常每亩用量70～100 mL为宜；莲子草、丁香蓼、鸭跖草等阔叶杂草多田块可选用200 g/L氯氟吡氧乙酸异辛酯乳油，每亩用量30 mL或选用56%二甲四氯钠可溶性粉剂50～60 g兑水均匀喷雾；禾本科杂草和阔叶杂草混生，而且草量较大的稻田用氰氟草酯加五氟磺草胺、吡嘧磺隆、双草醚等除草剂混合使用，均匀喷雾可达到理想的防除效果。当然，前期封杀处理效果好的田块，后期杂草数量较少，对水稻的生长和产量不构成威胁的稻田不用进行二次除草。

6. 机插秧稻田化学除草

水稻机插秧是水稻轻简化栽培技术之一，具有省工、省力、省秧和增产、增收、增效益等显著优点。近年发展比较快，尤其在专业合作社、家庭农场、种粮大户当中普遍使用机插秧种植方式。由于受劳动力短缺和人工插秧劳动强度大、效益低下等因素影响，许多农户开始走代育代插的种植模式。因此，从发展趋势来看，机插秧具有很好发展前景。如何配套实施机插秧种植模式下化学除草，科学选择化学除草剂和除草方式是水稻机插秧化学除草技术的关键，是解决机插秧稻田杂草的根本方法。机插秧田的水稻栽插时一般在秧龄20～25 d移栽，叶龄3～4叶，苗高14～16 cm。因苗小、空间大、水层浅，导致机插秧田杂草出草量大、种类多的局面。由于秧苗叶龄小，抗逆性差，耐药性低，在农药选择上禁止使用含有乙草胺的除草剂，否则易造成药害。除草方式上采用"一封一杀"策略。一是封闭处理。在地面平整结束后插秧前1～3 d或插秧后的7～10 d进行。插秧前封闭处理，在大田耙平后，每亩用53%苄嘧·苯噻酰可湿性粉60～80 g，或35%苄嘧·丙草胺可湿性粉剂100～120 g拌基肥或细土30～50 kg均匀撒施，保持寸水5～7 d，能较好防除田间禾本科和阔叶类杂草。插秧后封闭除草是指在秧苗返青活棵后，即插秧后7～10 d，可选用丙草胺、苯噻酰草胺、五氟磺草胺、苄嘧磺隆、吡嘧磺隆等药剂及其复配制剂拌追肥或细土均匀撒施进行土壤封闭处理。同时注意保水层5～7 d，水层不能没过秧苗心叶。二是茎叶处理（即一杀）。指根据田间杂草前期封闭效果不理想而采取的化学农药杀草措施。封闭除草后 10～15 d 调查稻田杂草数量，杂草发生量仍然较大时进行茎叶喷雾处理，选用氰氟草酯、五氟磺草胺、双草醚、二氯喹啉酸等药剂及其复配制剂防治稗、千金子等禾本科杂草，选用二甲四氯钠、吡嘧磺隆、灭草松等药剂及其复配制剂防治鸭趾草、水花生、异型莎草等阔叶杂草及莎草科杂草。当然，前期田间封闭效果很好，后期田间杂草数量较小，可不进行茎叶处理化学除草工作。通过汉中多年来的实践，前期经过封闭除草处理的稻田大部分田块后期杂草普遍较少，对水稻产量和品质基本不构成威胁，可不进行二次化学除草。

7. 直播稻化学除草

随着土地大面积流转，用工紧张，用工成本不断上升，直播稻已成为省工降本的主要生产模式，种植面积逐年扩大。直播稻由于土壤湿润，前期无明水抑制杂草，杂草表现为出草早、草量多、时间长、为害大。直播稻田杂草出草时间长，在汉中播后 5～8 d 为禾本科杂草出草高峰；7～12 d 为莎草科杂草出草高峰；阔叶杂草有两个出草高峰，分别为播后 8～13 d 和 15～20 d。直播稻在田间生育期比移栽稻苗期长 20 d 左右，杂草为害时间长，加上田间水干湿交替，为稗、水花生和千金子等杂草生长创造了优良生长环境，不采取任何防控措施的情况下，杂草密度可达 400～600 株/m^2，是普通移栽稻田杂草数量的 5～6 倍，严重影响水稻的正常生长，导致水稻减产甚至绝收。合理控制杂草是直播稻能否夺得高产的关键，因此做好直播稻田杂草防除工作尤为重要。化学除草被看成直播水稻成败最关键的环节。根据直播稻田杂草发生特点，提出"一封一杀"或"一封二杀"的防控对策。一是播前化学除草。对于免耕直播田或前作杂草较多田块，特别是空闲田，为了减少老草残留量，降低杂草基数，消灭恶性杂草，在放水前 7～10 d，用 20% 草铵膦水剂 200～300 mL/亩兑水 40 kg 喷雾，或用 20% 敌草快二氯盐 200 mL/亩兑水喷雾。待杂草全部枯黄后再放水润田。二是封闭除草。封闭除草是直播稻田除草最为关键的一步，药剂选择得当、使用方式合理的话，可有效防除稻田 60%～70% 杂草，达到事半功倍的作用。一般情况下，田间禾本科杂草、阔叶杂草、莎草会混合发生，根据田间主要杂草种类，针对性选择杀草谱广、泥土封闭效果好的相应单剂或复配剂。有效控制第 1 个出草顶峰期杂草的发生，减轻后期除草的压力。目前，适宜在播后苗前泥土封锁的除草剂种类很多，应选用在直播稻田登记的除草剂产品，并严格按其说明使用。通常用丙草胺与苄嘧磺隆的复配剂效果较好。播后 2～4 d，稻芽立针而不现青时，每亩用 35% 苄嘧·丙草胺可湿性粉剂 70～80 g 或 20% 吡嘧·丙草胺可湿性粉剂 60～100 g，为了确保化学除草效果，建议用药量取用量上限量。在田面湿润无积水的条件下，兑水后在畦面上均匀喷施，兑水 40 kg/亩，采用手动喷雾器均匀喷雾。药后 3 d 保持厢面湿润而不积水，可有效防除稗、千金子、莎草、鸭趾草、牛毛毡等绝大部分单双子叶杂草。如果在播种后天气条件不适宜，可将土壤封闭处理的时间推后，选用五氟磺草胺、丙草胺等药剂及其复配制剂采取封杀结合的方式进行处理。

注意事项

直播稻封闭除草不同于移栽田或机插秧田。它的服务对象是刚露芽谷粒,而移栽田或机插秧田服务对象是秧苗。刚露芽的谷粒更容易产生药害。因此,在药剂选择上一定要选用"直播稻封闭处理专用药剂"。

封闭处理时和药后 3 d 要确保畦面无明水,否则易产生药害。这一点正好与移栽田机插秧相反。

直播稻田杂草出土时间较长,种类多、数量大,通常都要进行二次除草。

七、水稻化学除草遵循的原则

1. 移栽田、机插秧

田块土地要平整,水层切忌淹没水稻心叶,以防药害;田块漏水,要及时补水;用药量要准,拌药要均匀;药土(肥)拌制时必须先用少量细土将药粉拌匀,然后加到细土或(肥料)中搅拌,确保药土或(药肥)拌和均匀。

2. 用药量

要根据田间草龄的大小,适当增减用药量。

3. 茎叶喷雾

不建议使用弥雾机,以防药量过大,产生药害。

4. 用药种类

水稻 2 叶期前不要施用二氯喹啉酸和二氯·苄,用过多效唑浸种或喷雾的田块,慎用二氯喹啉酸及其复配剂,以防秧苗产生药害。对已经使用过二氯喹啉酸及其复配剂的田块,稗仍较多改用五氟磺草胺、氰氟草酯等除草剂,严禁重复使用二氯喹啉酸及其复配剂。

5. 其他

封闭药剂使用后如遇雨,要迅速排干稻田水,防止水漫秧心,造成药害,且需重新用药除草,以防大雨造成药液流失除草效果下降。

(1)用药时间 杂草 3 叶之前是最佳除草时间。随着杂草生长对除草剂的耐药性越来越强,除草使用量就需要加大,但大剂量除草剂对水稻的为害也就更大,容易出现药害。因此,一定要在适宜时间内选择合适的除草方式除草。

(2)除草剂除草效果 受气温影响大。正常情况下,温度越高,杂草活性越高,越有利于除草剂的吸收,除草效果越明显。但是温度过高,除草剂蒸发速度变快,不利于杂草吸收。通常温度控制在 15～30℃。

(3)以草相选择药剂和防除方式 不同除草剂都有各自的除草谱,依据草相选择除草剂可达到节省成本的作用,符合农药减量要求。如果田间杂草多,而且草相不一致,可选用两种除草谱不同除草剂混配或选用复配制剂扩大农药杀草范围。选择适宜的除草方式可以更好地发挥药效,减少药害发生。

(4)防治阈值 稻田杂草作为田间有害生物,同样具有防治阈值。田间杂草并非完全清除为好,部分杂草还是稻田有益生物的寄主和栖息场所。坚持达标防治的原则,尤其在稻田进行茎叶除草时，掌握杂草对水稻生长和产量影响的情况下进行，当水稻植株高度远超过杂草时，一般下部杂草不会影响水稻生长和最终产量形成，可以不再进行二次除草。

总之，稻田除草应随现代种植方式变化，不断改进完善防控技术措施。通过不断开展新技术、新农药试验示范，优化集成绿色防控新技术。充分发挥综合控草作用，强化栽培技术管理，通过进行水旱轮作，深耕灭草，平田整地，清洁稻田内外环境，降低土壤潜在的杂草群落规模，减轻杂草发生数量。重点引进新型稻田化学除草剂，不断提升"封杀结合"除草效果。鉴于土壤封闭处理成本低、效果好、易操作、防控主动性强的优势，重点加强稻田封闭除草研究和推广，坚持"封杀结合"化学防除策略，集成土壤封闭处理与茎叶处理相结合的稻田草害化学防除技术体系。定期开展稻田杂草普查工作，摸清稻田杂草发生种类，明确不同地区、不同种植方式稻田杂草的优势种群，为开展稻田草害科学防除提供数据支撑。系统监测草情发生动态，监测杂草的出草高峰，掌握稻田不同杂草出草规律。针对稻田杂草对除草剂抗药性不断上升的现状，开展稻田杂草抗药性监测工作和风险评估工作。

本章参考文献

蔡新玲，李瑜，李茜，等，2019.1961—2016年陕西秋淋气候变化特征及其与大气环流和海温的关系[J].干旱气象，37（2）：226-232.

蔡志欢，张桂莲，2018.水稻低温冷害研究进展[J].作物研究，32（3）：249-255.

曹志，刘聪，孟秋成，等，2023.抗倒伏高配合力水稻恢复系中种R1607的选育[J].杂交水稻，38（2）：65-68.

邓根生，陈嘉孚，杨治华，等，1996.稻粒黑粉病侵染时期及防治研究[J].陕西农业科学（5）：22.

邓根生，陈嘉孚，杨治华，等，1999.稻粒黑粉病主要发病因素及防治指标[J].植物保护学报，26（4）：289-293.

邓根生，陈嘉孚，张先平，等，2000.稻粒黑粉病病株田间格局及抽样技术研究[J].西北农业学报，9（3）：52-55.

邓根生，张先平，王晓娥，等，2006.汉中市新发病虫害危害症状与形态特征[J].陕西农业科学（1）：124-125.

邓根生，张先平，王晓娥，等，2010.陕西省水稻新发病虫危害特征及防治办法[J].现代农业科技（23）：169，173.

邓根生，张先平，王晓娥，等，2013.水稻赤霉病及除草剂为害水稻症状调查[J].陕西农业科学（1）：137，152.

杜正文，1991.中国水稻病虫害综合防治策略与技术[M].北京：农业出版社.

方中达，1996.中国农业植物病害[M].北京：中国农业出版社.

高霞，王清文，张勇，等，2012.汉中稻区直纹稻苞虫发生影响因子分析[J].陕西农业科学（2）：55-58.

葛起新，1991. 浙江植物病虫志（病害篇，第一集）[M]. 上海：上海科学技术出版社.

耿立清，王嘉宇，陈温福，2009. 孕穗—灌浆期低温对水稻穗部性状的影响[J]. 华北农学报，24（3）：107–111.

桂阳龙，黄震，胡章涛，2022. 18%噻虫胺种子处理悬浮剂防治水稻直播田稻蓟马试验[J]. 安徽农学通报，28（1）：99–100，111.

何忠全，涂建华，廖华明，等，2003. 四川稻秆潜蝇的发生规律、危害特点及防治研究[J]. 西南农业学报，16（4）：73–76.

洪剑鸣，谢良泰，狄广信，等，1984. 水稻细菌性基腐病与几种相似病害症状的比较研究[J]. 浙江农业大学学报，10（4）：429–433.

洪剑鸣，谢良泰，狄广信，1983. 水稻细菌性基腐病病原研究[J]. 浙江农业大学学报，9（2）：159–162.

洪剑鸣，张左生，徐强，等，1984. 浙江水稻病虫害防治[M]. 杭州：浙江科学技术出版社.

洪剑鸣，张左生，1983. 水稻生理性病害[M]. 杭州：浙江科学技术出版社.

洪剑鸣，童贤明，徐福寿，等，2006. 中国水稻病害及其防治[M]. 上海：上海科技出版社.

胡雪媛，王春乙，张超，等，2018. 湖南省超级早稻高温热害预警技术研究[J]. 杂交水稻，33（5）：51–58.

胡幼林，2018. 秋季连阴雨对中稻收获期的影响与对策探讨[J]. 南方农业，12（5）：113–114.

华南农学院，1981. 农业昆虫学[M]. 北京：农业出版社.

黄伟军，2013. 低温冷害对陆丰市水稻秧苗期的影响与病害防治[J]. 中国农业信息（5）：114.

江曲，王可，潘求一，等，2021. 20%咯菌腈·精甲霜灵·噻虫嗪悬浮种衣剂（FS）对水稻稻蓟马和恶苗病的防治效果[J]. 安徽农业科学，49（4）：134–135，162.

姜龙，曲金玲，孙国宏，等，2018. 矮壮素、烯效唑和多效唑对水稻倒伏及产量的影响[J]. 中国林副特产，153（2）：10–13，18.

景毅刚，张树誉，乔丽，等，2010. 陕西省干旱预测预警技术及其应用[J]. 中国农业气象，31（1）：115–120.

赖上坤，陈春，赖尚科，等，2017. 抗倒伏水稻新品种选育综合定量鉴定技术[J]. 贵州农业科学，45（12）：1–6.

雷邦海，罗安龙，周年标，等，2011. 凯里市稻秆潜蝇发生特点及防控对策[J]. 耕作与栽培（4）：53–54.

李爱玲，邓根生，王晓娥，等，2007. 陕西省水稻区试品种抗病性鉴定结果探讨[J]. 陕西农业科学（6）：23，52.

李汉一，2008. 陕南晚熟水稻穗颈瘟预报模型新应用的研究[J]. 陕西农业科学（2）：1–2.

李健陵，霍治国，吴丽姬，等，2014. 孕穗期低温对水稻产量的影响及其生理机制[J]. 中国水稻科学，28（3）：277–288.

李绍清,李阳生,李达模,1999.水稻耐涝高产栽培与减灾策略(综述)[J].上海农业学报,15(3):49-54.

李文彬,王贺,张福锁,2005.高温胁迫条件下硅对水稻花药开裂及授粉量的影响[J].作物学报,31(1):134-136.

李文新,侯明生,2002.水稻病害与防治[M].武汉:华中师范大学出版社.

李增义,陈浩,朱陵侠,等,2016.4种药剂对水稻纹枯病、稻曲病防效试验[J].陕西农业科学,62(4):35-36.

梁梅新,1990.稻秆潜蝇生物学特性及防治研究[J].昆虫知识,27(2):72-73.

廖华明,涂建华,王胜,等,2003.应用生态学方法控制稻秆潜蝇为害研究初报[J].四川农业大学学报,21(2):145-146.

刘成书,2016.稻秆蝇重发原因及关键防控技术[J].湖南农业科学(4):63-65.

刘友权,王威,2022.新审杂交水稻品种耐热性评价[J].安徽农业科学,50(2):42-44,108.

陆佳乾,2009.5%立丰灵防治水稻倒伏试验[J].现代农业科技(15):135-136.

陆小成,刘刚,2015.陕西汉中水稻稻瘟病发生情况及综合防治措施[J].现代农村科技(17):33-35.

罗挺,况敬梅,2007.稻秆潜蝇在水稻制种上的危害与防治[J].农技服务,24(6):72,74.

马树庆,刘晓航,邓奎才,等,2018.幼穗形成期低温对水稻结实的影响[J].应用生态学报,29(1):125-132.

彭传华,向正友,1991.稻秆蝇的发生与防治[J].湖北农业科学(4):21-22.

任昌福,1984.高温对杂交水稻开花结实的影响[J].西南农学院学报(1):25-30.

任利利,殷淑燕,2013.陕南汉江上游气温变化及其对农业生产的影响[J].中国农业气象,34(3):272-277.

任青青,张淑兰,张海军,等,2022.1953—2020年安康市高温特征指数的变化研究[J].湖北农业科学,61(10):33-38.

任善福,王胜宝,何忠军,等,1994.稻秆蝇发生规律与防治研究[J].陕西农业科学(4):12-14.

桑京京,查小春,2011.近60年陕西省洪涝灾害对经济社会发展影响研究[J].干旱区资源与环境,25(7):140-145.

上海植物生理研究所人工气候室,1976.高温对早稻开花结实的影响及其防治Ⅰ高温对早稻灌浆—成熟期的影响[J].植物学报,18(3):250-257.

上海植物生理研究所人工气候室,1976.高温对早稻开花结实的影响及其防治Ⅱ早稻开花期高温对开花结实的影响[J].植物学报,18(4):323-329.

申成初,彭美文,周检军,等,2013.2012年邵东县稻秆潜蝇发生特点及原因分析[J].湖南农业科学(3):75-77.

时强,周年兵,胡金龙,等,2021.一种芽期耐淹水稻品种的快速筛选方法及其应用[J].

安徽农业大学学报,48(1):21-25.

宋冬明,贺梅,孟昭河,等,2011.水稻冷害研究现状及育种策略分析[J].北方水稻,41(2):71-72,78.

宋睿,李俊周,刘娟,等,2017.河南省水稻推广品种的耐淹性分析[J].湖北农业科学,56(10):1814-1817.

苏兰少,2021.水稻倒伏化学调控技术研究进展[J].青海农技推广,103(4):18-21.

孙焱,2013.低温胁迫对黑龙江省芽期水稻幼苗死苗率的影响[J].种子世界(3):27-29.

孙正明,1987.稻秆潜蝇的发生及防治[J].中国农学通报(3):45.

覃忠,金鑫,何希望,2017.宣汉县秋季连阴雨特征及水稻应对措施[J].农家参谋,559(18):24.

汪强高,朱昕,奚俊,等,2015.几种杀虫剂防治稻蓟马试验[J].大麦与谷类科学(4):52.

王春虎,穆麒麟,王松,等,2020.从现有商业品种中筛选耐高温水稻品种[J].湖北农业科学,59(20):25-28,50.

王洪军,贺萍,2012.低温冷害对水稻生育的影响及防御措施[J].黑龙江气象,29(1):37-38.

王华弟,徐志宏,陈银方,等,2007.浙江稻田稻秆潜蝇为害损失与防治指标研究[J].昆虫学报,50(4):383-388.

王玖,李民,李艳华,等,2021.崇阳县水稻二化螟及稻蓟马高效防治技术研究[J].湖北植保(1):24-27.

王军,邓根生,龚晓松,等,2010.水稻纹枯病主要发病因素及防治指标研究[J].江苏农业科学(3):164-166.

王娜,雷田旺,肖舜,等,2022.基于FloodArea模型的暴雨洪涝灾害风险预评估技术及效果检验[J].中国沙漠,42(6):25-32.

王清文,司华,张勇,等,2004.中华稻蝗测报调查及预测方法[J].中国植保导刊(7):31,13.

王清文,张华,鲁永明,等,2016.几种杀虫剂防治水稻二化螟药效试验[J].陕西农业科学(7):18-19.

王清文,张勇,张吉昌,等,2012.汉中稻区直纹稻苞虫虫源性质的初步研究[J].陕西农业科学(1):90-92.

王生轩,尹海庆,王越涛,等,2006.高产优质旱稻新品种郑旱6号[J].中国种业(1):59-60.

王胜宝,邓根生,王晓娥,等,2008.陕南水稻纹枯病主要发病因素及其防治指标[J].植物保护学报,35(1):375-376.

王胜宝,任善福,何忠军,等,1994.稻秆蝇药剂防治试验及综合防治技术探讨[J].中国农学通报,10(4):17-20.

王祥,胡章涛,章守富,2021.27%苯醚·咯·噻虫种子处理悬浮剂对稻蓟马的防效研究

[J].现代农业科技(17):103-105.

王晓娥,邓根生,王国军,等,2001.水稻纹枯病产量损失及防治指标研究[J].陕西农业科学(11):1-2.

王晓娥,冯志峰,王国军,等,2003.汉中水稻纹枯病发生规律研究[J].中国农学通报,19(1):18-20.

王晓娥,王国军,郝兴顺,等,2018.陕南水稻病虫害防控及农药减量增效使用现状调研[J].安徽农学通报,24(24):53-55.

王晓娥,王国军,魏仲军,等,2002.稻种资源对水稻三大病害抗性鉴定报告[J].陕西农业科学(5):1-4.

王志荣,靳子斌,殷兆霞,2016.安康市水稻生产现状及发展方向[J].杂交水稻,31(5):4-5.

魏景超,1975.水稻病原手册[M].北京:科学出版社.

吴晨阳,陈丹,罗海伟,等,2013.外源硅对花期高温胁迫下杂交水稻授粉结实特性的影响[J].应用生态学报,24(11):3 113-3 122.

吴海洋,姜钦龙,李云,等,2020.多效唑对万象优华占茎秆及产量性状的影响[J].杂交水稻,35(6):57-59.

吴明庆,王清文,张建平,等,1997.稻蝗种类调查研究[J].昆虫知识(6):323-325.

夏石头,彭克勤,曾可,2000.水稻涝害生理及其与水稻生产的关系[J].植物生理学通讯,36(6):581-588.

肖宇龙,邱在辉,林洪鑫,等,2014.苗期低温对早稻品种产量相关性状的影响[J].江西农业学报,26(7):1-4.

谢茂成,魏琪,何佳春,等,2021.药剂种子处理对水稻恶苗病、稻蓟马和白背飞虱的防效[J].浙江农业科学,62(8):1 580-1 582.

熊洪,徐富贤,张林,等,2016.西南稻区水稻高温缓解技术研究[J].中国稻米,22(5):15-19.

薛菁芳,陈书强,杜晓东,等,2014.黑龙江省两种不同穗型水稻品种的子粒灌浆特性[J].湖北农业科学,53(12):2 736-2 742.

闫东林,赵经华,2010.汉中水稻主要病虫害的识别与防治[J].植物医生,23(4):6-7.

杨利霞,刘元珺,2020.汉中市两次春茶倒春寒冻害特征分析[J].陕西气象,331(5):40-44.

杨小艳,张巫军,段秀建,等,2023.重庆地区晚熟中稻直播品种萌芽期耐淹能力鉴定研究[J].杂交水稻,38(1):20-27.

尹桂花,张玉华,张凤鸣,等,2007.寒地超级稻新品种龙稻5号的选育[J].黑龙江农业科学,170(2):106-107.

余新桥,刘国兰,李明寿,等,2016a.节水抗旱细胞质雄性不育系沪旱7A的选育与利用[J].上海农业学报,32(5):175-178.

余新桥,刘国兰,李明寿,等,2016b.节水抗旱杂交稻新组合旱优73[J].杂交水稻,31

（4）：79-81.

余新桥，梅捍卫，刘康，等，2006. 优质节水抗旱雄性不育系"沪旱1A"的选育与利用[J]. 上海农业学报（2）：32-35.

云崇荣，张连科，2006. 汉中盆地水稻稻曲病农药防治效果试验初报[J]. 陕西农业科学（6）：10-11.

翟丽英，2016. 春季倒春寒天气对早稻育秧的危害及防护措施[J]. 现代农业科技，666（4）：50-51.

翟伟，胡小荣，周红立，等，2010. 旱稻的抗旱性及遗传改良研究现状[J]. 植物遗传资源学报，11（4）：394-398.

张金恩，聂秋生，李迎春，等，2014. 颖花分化期低温处理对早稻叶片光合能力和产量的影响[J]. 中国农业气象，35（4）：410-416.

张荣萍，马均，蔡光泽，等，2012. 开花期低温胁迫对四川攀西稻区水稻开花结实的影响[J]. 作物学报，38（9）：1 734-1 742.

张巫军，段秀建，姚雄，等，2019. 烯效唑对遮阴下重穗型水稻渝香203茎秆形态结构和抗倒伏性的影响[J]. 四川农业大学学报，37（6）：755-761.

张先平，李爱玲，邓根生，等，2001. 水稻纹枯病的防治适期探讨[J]. 中国农学通报，17（2）：84-85.

张先平，王胜宝，邓根生，等，2010. 2010年汉中市水稻烂秧原因分析与防治对策[J]. 陕西农业科学，56（4）：49-50.

张小峰，王欣，2014. 汉中农业低温气象灾害特征分析[J]. 陕西农业科学，60（7）：49-50.

张勇，刘刚，2000. 汉中地区稻田主要杂草种类调查与防除[J]. 陕西农业科学（7）：44-45.

章文鑫，范梓豪，2022. 水稻高温热害指数研究：以肇庆市为例[J]. 农业技术与装备，391（7）：95-97.

赵利刚，2015. 稻飞虱、稻叶蝉和稻蓟马预测预报及防控技术[J]. 植物医生，28（5）：7-9.

赵利刚，2014. 陕南水稻稻瘟病预测预报及综合防治技术[J]. 植物医生，27（6）：7-8.

赵志杰，1980. 汉中地区水稻"秋封"及其防御措施的研究[J]. 陕西农业科学（3）：7-12.

浙江农业大学，1980. 农业植物病理学：上册[M]. 上海：上海科学技术出版社.

中国农业科学研究院植物保护研究所，1995. 中国农作物病虫害：上册[M]. 北京：中国农业出版社.

钟楚，朱颖墨，朱勇，等，2013. 云南不同类型一季稻产量形成及其与气象因子的关系[J]. 应用生态学报，24（10）：2 831-2 842.

周冬梅，莫绍宁，欧阳兆云，等，2019. 田阳秋季低温冷害预警模型的研究[J]. 中国农学通报，35（24）：89-92.

周凯，冯志峰，黄卫群，等，2014. 优质水稻新品种"黄华占"特征特性及栽培技术[J]. 陕西农业科学，60（2）：109-110.

周新桥,陈达刚,李丽君,等,2013.华南籼稻新品种(组合)生育中后期耐冷性研究[J].湖南农业大学学报(自然科学版),39(1):7-11.

周佑云,杨湘婧,彭智超,2015.郴州秋季连阴雨天气过程气候特征与预报[J].安徽农业科学,43(26):243-244,280.

左远志,丛万彪,辛洪梅,等,2013.寒地极早熟水稻新品种育龙1号的选育[J].中国种业,214(1):61-62.

ENDO M, TSUCHIYA T, HAMADA K, et al., 2009. High tempera-tures cause male sterility in rice plants with transcrip-tional alterations during pollen development [J].Plant and Cell Physiology, 50: 1 911-1 922.

GONZALEZ-SCHAIN N, DRENI L, LAWAS L M, et al., 2016.Genome-wide transcriptome analysis during anthesis reveals newinsights into the molecular basis of heat stress responsesin tolerant and sensitive rice varieties [J]. Plant and Cell Physiology, 57: 57-68.

LETTER TL, GREENWAY H, KUPKANCHANKUL T, 1989.Submer-gence of rice Ⅱ.Adverse effects of low CO_2 concentra-tions [J].Aust J Plant Phsiol, 16: 265-278.

LIN S K, CHANG M C, TSAI Y G, et al., 2005.Proteomic analysisof the expression of proteins related to rice quality duringcaryopsis development and the effect of high temperatureon expression [J].Proteomics, 5: 2 140-2 156.

LIU G, ZHA Z, CAI H, et al., 2020.Dynamic transcriptomeanalysis of anther response to heat stress during anthesisin thermotolerant rice (*Oryza sativa* L.)[J]InternationalJournal of Molecular Sciences, 21: 11551.

MU Q, ZHANG W, ZHANG Y, et al., 2017.iT RAQ-based quanti-tative proteomics analysis on rice a nther responding to high temperature [J]. International Journal of Molecular Sciences, 18: 1 811.

WU L, TAOHUA Z, GUI W, et al., 2015.Five pectinase geneexpressions highly responding to heat stress in rice floralorgans revealed by RNA-seq analysis [J]. Biochemical and Biophysical Research Communications, 463: 407-413.

ZHANG X, LI J, LIU A, et al., 2012.Expression profile in ricepanicle: Insights into heat response mechanism at repro-ductive stage [J]. PLoS One, 7(11): 49652.

第六章
陕西水稻品质和综合利用

第一节 稻米品质概述

稻米是稻谷经清理、砻谷、碾米、成品整理等工序后制成的食物，是中国人的主要粮食之一。稻米的主要成分是碳水化合物，约含75%。此外，还含有一定量的蛋白质、脂肪、纤维素、B族维生素及人体所需的其他微量元素等。稻米中的碳水化合物主要是淀粉，所含的蛋白质主要是米谷蛋白，其次是米胶蛋白和球蛋白。稻米质量的优劣，由稻米品质指标综合评价。

一、水稻稻米品质概念

稻米品质是对稻米在流通与消费过程中的一种综合评价，是以食用稻生产的稻谷为试样，对各项品质指标分析测定的数据进行综合评判的结果。它是稻米本身物理及化学特性的综合反映。因此，不同的流通领域，不同的地区对稻米品质的要求是不同的。例如，对饲料稻来说，高蛋白质含量是优质的标准；对酿酒稻米而言，低直链淀粉含量是优质的标准；而生产米粉的，则需高直链淀粉含量的稻米。

就食用稻米而言，不同国家的消费者对食用稻米品质特性的偏好也不一致，泰国注重粒长，日本的重点在食味和垩白度，东南亚则要求米的胀性好，中东和非洲则需要蒸谷米，中国的南方和北方对稻米品质的偏好也有所不同。因此，稻米品质具有其多样性，但优质食用稻米品质性状的评价指标基本相同。

中国稻米品种品质通常分为碾米品质、外观品质、食味品质和营养品质4个方面，其中，碾米品质又包括糙米率、精米率、整精米率；外观品质包括垩白粒率、垩白度、透明度、粒长、长宽比；蒸煮食味品质包括直链淀粉含量、糊化温度、胶稠度、米饭气味、光泽、饭粒粒形、食味、冷饭柔软性等多项指标；营养品质包括蛋白质含量等。此外，稻米作为一种商品，在销售、流通环节还包括市场品质和卫生品质。各项品质性状的分级标准见表6-1。

二、中国水稻稻米品质现状

中华人民共和国成立以来，为解决人民的温饱问题，国家组织了大批农业工作者致力于水稻产量的提高，经过6个阶段的发展，成功地"以占世界7%的耕地，养活了占世界22%的人口"，创造了粮食生产的奇迹。随着人民温饱问题的基本解决和农业由自

表 6-1 中国优质食用稻米分级标准

项目	指标	黏稻 籼稻 1	黏稻 籼稻 2	黏稻 粳稻 1	黏稻 粳稻 2	糯稻 籼稻 1	糯稻 籼稻 2	糯稻 粳稻 1	糯稻 粳稻 2
碾米品质	糙米率（%）	>81	>79	>83	>81	>81	>79	>83	>81
	精米率（%）	>72	>70	>74	>72	>72	>70	>74	>72
	整精米率（%）	>59	>54	>65	>60	>59	>54	>65	>60
外观品质	透明度和光泽	半透明有光泽	半透明	半透明有光泽	半透明	乳白有光泽	乳白	乳白有光泽	乳白
	垩白米率（%）	≤5	≤10	≤5	≤10				
	垩白度（%）	≤5	≤10	≤5	≤10				
品种特性	粒长（mm）	6.5~7.5	5.6~6.5	5.0~5.5	5.0~5.5	6.5~7.5	5.6~6.5	5.0~5.5	5.0~5.5
	长宽比	≥3.0	2.5~3.0	1.5~2.0	1.5~.0	≥3.0	2.5~3.0	1.5~2.0	1.5~2.0
	直链淀粉含量（%）	17~22	<25	14~18	<20	0	<2	0	<2
	糊化温度（碱消值）	>4	>4	>6	>6	>6	>6	>6	>6
	胶稠度（mm）	>60	41~60	>70	61~70	100	>95	100	>95
蒸煮食味品质	米饭的光泽、硬度、香味与食味	蒸煮时有清香、饭粒完整有光泽、软而不黏结，食味好，冷后不硬	蒸煮时有清香，饭粒完整洁白，软而不黏结、食味好	蒸煮时有清香、饭粒完整有光泽，软而不黏结，食味好，冷后不硬	饭粒完整洁白，软而不黏结、食味好	蒸煮时有清香，饭粒完整洁白有光泽，饭粒软，食味好	饭粒完整洁白，饭粒软，食味好	蒸煮时有清香，饭粒完整洁白有光泽，饭粒软，食味好	饭粒完整洁白，饭粒软，食味好
营养品质	蛋白质含量（%）	>8	>8	>7	>7	>7	>7	>7	>7
稻米商品品质	水分（%）	14	14	15	15	14	14	15	15
	不完善粒（%）	<3	<4	<3	<4	<3	<4	<3	<4
	黄米（%）	<1	<1	<1	<1	<1	<1	<1	<1
	杂质（%）	0.2	0.2	0.2	0.2	0.2	0.2	0.2	0.2
卫生品质	农药残留量	必须符合 GB 2715—2005《粮食卫生标准》							

注：引自《作物栽培学》，2000 年版。

1985年，在长沙召开的全国优质米生产座谈会上有专家统计，当时，在全国近5亿亩水稻中，名贵特优稻米种植面积不到1%，食味性好、受市场欢迎的优质稻米也只占21%，米质一般的中质米占43%，食味差、不受市场欢迎的劣质米占35%，中国种稻最多的湖南省，1984年全省6 000多万亩水稻中，优质米及中质米合计只占46%，其余均为劣质米。安徽省1986年稻米品质调查结果，达到部颁优质稻米种植面积不到水稻面积的10%，南方双季早稻中65%～70%的稻米为劣质米。1991年中国杂交稻种植面积已超过2亿亩，杂交稻米占中国稻米总产量的一半以上，它的产量很高，但多数组合品质欠佳。因而市场上优质米供不应求，劣质米则大量积压。稻米的品质问题，已成为广大水稻产区变生产优势为商品优势的严重阻碍。

因此，1985年底又开展了第一次全国优质米评选，1986年还制订颁布了优质食用稻米农业行业标准，大大推动了优质米生产和科研的发展。此后于1992年、1995年、1997年和1999年分别举办首届、第二届、第三届和"99全国农博会"优质米评选或稻米名牌产品认定，评出了辽盐282、寒优湘晴、佳禾早占、马坝油粘等优质米品种。根据《中国农业发展报告2004》，优质稻的播种面积从1998年占水稻播种面积的31%，增长到2003年的55%，有了长足的进步。这个进步是以优质品种应用为基础，历次的稻米质量安全调查情况表明，水稻主要栽培品种的优质率从2000年的22.3%上升到2004年的33.7%，提高了11.4个百分点，其中，籼稻增加了8.3个百分点，粳稻增加了15.3个百分点。

三、陕西水稻稻米品质概况

陕西水稻主产区陕南，位于秦岭－淮河一线，是中国气候的南北分界线，在秦巴山地之间，年平均气温12.5～16℃，水稻生长季的4—9月平均日温差8～11℃，年有效积温4 400～5 000℃，同一个水稻品种，在汉中平坝地区种植和国内南方稻区比较，全生育期会延长8～10 d的时间，水稻灌浆期相应延长、灌浆结实期的延长、无高温极端天气逼熟以及适当的相对湿度等气候优势条件，有利于水稻干物质的积累，有利于形成饱满籽粒、降低垩白米率、减小垩白面积、提高透明度，提高稻米品质。

西北农林科技大学高如嵩、张嵩午等著《稻米品质气候生态基础研究》中认为秦岭以南地区属陕南、四川西北盆地单季中稻优质米亚区，本亚区水稻全生育期的活动积温3 000～3 500℃，降水量400～1 000 mm，太阳总辐射量2 048～2 675 MJ/m^2，日照时数700～1 050 h。本亚区水稻灌浆结实期的气候生态条件利于米质优化，普遍达到优质1～2级水平。汉中平坝、丘陵稻区8月中下旬至9月上旬水稻灌浆结实期间日平均气温为22～24℃，日平均太阳辐射量16 MJ/m^2，平均相对湿度80.6%，全面达到了1级优质米气候资源条件指标。沈煜清等教授研究表明：水稻灌浆结实期是决定稻米品质优劣的关键时期，汉中盆地是中国优质籼米的最宜生态区。陕南尤其是汉中具有发展优质稻生产的绝佳生态气候条件。

陕西省非常重视优质米生产和研究，早在20世纪70—80年代，赵志杰等老一辈科研工作者就对稻米品质的提升有了很深的认识，通过他们的努力，国家拨款建设汉中 60 万亩优质米基地，为提高稻米品质，大力开展品种改良选育研究，1985 年育成的汉中水晶稻、西农 8116 两个品种被农业部评为全国首批优质稻品种，1992 年育成的优质杂交稻青优黄、黄晴两个品种又被评为全国优质稻品种，标志着陕西已经正式进入优质稻时期。从此，掀起了全省优质米生产和研究的高潮。2000 年以后，在陕西省水稻研究所、汉中市农业科学研究所、安康市农业科学研究所等科研单位的努力下，引进选育并推广了丰优香占、丰优 128、丰优 28、宜香优 1577 等一批产量高、抗性强、达国标优质一、二级标准的优质杂交稻。尤其是高档优质米丰优香占及宜香优系列香味型优质杂交稻的审定推广，使陕南优质稻米生产迈上了一个新台阶，增加了陕南高档优质米的市场竞争优势。到 2010 年前后，陕南优质稻种植面积大约 60 万亩，亩产达到 550 kg。2010 年开始，将水稻品种审定标准提高到优质稻谷以上，在全国起到了带头作用。同时，优质稻米产业发展也有了长足发展，把建成高档优质米和名特优稻米生产基地当作稻米产业的发展方向，陕西省有 1 个国家级、20 个省级农业产业化龙头企业是以优质米加工营销为主的企业，建有稳定的优质原料生产基地，并对大米加工设备不断更新，加工工艺不断提高。汉中将利用好"中国少有的优质籼米一级生态区"这一优越的气候条件，把优质米产业化做大做强，使陕南稻米生产产生更大的经济效益。

四、稻米品质的主要评价指标

（一）碾米品质

碾米品质是指稻谷在脱壳及碾精过程中的品质特性，反映稻米对加工的适应性，主要取决于籽粒的灌浆特性、胚乳结构及糠层厚度等，如籽粒充实、胚乳结构致密、硬性好的谷粒，加工适应性好。通常用糙米率、精米率及整精米率 3 项指标表示。

1. 糙米率

指一定质量的稻谷经过脱壳后所能产生的糙米占试样的百分比。不同的水稻品种因谷壳的厚薄、谷粒充实程度及糠层厚薄的不同，其糙米率不尽相同。一般水稻的糙米率为 77%～84%，糙米率是个较稳定的性状，主要受遗传因子控制。

2. 精米率

指糙米去掉糠皮和胚之后的精米，占稻谷试样质量的百分比，一般在 67%～74%，具有良好加工品质的品种，要求精米率达 70% 以上。精米率受环境影响较大。

3. 整精米率

指经碾米后米长度达到完整精米粒平均长度 4/5 以上的米粒占试样稻谷的百分率。整精米率的高低因品种不同而差异较大，可从 20%～70% 不等。整精米率是稻米品质中较重要的指标，也是一项很重要的商品性状，它与稻米的粒形、软硬程度、组织结构松紧程度及米粒有无裂纹等有关。

4. 碾米品质的特点

碾米品质的好坏直接影响稻米的商品价值，其中，整精米率是碾米品质的核心，是最具有商业价值的部分,因而国标将其列为"一票表决权"的4项指标之一。稻米的碾米品质,以整精米率的差异最大,精米率其次,糙米率差异最小。不同水稻品种、不同生态环境、不同脱水方式对水稻的碾米品质影响较大,通常粳稻的碾米品质显著优于籼稻。

5. 碾米品质的分级标准

碾米品质的分级标准有严格的规定,且籼稻和粳稻的碾米品质分级规定略有不同。根据 GB/T17891—1999《优质稻谷》的规定,籼稻一级米糙米率至少为 79%,整精米率至少达到 56%;二级米糙米率至少为 77%,整精米率至少达到 54%;三级米糙米率至少为 75%,整精米率至少达到 52%。粳稻一级米糙米率至少为 81%,整精米率至少达到 66%;二级米糙米率至少为 79%,整精米率至少达到 64%;三级米糙米率至少为 77%,整精米率至少达到 62%。从标准中可以看到,同级粳稻的糙米率和整精米率都比籼稻高,尤其是整精米率比籼稻高 10%。这是因为籼稻的粒型主要是细长型,在加工过程中容易断裂,而粳稻的粒型主要是圆形或椭圆形,在加工过程中不容易断裂。

新修订的 GB/T 17891—2017《优质稻谷》取消了糙米率指标,对稻谷糙米率不作要求。该标准规定,长粒籼稻一级米的整精米率不小于 56%、二级米不小于 50%、三级米不小于 44%,中粒籼稻一级米的整精米率不小于 58%、二级米不小于 52%、三级米不小于 46%,短粒籼稻一级米的整精米率不小于 60%、二级米不小于 54%、三级米不小于 48%;粳稻一级米的整精米率不小于 67%、二级米不小于 61%、三级米不小于 55%。

(二)外观品质

外观品质是稻米品质的重要方面,是体现稻米商品品质的第一要素,是稻米作为商品价值的主要指标,直接影响人们的喜好和稻米的市售价格。稻米外观品质主要包括米粒的粒长、粒宽、长宽比、垩白及透明度等指标。

1. 稻米粒形

通常稻米粒形由粒长、粒宽和长宽比表示。粒长、粒宽分别指稻米的最大长度和最大宽度,一般测 10 粒完整稻米的总长和总宽,求其平均值而得到;粒长与粒宽的比值称为长宽比,用其表示稻米的形状。而粒形类型的划分标准各不相同,目前人们比较认可的水稻品种粒形分类标准是国际水稻研究所根据糙米的粒长和粒形两个性状提出来的。中国早期的 NY122—1986《优质食用稻米》中优质籼米粒形的指标是:一级优质米的粒长为 6.5~7.5 mm,长宽比为 3;二级优质米的粒长为 5.5~6.5 mm,长宽比为 2.5~3.0。2021 年颁布的农业农村部行业标准 NY/T 593—2021《食用稻品种品质》并没将粒形作为定级的标准,而是把粒长作为一个分类的标准:粒长大于 6.5 mm 为长粒形籼米,粒长 5.6~6.5 mm 为中粒形籼米,粒长小于 5.6 mm 为短粒形籼米。

2. 垩白

垩白是中国稻米外观品质中重要指标之一,直接影响稻米的外观品质和商品流通。

垩白是指稻米胚乳中不透明的部分，根据其发生部位不同，有腹白、心白和背白之分。通常认为是稻米籽粒营养输送不畅，局部灌浆不充分，导致胚乳中的淀粉和蛋白质颗粒排列不够紧密，间隙充气使得光线不能透过而形成垩白。

可用垩白粒率、垩白面积和垩白度3个指标来衡量。垩白粒率是指一定数量整精米中垩白米粒所占的百分率，垩白面积是指每粒垩白米的垩白面积占整个米粒面积的百分比，垩白度是稻米中垩白总面积占试样总面积的百分比，即垩白米率与垩白面积的乘积。垩白米在加工时易断裂成碎米，使得整精米率相应下降，蒸煮后饭粒产生较多裂纹，米饭蓬松中空，适口性降低，严重影响稻米的加工、蒸煮食味品质。NY 122—1986《优质信用稻米》对优质米垩白含量的指标是一级优质米的垩白率和垩白大小都低于5%，二级优质米的垩白率和垩白大小都低于10%。而最近的NY/T 593—2013《食用稻品种品质》将优质食用籼米分成3个等级，其中垩白度的分级指标分别是：垩白度小于1%，符合优质一级标准；垩白度为1%～3%，符合优质二级标准；垩白度为3%～5%，符合优质三级标准；垩白度大于5%，属于普通食用稻。

3. 透明度

透明度系指米粒的透光特性，由高到低亦可分为5级。除糯稻的精米是不透明的白色米粒外，在稻米市场上都认为垩白度低、透明度高的籼米或粳米具有较高的商品价值。

4. 全国稻米垩白变化的地域性差异规律

中国由于稻作制的不同，各稻区稻作期间自然条件的分布也不一样。西北农林科技大学贾志宽等（1992）研究表明，稻米垩白与各稻区的熟制、品种类型、齐穗－成熟的日期以及齐穗后15 d内的日平均气温有显著关系。东北、西北和华北一年一熟单季稻区水稻齐穗后15 d内的温度状况在22～24℃，气象垩白（气象条件引起对垩白的变化量）小于5%，此地域外观品质表现良好，在一年二熟单季稻区，四川盆地、滇南稻区、江淮中籼中区及沿江江南中籼中粳区水稻齐穗后15 d的平均气温为27.8～28.1℃，这几个区的气象垩白在5%～10%；黄淮中粳中籼区、陕南－鄂北中籼区、贵州高原中籼、中粳区及滇北川西中粳区水稻齐穗后15 d内的日平均气温偏低，气象垩白为5%左右。

全国来看，从北向南气象垩白随水稻齐穗后15 d内均温变化而变化，气象垩白小于5%的稻区为四川盆地以北、淮河以北及云贵高原地区，气象垩白5%～10%的稻区为四川盆地、滇南以及淮南至沿江江南地区，10%～20%的稻区为云贵高原以东长江以南地区的早稻稻区。育种上应该把低垩白品种的选育作为品质育种的主要目标之一，生产上应尽量选用抗高温或耐高温低基础垩白的品种，同时要加强水稻后期的栽培管理以减轻齐穗后高温对稻米外观品质的不良作用。

（三）蒸煮食味品质

蒸煮食味品质亦是稻米品质的一个重要方面，是评价稻米品质的核心。它是指稻米在蒸煮及食用过程中所表现的各种理化及感官特性。如吸水性、溶解性、膨胀性、延伸性、糊化性、回生性，以及热饭及冷饭的柔软性、黏弹性、色、香、味等。评价大米的蒸煮食味品质的方法主要分为感官评价、理化指标评价和仪器评价法。而直链淀粉含量、碱消值和胶稠度这3个稻米理化性质指标与稻米蒸煮品质密切相关，因此通常通过测定这些理化性质指标来间接评价稻米的蒸煮食味品质，同时稻米香味也是感官评价的一个重要指标。

1. 直链淀粉含量

大米的主要成分是淀粉，在含水为14%的精米中，淀粉含量占76.7%～78.4%，淀粉主要分为直链淀粉和支链淀粉，是稻米的主要组成成分，淀粉中的直链淀粉含量是评定稻米蒸煮食味品质的重要指标，其含量的高低直接影响米饭的理化特性和食味，如光泽度、蓬松性、黏滞性、冷却后的柔软性等。直链淀粉含量是指直链淀粉占总淀粉的比例。稻米直链淀粉含量在2%以下，为糯质大米，蒸煮时米饭很黏，黏米的直链淀粉含量在13%～32%。农业农村部颁布的稻米直链淀粉含量标准分为5个等级：糯性（＜2%）、极低量（3%～9%）、低量（10%～19.9%）、中量（21%～24.9%）、高量（＞25%）。大量的试验研究结果表明，稻米直链淀粉含量对稻米食味品质有重要影响，国内外都把直链淀粉含量作为衡量稻米食味品质的重要指标之一。直链淀粉的含量与米饭质地的软硬度、凝聚性黏度具有十分密切的关系。刘宜柏等（1989）、吴关庭等（2000）研究表明，直链淀粉含量与稻米食味呈显著或极显著的负相关关系，直链淀粉含量高的稻米蒸煮时米饭蓬松、硬、黏性差，米粒的延伸性不好，糊化温度较高，米饭冷却后会显得更硬，适口性差。相反，直链淀粉含量较低的稻米，米饭软，黏性大，饭粒光泽度好，较低的直链淀粉含量可在一定程度上使胶稠度变软，糊化温度降低，米粒延伸性变好，从而使稻米食味变好。周少川等（2002）研究发现，直链淀粉含量均值为4.57%～26.43%时，食味品质差异不显著，随着直链淀粉含量的降低，其食味品质呈上升趋势，食味品质与直链淀粉含量相关系数达-0.75。当然，直链淀粉含量也不是越低越好，直链淀粉含量太低的稻米煮出来的米饭太黏，饭味淡，口感腻人，而且不适宜煮干饭，所以一般认为，优质米的直链淀粉含量应在18%～20%，具有蒸煮后的蓬松性和冷却后的柔软性，既黏湿而又有光泽，为人们所喜欢。

2. 碱消值（糊化温度）

糊化温度是稻米淀粉的一个重要的物理性状，是指淀粉粒在热水中开始大量吸收水分发生不可逆转的膨胀和显著增加黏度时的温度，同时失去双折射性和结晶，它是表征淀粉物理性质的指标。稻米糊化温度是衡量稻米蒸煮食味品质的重要指标之一。水稻品种淀粉的糊化温度变化为55～79℃，一般可分为3个等级，即低糊化温度（＜70℃）、中糊化温度（70～74℃）、高糊化温度（＞74℃）。糊化温度这一指标决定米饭蒸煮时需要水分的多少及蒸煮时间的长短。低糊化温度的稻米是所需的水分较少、蒸煮时间较短，而高糊化温度的稻米蒸煮时所需水分较多，蒸煮时间比较长，食味较好的品种其糊化温度一般居中，目前许多国家的育种计划都将适宜的糊化温度列为优质米的评价标准之一。糊化温度也可用1.7%的KOH溶液浸泡米粒来测试，可称为碱消值。如果经过23 h的浸泡，米粒完全溶化，其糊化温度即是低的，如果浸泡后反应不明显，其糊化温度就是高的。如果溶化度中等，其糊化温度则是中等。

3. 胶稠度

胶稠度反映了淀粉米胶冷却后的延展性，即柔软性，是评价米饭质地的一项物理指标，是稻米胚乳中直链淀粉含量以及直链淀粉和支链淀粉分子综合作用的反映。直链淀粉含量相同的品种，煮熟后米饭质地并不相同，这是因为它们的米胶稠度不同，导致米粒煮熟后的质地结构韧性不同。在直链淀粉含量相同的水稻品种中，胶稠度较软的，米饭质地较好。国际水稻所研究表明，胶稠度和黏滞度的差异主要是由于支链淀粉的含量，特别是支链淀粉的分子大小不同所引起的。胶稠度通常以4.4%的米胶经煮沸冷却后在水平试管中的延伸长度来衡量，与米饭的柔软性、黏稠性相关，一般分为3级：胶流长度40 mm以下为硬，40～60 mm为中，60 mm以上为软。吴关庭等（2000）研究表明，胶稠度的软硬与米饭食味呈一定程度的正相关（r值为0.2～0.4），胶稠度硬，则米饭干燥易裂、冷却后变硬，食味不佳，胶稠度软，则米饭较柔软，湿润而有光泽，冷却后仍保持柔软可口。一般优质米的胶稠度为60～70 mm。周少川等（2002）研究发现，胶稠度均值为28.07～30.47 mm时，食味品质差异不显著；随着胶稠度的提高其食味品质显著提高，呈极显著正相关（r=0.57）。NY/T 593—2021《食用稻品种品质》和GB/T 17891—2017《优质稻谷》对影响食味的重要品质指标之一的胶稠度提高了定等分级标准，一级、二级、三级的标准分别为70 mm以上、60～70 mm、50～60 mm，可见胶稠度是评价稻米蒸煮食味品质的重要指标。

4. 香味

稻米的香味被认为是稻米品质中的一个优异特性，由于消费者对其有特殊爱好，所以在国内外大米市场上有香味的稻米比无香味的稻米价格高出许多。香味是水稻糙米的果皮、种皮及糊粉层和植株各营养器官在整个生育时期均存在的具有特殊香味的芳香类化合物，其香味强度超过人对香味的识别阈，在蒸煮或生熟品尝过程中，能够逸出或散发令人愉悦的香味。水稻香味类型多样，不同研究人员将稻米香味分为不同类型，通常稻米香味分为爆米花型、紫罗兰型、茉莉花型3种类型；也有学者将其分为爆米花型、茉莉花型、紫罗兰型、山核桃香型、莴苣笋香型5种类型；中国学者谢黎虹等（2003）将其分为爆米花型、紫罗兰型、山核桃香型、莴苣笋香型、茉莉花型、巴斯马蒂型、烤面包型和香锅巴型8种类型。稻米香型如此多样，说明香味的遗传表达可能不同，也预示了香味物质的化学成分有差异。

稻米香味物质的成分相当复杂，产生香味的化学物质有100多种，包括醛、酮、醇、酯、脂肪酸、烷烃、烯烃和杂环类等物质。多数学者公认为2-乙酰基-1-吡咯啉（2-acety-l1-pyrroline，2AP）是对香米的香味起主要作用的成分，是香米主要特征气味物质，2AP浓度的差异是品种间香味强弱的主要原因。刘叔义（1997）对宜兴香粳米米饭香气的组成成分分析认为，除2AP是人们公认的香米米饭的致香关键成分外，香叶醇、苯并噻唑也是重要的呈香物质。香稻品种在愈伤组织、胚芽、胚根、分蘖期叶片、分蘖期以后的叶片、米粒等器官或部位均能产生香味，因而说明任何器官或部位都可用来检测和筛选香味。鉴定稻米香味通常有以下几种方法。

（1）咀嚼法 以口嚼籽粒或者米饭来区分有无香味，此法简单，适用于对籽粒香味的鉴别，但这方法较粗放、速度慢、咀嚼样品多了误差较大。

（2）热水法 将籽粒或营养器官碎片放在装有 45～50℃温水的密闭玻璃瓶内加热 5 min，然后打开瓶塞嗅其香味；或者将 20～30 粒新收获的精米放在盛有 20 mL 蒸馏水的试管中，然后用铝箔盖住试管并放入沸水浴锅中 10 min（糙米要蒸煮 20 min），移出试管冷却后评定，香味可分为强、中等、轻微和无 4 个等级。鉴别时应有一个代表性的强香味品种作为比较的基础。此方法有助于提高鉴别的可靠性，但较费工费时，且在用于绿色营养器官的香味鉴定时，由于有强烈的叶绿素味，区分香与不香的精确度也降低，用于测定分离世代的混合种子的香味时，结果也不准确。

（3）氢氧化钾法 利用加碱可使香稻中主要的芳香物质 2AP 挥发出来的原理鉴定香味物质。在目前的香味遗传研究、香稻育种工作中，该方法最为常用。具体方法是将 2 g 左右供试材料的绿叶或茎的样品切成碎片，放入小玻璃培养皿，在每个装有样品的培养皿内加 10 mL 左右 1.7%氢氧化钾溶液，立即盖上培养皿，置于室温下 10 min，然后逐一打开培养皿，立即用鼻嗅之，评定香味等级。此方法十分简单，可在实验室或大田中对叶片或植物的任何部分作香味测定，且由于氢氧化钾有助于选择性地释放香味而排除了叶绿素气味的干扰，使得测定精确度提高，还能在短时间内一次分析大量样品。

（4）仪器测定法 以上各种测定方法虽然逐步有所改进，但仍是凭感官评比检验香味的有无、浓淡。要对香气进行遗传研究等精确的试验，需向仪器化测定方向发展，并应制定出衡量香味类型、浓淡的客观标准。有人利用气相色谱仪测定稻米中的芳香物质，但由于香气的主要成分 2AP 的含量很低，测定结果不是很准确，仪器测定法还有待进一步研究和改进。

（四）营养品质

1. 普通稻米营养成分

稻米中含有多种营养成分，包括淀粉、脂肪、蛋白质、必需氨基酸、维生素及矿质元素等，营养价值较高。稻米营养品质是指稻米中各种营养成分的含量，稻米一般含碳水化合物 75%～79%、蛋白质 6.5%～9%（少数品种可达 12%～15%）、脂肪 0.2%～2%、粗纤维 0.2%～1%、灰分 0.4%～1.5%。

稻米的营养成分主要是指精米的蛋白质含量和赖氨酸含量。不同品种稻米的蛋白质含量变幅在 5%～16%，籼米比粳米平均高 2～3 个百分点。国外优质籼米的蛋白质含量一般在 8% 左右，粳米在 6% 左右。优质米育种是追求蛋白质的高质量，而不是高含量，例如，国际水稻研究所育成蛋白质含量只有 7% 而赖氨酸为 4% 的品系，其品质非常好。

淀粉亦是稻米主要营养成分之一。淀粉以淀粉体的形态贮藏于胚乳细胞中，淀粉由直链淀粉和支链淀粉组成，两者的基本成分都是葡萄糖。通常籼米的直链淀粉含量比粳米高，糯米中的淀粉几乎都是支链淀粉。

2. 特种稻米营养成分

黑米、紫米和红米通常称为有色米。有色米是糙米，因外部的种皮和糊粉层含有大量的色素而呈现不同的颜色，是营养、药用和保健价值很高的米种。黑米和紫米中的黑色素是黑米中的营养精华物质，其学名为"花青苷"，存在于黑稻、紫米的果实、茎、叶器官的细胞液中，黑米中的花青苷其主要类型为芳香酸酰化的矢车菊素和芍药素。

临床医学研究表明，黑米色素中的黄酮化合物是重要的生物活性成分，其含量是白米的13.28倍，具有很强的抗氧化和清除自由基的能力，其对抗游离子的能力比维生素E强50倍，比维生素C强20倍；同时，花青苷作为一种较为安全的天然色素，在食品工业上也展示出广阔的应用前景。黑米的蛋白质含量一般在10%以上，最高可达15%，是除豆类以外的高蛋白作物，8种必需氨基酸总量比普通大米高25.4%，其中赖氨酸含量比普通大米高出28.2%；黑米中含有丰富且平衡的矿质元素，其中Zn、Fe、Ca高于同等栽培条件下的白米1倍以上。此外，黑米色素对铁、铜、锌等具有络合作用，经常食用黑米或黑米制品，就可补充铁，从而防止缺铁性贫血的产生。黑米中含有普通白米所缺乏的维生素C、胡萝卜素和维生素D，其中维生素B_1、维生素B_2含量较白米高1～2倍。黑米中膳食纤维含量比较丰富，约1.11 g/100 g，明显高于普通白米。

红米富含多种维生素、胡萝卜素、食物纤维等营养成分，含有普通稻米所缺乏的维生素C，对防治夜盲症和脚气病等其他慢性疾病具有重要意义；红米中的锰、锌、铜等矿质营养大都比普通大米高数倍；红米色素中还含黄酮类活性物质，具有提高机体抗氧化能力、增强免疫力等多种食疗保健功效。2002年中山大学的有关临床试验结果认为红米和荞麦米同为降低血糖指数（GI）的食物，对于糖尿病患者来说，是十分理想的食物。

降糖大米是稻米胚乳中含有高抗性淀粉的一类稻米品种，抗性淀粉又称抗酶解淀粉及难消化淀粉，这种淀粉在人体小肠中较其他淀粉难以酶解、消化缓慢，不易被人体吸收但可以被人体肠道内的微生物发酵利用。食用抗性淀粉后不致使血糖升高过快，可调节血糖水平、延缓餐后血糖升高、改善糖脂代谢和机体胰岛素抵抗，对糖尿病患者具有很好的调节和治疗作用。

3. 稻米营养品质评价

（1）普通稻米营养品质评价　在普通稻米中，通常蛋白质含量是评价稻米营养品质的重要指标，包括蛋白质数量与质量两个方面，前者以精米（或糙米）的蛋白质含量表示，后者以精米（糙米）中的必需氨基酸含量表示。蛋白质根据其溶解性的不同分为水溶性清蛋白、盐溶性球蛋白、碱溶性谷蛋白和醇溶性蛋白，清蛋白（2%～5%）和球蛋白（2%～10%）主要位于果皮、糊粉层和胚等组织中，在糙米的最外层比例较高，越靠中心越低；醇溶谷蛋白（1%～5%）和谷蛋白（75%～90%）是贮藏蛋白，分别位于精米的外层和内部。稻米加工过程中，清蛋白和球蛋白容易被除去，因此，精米中的蛋白主要以谷蛋白和醇溶蛋白为主。稻米蛋白中的清蛋白、球蛋白和谷蛋白等都是由一些优良氨基酸组成，其营养丰富而不影响食味，只有阻碍淀粉网眼状结构发展的醇溶蛋白，才是导致食味降低而又几乎不为肠胃所吸收的蛋白质。此外，稻米中游离氨基酸是提高食味的成分，但其前体物质酰胺以及铵离子则是降低食味的因素。

稻米中的蛋白质含量为 6%～8%，在谷类作物中属于低值，但其营养价值同其他谷物蛋白质相比是最高的，这是因为其含有较高的谷蛋白。任顺成等（2002）对稻米蛋白质中的氨基酸组成及其营养进行了分析，发现同其他谷类相比，谷蛋白中含有较丰富的赖氨酸，且稻米蛋白质比其他谷物蛋白质具有较好的氨基酸平衡，不含任何抑制动物生长的成分。赖氨酸是稻米的"第一限制性氨基酸"，它是合成大脑神经再生性细胞、核蛋白、血红蛋白等重要蛋白质所必需的。因此，一般仅以稻米中赖氨酸来衡量稻米的蛋白质质量，每 100 g 稻米中所含必需氨基酸（包括赖氨酸）的毫克数称为稻米必需氨基酸的绝对含量，每 100 g 稻米蛋白质中必需氨基酸（包括赖氨酸）克数称为稻米必需氨基酸的相对含量。

稻米蛋白质含量由氨基酸的含量决定，由于不同部位的赖氨酸含量不同，故稻米的不同部位其营养价值也不同。外层蛋白质的营养价值最高，中层次之，粒心又略有增高。水稻蛋白质的营养价值高低主要取决于氨基酸的组成比例，尤其是必需氨基酸的比例。吴洪恺等（2009）研究发现，蛋白质含量对食味品质的影响因谷蛋白相对于醇溶蛋白的含量不同而异，不能仅根据总蛋白质的含量来判断稻米食味品质的优劣，应把谷蛋白相对于醇溶蛋白的含量以及总蛋白含量同时作为选择指标。

（2）特种稻米营养品质评价　陕西地处南北过渡带，水稻种质资源丰富，黑稻、红稻等特种稻是本地的一大特色，以黑米为主的农业产业化发展已初具规模。因此，特种稻的营养品质指标还包括花青苷含量、微量元素等指标。赵芸卉等（2016）测定陕西省洋县五彩稻米和对照籼米的感官、水分、灰分、蛋白质、脂肪、膳食纤维等理化指标，分析五彩稻米的营养成分。结果表明，五彩稻米容重、水分和碳水化合物比籼米小，但其灰分、蛋白质、粗脂肪、膳食纤维比籼米大，尤其是黄香米蛋白质、脂肪和膳食纤维均最高，分别达到 9.83%、3.86% 和 5.19%。程国霞等（2016）分析了陕西汉中的黑米、香米、红米 3 种特种稻米的营养成分，结果表明，3 种特种稻米氨基酸含量丰富，共有 18 种氨基酸，谷氨酸含量最高；所含脂肪酸种类丰富，且不饱和脂肪酸含量远高于饱和脂肪酸；黑米中维生素 B_1 的含量高于普通大米，红米中维生素 B_2、维生素 E 含量最高，特种稻的维生素 B_1、维生素 B_2 含量均高于普通大米。3 种特种稻米中常量元素以磷含量最高，其次是钾、镁、钙，钠含量最低，均为高钾低钠型食物，增加饮食中 K/Na 比有助于预防高血压和动脉硬化。微量元素黑米中锰、锌含量相对较高，香米中锌相对较高，红米中铁、锌含量相对较高。

4. 稻米营养品质特点

稻米营养品质主要受粗蛋白质含量的影响，稻米蛋白质的品质是谷类作物中最好的，氨基酸配比合理，易为人体所消化吸收，因此，大米是人们（尤其是亚洲人）蛋白质的基本来源之一。据统计，日本人消费的蛋白质近 19% 来自大米。通常情况下，米糠蛋白质含量为 13%～14%，糙米蛋白质含量为 7%～9%，精米蛋白质含量为

6%～7%，米饭蛋白质含量为2%。稻米蛋白质含量越高，其营养价值也越高。从营养价值来看，蛋白质含量应在7%以上，但一般认为，其含量在7%以下食味较佳。而蛋白质含量过高时，醇溶谷蛋白含量升高，导致食味品质下降。另外，稻米中氨基酸的含量、粗脂肪含量也是评价其营养品质的重要指标。稻米与其他粮食相比，其所含粗纤维少，淀粉粒特小，易于消化，各种营养成分的可消化率和吸收率都高，适于人体需要。

第二节 影响水稻品质的因素

随着人民生活水平的不断提高，消费者对稻米品质要求越来越高，对优质稻米的需求量也越来越大。水稻品种是决定稻米品质的内在因素，气候、生态、环境与栽培技术是决定稻米品质的外在因素，只有优质高产品种，配套先进的栽培技术，以及适合优质稻生长的光、温、水、气、肥等生态环境，才能生产出高产优质的稻谷。在水稻生产中，影响稻米品质优劣的因素有很多，其中，对稻米品质影响较大的主要是品种、生态环境（种植地域）、栽培管理措施等因素。

一、品种是决定水稻稻米品质的内在因素

水稻品种是影响稻米品质和稻谷产量的决定性因素，是内因，发展优质稻米生产，优质稻品种是关键。不同的水稻品种的遗传因子不同，决定了稻米的粒形、淀粉性质、食味品质、营养品质的差异及对栽培技术措施的要求。

（一）优质稻种资源是选育优质稻品种的基础

中国对栽培稻种质资源的品质研究中，不论在测定方法的建立和改进上，还是在种质资源主要品质特性的鉴定及优质资源的筛选利用改良创新上，都取得了显著的进展，为中国水稻品质育种提供了大量翔实的资料和育种资源，优质稻种资源是选育优质稻品种的基础，也是品种品质改良及有关科研活动深入开展的基础保证。

在稻米品质相关遗传研究方面，中国农业科研人员做了大量工作，取得了大量可喜成果。张淑梅等（2009）通过对水稻抗性淀粉性状的遗传研究，为高抗性淀粉水稻资源创新与育种提供了理论和实践依据。以抗性淀粉含量有显著差异的粳稻品系为材料，比较分析了高低抗性淀粉粳稻品系类型间的支链淀粉链长分布、稻米 RVA 谱特性值、膳食纤维和直链淀粉含量等主要品质特性的差异及其相关性。研究结果表明，水稻中支链淀粉的链长分布、直链淀粉含量和稻米 RVA 谱特性值与稻米抗性淀粉含量关系密切，在育种实践中可作为育种选择指标之一。孙建昌等（2022）对来源于福建、东北和宁夏的 60 份粳稻种质资源的 18 个主要表型性状的多样性进行评价，结果表明，60 份种质在整精米率、垩白粒率、垩白度、不完善粒和黄粒米具有较大的变异程度，糙米率、生育期的变异系数较小，表现出较低的表型多样性。通过对宁夏、福建、东北不同来源的种质进行分析表明，3 地种质的糙米率相似，宁夏种质的精米率和整精米

率高，福建种质的整精米率偏低，变异幅度较大，在杂交组配、品质改良育种中有一定优势。同时，苗白更等（2016）对水稻种质资源稻米品质性状进行聚类分析和相关性分析，结果表明，不同资源品质性状间差异较大，变异丰富，不同品质性状间存在显著的相关关系，为水稻高品质育种、稻米品质改良、优质稻育种提供理论基础。

（二）稻米品质受品种遗传因素的影响

1. 碾米品质受遗传的影响

水稻碾米品质的各个评价指标都是典型的种子性状，由于种子的特殊结构和基因型组成使得它们的遗传与非种子性状差异非常大。胚乳的三倍体组成和母体的二倍体组成，使加工品质的遗传变得十分复杂。在碾米品质中，整精米率是最重要的评价指标，其遗传效应关系因不同的研究者利用不同的材料得到的结果也有所不同。廖伏明等（2000）认为籼稻的整精米率以加性效应的遗传为主，糙米率和精米率则以非加性效应为主。陈建国等（1998）认为加工品质除了受到母体基因型影响外，还受到种子本身基因型的影响，但以母体加性效应为主。易小平等（1992）认为加工品质除了受到细胞核基因型的影响外，还受到细胞质效应的影响，两者间还存在互作。郭咏梅等（2003）认为整精米率主要以加性效应为主，但是偏向母本，因此提高母本的整精米率是改良杂交种整精米率的关键。此外，糙米率、精米率和整精米率都是典型的数量性状，受多基因控制，且受环境影响较大，尤其是整精米率受环境影响最大。

同时，稻米碾米品质也与谷粒大小、形状、硬度和垩白有关。杂交组合的碾米品质的优劣与亲本的遗传与选择有密切关系，研究结果表明，若双亲的整精米率较高，可选育出整精米率较高的杂交组合。

2. 外观品质受遗传的影响

稻米外观品质性状关系其商品价值的高低。研究稻米品质性状的遗传规律将有助于提高品质育种的效率。为了改善杂交水稻的品质，中国学者在稻米品质性状的遗传效应方面进行了一些研究。多数学者的研究认为：稻米外观品质性状属于多基因控制的数量性状，受多基因控制，受母体基因型控制，以加性效应为主。李仕贵等（1995）以6个不育系和6个恢复系按不完全双列杂交组合为材料，研究稻米外观品质遗传效应及相关性关系，结果表明，F_1代稻米外观品质性状主要受制于基因的加性效应，非加性效应的作用较小。李欣等（2000）采用种子性状双列资料遗传分析的方法研究了粳稻稻米外观品质性状表达的特点。研究认为，粒长、粒宽和垩白率性状的遗传受母株基因型控制。石春海等（1995）的研究表明，水稻粒形在F_1代表现为中亲值，在F_2代表现为连续的正态分布，粒长为多基因控制的数量性状；长宽比的遗传受粒长和粒宽的影响，以加性效应为主。

尽管垩白米粒、垩白度受环境影响较大，但垩白的遗传效应是更为主要的，品种间存在明显的差异。杨仁崔等（1986）、陈建国等（1998）等研究表明，稻米垩白的遗传表达主要受二倍体母体基因型控制及细胞质效应的影响，垩白也为数量性状，受多基因控制，以加性效应为主；雷东阳等（2010）研究认为，杂交稻外观品质性状主要受遗传控制且遗传效应均以加性效应为主。粒长、粒宽和粒长宽比以种子加性效应为主，母体效应也起到一定的作用，垩白度主要受到种子效应和母体效应控制，同时还受到细胞质的影响，不同外观品质性状的遗传力差异较大。多数学者认为，稻米外观品质性状多为数量性状，遗传效应比较复杂，在品质育种和性状改良中常规的杂交育种技术难以奏效，而利用分子标记辅助选择的育种方法，对目标性状的基因及改良对象的遗传背景进行选择，可快速实现优良性状的聚合及快速转移，从而实现稻米品质基因得到迅速转育、优良品质基因快速聚合，大大提高品质育种效率。

3. 食味品质受遗传的影响

随着人民生活水平的提高，人们对稻米的产量和品质的要求越来越高，进一步提高水稻的产量和改良稻米的品质是育种的两大重要目标。稻米食味品质主要与直链淀粉含量、胶稠度、糊化温度、蛋白质等理化特性有关。对于直链淀粉含量（ACC）的表现主要受制于基因的遗传主效应，环境互作对其影响较小，其中的遗传主效应为 1 对不完全显性的主效基因和一些微效基因共同控制。遗传主效应由种子直接效应和母体效应两部分构成，细胞质效应很小，或不存在细胞质效应。主效基因是 Wx（蜡质基因），是一个组织和发育特异性表达的基因。直链淀粉的合成主要是由第 6 条染色体上的 Wx 基因编码 GBSS 控制的，已有研究表明，在 Wx 位点存在 3 种复等位基因，分别为 Wx^a、Wx^b，它们分别存在于籼稻、粳稻和糯稻中。其中，籼稻以 Wx^a 为主，ACC 较高；粳稻为 Wx^b，ACC 较低。张羽等（2017）利用 CAPS 法对 112 份陕西省水稻主要种质资源 Wx 基因第一内含子供体 +1 位碱基 G/T 进行检测，根据 G/T 碱基将 112 份供试材料的基因分为 GG、GT、TF 3 种基因型，同时，按国标检测 3 种不同 G/T 型 37 份稻米的直链淀粉含量及其他相关性状。结果显示，TT 基因型的材料直链淀粉含量较低，GT 基因型的材料直链淀粉含量较高，TT 基因型的材料其垩白粒率和垩白度比 GT 基因型的材料低，供试的 112 份陕西省主要水稻种质资源中保持系材料和恢复系材料占 85.17%，其中，恢复系材料的 Wx 基因型大部分为 TT，而保持系材料的 Wx 基因型大部分为 GT，因此，杂交种 Wx 基因型可能为 TT 或 GT，TT 基因型的品种直链淀粉含量较低，黏性强，适口性好，GT 基因型的品种直链淀粉含量较高，黏性弱，膨胀性好。在杂交水稻育种中选用直链淀粉含量略低恢复系和不育系配组，才有可能选育出直链淀粉含量适中的杂交组合。

周治宝等（2011）为研究适中直链淀粉含量品种间的食味品质差异，对 24 份直链淀粉含量达到一级优质食用稻米标准的籼稻品种进行了分析。结果表明，长宽比、胶稠度、碱消值、崩解值与食味品质达到了极显著正相关水平，粒宽、垩白率、消减值、回复值、蛋白质含量与食味值达到了极显著负相关水平。食味品质较好的品种粒宽、垩白率、垩白度、回复值和消减值应较小，蛋白质含量较低，长宽比、胶稠度、崩解值较大。通径分析表明，长宽比、胶稠度、碱消值对食味品质具有较大的直接作用。胶稠度是评价稻米软硬的主要指标之一。李欣等（1995）分别研究了 GT 的遗传规律，结果表明该性状是受三倍体遗传控制的质量-数量性状，由一主效显性基因和若干微效基因共同控制，软胶稠度对硬胶稠度表现为完全显性。胶稠度长与直链淀粉含量呈负相关。糊化温度受遗传主效应和环境效应共同控制。遗传主效应中以种子直接效应和母体效应为主，即由直接加性和直接母体效应或加性互作效应控制。环境互作中以母体互作效应为主。加性效应最大，显性效应次之，细胞质效应较小。总的来说，稻米食味品质受品种基因型控制，由品种及基因类型决定。

（三）籼稻与粳稻的品质差异

关于亚洲栽培稻分类，学者们分别从形态学、生理学、生态学、血清学、杂种亲和性、同工酶和 DNA 分析方面展开研究，形成各自的分类系统。由日本学者以杂交亲和力为主要依据，并以血清学和形态特征为辅助手段，最早将亚洲栽培稻分为籼稻和粳稻两个亚种。从栽培学上讲，中国栽培稻有籼稻和粳稻两个亚种，籼稻和粳稻是在不同温度条件下演变来的两种气候生态型，它们的米粒分别称为籼米和粳米。籼稻和粳稻在长期的栽培分化过程中，在多个方面产生了极明显的差异。籼稻一般粒型较长、垩白度高、直链淀粉含量高、米粒细长、黏性小、胀性大、米质较差。粳稻多为椭圆粒形、出米率高、垩白度低、胀性小、米粒短圆、米质较黏、食用品质好。

（四）水稻农艺性状与稻米品质的关系

作物不同农艺性状间有着密切的遗传关系和不同程度的相关。植株农艺性状是影响水稻产量高低的重要因子，也影响着稻米品质的表现。已有的研究结果表明，碾磨品质性状与有效穗数、长宽比、千粒重存在明显的正相关，与株高、剑叶长、穗长、每穗粒数、穗颈粗和植株生产力等农艺性状间存在着明显的负相关。石春海等（1997）以 45 个籼稻组合为材料，研究了一些属于不同遗传类型性状间的相关性，结果表明，控制植株农艺性状的遗传效应与影响稻米碾磨品质性状的遗传效应间存在较强的相关性，其中，以加性效应间的相关性尤为明显。有效穗数、剑叶长宽比等性状与稻米碾磨品质性状间存在着明显的正相关，而株高、剑叶长、穗长、每穗粒数等性状与稻米碾磨品质性状间，则表现为负相关。穗数与糙米率等成对性状间的显性效应相关性，有助于同时改良杂交稻组合的这些性状。耿立清等（2006）的研究表明，穗颈弯曲度、株高、穗长、总粒数、每穗粒数、每穗粒重、单株生产力、着粒密度与直链淀粉含量和糊化温度（除穗颈弯曲度外）呈正相关，与胶稠度呈负相关，剑叶长与直链淀粉和糊化温度呈显著正相关。张秀茹等（2005）的研究表明，稻米整精米率与株高、剑叶长和倒 2 叶长均呈正相关，与千粒重和倒 3 叶夹角角度均呈负相关；稻米垩白与每穗粒数和千粒重均呈正相关，与分蘖数和有效穗数均呈负相关；含量与分蘖数、有效穗数和倒 2 叶宽均呈正相关，与每穗粒数呈负相关；食味与剑叶长和倒 3 叶长均呈负相关。李勇等（1999）和李明贤（2001）研究也认为，整精米率与剑叶面积、倒 2 叶面积、倒 2 叶夹角、倒 3 叶面积呈显著的负相关，精米率与最高分蘖数呈显著的正相关。吴春赞等（2006）的研究表明，单位面积有效穗数分别与整精米率、蛋白质含量呈显著和极显著水平正相关，与垩白度、直链淀粉含量均呈显著水平负相关；总粒数与整精米率呈极显著水平负相关；实粒数与蛋白质含量呈极显著水平负相关；千粒重与直链淀粉含量呈显著水平正相关。聂呈荣等（2001）研究认为，粒型与株高、成穗率间，垩白率与千粒重间呈较高负相关，大多数研究者认为，千粒重过高，会使垩白粒率增大，同时增加垩白度。胡梅桦等（2007）的研究表明，整精米率和胶稠度与垩白粒率和垩白度均存在显著水平负相关关系；穗长和每穗总粒数与稻米胶稠度和整精米率均存在显著水平正相关关系。

直链淀粉含量、胶稠度和糊化温度与各个时期株高呈正相关。聂呈荣等（2001）研究认为，直链淀粉含量与穗长、单株生产力间呈较高负相关，胶稠度与单株生产力、剑叶张角间呈负相关。吕文彦等（1997）研究表明，胶稠度与着粒密度呈显著负相关，与穗颈长呈显著正相关。稻米的营养价值主要取决于蛋白质以及必需氨基酸的含量。聂呈荣等（2001）研究认为，蛋白质含量与单株生产力呈较高的负相关，与其余的农艺性状关系不大。孙义伟等（1990）也认为，蛋白质含量与单株产量、株高、穗长、穗数及抽穗期等都呈负相关关系。

对于粳稻碾磨品质与农艺性状间的关系，一般认为糙米率与千粒重呈显著正相关。垩白粒率与每穗实粒数呈显著的负相关，与结实率、一次枝梗数呈显著的正相关；垩白度与实粒数、千粒重呈显著负相关，与二次枝梗数、一次枝梗数呈显著的正相关。李勇等（1999）认为，垩白粒率、垩白度与株高呈显著的负相关，垩白粒率与千粒重呈显著正相关，垩白粒率和垩白度与每穗实粒数、一次枝梗数、二次枝梗数却没有显著的相关关系。也有学者认为，千粒重与直链淀粉含量没有显著的相关关系。在稻米外观品质与植株农艺性状的关系中，大多数研究者认为千粒重过高，会使垩白粒率增大，越是理想株型，选择出无垩白的可能性越小；垩白粒率与株高、穗颈弯曲度等呈显著负相关。

（五）水稻粒型与稻米品质间相关性

水稻稻谷的粒长、粒宽、长宽比和千粒重直接决定着稻米的长、宽、长宽比和粒重，而这些性状恰好是组成稻米品质的重要部分。研究表明，水稻粒形与稻米品质相关性很大，一般认为长粒形的品种米质较好，而粒长太长时又会出现整精米降低，粒宽太大时也会出现垩白增大现象，只有谷粒绝对长度较大，粒形较好（长：宽＞3）和千粒重较小的品种，才是优质米育种的目标。

1. 粒形与碾磨品质

一般认为，糙米率与粒厚呈正相关，与粒长、粒宽和长宽比呈负相关。石春海等（1997）分析了45个籼稻杂交组合的稻米品质和农艺性状的相关性研究，结果表明，谷粒宽与稻米碾磨品质性状间，存在着明显的正相关，而谷粒长和谷粒长宽比性状与稻米碾磨品质性状间，则表现为负相关。杨联松等（2001）针对谷粒形状与稻米品质进行相关性研究表明，粒长、长宽比与糙米率、精米率、整精米率呈极显著水平负相关，粒宽与糙米率、精米率、整精米率呈极显著水平正相关。刘燕德等（2004）研究认为，谷粒形状与稻米的碾米品质间均有显著相关关系，粒长、长宽比与碾米品质呈极显著负相关，谷粒的宽度与加工品质间呈正相关，其中与糙米率、精米率都达到了极显著正相关，与整精米率达到了显著正相关。武小金（1989）研究认为，糙米率与粒长的相关系数较大（$r = 0.6211$），达到极显著水平；与粒宽的相关不显著（$r = 0.1129$）；与长宽比的相关性亦达到极显著水平（$r = -0.445$）。从以上研究可以发现，粒形与稻米加工品质的相关性很大。

2. 粒形与外观品质

垩白粒率是重要的外观品质指标。降低垩白粒率也是水稻特别是北方粳稻一个难度较大的育种目标之一。有研究认为，一般细长粒垩白粒率较低，粗短粒垩白粒率较高。

垩白粒率与千粒重、谷粒宽、谷粒厚和谷粒宽厚比呈极显著正相关，谷粒长与垩白大小和垩白度呈极显著正相关，外观品质与稻米粒形的关系也表现相同趋势，稻谷粒形不是决定稻米外观品质的主要因素。李仕贵等（1995）的研究结果表明，长宽比与粒长、垩白率与垩白面积和粒宽均呈极显著水平正相关。长宽比与粒宽、垩白率与粒长均呈极显著水平负相关。Takita 等（1986）研究认为籼稻谷粒长度与腹白、心白率呈高度正相关，谷粒宽度超过 3.1 mm，其腹白和心白率则高于 90%。石春海（1994）利用 6 个籼型不育系和 3 个籼型恢复系按不完全双列杂交方式配制杂交组合，考察稻米外观品质等米质性状，认为粒宽与长/宽和垩白面积间的表型协方差和遗传协方差均达显著或极显著水平。李成荃等（1988）在分析南方稻区 38 个杂交稻组合和相应的不育系和同型的保持系及恢复系的稻米品质遗传研究认为，糙米宽、厚与垩白大小均呈极显著正相关，糙米长、长/宽与垩白大小呈负相关，糙米长、长/宽、厚、宽与垩白率均呈正相关。

3. 粒形与蒸煮、营养品质

直链淀粉含量、胶稠度是最重要的蒸煮食味品质指标，其合适范围的调控是水稻品质育种的重要育种目标之一，直接关系水稻稻米品质的优劣，相关研究表明，稻谷的粒形和直链淀粉含量、胶稠度等有密不可分的相关关系。陈能等（1997）在对全国的 78 个优质米样品进行食用稻米品质的理化指标与食味相关性研究认为，籼稻食味与粒长、长宽比均达极显著正相关，与直链淀粉含量均达极显著负相关，即粒形细长、直链淀粉含量较低的籼稻有较好的食味品质。杨联松等（2001）在分析安徽省农业科学院水稻研究所育成的 17 个品种粒形与稻米品质间的相关性认为，粒长、长/宽与碱消值间达显著负相关。粒宽与碱消值间达显著正相关，千粒重与碱消值间相关不显著，同时认为粒宽与直链淀粉含量达显著性正相关。徐正进等（2004）以 92 份水稻品种为材料，研究了稻谷粒形性状与品质性状的关系。结果表明，直链淀粉含量与谷粒长、谷粒长厚比和谷粒长宽比呈极显著的正相关，与谷粒宽、谷粒厚和谷粒宽厚比呈极显著负相关，胶稠度与谷粒长宽比和直链淀粉含量均呈极显著负相关。徐正进（2004）进一步研究认为，相同的谷粒长宽比对应的直链淀粉含量明显不同，反之亦然。因此，尽管稻谷粒形与直链淀粉含量的相关达到极显著水平，但两者并无必然联系；谷粒长宽比、胶稠度和直链淀粉含量三者间也无必然联系，可以通过遗传途径使其重新组合。

二、环境条件对稻米品质的影响

稻米品质主要受品种自身遗传因素所控制,但是,环境因素对稻米品质的形成也有着很大影响。环境因子包括水稻生长期间的气候条件、栽培措施及土壤水分与肥力状况等多方面。而从稻米品质性状的环境影响角度来看,目前,多数品种的品质性状在不同生态环境条件下表现有相当大的变幅,直链淀粉含量差异可达10个百分点,蛋白质可达6个百分点,垩白粒率和垩白度有更大的相差。从前人的研究结果来看,在诸多的环境因子中,水稻灌浆结实期间的气温是影响稻米品质的首要环境因子。其次是栽培条件,而栽培条件中,对稻米品质影响最大的是施肥,各种肥料成分中,N素肥料又显得尤为突出。

(一)稻米品质的地域差异

水稻品质形成不仅受基因型控制,而且还受不同地域自然资源和生态气候环境的影响,两者相比,基因型差异只起一定的作用,地域差异即环境和生态条件的变化对品质性状的作用更重要、更敏感。研究结果得出,不同水稻品种在同一生态稻作区种植和同一水稻品种在不同生态稻作区种植,其稻米品质会发生一定的变化,说明稻米品质是品种基因型与环境互作的结果,受生态条件的影响较大。其中,整精米率、垩白粒率、直链淀粉含量和蛋白质含量差异达极显著水平,整精米率在不同试点的变化最大,最大差值可达到28.8%,所以,在稻米品质中,整精米率的高低对其综合品质影响较大。

1. 不同类型水稻稻米品质差异

不同类型的水稻品种有其自身的对地域生态环境的不同要求。一般籼稻比较适宜在高温、强光和多湿的热带及亚热带生长;粳稻比较适宜生长于气候温和的温带和热带与亚热带高海拔高地、华东太湖流域、华北、西北及东北等温度较低的地区。因此,地域生态环境决定了水稻类型的分布,同时也在一定程度上决定了中国稻米品质的地域差异性分布。胡晋豪等(2013)以7种不同类型的81个品种为材料,对其稻米品质进行研究,结果表明,不同类型水稻品质性状的差异性变化较大,不种类型水稻品种,均以垩白粒率和垩白度的变异系数最大,糙米率和精米率的变异系数最小,整精米率、粒长、长宽相对较小,直链淀粉、胶稠度、碱消值级、透明度级相对较大;常规晚稻的外观品质、食味品质均明显优于杂交水稻,两系杂交早稻外观品质、食味品质均较差。沈新平等(2002)研究表明:不同类型水稻品种稻米加工品质因地域的变化而变化,且对地域差异的敏感性有强弱之分,中熟中粳稻和迟熟中粳稻的加工品质在苏中地区表现较优,而杂交中籼稻加工品质呈现南低北高的趋势。吉志军等(2005)研究分析指出,不同基因型水稻稻米加工品质和外观品质在不同生态地区的差异及变化表明,不同的水稻品种对不同生态环境的适应性存在着差异,粳稻的加工品质与品种生态类型相关,籼稻的加工品质在苏中北部地区表现较好,粳稻品种的外观品质在苏中里下河稻区较优,籼稻品种的外观品质则以纬度较高的地区较优。

2. 不同地理区域稻米品质差异

地理区域不仅与稻种起源、形成和分化有关，也表现在稻米的垩白率、整精米率有明显的地域差异，这可能与不同地域具有特定的光温条件、土壤类型、肥力水平及相配套栽培技术有关。在异地栽培研究发现，稻米的加工品质、外观品质和蒸煮品质均有极显著的差异。刘常金等（2013）以 21 组分别产自天津、黑龙江和海南的稻米为实验材料，对蒸煮米的食味品质进行感官评价，并对直链淀粉含量和蛋白质含量进行分析。结果表明，北方低温稻区所产稻米的食味品质变幅为 66.67%～82.11%，海南高温稻区则为 64.23%～79.99%，南北两地稻米食味品质间显著差异（$P<0.05$）；北方稻区稻米总蛋白含量在 6.23%～8.99%，海南稻区的蛋白质含量为 6.78%～11.19%，南北两地稻米间的总蛋白含量差异极显著（$P<0.01$），并且地理纬度越高，蛋白质含量越低，表明高温有利于蛋白质的累积；除香血糯外北方稻区直链淀粉含量变幅为 5.39%～19.75%，海南稻区则为 14.68%～19.34%，两地稻米的直链淀粉含量差异极显著（$P<0.01$）。相关性分析表明，蛋白质及直链淀粉含量与蒸煮稻米的食味品质均呈负相关的关系。扫描电镜观察表明不同品种稻米的胚乳淀粉体结构不同，蒸煮后稻米的糊化程度也有较大差异。周竹青等（2008）研究发现，太子稻从主产区移植到对照区栽培，导致品质下降，表现为糙米率、精米率、整精米率、长宽比和胶稠度下降，垩白粒率和垩白度增大。相反，对照品种鄂早9号移到主产区种植，糙米率、精米率、整精米率、垩白度和胶稠度等稻米品质指标都得到了不同程度的改善，米质提高。说明太子稻在其主产区表现出优良品质，异地栽培会使稻米品质变劣。

3. 不同海拔对稻米品质的影响

海拔的高低对籼粳稻的食用和蒸煮品质影响有显著的差异。籼稻随海拔高度的升高，糊化温度、直链淀粉含量和胶稠度依次下降、降低和变软，但粳稻则随海拔的升高上述 3 个品质性状则相应地升高、增加和基本无影响。进一步研究发现，海拔高度对外观品质和加工品质也有一定影响，具体表现在高海拔地带上种植的水稻加工品质明显要好，垩白粒率明显较低；该点对籼稻影响尤为显著，因而在籼稻优质米生产上常有所谓"黄金海拔带"。赵正武等（2005）对 10 个杂交稻组合在同一生态区 5 个不同海拔高度 12 个品质性状的变异特点进行了研究。结果表明，不同品质性状在不同海拔高度的变异存在很大差异，糙米率、精米率、粒长相对稳定，各组合平均变异系数仅为 0.75%、0.60% 和 3.16%；而垩白度、垩白粒率波动较大，各组合平均变异系数高达 92.28% 和 66.54%。通过聚类分析，可根据稻米品质性状在不同海拔高度的变异系数大小划分为 3 种类型，第 1 种是对气候条件变化最敏感的生态敏感型，如垩白度、垩白粒率；第 2 种是对气候条件变化反应迟钝的生态迟钝型，例如，糙米率、精米率、粒长；第 3 种是介于二者间的中间型。随海拔升高，灌浆结实时间延长，整精米率增大，垩白度、垩白粒率变小，说明高海拔有利于改善稻米品质。但芳等（2007）选用 7 个不同品质的粳稻品种，研究海拔高度对粳稻品质的影响。结果表明，垩白率对海拔变化最敏感，其次是胶稠度；糙米率、粒型、粒长对海拔变化较迟钝；精米率、整精米率、直链淀粉含量、蛋白质受海拔高度影响居中。李静等（2013）研究表明，整精米率和垩白受海拔影响较大，随海拔升高，整精米率有明显增加，垩白粒率有明显下降趋势，关于海拔对稻米蒸煮食味的影响研究存在较大差异。

4. 不同纬度对稻米品质的影响

不同稻米品质指标随纬度的变化趋势不同，加工品质随纬度的升高呈增加趋势，外观品质中粒长、粒宽和长宽比随纬度的变化较小；垩白度和垩白率呈南高北低的趋势，食味品质随纬度的升高呈提高趋势，营养品质的蛋白质含量则呈现南高北低的趋势。张锦文等（2016）选用Y两优1号等9个杂交籼稻组合为材料进行研究，结果表明，稻米品质性状表现为随纬度上升，整精米率、垩白粒率、垩白度和胶稠度增加，直链淀粉含量降低。杂交籼稻稻米淀粉RVA谱特征值与纬度、海拔的多元回归及偏相关结果显示，杂交籼稻不同组合峰值黏度、热浆黏度、崩解值、最终黏度、消减值、回复值与海拔和纬度偏相关不同。

5. 水稻种植区划与稻米品质

西北农林科技大学高如嵩、张嵩午等（1988）根据中国水稻研究所的《中国水稻种植区划》的研究成果，在全国不同稻作区分别选若干分布较为均匀、水稻种植面积较大、气候生态条件有代表性的县（市），然后按种植制度、茬口、水稻种植类型进行稻米品质气候生态综合评判，描述出中国不同气候生态条件下的稻米品质地域分布，绘制中国优质稻米气候生态区划图。将中国划分为6个优质米生态区，研究认为，中国领土辽阔，气候条件的地域分布特征多样，优质米生态条件优越的气候条件比比皆是；但从总体上看，以秦岭－淮河为界，广大北方稻区的米质气候生态条件普遍要优于南方，西部优于东部，晚稻要优于早稻。在地形复杂地区，尤其是山区，由于气候垂直分布差异，稻米品质亦形成垂直地带性结构。程方民等（2002）在多品种、多试点的田间分期播种和人工气候箱控温、遮光处理等试验的基础上，通过对影响稻米品质的气候生态因子进行研究，结果表明，中国稻米品质气候条件的地域分布特征较复杂。但从总体上看，北方稻区的品质气候条件普遍要优于南方，晚稻要优于早稻。对双季早籼稻而言中国各地利于优质形成的气候条件均不甚理想，其中，以江南丘陵平原双季稻区与海南南部最差，稻米品质评价值在80以下，即使黔东湘西等相对较好气候生态区的稻米品质评价值也不超过88。不利于生产出优质的早籼稻米。与之相反，双季晚籼及晚粳稻米品质形成的气候生态条件则有明显的改观，除海南岛、雷州半岛南端及四川东南盆地等部分地区的稻米品质评价值低于92外，其余各地的稻米品质评价值普遍在95以上，说明其气候生态条件较有利于优质晚籼或晚粳稻米的生产。从中国单季粳稻与双季早粳的地域分布可见，中国北方稻区的稻米品质，除东北部的漠河、海拉尔、额尔古纳和西北部的阿勒泰等地略低以外，绝大多数地区的稻米品质评价值均在90以上，其中，以东北大平原与西北高原盆地的评价值最高，华北北部平原次之，黄淮平原丘陵稍低。值得一提的是自东北大平原到西北高原盆地的大范围地区，其稻米品质形成的气候评价值清一色大于98，优质粳稻形成的气候生态条件非常适宜，这一地域的东北粳米素以品质优良而著称，看来明显得益于其优越的温光气候条件。与北方稻区相比，中国南方稻区双季早粳品质形成的气候条件普遍不佳，稻米品质的气候评价值均在 85 以下，其中，部分地区的稻米品质气候评价值低于 75，气候生态条件非常不利于优质米的生产。

（二）气候生态环境对稻米品质的影响

发展优质稻已成为中国水稻产业的重要方向。稻米品质的形成是遗传因素和环境条件相互作用的结果，其中，品种基因型是主因，是决定性因素，生态环境条件尤其是气候生态条件对稻米品质的优劣也至关重要，不容忽视，环境条件对稻米品质的影响是通过影响谷粒胚乳细胞发育及内部生理生化过程等发挥作用的，是一个动态的且不断发生的过程。要实现稻米品质的优质化，不但要培育出优质的水稻品种，还应有适宜优质水稻生长的气候生态条件，实现品种与气候条件的合理匹配，是优质米生产的一个重要前提。水稻生长期间每个生育时期的气候条件都与品质的形成有关，特别是抽穗成熟期的气候条件最为重要。影响稻米品质的气候因子主要有温度、光照、湿度和风等。

1. 温度对稻米品质的影响

稻米品质不但受遗传因素的影响，受环境因素影响也较大。在各种影响稻米品质的气候环境因子中，温度对稻米品质的影响最为显著，尤其是灌浆成熟期的温度。温度在灌浆成熟期对米质的影响率达 88.51%。特别是灌浆前、中期高温对品质的影响最大。有研究表明，灌浆成熟期前 20 d 是稻米品质形成的主要时期。在此时期温度发挥着很大的作用，高温会促使灌浆速率加快，灌浆期缩短，籽粒中蔗糖-淀粉代谢酶活性降低，光合作用物质积累和转运减少，胚乳中淀粉粒积累变少的生理过程会使稻米籽粒难以充实，导致糙米率、精米率和整精米率下降，垩白粒率和垩白度增加，直链淀粉含量降低，同时也影响糖类、淀粉和蛋白质的合成，导致稻米品质变劣；反之，低温条件下水稻生长发育速度缓慢，籽粒灌浆速率下降，同样会使精米率降低。灌浆成熟期 20 d 后温度对稻米品质的形成影响较小，不同类型品种形成最佳稻米品质时所需温度不同，研究表明籼稻稻米品质形成的最适温度为 21～25℃，粳稻的最适温度为 21～24℃。

在生产实践中，经常发现晚季栽培的品质要优于早季栽培，在高海拔地区种植的品质要优于低海拔地区，中稻收割后蓄留的再生稻米质较好（特别是生长期为 8 月中旬至 10 月上中旬的再生稻），其主要特点是垩白粒率和垩白大小明显偏低，糊化温度低，整精米率中上，米饭适口性好。主要原因就在于抽穗后气温差异所致。

在水稻结实期不同时段的温度与稻米品质的关系方面，孟亚利等（1997）研究结果显示，稻米的垩白粒率在灌浆成熟期 25～27℃ 范围内反应敏感；当温度超过 25℃ 时垩白粒率显著提高，外观品质下降；朱碧岩等利用人工气候箱控温试验的结果表明：灌浆成熟期高温对非垩白米率的形成不利，而在变温处理中，齐穗后 20 d 内的温度状况对稻米品质起主要作用，齐穗 20 d 后的温度变化对稻米非垩白米率形成的影响较小。周德翼等（1994）研究认为，结实期日平均气温与稻米综合品质呈二次曲线关系，结实前中期为决定稻米综合品质优劣的温度敏感时期。孟亚利等（1994）研究认为，结实期不同时段日平均气温对稻米品质的影响不同,结实中期对品质的影响最大,是影响稻米品质的关键时期。在水稻灌浆结实期,温度的高低及变化,是维持稻米品质的关键因素之一。研究结果表明,在水稻灌浆期,影响稻米品质的主要气象因子是日平均温度,且形成最佳稻米品质的温度是 21.1～24.5℃。日平均温度对稻米品质的影响顺序为:垩白度＞垩白粒率＞整精米率＞精米率＞蛋白质含量＞直链淀粉含量。其中,垩白度、垩白粒率和直链淀粉含量随日平均温度的升高而增加;整精米率、精米率、蛋白质含量随日平均温度的降低而升高。

(1) 温度对碾米品质和外观品质的影响　大量研究表明,稻米碾米品质受灌浆结实期气象条件影响较大,过高、过低的温度均不利于良好碾米品质的形成。高温会使灌浆速率加快,持续期缩短,稻谷淀粉颗粒灌浆不紧密,从而影响米粒的充实,导致稻米的整精米率下降,碎米增多,垩白面积增大,垩白粒率提高,透明度降低,不利于良好加工品质的形成,特别是严重影响稻米的外观品质。抽穗期低温常导致水稻不能安全齐穗或不能正常灌浆充实,影响同化产物的积累和运转,使稻米的"青米率"增加,整精米率和垩白增大。

一般认为结实期气温对碾米品质的影响同籽粒的灌浆充实有关,高温下,光合效率低,呼吸消耗大,灌浆快,籽粒不充实,容重减轻,耐磨性差,枝梗、叶片和根系衰老快,光合产物供给时间缩短,籽粒失水迅速,成熟快,千粒重降低,糠层(主要为糊粉层细胞)变厚,碾米品质则会受影响,其中以整精米率受影响最大。

在温度与整精米率关系的研究方面,不少研究指出灌浆成熟期气候生态条件对稻米品质的影响在不同性状间呈不同规律,受气候生态条件影响较大的是整精米率,稻米的整精米率随温度降低有所下降,籼稻品种的最适温度比粳稻品种高,在适宜温度条件下,粳稻品种整精米率显著高于籼稻品种,这可能是由于品种自身的遗传特性不同所导致;糙米率、精米率受温度影响较小。孟亚利等(1997)研究表明,稻米整精米率受结实期日平均温度影响很大,且日平均温度对整精米率的影响基本上为负效应,高温处理下的整精米率显著低于低温处理下的,供试 5 个品种均一致表现出这一趋势,结实期日平均温度由 18℃ 升至 30℃,整精米率 5 个品种平均下降幅度达 24% 之多。显然,结实期高温条件极不利稻米整精米率的提高,但亦非温度越低越好。张嵩午等(1993)利用早籼、中籼、晚籼、早粳和晚粳 5 种类型的 19 个品种在全国不同地区 13 个试点进行分期播种试验结果发现,不同水稻品种的整精米率随结实期平均温度不同而变化,呈现出直线型和抛物线型两种类型,对温度反应的灵敏程度因品种而异并可分为多种类群,所要求灌浆结实期的最适温度与品种类型、熟期有关,在籼稻类型的品种中,最适温度大多在 21～23℃,倾向于温凉,并呈现出早熟种＞中熟种＞晚熟种的趋势;在粳稻类型的品种中,最适温度除晚粳青林 9 号外都在 20℃ 以下,低于籼稻类型品种,但当降至一定的低温范围时整精米率不再升高反而下降。

垩白是灌浆期胚乳淀粉粒和蛋白质颗粒排列疏松而充气所形成的白色不透明部分。源不足、库容大、流不畅均会导致垩白的形成,温光因子可以通过上述某一因素起作用,亦可通过多因素综合作用来影响稻米垩白。结实期日平均温度对稻米垩白米的发生影响很大，而且不同品种类型稻米的垩白米率对日平均温度的反应存在较大差异。孟亚利等（1997）研究表明，稻米垩白米率对结实期25～27℃较高温度反应非常敏感，25℃以上的温度都将使垩白米率显著提高，从而不利于外观品质的提高。程方民等（1996）利用人工气候箱研究了4个典型温度处理下（极端高温35℃、高温33℃、适温23℃和极端低温18℃）稻米垩白的变化，结果表明，高温33℃处理的稻米垩白较适温23℃大幅度增加，增加幅度达93.8%；极端高温35℃与高温33℃相比，垩白化程度更高；极端低温18℃对稻米垩白变化的影响幅度不及高温明显，但仍会导致稻米垩白度的增加，籼稻比粳稻更明显。李欣（1989）、贾志宽（1992）等的研究还发现稻米垩白变异与灌浆结实期温度间的关系存在着品种间的差异，凡垩白化程度高的品种，其垩白的变幅和标准差都较大，反之，则相对较小。

灌浆结实期温度对垩白的影响还存在一定的时段效应，抽穗后前20 d温度对垩白影响最大。高温使垩白增加的原因，一般认为是高温在加速稻株成熟、促进植株衰老时，造成米粒背部、基部或横断面中部的细胞生长和淀粉细胞累积显著不足而成白色不透明状所致。

（2）温度对蒸煮品质和食用品质的影响 温度对稻米蒸煮品质影响的相关研究较多，在这方面，温度主要影响稻米直链淀粉含量、糊化温度、胶稠度等性状从而影响稻米蒸煮食味品质。国内科研人员在这方面，尤以温度对稻米直链淀粉含量影响研究最多。

温度对稻米直链淀粉的影响：稻米的直链淀粉含量受遗传和环境因素共同作用，其综合作用可使直链淀粉变异达6个百分点或更多，水稻结实期温度对稻米直链淀粉含量影响最为明显，但诸多研究中得出观点并不尽相同，大体可归纳为以下3类。一是直链淀粉含量与灌浆结实期温度呈负相关。李欣（1989）的分期播种及人工气候箱试验都说明，温度升高，直链淀粉含量下降。Takeda（1988）在北海道南部、中部自然条件及人工气候箱中鉴定了11个品种的直链淀粉含量在18～29℃随抽穗后20 d内的温度升高而降低，且温度愈高，直链淀粉含量下降越快，直链淀粉含量与温度间为非线性关系，低直链淀粉含量品种的直链淀粉含量对温度更敏感。孟亚利等（1997）利用早籼香糯、中籼水晶米、汕优63、中粳徐州08-7、晚粳822 5个品种为材料，开展结实期温度与稻米品质的关系研究，结果表明，结实期温度影响可引起同一品种的直链淀粉含量变异达5个百分点左右，直链淀粉含量对温度的反应还存在显著的品种类型间差异，不同品种的直链淀粉含量对温度的反应各不相同。中含量型品种汕优63，其直链淀粉含量随结实期温度升高而下降，呈显著负相关，其直链淀粉累积形成的适宜温度条件为低温。3个低直链淀粉含量品种，其直链淀粉含量与温度间为非线性相关。随着温度升高，直链淀粉含量先迅速降低而后又略有增加。二是温度与直链淀粉含量因品种不同而异。高直链淀粉含量品种同结实期温度呈正相关或不显著，低直链淀粉含量品种其直链淀粉含量同温度呈负相关。结实期温度在18～28℃范围内，随着温度的上升，粳稻品种藤板5号的直链淀粉含量始终下降，而籼稻品种IR20的直链淀粉含量在平均温度29℃以下与温度呈正相关，超过29℃则呈负相关。两品种直链淀粉含量对温度的反应不同，可能和籼、粳类型以及直链淀粉含量水平有关。贾志宽等（1990）则认为，灌浆结实期温度对稻米 AC 的影响主要看其是否有利于淀粉的形成和积累，这一时期的温度与最适气温偏差越小，越有利于直链淀粉的累积，温度太高或太低都不利于其累积。也有学者认为粳稻品种直链淀粉含量与温度呈负相关，籼稻品种直链淀粉含量在 29℃ 以下时与温度呈正相关，在 29℃ 以上时与温度呈负相关。周德翼等（1994）的研究显示，多数品种的直链淀粉含量与结实期温度间存在二次曲线关系，高直链淀粉含量品种在较高温度下的直链淀粉含量最大，而中、低直链淀粉含量品种在较低温度下达到品种最大直链淀粉含量。李林等（1989）的研究认为，粳稻在 21℃ 以上直链淀粉含量与结实期平均温度呈正相关，21℃ 以下却有减少的趋势；籼稻中，高直链淀粉含量品种的直链淀粉含量与温度呈正相关，低直链淀粉含量品种兼有高、低直链淀粉含量品种直链淀粉含量随温度变化的特征；中等直链淀粉含量的杂交籼稻与籼粳杂交稻偏籼品种的直链淀粉含量在 21℃ 以上与温度呈负相关，在 21℃ 以下则有减少的趋势。此外，唐湘如等（1991）利用两个籼稻品种的分期播种试验表明，晚季稻（结实期温度低）的酶活性高，直链淀粉含量降低。三是温度与直链淀粉含量的关系因品种而异。在高、低直链淀粉含量品种中，直链淀粉含量和温度的关系同前述第二种观点相反。赵式英等（1983）多地多期播种试验表明，高、中直链淀粉含量品种的直链淀粉含量在结实期平均温度 27.5～28.5℃ 的值比 24.7℃ 下的低，而低、极低直链淀粉含量品种的直链淀粉含量则相反。因此，他认为，凡不利于淀粉合成和积累的条件（如高温、低温、昼夜温差小）都会使中、高直链淀粉含量品种的直链淀粉含量下降，而原来直链淀粉含量较低的品种，在高温下支链淀粉减少，直链淀粉含量相对上升，周广洽等（1983）的研究亦有类似结论，并且认为，中或高直链淀粉含量品种的直链淀粉含量随温度变异大，低直链淀粉含量品种随温度变异小，且变化规律不一，有的与温度呈正相关，也有的呈负相关。

总之，关于直链淀粉含量同结实期温度的关系，目前尚无定论，这可能同直链淀粉含量这一性状的复杂性有关。在灌浆成熟过程中，一方面低分子糖在一系列酶的催化下合成直链淀粉，另一方面直链淀粉又被用于合成支链淀粉，并为蛋白质、纤维素的合成提供碳架和能量。因此，直链淀粉的合成是一个动态平衡过程，直链淀粉起到了中间枢纽的作用，与此有关的一切变化都会影响直链淀粉含量，这就增加了问题的复杂性。直链淀粉含量与结实期温度关系的研究结果不统一的另一个原因是，一些研究者试验的品种类型少，温度范围小，故而影响了对规律的充分揭示。

温度对糊化温度和胶稠度的影响：一般认为，糊化温度随结实期温度升高而升高，多数学者的研究都支持这一观点，其作用机理可能是糙米中有一部分结晶状的淀粉变得很紧固，难以糊化，从而使糊化温度升高。另有研究认为，糊化温度的升高同淀粉微结晶体平均值或完整度有关，这主要是 4 个脱水葡萄糖残基增加了支链淀粉 β-链的平均链长，从而使淀粉糊化温度升高 5～7℃，但支链淀粉和直链淀粉的分子量未见增加。

有关胶稠度与结实期温度的关系，目前研究不多。日均温是影响稻米胶稠度的主要气候条件是可以肯定的。但针对其影响效应，有两种不同的观点：一种观点认为，随结实期温度的升高，胶稠度有变软的趋势，两者间存在着极显著正相关。另一种观点认为稻米胶稠度随结实期温度而变硬，如李林等（1989）的分期播种试验结果，一般是随着温度升高，胶稠度增大，但对温度反应的规律性较差，且籼型品种米胶长度随温度的变化幅度明显大于粳型品种。此外，程方民（1983）对19个品种试验结果的统计分析发现，灌浆结实期气温对稻米胶稠度的影响随品种差异存在着两种生态反应类型——直线正相关和抛物线，且主要受齐穗后20 d内温度的作用。

（3）温度对营养品质的影响　稻米蛋白质含量一是取决于品种的遗传因素；二是受环境因素，主要是结实期气象生态环境的影响。结实期如遇到不良温度（过高、过低），尽管迫使一些品种稻米中的蛋白质含量相对有所增加，然而，由于灌浆过程受阻，结实率显著降低，产量大减，蛋白质组分变劣，结果既不利于高产，也不利于营养品质的提高。而在适宜的温度等气象条件下，米粒灌浆结实正常，籽粒饱满，糠层薄、淀粉多，虽然每粒米中的蛋白质含量相对较少，但组分最佳，特别是单位面积上的蛋白质产量最高，更利于产量和营养品质的提高。关于稻米蛋白质含量随温度变化的趋势，目前看法已基本一致，即结实期高温能提高蛋白质含量，并认为这是由于高温使米粒累积量减少，粒重减轻，蛋白质含量相对增加的缘故。成熟期温度高，米粒成熟快，粒重减轻，成熟初期米粒淀粉累积良好而后期充实不良，胚乳外侧淀粉充实差，蛋白质含量上升，故一般腹白米、心白米的蛋白质含量高于完全米。唐湘如等（1991）研究认为，在高温条件下，水稻灌浆成熟期间的茎、鞘、叶的蛋白质酶浓度保持较高水平，且高温对其活性增加有利，从而使蛋白质很快转化为氨基酸等可溶性氮化物向籽粒运输，可促使籽粒氨基酸增多，进而促进蛋白质合成，最终导致籽粒蛋白质含量升高，而灌浆成熟期温度降低则有利于优质稻米的形成。周广洽等（1997）的研究指出，高温处理，稻米蛋白质含量降低。Resurrecion（1977）通过控温试验发现，籼粳亚种间存在差异。粳稻品种的蛋白质含量随平均温度升高而增加，籼稻品种的蛋白质含量与温度关系表现为抛物线型。孟亚莉等（1997）也报道非糯品种的蛋白质含量与温度呈正相关，糯稻蛋白质含量则与温度负相关，并且在25～27℃范围内变化最明显。

2. 水分对稻米品质的影响

相对湿度和降水量对稻米品质也有一定的影响。降水量对稻米品质变化的影响不显著，相对湿度与糊化温度、胶稠度和垩白面积一般呈正相关，而与直链淀粉含量呈负相关，但品种间不一致。不同雨量环境对米粒延伸性、直链淀粉含量及糙米蛋白质含量有显著影响，且环境与品种间存在显著互作。随降水量的增多，精米率、垩白度、垩白粒率和蛋白质含量增加，精米率和直链淀粉含量降低，其对稻米品质的影响顺序：蛋白质含量＞垩白粒率＞垩白度＞精米率＞直链淀粉含量＞整精米率。

3. 光照对稻米品质的影响

一般认为，水稻灌浆期的光照不足，光合作用能力下降，光合产物降低，导致因"源"不足而引起稻米直链淀粉和淀粉总量的减少，糊化温度降低，胶稠度变硬，稻米

垩白降低。孕穗后遮光处理，腹白米率会降低。田代亨（1975）利用金南风在抽穗后 20 d 以前遮光 10 d 处理的垩白发生率都比不处理的低，但在抽穗后 20～40 d 期间遮光处理的垩白发生率反而提高。杨联松等（1998）利用中粳 80 优 121 为材料，研究光照对稻米品质的影响。结果表明，光照通过影响作物光合作用以及改变温度影响物质合成和谷粒的灌浆充实，从而影响米质。从抽穗至成熟期间光照时数减少，80 优 121 垩白度减少，蛋白质含量与光照呈负相关。闫萌萌等（2019）研究表明，遮光处理能够显著增加稻米糙米率、整精米率和蛋白质含量，对直链淀粉含量影响不大，显著降低了水稻品种的稻米食味。

光照对稻米品质的影响是多方面的。韦朝领等（2001）则研究认为，在水稻抽穗后 15～30 d 的日平均太阳辐照度对稻米品质影响最大。水稻生育后期光照不足，光合作用减弱，尤其是稻株的营养生长过旺，导致田间郁闭，通气透光不良，碳水化合物合成受阻，易造成籽粒充实不良、青米增多，并使垩白米粒增多。但是光照太强，温度会相应升高，诱导高温逼熟，同样会导致稻米的垩白面积增大，增加垩白率。

日照时间与稻米的糊化温度、胶稠度一般呈正相关，与直链淀粉含量呈负相关，在谷粒发育期中太阳辐射强时稻米的蛋白质含量较低，光照弱时也会降低蛋白质含量。日照时数对稻米品质影响的顺序为：垩白度＞精米率＞整精米率＞蛋白质含量＞直链淀粉含量＞垩白粒率。随日照时数的增多，垩白度、垩白粒率和直链淀粉含量升高，整精米率、精米率和蛋白质含量降低。

4. 相对湿度和降水量对稻米品质的影响

降水量对稻米品质变化的影响不显著，相对湿度与糊化温度、胶稠度和垩白面积一般呈正相关，而与直链淀粉含量呈负相关，但品种间不一致。不同雨量环境对米粒延伸性、直链淀粉含量及糙米蛋白质含量有显著影响，且环境与品种间存在显著互作。随降水量的增多，精米率、垩白度、垩白粒率和蛋白质含量增加，精米率和直链淀粉含量降低，其对稻米品质的影响顺序：蛋白质含量＞垩白粒率＞垩白度＞精米率＞直链淀粉含量＞整精米率。

三、栽培措施对稻米品质的影响

稻米品质主要受品种自身遗传因素控制，但是，环境因素对稻米品质的形成也有着很大影响。环境因子中，除了气象因素外，栽培措施和施肥水平对稻米品质的影响也十分显著。

水稻在生产过程中，主要是通过肥料的施用来调节稻株生长的营养环境，以满足其高产与优质的要求。不同种类的肥料，同一种肥料不同施用时期与施用方法，对水稻品质形成的影响不同。在水稻栽培过程中，对稻米品质影响最大的是施肥，各种肥料成分中，氮 N 素肥料又显得尤为突出。

1. 施 N 对水稻品质的影响

由于稻米品质指标多，影响因素复杂，研究结果不尽相同，甚至相反。多数研究认为，施 N 量对稻米加工品质影响较小，随着施 N 量的增加，稻米的加工品质变优。而对稻米垩白率和垩白度影响较大，垩白率和垩白度有随着施 N 量的增加呈上升的趋势。施 N 量对稻米蛋白质含量有明显的影响，随着施 N 量的增加，稻米蛋白质含量明显增加。随着施 N 量的增加，稻米胶稠度也逐渐变短，直链淀粉含量逐渐下降。

（1）施氮量对水稻碾米品质的影响　研究普遍认为，适当增施 N 肥可改善稻米加工品质，如糙米率、精米率、整精米率随施 N 量的增加呈上升趋势。杨泽敏等（2002）研究表明，齐穗期喷施尿素溶液能有效提高稻米的加工品质，N 素主要促进米粒横向发展，因 N 肥用量增加而导致粒宽增加的效应大于粒长增加的效应。结实期追施 N 肥还能提高籽粒蛋白质含量，使谷粒硬度增大，碾磨品质又得到改良，显著提高精米率和整精米率。傅木英（1982）指出，早稻齐穗期追 N 肥，稻孕穗期追 N 肥，特别采用根外追肥，能显著地提高糙米蛋白质含量。金军等（2004）研究发现，随着施氮量的增加，整精米率显著升高。成臣等（2018）认为随着基蘖肥占总施氮量比例的降低，南方晚粳稻的加工品质（出糙率、精米率和整精米率）呈变优的趋势。秦龙等（2010）研究认为，碾米品质中糙米率和精米率随施氮量的增加有下降的趋势，而整精米率则与施 N 量呈二次曲线关系。马群等（2009）以 5 种生育类型的品种为材料研究发现，糙米率、精米率、整精米率随施氮量增加而上升，但增幅逐渐降低。张庆等（2021）以 2 个优质食味高产型软米品种为材料，研究不同施 N 水平对稻米品质的影响，结果表明，稻谷糙米率、精米率和整精米率均随 N 肥用量增加而提高，增施 N 肥改善了稻米的碾米品质。刘宜柏等（1982）分别在穗分化期、孕穗期、齐穗期施 N 肥，3 个品种的平均蛋白质含量随着施肥期的推迟而增加，与对照相比，穗分化期、孕穗期增加显著。大多研究表明，在施肥量相同的情况下，适当降低前期用量，增加中后期 N 素的施用，具有提高整精米的作用，有利于改善稻米的碾磨品质。对 N 素能提高稻米碾磨品质的原因，许多研究结果表明灌浆期间（或齐穗前）追施 N 素能防止早衰，维持根系活力和叶片光合能力，提高叶片光合速率，促进物质运转，增加粒重和籽粒充实度，同时体内含 N 量增加，向穗部运转的 N 素化合物增加，谷粒硬度也随之增大，耐磨品质得到改良，整精米率、精米率显著提高。但也有施 N 素用量与碾磨品质性状关系不大的研究结论，例如周培南等（2001）和徐大勇等（2005）研究认为施 N 量对稻米碾磨品质影响较小，且稻米碾磨品质有随施 N 量的增加而降低的趋势。倪日群等（2022）认为施氮量对稻米碾米品质影响较小，但存在随着施 N 量的增加，精米率呈先上升后下降的基本趋势，而出糙率则先小幅增加后趋于稳定。刘立军等（2002）认为，基肥：分蘖肥：保花肥按 4∶2∶4 施用，有助于提高稻米碾米品质。杨世佳等（2012）研究认为，水稻品种稻米的碾磨品质（出糙率、精米率、整精米率）随 N 肥用量的增加而下降，说明增施 N 肥不利于稻米的碾磨品质。

（2）N 肥对外观品质的影响　关于 N 素对外观品质的影响，目前尚有争议。一种认为，后期增施 N 量有利于外观品质的提高。湖南省优质稻米生产体系及其应用理论研究协作组（1989）的研究指出：稻米的垩白率和垩白大小与施 N 量呈显著的负相关，相关系数分别为 -0.7563^{**}、-0.9041^{**}。杨世佳等（2012）研究认为，两个供试品种的垩白性状随 N 肥用量的增加而下降的趋势一致，N 肥用量越高，垩白性状改善越明显。

研究结果显示，两个供试水稻品种稻米的长宽比均随施 N 量的增加而增加。金军等（2004）研究表明，施 N 量增加可降低垩白粒率 5%～10%。柳金来等（2005）认为，氮肥用量与水稻碾磨品质呈负相关，与外观品质呈正相关。金正勋等（2001）试验结果表明，随着 N 素施用量增加，各品种稻米垩白粒率均逐渐降低，而且水稻全生育期施用量相同时，抽穗期追 N 素与生育前期追 N 素相比，能明显降低稻米垩白粒率，其降低幅度达 0.3%～13.9%。张庆等（2021）研究认为，随 N 肥用量提高，垩白粒率和垩白度先增后减。也就是说增 N 可改善优质软米加工和外观品质。另一种认为，增施 N 素不利于对外观品质的提高。张世玺等（2021）研究认为，穗肥施 N 量的减少，会使垩白粒率和垩白度降低，从而改善外观品质。倪日群等（2022）研究认为，施 N 量不利于稻米外观品质的形成，垩白粒率和垩白度随着施 N 量的增加总体有增加的趋势。张洪程等（2003）研究发现，垩白率、垩白大小、垩白度均随施 N 量的增加呈上升趋势。金军（2002）的研究表明，不同的品种对 N 素反应不同，其中武育粳 3 号垩白率、垩白度随着总施 N 量增加而上升，上升幅度分别为 264%、659%；汕优 63 垩白率、垩白度随着总施 N 量增加而下降，下降幅度分别为 47%、45%。关于 N 素对外观品质影响的研究结果存在差异，主要原因，一是供试品种不同，如籼、粳两种类型对肥料的反应不同，同一类型不同品种的外观品质性状对 N 素敏感性也不一样；二是各试验所处温光环境不同。

（3）施氮对蒸煮品质的影响　氮肥不同施用量及施用时期对糊化温度的影响，众多学者的研究结果较为一致。金军（2002）的研究指出，施氮量增加，糊化温度（碱消值）有增大的趋势，但每盆施氮 5 g 与 0 g 的处理无显著差异；湖南省优质稻米生产体系及其应用理论研究协作组（1989）的研究表明，后期追氮可使糊化温度略有下降，但对米质级别影响较小。可见氮肥运筹对糊化温度的影响甚小，一般均不影响稻米的分级差异。

关于施氮量对稻米直链淀粉含量和胶稠度的影响，前人研究结果不尽相同。一般认为，随着 N 素施用量增加，稻米直链淀粉含量逐渐降低，胶稠度变短；水稻全生育期施 N 量相同时，与生育前期追施 N 素相比，抽穗期追 N 素，稻米直链淀粉含量降低，胶稠度变短。徐大勇等（2004）研究表明，随着氮肥用量的增加，直链淀粉含量逐渐下降。倪日群等（2022）认为直链淀粉含量随着施氮量的增加，总体呈缓慢下降的趋势，胶稠度随着施氮量的增加略有缩短。不同施氮量对直链淀粉含量、胶稠度和碱消值影响程度相对较小。张庆等（2021）研究表明，随施氮量的增加，直链淀粉含量逐渐降低，胶稠度逐渐变短，蛋白质含量逐渐增加。增加 N 肥用量增加了米饭营养，但降低了蒸煮食味品质。方差分析表明，随着氮肥用量的增加，各处理间软米粳稻和常规粳稻的直链淀粉、蛋白质含量和胶稠度大多表现出显著差异，说明氮肥对营养和蒸煮食味品质影响较大。而刘建等（2004）则得出完全相反的观点，认为随着氮素营养的增加，直链淀粉含量有所上升。研究表明，增施 N 素不利于蒸煮食味品质的提高。金军等（2004）研究表明，在一定的施 N 水平范围内，随施 N 量的增加，胶稠度显著变软；直链淀粉含量、糊化温度对 N 素反应不敏感。

关于 N 素对蛋白质含量的影响，国内外研究结论较为一致，稻米蛋白质含量随施氮量的增加而提高,两者达极显著正相关。早稻齐穗期追氮肥,晚稻孕穗期追氮,特别是采用根外追肥,能显著地提高糙米蛋白质含量,不同生育期追氮对稻米蛋白质含量的影响大小依次为:抽穗期＞减数分裂期＞枝梗分化期＞分蘖期,以减数分裂期和抽穗期追氮对籽粒中蛋白质影响最大。徐大勇等(2003)通过大田和盆栽试验研究了氮肥使用量和氮肥使用时期对稻米蛋白质含量和蛋白质组成成分以及氨基酸含量的影响。结果表明,蛋白质含量、氨基酸总量和大部分种类氨基酸含量随着氮肥使用量的增加和施用时期的后移而呈上升趋势,不同类型品种对氮肥敏感度不相同。氮肥使用量对醇溶蛋白和谷蛋白的影响达显著水平,谷蛋白含量随着氮肥使用量增加而增加,醇溶蛋白则因品种不同表现不相一致,对清蛋白和球蛋白影响的影响处理间差异不显著。氨基酸总量和各类氨基酸含量在不同食味品质类型的粳稻品种之间,变化趋势不明显。

也有学者认为,稻米品质优良与否主要与其粗蛋白、直链淀粉含量及 Ca、Mg 等含量密切相关,通常将精米中粗蛋白含量在 6.9% 以下、直链淀粉在 20% 以下、无机盐含量在 0.6% 左右的稻米划分为优质稻米。N 肥用量过多容易使糙米中粗蛋白含量增加而影响米质,同时穗肥 N 肥施用时间过晚、用量过多,不仅引起精米中的粗蛋白含量增加,而且会使植株贪青、倒伏,影响产量与品质。

2. 磷肥对水稻品质的影响

磷素是水稻生长发育所需的大量营养元素之一,是构成大分子物质及多种重要化合物的组分,并参与植物体内的代谢。土壤中速效磷含量丰富有利于降低垩白度,改善加工品质(如整精米率)和外观品质。水稻生长初期施用磷肥能提高水稻产量和外观品质,促进早熟。一般来说,N、P、K 配合施用或叶面喷施 P、K 肥,可提高整精米率和蛋白质含量;P 肥少量施用,垩白面积有降低的趋势,而过量施用 P 肥,垩白率随 P 肥用量增加而增加。张甲等(2008)在强化栽培条件下研究了施肥对杂交水稻主要米质性状的影响,结果表明,磷肥用量是影响直链淀粉含量、垩白粒率、整精米率的主要因素。徐大勇等(2005)研究认为,磷肥施用期和施用量对稻米直链淀粉含量和回复值影响不明显,但对稻米的最高黏度值和崩解值有明显影响,以全部作基肥的处理这两项特征值最高,后期施磷肥最高黏度值有降低的趋势。胡曙鋆等(2005)指出,随着施磷量的提高,垩白粒率、垩白面积、垩白度有所下降,说明了磷肥的施用对稻米外观品质的改善起到明显的促进作用;张亚洁等(2008)研究发现,低磷条件下整精米率相对于其他处理呈显著增加的趋势;高磷条件下,稻米的加工品质反而呈下降的趋势。朱朋波(2005)研究表明,在不同磷肥的施用量处理下,稻米的胶稠度与对照相比均有所提高。说明了磷肥的合理增施可以提高稻米的胶稠度,使稻米变得更加柔软,对稻米蒸煮食味品质的改善起到一定的积极作用。然而在 RVA 谱特征值方面,随着施磷量的增加,峰值黏度、消减值、崩解值和回冷值却呈无明显规律的变化。

3. 钾肥对水稻品质的影响

钾肥在一定程度上可以减弱环境条件(弱光)对水稻品质形成的不利影响,改善叶片光合特性,提高光合效率,改变光合产物的分配方向,进而达到提高产量和改善品质的目的。增施 K 肥能明显提高整精米率,增加蛋白质和氨基酸含量,降低直链淀粉含量，提高米质和口感，但不利于降低垩白率。此外，施 K 可以预防纹枯病、胡麻叶斑病，防止病虫害导致的稻米品质下降。不同钾肥施用量对产量均无显著影响。整精米率随着钾肥施用量的增加而降低。叶廷红等（2021）以虾稻 1 号和深两优 5814 为材料，开展了钾肥使用量对稻米品质的影响相关研究，结果表明，与不施钾相比，各施钾处理糙米率、精米率和整精米率均显著提高，垩白粒率、垩白度显著降低，整精米长和宽显著增加，稻米加工品质和外观品质更优。施钾显著降低精米总蛋白质含量和醇溶蛋白含量，增加直链淀粉含量，优化淀粉的 RVA 特性，从而提高米饭食味品质。施钾增加了颖果中可溶性糖的供应量和淀粉合成关键酶活性，有利于促进淀粉积累。倪道理等（2013）以粳稻品种"淮稻 5 号"为试验材料，研究了不同钾肥施用量对稻米品质性状的影响，结果表明，施钾可降低稻米的垩白粒率、垩白面积和垩白度，直链淀粉含量有所下降，胶稠度逐渐上升，降低了糊化温度、消减值，提高了最高黏度和崩解值，改善了稻米的蒸煮和食味品质。陈翠竹等（2008）试验表明，增施钾肥可以提高稻米的糙米率、精米率、整精米率，改善稻米的加工品质；可以降低稻米垩白率、垩白度，改善稻米外观品质；在一定程度上可以降低稻米的直链淀粉含量，改善稻米蒸煮食味品质；随着钾肥施用量增加，稻米的胶稠度变大，可改善稻米蒸煮品质。王强盛等（2009）研究表明钾肥的穗肥追施比一次性基施，能够明显增加拔节至抽穗的吸钾数量和比例，提高实粒数、结实率和产量，降低稻米垩白度和直链淀粉含量，提高胶稠度，改善稻米品质，并显著提高钾素利用效率。

4. 微量元素对稻米品质的影响

硅是仅次于氮磷钾的第四大营养元素，水稻是喜硅作物，施用硅肥可提高产量改善稻米品质。有关不同生育时期喷施硅肥对稻米品质的影响研究已有一些报道。孕穗期喷施硅肥可增加精米率、整精米率，降低垩白、直链淀粉含量，对稻米品质有明显改善作用。杜同庆等（2018）分别研究了拔节期、孕穗期、拔节期 + 孕穗期喷施硅肥处理对稻米品质的影响，认为不同生育时期喷施硅肥均提高了精米率、整精米率和蛋白质含量，降低了垩白粒率、垩白度和直链淀粉含量。任海等（2019）研究了苗期、拔节期 + 抽穗期、苗期 + 拔节期 + 抽穗期喷施硅肥处理对稻米品质的影响时得出，不同生育时期喷施硅肥均使稻米垩白粒率、垩白度降低，同时提高了糙米率、精米率和整精米率。赵海成等（2018）曾为探究氮硅配施对寒地水稻产量、品质及抗倒性的影响，明确高产优质的硅氮优化管理措施，在盆栽条件下，采用二因素完全随机设计，进行 2 个硅肥水平、3 个氮水平的试验研究。随施氮量增加穗数，产量呈增加趋势，硅氮互作对产量及构成因素不显著。施硅能够极显著改善加工品质，减氮利于改善外观品质，蛋白质含量最低为 8.30%，食味值提高，且达到极显著水平；垩白粒率和垩白度在硅氮互作间达到显著水平；施硅能够提高各节间茎秆抗折力。钱双（2018）为研究硅肥在水稻生产上的应用效果，对水稻成熟期产量及产量构成因素，经济系数，稻米品质等进行了研究。结果表明，硅肥能促进水稻的发育，提高每穗粒数、千粒重和结实率，最终提高产量；在品质测定中，精米率、整精米率有所提升，垩白粒率、垩白度有所降低，其中，垩白度下降比较明显，说明硅肥使用后对稻米品质有改善作用，能提高大米的加工品质和外观品质。

四、其他因素对稻米品质的影响

不同地区和不同种植方式对水稻产量和品质有较大影响。合理的播期可调节水稻生育进程，使其与当地适宜的气候生态条件相一致，提高温光资源利用率。

水稻播种期的差异直接影响水稻生长期各阶段，尤其是灌浆成熟期的温度等气象因素，从而影响稻米品质。许良珠等（2005）采用播期调节方法对华南稻区11个主栽早籼稻品种的9个品质性状进行变异分析及主成分分析。结果表明，不同播期对早籼稻米不同品质性状的影响不一样。综合6个播期稻米品质性状达优质稻谷国标的概率，胶稠度的达标率最高，垩白度表现最差，三级达标率为0；不同品质性状对播期变化所表现的变异程度不一致，垩白度、垩白粒率和垩白面积的变异最大，其次是胶稠度和整精米率，长宽比的变异度最小；主成分分析中，包含糙米率、精米率、整精米率和垩白度的第一主成分因子对稻米品质的贡献最大，贡献率达43.81%，其次是胶稠度和碱消值，与前者的累计贡献率达61.74%。雷振山等（2021）以杂交籼稻丰优香占为试验材料，设置5个播期，对其稻米品质及RVA谱特性进行分析，研究表明，随播期推迟，直播稻丰优香占加工品质糙米率和精米率以及外观品质垩白粒率和垩白度均是最优的。随着播期推迟，丰优香占蒸煮食味品质逐渐变劣，4月25日播种则蒸煮食味品质最优。营养品质中5月15日播种的丰优香占蛋白质含量最高，5月25日播期直链淀粉含量最高。基于主成分分析的综合评价表明，5月15日直播的丰优香占稻米综合品质最优，而品质最差的为5月5日。稻米品质性状中垩白粒率、峰值时间、最终黏度、蛋白质含量和垩白度受播期影响最大，而热浆黏度、崩解值、峰值黏度、糊化温度和食味值受影响较小。秦阳等（2004）研究表明，不同播期和年份对各品种的品质性状影响较大，并且基因型和环境互作显著。在米质性状中，垩白粒率、垩白度是受播期影响较大的性状，属于气候敏感型指标，垩白度是稻米品质的制约因素。对于垩白度较高的品种推迟播期能使垩白明显降低，垩白度较低的品种推迟播期垩白反而升高。垩白度还受灌浆速率影响，而品种的灌浆速率又明显地受播期影响。李小刚等（2016）以楚粳38等5个粳稻品种为材料，研究了播期对不同粳稻品种产量和稻米品质的影响。结果表明，这些粳稻品种在陕南种植时，随着播期的推迟，成熟期相应推迟，产量也逐步下降；随着播期推迟，灌浆结实期日平均气温的降低，粳稻品种的垩白粒率、垩白度极显著降低，外观品质变优；不同粳稻品种间产量、稻米品质差异显著。因此，选用优质、高产品种同时适当延迟播种，是解决陕南地区粳稻品种产量和稻米品质矛盾的有效途径。

五、不同稻米品质性状的相互关系

稻米品质是在品种遗传特性和环境的共同作用下，通过籽粒灌浆充实过程中复杂的生理代谢变化而形成的，不同的品质性状受不同的遗传系统控制，稻米的主要品质性状彼此间存在着一定的相关性。就稻米品种外观品质性状而言，多数学者研究认为，粒长与粒宽、粒宽与长宽比、长宽比与垩白等性状间表现为显著负相关；粒长与长宽比、粒宽与垩白间呈显著正相关，籼粳品种间存在较大差异。通径分析表明，对长宽比起首要作用的为粒长，垩白面积、粒长和粒宽对垩白率的影响较大，其中以垩白面积对垩白率的影响最大；粒长对垩白率为负向作用，表明降低垩白率，应在适当降低粒重的基础上，重点降低垩白面积、粒宽。育种工作中，首先要选用粒长较大、粒宽较小、粒重中等、垩白率低的亲本才有可能育成优质品种。

碾磨品质性状间主要表现为正相关。特别是糙米率与精米率、精米率与整精米率这两对性状间尤为明显。糙米率与精米率、精米率与整精米率、粒重与糙米率等性状间呈极显著正相关，且籼粳稻品种间存在着较大差异。

蒸煮食味品质的直链淀粉含量、胶稠度、糊化温度这3项指标有一定的相关性，也各具一定的独立性，反映了稻米蒸煮食用品质的不同侧面。因此，在不同品种中，这3项指标间可能有很多不同的组合类型，造成不同稻米在蒸煮食用品质上的千差万别。多数研究表明，稻米蒸煮品质性状间直链淀粉对籼稻蒸煮品质影响最大，当直链淀粉长链越多，越不易糊化，而短链越多，越能增加淀粉的膨润性，有利于糊化的发生。直链淀粉含量与体积膨胀率和吸水率呈正相关，与碱消值呈负相关；籼稻米的糊化温度与体积膨胀率和吸水率显著相关，籼稻品种的糊化温度越高，蒸煮时所需水分越多，蒸煮时间则延长，食味品质较好的品种糊化温度一般居中；碱消值与食味值呈极显著正相关，优质食用稻的碱消值一般在4~5级；籼稻的胶稠度对蒸煮品质的影响也较为显著，胶稠度与米饭黏度和硬度具有相关性，胶稠度大，米饭柔软且黏，反之亦然。李亚男等（2015）介绍，籼稻的食味值与长宽比呈极显著正相关，与粒宽呈极显著负相关。食味品质较佳的籼稻品种具有粒宽较小，长宽比较大，垩白粒率较低，垩白度较小的特点。通过对中国各地优质籼稻品种调查所得的结果又与之不尽相同，籼稻食味值除与长宽比呈极显著正相关外，与粒长、垩白粒率和垩白度也均呈正相关。

另外，籼稻的外观品质性状与其他品质也有相关性，籼稻的粒宽、垩白粒率、垩白度与直链淀粉含量呈极显著正相关，粒长与蛋白质的含量呈显著负相关，与碱消值呈负相关，早籼稻的长宽比与直链淀粉含量和碱消值呈极显著负相关。

稻米碾磨品质与蒸煮、营养品质性状间的相关性因试验而异，多数学者认为直链淀粉含量与碾磨品质间呈显著负相关。如朱碧岩等（1990）对10个主要品质性状进行遗传相关分析的结果表明，直链淀粉含量与碾磨品质有较密切的负相关，整精米率与蛋白质含量有密切的负相关。张云康等（1992）在分析了浙江省1 103个水稻品种的碾磨品质、蒸、煮品质和营养品质后认为，浙江省籼、粳、糯稻的品质性状变异丰富，糙米率与胶稠度、精米率与胶稠度呈极显著正相关，直链淀粉含量或蛋白质含量与糙米率、精米率以及赖氨酸含量与糙米率、精米率间的负相关均达显著或极显著水平。

蒸煮品质与营养品质之间的相关性因试验而异，多数研究认为，糊化温度与蛋白质含量以及直链淀粉含量与蛋白质含量间表现为极显著负相关，碱消值与蛋白质含量间的负相关达显著水平。张云康等（1992）认为赖氨酸含量与糊化温度间的负相关达显著水平。但李贤勇等（2001）认为胶稠度和碱消值与蛋白质含量无显著相关。

第三节　陕西水稻稻米品质研究

陕西省水稻研究所自 20 世纪 80 年代初即开始重视开展优质水稻研究工作，进入 90 年代后，随着市场需求变化，新型优质米品种种植逐步扩大，其间主要品种有水晶稻、湘早籼 15 号、湘晚籼 2 号、湘晚籼 3 号、黄晴、青优黄、中香 1 号、千代锦、越富等。近年来，生产上主要推广种植了丰优香占、黄华占、美香占二号、川优 6203 等高产优质品种。

一、优质稻品种选育研究

汉中水晶稻是陕西省选育的第一个优质稻品种，1982 年陕西省水稻研究所从引进品种美国黄壳稻中系统选育出中熟优质稻品种，其稻米外观洁白透明，几乎没有垩白，稻米蒸煮品质好，米质达到国家优质稻米一、二级标准，1986 年被农业部评定为中国第一批优质稻米品种。随后，陕西优质稻品种选育工作快速开展，2000 年以前，陕西省水稻研究所相继选育出汉中香糯、黄晴、青优黄、银丝粘、9202、KSD-1 等多个优质稻品种（系），先后引进了胜泰 1 号、丝苗选 -2、绿稻 4 号、豫籼三号等批优质稻品种，其中胜泰 1 号多点试验亩产达 611.25 kg，曾在汉中作为优质稻米品种大面积推广种植。2000 年以来，全国优质稻育种如火如荼地开展，各地优质稻米品种不断涌现，陕西优质稻品种研究也进入新的发展阶段，主要以引育结合，开展优质稻研究工作。陕西省水稻研究所先后选育了丰优 28、两优 687、华泰 998、陕稻 10 号、陕稻 12 号等多个优质稻品种，引进丰优香占、丰优 128、黄华占、美香占 2 号、农香 39、玉针香、川优 6203、宜香优 2115 等一大批适宜陕西种植的优质稻品种。

二、陕西省优质稻米研究相关成果

20 世纪 80 年代以来，水晶稻、汉中香糯的选育，为陕西优质稻米发展打下良好基础，在优质稻研究方面取得了一定的科技成果，多次获得省市科技奖励。赵志杰研究员主持完成的"水稻优质新品种'汉中香糯'的选育""水稻优质新品种'水晶稻'的选育"项目分别获省农牧厅优质农产品奖和汉中地区农牧科技成果奖三等奖。黄晴、青优黄被农业部评定为国家级优质籼米品种，获第五届中国西部商品交易会金奖。2000 年后，优质稻研究成果更加丰硕，吴升华主持的"优质杂交稻米新品种选育引进推广"项目获 2007 年陕西省科学技术奖二等奖，王胜宝研究员完成的"香型优质稻米产业化关键技术研究与应用"项目获 2011 年陕西省农业技术推广成果奖二等奖，何忠军等参与完成的"优质高产水稻丰优 28 生产与加工技术体系试验示范"获 2011 年陕西省农业技术推广成果奖三等奖。

三、陕西省优质稻气候生态区划

20 世纪 80—90 年代，由西北农林科技大学（原西北农业大学）高如嵩、张嵩午、沈煜清等主持，联合陕西省水稻研究所等科研单位，历时 8 年，对陕西省稻米品质气候生态资源和优质米的地域性分布状况进行系统研究,采用定性聚类法对陕西省优质稻米气候生态进行区划。

(一)陕西省优质稻米气候生态区划结果

陕西省米质气候生态条件可按其地区分布分为 5 个大区,每个大区又因生态条件的某些重要差异分为 2 个或 3 个亚区(表 6-2)。

表 6-2　陕西省优质稻米气候生态区划(高如嵩等,1994)

区	亚区	包括县
Ⅰ　陕北黄土高原早中粳优质米区	Ⅰ1　陕北黄土高原东部早中粳优质米亚区	神木　榆林　横山　绥德　延安　宜川　黄陵
	Ⅰ2　陕北黄土高原西部早中粳优质米亚区	靖边　甘泉　富县　洛川
Ⅱ　关中平原晚茬中籼中粳优质米区	Ⅱ1　关中平原西部早、晚茬中籼,晚茬中粳优质米亚区	宝鸡　岐山　眉县　扶风　武功　周至　咸阳
	Ⅱ2　关中平原东部晚茬中籼中粳优质米亚区	鄠邑　西安　长安　蓝田　渭南　华县
Ⅲ　陕南川道盆地晚茬晚籼晚粳优质米区	Ⅲ1　陕南川道盆地西部早、晚茬晚籼,晚茬晚粳优质米亚区	勉县　汉中　南郑　城固　洋县　西乡
	Ⅲ2　陕南川道盆地东部晚茬晚籼晚粳优质米亚区	石泉　汉阴　安康
Ⅳ　陕南浅山丘陵晚茬中籼中粳优质米区	Ⅳ1　陕南浅山丘陵中部晚茬中籼中粳优质米亚区	紫阳　旬阳　白河
	Ⅳ2　陕南浅山丘陵南部早、中籼,晚茬中粳优质米亚区	岚皋　平利
	Ⅳ3　陕南浅山丘陵东、西侧早、晚茬中籼中粳优质米亚区	宁强　镇安　山阳　丹凤　商南
Ⅴ　陕南中山山地早中粳优质米区	Ⅴ1　陕南中山山地秦西巴东早中粳优质米亚区	略阳　留坝　佛坪　宁陕　镇坪
	Ⅴ2　陕南中山山地秦东巴西早中粳优质米亚区	商州　镇巴

(二)陕西省稻米品质地域分布特征

从陕西省稻米品质气候生态分区看出,陕西稻米品质的地域分布有着自身的鲜明特点。整个陕西存在着影响稻米品质的多元气候生态条件,不但利于籼型稻米优质,也利于粳型稻米优质;不但利于早熟、中熟稻米优质,也利于晚熟稻米优质,其类型之复杂多样在全国是不多见的。陕西省位于中国中部,黄河中游,介于 31°42′~39°35′ N,105°29′~115°15′ E。全省南北狭长,东西较窄,秦岭横亘在关中平原南侧。陕西省气候生态条件及水稻分布呈极为鲜明的多元性质。在这样的条件下,陕西省不但能生产类型多样、品种丰富的优质米,且为优质稻米试验研究提供了一个得天独厚,丰富多彩的优良场所,值得重视。

和稻米品质有关的气候生态条件方面,东西差异明显,生产价值有别。从陕北稻区,到关中稻区,到陕南稻区,东西气候生态条件及对稻米品质的影响均有较大差异,这主要由西高东低的地势引起。在关中和陕南，由于东部地势较低，热量丰富，温度偏高，早茬水稻灌浆时的生态条件普遍较差，尤其对粳型水稻的影响更大；相反，西部状况明显较好，各种类型，各种水稻的气候生态条件基本适于稻米的优质。陕北由于高寒，对于籼稻，温度较高的东部反倒比西部为优。因而，从生产角度看，关中和陕南西部稻区提供了更好的利于稻米优质的条件，价值也更大。

稻米品质具有多层次垂直地带性结构。这个特点在陕西的各个稻区都有反映，尤其陕南稻区更为明显。陕南稻区由 3 个稻米品质区组成，海拔依次为 250～600 m，600～900 m（秦岭南麓为 800 m）和 900～1 200 m，水稻也依其高度按 3 个层次种植。第一层次，利于晚熟籼、粳优质，且主要以晚茬口为优；第二层次，晚熟种的品质难以保证，中熟种居主要地位。在有利于优质的茬口中，早茬口的比例明显上升，发生了稻米优良品质向中熟种的倾斜及早茬口的趋同；到了第三层次，气候已甚高寒，无法进行籼型优质米的生产，但早熟或中熟粳米优化的气候生态条件还十分良好，可以种植出品质上乘的粳型稻米。

四、陕西特种稻特异品质及其研究

陕西地处中国南北交界，秦巴山地生物多样性丰富，孕育了丰富的稻种资源。在陕南以黑米、红米等为主的特种稻也是水稻生产中的一大特色。

（一）陕西特种稻具有悠久的种植历史

陕西黑米种植历史悠久，据史料记载，黑米在汉中已有 3 500 年种植历史，自汉以来历代为朝廷贡米。在 20 世纪 80 年代以前，陕西黑米生产基本处于一种自然状态，年种植面积不到 1 万亩，主要集中在洋县和城固县一带。到 80 年代后期，随着人民生活水平的不断提高、黑米食品工业的发展，陕西黑米种植面积迅速扩大到 15 万亩左右。目前，陕西黑米生产集中在汉中洋县，洋县已经发展成为中国少有的集米生产、加工、产品开发于一体的黑米生产加工基地，已形成完善的产业链，推动了陕西有机黑米产业健康发展。

（二）陕西特种稻米营养丰富

黑米、香米、红米是陕西汉中 3 种特种稻米，种植历史达数千年，具有丰富的营养。黑米外表墨黑，营养丰富，有"黑珍珠"和"世界米中之王"的美誉；香米，白如玉，半透明，米粒稍扁，大小中等，米质优良；红米属于长粒形米，外表黑红，质地细密，米粒特长，有香气。程国霞等（2016）以陕西省汉中市洋县、城固县、西乡县采集黑米、香米、红米样品为材料，分析评价其稻米营养成分，结果表明，3 种稻米氨基酸含量丰富，共有 18 种氨基酸，谷氨酸含量最高。其中黑米、香米的必需氨基酸含量相当，分别为 41.56% 和 41.43%，略低于鸡蛋必需氨基酸含量。黑米含 16 种脂肪酸，其中不饱和脂肪酸比例为 76.56%，占比远高于饱和脂肪酸。黑米中维生素 B_1 的含量高于普通大米，红米中维生素 B_2 含量最高，均高于普通大米。黑米、香米、红米中常量元素以磷含量最高,其次是钾、镁、钙,钠含量最低。

(三)黑米花青苷的特殊保健功效

黑米花青苷是从黑米的麸皮中提取出的天然黄酮类化合物,因其具有较强的抗氧化活性和清除自由基的能力,在促进人体健康方面显现出了潜能。黑米花青苷是黑米麸皮的提取物,主要以糖苷形式存在于植物中,其中的花青苷组分较单一,黑米花青苷主要组分有矢车菊素–3–O–葡萄糖苷、矢车菊素–3,5–二葡萄糖苷、矢车菊素–3–鼠李糖苷等。

黑米花青苷具有很强的抗氧化性,具有调节血脂和降低血糖等作用。石娟等(2015)采用黑米花青苷粗品喂养小鼠试验,30 d 后发现小鼠的脾和胸腺指数增加,肝脏、肾脏、心脏及血清中超氧化物歧化酶(SOD)、总抗氧化能力(T-AOC)和谷胱甘肽过氧化物酶(GSH-Px)活性显著增加,丙二醛(MDA)含量有所下降,氧自由基的清除能力明显提高。李雯等(2018)比较了黑米花青苷、西洋参皂苷、灵芝多糖以及二苯乙烯苷单一组分的抗氧化活性,结果表明黑米花青苷的抗氧化活性优于西洋参皂苷、灵芝多糖以及二苯乙烯苷。梁引库等(2012)通过体外抗氧化实验,发现黑米花青苷对羟基自由基、超氧阴离子的抑制率和总抗氧化活性随着其浓度的增大而增强。张名位等(2006)研究发现,给予高血脂大鼠黑米花青苷可以降低高脂血症大鼠的血脂水平,改善体内的氧化应激状态,并且发现黑米皮中的花色苷和不饱和脂肪酸是其发挥抗氧化和降血脂作用的主要物质基础。郑红星等(2020)发现,黑米花青苷中的矢车菊素–3–O–葡萄糖苷可降低糖尿病大鼠血糖。祁珊珊等(2019)研究发现,黑米花青苷可增加糖尿病大鼠骨密度,降低血清骨周转标志物,同时黑米花青苷提取物可抑制糖尿病大鼠骨髓脂肪生成,治疗组大鼠骨组织中成骨特异性转录因子明显升高。祁珊珊等(2020)研究发现,黑米花青苷的主要活性成分矢车菊素–3–O–葡萄糖苷可以修复糖尿病肾病引起的肾功能紊乱、肾足细胞损伤、抑制肾小球细胞外基质聚集和肾纤维化。姜伟伟等(2010)研究发现,黑米花青苷可以抑制人前列腺癌细胞(PC-3)增殖。罗丽萍等(2013)的研究发现黑米花青苷能抑制 HER-2 阳性乳腺癌细胞的生长、增殖,并促进癌细胞凋亡。刘春远等(2014)研究发现,黑米花青苷可以抑制结肠癌细胞(SW480)的增殖、阻滞细胞周期的进展、促进结肠癌细胞的凋亡。

总之,黑米具有很高的营养价值,黑米花青苷作为黑米中的生物高活性物质,具有很强的抗氧化、清除自由基的功效,具有很高的食疗保健功效和营养价值。陕西黑米生产地处秦巴山间,优越的自然生态环境,成就了陕西黑米的上乘品质。

第四节 陕西省稻米加工和综合利用

稻谷作为中国第一大主粮,在保证国家粮食安全方面至关重要。但中国稻谷大约 90% 经初级加工成大米消费,以大米或水稻生产副产品为原料的后续加工比例不足 10%。目前,稻米除了成为人们日常主食外,还有多种加工利用方式,可以加工成各种食品丰富人们的食用品类。

同时，稻米加工的副产品米糠、稻壳是家畜、家禽的优质上等饲料，也在酿酒及医药、化工上用途很广；水稻生产的副产品稻草同样也大有益处，不但可以作为造纸原料，而且可以编制草袋、草帘、草绳、草帽、蓑衣、草鞋等，同时也是很好的硅肥和有机肥料，还是牛羊等牲畜的粗饲料；特种黑叶稻的叶片中含有丰富的花青素，其叶片可制成水稻黑叶茶，也是工业提取花青苷的最佳原料。因此，水稻稻米加工及综合利用前景广阔。

一、优质大米加工技术

（一）稻米加工

稻米加工业是农产品加工业的重要组成部分，是食品工业的基础性行业之一。稻米加工是指对稻谷进行工业化处理，制成半成品粮、成品粮、米制品和其他产品的过程，主要包括大米生产，大米食品生产，碎米、米胚、米糠、稻壳等稻谷加工副产物的精深加工。

优质稻米的加工是借助机械作用，逐渐剥除米质优良的稻谷籽粒表面的谷壳、果皮、种糊粉层等糠皮部分，并将稻米分级定量包装的过程。

优质稻米加工过程中原则上要求在改善稻米的外观品质和食味品质的同时，尽可能保持稻米自身的营养成分。随着生产力的发展和人民生活水平的提高，人们对主食稻米的要求也越来越高，加工过程更精细。不仅要求良好的外观品质，包括米粒透明、无腹白、心白、整精米率高，而且要求蒸煮食用品质好、营养价值高、卫生安全。因此，优质大米加工技术对于优质大米生产是十分必要的。

由于稻谷外壳含有粗纤维和灰分不能食用，皮层虽含有营养物质，但其中的脂肪容易变质，硝酸盐阻碍铁的吸收，必须经过加工才能制成颜色洁白、煮饭胀性良好和米饭松软可口、易于消化的产品，加工所得的稻壳、米糠和碎米等副产品也有多种开发和利用途径。

（二）稻米加工概况

国外的稻谷加工新技术是从18世纪开始的，最先在欧洲开始使用机械碾米；19世纪出现应用铁辊碾米机的大米加工厂；20世纪50年代采用了新型高效喷风碾米技术。80年代，稻谷加工技术朝着采用高效、多功能、密闭式小型组合机和单机自动控制的方向发展，逐步实现机械化、连续化和自动化生产。产品除普通大米外，还生产档次较高的免淘洗米、胚芽米和营养强化米。

中国上古时代已开始用杵和石臼舂米。明朝末年（公元1637年）宋应星在《天工开物》中对稻谷加工作了较详细的记载："凡既砻则风扇以去糠秕，倾入筛中，团转，谷米剖破者浮出筛面，重复入砻""凡稻米既筛之后，入臼而舂"。不仅阐明了砻谷和碾米要分开进行，而且提出了稻谷和糙米反复分离的加工工序，说明稻谷加工技术在当时已发展到了相当的水平。使用的稻谷加工机具有风车、木砻、土砻、杵臼、水碓、石碾和手筛等，实际上这些稻米加工工具延续到20世纪50—60年代）。当时生产规模基本上仍限于手工作坊加工。19世纪末，中国沿海地区相继出现了机制米厂，主要加工机械都是从国外引进的。1949年以来，我国稻谷生产和加工技术有了较大的发展，对原有的碾米厂进行了技术改造和扩建，新建了一大批大、中、小型碾米厂，清理、砻谷和碾米设备基本上都得到了更新，发展了用高速振动筛除稗、比重去石机去石，用选糙平转筛进行谷糙分离和砂辊碾米机碾米、抛光、色选、定量抽真空包装等新技术和新设备。

陕西大米加工机械在20世纪90年代进行了全面提档换代。在农村针对农户自食的稻米加工机械由简单机械发展为成套加工设备，稻米专业加工企业开始使用电子色选、抛光、电子定量包装等机械，21世纪初期，免淘洗米、胚芽米和营养强化米等都能够生产，在包装上普及了抽真空，使大米保鲜期延长。2003年，陕西大米加工企业提档提效进入高潮，陕西双亚粮油工贸有限公司、陕西建兴农业科技有限公司、勉县定军米业发展有限责任公司、陕西汉中汉王米业有限责任公司、汉中汉玉米业有限责任公司、汉中春雨农业产业开发有限责任公司等一大批大型大米加工企业都对加工设备进行了更新换代，高档优质米加工水平和能力大大提高。

（三）优质稻米加工工艺

优质大米加工工艺包括稻谷清理—除杂—脱壳—谷糙分离—碾白—色选—分级—抛光风选（包括色选）—成品定量包装等工艺流程。

大中型企业工艺流程灵活性强，可适应加工不同原粮品种、不同原粮含杂、不同成品质量大米，适应加工有色米、食用糙米，适应加工回机米、配置米。大型企业采用双生产线或多生产线，同时生产不同品种大米或不同质量等级的大米。

二、稻米产品的分类

产品种类一般分普通大米和特制米两类。

（一）普通大米

世界各国大米分级标准不一致，日本和俄罗斯分为3个等级，美国大米则按含碎不同分为6个等级。中国按稻谷来源将普通大米分为籼米、粳米、籼糯米、粳糯米4类，按加工精度、不完善率、杂质、碎米、水分等项指标分为特等、标准一等、标准二等、标准三等。

1. 籼米

用籼型非糯性稻谷加工制成的米。米粒一般呈长椭圆形或细长形。按其粒质和籼稻收获季节分为早籼米（腹白较大，硬质粒少）和晚籼米（腹白较小，硬质粒多）。

2. 粳米

用粳型非糯性稻谷加工制成的米。米粒一般呈椭圆形。按其粒质和粳稻收获季节分为早粳米（腹白较大，硬质粒少），晚粳米（腹白较小，硬质粒多）。

3. 籼糯米

用籼型糯性稻谷加工制成的米。米粒一般呈长椭圆形或细长形，蜡白色，不透明；也有呈半透明状（俗称阴糯），黏性大。

4. 粳糯米

用粳型糯性稻谷加工制成的米。米粒一般呈椭圆形，蜡白色，不透明；也有呈半透明状（俗称阴糯），黏性大。

（二）特制米

1. 蒸谷米

稻谷在脱壳前，先经浸泡、蒸谷、干燥和冷却等工序的水热处理，然后按常规制成成品大米。

蒸谷米的营养价值比普通大米高，含有较多的B族维生素，易消化，碎米少，便于贮藏。但米色较普通大米深，米饭黏度低，且带有一种异味。

2. 胚芽米

采用多道碾米机轻碾制成，米胚保留在80%以上，同时符合大米等级标准的精制大米。食用时，几乎不用淘洗，口感与普通大米相同。

米胚含有丰富的蛋白质、脂肪、维生素和微量元素，其营养价值比普通大米高。但容易变质，宜采用低温贮藏。

2012年陕西汇力实业有限公司建成了胚芽米产业示范园区。

3. 免淘米

普通大米再经精碾，除糠、上光、精选等工序制成。此种大米具有粒面光洁，晶莹粒整齐，清洁卫生，煮饭不需淘洗的特点。

陕西汉中成祥米业有限责任公司、建兴农业科技有限公司、陕西双亚粮油工贸有限公司、陕西汉中汉王米业有限责任公司、勉县定军米业发展有限责任公司等多个米业生产的免淘米销路较好。

4. 强化米

碾制免淘米时，将含有氨基酸、维生素和微量元素等营养成分的配制液，采用浸泡或喷涂的方法使产品的营养成分得到强化。

（三）特种稻米

利用特种稻谷加工成的稻米，如特优米、香米、黑米、紫米、红米、桃花米、黄米、绿米等。

1. 特优米

利用米质特别优良的稻谷加工成的大米，加工方法同前述。因特优米价值高，所以加工工艺精细，加工要求高。

2. 香米

用带有香味的稻谷加工成的大米。

3. 色米

包括黑米、紫米、红米、桃花米、黄米、绿米等米。分别利用黑色稻谷、紫色稻谷、红色稻谷、桃花色稻谷、黄色稻谷、绿色稻谷或未成熟稻谷,在大米加工时仅剥除谷壳,保留稻米种皮的大米。这些特殊颜色的稻米,其颜色主要在种皮上,富含比普通大米更多的色素、粗纤维、矿物质和氨基酸营养成分。这些大米可以直接作为食用稻米,也可以作为食品加工的原料。

汉中盆地是中国黑、紫、红、黄、绿等有色大米的重要生产加工基地和消费基地。陕西在色米加工方面用黑米提取黑色素、生产黑米酒已有几十年历史。

有色稻谷、优质稻谷营养价值高,口感好,但种植面积、产量均有限。普通品种稻谷产量高,但与优质米比较口感较差。

中国有14亿人口,仅仅依靠优质品种大米,无法满足人们基本生存需求,在今后相当长的一段时间里,普通品种大米依然是大米市场的主产品。

通过配制米提高普通大米的营养,改良普通大米的口感,是一种方便易行、利国利民的措施,是现阶段配制米的主要内容。人们在食用大米时自己也可以根据需要自行配制大米。如熬稻米粥时普通大米加点糯米、蒸米饭时普通大米加点香米等,熬黑米粥时普通黑米加点香糯米,口感比单纯黑米粥好。

三、以水稻为原料的深加工和综合利用

大米作为陕南人民的主要粮食,通常以米饭的形式供人们食用,但在千百年历史长河中,陕西人民已将大米制作成形形色色的美食。以大米为主要原料的美食产品可谓琳琅满目。同时,稻壳、米糠等稻米加工副产物的综合利用亦广泛开展,对稻壳、米糠等进行深加工,开发出各类产品,增加水稻产业的经济效益。

(一)以稻米为原料的加工食品

1. 汉中面皮

汉中面皮是陕西省汉中市的一道特色小吃,是以当地盛产的优质大米为原料,经淘洗、浸泡、磨浆、蒸制、配菜、调味而成。其做法一般是把大米淘洗、浸泡后,磨成米浆,在特制蒸笼上,上笼蒸成薄皮儿,趁热抹上菜籽油,切成条状,添加豆芽、菠菜、胡萝卜丝等时令配菜后,依个人口味调入油辣子、味精、精盐、醋、酱油、蒜泥水等佐料,拌匀即可食用。汉中面皮既可热食亦可凉食,若是吃热面皮,需要先在碗内调好各种调料,面皮出锅后溜入碗内,筷子稍搅拌即可趁热享用。汉中面皮是一道汉中人民家喻户晓的美味特色小吃,是汉中人餐桌上必不可少的绝美佳肴,承载了汉中人民浓厚的家乡情怀。

2. 汉中米凉粉

深受汉中人喜爱的另一道美食,汉中米凉粉用汉中大米为原料制作。具体方法:将优质大米淘洗干净,冷水浸泡,磨成细浆。将米浆入锅加热,不断搅动,至半熟,加入适量石灰水,继续搅动至熟透,起锅用面盆装盛,冷却凝固即成。待米凉粉冷却凝固后,切成粗丝,加入红油辣椒、酱油、醋、姜汁水、蒜水、葱花、味精等调料即

可食用。汉中米凉粉吃时宜多放辣椒。其质地软而韧，爽口，鲜美。

3. 汉中米糕馍

米糕馍也是汉中人非常喜爱的一道小吃，是以大米为原料，浸泡磨浆发酵后蒸制的发糕一类食品，汉中人称之为米糕馍。米糕馍米香浓郁，略带甜味，嚼起来入口即化，特别适合老年人和小孩食用，是很多汉中人儿时的味道。米糕馍的做法：先把浸泡 24 h 的大米淘洗干净，用石磨或磨浆机磨成稀稠合宜的米浆，将 1/3 的米浆烧熟后和其余米浆搅和一起，放凉后加入白糖和酵母，使其发酵 6 h 左右，发酵好的米浆盛入模具，放进蒸笼里，大火蒸制 15 min 左右，蒸熟脱模后即成约半寸厚，疏松多孔，软糯香甜的米糕馍。

（二）稻米加工副产品的综合利用

稻米的副产品主要指米糠、稻壳和碎米等，积极开展稻米加工副产品综合利用，是提高稻米加工附加值的有效途径，也是将稻米加工副产品变废为宝，资源合理利用，造福人民的创新之举。

目前，稻米加工过程中的稻壳、米糠等副产品的综合利用主要有：利用稻壳制作稻壳碳、纤维板、保温材料、稻壳发电等；米糠可以开发米糠油、米糠油衍生物、米糠饲料和米糠食品；碎米可以制再造米、人造米、米面包、米饮料等。

1. 稻壳

稻壳可作为食用菌栽培的培养基料，生产酵素有机肥的原料，作为能源燃料发电，用于制造原料纤维板，用于制造环保型一次性餐具等；稻壳亦可制备白炭黑、活性炭和高模数硅酸钾等。此外，稻壳还可用于生产糠醛、制醋、酿酒、保温和养殖行业。稻壳中还含有多种维生素、酶及膳食纤维等。日本的一些企业利用稻壳生产出日化产品，如香波、香皂和化妆品。

2. 米糠

米糠占稻米重量的 5%～7%。米糠除含有糖类、脂肪、蛋白质和维生素外，还含有近百种具有各种功能的生物活性物质。以米糠为原料生产的产品更是有上百种之多，产品主要应用于食品、日化和医药三大行业。国外研究表明，米糠作为健康食品的原料加以深度开发，可增值 60 倍左右。美国和日本是当前世界上研究开发米糠资源的先进国家。左英秀等（2020）介绍了米糠制油副产品中谷维素、甾醇、糠蜡、维生素 E、蛋白质等物质，以及水溶米糠营养素、米糠营养纤维等米糠食品的制取工艺、质量指标和应用。秦建春（2005）介绍，米糠含油量 9%～22%，是加工米糠油的主要原料，米糠油中不饱和脂肪酸含量较高，且含有谷维素、脂溶性维生素、磷脂和植物性甾醇等活性物质，营养价值极高。米糠还可生产米糠纤维素、米糠多糖、米糠神经酰胺等对人体有益的生物活性物质，也开发出多种营养食品和保健食品。

3. 碎米

碎米也是稻米加工过程中的主要副产品，具有很多用途，不仅可以直接食用，还可以生产加工成多种产品，可利用碎米开发出淀粉糖、糊精、果葡糖、低聚糖、多孔淀粉、抗性淀粉产品以及利用蛋白生产婴儿食品。

四、水稻秸秆的利用

水稻生产后会产生大量的秸秆，如何对水稻秸秆进行合理有效利用，是实现农业资源利用最大化、增加农业效益、减少环境问题和资源浪费问题的有效途径。以前，水稻收获后除少部分水稻秸秆农户收回后，大部分秸秆都是就地焚烧，既浪费资源又污染环境。水稻秸秆的综合利用就成了解决上述问题的最有效途径。

（一）国内秸秆利用现状

我国水稻秸秆综合利用方式多样，例如秸秆还田增加土壤有机碳含量、生产草帘、做动物饲料、作为造纸的原料等。金洪利（2015）介绍，天津宝坻水稻种植面积常年稳定在25万亩左右，年产水稻秸秆10万t左右，水稻秸秆资源非常丰富，对水稻秸秆进行直接粉碎还田的效果不好，处理困难，因此一部分被用于编织草帘和外销。罗永成（2021）报道，安徽淮南寿县常年种植水稻220万亩，年产水稻秸秆105.6万t，秸秆燃烧会破坏生态环境，阻碍农业现代化的发展。寿县目前水稻秸秆综合利用主要包括秸秆直接还田、打捆运离与加工等，仍需积极研究水稻秸秆综合利用发展趋势，明确秸秆利用有效途径，促进农业可持续发展。吴双双等（2022）为利用水稻秸秆抑制果园杂草生长以及探讨果园化肥减量技术。结果表明，每亩覆盖水稻秸秆草帘1 000 kg即可较好地抑制果园杂草生长的效果，且稻草腐烂后还能增加土壤有机质和氮磷钾含量，可较常规施肥减少10%的施肥量。

（二）陕西省秸秆综合利用概况

陕西水稻主产区水稻秸秆年产量大，在2000年以前，水稻秸秆通常会被农户收回堆在自家院子，俗称"草垛"，做一年的生活燃料之用；也有农户将水稻秸秆回收后编制成草帘出售，增加家庭收入；水稻秸秆还是牛、马等家畜的优质饲料，水稻收获后，进入冬季，青草缺乏，养殖户提前储存大量水稻秸秆，作为家畜冬季的饲料；还有将水稻秸秆编织成草绳、做造纸的原料等利用方式。

2000年以后，随着人民生活水平的提高，农业生产模式的改变，农村生产生活方式的变革，农村家畜养殖户逐年减少，农户也不再以秸秆作为燃料，水稻秸秆从以前的"宝"变成了"草"，一段时间焚烧秸秆十分"流行"，每当水稻收获季，农户焚烧秸秆，造成空气大范围污染，严重污染环境，也是农业资源的浪费。

2010年前后，农田生物有机碳的提出和推广，使秸秆还田成为水稻秸秆综合利用最有效、最直接、最经济、最有价值的利用方式。秸秆还田不但增加土壤有机物，改善土壤团粒结构，还能显著增加土壤有机碳含量，增加土壤碳氮比，提高土壤养分，对下季作物起到增产增效的作用，减少了秸秆焚烧，降低了环境污染，使得绿色环保和高质高效有效结合。赵颖等（2021）通过设置大田试验，研究了稻秸还田与肥料施用对麦季土壤养分、微生物生物量、作物产量和氮肥利用率的影响。结果表明，稻秸还田配施肥料能够提高土壤速效养分含量，保证当季土壤有效氮供应，促进土壤有机质转化为更易被微生物利用的形态，提高养分有效性，促进小麦对氮素的吸收利用，有利于每穗粒数和千粒重的增加，从而最终提高小麦的产量。吴玉红等（2019）探索秸秆还田与化肥配施对汉中盆地水稻—小麦周年产量、经济效益及农田土壤固碳的影响，结果表明，与秸秆不还田配施常规施肥处理相比，秸秆还田配施不同比例化肥处理显著提高了稻田 15 cm 土层的总有机碳（TOC）和活性有机碳（LOC）；秸秆还田与常规化肥配施是提高汉中盆地稻麦轮作体系农田固碳、产量及经济效益的最佳措施，两季作物全量还田条件下化肥用量减量 15% 是适宜该区域的化肥减量技术和绿色生产模式。吴玉红等（2020）探究汉中盆地稻油轮作体系中秸秆还田与化肥配施对作物产量构成因素、周年产量及经济效益的影响，结果表明，稻油轮作体系中两季作物秸秆全量促腐还田与常规化肥配施是增产和增效的最佳措施，而两季作物秸秆全量促腐还田与化肥减量 15% 配施节约成本优势明显，两季作物氮磷钾养分投入共减少 107 kg/hm^2，既可以维持作物稳产，提高经济效益，又可以降低环境污染风险，是适宜该区域的绿色生产模式。

本章参考文献

陈翠竹, 徐艳, 2008. 钾肥不同用量对稻米品质的影响[J]. 安徽农学通报, 110(16): 57, 112.

陈建国, 朱军, 1998. 籼粳杂交稻米外观品质性状的遗传及基因型环境互作效应研究[J]. 中国农业科学 31(4): 1–7.

陈能, 罗玉坤, 朱智伟, 等, 1997. 优质食用稻米品质的理化指标与食味的相关性研究[J]. 中国水稻科学, 11(2): 70–76.

陈能, 罗玉坤, 朱智伟, 等, 1999. 食用稻米米饭质地及适口性的研究[J]. 中国水稻科学, 13(3): 152–156.

陈能, 谢黎虹, 段彬伍, 2007. 稻米中含二硫键蛋白对其米饭质地的影响[J]. 作物学报, 33(1): 167–170.

成臣, 曾勇军, 王祺, 等, 2018. 氮肥运筹对南方双季晚粳稻产量及品质的影响[J]. 植物营养与肥料学报, 24(5): 1 386–1 395.

程方民, 1983. 灌浆结实期气温对稻米食用品质的影响[J]. 浙江农业科学(4): 178–181.

程方民, 胡东维, 丁元树, 2000. 人工控温条件下稻米垩白形成变化及胚乳扫描结构观察[J]. 中国水稻科学, 14(2): 83–87.

程方民, 刘正辉, 张嵩午, 2002. 稻米品质形成的气候生态条件评价及我国地域分布规律[J]. 生态学报, 22(5): 636–642.

程方民, 张嵩午, 吴永常, 等, 1996. 稻米胶稠度与结实期温度间的关系[J]. 西北农业大学学报, 24(5): 27–31, 26.

程国霞, 聂晓玲, 郭蓉, 等, 2016. 陕西汉中 3 种特种稻米营养成分分析与评价[J]. 营养学报, 38(1): 99–101.

但芳, 张秋妹, 杨晓明, 等, 2007. 海拔高度对粳米品质的影响[J]. 安徽农业科学, 35(6):

1 619-1 620.

杜同庆,徐鹏,刘秀秀,等,2018.淮北地区不同时期喷施硅肥对水稻生育及产量和品质影响研究[J].北方水稻,48(4):24-26,30.

傅木英,1982.关于施肥提高糙米蛋白质含量的研究[J].江西农业大学学报(3):87-93.

高如嵩,张嵩午,1994.稻米品质气候生态基础研究[M].西安:陕西科学技术出版社.

耿立清,张凤鸣,2006.稻米食味品质与植株农艺性状的相关分析[J].中国稻米(2):31-32.

郭咏梅,卢义宣,刘晓利,等,2003.杂交籼稻稻米主要品质性状的遗传改良[J].西南农业学报,16(2):17-21.

胡梅桦,周佳民,孙丁贺,等,2007.湖南省水稻新品种产量构成因子与稻米品质性状的相关性研究[J].安徽农业科学,35(36):11 780-11 781.

胡曙鋆,陈云明,方兆伟,等,2005.氮磷钾肥施用量和运筹对稻米加工品质和外观品质的影响[J].江苏农业科学(3):26-28,93.

吉志军、尤胡,王龙俊,等,2005.不同基因型水稻稻米加工品质和外观品质的生态型差异[J].南京农业大学学报,28(4):16-20.

贾志宽,高如嵩,张嵩午,1992a.稻米垩白形成的气象生态基础研究[J].应用生态学报,3(4):321-326.

贾志宽,高如嵩,张嵩午,等,1992a.中国稻米垩白形成的地域分异规律之研究[J].自然资源学报,7(4):297-303.

贾志宽,朱碧岩,1990.灌浆期气温的分布对稻米直链淀粉累积效应的研究[J].陕西农业科学(4):9-11.

金洪利,2015.水稻秸秆燃烧直接利用可替代石化能源[J].农机科技推广(6):36,38.

金军,徐大勇,蔡一霞,等,2004.施氮量对水稻主要米质性状及RVA谱特征参数的影响[J].作物学报,30(2):154-158.

金正勋,秋太权,孙艳丽,等,2001.氮素对稻米垩白及蒸煮食味品质特性的影响[J].植物营养与肥料学报,7(1):31-35.

雷东阳,谢放鸣,陈立云,2010.杂交水稻稻米外观品质性状间相关性及遗传分析[J].农业现代化研究,31(2):212-215.

雷振山,李猛,祁玲,等,2021.不同播期对豫南直播稻米品质的影响[J].河南农业大学学报,55(4):654-660.

李成荃,孙明,许克农,等,1988.杂交粳稻品质性状的遗传研究Ⅰ.碾米品质与籽粒外观性状的相关和通径分析[J].杂交水稻(4):32-35.

李成荃,袁勤,程岩,等,1988.杂交粳稻品质性状的遗传研究Ⅱ.食味及营养品质的相关和通径分析[J].杂交水稻(6):32-34.

李静,袁继超,蔡光泽,2013.海拔对水稻产量和品质的影响研究进展[J].中国农学报,29(24):1-4.

李林,沙国栋,1989.水稻灌浆结实期温度因子对稻米品质的影响[J].中国农业气象

(3): 35-38.

李林,沙国栋,陆淮淮,1996.灌浆结实期温光因子对稻米品质的影响[J].中国农业气象,5(2):33-38.

李明贤,2001.稻米品质与植物学性状相关性分析[J].中国林副特产(4):9-10.

李仕贵,黎汉云,周开达,等,1995.杂交水稻整精米率的遗传相关分析[J].四川农业大学学报,13(4):456-460.

李雯,李新生,赵冠杰,等,2018.黑米花青苷复方软胶囊有效成分抗氧化活性研究[J].食品科技,43(10):109-115.

李贤勇,王元凯,王楚桃,2001.稻米蒸煮品质与营养品质的相关性分析[J].西南农业学报,14(3):21-24.

李小刚,赵胜利,王俊义,等,2016.播期对陕南不同粳稻品种产量和稻米品质的影响[J].中国稻米,22(5):89-92.

李欣,顾铭洪,潘学彪,1989.稻米品质研究Ⅱ.灌浆期间环境条件对稻米品质的影响[J].江苏农学院学报,10(1):7-12.

李欣,汤述翥,陈宗祥,等,1995.粳稻米糊化温度的遗传研究[J].江苏农学院学报(1):15-20.

李欣,汤述翥,印志同,等,2000.粳型杂种稻米品质性状的表现及遗传控制[J].作物学报,26(4):411-419.

李奕松,黄仲青,蒋之埙,等,1998.杂交粳稻80优121产量形成与栽培技术研究[J].中国农学通报,14(6):69-70.

李勇,王伯伦,王术,1999.不同粳稻品种米质与形态性状关系的研究[J].辽宁农业科学(3):22-23.

李宗铁,韩京龙,1991.连续施用有机肥对水稻生育和品质的影响[J].吉林农业科学(4):66-69,61.

梁引库,王琦,李新生,2012.黑米花青苷胶囊体外清除自由基及抗氧化作用的研究[J].食品科技,37(8):243-246.

廖伏明,周坤炉,阳和华,等,2000.籼型杂交水稻米质性状配合力及遗传力研究[J].湖南农业大学学报(自然科学版),26(5):323-328.

刘常金,谢艳辉,李静,等,2013.不同产地稻米的食味品质与化学组成的比较研究[J].食品科学,34(22):165-169.

刘建,2002.环境因子对稻米品质影响研究进展[J].湖北农学院学报,22(6):550-554.

刘立军,王志琴,桑大志,等,2002.氮素运筹对水稻产量及稻米品质的影响[J].扬州大学学报(生命与科学版),23(3):46-50.

刘立军,吴长付,张耗,等.2007.实地氮素管理对稻米品质的影响[J].中国水稻科学,21(6):625-630.

刘叔义,1997.香米及其米饭香气的特征成分[J].现代商检科技,7(5):3.

刘燕德,欧阳爱国,2004.水稻粒形与稻米品质的相关性试验[J].农机化研究(5):194-195.

刘宜柏,1982.稻米蛋白质含量的初步研究[J].江西农业大学学报(2):94-101.

柳金来,宋继娟,周柏明,等,2005.氮肥施用量与水稻品质的关系[J].土壤肥料(1):17-19.

陆艳婷,俞法明,严文潮,等,2010.籼稻品质分析的近红外光谱模型建立及其应用研究[J].生物数学学报,25(1):159-165.

罗永成,2021.安徽寿县水稻秸秆利用现状及发展趋势[J].农业工程技术,41(8):59,61.

马凤莲,裴亚琼,宋晓燕,等,2017.不同品种稻米淀粉的理化性质与链长分布关系研究[J].河南农业大学学报,51(4):566-571,602.

马群,张洪程,戴其根,等,2009.生育类型与施氮水平对粳稻碾磨品质的影响[J].作物学报,35(7):1 282-1 289.

孟亚利,高如嵩,张嵩午,1994.影响稻米品质的主要气候生态因子研究[J].西北农业大学学报,22(1):40-43.

孟亚利,周治国,1997.结实期温度对稻米品质的影响[J].中国水稻科学,11(1):51-54.

莫惠栋,1993.我国稻米品质的改良[J].中国农业科学,26(4):8-14.

倪道理,王美娥,袁晓明,等,2013.不同钾肥施用量对水稻产量和品质的影响[J].上海农业科技,342(6):112-113,122.

倪日群,林华,2022.不同氮肥施用量对泰两优217稻谷产量和稻米品质的影响[J].杂交水稻,37(3):126-129.

聂呈荣,温玉辉,王蕴波,等,2001.优质稻株的农艺性状与稻米品质关系的研究[J].佛山科学技术学院学报(自然科学版)(4):69-74.

祁珊珊,何佳,龚帅,等,2020.黑米花青苷对糖尿病大鼠视网膜病变的保护作用[J].中国临床药理学杂志,36(22):3 751-3 754.

钱双,2018.叶面硅肥对水稻产量及稻米品质的影响[J].园艺与种苗(7):47-49.

秦龙,邱金美,吕宏飞,等,2010.不同肥料配方对水稻产量及品质的影响[J].耕作与栽培,172(1):25-27,40.

秦阳,蒋文春,张城,等,2004.不同水稻品种播期与品质的关系[J].沈阳农业大学学报,35(4):328-331.

任海,付立东,王宇,等,2019.硅肥与基本苗配置对水稻生长发育、产量及品质的影响[J].中国土壤与肥料,279(1):108-116.

任顺成,王素维,2002.稻米中的蛋白质分布与营养分析[J].中国粮油学报,7(6):35-38.

石春海,申宗坦,1994.早籼稻谷性状遗传效应的分析[J].浙江农业大学学报,20(4):405-410.

石春海,申宗坦,1995.早籼粒形的遗传和改良[J].中国水稻科学,9(1):27-32.

石春海,申宗坦,1996.籼稻粒形及产量性状的加性相关和显性相关分析[J].作物学报,22(1):36-42.

石春海,朱军,1997. 水稻植株农艺性状与稻米碾磨品质的遗传相关性分析[J]. 浙江农业大学学报,23(3):331-337.

石娟,张曼莉,孙汉巨,等,2015. 黑米花青素体内抗氧化研究[J]. 食品工业科技,36(5):348-351,369.

孙建昌,陈丽,马静,2022. 新引福建水稻种质资源遗传多样性比较分析[J]. 宁夏农林科技,63(1):18-20,28.

孙义伟,1993. 水稻成熟期气温对稻米品质的影响[J]. 水稻文摘,2(2):6-8.

孙义伟,刘宜柏,1990. 优质稻双竹粘籽粒灌浆特性的研究[J]. 江西农业学报,2(1):27-32.

唐湘如,余铁桥,1991. 灌浆成熟期温度对稻米品质及有关生理生化特性的影响[J]. 湖南农学院学报,17(1):1-8.

万建民,2010. 中国水稻遗传育种与品种系谱[M]. 北京:中国农业出版社.

王金英,江川,郑金贵,2002. 不同色稻的精米与米糠中矿质元素的含量[J]. 福建农林大学学报(自然科学版),31(4):409-413.

王强盛,丁艳锋,朱艳,等,2009. 不同基因型水稻钾素吸收利用对施钾量的生理响应[J]. 水土保持学报,23(4):190-194,199.

王守海,1987. 灌浆期气候条件对稻米糊化温度的影响[J]. 安徽农业科学(1):1-8.

王淑彬,黄国勤,黄海泉,等,2002. 稻田水旱轮作的生态经济效应研究[J]. 江西农业大学学报,24(6):757-761.

韦朝领,刘敏华,陈多璞,等,2001. 江淮地区稻米品质性状典型相关分析及其与气象因子关系的研究[J]. 安徽农业大学学报,28(4):345-349.

魏亚凤,夏礼如,等,2004. 不同氮肥水平对稻米品质和淀粉RVA谱特征的影响[J]. 金陵科技学院学报(1):34-38.

吴春赞,叶定池,林华,等,2006. 水稻产量构成因子与稻米品质性状关系的研究[J]. 江西农业学报,18(2):29-31.

吴关庭,李旭晨,2000. 稻米食味的研究与改良[J]. 中国农学通报,16(6):21-24.

吴关庭,夏英武,1994. 环境与栽培对稻米品质的影响[J]. 中国稻米(4):37-39.

吴洪恺,刘世家,江玲,等,2009. 稻米蛋白质组分及总蛋白质含量与淀粉RVA谱特征值的关系[J]. 中国水稻科学,23(4):421-426.

吴双双,徐丽,2022. 利用水稻秸秆抑制果园杂草生长及化肥减量技术研究[J]. 上海农业科技(3):132-134.

吴玉红,郝兴顺,田霄鸿,等,2020. 秸秆还田与化肥配施对汉中盆地稻麦轮作农田土壤固碳及经济效益的影响[J]. 作物学报,46(2):259-268.

武小金,1989. 籼稻出糙率的遗传及其与谷粒外观性状和穗上部位关系的研究[J]. 湖南农业科学(4):21-22.

谢黎虹,段斌伍,孙成效,2003. 香稻的渊源、香味及遗传[J]. 世界农业(11):49-50.

徐大勇,金军,杜水,等,2003. 氮磷钾肥运筹对水稻子粒蛋白质和氨基酸含量的影响

[J]. 植物营养与肥料学报, 9(4): 506-508.

徐大勇, 金军, 胡曙鉴, 等, 2005. 氮磷钾肥运筹对稻米直链淀粉含量和淀粉黏滞谱特征参数的影响[J]. 作物学报, 31(7): 921-925.

徐正进, 陈温福, 马殿荣, 等, 2004. 稻谷粒形与稻米主要品质性状的关系[J]. 作物学报, 30(9): 894-900.

徐正进, 陈温福, 张龙步, 等, 1993. 水稻品质性状的品种间差异及其与产量关系的研究[J]. 沈阳农业大学学报, 2(43): 217-223.

许良珠, 陈木莲, 吴元奇, 等, 2005. 不同播期早籼稻米品质性状的变异及主成分分析[J]. 广东农业科学(3): 18-21.

杨联松, 白一松, 张培江, 等, 2001. 谷粒形状与稻米品质相关性研究[J]. 杂交水稻, 16(4): 51-53, 57.

杨联松, 孙明, 张培江, 等, 1998. 温度、光照对80优121生育期及产量因素的影响[J]. 安徽农业科学, 26(1): 10-12.

杨仁崔, 梁康迳, 陈青华, 1986. 稻米垩白直感遗传和杂交稻垩白米遗传分析[J]. 福建农学院学报(1): 51-54.

杨世佳, 韩证仿, 刘美佳, 等, 2012. 氮肥用量对江淮粳稻稻米品质及主要矿质元素含量的影响[J]. 江苏农业学报, 28(4): 703-708.

杨泽敏, 王维金, 蔡明历, 等, 2002. 氮肥施用期及施用量对稻米品质的影响[J]. 华中农业大学学报, 21(5): 429-434.

易小平, 陈芳远, 1992. 籼型杂交水稻稻米蒸煮品质、碾米品质及营养品质的细胞质遗传效应[J]. 中国水稻科学, 6(4): 187-189.

曾亚文, 申时全, 汪禄祥, 等, 2005. 云南稻种矿质元素含量与形态及品质性状的关系[J]. 中国水稻科学, 19(2): 127-131.

张洪程, 王秀芹, 戴其根, 等, 2003. 施氮量对杂交稻两优培九产量、品质及吸氮特性的影响[J]. 中国农业科学, 36(7): 800-806.

张甲, 谢必武, 晏承兴, 等, 2008. 强化栽培条件下施肥对杂交水稻主要米质性状的影响[J]. 杂交水稻, 30(3): 57-62.

张名位, 张瑞芬, 郭宝江, 等, 2006. 黑米皮提取物的抗氧化与降血脂作用及其成分分析[J]. 中国农业科学, 39(11): 2 368-2 373.

张名位, 郭宝江, 2002. 色米的营养功能特点及相应加工技术研究[J]. 上海农业学报, 18(增刊): 19-24.

张庆, 郭保卫, 胡雅杰, 等, 2021. 不同氮肥水平下优质高产软米粳稻的产量与品质差异[J]. 中国水稻科学, 35(6): 606-616.

张世玺, 张玉屏, 王亚梁, 等, 2021. 氮肥施用对优质晚粳稻浙禾香2号产量和品质的影响[J]. 中国稻米, 27(2): 98-101.

张淑梅, 张建明, 李丁鲁, 等, 2009. 高抗性淀粉粳稻新品系稻米淀粉链长分布与主要品质特征差异[J]. 中国农业科学, 42(6): 2 237-2 243.

张嵩午,周德翼,1993.温度对水稻整精米率的影响[J].中国水稻科学,7(4):211-216.

张秀茹,邵国军,邱福林,等,2005.辽粳系列水稻品种(系)产量、米质与农艺性状间的相关分析[J].吉林农业科学,30(2):24-26.

张亚洁,杨建昌,杜斌,2008.种植方式对陆稻和水稻磷素吸收利用的影响[J].作物学报,34(1):126-132.

张艳霞,丁艳锋,李刚华,等,2007.直链淀粉含量不同的稻米淀粉结构、糊化特性研究[J].作物学报,33(7):1 201-1205.

张羽,冯志峰,吴升华,等,2008.陕西汉中地区水稻主要推广品种的香味分析[J].陕西农业科学(3):18-20.

张羽,李小刚,王保军,等,2017.陕西省水稻Wx基因种质资源遗传多样性分析[J].江苏农业科学,45(11)59-62.

赵海成,李红宇,陈立强,等,2018.硅氮配施对寒地水稻产量品质及抗倒伏的影响[J].上海农业学报,34(4):36-42.

赵庆勇,朱镇,张亚东,等,2013.播期和地点对不同生态类型粳稻稻米品质性状的影响[J].中国水稻科学,27(3):297-304.

赵式英,1983.灌浆期气温对稻米食用品质的影响[J].浙江农业科学(4):178-181.

赵颖,周枫,罗佳琳,等,2021.水稻秸秆还田配施肥料对小麦产量和氮素利用的影响[J].土壤,53(5):937-944.

赵芸卉,李海洋,徐珊娜,等,2016.洋县五彩稻米的营养成分测定[J].现代农业科技(12):289-290.

赵正武,李仕贵,黄文章,等,2005.不同海拔高度对稻米品质性状的影响[J].杂交水稻,20(5):57-60.

中国水稻研究所,1988.中国水稻种植区划[M].杭州:浙江科学技术出版社.

周德翼,张嵩午,高如嵩,等,1994.稻米综合品质与结实期气象因子的关系研究[J].西北农业大学学报,22(2):6-10.

周广洽,谭周滋,1987.关于稻米直链淀粉含量的研究[J].湖南农业科学(6):12-16.

周广洽,徐孟亮,谭周滋,等,1997.温光对稻米蛋白质及氨基酸含量的影响[J].生态学报,17(5):537-542.

周少川,李宏,黄道强,等,2002.华南籼稻晚造稻米蒸煮、外观和碾麻品质与食味品质的相关性研究[J].作物学报,28(3):397-400.

周治宝,王晓玲,余传元,等,2011.直链淀粉含量适中籼稻品种间的食味品质差异分析[J].中国农业科技导报,13(6):99-105.

周竹青,徐运清,黄天芳,等,2008.异地栽培对湖北地方优质稻光合生理和稻米品质的影响[J].华中农业大学学报,27(1):32-37.

朱碧岩,程方民,吴永常,1996.结实期温度对稻米粒重和整精米率形成动态的影响[J].西北农业学报,5(4):31-35.

朱碧岩,贾志宽,1990.水稻品质性状遗传参数的分析[J].西北农林科技大学学报(自然科学版),18(3):69-73.

左英秀,沈军,2020.稻米加工副产品米糠综合利用的研究[J].粮食与食品工业,27(6):50-51.

Takeda,1988.北道海品种直链淀粉含量对温度的反应[J].育种学杂志,38(2):55-58,357-362.